Wilhelm Muschka
Opfergang einer Frau

Wilhelm Muschka

Opfergang einer Frau

Lebensbild
der Herzogin Jakobe von Jülich-Kleve-Berg,
geborene Markgräfin von Baden

Verlag Schwarz GmbH

CIP-Kurztitelaufnahme der Deutschen Bibliothek

Muschka, Wilhelm:
Opfergang einer Frau : d. Lebensbild d. Herzogin
Jakobe von Jülich-Kleve-Berg geborene Markgräfin
von Baden / Wilhelm Muschka. – Baden-Baden : Schwarz, 1987.

ISBN 3-921531-48-9

Copyright by Autor und Verlag
Verlag Schwarz GmbH – Baden-Baden 23
Titelbild: Alvary Köhler
Satz und Druck: Mittelbadischer Zeitungsverlag GmbH, Bühl
Printed in West Germany
1. Auflage Oktober 1987

Von der Parteien Haß und Gunst verwirrt,
schwankt ihr Charakterbild in der Geschichte.

Inhaltsverzeichnis

Zum Geleit 11

1. Kapitel

A. Einführung 13

2. Kapitel

B. Die Baden-Badener Zeit 23
1. Jakobes Ahnen 23
   – Urahn Christoph I., Großvater Bernhard III. und Vater Philibert
   – Rechtsordnung und Verwaltung der badischen Markgrafschaft
2. Das Elternhaus 44
3. Jakobes Wiege – das Neue Schloß zu Baden-Baden 62

3. Kapitel

C. Die Münchner Zeit und erste Beziehungen zum Düsseldorfer Hof 67
1. Der Zusammenschluß niederrheinischer Territorien und die Vorfahren Johann Wilhelms 67
2. Die Jugendjahre Johann Wilhelms 81
3. Die Münchner Residenz 92
4. Jakobes Jugendjahre am Münchner Hof 102
   – Graf Hans Philipp von Manderscheid-Blankenheim zu Gerolstein
   – Ernst von Bayern
   – Truchsessischer Krieg
   – Graf Fortunato Bertoldo de Pazzi
5. Brautwerbung, Heiratsabrede und Mitgift 121
   – Das Heiratskarussell um Johann Wilhelm
   – Die Münsteraner Frage

4. Kapitel

D. Die Düsseldorfer Zeit 131
I. Die Düsseldorfer Hochzeit 131
1. Weite Anfahrt 131
2. Stadt und Schloß Düsseldorf 135

3. Einholen der Braut 141
   – Jakobe-Fahne
   – Schützenvogel
   – „Dürener" Halsketten
4. Höhepunkt – die Trauung 154
5. Überreichung der Geschenke und erste Schauturniere 165
6. Quintanrennen, Fecht- und Plankenturniere 181
7. Fußturnier am Alten Markt und Kehraus 189

II. Gute Jahre 200
1. Rätekollegium und Geistesleben am Niederrhein (mit 3 Tafeln) . 200
2. Erste kaiserliche Kommission – Graf Manderscheid und
   Dr. Gail 213
3. Zweimal Gold für Baden 216
4. Der Gesandte des Papstes 222
5. Versammlung der Landstände zu Düsseldorf und zweite
   kaiserliche Kommission – Dr. Faber und Graf Isenburg 225
6. Vom anfänglichen Einvernehmen bis zu ersten Querelen 230
7. Die Geisteskrankheit und andere Gebrechen der Herzöge 236
8. Dritte kaiserliche Kommission – Graf Lobkowitz 247
9. Verhängnisvoller Frontenwechsel 249
10. Prinzessin Sibylle und ihre Freier 253

III. Die politische Periode 265
1. Der Gesamtlandtag (16. 9. – 13. 12. 1591) und die vierte
   kaiserliche Kommission – von Hoyos und Prinz von Buchau .. 265
   – Das Vorgeplänkel 265
   – Jakobe kränkelt 270
   – Das Prozedere des Landtags, die vierte kaiserliche
     Kommission, die Ziele der Parteien und ein
     ehrenrühriges Vorbringen 272
   – Der erste Rezeß der kaiserlichen Kommissare 286
   – Der zweite Rezeß der kaiserlichen Kommissare 287
2. Tod und Begräbnis Wilhelms des Reichen 291
3. Das Trauma der Statthalterschaft und erster kaiserlicher Rezeß . 299
4. Der zweite kaiserliche Rezeß 302
5. Die fünfte kaiserliche Kommission – von Hoyos und
   Dr. Freymond (Mai 1592 – Januar 1594) 312
   – Die kaiserlichen Gesandten, personae ingratae beim
     Herzogspaar 312
   – Orientierung der Kommissionsmitglieder 315

- Erzbischöfliches Memorandum 315
- Umtriebe gegen den freiherrlichen Gesandten 317

IV. Der Endkampf – Schuld und Gegenwehr 320
1. Der Ring beginnt sich zu schließen 320
2. Der Reichstag zu Regensburg und die richtungweisende Stimme Roms 323
   - Weihnachtlicher Zwist der Schwägerinnen
3. Der Grevenbroicher Landtag und seine verheerenden Folgen .. 328
   - Dreikönigsfest
4. Der Favorit der Herzogin und das Geheimnis der Düsseldorfer Schloßkirche 341
5. Die sechste kaiserliche Kommission – Haimb und Prinz von Buchau 346
6. Die drei Düsseldorfer Reisen Leuchtenbergs 350
   - Die Verteidigungsschriften Jakobes

5. Kapitel

E. Das Ende 357

1. Letzte Tage, Tod und Begräbnis 357
   - Letzte Schriftdokumente aus Jakobes Hand
   - Das Mörderquartett
   - Die Weiße Frau
2. Die Kreuzherrenkirche 372
3. Erste Grabung und Wiedersehen mit Jakobe (16.–23.10. 1819) . 374
4. Zweite Grabung (14.–26. 6. 1880) 382
5. Dritte Grabung (1954–60) 385
6. Die Bildnisse Jakobes im Wandel der Zeiten 390
7. Epilog oder die Zeit danach 402
   - Wiederverheiratung und Tod Johann Wilhelms
   - Aufteilung des Herzogtums an Pfalz-Neuburg und Brandenburg-Preußen
   - Erstarkung Preußens und sein Hineinwirken in die Neuzeit

6. Kapitel

F. Stammtafel der Häuser Baden und Jülich-Kleve-Berg 415
G. Bilderverzeichnis 416
H. Jakobe-Literatur 420
I. Quellenverzeichnis 437
J. Namensindex 453

Zum Geleit

Die Geschichte Baden-Badens ist schon seit den Zeiten des alten Colonia Aurelia Aquensis zwar nicht allein bestimmend, jedoch in hervorragendem Maße mitbestimmend für das dieser Stadt anhaftende Flair. Baden-Baden weist in dieser Hinsicht eine Parallele zu den beiden Metropolen Düsseldorf und München auf. Alle drei Orte waren einst Residenzstädte und als solche Sitze bedeutender Herrschergeschlechter.
Im ausklingenden 16. Jahrhundert gab es dann ein hübsches badisches Mädchen „von Stand" – um es vorsichtig und der Erzählung nicht vorgreifend zu artikulieren –, dessen aufsehenerregendes Schicksal Schlagzeilen machte und gewissermaßen zu einem Bindeglied der drei Städte wurde. Indes ist diese Frauengestalt heute mit einer Ausnahme weitgehend vergessen. Nur am Niederrhein gedenkt man noch ihrer Jahrestage. 1985 jährte sich ein solcher zur Hochzeit der hübschen Badenerin. Auch 1988 bei der 700-Jahr-Feier der Stadt Düsseldorf wird man sich ihrer erinnern. Und da sich wieder eine Art freundschaftliche Städtebeziehung zwischen Baden-Baden und Düsseldorf anbahnt, ist es für uns Freude und Genugtuung, auch in diesem literarischen Beitrag die Bande zwischen unseren Städten aufleben zu sehen.
Aus der geschilderten Perspektive, dem Dienst an der Wissenschaft und nicht zuletzt wegen der dem Stoff innewohnenden Spannung begleiten dieses Buch unsere besten Wünsche.

DR. WALTER CARLEIN
Oberbürgermeister der Stadt Baden-Baden

KLAUS BUNGERT
Oberbürgermeister der Stadt Düsseldorf

Herzogin Jakobe von Jülich-Kleve-Berg (1558–97)

1. KAPITEL

A. Einführung

Vom ersten Augenblick der Begegnung mit der Titelheldin dieses Buches bewegte mich ihr ungewöhnliches Schicksal – genauer gesagt der dankerfüllte Gehorsam und das Pflichtbewußtsein, mit denen sie die ihr übertragene Aufgabe zu meistern versuchte, sowie gegen ihr Lebensende hin auch die Seelengröße, zu der sie nach Scheitern ihrer Mission und zahlreichen anderen Wirrungen wieder zurückgefunden hat. Auch ihre Schönheit und ihr Liebreiz verdienen Erwähnung. Ihren durch die Zeitläufe hindurch erhalten gebliebenen Spuren folgend, wünschte ich mir, daß es gelänge, diese stummen Zeugen über ihre musealen Behältnisse hinaus zu beleben und zu uns sprechen zu lassen, um einmal der Wissenschaft die ihr gebührende Referenz zu erweisen, aber auch, und dies keineswegs zuletzt, um einen Funken Faszination auf die Leser überspringen zu sehen und sie mit dem vor ihnen ausgebreiteten historischen Stoff bestmöglich zu unterhalten.

Es ist schon etliche Jahre her, daß ich erstmals in einer mehrteiligen Folge einer Zeitschrift über seltsame Frauenschicksale, etwas reißerisch aufgemacht, von der Existenz dieser Persönlichkeit vernahm. Der Inhalt kreiste, wie häufig auch in anderen Veröffentlichungen zu diesem Thema, vorwiegend um drei Liebesgeschichten: Die erste, eine unschuldige Jugendliebe, die aus Staatsräson gewaltsam getrennt wurde; die zweite, die in eine gleichermaßen unglückliche wie unheilvolle Ehe mündete; und eine dritte, die man von Anfang an mit der bald darauf einsetzenden Verelendung ihrer Person in ursächlichen Zusammenhang brachte.
Ich mußte in der Folge immer wieder feststellen, daß fast ausschließlich diese zugegebenermaßen augenfälligen und bewegenden Episoden im Leben dieser außergewöhnlichen Frau es waren, die die Gemüter beschäftigten. Sie sind es aber mitnichten allein, denen Aufmerksamkeit gebührt. So prägten eine nicht alltägliche Herkunft sowie eine etwa zwei Jahrzehnte währende Kindheits- und Jugendzeit, die der ersten großen Liebe vorausgingen, ihre Persönlichkeit, während die sich anschließende, zwölfjährige politische Phase in Wechselwirkung mit verschiedenen Begleitumständen sogar abendländische Geschichte

machte und damit von allgemeiner, über die Grenzen ihrer unmittelbaren Heimat hinausgehender Bedeutung ist.
Dies alles führte schließlich dazu, daß ich mich bald mit dem bekannten Klischee dieser Frau nicht mehr zufrieden gab, sondern weiterforschte. Ich fand heraus, daß sie etwa 165 cm groß und von ebenmäßigem Wuchs war; daß sie kastanienbraunes Haar besessen hatte; daß sie im Verständnis der damaligen Zeit gebildet war, was z. B. aus ihren dichterischen Ambitionen[1] sowie ihrer Freude am kulturellen Geschehen und ganz allgemein am Kunstgenuß ihrer Zeit hervorgeht, und daß sie im Zenit ihres Lebens wohl auch reich und mächtig war. Das alles heißt noch nicht, daß ihr äußeres Erscheinungsbild unbedingt unseren heutigen Schönheitsidealen entspricht. Dieselben unterliegen bekanntlich dem Zeitenwandel und haben sich seither mehrfach und in vielfacher Hinsicht geändert. Man denke nur an die Madonnengesichter eines Dürer und Raffael, die üppigen Akte eines Tizian und Rubens oder gar die martialische Darstellungsweise der dreißiger oder vierziger Jahre unseres Jahrhunderts. Auch ihr Name, Jakobäa oder Jakobe, den sie als Erstgeborene ihrer Eltern einer auf ihr späteres Leben nachhaltig einwirkenden Patin verdankte, ist nicht eben häufig anzutreffen.
Ich folgte – wo immer möglich – ihren Spuren und fand sie an allen Orten, an denen sie gelebt und gewirkt hatte; durch den Zeitabstand ging es dabei nicht immer ohne Schwierigkeiten ab. In dem Städtedreieck Baden-Baden, München und Düsseldorf haben sich – abgesehen von Wien, das damals neben Prag die wichtigste Metropole des Heiligen Römischen Reiches war – die meisten Reminiszenzen an jene schöne, eigenwillige, aber letztlich unglückliche Frau erhalten.
In Baden-Baden, wo Jakobe geboren und ihre Kindheit verbracht hatte, danke ich manchen Hinweis dem zwischenzeitlich verstorbenen Bibliothekar des markgräflichen Hauses, Herrn Albert Hartmann, der mich, die Zusammenhänge erläuternd, wiederholt durch das Neue Schloß geleitet hat. Der Haupttrakt dieses Schlosses ist zwar nicht identisch mit der Stätte von Jakobes Geburt; diese wäre im benachbarten Kavalierbau zu suchen, der heute Wohn-, Büro- und in seinem Keller auch noch Gaststättenräume beherbergt und daher – vom Keller abgesehen – Besuchern nicht zugänglich ist. Der Hauptkomplex des Neuen Schlosses entstand erst Jahre nach Jakobes Geburt, als sie selbst längst nicht mehr hier wohnte. Zu ihrer Zeit glich das Schloß noch eher einer gotischen Ritterburg.

---

[1] Vgl. u. a. S. 360.

A. Einführung

Aber auch eines anderen, mir im anstehenden Zusammenhang hilfreichen Mannes sei an dieser Stelle gedacht und ihm gedankt – dem leider gleichfalls nicht mehr unter uns weilenden badischen Heimatschriftsteller Rolf Gustav Haebler, der eine „Geschichte der Stadt und des Kurortes Baden-Baden"[1] geschrieben hat und von dessen reichem, geschichtlichem Wissen ich profitieren durfte.

Weit weniger entgegenkommend zeigte sich dagegen ein heutiger Nachfahre von Jakobes Verwandtschaft, SKH Markgraf Max von Baden, Enkel des gleichnamigen letzten Reichskanzlers der Kaiserzeit. Fotografieren in Schloß- und Nebengebäuden wurde mir in dem inzwischen lieblos zum Verkauf angebotenen Schloß nicht gestattet. Ähnlich abschlägig antwortete auch der Vatikan.

Im Anschluß an ihre Baden-Badener Kinderzeit war Jakobe in München aufgewachsen; diese Jungmädchenjahre sind wohl als die glücklichsten ihres Lebens überhaupt zu bezeichnen. Als ich dort am Tag der Beisetzung des Kardinals Julius Döpfner am 29. 7. 1976 die Krypta des Liebfrauendoms betrat, fiel mein Blick mehr zufällig auf eine – beim Eintritt rechter Hand eingelassene – Gedenkplatte mit der Inschrift:

> Jakobaea Maria Gemahlin Herzog Wilhelms IV.
> Tochter Markgraf Philipps von Baden
> geb. 25. VI. 1507 gest. 16. XI. 1580 in München.

Obgleich ich wegen der unerwarteten Begegnung mit diesem seltenen Namen überrascht war, blieb mir bei näherer Betrachtung der Lebensdaten natürlich nicht verborgen, daß es sich hier um die über die väterliche wie mütterliche Seite, also doppelt verwandte Tante bzw. Großmutter handelt, die auch Taufpatin, Namensgeberin, über lange Jahre große Gönnerin und Miterzieherin ihres gleichnamigen badischen Mündels am Münchner Hof gewesen war. Sie hatte irgendwo in dieser Kirche ihre letzte Ruhestätte gefunden. Zur besseren Unterscheidung beider werden wir künftig ihrem Mündel, also der jüngeren Jakobäa, mit der am Niederrhein, ihrer bedeutendsten Wirkstätte, üblichen Namensform „Jakobe" begegnen.

Wir wissen also bereits, daß Jakobe in einem Schloß geboren und an einem der angesehensten Höfe jener Zeit erzogen worden ist. Der Gedanke an eine Prinzessin liegt demnach nahe. Erfährt man nun noch, daß sie später nach Düsseldorf, der Hauptstadt des ehemaligen niederrheinischen Herzogtums

---

[1] Vgl. Literaturverzeichnis am Buchschluß (im folgenden abgekürzt: LV) Nr. 41.

Jülich-Kleve-Berg, verheiratet worden ist und sich dieses Fest, die sogenannte „Düsseldorfer Hochzeit", 1985 zum vierhundertsten Male jährte, sollte ihre Identifizierung als geborene badische Prinzessin und spätere Herzogin Jakobe nicht mehr allzu schwerfallen.
Wenn wir uns für einige Augenblicke in die Weltpolitik jener Tage versetzen, so war dies vor allem die Zeit der Gegenreformation mit ihren entsetzlichen und mit außerordentlicher Verbitterung ausgetragenen Glaubenskriegen, beginnend mit dem Schmalkaldischen und endend mit dem Dreißigjährigen Krieg. In diese Auseinandersetzungen wurde nach und nach das gesamte Abendland verstrickt. In den Niederlanden, wo soeben noch ein Bund zwischen den aufständischen Nord- und den spanientreuen Südprovinzen geglückt war, scheiterte Wilhelm von Oranien an den Widerständen gegen seine freiheitlichen Ideen und wurde ermordet. Ein kraß gegensätzlicher Charakter, Iwan der Schreckliche, starb in Rußland im selben Jahr denselben Tod. In den schottisch-englischen Auseinandersetzungen endete wenig später die mit Jakobe weitläufig verwandte katholische Erbin der schottischen Krone, Maria Stuart, auf dem Schafott. Heftige Kämpfe tobten in Frankreich, Polen, Schweden und im Osten des Reiches. Nicht zu übersehen ferner die Stimme des Papstes, die im Konzert der europäischen Mächte das römische Bekenntnis mit allen ihm verfügbaren Mitteln zu erhalten suchte. Und auch der Jülich-Klevesche Erbfolgestreit gehört in diese Szenerie, ist jedoch bereits eine unmittelbare Folge der in die Düsseldorfer Hochzeit leider vergeblich gesetzten Erwartungen.
Von Jakobes Düsseldorfer Wohnung, dem herzoglichen Schloß, steht nur noch ein einziger Turm. Fündiger wird man im einstigen Speeschen Palais in der Bäckerstraße, wo heute das Stadtmuseum beheimatet ist. Der letzte, heute nahe Düsseldorf auf dem Lande lebende private Besitzer dieses Palais, Maximilian Spee, verkaufte es seiner Heimatstadt, die darin ihrer einstigen Herrin bzw. dem, was noch an sie erinnert, Herberge gewährt. In einem der nachmaligen Herzogin Jakobe und ihrer Familie gewidmeten Raum der ersten Etage zeigen einige teils sorgsam in Vitrinen verwahrte, teils von den Wänden herabblickende Bildnisse die Herzogin und einige ihrer engeren Verwandten. Unweit davon wird eines der noch vorhandenen Kleinodien der Herzogin aufbewahrt, ein in Silber getriebener, kleiner Vogel.
Düsseldorf birgt aber noch zwei andere bedeutsame, wenngleich nur dem Kenner bewußte Erinnerungsstätten an Jakobe. Erinnert sei an die ursprüngliche Begräbnisstätte in der Kreuzherrenkirche und die St.-Lambertus-Basilika, wohin Jakobes sterbliche Überreste nach vorübergehender Auflassung der

A. Einführung

Kreuzherrenkirche umgebettet worden sind. Jedoch fällt auf, daß keine Straße, kein Platz oder öffentliches Gebäude der Stadt den Namen seiner einstigen Herrin trägt; und erst recht seltsam mutet an, daß auch kein Grabstein, weder in der Kreuzherrenkirche noch in der St.-Lambertus-Basilika, ihrer gedenkt.

Auf manch weltliche oder geistliche – zum Teil reichlich dubiose – Persönlichkeiten, die im Laufe der langen Geschichte von St. Lambertus einen Bezug zu dieser Kirche hatten, finden sich hier Hinweise. So zeigt z. B. ein inzwischen allerdings im Gemeindehaus deponiertes Altargemälde Papst Alexander VII. (1655–67) und der Schlußstein in der Achse der Kirche gar das Wappen Papst Bonifaz' IX. (1389–1404), unter dessen von eigennützigen Ablaßmißbräuchen und nepotistischen Exzessen gekennzeichnetem Pontifikat die Kirche fertiggestellt wurde.[1] Am nordöstlichen Mittelschiffspfeiler prangt die wappenähnliche Hausmarke eines Wilhelm Cluntz, Zollschreiber und Bürgermeister Düsseldorfs am Beginn des 16. Jahrhunderts. Er hatte eine Heiligenfigur gestiftet. Barocke Epitaphe an verschiedenen Stellen gedenken anderer Düsseldorfer Bürger, deren „Verdienst" offenbar häufig nur Wohlhabenheit war. An der nördlichen Kirchturmseite auch eine Tafel für den Schlosser Josef Wimmer, der sich während des Kirchenbrandes von 1815 rühmlich hervorgetan hatte. Vergeblich dagegen sucht man – sich etwa der Münchner Liebfrauenkirche erinnernd – einen Hinweis auf Jakobe selbst, eine der auch heute noch populärsten Frauengestalten dieser Stadt.

Wo in den beiden ersten großen Lebensabschnitten, Jakobes Baden-Badener und Münchner Zeit, wegen der politischen Bedeutungslosigkeit der jungen Prinzessin die Archive schweigen, wurde im vorliegenden Buch auf die Beschreibung von Zeitumständen, wie Jakobes Wohnstätten, ihre Abkunft, die Gliederung der Hof- und Landesadministration, kulturelle Erscheinungen, Sitten und Gebräuche sowie weltpolitische Begebenheiten als Rahmenereignisse, ausgewichen. Schwierigkeiten lagen auch in der breiten Streuung des Materials über viele Länder des westlichen, aber auch des östlichen Europa, ferner in der Tatsache, daß Schrift, Sprache und Satzbau sich in den vier zurückliegenden Jahrhunderten erheblich gewandelt haben.

Zu den bedeutendsten Werken der Jakobe-Forschung zählt der Bericht eines gewissen Dietrich Graminäus, der als Erzieher des Jakobe-Gemahls Johann Wilhelm die Hochzeit seines Schützlings mit der badischen Prinzessin aufgezeichnet und 1587, also nur zwei Jahre nach dem Ereignis, zu Köln in Druck

---

[1] Wird auch mit unmenschl. Haft und Tod seines Vorgängers Cölestin V. in Zusammenhang gebracht, dem bisher einzigen Papst, der abgedankt hat.

gegeben hat. Im Düsseldorfer Stadtmuseum hat sich eines der noch im selben Jahrhundert z. T. kolorierten Exemplare der ,,Beschreibung derer Fürstlicher Güligscher Hochzeit . . ."[1] erhalten. Es entstammt dem Nachlaß Wilhelm von Bongards und seiner Gattin Margaretha, einer geborenen von Palandt, deren Vater Johann gleich Gramináus an den Hochzeitsfeierlichkeiten teilgenommen hatte. Ein anderes, einfarbiges und leider zahlreicher Stiche beraubtes Exemplar ist im Besitz der Kölner Stadtbibliothek: Stadt- und Schloßansichten zeigen uns die ältesten Darstellungen von der Rheinfront und vom Marktplatz Düsseldorfs sowie die überhaupt einzigen Innenansichten des herzoglichen Schlosses. Wappentafeln machen uns mit den Namen und verwandtschaftlichen Beziehungen der damaligen Adelsgeschlechter im allgemeinen sowie den jeweiligen Turnierteilnehmern im speziellen bekannt. Die Darstellung der Gäste beim Empfang sowie bei den Hochzeitszeremonien, Festessen, Tänzen und Turnieren gibt Aufschluß über modische und waffentechnische Dinge, während allegorische Bilder Einblick in das Theaterwesen dieser Zeit und sogar in die Anfänge deutschen Operngeschehens überhaupt vermitteln. Alles in allem ein hervorragendes kulturgeschichtliches Zeugnis des ausgehenden 16. Jahrhunderts, das seiner Einzigartigkeit wegen 1982 in einer auf 650 Exemplare beschränkten Faksimile-Ausgabe nach 395 Jahren eine Neuauflage[2] erfahren hat.

Es wären noch manch andere Veröffentlichungen erwähnenswert. Auf eine ganze Reihe von ihnen werden wir im Laufe der Handlung zu sprechen kommen. Auch gibt es etwa drei Dutzend Erzählungen, Romane, Bühnenstücke und Gedichte.[3] Stellvertretend für die lange Reihe belletristischer Werke sei etwa die anspruchsvolle Erzählung Ricarda Huchs ,,Der große Krieg in Deutschland" herausgegriffen. Der Interessierte findet am Ende dieses Buches die mir bekannte Literatur einerseits nach Begebenheiten und Autoren (Sekundärliteratur und gedruckte Quellen), andererseits nach den einzelnen Archiven (zumeist ungedruckte Quellen) geordnet vor.

Der nun schon vierhundertste Jahrestag der Hochzeit Jakobes 1985 und das 700jährige Jubiläum ihrer Residenz Düsseldorf 1988 waren mir Anlaß, das in vielen Jahren gesichtete Material in einem Lebensbild geordnet niederzuschreiben, es in den zugänglichen Archiven auf seine Richtigkeit hin zu überprüfen und noch weiße Stellen nach Möglichkeit schließen zu helfen. Um es vorwegzunehmen – Sensationelles trat hierbei nicht zutage. Ich konnte einige Fehler berichtigen, die zum Teil immer wieder abgeschrieben wurden;

---

[1] LV Nr. 164 a. [2] LV Nr. 164 b. [3] LV Nr. 123–151, 154, 155, 255.

A. Einführung

auf die wichtigsten mache ich an den betreffenden Stellen aufmerksam. Bis auf ganz wenige Ausnahmen habe ich auch das von früheren Jakobe-Autoren angezogene Archivmaterial vorgefunden. Erschwert wurde dies durch immer wieder vorgenommene Änderungen von Signaturen und Umschichtungen von Akten. Darüber hinaus war es mein Bestreben, ein möglichst wahrheitsgetreues und vollständiges Lebensbild dieser bedeutenden Frauengestalt der Renaissance zu zeichnen.

Sollten meine Absichten und Wünsche auch nur zu einem geringen Teil gelungen sein, wäre mir dies Lohn und Dank genug.

In besonderer Weise schulde ich Dank Frau Helene Kroutil, Passau, die mit großem künstlerischem Einfühlungsvermögen das an den Anfang gestellte Aquarell Jakobes gemalt sowie den Einbandentwurf mitgestaltet hat; sodann Herrn Prof. Dr. Wilhelm Janssen vom Nordrhein-Westfälischen Hauptstaatsarchiv, der mir bei der Vermittlung sachkompetenter Korrekturleser behilflich war; ferner Herrn Prof. Dr. Hugo Weidenhaupt vom Stadtarchiv Düsseldorf für alte, mikroverfilmte Literatur sowie einige Korrekturhinweise; auch Herrn Prof. Dr. Burkhard Roberg danke ich für Korrekturhinweise. Schließlich gilt mein Dank Herrn Hanspeter Gerlach von der Stadtbibliothek Baden-Baden und seinen Mitarbeitern, die mir über Jahre hinweg – oft schwierig zu ermittelnde – Fach- und Spezialliteratur beschafft haben, Herrn Alvary Köhler, Heidelberg, für fototechnische Beratung und nicht zuletzt meinem Verlag, mit dem von Anbeginn eine sehr gedeihliche Zusammenarbeit möglich war, die zu dem jetzt vorliegenden Ergebnis geführt hat.

Nicht enden möchte ich meine Einführung, ohne auch folgenden, mir bei dieser diffizilen Arbeit behilflich gewesenen Personen und Institutionen meinen aufrichtigen Dank auszusprechen:

Archiv des Erzbistums München und Freising, München
Archivio di Stato, Venedig
Bayern, SKH Herzog Albrecht von
Bayerisches Hauptstaatsarchiv, München
Bayerisches Nationalmuseum, München
Bayerische Staatsbibliothek, München
Bayerische Staatsgemäldesammlung, München
Bayerische Verwaltung der Staatl. Schlösser, Gärten und Seen, München
Biblioteca Nazionale Centrale, Florenz
Biblioteca Communale ,,Vincenzo Joppi", Udine

Biblioteca Statale Isontina, Gorizia
Ewig, Prof. Dr. Eugen, Bonn
Feldmann, Marianne, Wien
Fürstlich Fürstenbergisches Archiv Donaueschingen
Generallandesarchiv Karlsruhe
Geheimes Staatsarchiv Preußischer Kulturbesitz, Berlin
Germanisches Nationalmuseum, Nürnberg
Heimatverein Düsseldorfer Jonges e. V.
Historisches Archiv des Erzbistums Köln
Jussen, Bernd, Küster von St. Anna, Düren
Kunsthistorisches Museum, Wien
Landschaftsverband Rheinland (Landeslichtbildstelle Rheinland), Düsseldorf
Meitinger, Prof. Dr. Otto, München
Münchner Stadtmuseum
National Portrait Gallery, London
Nordrhein-Westfälisches Hauptstaatsarchiv, Düsseldorf
Österreichische Nationalbibliothek, Wien
Österreichisches Staatsarchiv, Wien
Rheinisches Amt für Denkmalpflege, Bonn
Schweitzer, Prof. Dr. Heinz †, Düsseldorf
Staatliche Kunsthalle Karlsruhe
Staatliche Schloßverwaltung Bamberg
Stadtmuseum Düsseldorf
Städtisches Museum Haus Koekkoek, Kleve
St. Sebastianus Schützenverein Düsseldorf 1316 e. V.
Tabbert, Dr. Brigitte, Düsseldorf
Tiroler Landesarchiv, Innsbruck
Universitätsbibliothek Düsseldorf
Weizenegger, Josef, Günzburg (Heimatpfleger)
Westfälisches Landesmuseum für Kunst und Kulturgeschichte, Münster
Wittelsbacher Ausgleichsfonds, München
Zentrales Staatsarchiv Merseburg, DDR

Alle Arbeit wäre mir aber unmöglich gewesen ohne das Verständnis und die unermüdliche Hilfe meiner Frau. Ihr oblag das Schreiben des Manuskripts, von dem oft genug ganze Teile mehrfach zu schreiben waren, der mit diesem Buch zusammenhängenden Korrespondenz und – soweit fremdsprachig – auch deren Übersetzung.

A. Einführung

Aber auch noch aus anderem Anlaß bin ich meiner Frau zu Dank verbunden. Ihre Wiege stand gleich derjenigen Jakobes am Fuße des Schwarzwalds. Durch sie erhielt ich die Verbindung zu Baden-Baden und seinem fürstlichen Landeskind. Beider Heimat ist heute auch die meine. Ich widme daher dieses Buch, dessen Sinn es war, eine vierhundert Jahre alte Begebenheit, die hier ihren Ausgang nahm, mit Leben zu füllen sowie dem neuesten Stand der Forschung gemäß in allen Details chronologisch wiederzugeben, als Zeichen des Dankes meiner Frau Sigrun.

2. KAPITEL

B. Die Baden-Badener Zeit

1. Jakobes Ahnen

Mit einem nahen Verwandten Jakobes, dem Markgrafen Philipp I. von Baden (1479–1533), möchte ich die engere Geschichte um die Titelheldin beginnen lassen.
Im Jahr der Geburt Philipps hatten seine Eltern, der humanistisch geprägte badische Markgraf Christoph I. (1457–1527) und seine um sechzehn Jahre ältere Gemahlin Ottilie von Katzenelnbogen (1441–1517), die Christoph im jugendlichen Alter von erst 15 Jahren geheiratet hatte, das oberhalb Baden-Badens an die Battertfelsen geschmiegte Stammschloß Hohenbaden, uns heute besser unter dem Namen Altes Schloß bekannt, aufgegeben und waren in das von dem Pforzheimer Baumeister und Steinmetzen Hans Sprys von Zaberfeld soeben erst den gestiegenen Ansprüchen der Zeit entsprechend angepaßte und umgebaute Schloß Niederbaden, auch Neues Schloß genannt, umgezogen. Zusammen mit der damals siebenköpfigen markgräflichen Familie – Philipp kam als erstes Kind im Neuen Schloß zur Welt – wurde zugleich die gesamte Administration des Landes verlegt. Damit ging freilich einher, daß der einst stolzen Ritterburg Hohenbaden der Lebensnerv entzogen wurde. Sie diente noch mehrere Jahre der Alt-Markgräfin Katharina (um 1420–93), einer gebürtigen Habsburgerin und Schwester Kaiser Friedrichs III. (1415–93), als Witwensitz; auch sollte Christoph selbst gegen sein Lebensende hin unter etwas dubiosen Umständen nochmals für mehrere Jahre hierher zurückkehren. Im Laufe der Jahre wurde aber das Alte Schloß nicht gerade wohnlicher, blieb indes noch 210 Jahre intakt, bis es 1689 das Schicksal des Neuen Schlosses und vieler anderer Fürstensitze des Oberrheins bis hinab zum berühmten Heidelberger Schloß teilte und der Vernichtungswut französischer Mordbrennerscharen zum Opfer fiel.
Philipp I. hatte – als die Familie vollzählig war – insgesamt neun Brüder und fünf Schwestern, von denen zwei Brüder noch im Kleinkindalter starben. Er war das sechste Kind, mit vier lebenden, älteren Brüdern vor sich. Ihm war es damit an seiner Wiege keinesfalls beschieden, dereinst über badische Lande zu herrschen. Wie es aber das Schicksal manchmal so will, machte gerade Philipp

neben seinem ältesten Bruder Jakob, der Kurfürst und Erzbischof von Trier wurde, die auffälligste Karriere, freilich auf den Zeitraum von etwa drei Jahrzehnten begrenzt und ohne sein Geschlecht im Mannesstamm fortsetzen zu können. Die sich um sein Erbe zankenden Brüder schafften es dann, Ansehen und Einfluß des Hauses auf bloße Mittelmäßigkeit zurücksinken zu lassen.

Wir kennen Philipps Gesichtszüge und Aussehen aus zumindest zwei zeitgenössischen Darstellungen, die die Jahrhunderte überdauert haben. Die eine ist sein Grabmonument in der Baden-Badener Stiftskirche[1] und die andere ein Votivbild von Hans Baldung Grien (1484–1545), einem Schüler und Freund Albrecht Dürers (1471–1528). Von ihm, der mehr oder weniger sein ganzes Leben in den Grenzbereichen der badischen Markgrafschaft zugebracht hat, sind auch verschiedene Bilder des Markgrafen Christoph, Philipps Vater, erhalten, den er gemalt und in Holz geschnitten hat. Das Votivbild mit Christophs ganzer Familie fiel in die Schaffensperiode um 1510 und befindet sich heute in der Staatlichen Kunsthalle Karlsruhe, während eine gute Kopie des Malers Booz im Baden-Badener Kloster Lichtental aufbewahrt wird. Hier mag auch das Original entstanden sein, da um diese Zeit die älteste Schwester Philipps, Maria (1473–1519), Äbtissin und eine Schwester oder Tochter des Malers Grien Ordensfrauen zu Lichtental waren.

Dieses Votivbild zeigt uns die markgräfliche Familie um die hl. Anna selbdritt als Mittelpunkt geschart, und zwar alle Personen im Dreiviertelprofil dargestellt. Während das Kleid Mariens und der Bildhintergrund von dem vom Maler bevorzugten Grünton beherrscht werden, sind Gesichter, Kleidung und sonstiges Zubehör vorwiegend in Ockertönen gehalten. Auf der linken Seite die männlichen und auf der anderen die weiblichen Mitglieder, wobei die Personen von Rang im Vordergrund plaziert sind:

In der linken Bildhälfte – von rechts nach links und als einzige in voller Körpergröße – der in einen Prunkharnisch und rotweiß gestreiften Waffenrock gekleidete und mit dem Goldenen Vlies geschmückte Vater Christoph, gefolgt von seinem Erstgeborenen, Jakob II., der an Mitra und Krummstab als Erzbischof (von Trier) zu erkennen ist, sowie Philipp I. an der linken Außenseite des Bildes.

Des letzteren gedrungen vierschrötige Statur und der breitflächige, etwas mürrisch wirkende Gesichtsausdruck sind kennzeichnend auch für alle übrigen porträthaften Wiedergaben dieses Markgrafen. Zwischen Vater Christoph

---

[1] Vgl. auch S. 38.

B. Die Baden-Badener Zeit   25

Vordere Reihe von rechts: Christoph I., Jakob II. von Trier und Philipp I.

sowie den Söhnen Jakob (1471–1511) und Philipp (1479–1533) – in den Hintergrund gerückt und als bloße Typendarstellungen einander ähnlich – die anderen Söhne bzw. Brüder: Christoph d. J. (1477–1508), Karl (1476–1510), Rudolf (1481–1532), Bernhard (1474–1536), Wolfgang (1484–1522), Ernst (1482–1553), Johann (geb. u. gest. 1490) und Georg (geb. u. gest. 1490), von denen Bernhard und Ernst gleichfalls erbfolgeberechtigt, aber Georg und Johann zu diesem Zeitpunkt bereits verstorben waren, während über Wolfgangs Werdegang nichts Näheres bekannt ist. Christoph d. J., Karl und Rudolf mußten den geistlichen Stand wählen, erhielten Kanonikate in Augsburg, Köln, Mainz, Trier und Straßburg und waren damit gleichfalls bedeutsame Figuren im politischen Spiel ihres Vaters bzw. später der ihm sukzedierenden Brüder.

Da Dürer und seine Zeitgenossen großen Wert auf naturgetreue Wiedergabe legten, ist die Gewähr gegeben, daß die Porträts des Votivbildes der Wirklichkeit sehr nahe kommen. Sie dienten in der Folgezeit mehreren, zum Teil posthum entstandenen Bildnissen einzelner Familienmitglieder als Vorlage. Ein weiteres, von dem Baden-Durlacher Hofmaler Philipp Heinrich Kisling 1759 bis 1766 – nach verschollener, Tobias Stimmer zugewiesener Vorlage –

geschaffenes Ölgemälde Philipps gehörte der Ahnengalerie des Karlsruher Schlosses an. Nach dem Ende des Ersten Weltkrieges wurde es mit nahezu allen übrigen Karlsruher Schloßgemälden nach dem Baden-Badener Schloß verbracht.

Im Fürstensaal des Neuen Schlosses hängt sodann eine Kopie des vorigen Bildes von 1843/47 eines nicht genannten badischen Hofmalers. Diesen sowie auch noch anderen Bildern könnte eine Serie von insgesamt elf kleinen, in einem gemeinsamen Rahmen zusammengefaßten Markgrafenbildern, unter denen sich auch Philipp I. befindet, als eine Art Ölstudie vorangegangen sein. Die möglicherweise von dem badischen Hofmaler J. Koopmann im 19. Jahrhundert geschaffene Tafel wurde 1907 aus dem Besitz der Fürstin Gagarin für das Neue Schloß zu Baden-Baden erworben.

Soviel zu den Bildern und der äußeren Erscheinung Philipps I. von Baden, dessen Bruder und Nachfolger in dem Baden-Badener Landesteil, Bernhard III., der Großvater Jakobes werden sollte. Philipp selbst war damit zunächst ihr Großonkel. Er war aber mit Jakobe doppelt verwandt, was im folgenden noch erläutert wird.

Nur Spärliches ist uns aus Philipps Kindheit und Jugend überliefert. Entgegen seinen Brüdern Jakob, Bernhard und Ernst ist von Philipp ein Studium nicht bekannt, wenngleich er am südbadischen Rötteler Hof der verwandten Markgrafen von Hachberg-Sausenberg eine sorgfältige Erziehung genoß. Man wollte ihn gemeinsam mit Johanna († 1543), der Tochter des gleichnamigen Markgrafen Philipp (1452–1503) und dessen Gemahlin Maria von Savoyen († nach 1512), heranwachsen lassen. Johanna war Erbtochter, so daß Markgraf Christoph die Hoffnung hegte, über eine spätere Heirat der beiden die früher einmal zusammengehörigen Landesteile wieder zu vereinigen. Doch dieser Landerwerb ging nicht komplikationslos vonstatten. Vor allem scheiterte der Heiratsplan am Verhalten König Ludwigs XII. von Frankreich (1498–1515), dessen treuer Vasall Philipp von Hachberg-Sausenberg war.

1491 wurde Markgraf Christoph von Baden als bis dahin einzigem Mitglied seines Hauses die höchste burgundische Auszeichnung, der Orden vom Goldenen Vlies, zuteil. In den folgenden Jahren überhäufte ihn der kaiserliche Verwandte mit Gunstbezeigungen, vor allem Gebietsabtretungen, Belehnungen und Ehrenbezeigungen. Sie waren der fürstliche Lohn für dem Kaiser erwiesene Hilfe finanzieller Art sowie Kriegsdienste gegen die Eidgenossen und in den französisch-habsburgischen Auseinandersetzungen um Burgund, in denen Christoph schicksalhaft auch an den Niederrhein gezogen war, damals freilich nicht ahnend, welche Tragödie sich hier dereinst für eine Prinzessin

B. Die Baden-Badener Zeit

seines Stammes abspielen sollte. Es kann daher nur eine hypothetische Annahme bleiben, wenn man einräumt, daß das Schicksal Jakobes unter der Autorität dieses Herrschers wahrscheinlich in anderen Bahnen verlaufen wäre, hätte drei Generationen später ein Markgraf Christoph zur Verfügung gestanden.

Doch wir waren bei Philipp I. chronologisch bereits im Jahr 1503, in dem der viele Jahre hindurch als Schwiegervater anvisierte Philipp von Hachberg-Sausenberg starb und er selbst anstelle von Johanna von Hachberg-Sausenberg mit Elisabeth von der Pfalz (1483–1522) vermählt wurde. Diese Zeit war im Leben des badischen Philipps noch aus anderen Gründen bedeutsam. Einmal begab sich der damals etwa 20jährige Markgraf in den Sold des französischen Königs – zunächst Karls VIII. und später Ludwigs XII. –, wo er tapfer an den Kriegsschauplätzen vor Mailand und der Türkenfront mitfocht. Die von den Sforza-Herzögen beherrschte oberitalienische Metropole wurde erstürmt und die zum Herrschaftsbereich des Sultans Bajazet II. (1446–1512) zählende Insel Lesbos im Bereich von Mitylene hart attackiert. Philipp oblag hierbei innerhalb des französischen Flottenverbands das Kommando über ein Schiff, das auf den Namen ,,Marais" getauft war. Diese Kriegsbegebenheit ist u. a. auf dem Grabdenkmal des Markgrafen im Chor der Baden-Badener Stiftskirche in lateinischer Sprache nachzulesen. Zum anderen überantwortete damals Vater Christoph die Markgrafschaft Baden neben der Herrschaft Altensteig diesem seinem Sohn, wenn auch nur vorübergehend. Zwei Jahre später, das heißt 1505, übertrug ihm Kaiser Maximilian (1459–1519) – ebenfalls vorübergehend – die Grafschaft des geächteten Grafen Bernhard von Eberstein.

Philipps mehr schöngeistig veranlagter Bruder Ernst begab sich gegen das Ende des Jahrzehnts – noch keine zwanzig Jahre alt – ebenfalls in kaiserliche Dienste.

Vater Christoph, mit den in Philipp gesetzten Erwartungen offensichtlich sehr zufrieden, hielt diesen Sohn ,,vor den anderen zum Regieren besonders geschickt und tauglich"[1] und wollte daher die Übereignung der Ländereien an ihn perfekt machen. Er gedachte Philipp zum Alleinerben des bedeutenderen, rechtsrheinischen Stammlandes und seinen ältesten Sohn Bernhard zum Alleinerben der linksrheinischen Gebiete einzusetzen, während die anderen Söhne den geistlichen Stand wählen oder abgefunden werden sollten. Damit aber wollten sich weder Bernhard noch seine jüngeren Brüder zufrieden geben.

---

[1] LV Nr. 60, S. 113.

In den Jahren 1510 bis 1512 wurde daraufhin unter Hinzuziehung des Freiburger Rechtsgelehrten Ulrich Zasius (1461–1535) folgende Drittelung beschlossen: Bernhard erhielt zu dem linksrheinisch trier-luxemburgischen Anteil noch die halbe Grafschaft Sponheim, Philipp das geschlossene Gebiet der sogenannten unteren Markgrafschaft mit dem rechtsrheinischen badischen Stammland einschließlich Lahr, Mahlberg, Altensteig, Beinheim und das halbe Eberstein, während Ernst die sogenannte obere Markgrafschaft mit Hachberg, Sausenberg, Usenberg, Rötteln, Badenweiler und der Stadt Schopfheim zugewiesen erhielt.

Es kam das Jahr 1515, in dem die badischen Länder in der Pragmatischen Sanktion Badens eine neue Rechtsordnung erhielten. Es war dies im wesentlichen ein Erbschaftsvertrag zugunsten der drei nachfolgeberechtigten Söhne Philipp, Bernhard und Ernst auf der Basis der vorausgehenden, provisorischen Übereignungen. Diese Bestimmungen, die u. a. die weibliche Erbfolge sowie jede Art von Gebietsveräußerung ausschlossen, behielten in der Folge mehr als zweieinhalb Jahrhunderte Rechtsverbindlichkeit. Zunächst war aber nur an ein Provisorium gedacht, denn die drei Brüder sollten – ein jeder in seinem Gebiet – vorerst lediglich Statthalter- bzw. Verweserrechte, und zwar beschränkt auf die Dauer von vier Jahren, ausüben. Ein rapide fortschreitender körperlicher und geistiger Verfall des Vaters ließ jedoch allgemein erkennen, daß die Nachfolgeregelung zur rechten Zeit erfolgt war, es praktisch kein Zurück mehr gab und die drei Geschwister fortan selbständig zu regieren hatten. Philipp, Bernhard und Ernst beantragten daher, um etwaigen Streitigkeiten vorzubeugen, bei Kaiser Maximilian die Entmündigung ihres Vaters, welcher der Kaiser dadurch entsprach, daß er die drei, zunächst auch wieder auf nur ein Jahr begrenzt, zu Kuratoren, das heißt Vormündern, ihres Vaters bestellte. Offensichtlich war der Kaiser darauf aus, nicht voreilig irreparable Tatsachen zu schaffen, sondern Zeit zu gewinnen und den Verlauf im Befinden seines (in früheren Jahren) so verdienstvollen Vetters erst einmal abzuwarten. De facto blieb es freilich dabei, daß die Macht endgültig in die Hände der nächsten Generation übergegangen war.

Was für die Pragmatische Sanktion ein Ulrich Zasius, das war für die Verwaltung des Landes der badische Jurist und spätere Kanzler Dr. Jakob Kirsser. Auf dem Wormser Reichstag des Jahres 1495 war unter Kaiser Maximilian das Reichskammergericht gestiftet und dadurch ein seit Jahrhunderten währender Prozeß der Übernahme römischen Rechts gesetzlich verankert worden. Aus diesem Anlaß beauftragte der Markgraf Kirsser mit der Reform der badischen Verwaltung. Mit seinem Namen sind die noch aus dem

gleichen Jahr stammende Landordnung, die Hofgerichtsordnung des Jahres 1509 sowie die Landordnung von 1511 verbunden.
An der Spitze der von Kirsser reformierten Landesverwaltung standen Kanzler und zwei Hofmeister. Ähnlich dem Kanzler hatte sich damit der Hofmeister den altüberkommenen fränkischen Hofämtern hinzugesellt bzw. das Amt des Truchsessen ersetzt und sollte dasjenige des Kanzlers sogar noch überrunden. Je mehr man sich in der Folge von der mittelalterlichen Verwaltung zeitlich und funktionell entfernte, weil nämlich vom Hof aus nicht allein mehr lokale, sondern das ganze Land betreffende Ereignisse zu verwalten und zu entscheiden waren, um so stärker wirkte der Hofmeister in die Landesverwaltung hinein. Dies führte in Baden zur Spaltung des Amtes in das ranghöhere des Landhofmeisters, der für die Landesregierung verantwortlich zeichnete und damit eine besonders starke Stellung einnahm. Er war nicht nur Kopf der Regierung, sondern auch Stellvertreter des Landesherrn sowie zugleich oberste gerichtliche Instanz und damit auch Berufungsinstanz, die von einigen anderen Richtern, meist adeligen Standes, unterstützt wurde. Bei dieser Machtfülle und Ämterhäufung des badischen Landhofmeisters wundert es kaum, daß sogar der Kanzler dem Landhofmeister verantwortlich zeichnete. Dem rangtieferen Haushofmeister oblag dagegen als oberstem und erstem Diener seines Herrn die Aufsicht über Hofhaltung und Gesinde. In dieser Funktion zählte er zur ständigen Begleitung des Markgrafen.
Kanzler des Markgrafen Philipp I. und seines Vaters waren zuerst Dr. Jakob Kirsser und später Dr. Hieronymus Vehus (1484–1543/44). Das Amt des Landhofmeisters hatten Wilhelm von Neipperg († 1498), Konrad von Venningen, Friedrich von Luxemburg und später auch Hieronymus Vehus sowie das Amt des Haushofmeisters Johann von Berwangen, Erhard Thorlinger († 1528) und Batt von Rüppurr inne. Den beiden letzteren oblag hierbei auch die Erziehung Philipps und seiner Geschwister.
Thorlinger und seine früh verstorbene, jugendlich hübsche Ehefrau Ursel können wir auf dem künstlerisch wertvollsten Grabdenkmal der Pforzheimer Schloßkirche bewundern: Wie zu Lebzeiten stehen beide Eheleute unter einem Torbogen dicht nebeneinander. Er trägt, sich auf ein mächtiges Schwert stützend, eine Ritterrüstung, während sie, in ein faltenreiches Gewand gekleidet, beide Hände zum Gebet erhebt. Zu beider Füßen stehen große Familienwappen. Die holzschnittartigen Gewänder deuten auf den heimischen Holzschnitzer Hans Kern als Schöpfer des Denkmals.
Von geringerer Bedeutung am badischen Hof – aber gerade deshalb für einen Vergleich mit der Endphase des Geschehens im Gesamtterritorium Jülich-

Kleve-Berg besonders wichtig – war der aus geistlichen und weltlichen Gelehrten bestehende Rat, dessen Zusammensetzung, Tätigkeit und Kompetenzen erst durch Kirssers Verfassung geregelt wurden.[1] Gemäß seinem Namen hatte der Rat im wesentlichen beratende, nicht entscheidende Funktion. Bei der Besetzung seiner Behörden, wie der Rechenkammer oder des Hofgerichts, griff der Markgraf häufig auf dieses Gremium zurück.
Für die Rechtsordnung war von grundlegender Bedeutung, daß das markgräfliche Hofgericht höchste Rechtsinstanz im Lande wurde und ausländische Gerichte nicht mehr angerufen werden durften. Die örtlichen Gerichte unterstanden dem jeweiligen Schultheißen und das Hofgericht, das zugleich Appellationsgericht für niedere Gerichte war, dem Landhofmeister. Zwischeninstanzen existierten nicht. Dem Hofrichter assistierten sechs ursprünglich adelige Richter, dem Schultheißen sechs bis zwölf Schöffen.
Wichtigste Einnahmequelle Christophs und Philipps war die von den markgräflichen Beamten zweimal im Jahr erhobene Bede. Ferner zählten Zölle, Geleitsrechte, Naturalien und auch die Akzise dazu. Letztere schloß badenspezifisch eine Abgabe für Liegenschaftsübertragungen ein.[2]
Christoph und Philipp erließen wohldurchdachte Städte- und Gewerbeverordnungen, die dem wirtschaftlichen Leben ihres Landes zum Wohle gereichten und in der angebrochenen Zeit des Humanismus auch im Badischen erste Ansätze eines kulturellen Lebens erkennen lassen.
Ihrer Zeit weit voraus eilten Vorschriften, die den Bürgern – arm und reich – persönliche Freiheit sowie Freizügigkeit in Wohnungsnahme und Ausübung ihres Gewerbes oder Handelszweiges zusicherten. Im Vergleich mit dem an Zünfte gebundenen Prinzip des Mittelalters verspürt man hier frühe Ansätze zur heutigen freien Marktwirtschaft. Der Kernsatz lautete: „Es mag und soll auch ein jeglicher unserer Bürger und Einwohner in Baden sein Gewerbe außerhalb und innerhalb treiben und führen und einem jeden die Stadt mit Einfuhr und Ausfuhr ganz offen sein."[3] Diese Einstellung ist um so erstaunlicher, als es in Baden eine kontinuierliche Entwicklung von einem Zunftwesen zu diesen Freiheiten des Markgrafen Christoph hin gar nicht gegeben hatte. Einige meist in religiösen Ursprüngen fußende, gewerbliche Vereinigungen hatten zwar auch schon früher existiert, jedoch war ein verfassungskonform abgesichertes Zunftwesen erst nach einigen Turbulenzen in der zweiten Hälfte dieses Jahrhunderts zustande gekommen.
Die Bestimmungen aus der Regierungszeit Christophs enthalten z. B. die

---

[1] LV Nr. 57, S. 317 ff. [2] LV Nr. 187. [3] LV Nr. 41, S. 87.

B. Die Baden-Badener Zeit

Regelung der Nutzung und Verwaltung der Allmende sowie eine Weinordnung, die – damals nicht anders als heute – vor allem Betrug durch Strecken des Weines verbot; ferner Vorschriften für das Bau- und das Münzwesen sowie solche für den Gebrauch und Erhalt der Bäder der Residenzstadt – unter anderem interessanterweise mit erstmaliger Erhebung einer Kurtaxe. Auch Bäcker, Metzger, Krämer, Wirte, Schneider oder Weber finden darin ihre Berücksichtigung.

Die Markgrafen grenzten die einzelnen Gewerbe gegeneinander ab, verboten den Zwischenhandel sowie den Kauf „auf Pump" und kümmerten sich um ein gerechtes Preisniveau. Städte, in denen ein Gewerbe heimisch war, wurden gefördert und vor unliebsamer Konkurrenz geschützt.

Es ist anzunehmen, daß vieles von Christophs Hinterlassenschaft auch die Handschrift Philipps trägt und im Einvernehmen mit diesem Lieblingssohn zustande kam, da Philipp, wie kein anderer der Söhne Christophs, von seinen ersten selbständigen Regierungsschritten bis hin zur eigenverantwortlichen und endgültigen Regierungsübernahme eine nahezu anderthalb Jahrzehnte währende Übergangsphase durchmachte, in der er von seinem Vater wiederholt Ämter zu verwalten erhielt, und dieses sein Schaffen just auch in die Zeit der Gelehrten Zasius und Kirsser fiel.

Für Philipps Gebietsflecken, die untere Markgrafschaft, gilt dabei in besonderer Weise darauf hinzuweisen, daß es hier anders als etwa in den brüderlichen Territorien Rötteln, Luxemburg und Sponheim oder in anderen Herrschaften und Fürstentümern jener Zeit, wie etwa dem niederrheinischen Herzogtum von Jülich-Kleve-Berg, keine Stände oder Ständevertretungen von Adel, Geistlichkeit und Städten gab.[1] Dies, das Fehlen von Zünften[2] sowie eine für die Exekutive vergleichsweise wenig bedeutende Räteschaft am Hofe Philipps I. und des ihm in dreijährigem Abstand sukzedierenden Philiberts (1536–69), Jakobes Vater, fand bisher in Forschung und Literatur keine Beachtung, obgleich diesen Institutionen in Jakobes späterem Wirkungskreis machtpolitisch eine eminent wichtige, ja geradezu die entscheidende Rolle zufiel, auf die Jakobe, da sie dieselben vom Elternhaus her nicht bzw. nicht so kannte, nur ungenügend vorbereitet war.

Von Philipps 30jähriger Herrschaft, deren letzte 18 Jahre umfassende Periode er allein regierte, bleibt festzuhalten, daß er ähnlich seinem Vater, der für seine Landeskinder vor allem klare Rechts- und Wirtschaftsordnungen geschaffen

---

[1] LV Nr. 57, S. 318.   [2] LV Nr. 41, S. 87.

hatte, von Anbeginn an ein gesundes Gespür in wirtschaftlichen Belangen empfand. Er verlieh z. B. Salzrechte, die damals ihrer Einnahmen wegen sehr begehrt waren, kümmerte sich um das Bäderwesen seiner Residenzstadt Baden-Baden, deren Stadtordnung er bestätigte, und entfaltete eine rege Bautätigkeit im Bereich des Neuen Schlosses, wodurch er Handwerk und Gewerbe dringend notwendige Einnahmequellen erschloß.
Noch heute zeugen von Philipps Bautätigkeit, auf die wir im übernächsten Kapitel nochmals zurückkommen, wesentliche Teile des Torturms, der Umfassungsmauer in der Nordwestecke und des Archivturms.
Ein Kanzleiwesen, aus dem sich das Amt des Kanzlers entwickelt hatte, zog auch ein geordnetes Archivwesen nach sich. In Kanzleien wurden Akten, Amtsbücher – dazu gehörten auch Register – und Urkunden aufbewahrt. Die Registratoren bearbeiteten hier die eingehende Post sowie Konzepte der auslaufenden Post, Finanz- und Gerichtsberichte sowie landesherrliche Gerechtsame, Einkünfte und diverse Privilegien, vor allem lehenrechtlicher Natur.[1] Einen solchen Raum, in dem all diese für das Funktionieren einer Landesverwaltung der damaligen Zeit wichtigen Unterlagen aufbewahrt wurden, war man einmal bestrebt, entsprechend abzusichern und ihm zum anderen auch ein seiner Bedeutung zukommendes Äußeres zu geben. Aus diesem Grunde war das baden-badensche Archiv in dem nördlichen Wehrturm, eben dem Archivturm, untergebracht worden, dessen Innenarchitektur man eine besondere Sorgfalt hatte angedeihen lassen. Doch davon, wie gesagt, später.

Nachdem der langwierige Prozeß der Erbteilung geregelt war, hatte sich Christoph I. auf die luxemburgischen Güter seines Hauses zurückgezogen. Schon bald gingen aber die Auseinandersetzungen unter seinen Söhnen betreffs des väterlichen Erbes weiter. Philipp besetzte kurzerhand – vielleicht eingedenk der ihm vom Vater ursprünglich zugedachten größeren Anteile und Vollmachten – die luxemburgischen Herrschaften seines Bruders, verdrängte diesen aus dem ihm vertraglich zugesicherten Gebiet und bewog den Vater, künftig in Hohenbaden Wohnung zu nehmen.
Diese Episode im Leben Philipps bleibt zwielichtig, weil man das Motiv, dem Vater gegenüber so zu handeln, nicht kennt. Da er der vom Vater immer wieder protegierte Lieblingssohn war, ist nach der Besetzung Luxemburgs kein Grund ersichtlich, weshalb er den kranken Vater nach Hohenbaden verbrachte. Zwar war der alte Markgraf auch jetzt noch die allseits geachtete,

---

[1] Vgl. LV Nr. 189 a, S. 454 f.

Markgraf Christoph I. von Baden (1457–1527), Jakobes Urgroßvater im Alter von 56 Jahren

beherrschende Figur in der Markgrafschaft, die von den Großen jener Zeit eingehende Korrespondenz war an ihn adressiert, und die Geschäfte des Landes wurden in seinem Namen erledigt. Dennoch war seine Hinfälligkeit bereits in ein Stadium getreten, in dem er für seine nach der Macht strebenden Söhne kein Hindernis mehr bedeutete. Ein bereits vier Jahre zuvor von Hans Baldung Grien gefertigtes Ölgemälde vermittelt und bestätigt diesen Zustand: Im Dreiviertelprofil – vom Betrachter aus – nach links blickend, ist der damals 56jährige Markgraf mit mächtig vorspringender Nase und einer keineswegs mehr habsburgisch-hängenden Unterlippe dargestellt. Auffallend die nach Dürerart sorgsame Durchbildung der Haartracht und der braunen Pelzverbrämung seines Gewandes. Der silbrige Vollbart geht im Ohrbereich in das ansonsten von einem Barett verdeckte Haupthaar über. Die Kopfbedeckung ist zweiteilig. Aus dem kräftigroten Hauptteil, das schräg über des Markgrafen rechtes Ohr herabgezogen und mit einer Kordel sowie mit Gold- und Edelsteinschmuck geziert ist, schaut noch ein goldbrauner futterartiger Einsatz hervor, der die andere Kopfpartie bis hinab zum Ohr bedeckt. Die helleren Farbtöne, wie das Rot der Mütze, die Fleischfarbe des Antlitzes, die silbergraue Bartrahmung, das Rotbraun des die Schultern umhüllenden Pelzes sowie die Cremefarbe des unter diesem hervorlugenden Hemds, sind es, die auch hier wieder in einem wundervollen Kontrast zu der vom Maler so geliebten und zum Bestandteil seines Namens[1] gewordenen sattgrünen Farbgebung des Hintergrundes stehen. Ein sehr eindrucksvolles und repräsentatives Fürstenporträt seiner Zeit.

Im Jahr der Besetzung Luxemburgs durch Philipp I. und der mehr oder minder freiwilligen Übersiedlung Christophs I. nach Hohenbaden starb sein ihm im äußeren Erscheinungsbild so ähnlicher kaiserlicher Vetter Maximilian. Es sah so aus, als bestünde neben der äußeren Ähnlichkeit dieser sich im Leben sehr nahestehenden Verwandten auch ein Gleichklang ihrer Seelen, da die Resignation und das Dahindämmern Christophs auch bereits dessen nahes Ende signalisierten.

Zwei Kandidaten bewarben sich um Maximilians Nachfolge. Frankreichs König Franz I. (1515–47), der, von dem Medici-Papst Leo X. (1512–21) trotz seiner unheiligen Allianz mit dem Sultan von Istanbul favorisiert, sehr um Philipps Wohlwollen bemüht war. Dieser nutzte seinerseits die Gunst der Stunde und brachte alte Ansprüche, die noch aus der Zeit seiner Kriegsdienste unter französischer Krone datierten, vor. Inwieweit die Bemühungen erfolg-

---

[1] Hieß eigentl. nur Hans Baldung – gen. „Grien".

B. Die Baden-Badener Zeit

reich waren, ist nicht überliefert. Mit seinem Herzen aber stand Philipp von Anfang an auf seiten des anderen Kandidaten, des nachmaligen Kaisers Karl V. (1500–58), jenes Enkels Maximilians, von dem es später hieß, daß in seinem Reich die Sonne nicht untergehe. Bei der engen Verwandtschaft mit den Habsburgern – wir entsinnen uns, Philipps Großmutter Katharina war eine Schwester Kaiser Friedrichs III. – und der über Jahrzehnte hinweg gepflegten Freundschaft zwischen beiden Häusern war dies freilich nicht anders zu erwarten.

Kaum war die Kaiserwahl unter Dach und Fach, kam es auch unter Karl V. zu Gunsterweisen dem badischen Markgrafen gegenüber. So bestätigte der neue Kaiser Philipp in allen seinen Privilegien. Ferner kam ein Vertrag zustande, demzufolge der badische Markgraf vorderösterreichischer Feldhauptmann mit dem Anrecht auf ein Jahrgeld von 3000 Gulden wurde. Auch belehnte ihn der Kaiser in den folgenden Jahren mit diversen Ortschaften, wie Ottenheim, Friesenheim sowie mit der luxemburgischen Grafschaft Roussy. Philipps große Stunde indes schlug, als er 1521 zuerst zum Beisitzer und am Reichstag von 1524 dann sogar an die Spitze der noch von Kaiser Maximilian geschaffenen Institution eines ,,Kaiserlichen Reichsregiments" bestellt wurde. Auch präsidierte er mehrfach an Stelle des Kaisers deutschen Reichstagen. Dadurch gelangte der politisch relativ unbedeutende badische Markgraf in eine Spitzenfunktion des Heiligen Römischen Reiches Deutscher Nation. Er war in der Hierarchie nach der Person des Kaisers zum wichtigsten Mann im Reiche geworden.

Philipp und sein Vater Christoph waren in dem Jakobe vorangehenden Jahrhundert zweifellos deren bedeutendste Vorfahren. Unter ihnen genoß Baden schon einen über ein halbes Jahrhundert währenden Frieden. Christoph hatte sein durch Kriege und Erbschaften zerstückeltes Land wieder vereinigt, neuzeitliche Stadt- und Gewerbeverordnungen geschaffen sowie vor allem die Fron- und Leibeigenschaft weitgehend beseitigt. Sein Sohn Philipp dagegen stach durch Tapferkeit, seine Kaisertreue und die Befriedung der aufrührerischen Bauern hervor, was ihm zu außergewöhnlichem Ansehen und der Funktion eines Kaiser-Stellvertreters verhalf. Philipp war aber auch ein weiser, gerechter und in den damals besonders beachteten Fragen der Religion toleranter Fürst, der um einen gewissen Wohlstand seiner Untertanen besorgt sowie gegen jede Art von Willkür war. Dies verhalf ihm bei den kleinen Leuten zu Popularität, einer ihm bei der Schlichtung der stets von neuem aufflackernden Bauernunruhen dieses Jahrzehnts besonders hilfreichen Eigenschaft.

Aus all diesen Gründen schien es angebracht, die beiden nahen Vorfahren

Jakobes etwas eingehender zu behandeln, zumal die ihnen bis hin zu Jakobe noch folgenden zwei Regenten, nämlich Bernhard III., der Bruder Philipps I., und des ersteren Sohn Philibert, der Vater Jakobes, kaum sichtbare Spuren hinterlassen haben, wenn man von ihren prächtigen Grabmonumenten und Bildern sowie einigen Archivalien absieht, die namentlich Bernhard eines ebenso lockeren wie zänkischen Lebenswandels zeihen.

Aber auch noch aus einem anderen Aspekt sollte der Persönlichkeit Philipps I. Respekt gezollt werden. Wie die meisten Mitglieder seines Hauses – Jakobe eingeschlossen – war Philipp ein sehr frommer Mensch. Dies in Ehren wäre für sich nicht ungewöhnlich gewesen. Was hingegen auffällt – und darin läßt sich eine sehr wesentliche und nachhaltige Parallele zu Jakobe feststellen –, war die in Philipp, einem Zeitgenossen Martin Luthers, hochgekommene innere religiöse Zerrissenheit. Obgleich der Wittenberger Mönch und Gelehrte z. B. in dem britischen Reformator John Wyclif alias Doctor evangelicus oder den tschechischen Reformatoren Jan Hus und Hieronymus von Prag wichtige Vorläufer hatte, mögen deren Lehren dem badischen Markgrafen – wie auch den meisten seiner Landsleute – durch die andere Nationalität und die weit entfernten Länder, in denen diese Reformatoren beheimatet waren, nie richtig gegenwärtig geworden sein. Überdies waren sie schon mehr als ein Jahrhundert tot. Jetzt dagegen erlebte der Markgraf die neue Lehre hautnah, überall schien sie Platz zu greifen, manch bekannter, verwandter oder verschwägerter Landesfürst war sogar schon konvertiert. Als Philipp daher vernahm, daß Martin Luther sein Kommen zu dem im nahen Worms 1521 angesetzten Reichstag zugesagt hatte, entsandte er den aus Vaters Diensten übernommenen, angesehenen Kanzler Dr. Hieronymus Vehus nach Worms, um Luther vor den Gefahren einer Glaubensspaltung zu warnen und ihn nach Möglichkeit zum Widerruf seiner Lehre zu bewegen, der daraufhin den berühmt gewordenen Ausspruch getan haben soll: ,,revocare neque possum neque volo quicquam – Gott helfe mir, Amen!"[1]

Philipp und sein Kanzler waren einer kirchlichen Reform nicht direkt abhold, wollten dieselbe aber im Rahmen der Mutterkirche durchgeführt wissen – nicht außerhalb und erst recht nicht durch Abspaltung. In Philipps ganzem Gebahren sowie in seinen Verordnungen meint man permanent ein Lavieren, Suchen und Tasten nach der Wahrheit zu verspüren, bis er dann – wenn auch nur vorübergehend – zu einem entschiedenen Anhänger Luthers wurde. Äußere Anzeichen hierfür sind, daß er die Messe nur sonn- und feiertags halten ließ,

---

[1] LV Nr. 41, S. 103; vgl. auch LV Nr. 60, S. 119.

B. Die Baden-Badener Zeit

der Predigt großes Gewicht beimaß, wenigstens den Kranken das Abendmahl in beiderlei Gestalt gestattete, den Zugang zu Klöstern beschränkte und den Kreuzgang sowie die Prozession gänzlich abschaffte. Ferner gestattete Philipp den Geistlichen die Ehe und war darum bemüht, die Pfarren seines Landes mit sittenstrengen, tüchtigen Leuten zu besetzen. Höhepunkt und gleichsam Abschluß dieser das lutherische Bekenntnis bevorzugenden Entwicklung war ein Auftrag Philipps an einen Durlacher Meister im Jahr 1529, Luthers Bibelübersetzung samt einem Vorwort des Reformators zu drucken. Dann allerdings, gegen sein Lebensende hin, begann das Pendel seiner Gunst wieder mehr in Gegenrichtung, nach der überkommenen katholischen Lehre hin, auszuschlagen. Es ist nicht zu belegen, jedoch wahrscheinlich, daß diese abermalige Kehrtwendung auf das gute Einvernehmen mit dem Kaiserhof zurückzuführen war.

Bei all dem Hin und Her oder möglicherweise gerade deswegen übte der Markgraf stets religiöse Toleranz und suchte den Ausgleich. So auch am Reichstag zu Speyer von 1529, als evangelische Reichsstände gegen eine von katholischer Seite versuchte Aufhebung des Speyrer Reichsabschieds Sturm liefen, der u. a. die Aufhebung des Wormser Edikts von 1526 und des päpstlichen Unfehlbarkeitsanspruchs sowie die Einführung von Priesterehe, Laienkelch und deutscher Liturgie ankündigte. Auch befanden sich die Evangelischen im Gegensatz zu der von den Katholiken am Reichstag vertretenen Forderung, daß von keinem Stand und keiner Obrigkeit Güter und Zinsen vereinnahmt werden dürften. Diese Proteste waren es gewesen, denen sie fortan den Namen ,,Protestanten" verdankten.[1] Damals schon versuchte Philipp zusammen mit dem Herzog Heinrich d. J. von Braunschweig-Wolfenbüttel (1489–1568) eine Vermittlung herbeizuführen, wie sie dann de facto erst beim Augsburger Religionsfrieden des Jahres 1555 gelingen sollte.

Mit der Zerrissenheit im Glauben sowie dem erpresserischen Steuer- und Abgabendruck seitens des Adels und der mit ihm paktierenden Kirche schritten die Bauernunruhen jener Zeit einher, die in Baden zu schwersten Ausschreitungen und Verwüstungen führten. Die Klöster Allerheiligen, Schwarzach, Herren- und Frauenalb sowie das soeben erst im alten Glanz wiedererstandene Gottesaue wurden damals geplündert. Dem Durchgreifen und nicht zuletzt auch der Beliebtheit und dem Ansehen Philipps war es im wesentlichen zu danken, daß das Marodieren nicht noch größere Ausmaße annahm, ihm allmählich wieder Einhalt geboten werden konnte, nur die

---

[1] LV Nr. 191a; auch LV Nr. 60, S. 121.

Rädelsführer in Gewahrsam genommen wurden und den Bauern letztlich sogar gewisse Zugeständnisse gemacht wurden.

Ein letztes Mal wurde diesem badischen Markgrafen eine große Ehrung zuteil, als man ihn 1531 zum schwäbischen Kreisobersten ernannte. Philipp seinerseits erwies auch dem Kaiser in Wien nochmals seine Referenz, indem er ihm, es war sein vorletztes Lebensjahr, zusammen mit seinem Bruder Ernst gegen die Türkenplage zu Hilfe eilte. Bekannt ist, daß Philipp 1526 am Speyrer Reichstag schwer erkrankt denselben vorzeitig verlassen mußte und er damals an seiner Wiedergenesung Zweifel hegte. Der an sein Krankenbett gerufene, weltberühmte Arzt Paracelsus (1493–1541) vermochte dem Markgrafen nochmals zu helfen, wenn auch die zugesagte fürstliche Belohnung ausblieb. Bekannt ist ferner, daß der noch junge Markgraf in seinem ersten Türkenfeldzug unter Frankreichs Banner schwer verwundet worden war. Von einer neuerlichen Verwundung bei seinem letzten Engagement an der Türkenfront wissen die Chronisten hingegen nichts; sie ist trotzdem nicht auszuschließen, denn vom 14. 5. 1533, vier Monate vor seinem Ableben, datiert Philipps Testament. Es scheint so, als habe er es bereits im Angesicht des Todes verfaßt. Philipp setzte, jede weitere Landzersplitterung meidend, seine Brüder Bernhard und Ernst zu alleinigen Erben ein, nicht ahnend, wie sehr sich diese darob in die Haare geraten sollten. Er verschied am 17. 9. 1533.

Jakobes Urgroßeltern Philipp I. und Elisabeth von der Pfalz fanden ihre letzte Ruhestätte im Erbbegräbnis der Familie, in der Baden-Badener Stiftskirche. In der Apsis, unmittelbar vor dem Kreuz des Gerhaert von Leyden, ist sein Grabstein im Fußboden eingelassen und die Stufen abwärts, in Blickrichtung Apsis geringfügig nach rechts versetzt, derjenige seiner Gemahlin. Außerdem gedenkt des Markgrafen an der rechten Chorwand ein von Christoph von Urach geschaffenes, prächtiges Renaissancedenkmal, das Philipp I. in seinem Harnisch auf einem Sarkophag liegend darstellt. Der Markgräfin Grabdenkmal dagegen gilt seit 1797, wo es aus Reparaturgründen nach der neuen Residenzstadt Rastatt verbracht worden war, als verschollen.

Von den Brüdern Philipps I. gehört im anstehenden Zusammenhang noch Bernhards III. und Ernsts gedacht. Nicht etwa weil sie geschichtlich besonders bedeutsam wären – man könnte eher das Gegenteil behaupten. Wie alle Geschwister standen auch diese etwas farblosen badischen Fürsten zu Lebzeiten Philipps I. ganz in dessen Schatten, jedoch war Ernst der Begründer der nach ihm benannten ernestinischen, protestantischen Linie von Baden-Durlach und Bernhard III. der Begründer der bernhardinischen, katholischen

B. Die Baden-Badener Zeit

Linie von Baden-Baden und zugleich in der männlichen Stammfolge Großvater Jakobes.

Bernhard III. hatte der immer noch nahen Verwandtschaft und Verbundenheit zum Kaiserhaus wegen einen Großteil seiner Jugend am Hofe Maximilians, des letzten Ritters, verbringen dürfen und war dort zusammen mit dem nur vier Jahre älteren Sohn des Kaisers, dem österreichischen Erzherzog und nachmaligen König Philipp dem Schönen von Kastilien (1478–1506), erzogen worden. In Begleitung des Hofmeisters Johann von Berwangen sowie seiner Brüder Ernst und Jakob II., dem späteren Erzbischof und Kurfürsten von Trier, begab er sich dann auf Weisung des Vaters nach Bologna, um bei Professor Philippus Beroaldus vor allem Redekunst und Philosophie zu studieren. 1496 begleitete Bernhard Philipp den Schönen, seinen Spielgefährten aus Kindheitstagen, über Frankreich nach Spanien, wo sich Philipp mit der geistesschwachen Johanna (1479–1554), der Tochter Ferdinands des Katholischen (1452–1516) und Isabellas (1451–1504), vermählte. Sie waren die Eltern der Kaiser Karl V. und Ferdinand I. Dieser glänzende Start wäre eigentlich berechtigter Anlaß auf eine entsprechende Laufbahn und ein bedeutendes Herrscherschicksal gewesen. Hören wir aber, wie es statt dessen kam.

Bereits in jungen Jahren ging Bernhard III. eine Liaison mit einer ihrem Namen nach nicht mehr bekannten Frau ein. Dieser Verbindung entstammten einige wohlgeratene Söhne[1], die auch von ihrem Vater und der Öffentlichkeit durchaus akzeptiert und von Kaiser Karl V. später teilweise sogar legitimiert wurden. Unter ihnen findet man die biblischen Dreikönigsnamen Caspar und Melchior sowie die traditionsreichen badischen Fürstennamen Bernhard, Philipp und Johann. Dennoch kamen sie – geübten Hausgesetzen zufolge – wegen unebenbürtiger Abstammung für die Regierungsnachfolge nicht in Frage.

Der Bruderzwist zwischen Bernhard III. und Philipp I. ist schon angedeutet worden. Er führte dazu, daß Bernhard sein luxemburgisches Erbe erst nach des Vaters im Jahre 1527 erfolgtem Ableben unter Vermittlung eines Grafen Georg von Mömpelgard und dem daraufhin geschlossenen Wormser Vergleich antreten konnte. Indessen bahnte sich auch ein Zwist zwischen Bernhard III. und Bruder Ernst an, welch letzterer sich dagegen wehrte, daß Bernhard ihres gemeinsamen Bruders Erbschaft für sich allein beanspruchte, falls Philipp ohne männliche Nachkommen vor ihnen sterben sollte. Gedanken hierüber schienen angebracht, denn von den sechs Kindern Philipps und der Elisabeth von

---

[1] LV Nr. 434–440.

der Pfalz lebte damals nur noch die 1522 mit dem Bayernherzog Wilhelm IV. (1508–50)[1], dem Beständigen, vermählte und laut der Pragmatischen Sanktion von der Erbfolge ausgeschlossene Jakobäa Maria. Für Philipp und Elisabeth eine schmerzende Erkenntnis, deren Auswirkung für das Haus Baden insgesamt gesehen jedoch heilsam war, da auf diese Weise nicht nur eine weitere Zersplitterung von Philipps Erbmasse unterblieben ist, sondern dieselbe nach seinem Hinscheiden den beiden anderen Dritteln, die sich in den Händen Bernhards und Ernsts befanden, hinzugefügt werden konnte.

Obgleich der weitblickende Philipp in seinem Testament die Brüder Bernhard und Ernst zu seinen alleinigen Erben bestimmt hatte, waren selbst diese beiden Agnaten noch zu viele, als daß es zwischen ihnen über die Hinterlassenschaft zu einer Einigung gekommen wäre.

Das beiderseitige Mißtrauen führte zu dem Losentscheid von 1535, Teilungsbrief genannt, der für Bernhard die Grenzziehung und im Anschluß daran für Ernst die Wahl der ihm künftig gehörenden Hälfte vorsah. In der Annahme, Bruder Ernst würde den der oberen Markgrafschaft, die er ja schon besaß, zunächstliegenden Baden-Badener Landesteil wählen, gestaltete Bernhard diesen Teil kleiner. Er täuschte sich aber. Trotz der gebietsmäßigen Trennung seiner Landesteile durch das dazwischenliegende Baden-Badener Gebiet wählte Ernst den um Pforzheim und Durlach gelegenen größeren Teil, während für Bernhard III., außer seinem Besitz in Trier–Luxemburg und Sponheim, der um Baden-Baden herum gelegene, kleinere Teil übrigblieb.

Im Alter von 61 Jahren entschloß sich Bernhard III. ziemlich unvermittelt zu einer standesgemäßen Ehe. Auserwählte war die Gräfin Franziska von Luxemburg-Ligne-Roussy-Croy († 1566). Friedrich von Weech gibt diesem Unterfangen in seiner „Badische Geschichte"[2] die durchaus glaubhafte Deutung, daß es nicht abzuweisen sei, der sechzigjährige Markgraf habe sich nur in der Absicht vermählt, sein Erbe nicht auch noch dem ungeliebten Bruder hinterlassen zu müssen. Wenn dem so war, ging Bernhards Rechnung auf, denn in der nur einjährigen Ehe gebar ihm die Markgräfin die beiden Söhne Philibert und Christoph II. Als der Vater nur ein Jahr nach seiner Heirat starb, sukzedierte ihm in dem ehelich erstgeborenen Philibert ein wenige Monate alter Säugling. Derselbe wurde 22 Jahre später der Vater Jakobes und dessen posthum geborener Bruder Christoph II.(1537–75) der Vater des berühmt-berüchtigten Eduard Fortunat (1565–1600), der einmal den zahlreichen Bewerbern um Jakobes Schwägerin Sibylle zugerechnet werden sollte.

---

[1] Sein Name ist u. a. mit dem noch heute beachteten Reinheitsgesetz deutschen Biers verbunden. [2] LV Nr. 60, S. 139.

Markgraf Bernhard III. von Baden (1474–1536), Jakobes Großvater väterlicherseits

Bernhard III. wurde, gleich seinem ihm im Tode vorausgegangenen, bedeutenderen Bruder Philipp, in der Baden-Badener Stiftskirche, dem damaligen Erbbegräbnis der Familie, beigesetzt. Sein Grab ist das an dem linken geraden Stück der Chorwand zuvorderst gelegene, mit einer heute von Kirchenbänken verdeckten Grabplatte. Dahinter, an die Wand gelehnt, ein von Johann von Trarbach 1571 bis 1573 geschaffenes, – gemessen an der Bedeutung dieses Herrschers – überprächtiges Renaissance-Grabdenkmal.

Markgraf Ernst war nunmehr der letzte von zehn Söhnen Christophs I., der noch am Leben war. Mit einem Mal zum Oberhaupt des Gesamthauses emporgestiegen, gewann er in diesen Jahren sichtlich an Format. Von den leidigen Erbstreitigkeiten einmal abgesehen, die ihn auch fürderhin, bei der nachfolgenden Generation, nicht zur Ruhe kommen lassen sollten, widmete er sich jetzt einer Fülle anderer Probleme, wie der religiösen Uneinigkeit im Lande, der Schlichtung von Bauernunruhen, der Eindämmung des Raubrittertums sowie wirtschaftlichen, schulischen und sozialen Belangen.

Von den Schlössern Sulzburg und Hochburg verlegte er seine Residenz, wohl infolge religiöser Unruhen im Grenzbereich der freiheitsliebenden, reformierten Schweiz, ab der Regelung des Teilungsbriefes nach Pforzheim, wo er sich am Schloßberg ein später leider weitgehend wieder abgetragenes Schloß erbaute.

Die Pforzheimer Bevölkerung neigte mehr nach dem lutherischen Bekenntnis hin, zu dem mit der Zeit auch Ernst eine vermittelnde Haltung einnahm, obgleich er dem alten Glauben zeit seines Lebens verhaftet blieb. Erst unter seinem Sohn und Nachfolger Karl II. (1529–77) wurde 1556 in diesem Landesteil das Augsburger Bekenntnis offiziell eingeführt. Wie erwähnt wurde dadurch Markgraf Ernst paradoxerweise – obgleich selbst katholisch – zum Begründer der protestantischen oder ernestinischen Linie Baden-Pforzheims bzw. später Baden-Durlachs, während sein eher dem reformierten Bekenntnis anhängender Bruder Bernhard III. Stammvater der katholischen oder bernhardinischen Linie Baden-Badens wurde.

Mehr Glück als mit seiner Verwandtschaft und seinen oft störrischen und rebellierenden Untertanen war Markgraf Ernst in seinem Verhältnis zum schönen Geschlecht beschieden, einer der wenigen Eigenschaften, die er mit seinem Bruder Bernhard gemein hatte. Insgesamt war Ernst dreimal verheiratet, und zwar durchwegs mit interessanten Frauengestalten.

Seine erste Gemahlin, Elisabeth (1494–1518), die ihm sieben Kinder gebar, war eine Tochter des Markgrafen Friedrich von Brandenburg-Ansbach

B. Die Baden-Badener Zeit 43

(† 1536) und Schwester jenes ersten Herzogs von Preußen, mit Namen Albrecht († 1568), der seit 1511 letzter Hochmeister des Deutschen Ritterordens und Vater des geistesschwachen Albrecht Friedrich († 1618) war, einem späteren Schwager Jakobes.

Mit seiner altem schwäbischem Adel entstammenden, zweiten Gemahlin, Ursula von Rosenfeld († 1538), hatte der Markgraf drei Kinder, von denen das letzte, der oben erwähnte Karl II., sein Nachfolger wurde. Ernst muß diese Frau besonders geliebt haben, da er sich in deren Todesjahr zusammen mit ihr – noch zu seinen eigenen Lebzeiten – auf einer prächtigen Tumba im Chor der Pforzheimer Schloßkirche, dem Erbbegräbnis dieses Zweiges, in Marmor modellieren ließ, mit Löwe und Hund als Sinnbild von Stärke und Treue zu ihrer beider Füße. Obgleich unsigniert, deutet alles auf die Werkstatt des Meisters Christoph von Urach hin.

Ernsts dritter Frau, Anna Bombast von Hohenheim († 1574), schließlich gebührt ihrer Verwandtschaft mit dem berühmten Arzt und Naturforscher Theophrastus Bombastus von Hohenheim, genannt Paracelsus, wegen Erwähnung, der ein Zeitgenosse ihrer Eltern war. Die gleichnamige Mutter († 1546) besitzt an der Außenwand der Pforzheimer Schloßkirche ein 1945 durch Kriegseinwirkungen leider stark beschädigtes Grabmal, und ein Ulrich Bombast von Hohenheim gehörte der Räteschaft des Markgrafen an. Man geht sicher nicht fehl in der Annahme, daß die Verbindung Ernsts zu Anna über diesen markgräflichen Rat Ulrich lief, dessen verwandtschaftliches Verhältnis zu seinem Protegé jedoch nicht feststeht.

Der Markgraf war um die Zeit, als seine dritte Ehe geschlossen wurde, bereits um die sechzig und hatte aus den beiden vorausgegangenen Ehen drei männliche Erben, während die Ehe mit Anna kinderlos bleiben sollte. Von diesen drei männlichen Nachkommen war beim Ableben des alten Markgrafen Ernst nurmehr Karl, sein jüngstes von zehn Kindern, übrig, so daß eine weitere Zersplitterung des Landes vermieden wurde, die von Ernst trotz eigener, trüber Erfahrung beabsichtigt war.

Karl II. gab die Residenz Pforzheim aus unbekanntem Grund wieder auf und errichtete zu Karlsruhe-Durlach die nach ihm benannte Karlsburg. Den Fortgang der Arbeiten überwachte er persönlich und soll die Bauleute aus einer mitgeführten Geldtasche eigenhändig bezahlt haben, was ihm den Beinamen „der mit der Tasche" eintrug. „Rufus", „der Heilige" oder „der Reformator" waren weitere Beinamen, die man diesem Herrscher wegen einiger augenfälliger Eigenschaften, wie seiner rötlichen Hautfarbe und seinem engagierten Eintreten für den Protestantismus, beigab. Sein Durlacher Kavalier- oder

Prinzessinnenbau ist in einer Kopie des 1689 von den Franzosen zerstörten Schlosses erhalten geblieben.
Karls bzw. die Generation von Jakobes Vater Philibert war die erste, die auf die territoriale Aufteilung selbst keinen Einfluß mehr nehmen konnte, sondern sich mit den auf sie überkommenen Verhältnissen arrangieren mußte. Diese Zersplitterung und die religiösen Streitigkeiten hatten aber dem Ansehen und Einfluß des badischen Fürstenhauses erheblich Schaden zugefügt, so daß der Kredit, den einst Christoph I. und sein Sohn Philipp I. bei den Großen des Reiches besessen hatten, in nur wenigen Jahren vertan war, ein Nachrücken badischer Markgrafen in den Domkapiteln ausblieb und sich vor allem ein wirtschaftlicher Niedergang im Land mehr und mehr breitmachte, der für die baden-badensche Landeshälfte in einem regelrechten Staatsbankrott enden sollte.

2. Das Elternhaus

Mit keinem der Eltern Jakobes – weder mit Philibert noch mit Mechthild – meinte es das Schicksal sonderlich gut. Philiberts Vater, Markgraf Bernhard III. von Baden-Baden, war im Geburtsjahr seines Erstgeborenen und präsumtiven Nachfolgers bereits 61 Jahre alt. Er hätte somit altersmäßig eher in die Generation der Großeltern seiner Kinder gepaßt. Tatsächlich konnte sich dann auch Bernhard III. der Geburt seines Stammhalters nicht lange erfreuen, sondern starb bereits sechs Monate später. Seinen zweiten Sohn Christoph II. hatte Bernhard nicht einmal mehr gekannt, er wurde erst nach des Vaters Tod geboren.
Auf die Markgräfin-Witwe Franziska, die Mutter Philiberts und Christophs II., schien sich jetzt der ganze Groll ihres Pforzheimer Schwagers Ernst, den dieser gegenüber seinem Bruder Bernhard gehegt hatte, zu entladen. Nachdem Ernst vom Ableben Bernhards erfahren hatte, versuchte er schleunigst vollendete Tatsachen zu schaffen, indem er vom Neuen Schloß zu Baden-Baden Besitz ergriff und die Herrschaftsgewalt des zugehörigen Landesteils an sich riß. Er hatte es ohnedies schon immer darauf abgesehen, eine Verbindung zwischen Pforzheim-Durlach und dem hiervon durch die andere badische Landeshälfte getrennten sausenbergischen Sulzburg herzustellen. Sodann sperrte er die Auszahlung jeglicher Geldbeträge einschließlich solcher an die verwitwete Markgräfin und untersagte ihr jeden Kontakt mit den Räten ihres verstorbenen Mannes. Nur das allernötigste Hausgesinde wurde ihr, die sich gerade mit

B. Die Baden-Badener Zeit

ihrem zweiten Sohn Christoph II. in anderen Umständen befand, belassen. In für sie erniedrigender Art mußte sie sich vielfach sogar elementare Nahrungsmittel erbetteln. Ansprüche eines Grafen von Wied auf das luxemburgische Rodemachern schürten die Gegensätze zu Ernst noch weiter. Der deutschen Sprache nicht mächtig, tat sie sich in der Verteidigung ihrer Rechte und Ansprüche sehr schwer, was sie schließlich resignieren und in ihr heimatliches Luxemburg zurückkehren ließ. Später vermählte sie sich ein weiteres Mal, und zwar mit dem Grafen Adolf von Nassau-Wiesbaden, der einmal gemeinsam mit ihrem ersten Gemahl die Herrschaft Lahr besessen hatte.

Rege Verhandlungs-, Korrespondenz- und Reiseaktivitäten zwischen der Markgräfin Franziska, Markgraf Ernst, den baden-badenschen Räten sowie dem bayerischen und dem simmernschen Hofe wegen einer vormundschaftlichen Regierung setzten nunmehr ein.

Vorrangig stellten sich folgende Fragen: Wo sollten Philibert und sein jüngerer Bruder eine Bleibe finden? Wer sollte ihre Vormundschaft übernehmen, und in welchem Bekenntnis sollten die beiden Prinzen erzogen werden? Vor allem die religiösen Ressentiments durchzogen damals nahezu alle abendländischen Herrscherhäuser und erschwerten die Auswahl des in Frage kommenden Personenkreises, der durch seine Wahl natürlich an machtpolitischer Bedeutung hinzugewann.

Von der Markgräfin-Witwe Franziska war Pfalzgraf Ruprecht von Veldenz zum Vormund vorgeschlagen worden. Mit diesem erklärte sich jedoch Markgraf Ernst wegen dessen Zugehörigkeit zum reformierten Bekenntnis nicht einverstanden. Ernst hatte, obwohl selbst seitens der baden-badenschen Verwandtschaft in München unerwünscht, bei der Einrichtung der Vormundschaft – wenigstens anfänglich – durchaus Mitspracherecht.

Jakobäa Maria, die Gemahlin Herzog Wilhelms IV. von Bayern, war als Tochter des badischen Markgrafen Philipp I. auch eine – um drei Jahrzehnte ältere – Cousine Philiberts und Christophs II. Zwar hatte es zwischen Wilhelm IV. und den Badenern wegen der Hinterlassenschaft von Jakobäas Vater ebenfalls Streit gegeben. Hinzu kam, daß die badischen Prinzen im Gegensatz zu dem streng katholisch-konservativen bayerischen Hof lutherisch getauft waren.[1] Dies war es letztlich wohl auch, weshalb Bayern in der Vormundschaft die führende Stimme beanspruchte. Es wollte ihr von vornherein ein streng katholisches Gesicht geben.

Das letzte Wort traf – wie immer bei drohender Vakanz – der Kaiser: Nach

---

[1] LV Nr. 41, S. 108.

seinem Willen sollte die Erziehung Philiberts und Christophs der Mutter obliegen. Diese durfte ihre Söhne weiterhin im evangelischen Glauben erziehen, jedoch wurde die Vormundschaftsregierung per Dekret des Reichskammergerichts vom 23. 6. 1537 in die Hände des bayerischen Herzogspaares Wilhelm IV. und Jakobäa sowie des simmernschen Pfalzgrafenpaares Johann II. und Beatrix – letztere als Tochter Christophs I. eine Tante der beiden Prinzen – gelegt, die allesamt den katholischen Glauben begünstigten. Als dritter Vormund kam noch Graf Wilhelm IV. aus dem benachbarten Eberstein hinzu. Offensichtlich in Erkenntnis dieses bevorstehenden Ergebnisses legte gerade eine Woche davor der streitbare baden-durlachische Oheim Ernst seine Vormundschaftsansprüche noch schnell offiziell nieder. Zur Regelung der Modalitäten – auch mit Markgraf Ernst – delegierten der Bayernherzog und der simmernsche Pfalzgraf eigene Vormundschaftsräte an den Rhein, während der spätere badische Haushofmeister Johann von Rinkenberg nach München reiste, um dort persönlich mit dem Bayernherzog zu verhandeln. Dies ist einem Schreiben des letzteren aus seiner Straubinger Residenz an die Markgräfin-Witwe vom 5. 5. 1537 zu entnehmen, in dem Wilhelm die Mutter seiner künftigen Mündel wissen läßt, daß er nach Empfang ihres Schreibens und Verhandlungen mit von Rinkenberg die Vormundschaft annehme. Und als dann Wilhelm noch vor Mündigwerden Philiberts und Christophs starb, sprang sein Sohn Albrecht ein und übernahm für den verbleibenden Rest der Jahre die aus der Vormundschaft erwachsenden Rechte und Pflichten seines Vaters. Das nach langatmigen Verhandlungen gebildete Vormundschaftsregiment war hinsichtlich der Bekenntnisse paritätisch besetzt.[1] Es stand unter dem bayerischerseits gestellten, katholischen Kanzler Hans von Sandizell und dem elsässischen Statthalter Heinrich von Fleckenstein, der dem Protestantismus nahestand. Bayern entsandte außerdem den hochangesehenen, katholischen Rat Ulrich Langenmantel, während Simmern den Protestanten Dr. Johann Jakob Varnbühler und den Katholiken Ernst Reinhard von Neuhausen stellte, wobei letzterer allerdings später Ludwig Eschenau Platz machen mußte. Schließlich sind noch der lutherisch gesinnte badische Rat Georg Hose sowie die schon erwähnten Räte von Rinkenberg und Vehus zu nennen. Die Arbeit dieses Ratskollegiums war vielfältiger Natur und erstreckte sich von Fragen der Erziehung beider Prinzen über religiöse und soziale Fragen, wie z. B. das Schulwesen, bis hin zur Sanierung der Staatsfinanzen, der Organisation von Kanzlei und Hofstaat sowie militärischen Dingen. Auch wachte man von

---

[1] LV Nr. 53, S. 82, 83, 115.

B. Die Baden-Badener Zeit 47

München aus streng darüber, daß alle Rechtstitel der Unabhängigkeit des Landes (vor allem gegenüber Baden-Durlach) gewahrt blieben.

Darüber hinaus gab es dann noch die kaiserlichen Kommissare in der Person des Augsburger Bischofs Christoph, des Straßburger Bischofs Erasmus von Limburg und des Grafen Wilhelm Werner von Zimmern, die das Fortbestehen der Markgrafschaft als solches gewährleisten sollten.

Ansonsten war jedoch das Verhältnis der Vormundschaftsräte untereinander alles andere als erfreulich. Insbesondere Sandizell und Fleckenstein beschuldigten sich fortlaufend irgendwelcher Verfehlungen, bis sie beide um die Wende des Jahrzehnts aus dem Regiment ausschieden. Wenig später schied auch Vehus durch sein Ableben aus. Neuer Vormundschaftskanzler wurde Dr. Varnbühler, während die beherrschende Figur im Rätekollegium nun Ulrich Langenmantel war. Tüchtig, redegewandt und des Französischen mächtig, erfreute er sich allseitiger Wertschätzung. Eine neue Schulordnung dieser Epoche ist wahrscheinlich sein Werk, 1553 wurde er Hofmeister Philiberts und nach dessen frühem Tod vorübergehend sogar Statthalter. Sein Sohn gehörte dann dem sogenannten zweiten Vormundschaftsregiment an, das 1569 bis 1576 für die Kinder Philiberts eingerichtet wurde.

In den Kindheitsjahren Philiberts und Christophs ist den Archivalien viel über Streitigkeiten ihrer Vormünder, vornehmlich und immer wieder mit dem Pforzheimer Oheim Ernst, weniger hingegen über die Kinder selbst und ihr Ergehen zu entnehmen. Verträge, Briefe, Quittungen und dergleichen weisen – mitunter nach erbitterten Protesten sowie Prozessen bis zum Reichskammergericht – die Aufteilung ursprünglich von beiden Landeshälften getragenen Gülten, Leibgedingen, Schulden, Jagd- und Wildbannen sowie die Dienstentlassungen gemeinschaftlich zuständiger Beamten aus. Lehen und Schlösser, wie z. B. die Ortschaften Graben und Stein sowie das luxemburgische Kastelnaun, werden teils umverteilt, teils anderen Bestimmungen zugeführt, finanzielle Abgaben und Abgaben von Naturalien werden neu geregelt. Selbst Archivalien und kleinere Besitztümer, wie z. B. acht Silberkannen, scheinen Anlaß zu Streit gegeben zu haben. So waren die Silberkannen einst als Präsent der Städte und Ämter auf der Hardt gedacht gewesen, das diese den Brüdern Bernhard und Ernst zu deren Regierungsantritt gemacht hatten. Bernhard hatte die Kannen aber bis zu seinem Tode für sich allein in Beschlag genommen. Erst ein Jahr nach dem Ableben seines Bruders war endlich auch Ernst in den Besitz von vier dieser Kannen gekommen und quittierte dies der badischen Vormundschaft. Die Streitereien und Prozesse in Sachen Landesteilung dagegen währten bis über die

Volljährigkeit der Prinzen und sogar weit über das im Jahr 1556 erfolgte Ableben des Markgrafen Ernst hinaus.

Immer wieder kam auch Unmut konfessioneller Art auf. Z. B. hingen Pfalzgraf Johann, der zweite Vormund, ebenso wie die Markgräfin-Mutter Franziska und ihre beiden Söhne dem reformierten Glauben an. Sein diesbezügliches Engagement mißfiel dem bayerischen Gesandten Hans von Sandizell im höchsten Maße, so daß er bei seinem Herrn über die Vormundschaftsführung des Pfalzgrafen Klage führte. Herzog Wilhelm, um Ausgleich bemüht, ermahnte daraufhin die baden-badenschen Vormundschaftsräte wiederholt zur Zurückhaltung in Sachen Reformation.

Als Philibert noch nicht einmal fünf Jahre alt war, wollte man ihn bereits der Erziehung durch Frauenhände entwöhnen, was mit sechs Jahren Realität wurde, als man dieselbe dem Bayern Jakob Holzwart anvertraute. Der Prinz lernte u. a. Französisch und wandte dieses Können in seiner Korrespondenz mit dem bayerischen Vormund an, den er bald zu besuchen wünschte.

Aus dem Jahr 1546, in dem Philibert zehn Jahre alt wurde, fand zu Regensburg ein Reichstag statt, zu dem von Kaiser Karl V. erstmals auch die beiden badischen Markgrafenbrüder – sogar mit einiger Dringlichkeit – geladen wurden. Namentlich Philibert treffen wir später noch mehrfach auf Reichstagen an, von denen der Augsburger des Jahres 1555 mit dem nach ihm benannten Religionsfrieden der bedeutendste war.

Als Philibert fünfzehn Jahre zählte, sannen die badischen Vormundschaftsräte darüber nach, ihn, entsprechend der damaligen Sitte, auf Reisen zu schicken. Sie schlugen als Aufenthalt den bayerischen Hof vor und wollten Philibert einen Hofmeister zur Seite stellen. Von Melchior Dernan war die Rede. Der Pfalzgraf brachte den Jülicher Hof ins Spiel, wo man sich jedoch ebenso wie in Heidelberg Abfuhren einhandelte. Da wird wieder die schützende Hand der Altherzogin Jakobäa sichtbar, die, als sich keiner der befreundeten Höfe hierzu bereit erklärte, ihrem Vetter und Mündel einen Platz an ihrem und ihres Sohnes Hof anbot. Philibert möge sogar bald kommen, ließ sie die baden-badenschen Räte wissen, da König Ferdinands (1503–64) Besuch erwartet werde. Pfalzgraf Johann allerdings hegte wegen unsicherer politischer Verhältnisse – in Wahrheit mögen es eher Einwände konfessioneller Art gewesen sein – Bedenken gegen eine Reise zum gegenwärtigen Zeitpunkt.

Der Kaiser, dessen Bruder soeben sein Kommen nach München avisiert hatte, war gerade mit dem Ausbau seiner Macht beschäftigt. Gerne hätte er seinem Haus die Erblichkeit der Krone gesichert. Sein Sieg über die schmalkaldischen

B. Die Baden-Badener Zeit

Fürsten von 1548, der mit der Gefangennahme Kurfürst Johann Friedrichs von Sachsen und Landgraf Philipps von Hessen geendet hatte, berechtigte anfänglich sogar zu derlei Hoffnungen. Dann aber eröffnete Moritz von Sachsen im Bund mit Frankreich neuerlich die Feindseligkeiten gegen Karl V., das Tridentinische Konzil wurde suspendiert, und nur widerwillig konnte sich der Kaiser zu dem Entgegenkommen des Passauer Vertrages von 1552 bereit finden, das der dem Augsburger Bekenntnis anhängenden Fürstenopposition zunächst einmal Religionsfreiheit zubilligte.

In der Tat vergingen dann noch zwei Jahre, bis Herzog Albrecht, trotz seiner Beanspruchung durch die Anwesenheit vieler an seinem Hof anwesender Gäste, Pfalzgraf Johann die Einwilligung zu Philiberts Reiseplänen erteilte. Mit zahlreichen Ermahnungen und einem Begleitschreiben des Pfalzgrafen versehen, konnte sich Philibert zu Beginn des Jahres 1553 endlich an den Münchner Hof begeben. Er reiste in Begleitung Ulrich Langenmantels, den die badischen Räte zunächst nicht ziehen lassen wollten. Erst einer energischen Intervention Herzog Albrechts beim badischen Vormundschaftskanzler Varnbühler war es gelungen, Langenmantel für dieses Unternehmen freizubekommen, um ihn dem jungen Markgrafen in München als Erzieher an die Seite zu stellen.

Philiberts Aufenthalt in München währte drei Jahre. Er erhielt dort sozusagen den letzten Schliff für das seiner harrende Regierungsamt. Die Bayernherzogin Jakobäa war um diese Zeit längst Witwe und die Regierung auf ihren zweitgeborenen Sohn Albrecht (1528–79) übergegangen, da die beiden anderen Söhne Theodo (1526–34) und Wilhelm (1529–30) noch im Kindesalter verstorben waren.

Albrechts Schwester Mechthild (1532–65) hatte sich 1551 mit dem Herzog Philipp von Braunschweig verlobt, der aber gerade in dem Jahr, als Philibert seine dreijährige Münchner „Lehrzeit" antrat, bei einer Fehde nahe Hannover ums Leben kam. Man wird davon ausgehen dürfen, daß in den verbleibenden Münchner Jahren Philiberts zwischen ihm und der wieder freien, vier Jahre älteren Mechthild erste Fäden gewoben wurden, die wenige Jahre später zur Ehe führten.

Philibert fühlte sich unter den Fittichen seiner um soviel älteren Cousine Jakobäa, die eine gleichermaßen kluge und warmherzige Frau war, wohl, wofür die zahlreichen, noch lange über seinen und seiner Gemahlin frühen Tod hinaus währenden Bindungen zwischen dem Baden-Badener und dem Münchner Hof beredtes Zeugnis ablegen. Sie sollte neben ihren eigenen Kindern und der Generation Philiberts in des letzteren Kindern noch eine weitere Generation badischer Prinzen und Prinzessinnen aufziehen. Die auf diese Weise mehr oder weniger ihr ganzes Leben anhaltende Verbundenheit mit zwei Generationen badischer Kinder, die sie erzogen oder zumindest miterzogen hatte, artikuliert sich u. a. in der reichhaltig erhaltenen Korrespondenz zwischen dieser Frau und ihren Zöglingen.

Ein lebensgroßes, dem Nürnberger Dürer-Schüler Barthel Beham (1502–40) zugeschriebenes Bild der Fürstin von 1533 befindet sich heute im Fürstlich Fürstenbergischen Archiv Donaueschingen. Körperhaltung, Kleidung und Teile des Schmuckes stimmen mit einer ganzen Anzahl noch anderer bekannter Jakobäa-Bildnisse überein, wie etwa dem der Ahnengalerie der Münchner Residenz aus der Werkstatt Georg Desmarées, dem der Alten Pinakothek von Christoph Amberger (um 1500–60/61) oder Hans Birkmair aus dem Jahr 1529 oder auch einer Nachbildung des Pinakothek-Bildes in „Badische Fürstenbildnisse"[1], das eine bereits gealterte und leicht gebeugte Jakobäa zeigt. Ihre schöngeistigen Ambitionen – sie war u. a. schriftstellerisch begabt – haben sich auf ihren Sohn Albrecht, der der eigentliche Ziehvater Jakobes werden sollte, vererbt, denn ihm ist es zu danken, daß damals München erstmals ein Musentempel und geistiger Mittelpunkt im deutschen Sprachraum wurde.

Streitigkeiten ergaben sich zwischen Philibert und Bruder Christoph – getreu dem Vorbild ihrer Vorfahren – um die Aufteilung des väterlichen Erbes, die noch unter der vormundschaftlichen Regierungszeit 1556 vollzogen worden war. Ihr zufolge hatte der ältere Philibert die baden-badenschen Stammlande sowie den hauseigenen Anteil an der Grafschaft Sponheim und Christoph die luxemburgischen Ländereien erhalten. Im gleichen und im folgenden Jahr ward nach und nach die Vormundschaft aufgehoben.

Als am 5. 2. 1555 der für Glaubensfragen so bedeutsame Augsburger Reichstag eröffnet wurde, nahm wie gesagt auch der junge Markgraf Philibert daran teil, der, ähnlich seinem Onkel Philipp I., zwar tief religiös, von den verschiedenen Strömungen seiner Umgebung aber hin- und hergerissen wurde. Von seiner Mutter im evangelischen Glauben erzogen, mußte er von klein auf unter katholischer Vormundschaft regieren. Auch ehelichte er in seiner Gespielin aus Münchner Tagen, der um vier Jahre älteren Mechthild von Bayern, eine katholische Frau. Nichts könnte besser Philiberts glaubensbezogene Zweifel kundtun, als die Art seines sonntäglichen Kirchganges: Zum einen begleitete er seine katholische Gemahlin in den katholischen Gottesdienst der Baden-Badener Stiftskirche und zum anderen seine evangelische Mutter in die

---

[1] LV Nr. 86.

Herzogin Jakobäa von Bayern (1507–80) im Alter von 26 Jahren

Predigten des konvertierten, ehemaligen Schwarzacher Mönchs Cellarius in der Spitalkirche der Stadt.
Persönlich neigte Philibert, wie schon sein Vater, eher der neuen Glaubensrichtung zu, wenn er auch den Übertritt zur neuen Lehre offiziell nie vollzogen hat.[1] Stärker als seine persönliche Neigung sowie das Drängen von Landschaft, Untertanen und durlachischen Verwandten bzw. Mitregenten in den Kondominatsgebieten blieb seine Rücksichtnahme auf das verwandte bayerische Herrscherhaus. Wohl als Folge des Miterlebens der einander widerstrebenden Meinungen des Augsburger Reichstags war aber Philibert – zumindest anfänglich – so tolerant, in seinem Land beiden Bekenntnissen freie Entfaltungsmöglichkeit zu gewähren.

Bevor es zu der Heirat zwischen Philibert und Mechthild kam, mußte ein Hindernis verwandtschaftlicher Art überwunden werden, denn Philiberts Vater und Mechthilds Großvater mütterlicherseits waren Geschwister. Wegen dieser nahen Verwandtschaft konnte man ohne päpstliche Erlaubnis nicht heiraten. Dies um so weniger, da mit dem Carafa-Papst Paul IV. (1555–59) gerade ein Amtsinhaber regierte, dessen Lieblingsbehörde die Inquisition war und dessen vulkanisch aufbrausendes Temperament kaum Einsehen gekannt hätte. Ohnedies war man mit einem Verlöbnis bereits zu weit vorgeprescht. Auf entsprechende Bemühungen wies aber der Papst den Augsburger Kardinal-Fürstbischof Otto Truchseß von Waldburg (1543–73) in einer vom 15. 7. 1556 datierten Bulle an, die Verlobung wegen des nahen Verwandtschaftsgrades erst einmal zu lösen, den Betroffenen als Buße ein Almosen aufzuerlegen und sie erst dann zu absolvieren und einer Vermählung zuzuführen. In einer zweiten Bulle vom folgenden Tag instruierte und legitimierte der Papst den Bischof noch ausführlicher zu dieser Handlung. Abermals einen Tag später erteilte der Papst die Dispens. Die weisungsgemäße Ausführung seines Auftrags beurkundete Bischof Otto in einem mit Siegel versehenen Schreiben ein halbes Jahr später von Regensburg aus.
Es folgten nun übliche Formalitäten, wie die Heiratsabrede zwischen beiden Häusern, die Zuweisung von Schloß und Amt Ettlingen als mögliches Wittum durch Philibert, die Verzichtserklärung Mechthilds auf Ansprüche gegenüber dem Haus Bayern und die Quittierung Philiberts und Mechthilds über Heiratsgut und Ausstattung gegenüber Herzog Albrecht.
Die Hochzeit selbst fand am 17. 1. 1557 in Regensburg statt. Derweil rüstete

---

[1] LV Nr. 53, S. 118.

B. Die Baden-Badener Zeit

man im heimatlichen Baden zum Empfang: Die Räte korrespondierten mit dem Pforzheimer Hof, dessen streitbarer Fürst sich bei den Hochzeitsfeierlichkeiten hatte vertreten lassen, und wiesen die einzelnen Ämter an, welcher Art Naturalien sie zum Empfang des heimkehrenden Markgrafen und seiner Gemahlin zu liefern hatten.

Fast auf den Tag genau ein Jahr nach ihrer Vermählung wurde dem badischen Markgrafenpaar Philibert und Mechthild am 16. 1. 1558 das erste von insgesamt vier Kindern geboren. Von seiner Münchner Tante zweiten Grades väterlicherseits bzw. Großmutter mütterlicherseits, die bei ihm Pate stand, erhielt es den Namen Jakobe. Rückblickend ist man geneigt zu sagen, daß solch ein in seiner weiblichen Form etwas seltsam anmutender Name auch ein entsprechendes Schicksal für seinen Träger bereithalten müsse. Es fing schon damit an, daß in jener Zeit eine Prinzessin als Erstgeborene wegen der Erbfolgefrage häufig eine gewisse Enttäuschung darstellte.

Hält man Umschau, in welch ein Jahr Jakobe hineingeboren war und welche Ereignisse dieses Jahr 1558 im besonderen kennzeichnen, so gebührt den Wechseln auf dem römisch-deutschen und dem englischen Thron vorrangige Bedeutung. Der bereits zwei Jahre zuvor abgedankte Karl V. starb in einem spanischen Kloster, und sein Bruder Ferdinand I. wurde noch im gleichen Jahr zu seinem Nachfolger gewählt. Da Ferdinand gegenüber den Protestanten eine aufgeschlossenere Haltung einnahm – ihm waren der vorübergehend Religionsfreiheit gewährende Passauer Vertrag von 1552 und der Augsburger Religionsfriede von 1555 zu danken –, erfolgte seine Wahl gegen den heftigen Protest von Papst Paul IV. In England folgte auf Maria die Katholische oder die Blutige (1516–58), wie sie auch genannt wird, ihre Halbschwester Elisabeth I. (1533–1603) – beides Töchter Heinrichs VIII. (1491–1547). Im selben Jahr wurde auch der zwei Jahre zuvor an der Spitze der Gesellschaft Jesu erfolgte Wechsel, bei dem Diego Lainez (1512–65) Nachfolger des Ordensgründers Ignatius von Loyola (1491/96–1556) wurde, durch die Generalkongregation bestätigt.

Aber auch in der näheren Umgebung der badischen Prinzessin ereigneten sich im Jahr ihrer Geburt mehr oder minder erwähnenswerte Dinge: So kaufte z. B. ihr kunstbeflissener Oheim und späterer Ziehvater, der Bayernherzog Albrecht V., die in jener Zeit vielbeachtete Bibliothek des Orientalisten Widmanstetter, die zusammen mit der Schedelschen und der Fuggerschen Bibliothek den Grundstock für die Bayerische Staatsbibliothek bildete. Mathias Gerung (1500–68/70) malte sein heute in der Staatlichen Kunsthalle Karlsruhe aufbewahrtes, vielfiguriges Gemälde „Melancolia 1558", das freudige Ereignisse neben vielfältiges Leid stellt. In Jakobes Verwandtschaft hielt der Tod

Ernte in Person der pforzheim-durlachischen Markgräfin Kunigunde (1523–58). Sie entstammte dem Hause Brandenburg-Kulmbach-Bayreuth, war die erste Gemahlin des Markgrafen Karl II. „mit der Tasche" und befand sich gerade auf der Rückreise von einem Besuch in Ansbach.
Wichtige themenbezogene Daten des Jahres 1558 waren der 7. und der 16. März, weil von diesen Tagen erste landtagsähnliche Zusammenkünfte von ständischen Deputierten im baden-badenschen Landesteil bekannt sind.[1] „Nomen est omen" – protestantischen Landständen sollte etwa eine Generation später ein ganz entscheidender Part im letzten Lebensabschnitt Jakobes zufallen. Jetzt aber traten Ausschüsse verschiedener badischer Ortschaften zusammen, um über eine auf zehn Jahre verteilte Anleihe von Jakobes Vater Philibert in Höhe von 50 000 Gulden sowie die Erhöhung des Wein-Ungeldes zu befinden. Der Markgraf begründete seine Forderungen mit der anstehenden Beseitigung von Kriegsschäden im luxemburgischen Landesteil, die dem französischen König zu danken seien, einer Brandstiftung im Ettlinger Schloß, das als Witwensitz benötigt werde, Ausbesserungsarbeiten am heimatlichen Neuen Schloß, anstehenden Zahlungen seinem Bruder Christoph gegenüber sowie mit der allgemeinen Schuldenlast des Landes. Gegenleistungen wurden zumeist in Form von Schuldstornierungen und Steuerverzichten angeboten. Über all die Punkte wurde aber nicht sofort befunden, sondern die Ausschüsse nahmen das Vorbringen ihres Landesherrn zur Kenntnis und beschlossen in neun Tagen, am 16. 3. 1558, abermals zusammenzutreten. Als es soweit war, genehmigten sie nolens volens die Wünsche Philiberts mit einigen Abstrichen, verbunden mit der Bitte, künftig den Haushalt aus den von den Schulden nicht belasteten Gütern zu bestreiten und die Landstände nach Abwicklung der erwähnten Bauvorhaben nicht noch zu weiteren Abgaben zu veranlassen.

Die „Enttäuschung" ob des erstgeborenen Kindes weiblichen Geschlechts war am badischen Hof spätestens nach einem Jahr verflogen, als die Markgräfin am 19. 2. 1559 ihrem einzigen Sohn, der später ihrem Gatten als Philipp II. (1559–88) nachfolgen sollte, das Leben schenkte. Es folgten noch die zwei Mädchen Anna Maria (1562–93) und Maria Salome (1563–1600). Erstere wurde durch Vermittlung Kaiser Rudolfs II. (1552–1612) die Gemahlin des böhmischen Burggrafen Wilhelm von Rosenberg (1535–92), starb aber bereits mit 31 Jahren, letztere die Frau des für ihre Schwester Jakobe in späteren Jahren so bedeutungsvollen Freundes und Verbündeten, des Landgrafen

---

[1] LV Nr. 53, S. 122; 60, S. 142.

B. Die Baden-Badener Zeit

Georg Ludwig von Leuchtenberg (1550–1613). Beide Prinzessinnen erhielten eine Mitgift von 10 000 bzw. 5000 Gulden. Da Jakobe mit 39 Jahren verstarb, erreichten die vier Geschwister ein Durchschnittsalter von nur 36,5 Jahren, nimmt man ihre Eltern hinzu, gar nur von gut 33 Jahren.

Will man über die Regierungszeit von Jakobes Eltern etwas aussagen, so ist des Markgrafen – wie auch schon seines Vaters – starke Hinneigung zum Augsburger Bekenntnis trotz des Münchner Einflusses augenfällig. Zwar billigte er seinen Untertanen anfänglich Gewissensfreiheit zu. Dabei blieb es aber nicht, denn am 23. 7. 1568 befahl Philibert seinem Amtmann zu Steinbach – der Markgraf hatte inzwischen wieder das Kriegshandwerk gewählt –, nur allein noch die augsburgische Konfession zu dulden. Hätte der Tod nicht bereits ein Jahr später seinem noch jungen Leben ein frühes Ende gesetzt, bleibt zu vermuten, daß auch in der oberen Markgrafschaft der Protestantismus durchschlagender Platz gegriffen hätte.

Dem protestantischen Wesen und seinem Bemühen um die Jugend entsprach es, daß wir – abgesehen von einer kurzen Erwähnung in einer Urkunde der Stiftskirche ein Jahrhundert zuvor – auch erstmals genauere Kunde über das baden-badensche Schulwesen erhalten. Mit den Schulen der anderen badischen Residenzstadt Pforzheim, mit denen Namen wie Reuchlin und Melanchthon verbunden waren, konnte man sich nicht messen, dennoch erfahren Wohnung und Unterhalt der Lehrperson sowie verwendete Lehrmittel, Lehrplan und selbst die Schulaufsicht erstmals eine Regelung.

Indes, das Glück am baden-badenschen Hof währte nur wenige Jahre. Jakobe zählte erst sieben und ihre jüngste Schwester Maria Salome ganze zwei Jahre, als ihnen der Tod im Jahre 1565 die erst 33jährige Mutter entriß. Mechthild starb im Kindbett und fand ihre letzte Ruhestätte in der Baden-Badener Stiftskirche, wo sie sich zu Lebzeiten oft zu stillem Gebet oder Gottesdienst allein oder im Beisein ihres Mannes eingefunden hatte. In der mittleren Grabreihe der vorderen Chorhälfte findet man ihren im Boden eingelassenen Grabstein mit allerdings mehr und mehr verschwindender Inschrift.

Für Kinder und Vater war mit dem Tod der Mutter bzw. Gattin eine Welt zusammengebrochen. Man vermeint dies förmlich in dem sich bald darauf anbahnenden Zerfall der Restfamilie zu spüren. Bereits ein Jahr später verdingte sich der Vater zuerst Kaiser Maximilian II. (1564–76) an der Türkenfront, um abermals ein Jahr später zusammen mit dem Pfalzgrafen Johann Kasimir an die seiner Heimat näher gelegene Hugenottenfront zu wechseln. Damals – man schrieb das Jahr 1567 – war bereits der zweite der grausamen Hugenottenkriege entbrannt. Er war durch den gescheiterten

Versuch des Bourbonenprinzen und Anführers der Hugenotten, Condé, sich des noch minderjährigen Königs Karl IX. (1550–74) zu bemächtigen, eingeleitet worden. Mit der Unterstützung deutscher Glaubensgenossen, zu denen anfänglich auch Philibert von Baden zählte, erzwang Condé zwar den Frieden von Lonjumeau. Jedoch hatten die Hugenotten die Mehrheit des Volkes sowie die Regentin und Königinmutter Katharina von Medici gegen sich.
Der hinsichtlich seiner Religionszugehörigkeit nach wie vor unentschlossene badische Markgraf wechselte – möglicherweise durch Condés Versuch, sich des kindlichen Königs zu bemächtigen, abgestoßen – die Front, wollte aber Kaiser, Reich und die „augsburgischen Religionsverwandten" von seinen Gegnern ausdrücklich ausgenommen wissen.
Im dritten Hugenottenkrieg führte Philibert die Kavallerie des Königs – nunmehr gegen die Reihen Condés. Da fiel am 13. 3. 1569 in einer für des Königs Bruder, den Herzog Heinrich von Anjou (1551–89), siegreich verlaufenden Schlacht Condé. Die Führung der Hugenotten übernahm Admiral Coligny, der aber am 3. 10. 1569 in der Schlacht von Moncontour geschlagen wurde. Und in dieser Schlacht erfüllte sich auch Philiberts unruhiges Schicksal. Er ritt an der Spitze der königlichen Kavallerie im Heere Anjous, als ihn eine tödliche Kugel ereilte.
So wurde diesem badischen Markgrafen letztlich sein Wankelmut zum Verhängnis. Anfänglich Partei für seine den Lehren Kalvins anhängenden Glaubensgenossen nehmend, wurde er von diesen, nachdem er in das Lager des Königs übergewechselt war, in offener Feldschlacht getötet. Mit seiner Aussage, der Leichnam des Markgrafen sei nach Baden-Baden überführt worden, hat Haebler in seiner „Geschichte der Stadt und des Kurortes Baden-Baden"[1] leider Unrecht, denn der Leichnam konnte nicht einmal identifiziert werden und ruht in französischer Erde irgendwo nahe dem Schlachtfeld von Moncontour. Der genaue Hergang wurde erst viel später bekannt und rekonstruiert, denn noch 4½ Monate nach der Schlacht verwahrten sich die baden-badenschen Räte gegen Ansprüche Christophs II., Philiberts Bruder, weil man sich zu diesem Zeitpunkt immer noch nicht über des Markgrafen Schicksal im klaren war.
Die Lage war insofern prekär, weil Philibert für die Zeit des Frankreichfeldzuges seinem Hofmeister Jakob von Seldeneck zwar allerlei Instruktionen hinterlassen, darin aber nicht die Möglichkeit seines Todes einbezogen hatte. Obgleich sogar Herzog Albrecht von Bayern zu einer Regelung der Regie-

---

[1] LV Nr. 41, S. 109.

B. Die Baden-Badener Zeit

rungsgeschäfte geraten hatte, war diese ebenso wie die Abfassung eines Testaments unterblieben.

Soviel aber war von Anbeginn klar, daß für die nun elternlosen Kinder Jakobe, Philipp II., Anna Maria und Maria Salome – ihres Vaters Schicksal folgend – abermals eine Vormundschaft und für den minderjährigen Philipp II. eine vormundschaftliche Regierung eingerichtet werden mußte, um deren Zustandekommen sich auch diesmal der Münchner Hof nach Kräften annahm, wo immer noch die Altherzogin Jakobäa Maria lebte. Jetzt bereits hochbetagt, übernahm sie im Februar 1570 zusammen mit ihrem Sohn, dem Herzog Albrecht, und dem Grafen Karl von Zollern die Vormundschaft auch über diese Generation badischer Waisen.

Der baden-durlachische Oheim, diesmal Karl II. „mit der Tasche", sollte vor allem auf Drängen Bayerns abermals von der Vormundschaft ausgeschlossen werden, ebenso Christoph II. von Baden-Rodemachern, des Vaters Bruder, den, mit der schwedischen Königstochter Cäcilia Wasa (1540–1627) verheiratet, ein unsteter Lebenswandel durch die Fürstenhöfe Europas trieb. Hochverschuldet fand sich letzterer im Februar 1570 mit großem Gefolge im Baden-Badener Gasthof „Zum Salmen" ein und versuchte verschiedentlich, Pressionen auf die dortige Räteschaft auszuüben. Im folgenden Monat gesellten sich die bayerischen Räte Seifried von Zillenhard, Dr. Rudolf Halver und Ulrich von Preising hinzu, bis sich Mitte Mai sogar die Herzogin Jakobäa höchstpersönlich nach hier begab. Man hatte nunmehr bereits Erfahrung in derlei Angelegenheiten, und anders als in der ersten Vormundschaftsregierung legte man diesmal von vornherein das Schwergewicht auf die religiöse Frage und da wiederum auf eine Regelung im Sinne Bayerns.

Dennoch erkannte der Kaiser in Ermangelung näherer Verwandter Karls und Christophs Ansprüche an, woraufhin der Bayernherzog seine Vormundschaft zur Verfügung stellen wollte, deren Rechtmäßigkeit von Markgraf Karl ohnedies bezweifelt wurde.

Während dieser und noch anderer unliebsamer Differenzen wurde auf Wunsch Bayerns im August 1570 Ottheinrich von Schwarzenberg vormundschaftlicher Statthalter des zweiten badischen Vormundschaftsregiments. Nach seiner Ankunft ging er denn auch sofort, zusammen mit dem Jesuiten Georg Schorich, die Gegenreformation im Land an. Er schaffte den protestantischen Gottesdienst ab und stellte die protestantischen Räte Varnbühler und Wonnecker sowie den ebenso eingestellten Schulmeister Philipp Stöckle kalt. Von der alten Garde schied außerdem Ulrich Langenmantel aus, während sich der Kanzler Andreas Winther allen Anfeindungen zum Trotz behauptete. Neu zu

dem Rätekollegium stieß der konfessionell umstrittene Tübinger Professor Samuel Hornmoldt; ihm kam zugute, daß die Schließung der entstandenen Personallücken nur sehr mühsam gelang.
War Schwarzenberg zugleich auch ein guter Verwaltungs- und Finanzfachmann, unter dessen Ägide Neu- und Umbauten an den Schlössern von Baden-Baden und Rastatt in Gang kamen, so war Schorich ein religiöser Eiferer par excellence. Als Hofprediger, Täufer Andersgläubiger, Veranstalter von Hexenprozessen und Seelsorger bei Hinrichtungen – sei es durch das Feuer oder das Rad – tat er alles, um der Rekatholisierung zum Erfolg zu verhelfen. Seinem und Schwarzenbergs Einsatz blieb der Erfolg zwar nicht verwehrt, vielmehr konnte mit der Regionalsynode vom Oktober 1573 sogar ein gewisser Abschluß der Rekatholisierung erzielt werden. Diesem Erfolgserlebnis kam jedoch bei Schorich der Tod zuvor. Am 2. 8. 1573 verstarb er an den Folgen eines Schlaganfalls und wurde in Baden-Baden bestattet. Im Dezember 1576 endete auch die Tätigkeit Schwarzenbergs in dieser Stadt. Er kam nach einigen Mißliebigkeiten um seine Entlassung nach, der stattgegeben wurde, woraufhin dieser Mann allerdings am kaiserlichen und später am bayerischen Hof womöglich zu noch größeren Ehren gelangte.

Verweilen wir noch einen Augenblick bei dem den Eltern Jakobes gewidmeten, gleichermaßen eindrucksvollen wie erschütternden Renaissance-Grabdenkmal an der rechten Chorwand der Baden-Badener Stiftskirche, das Meister Johann von Trarbach in den Jahren 1571 bis 1573 für 500 Gulden gefertigt hat. Die schlichte, glaubensbezogene Darstellung zeigt Philibert und Mechthild beiderseits eines Kruzifixes kniend, die Hände zum Gebet gefaltet. Auf dem Kopf eine Haube, ist die Markgräfin in ein langes, faltenreiches Gewand altdeutscher Tracht gekleidet. Der Markgraf, barhäuptig, mit kurzem Haarschnitt und Vollbart, trägt eine Prunkrüstung, deren Helm und Handschuhe vor dem Kruzifix abgelegt sind. Eine gewisse Schwäche lassen allerdings die Porträts erkennen; obgleich beide Elternteile nur 33 Jahre alt wurden, muten sie wesentlich älter an.
Auch von Philibert sind außer seinem Grabdenkmal noch einige weitere Konterfeis erhalten, die wie viele alte Gemälde eine eigene Geschichte besitzen:
In der Staatsgalerie Bamberg (Neue Residenz) befindet sich ein Bild, das nach neueren Erkenntnissen dem „Meister der Pfalz- und Markgrafen", vielleicht Hans Besser (um 1510/15 – nach 1558), einem in Heidelberg, Köln und Aachen tätigen Maler, zugeschrieben wird und das den jüngeren Bruder Philiberts,

Markgrafenpaar Philibert und Mechthild, die Eltern Jakobes

Markgraf Christoph II. von Baden-Rodemachern, im Alter von zwölf Jahren darstellen soll. Nach älteren Inventaren kann es sich hierbei aber auch um ein Werk von Hans Holbein d. J.(1497/98–1543), Hans Schöpfer (oder Schöffer) d. Ä., Caspar Clofligel oder Peter Gertner handeln. Auch wird im Münchner Pinakothekkatalog von 1884 und noch in Literatur des Jahres 1935 der Dargestellte auf Grund eines anderen, sehr ähnlichen und von gleicher Künstlerhand gemalten Bildes der Galerie des Germanischen Nationalmuseums in Nürnberg als Philibert selbst ausgewiesen. Während das Nürnberger Bild die Aufschrift „PHILIBERTUS MARCHIO BADENSIS ANNO DÑI 1549 ANNO AETATIS 13" trägt und somit zweifelsfrei den Vater Jakobes im Alter von dreizehn Jahren zeigt, steht bei dem Bamberger Bild die Identität nicht eindeutig fest. Erwiesen ist allerdings, daß die dargestellten, auf den ersten Blick kaum zu unterscheidenden Knaben wegen dennoch vorhandener Unterschiede in den Physiognomien und in Einzelheiten ihrer Gewänder nicht die gleiche Person, sondern nur nahe Verwandte sind, die im gleichen Jahr Modell gesessen haben. Haltung, Kleidung und Gesichtszüge beider ähneln einander und die Gesichtszüge beider auch denjenigen Jakobes.

Die Prinzen sind im rechten Dreiviertelprofil gemalt, zeigen offene, für ihr Alter ernste Gesichter, in denen große, runde Augen, eine kräftige Nase und ein noch kindlich geschwungener Mund auffallen. Das Gesicht des jüngeren Christoph wirkt geringfügig schmäler und vielleicht auch um einen Deut ernster. Beider Haupt bedeckt eine Kappe, deren Zierat einige Unterschiede aufweist. Den von einem feinen spanischen Spitzenkragen umgebenen Hals schmückt zusätzlich eine lange Goldkette, unterhalb derer die Hände mit den ringgeschmückten und in Bewegung befindlichen Fingern den unteren Bildteil beherrschen. Von dem in seiner Farbe offenbar nachgedunkelten Gewand lassen sich Einzelheiten kaum erkennen, wenn man von den Ärmeln absieht, deren helle Längsstreifen sich gegenüber dem dunklen Hintergrund deutlich abheben.

Je ein Bild des Geschwisterpaares Philibert und Christoph II. gehörte ferner der später nach Baden-Baden verlagerten Ahnengalerie des Karlsruher Schlosses an. Es wurde schon bei ihrem Onkel Philipp I. erwähnt, daß diese Bilder von Philipp Heinrich Kisling in den Jahren 1759 bis 1766 alten Originalen, die dem großen Brand von 1689 zum Opfer gefallen sind, nachempfunden wurden. Bei genauerer Betrachtung kann man bei den jetzt in den Anfangdreißigern stehenden Brüdern durchaus auch Ähnlichkeiten – vor allem in der Augen-Nasen-Partie und der Kopfform – zu den frühen Knabenbildnissen erkennen. Barhäuptig dargestellt, besitzen beide Fürsten das gleiche, leicht nach hinten gewellte, kurze, dunkle Kopfhaar und die gleiche Bartmode mit einem

B. Die Baden-Badener Zeit   61

Markgraf Philibert von Baden (1536–69), Jakobes Vater im Alter von 13 Jahren

auffallend langen Schnauzer und einem kurzen, spitzen Vollbart. Unter einem Prunkharnisch, um den sie ein mächtiges Schwert gegürtet tragen, kommt die weiße spanische Halskrause hervor. Jeweils auf einer Ablage liegt ihr Helm, auf dem Christophs Rechte ruht, während er seine linke Hand seitlich abstützt. Philibert dagegen hält in seiner ausgestreckten Rechten – als Zeichen eines kaiserlichen oder königlich-französischen Offiziers – einen Kommandostab und mit seiner Linken den Degenknauf.

Im Fürstensaal des Neuen Schlosses zu Baden-Baden hängt sodann von diesen Fürsten ebenfalls je eine Kopie von 1843/47 der Kopisten J. H. Koopmann und H. Götzenberger.
Wie bereits einleitend angedeutet, wurde dem Autor das Fotografieren im Baden-Badener Schloß nicht gestattet, so daß auf eine Wiedergabe dieser Bilder verzichtet werden mußte. Es finden jedoch öffentliche Führungen statt, die jedermann eine Inaugenscheinnahme sowie einen Vergleich mit der hier wiedergegebenen Kurzbeschreibung ermöglicht.

3. Jakobes Wiege – das Neue Schloß zu Baden-Baden

Von Jakobes Geburtsstätte, dem Neuen Schloß oder Schloß Niederbaden, wie es in Anlehnung an Schloß Hohenbaden auch heißt, gibt es aus der Zeit, als sie dort geboren wurde und gelebt hat, also der Mitte des 16. Jahrhunderts, leider keine zeitgenössische Ansicht. Dennoch vermögen wir uns ein Bild wenigstens von der Außenansicht der damals noch weitgehend von der Gotik geprägten Ritterburg zu machen:
Die geringsten Veränderungen im äußeren Erscheinungsbild hat seit jener Zeit die Nordwestecke – angefangen vom Torturm bis einschließlich dem Nordturm – und der beim Betreten des Schloßinnenhofes linker Hand gelegene Kavalierbau erfahren. Völlig umgestaltet ist hingegen der heutige Haupttrakt an der Rückseite des Hofes; dort sind lediglich die Kellergeschosse im Originalzustand, da sie von den nachfolgenden Bauepochen – kurioserweise mit einer um etwa 15° in Richtung Nordost/Südwest verschobenen Hauptachse – übernommen bzw. in den seither zweimal hochgezogenen Renaissancebau immer wieder integriert wurden. Sie stellen, wenn man von den megalithisch vorromanischen Stützmauern am Südhang der Schloßanlage absieht, die älteste Bausubstanz dar. Die Südfront des heutigen Vorgängers fluchtete mit einer Umfassungsmauer. Diese Mauern verlaufen im Grunde noch in ihrer ursprünglichen Linienführung, wenn sie in der Zwischenzeit auch nach der Stadtseite hin durch Wohn- und Zweckgebäude „hinterfüttert" wurden. Lediglich der sogenannte Küchenbau und der nördliche Teil des Haupttraktes liegen außerhalb der ursprünglichen Begrenzung und stellen eine nicht unerhebliche Erweiterung der seinerzeitigen gotischen Anlage dar.
Der älteste Teil der Burganlage überhaupt war der Vorgänger des heutigen Hauptgebäudes, ein fast quadratischer Klotz etwa der Jahre 1384 bis 1399, also den Regierungszeiten der markgräflichen Brüder Rudolf VII. († 1391) und

B. Die Baden-Badener Zeit

Das Neue Schloß von Baden-Baden mit dem Renaissance-Bau Philipps II. im Hintergrund und dem Kavalierbau links im Bild

Bernhard I. († 1431), des Großen. Er war parallel zur Westmauer und ihrer Einfahrt ausgerichtet und bildete mit der südlichen Umfassungsmauer einen rechten Winkel. Ihn riß zwar Philipp II., der Bruder Jakobes, wieder ab. Nur die Kellergeschosse sowie die Fundamente eines in der Südostecke angebauten und vom Schloßgarten her noch heute gut erkennbaren halbrunden Turms wurden mitübernommen und weisen aus, daß der Neubau eine etwa viermal so große Grundfläche wie sein Vorgänger besitzt.

Zur Zeit Jakobes stand auch schon der der nächsten Bauperiode zwischen 1437 und 1453 entstammende, heute mit einem niederen Pyramidendach gedeckte, viereckige Turm im Mittelbereich der nördlichen Umfassungsmauer. Er war von seinem Erbauer, dem Markgrafen Jakob I. (1407–53), dem Weisen, einem Sohn Bernhards des Großen, für Verteidigungszwecke vorgesehen, wovon noch Schießscharten im Zwischengeschoß zeugen. Philipp I., der Enkel Jakobs, erhöhte den Turm um ein Geschoß und richtete darin eine Kanzlei für das markgräfliche Archiv ein. Derselben Bauepoche entstammen auch die beiderseits des Turms an ihn grenzenden und die ursprüngliche Umfassungsmauer in diesem Bereich ersetzenden Zwingeranlagen.

Die entscheidende Bauphase für das Jakobeschloß kam jedoch erst mit

Christoph I., jenem Markgrafen also, der 1479 die bis dahin den Residenzen Pforzheim und Hohenbaden zukommenden Funktionen aufgab, letztere Residenz seiner damals bereits verwitweten Mutter Katharina von Österreich als Witwensitz überließ und für sich selbst die bis dahin verwinkelte gotische Ritterburg Niederbaden bzw. Neues Schloß von dem zuvor vor allem in Pforzheim nachweisbaren Steinmetzen und Baumeister Hans Sprys von Zaberfeld dem Zeitgeschmack entsprechend umgestalten ließ.

Sprys' Hauptwerk im Bereich des Florentinerberges war ein dreistöckiger spätgotischer Palas im Schloßinnenhof, mit hohem Sockel, gewaltigem Spitzgiebeldach sowie einem von einer Kegelhaube gekrönten, polygonalen Treppenturm. Dem heutigen Besucher präsentiert sich von dieser Pracht nur noch ein unter der Bezeichnung „Kavalierbau" bekannter, eingeschossiger Rest – beim Betreten des Schloßinnenhofs linker Hand gelegen.

Die schönsten architektonischen Details des Kavalierbaus sind zwei in seinen frontseitigen Eckbereichen unmittelbar unterhalb des Dachs eingelassene zeitgenössische Hochreliefs männlicher Brustbilder. Mit leicht geneigtem Haupt und einander zugekehrt mögen sie auch schon auf Jakobe herabgeblickt haben. Unter ihrer kappenartigen Kopfbedeckung quillt schulterlang gelocktes Haar hervor. Die – vom Betrachter aus – linke Figur trägt eine Hellebarde und die rechte eine Kugel – möglicherweise Symbole des Kriegshandwerks. Wenn nicht alles trügt, stammen auch sie von der Hand Hans Sprys'. In extremer Weise Wind und Wetter ausgesetzt, läßt jedoch das Antlitz der linken Figur sowie ein in Brusthöhe gehaltenes Spruchband bereits starke Verwitterungsschäden erkennen.

Der Torturm sowie die sich beiderseits unmittelbar anschließenden, stadtseits gelegenen Ausbauten der Umfassungsmauer sind ebenfalls Werke Christophs I., was u. a. das hübsche, aus Anlaß der Gartenschau von 1981 renovierte baden-katzenelnbogische Allianzwappen auf dem Schlußstein des Kreuzrippengewölbes in der Durchfahrt verbürgt.

Christophs Sohn und unmittelbarer Nachfolger, Philipp I., baute den Torturm und den viereckigen Nord- oder Archivturm aus – ersteren nach der Hofinnenseite zu, letzteren in der Höhe – und führte auch den bereits unter seinem Vater begonnenen Ausbau der zwischen beiden Türmen gelegenen und für allerlei Hilfszwecke vorgesehenen Umfassungsmauer um 1530 weiter.

Jakobes Baden-Badener Kindheitsjahre fielen dann aber in eine etwa vier Jahrzehnte während Baustille, die von den letzten Jahren der Regierungszeit ihres Urgroßvaters Philipp I. († 1533) bis kurz nach der Regierungszeit ihres Vaters Philibert († 1569) dauerte. Unter ihrem Bruder, dem Markgrafen

B. Die Baden-Badener Zeit

Philipp II., setzten gegen 1572 um so heftigere Bauaktivitäten ein, die zu dem prächtigen Hauptbau und seinem bemerkenswerten nördlichen Seitenflügel, dem Küchenbau, führten. Etwa um 1579 hatte das Neue Schloß in Ausmaß und Glanz seinen Kulminationspunkt erreicht, der ein gutes Jahrhundert Bestand haben sollte.

Über Interieur des Jakobeschlosses und seine räumliche Gliederung läßt sich naturgemäß nur Bescheidenes berichten, auf das einzugehen nicht lohnt. Eine noch erhaltene und dem Original weitgehend entsprechende Inneneinteilung weist der zur Zeit allerdings in relativ schlechtem Bauzustand befindliche Archivturm auf. Das erst nachträglich aufgesetzte Obergeschoß ist durch Zwischenwände in vier Räume untergliedert, deren teilweise gemeinsames Kreuzrippengewölbe mit einem das baden-sponheimische Allianzwappen aufweisenden Schlußstein abschließt. Die Verbindungstüren weisen in ihren Gewänden kunstvolle Profilierungen sowie oberhalb ihres Sturzes zum Teil Tartschen mit der Jahreszahl 1529 und dem Wappen ihrer Erbauer, also des Markgrafen Philipp I. und der Elisabeth von der Pfalz, auf. Die Fenster dieses Geschosses sind in unterschiedlich abgetreppter Bauweise ausgeführt, jedoch heute meist zugemauert.

Die kleine Prinzessin Jakobe mag sich beim Spielen mit ihren noch kleineren Geschwistern nach Kinderart zuweilen auch in den Speichern der Nordwestecke getummelt oder den Kanzlisten des Archivturms bei ihrer Arbeit über die gebeugten Schultern geguckt haben. Mit Sicherheit kannte sie außerdem den Kavalierbau samt seinen Reliefs und die bis zum heutigen Tag nahezu unverändert gebliebene Tordurchfahrt der Westmauer. Als Zugang zur Stätte ihrer Wiege kam diesem Gebäude sogar symbolhafte Bedeutung in ihrem Leben zu: Das Kleinkind Jakobe ist ungezählte Male durch den Torbogen hindurchgeeilt, bevor eines Tages plötzlich beide Eltern tot waren, und die höchstens Elfjährige die Geborgenheit der heimatlichen Mauern durch dieses Tor hindurch gegen eine für sie fremde Umgebung am Hof ihrer Münchner Großmutter vertauschen mußte. Das Tor stand in diesem Moment für den Abschluß eines ganzen Lebensabschnittes; als es sich hinter Jakobe schloß, waren die Tage ihrer sorglosen Kindheit unwiederbringlich dahin. Mehr als doppelt so viele Jahre dauerte es dann, bis sie 1585 nochmals für kurze Zeit durch dieses Tor auf Schloß Niederbaden einzog. Es war dies auf ihrem Brautweg von München nach Düsseldorf. Bruder Philipp hatte sie vor der Übernahme neuer Pflichten am Niederrhein auf ein paar Wochen ins elterliche Schloß eingeladen.

Wie muß Jakobe gestaunt haben, als sie die Einfahrt nach den Münchner

Jahren wieder passierte und sich ihren Augen an der Hofrückseite anstelle des ihr vertrauten gotischen Wohnturms ein für die damalige Zeit hochmodernes Renaissanceschloß darbot. Es war dies das Schloß, das 1572 noch unter der bayerischen Statthalterschaft des Grafen Ottheinrich von Schwarzenberg begonnen, aber im wesentlichen mit dem Namen ihres Bruders Philipp II. verbunden und unter ihm auch vollendet worden war. Er, der Frühreife und 1571 zwölfjährig für mündig Erklärte, hatte bis etwa 1574 zu Ingolstadt studiert, um sich anschließend in seiner badischen Heimat – durch den kunstsinnigen Münchner Onkel, den Bayernherzog Albrecht V., beflügelt – seinen künstlerischen Ambitionen, vor allem der Musik- und der Bauleidenschaft, hinzugeben, welch letzterer wir im Ergebnis das Neue Schloß danken.

Philipp war es gelungen, erstklassige Leute, wie z. B. den aus Benediktbeuern stammenden, zuvor in München, Regensburg und Straubing nachweisbaren fürstlichen Oberbau- und Werkmeister Kaspar Weinhart sowie das malende Gebrüderpaar Abel und Tobias Stimmer, zu verpflichten, während die Fassadenausgestaltung vermutlich auf den für seine groteske Ornamentik berühmten Straßburger Wendelin Ditterlein (1550/51–99) zurückgeht. Mit diesem großartigen Team hatte er unter ungeheurem Kostenaufwand, der das kleine Land in tiefe Schulden stürzte, sein Schloß erbaut, das auch Jakobe auf dem Weg nach Düsseldorf zu Gesicht bekam. Mit einigen Abstrichen, vor allem den ehemaligen spätgotischen Palas bzw. heutigen Kavalierbau betreffend, präsentiert sich uns das Schloß Philipps II. auch heute noch in seiner ursprünglichen Konzeption, wenn auch dank der Marodeure Ludwigs XIV. und seines Generals Duras nicht mehr im Original, sondern in einer aus den Jahren 1843 bis 1847 stammenden Kopie mit barockisiertem Giebeldach-Bereich, dem vor allem der Mittelturm zum Opfer fiel, sowie bescheideneren Fenstergewänden. Seine eingehende Beschreibung möchte ich mir ersparen, zumal dieses Schloß im engeren Sinne nicht mehr das Zuhause Jakobes war. Sie sah es zwar, jedoch nur flüchtig, auf einer Durchfahrt, um bald darauf wieder Abschied zu nehmen – für immer, wie sich erweisen sollte.

3. KAPITEL

C. Die Münchner Zeit und erste Beziehungen zum Düsseldorfer Hof

1. Der Zusammenschluß niederrheinischer Territorien und die Vorfahren Johann Wilhelms

Bevor wir zu der Münchner Zeit Jakobes übergehen, bedarf es einer kurzen Einfügung über die Geschichte des Niederrheins bis hin zum zeitlich parallelen Geschehen am Düsseldorfer Hof, dem Elternhaus von Jakobes künftigem Gemahl Johann Wilhelm (1562–1609).
Das politische Gebilde eines Herzogtums Jülich-Kleve-Berg, mit der Hauptstadt Düsseldorf, gab es seit der Wende vom 15. zum 16. Jahrhundert. Es wurde ab 1539 von dem Vater Johann Wilhelms, dem Herzog Wilhelm (1516–92), genannt „der Reiche", regiert. Wenig einfallsreich rührte der Landesname von einer Auswahl im folgenden kurz umrissener, früher selbständiger Einzelterritorien:
Da war das zwischen Maas und Rhein gelegene Herzogtum Jülich, das im Norden an Geldern und im Süden bis Südwesten im wesentlichen Trier und die spanischen Niederlande zu Nachbarn hatte. Auch im Osten bildete nicht der Rheinstrom unmittelbar die Grenze, sondern kurkölnisches Gebiet war noch dem Rhein vorgelagert. Nur im äußersten Südosten, im Umkreis von Sinzig und Remagen, bestand eine schmale Verbindung nach dem rechtsrheinischen Herzogtum Berg, das ansonsten im Westen direkt an den Rhein und im Südosten im wesentlichen an die Grafschaft Sain grenzte. Im Nordosten Bergs bestand zwischen Berg und der ehemaligen Grafschaft Mark die einzige breitflächige Berührung zweier Landesteile dieses Länderkonglomerats, während hoch im Norden Bergs ein schmaler Korridor nach dem ehemaligen Herzogtum Kleve führte. Im Osten war Kleve von dem geistlichen Fürstentum Münster sowie nach Norden zusammen mit der Enklave der Herrschaft Ravenstein von den Vereinigten Niederlanden eingebunden; Kleve im Süden darüber hinaus auch noch von Geldern. Bleibt die separierte Parzelle der Grafschaft Ravensberg, zu der Münster an seiner schmalsten Stelle den allerdings in fremder Hand befindlichen Brückenschlag bildete.
Diese sechs Landesteile fanden sich zwischen 1348 und 1521 in einem mehr als

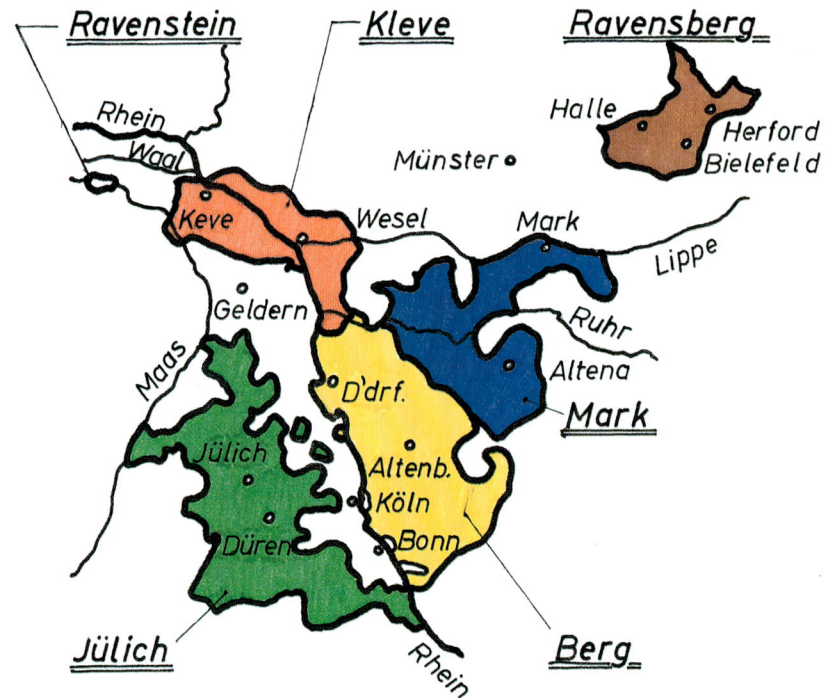

Politische Landkarte des Herzogtums Jülich-Kleve-Berg

170 Jahre währenden Prozeß zu dem Territorienkomplex des Herzogtums Jülich-Kleve-Berg zusammen, das zwar nur 88 Jahre Bestand hatte, aber in diesem Zeitraum der mächtigste Staat im Nordwesten des Reiches war.
Bereits in der auf der Fühlinger Heide 1288 bei Worringen ausgetragenen Schlacht hatten sich Jülich, Kleve, Berg und die Mark einmal zu gemeinsamem Handeln zusammengefunden und geeint die nicht minder starke Formation Flanderns,␣Gelderns, Luxemburgs, Kurkölns und Lüttichs besiegt. Der in Gefangenschaft geratene Erzbischof Siegfried von Westerburg (gew. 1274–97) mußte damals die Verleihung der Stadtrechte an Düsseldorf hinnehmen – das im Hinblick auf dieses Ereignis 1988 sein 700jähriges Bestehen feiert.
Graf Johann (1347–68), seines Zeichens Domdechant zu Köln, war der letzte aus dem Klever Grafengeschlecht der Flaminge. Er verließ noch den geistlichen Stand und heiratete, konnte aber sein Haus nicht mehr vor dem Erlöschen bewahren. Die Nachfolge in seinem Land sicherte er seinem Großneffen Adolf von der Mark (1368–94), ehedem Bischof von Münster, der 1391 erster Klever Graf aus dem Hause Mark wurde. Durch diesen Zusammenschluß des Jahres

C. Die Münchner Zeit und erste Beziehungen zum Düsseldorfer Hof

1368 hatte sich die eine der beiden später von Jakobe und ihrem Gemahl regierten Gebietshälften, nämlich das Herzogtum Kleve-Mark-Ravenstein, herausgebildet.
Die Konzentration der niederrheinischen Grafenhäuser und Territorien war aber damit noch keineswegs beendet, denn Adolf IX. von Berg († 1348) hatte eine Kleverin zur Frau. Da Adolfs Ehe kinderlos blieb, gelang es Wilhelm V. von Jülich († 1361) 1336, für den Fall des Eintritts der Erbfolge, sich der Belehnung mit Berg durch Kaiser Ludwig den Bayern (1287–1347) zu vergewissern. Als dann Ludwig gestorben war, verhalf Wilhelm Karl IV. von Luxemburg (1316–78) zur Krönung in Aachen, woraufhin sich dieser am Reichstag zu Metz des Jahres 1356 mit der Erhebung Wilhelms zum Herzog revanchierte. Aus dem Markgrafen Wilhelm V. war damit Herzog Wilhelm I. geworden. Sein bedeutsamster Gebietserwerb war die Grafschaft Ravensberg. Die dortige Erbtochter Margarete hatte sie durch Heirat an Wilhelms Sohn Gerhard († 1360) gebracht, der damit gemäß Erbschaftsvertrag von 1348 erster Graf und ab 1380 – infolge Erhebung durch König Wenzel (1378–1400) – Herzog von Berg aus dem Hause Jülich wurde. Als 1371 das alte geldrische Grafenhaus erlosch, regierte ein Zweig der Jülicher Dynastie bis zu seinem Aussterben im Jahr 1423 auch in Geldern. Dies war dann die Stunde, in der der nach wie vor prosperierenden Berger Linie die maßgeblichen Voraussetzungen für die Vereinigung auch der zweiten später von Jakobe und ihrem Gemahl regierten Gebietshälfte zum Herzogtum Jülich-Berg-Ravensberg gelangen.
1417 war Graf Adolf von Kleve-Mark in den Herzogstand erhoben worden und zog insofern mit dem Jülich-Berger Rivalen gleichauf.

Am Ende des 15. Jahrhunderts waren also die erwähnten sechs Grafschaften und Herzogtümer zu nur noch zwei Länderkomplexen zusammengewachsen, nämlich dem Herzogtum Kleve-Mark samt Ravenstein im Norden und dem Herzogtum Jülich-Berg, zu dem noch die weitab gelegene Grafschaft Ravensberg gehörte, im Süden. Aber auch deren Vereinigung bahnte sich an, als Johann II. (1458–1521) seinen einzigen ehelichen Sohn und Nachfolger Johann III. (1490–1539) mit Maria († 1543), der Erbtochter Jülich-Bergs, verheiratete. Mit Erlöschen des Hauses Jülich-Berg 1511 wurde er zunächst Herzog von Jülich-Berg und nach des Vaters Tod 1521 auch erster Herrscher des Gesamtimperiums Jülich-Kleve-Berg, da das Haus Kleve-Mark letztlich als einziges den Dynastienschwund der vergangenen Jahrhunderte überdauert hatte.
Auf Johann III. folgte dessen einziger Sohn Wilhelm, später genannt „der Reiche". An einem Februartag des Jahres 1539 war der kaum fünfzigjährige

Vater unversehens tot zusammengebrochen, während er gerade seiner Passion des Brettspiels nachging. Ein Schlaganfall oder Herzinfarkt mögen die Ursache gewesen sein. Nur vier Jahre später folgte ihm seine Frau, die geborene Herzogin Maria von Berg, im Tode nach.

Nachhallende Hinterlassenschaft dieser Eltern war, wenn man einmal von den geeinten Territorien absieht, ihr – ähnlich Jakobes Vorfahren – schwankendes Verhalten in Glaubensfragen.[1] Wie bei vielen Reichsständen war zwar offensichtlich auch bei ihnen die Bereitschaft gewachsen, die schwer erschütterten kirchlichen Verhältnisse von sich aus zu ordnen. Johann III. näherte sich dabei innerlich dem Protestantismus, äußerlich aber blieb er dem Katholizismus treu. So führte Johann III. zunächst in den Grenzen der alten Kirche Reformen durch, indem er mit einer Verordnung von 1525 gröbste Mißstände der kirchlichen Alltagspraxis beseitigte, 1532 eine Kirchenordnung erließ und 1533 eine umfassende landesherrliche Kirchenvisitation erwirkte. Dieser Annäherung an das Luthertum entsprach auch die Verheiratung seiner ältesten Tochter Sybilla (1512–54) mit Kurprinz Johann Friedrich von Sachsen (1503–54), dem großen Gönner Martin Luthers. Der Kurprinz kam damals persönlich nach Düsseldorf und im Gefolge auch sein Hofprediger Friedrich Mykonius.

Dieser Versuch, durch Erneuerung des religiösen Lebens Glaubenseinheit zu bewahren, ist jedoch im Endeffekt gescheitert, weil sich Johann III. von Opportunitätsrücksichten leiten ließ. Nachdem er nämlich lange gezögert hatte, das Wormser Edikt auch in seinem Land durchzuführen, ergriff er statt dessen nach dem glänzenden Sieg Karls V. bei Pavia 1525 sogar strenge Maßnahmen gegen die Lutheraner.

Um diese Zeit wurden noch lederne Säcke an die Stadttore gehängt. Sie waren Zeichen für das dem Herzog von Kleve von dem Baseler Konzilspapst Eugen IV. (1431–47) verliehene „jus episcopale", wonach dem Landesherrn die Ahndung gewisser Vergehen, z. B. der Erschleichung und widerrechtlichen Verteilung von Erb- und Lehensgütern, auch bei der Priesterschaft zustand. Dieser Vergehen überführte Personen sollten in Säcke gesteckt und ertränkt werden, wie dies u. a. Papst Urban VI. (1378–89) mit ihm mißliebigen Kardinälen vorexerziert hatte.

Die ersten, die das verschärfte kirchliche Klima zu spüren bekamen, waren Adolf von Clarenbach, Johann Klopreiß und Peter Fliesteden. Der protestantische Lehrer Clarenbach wurde bei seinem Verteidigungsversuch des gleichfalls

---

[1] LV Nr. 51, Bd. 2, S. 36 ff.

C. Die Münchner Zeit und erste Beziehungen zum Düsseldorfer Hof   71

protestantischen Pfarrers Klopreiß von dem Kölner Inquisitionsgericht verhaftet und 1529 zusammen mit Peter Fliesteden, der u. a. die katholische Lehre heftig angegriffen und einen Widerruf trotz Folter abgelehnt hatte, vor den Toren Kölns dem Feuertod überantwortet. Klopreiß erlitt ihn 1535 in Brühl.

Im Januar 1540, knapp ein Jahr nach dem Tod Johanns III., machte seine zweite Tochter Anna (1515–57) eine womöglich noch spektakulärere Hochzeitspartie, indem sie die vierte Gemahlin König Heinrichs VIII. von England wurde und auf diese Weise ihrem Bruder Wilhelm einen Rückhalt gegen Karl V. verschaffen sollte. Während sich König Heinrich aber, durch die allem Anschein nach wenig schmeichelhafte Erscheinung Annas sowie ihre mangelnden Sprachkenntnisse und Manieren, getäuscht sah, den Vermittler dieser Ehe, Thomas Cromwell (um 1485–1540), mit dem Tode büßen ließ und sich bereits nach nur sechs Monaten wieder von Anna trennte, sprechen bei ihrer Schwester alle Anzeichen für eine sehr glückliche Verbindung, wenngleich dieselbe durch die Zeitumstände nicht ungetrübt blieb. Johann Friedrich, ihr Gemahl, verlor nämlich mit dem schmalkaldischen Bundesheer die Schlacht bei Mühlberg, wurde gefangengesetzt und von Kaiser Karl V. sogar zum Tode verurteilt. Sybilla eilte daraufhin in das gegnerische Lager und beugte vor dem Kaiser ihr Knie. Johann Friedrich behielt daraufhin sein Leben, wurde jedoch noch mehr als fünf Jahre festgehalten, in denen Sybilla zum Zeichen ihrer Trauer nurmehr schwarze Kleider trug. Als Johann Friedrich dann endlich freikam, währte ihr Glück nicht mehr lange. 1554 starben beide Ehegatten zu Wittenberg im Abstand von nur 1½ Wochen.
Der Vollständigkeit halber sei auch noch der dritten und jüngsten der drei Düsseldorfer Prinzessinnen gedacht. Es war dies die unvermählt gebliebene Prinzessin Amalia (1517–86), deren Aussehen uns Hans Holbein d. J. auf einer Kreidezeichnung hinterlassen hat, die gleich zweimal bedeutsame Entscheidungen möglich machte. Zusammen mit dem Bild ihrer Schwester Anna hatte es König Heinrich VIII. vorgelegen, der zwischen diesen beiden Töchtern Johanns III. seine vierte Gemahlin wählte. Das andere Mal, als es nach Wiederauffinden der Familiengruft in der Lambertuskriche im Düsseldorf der Nachkriegszeit den Gerichtsmedizinern zur Identifizierung Amalias diente.

Wenden wir uns nun endlich Wilhelm dem Reichen zu, dem einzigen Sohn und Drittgeborenen von insgesamt vier Kindern Johanns III. und der Maria von Berg. 1516, im Jahr seiner Geburt, war noch rundum alles dem alten Glauben verhaftet, und die Taufe durch den Kölner Erzbischof Hermann von Wied

(1477–1552) verlief nach altüberkommenem Ritus. Weder Täufling noch Täufer konnten damals ahnen, daß Jahre später von ihnen beiden, als den obersten Herren ihrer Länder, entscheidende Impulse reformatorischer Art ausgehen und sie in schwere Konflikte mit Kaiser und Papst stürzen sollten.

Als Erzieher des jungen Wilhelm wird der Humanist, Gelehrte und herzogliche Rat Konrad von Heresbach (1496–1576) aus dem bergischen Mettmann erwähnt. Ansonsten liegen über Ausbildung und Jugendjahre dieses Fürsten nur sehr spärliche Informationen vor, bis ihn 1538/39 zwei Todesfälle innerhalb eines Dreivierteljahres urplötzlich an die Öffentlichkeit treten ließen. Der bereits erwähnte Todesfall des Vaters zog die Sukzession Wilhelms im Herzogtum Jülich-Kleve-Berg nach sich. Das Hinscheiden Karl Egmonds, des letzten seines Geschlechts im benachbarten Geldern, führte zu einem mehrjährigen Ringen zwischen Karl V. als dem Herrn der Niederlande und Wilhelm dem Reichen als dem Repräsentanten der vereinigten niederrheinischen Herzogtümer.

1537 hatte Karl Egmond, der keine legitimen Nachkommen besaß, sein Land an Frankreich übertragen, um es nicht infolge alter Verträge an Karl V. fallen zu lassen. Die geldrischen Stände aber, die weder französisch noch habsburgisch werden wollten, hatten am 27. 1. 1538 mit Johann III. von Jülich-Kleve-Berg einen Vertrag geschlossen, wonach Geldern beim Tode Karl Egmonds an den Jungherzog Wilhelm fallen sollte, obwohl 1473 Herzog Gerhard VII. von Jülich-Berg (1437–75) seine Ansprüche auf Geldern an Karl den Kühnen von Burgund (1433–77) verkauft hatte. Um alle Gegenwirkungen auszuschließen, war vereinbart worden, daß Wilhelm sogleich, also noch im Jahre 1538, zusammen mit seinem Vater die Schirmherrschaft über Geldern und Zutphen antreten und sich huldigen lassen sollte. Damit aber war Geldern faktisch an Jülich-Kleve-Berg gelangt, zumal Karl Egmond noch im selben Jahr verstarb.

Wilhelms Versuche, mit dem gerade in Spanien weilenden Kaiser, der seine Ansprüche keineswegs fahren ließ, nachträglich zu einem Ausgleich zu gelangen, schlugen fehl. Karl V. strebte statt dessen eine Vereinigung des erledigten Lehens mit den damals habsburgisch-burgundischen Niederlanden an.
Wilhelm suchte zunächst Rückhalt beim Schmalkaldischen Bund und bei Heinrich VIII. von England. Er willigte in das bereits erwähnte Eheprojekt ein, wonach seine jüngere Schwester Anna die vierte Gemahlin des englischen Königs wurde. Nach Fehlschlagen dieser Verbindung wandte er sich König Franz I. von Frankreich zu, der dem Kaiser den Verlust Mailands und seine

C. Die Münchner Zeit und erste Beziehungen zum Düsseldorfer Hof 73

Gefangenschaft sein Leben lang nicht verzeihen konnte. Dieses Bündnis wurde noch durch ein Ehebündnis zwischen Wilhelm und einer Nichte des Königs, der erst zwölfjährigen Jeanne d'Albret bzw. Johanna von Navarra (1528–72), bekräftigt.

Als der Kaiser zum Reichstag des Jahres 1541 nach Regensburg lud, wo er wegen des Zwistes um Geldern vor allem auch Herzog Wilhelm von Jülich-Kleve-Berg sowie die geldrischen Stände erwartete, erschien nur eine Gesandtschaft des Herzogs, während er selbst inkognito und mit nur geringer Begleitung zum König von Frankreich eilte, um dort die Familie seiner künftigen Gemahlin kennenzulernen. Sein frankophiles Verhalten und die Reisebeschwernisse wurden dem Herzog allerdings wenig gelohnt, denn ähnlich dem Abschneiden seiner Schwester Anna am englischen Hof, stießen auch Wilhelm und sein etwas bodenständig derbes, in den Augen der Franzosen typisch deutsch wirkendes Gebaren bei den Gastgebern auf wenig Gegenliebe. Dennoch führte König Franz I. von Frankreich seine Nichte zum Altar, wo sie in Gegenwart zahlreicher Gesandter dem politisch befreundeten Wilhelm von Jülich-Kleve-Berg durch den Kardinal von Tours angetraut wurde. Fünf Tage dauerten die Hochzeitsfeierlichkeiten. Das Beilager wurde aber wegen der Jugend Johannas nicht vollzogen. Sie verblieb, als Wilhelm wieder nach Hause zurückkehrte, in Obhut der Mutter und kam auch später, trotz der Bitten ihres Gemahls, nicht an den Niederrhein.

Wilhelm der Reiche verbündete sich außer mit Frankreich auch mit Schweden und Dänemark, die ebenfalls zu Kaiser und Reich in Opposition standen. Er unterstellte Truppen seiner Länder dem in Brabant einfallenden Herzog von Longueville, versetzte Jülich und dessen Feste Sittard in Verteidigungszustand, entriß den Kaiserlichen das von ihnen besetzte Düren und schlug schließlich, durch diese Erfolge beflügelt, auch noch einen von seinen Gegnern angebotenen Waffenstillstand aus.

Karl V. hingegen war von vornherein fest entschlossen, das Vereinnahmen Gelderns durch Jülich-Kleve-Berg nicht hinzunehmen, sondern mit allen verfügbaren Mitteln, diplomatischen wie kriegerischen, hiergegen vorzugehen, um seinen eigenen Anspruch zu wahren. Er handelte aus der Erfahrung, daß ein in fremden Händen befindliches, möglicherweise sogar zum Paktieren mit Frankreich neigendes Geldern eine Gefahr für die habsburgischen Niederlande darstelle.[1] An der Spitze von 8000 Reitern und 36 000 Mann Fußvolk zog er den

---
[1] LV Nr. 51, Bd. 2, S. 45.

Rhein abwärts gegen das erst vor kurzem von seinen Truppen geräumte Düren.
Dieses rasche und konsequente Handeln Karls wurde seitens des Herzogs nicht richtig erkannt, zumal im Lande das Gerücht umging, der Kaiser sei auf der Rückreise von Algier im Meer ertrunken. Bei dem Übergabeverlangen der Kaiserlichen an die Stadt Düren ließ dessen Besatzung auch prompt antworten, daß man einen von den Fischen verspeisten Kaiser nicht fürchte. Daraufhin wurde Düren von der Übermacht kaiserlicher Truppen erstürmt und grausam gebrandschatzt.
Wilhelm war letzlich in dieser geldrischen Auseinandersetzung mit dem Kaiser, trotz der zahlreichen Sympathiekundgebungen seitens ihm verbündeter Fürsten, völlig auf sich allein gestellt. Weder der Franzosenkönig noch einer der protestantischen Reichsfürsten oder einer der anderen ihm nahestehenden ausländischen Potentaten standen ihm bei. So kam es, daß mit der Dürener Katastrophe sein Widerstand gebrochen wurde und er sich zu dem in Venlo weilenden Kaiser begeben und ihn um Gnade bitten mußte. Ein Vertrag wurde geschlossen, der fortan das Leben des Herzogs wie sonst kein anderes Ereignis bestimmen sollte. Außer dem Verzicht auf Geldern und die Grafschaft Zutphen mußte Wilhelm Treue und Gehorsam wider den Kaiser und seine Nachfolger geloben, auf das französische Bündnis verzichten sowie die Erneuerung der katholischen Religion in seinem Einflußbereich unter Rückgängigmachen aller Neuerungen versprechen. Zu Brüssel und Speyer folgten noch einige Zusätze, verschiedene Besitz- und Lehensverhältnisse betreffend. Gleichzeitig sollte er von Karl durch eine Neuvermählung mit dessen Nichte, Maria von Österreich (1531–81), wieder in die katholische Bündnisfront eingegliedert werden.
Herzog Wilhelm der Reiche hielt sich an die getroffenen Vereinbarungen in seiner Weise. Er bewahrte zwar dem Kaiser die gelobte Treue bis an das Ende seiner Tage, hatte aber mit dem anderen, die Religion betreffenden Teil des Versprechens seine Schwierigkeiten. Ähnlich seinem Vater versuchte er nämlich, noch diesseits der Konfessionsbildung, eine Kirchenreform weitgehend durch Belehrung und mit möglichst wenig Zwang zu erreichen. Man ist daher geneigt, der von Wilhelm Janssen geäußerten Meinung, daß dieser „Versuch . . . das eindrucksvollste Schauspiel ist, das die Geschichte der Vereinigten Herzogtümer zu bieten hat"[1], von ganzem Herzen beizupflichten. Früh genug, noch unter Wilhelms Regierung, etwa in deren letztem Drittel,

---

[1] LV Nr. 56, S. 17, Sp. 2.

C. Die Münchner Zeit und erste Beziehungen zum Düsseldorfer Hof 75

erwies es sich leider, daß dieser Versuch zum Scheitern verurteilt war und statt dessen die Polarisierung von Kalvinismus und Katholizismus die Oberhand behielt. Dies ist aber schon wieder dem Ablauf der Handlung vorausgeeilt.

Wie alle politischen Überlegungen und Handlungen dieser Zeit, mußte natürlich erst recht eine kriegerische Niederlage, wie sie Wilhelm soeben hatte einstecken müssen, auf die persönlichen Lebensumstände eines Landesherrn abfärben. Auch war in Wilhelm dem Reichen König Franz I. ein wichtiger Verbündeter innerhalb des Reichsgefüges verlorengegangen. Dem Franzosenkönig konnte daher nicht mehr viel daran gelegen sein, seine Nichte Johanna dem ohnedies ungeliebten deutschen Gemahl zu überlassen. Und so erfolgte die Auflösung der ersten Ehe Wilhelms des Reichen – die Auflösung war für ihn eine Bedingung des Venloer Vertrages – eigentlich in beiderseitigem Einvernehmen.

Im Oktober 1543 wurde Alexander von Trimborn nach Frankreich delegiert, um der Form halber nochmals Johannas Abreise an den Niederrhein zu fordern, vor allem jedoch, zumal dieses Verlangen bereits von anderen Heiratsplänen des französischen Königs durchkreuzt war, die Aufkündigung des Ehepaktes von 1540 zu Ende zu bringen. Am Speyrer Reichstag von 1544 verhandelte sodann der Herzog persönlich mit König Ferdinand, während sein Kanzler Gogreve und Graf Nikolaus von Salm die Gespräche fortsetzten, in denen es um die dem Herzog seitens des Kaisers zugesagte Nichte als nächste Gemahlin ging. Ferdinand besaß nämlich gleich vier Töchter. Mit allen waren ganz bestimmte Territorien als Aussteuer verbunden, und jede sollte natürlich ganz gezielt an einen Kandidaten vergeben werden, um damit in erster Linie ein Stück Politik zu realisieren. So waren der König von Polen, der Herzog Karl von Orleans – delikaterweise Wilhelms des Reichen verflossener Schwager –, Prinz Philipp von Spanien, Herzog Albrecht von Bayern, ein Herzog von Mantua und auch ein solcher von Savoyen potentielle Bewerber. Zu ihnen stieß nun auch noch Wilhelm der Reiche. Es waren demnach in jedem Fall mehr Bewerber als Prinzessinnen vorhanden, die künftige Gemahlin Wilhelms stand somit alles andere als fest, und auch die kirchliche Seite bedurfte noch einer Klärung, da ja die Ehe in katholischem Sinne als unlösbar gilt.

Für letzteren Part bediente sich Wilhelm der Reiche des Erzbischofs von Lund, Johann von Weeze[1], und des päpstlichen Legaten Dr. Kaspar Gropper. Auf dem Stuhl Petri saß damals der Farnese-Papst Paul III. (1534–49), der, über

---
[1] Er war auch Bischof von Konstanz u. Roeskild.

mehrere leibliche Nachkommen verfügend, seine schöne Tochter[1] Giulia Papst Alexander VI. Borgia (1492–1503) als Mätresse verkuppelt hatte. Bei einem solchen Heiligen Vater einerseits und der nicht vollzogenen Ehe andererseits bedurfte es keiner allzu großen Anstrengungen, um von der Sacra Romana Rota, dem Scheidungsgerichtshof des Vatikans, die Ungültigkeit der Erstehe Herzog Wilhelms zu erwirken. Unter dem 12. 10. 1545 wurde denn auch die päpstliche Absolutionsurkunde erteilt.

In der Zwischenzeit war eine der Töchter Ferdinands mit dem Polenkönig verheiratet worden und einer der Heiratskandidaten, Herzog Karl von Orleans, gar verstorben. Das Gerangel ging dennoch weiter, und es erwies sich sogar, daß Karl V. die Töchter seines Hauses nur nach dem politischen Wert der Bewerber zu vergeben gewillt war. Mit Philipp von Spanien hatte der Kaiser anderes vor, jedoch wurde dem Bayernherzog gegenüber Wilhelm der Vorzug gegeben, der die ältere Anna (1528–90) – Jakobes spätere Ziehmutter – wählte. Eine Reihe Unterhändler begab sich nun vom Niederrhein aus zum Regensburger Reichstag von 1546, um die Eheverhandlungen zu führen, und schließlich konnte sich auch der Herzog dahin begeben. Am 17. 7. 1546, morgens 9 Uhr traf er dort ein; vom selben Tag noch datiert der Ehevertrag, und bereits einen Tag später vollzog der Kardinal von Augsburg die Trauung mit der erst 15jährigen Maria von Österreich, die außer mit dem Kaiserhaus auch verwandtschaftliches Bindeglied nach Bayern und verschiedenen italienischen Höfen hin war. Aus demselben Jahr stammt das heute vom Düsseldorfer Stadtmuseum als Leihgabe aufbewahrte, Hans Besser zugeschriebene Gemälde Marias.

Das lange, wächsern wirkende Gesicht des leicht geneigten Haupts und die zu große Unterlippe lassen unschwer die Habsburg-Abstammung erkennen. Unter einem schräg in die rechte Stirnpartie gedrückten, scharlachfarbenen, edelsteinverzierten Barett verdeckt eine mit Perlen verzierte Goldbrokathaube das Haupthaar. Den schmalen Oberkörper der Österreicherin kleidet ein Mieder von gleichem Rot, das nach oben hin an einen kleinen, halsnahen und seitlich bis an die Haube reichenden weißen Kragen spanischer Art grenzt. Darüber ein aus Goldfäden gewirktes Brokatgewand, geschmückt mit einer Brosche und einer doppelreihigen Perlenkette. Kopfform und Gesichtszüge zeigen auffallende Familienähnlichkeit mit ihrem siebenten und letzten Kind, dem nachmaligen Herzog Johann Wilhelm. Beide wurden in ihrer zweiten Lebenshälfte schwermütig. Insgesamt hat man den Eindruck, einer wohlhabenden Persönlichkeit hoher Abstammung gegenüberzustehen, die jedoch von

---

[1] LV Nr. 197, S. 310; nach LV Nr. 198, S. 198, und LV Nr. 200, S. 243, war es die Schwester.

Herzogin Maria von Jülich-Kleve-Berg (1531–81), Schwiegermutter Jakobes

der Natur nicht gerade mit Übermaß an Schönheit und irdischem Glück gesegnet war. Ihre Schwiegertochter Jakobe, die häufig vor diesem Bild gestanden haben mag, lernte Maria von Österreich nicht mehr kennen.

Wilhelms des Reichen Rückkehr in das katholische Lager blieb für ihn und seine Familie nicht ohne Vorteile. Noch vom Tag der Ankunft Wilhelms des Reichen in Regensburg, also dem 17. 7. 1546, datiert seine Eheberedung mit Marias Vater Ferdinand. Am 18. Juli fand die Hochzeit statt und am 19. Juli, also abermals einen Tag später, bestätigte Karl V. Herzog Wilhelm das zugesicherte Privileg, daß, falls Söhne fehlten, Wilhelms Töchter erbberechtigt seien. Dieses kaiserliche Zugeständnis wurde am 21. 4. 1566 sogar in Druck gegeben und lautet in dem verschnörkelten, umständlichen Stil dieser Zeit in seinem entscheidenden Part:

„. . . Also wann es sich fügen wurde
daß gedachter Hertzog Wilhelm mit obgedachter S.L.[1] Gemahel
unser Mummen
keinen ehrlichen Mannlichen Leibserben überkäme
oder gleichwol Mannliche Leibserben mit Ihrer Lieb erwurbe
die aber nachgehends über kurtz oder lang
ohne eheliche Mannliche Leibserben abgiengen
daß alsdann . . .
obangeregte S.L. Fürstenthumb
Land und Leuth
die von uns
als Röm. Keyser
und dem H. Reich zu Lehen
auff sein Hertzog Wilhelms Töchter
mit gedachter seiner Gemahel
Königin Maria
unser lieben Mummen
ehelich erworben
oder wo derselben keine dazumal im leben were . . .
und aber von einer oder mehr
ehrlich geborn Leibserben vorhanden weren
alß dann auff dieselben S.L. Töchtern
nachglaßne eheliche Mannliche Leibserben . . . fallen . . ."[2]

---

[1] Seiner Liebden = veralt. ehrende Bez.   [2] LV Nr. 625.

C. Die Münchner Zeit und erste Beziehungen zum Düsseldorfer Hof

Seit Venlo widmete sich Wilhelm der Reiche hauptsächlich der kommunalen Landesverwaltung. Kirchen- und Polizeigesetzgebung wurden unter ihm ausgebaut (1554 und 1558), er ordnete das Justiz- (1555) und das Finanzwesen (1557), erließ die sogenannte Amtleuteordnung (1558/59) u. ä. Nicht hoch genug ist schließlich das gegen das Ende seiner Tage erlassene Edikt zu werten, das eine erste Lockerung in den Rechtsverhältnissen gegenüber Leibeigenen verspricht.

In religiöser Hinsicht versuchte Wilhelm, trotz der engen Bindung an das Kaiserhaus, auch weiterhin das Luthertum zu unterstützen, lavierte vorsichtig zwischen den geistigen Fronten und nahm eine auf Ausgleich bedachte, vermittelnde Haltung ein. Deutliche Zeichen seiner religiösen Einstellung sind einmal die vorwiegend protestantischen Räte, mit denen er sich umgab, und zum anderen die Art, wie er die Erziehung seiner Kinder geregelt hat: Die beiden Jungen wurden streng katholisch erzogen, die Mädchen liberaler. Dennoch nahm an seinem Hof der katholische Einfluß stetig zu, bis er um 1570 sogar beherrschend wurde.

Während der älteste Sohn Wilhelms des Reichen unvermählt starb, gab er dreien seiner vier erwachsenen Kinder protestantische Ehegatten, ließ sich und seiner Familie das Abendmahl unter beiderlei Gestalt reichen und wünschte dies insbesondere auch für die Erstkommunion seines wesentlich jüngeren zweiten Sohnes und präsumtiven Nachfolgers Johann Wilhelm. Zum anderen untersagte er die Fronleichnamsprozession, kündigte dem in kirchlichen Dingen für sein Herzogtum zuständigen Kölner Erzbischof das Revisionsrecht und gewährte Andersgläubigen im Herzogtum Asyl, wovon insbesondere niederländische Kalvinisten profitierten. Religionsfragen und damit zusammenhängende dynastische Erwägungen bestimmten die Politik dieser Jahre allgemein wie auch im Herzogtum Jülich-Kleve-Berg. Als dann aber in den siebziger Jahren der katholische Einfluß am Düsseldorfer Hof erheblich zunahm, konnte schließlich auch Wilhelm der Reiche nicht umhin, zum entschiedenen Katholizismus zurückzukehren.

Die Landstände von Berg, Kleve und der Mark hingen in überwiegender Mehrheit dem protestantischen Glauben an, lediglich die Einwohnerschaft des alten Herzogtums Jülich war mehrheitlich katholisch gesinnt. Dieser katholische Landesteil sah sich wiederum in unmittelbarer Nachbarschaft von dem Luthertum zugeneigten Gebieten. Kurkölns geistliche Herren, zuerst Erzbischof Hermann von Wied und dann Gebhard Truchseß von Waldburg, neigten ebenfalls den Reformgedanken zu, und erst nachdem der Letztgenannte mit Gewalt vertrieben worden war, gewannen mit seinem Nachfolger, Herzog

Ernst von Bayern (1554–1612), Verfechter der Gegenreformation die Oberhand.
Angesichts dieses drohenden protestantischen Übergewichts bedurfte der Katholizismus am Niederrhein der Stützung. Dies um so mehr, da schon zu erkennen war, daß Johann Wilhelm dereinst alles andere als eine kraftvolle Herrschernatur abgeben und daher eine unverhältnismäßig starke Bedeutung seiner unmittelbaren Umgebung zufallen würde. Jede der Parteien würde zudem versuchen, bestimmenden Einfluß auf Johann Wilhelm zu gewinnen. Die überwiegend protestantischen Räte taten dies mit der Verlockung, den in seinen späten Jahren angeblich regierungsunfähigen Altherzog Wilhelm zu entmachten und die Regierungsgewalt vorzeitig seinem Sohn Johann Wilhelm anzuvertrauen, während die katholische Partei ihre Hoffnung auf Steigerung ihres Machteinflusses an die Verbindung mit Jakobe klammerte.

Am Hof wurde die katholische, spanisch gesinnte Partei von Wilhelm von Waldenburg, genannt Schenkern, angeführt. Über ihn haben sich nicht nur die Wittelsbacher – Ernst von Köln wie der bayerische Hof – um Einfluß bemüht, sondern auch Spanien und die Kurie in Rom. Sie hatten verschiedene Motive: Die Wittelsbacher wollten ihren Einfluß über Kurköln auch auf Jülich-Kleve ausdehnen, während Spanien und der Kurie vor allem an einer Stärkung des Katholizismus lag.

Ab etwa 1582 standen aber zunächst mehrere Heiratskandidatinnen zur Diskussion: Von einer protestantischen braunschweigischen Prinzessin war die Rede. Otto von Bylandt zu Rheydt schlug Antoinette von Lothringen vor.[1] Am Reichstag des Jahres 1582 schaltete sich der Kaiser persönlich in das Düsseldorfer Heiratskarussell ein. Er beauftragte Bischof Ernst von Freising, Hildesheim und Lüttich, der damals bereits Kölner Domherr war, bei seinem Bruder, dem Bayernherzog, offiziell um die Hand Jakobes zu werben. Sie, und nicht die wohlhabende und altersmäßig besser geeignet gewesene, jedoch den bayerisch-kölnischen Verhältnissen fremde Antoinette von Lothringen, mußte sich nunmehr als erste den Wünschen der beteiligten Parteien fügen.

Jakobe garantierte die feste Einbindung Jülich-Bergs in die katholische Front, namentlich ein enges politisch-militärisches Zusammengehen mit Spanien und den bayerischen Verwandten. Auch würde sie ihrem schwächlichen Mann und der katholischen Partei eine zuverlässige Stütze sein gegenüber den protestantischen Bevölkerungsteilen in Kleve, aber auch in anderen Landesteilen.

---

[1] LV Nr. 13, S. 146; 24, S. 5; 56, S. 459; 165, S. 24; 172, S. 3 und 7; 560.

2. Die Jugendjahre Johann Wilhelms

Johann Wilhelm von Jülich-Kleve-Berg wurde 1562 als zweiter Sohn Wilhelms des Reichen und der Maria von Österreich und letztes von insgesamt sieben Kindern geboren. Da im Gegensatz zu seiner späteren Gemahlin Jakobe um seine Person frühzeitig politisches Ränkespiel einsetzte, sind uns Kindheit und Jugend verhältnismäßig gut bekannt.

Ebenso wie sein älterer Bruder Karl Friedrich (1555–75) wurde er von Werner von Gymnich, dem Schwiegervater des jülichschen Marschalls Schenkern, im katholischen Glauben erzogen, während ihm das erste Lebensjahrzehnt Wilhelm von Neuhof und nach dessen Ableben Heinrich von der Recke als Hofmeister zur Seite standen.

Wichtigstes Ereignis mit entsprechenden Auswirkungen im Leben des noch kindlichen Prinzen war das Bestreben des Vaters, im Wege einer Sekundogenitur Einfluß auf das benachbarte Hochstift Münster zu gewinnen, das die Landesteile Kleve und Mark auf der einen und Ravensberg auf der anderen Seite – je nach Standpunkt – miteinander verband bzw. voneinander trennte, ähnlich dem im Ländermosaik Jülich-Kleve-Berg fehlenden Herzogtum Geldern auf der linksrheinischen Seite. Um Geldern hatte Wilhelm der Reiche einen Waffengang mit Kaiser Karl V. gewagt – und war unterlegen. Um Münster hingegen bot sich dem Herzog mit einem Mal eine günstige Ausgangslage, die er, wenn auch unter enormen Schwierigkeiten, geschickt zu nutzen verstand.

Seit 1570, als Johann Wilhelm gerade erst acht Jahre zählte, kränkelte der residierende Fürstbischof von Münster, Johann von Hoya (1529–73). Da sah Wilhelm der Reiche den Zeitpunkt für gekommen, sich um eine ihm genehme Besetzung dieses Bischofsstuhls für den Fall plötzlicher Vakanz zu bemühen, um auf diese Weise eine Brücke zwischen seinen Stammlanden und dem abgesetzten Ravensberg zu schlagen und zugleich durch Einverleibung des Hochstifts Münster erheblichen Machtzuwachs zu erlangen. Im Mai folgenden Jahres delegierte er seinen Rat Heinrich von der Recke nach Münster, um bei Bischof und Domkapitel die Aussichten für Johann Wilhelm als Koadjutor, das heißt als späteren Nachfolger im Bischofsamt von Münster, zu prüfen. Es kam zu einem Vertrag, der als wichtigste Bedingungen eine katholische Erziehung, eine theologische Eignung sowie die Einwilligung des Papstes voraussetzte. Die genaue Datumsangabe zur Verleihung der Koadjutorie an Johann Wilhelm schwankt in der Literatur.[1] Ende 1571 erscheint am wahrscheinlichsten,

---

[1] LV Nr. 11: 23. 11. 1571; LV Nr. 56, S. 167: 1573, und S. 431: 12. 11. 1571; LV Nr. 165, S. 12: 1571, und S. 17: 8. 4. 1576.

während der von Else Rümmler angegebene 8. 4. 1576 völlig unmöglich ist, da zu diesem Zeitpunkt Johann Wilhelms Vorgänger längst tot war und der Sinn einer Koadjutorie nicht mehr ersichtlich wäre.
Erfüllung und gleichzeitig geschickte Umgehung wesentlicher Punkte des Vertrags von Münster bestimmten fortab die Politik Wilhelms des Reichen. Dabei mußte er sich wieder einmal um die Gunst der Päpste – erst Pius' V. (1566–72), dann Gregors XIII. (1572–85) – mühen, die neben dem Kaiser, dem König von Spanien und dem Herzog von Bayern immer wieder Einfluß auf die Politik im Herzogtum am Niederrhein nahmen. Mit Hilfe der Bischöfe erreichte Wilhelm bei Gregor XIII. schließlich sein Ziel.
Der Papst schlug als Erziehungsort des künftigen Bischofs von Münster den Vatikan vor. Zu diesem Schritt konnte sich der Vater aber, insbesondere wegen des jugendlichen Alters und der schwächlichen Gesundheit des Prinzen, nicht entschließen. Er schickte seinen Sohn statt dessen unter der Obhut seines „katholischsten" Rates Heinrich von der Recke, der inzwischen die Nachfolge im Hofmeisteramt Johann Wilhelms angetreten hatte, auf das im klevischen Xanten gelegene Kollegiatsstift St. Viktor und ließ ihm alsbald niedere Weihen einschließlich der Tonsur erteilen.
Diese Maßnahmen wurden vom Papst offensichtlich als Zeichen guten Willens respektiert, da er sich zu weiteren Verhandlungen über Münster bereitfand und Dr. Kaspar Gropper, einen früheren Bürger des Herzogtums, 1573 nach Düsseldorf sandte. Dort angekommen, mußte Gropper feststellen, daß Herzog Wilhelm aus Anlaß der Hochzeit seiner ältesten Tochter Marie Eleonore (1550–1608) mit dem protestantischen Herzog Albrecht Friedrich von Preußen (1553–1608) im entfernten Königsberg weilte. Dies war im Hinblick auf die römischen Verhandlungen gewagt und hätte das Vertrauensverhältnis zum Vatikan leicht wieder zerstören können. Indes, die Verhandlungen mit Dr. Gropper nach Rückkehr des Herzogs wurden von reichen Geschenken begleitet, so daß sie letztlich zu beiderseitiger Zufriedenheit verliefen.
Auch den Kaiser und den seinen Plänen ursprünglich – wegen seiner wenig überzeugenden katholischen Einstellung – keineswegs gut gesonnenen König von Spanien sowie dessen Brüsseler Statthalter Alba vermochte Wilhelm der Reiche letztlich für seine Pläne zu gewinnen. Zug um Zug näherte sich der Herzog seinem gesteckten Ziel, wenngleich er die positive Haltung kirchlichen Reformen gegenüber keineswegs aufgegeben hatte. Es war vielmehr so, daß Wilhelm der Reiche einen Schritt in dieser Richtung sogleich durch andere, romfreundliche Maßnahmen auszugleichen versuchte und darin letztlich sogar Geschick zeigte.

C. Die Münchner Zeit und erste Beziehungen zum Düsseldorfer Hof 83

Herzogin Marie Eleonore von Preußen (1550–1608), älteste Schwester Johann Wilhelms

Als am 5. April 1573[1] der Münsterer Bischof Johann von Hoya in seiner Residenz zu Ahaus die Augen für immer schloß, lag für Johann Wilhelm die Bestätigung aus Rom noch nicht vor. Trotzdem erwies es sich jetzt, daß Wilhelm der Reiche über Dr. Gropper gute Vorarbeit geleistet hatte. Das

---

[1] LV Nr. 194; lt. LV Nr. 13, S. 142, war es das Jahr 1574.

Herzog Albrecht Friedrich von Preußen (1553–1608), Gemahl Marie Eleonores, der ältesten Schwester Johann Wilhelms

C. Die Münchner Zeit und erste Beziehungen zum Düsseldorfer Hof

Domkapitel stand zu seiner früheren Aussage und wählte den jetzt zwölfjährigen Johann Wilhelm, der bar jedweder theologischer Studien und höherer Weihen war, unter dem Vorbehalt der päpstlichen Einwilligung und einer auch künftighin strengen katholischen Erziehung, noch im selben Monat zum neuen Bischof von Münster. Freilich blieb der Knaben-Bischof auch jetzt noch in Xanten, während in Münster bis zu seiner Volljährigkeit eine Ersatzregierung installiert wurde.

In dieser günstigen Phase der Entwicklung seiner dynastischen Pläne gab der Herzog 1574 zu der Werbung des protestantischen Pfalzgrafen Philipp Ludwig von Pfalz-Neuburg (1547–1614) um die Hand seiner zweitältesten Tochter Anna (1552–1632) seine Zustimmung. Dies mußte für Gregor XIII. einem Schlag ins Gesicht gleichen, zumal Philipp Ludwigs Vater im Kampf zwischen Hugenotten und Papst ausgerechnet auch noch auf seiten der Hugenotten gestanden hatte. Der Papst forderte daraufhin u. a. eine Bürgschaft des Kaisers für den Fall einer späteren Konversion Johann Wilhelms. Sie sollte beinhalten, daß der Bischofsstuhl durch einen solchen Schritt wieder vakant würde und Kirchengut keinesfalls veräußert werden dürfe – Bedingungen, die aber schon Gegenstand des Wahlvertrages zwischen Herzog und Bischof Johann sowie dessen Domkapitel aus dem Jahre 1571 gewesen waren.

Gerade in dieser für den Herzog kritischen Situation kam ihm ein Ereignis zu Hilfe, bei dem er, ohne sich dabei etwas zu vergeben, Papst und Kirche sein Wohlwollen bezeugen konnte. Ende 1574 wurden in Rom die Feierlichkeiten zu dem alle 25 Jahre stattfindenden Heiligen Jahr eingeleitet. Dies geschah wie immer mit der Eröffnung der sogenannten Heiligen Pforte des Petersdoms, die mit einem vergoldeten Silberhammer von der Hand des Papstes aufgeschlagen wurde. Auch an Herzog Wilhelm den Reichen war hierzu Einladung ergangen, die dieser der Reisestrapazen wegen jedoch nicht wahrzunehmen gedachte. Er ließ sich durch den knapp zwanzigjährigen Kronprinzen Karl Friedrich vertreten. Derselbe hielt sich zusammen mit seinem Hofmeister Werner von Gymnich und seinem Lehrer Stephan Winand Pighius schon seit 1571 am Hof Maximilians II. auf, um zusammen mit den Erzherzögen Ernst (1553–95) und Rudolf – letzterer der nachmalige Kaiser Rudolf II. – erzogen zu werden. Im September 1574 brach Karl Friedrich mit nur geringer Begleitung über Salzburg und Innsbruck in Richtung Italien auf. Die Besichtigung von auf der Route liegenden Städten mit ihren Gärten, Palästen, Kirchen, Klöstern und anderweitigen Monumenten und Sehenswürdigkeiten gestalteten den Weg zu einer Bildungs- und Informationsreise, wobei man an befreundeten Fürstenhö-

Pfalzgräfin Anna von Pfalz-Neuburg (1552–1632), Schwester Johann Wilhelms

fen jeweils mehr oder weniger lang verweilte und wiederholt auch Botschaften des Papstes entgegennahm.
Es ist naheliegend, daß Karl Friedrich neben Huldbezeigungen auch handfeste

Pfalzgraf Philipp Ludwig von Pfalz-Neuburg (1547–1614), Gemahl Annas, einer Schwester Johann Wilhelms

Weisungen des Vaters wegen der Bischofsnachfolge in Münster vortragen und diese Angelegenheit nach Möglichkeit zum Abschluß bringen sollte, wozu es dann aber eines unglücklichen Umstands wegen leider nicht gekommen ist. Der Düsseldorfer Erbprinz traf kurz vor Weihnachten in Rom ein. Sein sicheres, jedoch bescheidenes Auftreten machte auf Gregor XIII. und die bereits versammelten Festgäste einen so guten Eindruck, daß er schnell allseits

Erbprinz Karl Friedrich von Jülich-Kleve-Berg (1555–75), älterer Bruder Johann Wilhelms

C. Die Münchner Zeit und erste Beziehungen zum Düsseldorfer Hof

beliebt und ein gern gesehener Gast wurde, den man auch anzuhören bereit war. Er nahm weisungsgemäß an den Feierlichkeiten aus Anlaß des Weihnachtsfestes und der Eröffnung der Heiligen Pforte teil. Registriert wurde, daß ihm der Papst in der Sixtinischen Kapelle an der Seite des Herzogs Ernst von Bayern die Kommunion nur in Form der Oblate reichte, während sie in der Heimat des Prinzen in beiderlei Gestalt gehandhabt wurde. So vergingen die Feiertage in vollster Harmonie, so daß man sich hiervon mit Fug und Recht auch eine günstige Auswirkung auf die politischen Verhandlungen erhoffte.

Nach Neujahr zog dann aber Karl Friedrich – möglicherweise auf Veranlassung Ernsts von Bayern – vorübergehend nach Neapel, um dort u. a. an einer Reihe von Festen teilzunehmen, was dem eher still besonnenen Erscheinungsbild des Prinzen weniger entsprach. Es erwies sich auch bald, daß seine Natur dieser Art von Strapazen nicht standhielt. Fiebernd und von starkem Husten geplagt, kehrte er gegen Monatsende nach Rom zurück. Als Hautveränderungen auch noch das Hinzukommen von Blattern verrieten, war die ärztliche Kunst jener Tage überfordert. Am 9. Februar 1575 starb der mit so viel Aufmerksamkeit und Erwartung in Rom empfangene Erbprinz von Jülich-Kleve-Berg, in dessen Mission man zu Hause große Hoffnungen gesetzt hatte, vermutlich an Lungenentzündung. Er wurde in der Kirche Santa Maria dell'Anima beigesetzt, wo noch heute ein prächtiges Grabmal seiner gedenkt, das im Chorraum gegenüber demjenigen des letzten deutschen Papstes, Hadrians VI. (1522–23), Aufstellung gefunden hat.

War der Hergang dieser Ereignisse für sich schon tragisch, so waren ihre politischen Auswirkungen im Augenblick des Geschehens geradezu unabsehbar. Als der Vater in Düsseldorf vom Ableben seines Erstgeborenen erfuhr, schwankte er zwischen Depressionen und Tobsuchtsanfällen. Was sollte nun aus der münsterischen Frage werden, wo doch Johann Wilhelm sozusagen über Nacht auch Erbprinz geworden war?! Man konnte eigentlich nur von Glück reden, daß die bischöfliche Approbation aus Rom noch nicht vorlag.

Der jetzt 13jährige Johann Wilhelm war nach wie vor ohne theologische Studien, ohne Priesterweihe, ja sogar ohne den Empfang der Erstkommunion gewählter Bischof von Münster. Die Kommunionfrage zögerte sich weiter hinaus, da für den Vater die Art des Empfangs, ob „sub una specie" oder „sub utraque specie"[1], zu einer Art Präzedenzfall geworden war. Erst an Weihnachten 1578 zeigte er sich bereit einzulenken. Damit war wenigstens diese

---

[1] Ob unter einer oder unter beiderlei Gestalt.

Voraussetzung für „Münster" erfüllt. Da ihm bisher aus Rom eine weiterreichende Approbation vorenthalten worden war, die seit dem Tode des erstgeborenen Sohnes – wegen der Frage der Erbfolge – auch nicht mehr wünschenswert erschien, trachtete Herzog Wilhelm für seinen überlebenden Sohn nunmehr

Pfalzgräfin Magdalena von Pfalz-Zweibrücken (1553–1633), Schwester Johann Wilhelms

C. Die Münchner Zeit und erste Beziehungen zum Düsseldorfer Hof

beim Papst die Position eines Administrators des Bistums Münster durchzusetzen. Er wollte Zeit gewinnen, damit der Streit zwischen den Parteien im Domkapitel um die Nachfolge Johann Wilhelms, der ja jetzt Erbprinz von Jülich-Kleve-Berg war, beigelegt werden konnte. Die Bemühungen Wilhelms des Reichen waren erfolgreich. Nachdem zuvor noch ein Mitbewerber um dieses Amt, Konrad von Westerhold, unter päpstlichem Druck ausgebootet worden war, wurde Johann Wilhelm, nach wie vor postulierter Bischof von Münster, im Oktober 1581 auch offiziell weltlicher Administrator des Bistums. Mit Wohnsitz auf Schloß Horstmar sollte er es dem Wunsche des Domkapitels zufolge bis zu seiner Verheiratung bleiben.

Johann Wilhelms Ablösung als Bischof von Münster stellt ein separates Kapitel jülich-kleve-bergischer Geschichte dar, das mit der Wahl seiner künftigen Gemahlin Jakobe zusammenhängt und auf das deshalb – dem Handlungsverlauf folgend – später eingegangen werden soll.

Von den sechs Geschwistern Johann Wilhelms fanden der Geburtenfolge nach Marie Eleonore, Anna und der soeben verstorbene, einzige Bruder Karl Friedrich bereits Erwähnung. Zu ergänzen wären sodann Magdalena (1553–1633), die 1579 in Pfalzgraf Johann von Zweibrücken (1550–1604) einen gleichfalls protestantischen Ehegatten bekam, die schon im Kindesalter von knapp fünf Jahren verstorbene Schwester Elisabeth (1556–61) und schließlich Prinzessin Sibylle (1557–1627), der ein maßgeblicher Part am Schicksal Jakobes zukommen und die 1601 nach zahlreichen vergeblichen Anbahnungsversuchen in Karl von Burgau (1560–1618) einen nahen Verwandten des Kaiserhauses ehelichen sollte; namentlich von ihr wird noch viel, und leider wenig Erbauliches, zu berichten sein.

In zeitlicher Reihenfolge gehört an dieser Stelle sodann noch eines Mannes gedacht, der sich selbst als „der Rechten Licentiat, bergischer Generalanwalt und Landschreiber" nennt und dem wir heute sehr viel über den Ablauf der Vermählung des Jungherzogs verdanken. Die Rede ist von Dietrich Graminäus, der 1580 zum Erzieher Johann Wilhelms bestellt wurde. Er schuf 1587, zwei Jahre nach dessen Hochzeit, das mit 37 beschrifteten Kupferstichen versehene, schon in der Einführung erwähnte Werk[1], in dem uns der Hergang der wesentlichen Ereignisse über die Jahrhundete hinweg bis heute erhalten geblieben ist.

---

[1] LV Nr. 164 a.

3. Die Münchner Residenz

Die früh elternlos gewordene Prinzessin Jakobe war zusammen mit ihren beiden Schwestern Anna Maria und Maria Salome sowie dem einzigen Bruder Philipp, dem Thronerben der baden-badenschen Markgrafschaft, der Münchner Verwandtschaft zur Erziehung anvertraut worden. Da Vater Philibert als letzter Elternteil 1569 zu Tode gekommen war, kann man davon ausgehen, daß die Übersiedlung der Kinder nach München spätestens im Todesjahr des Vaters, wenn nicht schon um das Todesjahr der Mutter, also drei oder vier Jahre zuvor, erfolgte, weil sich der Vater ein Jahr nach dem Ableben seiner Gattin in kaiserliche Dienste an die Türkenfront verdingt hatte. Zieheltern der badischen Waisen wurden der Bruder Mechthilds, Herzog Albrecht V. von Bayern, sowie dessen Gemahlin Anna von Österreich, die Schwester von Jakobes künftiger Schwiegermutter Maria. Sowohl Anna wie Maria waren Töchter Kaiser Ferdinands I. und der Anna von Böhmen und Ungarn (1503–47).

Das bayerische Herzogspaar hatte an eigenen Kindern den noch im Jahr seiner Geburt verstorbenen Prinzen Karl (1547), den Thronprätendenten und Nachfolger Wilhelm (1548–1626) sowie Ferdinand (1550–1608), den Teilnehmer am Truchsessischen Kriege und Stifter der Wartemburgischen Linie. In nur jeweils knapp einjährigem Abstand waren noch die dereinst mit dem Erzherzog Karl von Österreich verehelichte Prinzessin Maria (1551–1608), die unvermählt gebliebene Prinzessin Maria Maximiliana (1552–1614), der im Jahr nach seiner Geburt bereits wieder verschiedene Prinz Friedrich (1553–54) sowie als jüngstes Kind Prinz Ernst (1554–1612) gefolgt, der Jahre danach als Inhaber des Kölner Erzstuhles treuester und eifrigster Parteigänger seiner im benachbarten Herzogtum Jülich-Kleve-Berg in Bedrängnis geratenen Cousine Jakobe werden sollte. Das waren sieben Kinder in sieben Jahren, denen Herzogin Anna das Leben geschenkt hatte, und von denen die fünf überlebenden nun zusammen mit dem badischen Cousin und dessen drei Schwestern heranwuchsen – damals freilich noch nicht ahnend, welchen bedeutsamen Part die Geschichte den drei Brüdern am tragischen Schicksal Jakobes, ihrer ältesten badischen Cousine und Spielgefährtin aus Kindheitstagen, beigemessen hatte.

Das neue Zuhause der badischen Geschwister wurde die Münchner Residenz oder Neuveste, wie sie damals hieß. Diese lag zwar auf dem Areal der heutigen Residenz, die vom Max-Joseph-Platz und der Maximilianstraße im Süden sowie der Residenzstraße im Westen, der Hofgartenstraße im Norden und der

C. Die Münchner Zeit und erste Beziehungen zum Düsseldorfer Hof

Marstallstraße im Osten begrenzt wird, hat aber durch viermaligen Wiederauf- und Umbau nach den verheerenden Brand- und Bombenkatastrophen der Jahre 1674, 1729, 1750 und 1944 nicht mehr viel gemein mit jener kurz vor der „badischen Zeit" zur Residenz erhobenen, damals vorherrschend noch Fliehburgcharakter aufweisenden Anlage.

Unter den beiden Brüdern aus dem Hause Wittelsbach, den Herzögen Heinrich XIII. (1235–90) und Ludwig II. (1229–94), dem Strengen, war das Land erstmals in die beiden Hälften Ober- und Niederbayern geteilt worden, wobei Heinrich Niederbayern mit Landshut als Regierungssitz zufiel, während Ludwig Oberbayern erhielt. Letzterer wählte daraufhin München zu seiner Residenz und schuf sich in der Nordostecke der Wehrmauer dieser Stadt mit der erst später unter der Bezeichnung Alter Hof bekannten Veste eine ständige Bleibe. Bereits ein Jahrhundert später platzte der Alte Hof aus seinen Nähten. Der üblicherweise in der Behausung des Landesherrn etablierte Verwaltungsapparat war schnell angewachsen und ebenso die Mitgliederzahl des herzoglichen Hauses. Um die Mitte des 15. Jahrhunderts bewohnten den Alten Hof gleichzeitig drei herzogliche Familien und auch noch einige überlebende Mitglieder der vorausgegangenen Herrschergeneration. Hinzu kam, daß München offensichtlich auch damals schon Ausstrahlungskraft besaß und sich unverhältnismäßig schnell vergrößerte, so daß der Alte Hof, eines Tages von Häusern umringt, die Herzöge um ihre Sicherheit bangen ließ. Platzmangel und Sicherheitsgründe waren es denn auch, die alsbald ein sukzessives Ausweichen nach weiter außerhalb mit sich brachten, und zwar an eine Stelle, wo bereits zu Beginn dieses Jahrhunderts ein zweiter Wehrmauerring und eine als Burgstall bezeichnete Gebäulichkeit entstanden waren. Der Alte Hof behielt dennoch aus einem nicht ganz unberechtigten Sicherheitsbestreben heraus bis zu Beginn des 16. Jahrhunderts seine Wehrfunktion.

Seit den glanzvollen Tagen des bis dahin einzigen Wittelsbacher-Kaisers, Ludwigs des Bayern (1314–47), war ein allgemeiner Niedergang im Lebensstandard zu verspüren. Durch Aufteilung unter seine sechs Söhne war das Land nach des Kaisers Ableben wieder in provinzielle Kleinstaaterei zurückgesunken. Wirtschaftlicher und sozialer Rückschritt waren die Folge, die sich eines Tages in einer blutigen Revolte gegen das Herrscherhaus entluden. Dieses Aufbegehren der Volksseele konnte zwar bald unter Kontrolle gebracht werden, jedoch bestimmten hinfort Vorsicht und Mißtrauen den weiteren Residenzausbau der Wittelsbacher, die – am Straßenbild des heutigen Münchens verdeutlicht – zwei Straßenzüge nordöstlich des Alten Hofes um das Jahr 1385 den Grundstein für eine besser gesicherte Fluchtburg, eben die

Neuveste, legten, in die bald auch Wohn- und Verwaltungsbereiche der bisher im Alten Hof beheimateten Institutionen ausquartiert wurden.

Der Neuveste widerfuhr ab ihrem Baubeginn bis Anfang des 17. Jahrhunderts, der Regierungszeit des Kurfürsten Maximilian (1597–1651), eine kontinuierliche Entwicklung. Vorhandene Bausubstanz wurde kaum abgebrochen, allenfalls in eine Überbauung einbezogen, und jedes Glied der langen Reihe von Bayernherzögen baute beharrlich an der überkommenen Erbmasse seiner Väter und Vorväter weiter.

Als die badische Prinzessin Jakobe samt Geschwistern zwischen 1565 und 1569 hierher verbracht wurde, um nach dem Tod ihrer Eltern standesgemäß erzogen zu werden, regierte ihr Onkel, Herzog Albrecht V., ein großer Kunstmäzen. Ihm und – nach seinem 1579 erfolgten Tod – seinem Sohn Wilhelm V., dem Frommen, blieb es vorbehalten, die Entwicklung des Neuvestenbaus, dem von Anfang an durch das Geviert des Wassergrabens ein begrenztes Terrain vorgegeben war, zum Höhepunkt und gleichzeitigen Abschluß zu führen. Die

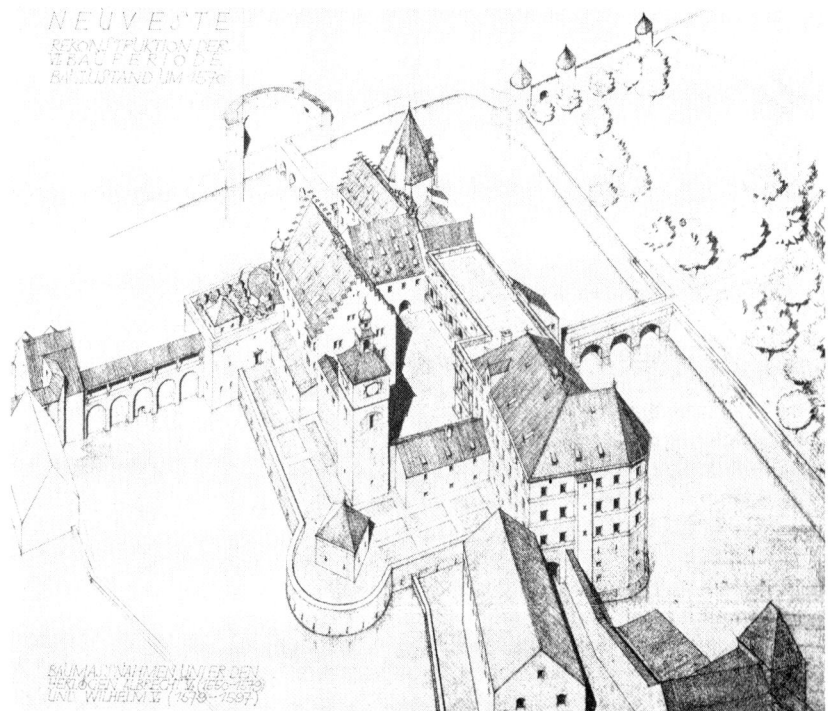

Münchner Neuveste um 1570

C. Die Münchner Zeit und erste Beziehungen zum Düsseldorfer Hof

noch innerhalb der alten, ursprünglichen Grenzen getroffenen Baumaßnahmen und Verschönerungen gipfelten in der in vorstehendem Rekonstruktionsplan wiedergegebenen, prächtigen Burganlage der Jakobe-Zeit.
Dieser Bau konnte zwar einen Vergleich mit den meisten gleichrangigen Höfen Italiens auch jetzt noch nicht zu seinen Gunsten entscheiden, hatte aber hinsichtlich seiner Architektur sowie dem Geistes- und Musenleben, das ihn erfüllte, einen ersten Kulminationspunkt erreicht, der ihn damals über alle übrigen deutschsprachigen Höfe emporhob.
Die ältesten Mauerwerke der Jakobe-Zeit waren einmal der in die Jahre zwischen 1375 und 1397 datierte, sogenannte Silberturm in der Südwestecke. Von quadratischem Grundriß, überragte dieser Bergfried alle seine Nachbarn und bestimmte dadurch maßgeblich das Gesamtbild der Anlage. Der Palas im Nordwestbereich und ein Stück Wehrmauer zwischen ihm und dem Silberturm, ein Überbleibsel des ersten Wehrmauerrings, waren weitere Zeugen dieser frühen Bauphase. Der Laternenaufsatz des Silberturms, die durch Turmhauben ersetzten Zinnen der Nachbartürme sowie das Erkerchen an der Nordwestecke des Palas und dessen Abtreppungen an den Giebelschrägen sind Zutaten einer späteren Epoche aus der Regierungszeit von Jakobes bayerischem Großvater, des Herzogs Wilhelm IV.
Dem ersten Wehrmauerring, von dem sichtbar nur noch das Verbindungsstück zwischen Palas und Silberturm überlebt hatte, war in der ersten Hälfte des 15. Jahrhunderts noch ein inzwischen in anderen Gebäuden aufgegangener, zweiter Mauerring vorgelagert. Derselbe verdient insofern Erwähnung, weil uns in seinen Baumeistern Niklas Lauterbacher und Hans Karst erstmals Künstlernamen der Neuveste begegnen. Es war dies die Zeit, in der es bereits einmal zu einer Verbindung zwischen dem bayerischen und dem einst sehr bedeutenden und umworbenen Herrschergeschlecht vom Niederrhein gekommen war. Herzog Wilhelm III. (1375–1435) hatte damals, nur zwei Jahre vor seinem Tod, in Margarete von Kleve und der Mark (1416–80) eine Vorfahrin von Jakobes Gemahl Johann Wilhelm geehelicht.
Der gut drei Jahrzehnte währenden Bauperiode unter Albrecht IV. (1465–1508), einem Neffen Wilhelms III., und den Baumeistern Jörg von Polling (von 1468–85) und Heinrich von Straubing (von 1469–80) verdankte die Münchner Bürgerschaft, daß endlich ihrem lang gehegten Wunsch, die Lücken zwischen ihrer Stadtmauer auf der einen und den Zwingmauern und Wassergräben der Neuveste auf der anderen Seite zu schließen, nachgegeben wurde. Als noch erhaltene Ergebnisse dieser Zeit sind einige Wehrmauern und Wehrtürme zu nennen.

Ende des 15. Jahrhunderts fällt sogar eine Ähnlichkeit zu dem derselben Bauepoche entstammenden Schloß Niederbaden, Jakobes Elternhaus, auf. Vor allem Palas, Hofhalle und runder Turm der Münchner Neuveste finden in dem Palas und dem Wohnblock samt angebautem, rundem Turm des Baden-Badener Neuen Schlosses ein in Anordnung und Gliederung ähnliches Gegenstück. Aber auch der Silber- sowie ein zu Jakobes Zeit nicht mehr vorhandener Wehrturm mit Durchlaß und quadratischem Grundriß – im gegenüberliegenden Bereich der Wehrmauern der Neuveste gelegen – finden sich in dem Archiv- und dem Torturm des Neuen Schlosses wieder. Ja sogar eine abgeschrägte nördliche Wehrmauer weisen beide Burganlagen auf. Unmittelbar östlich des Münchner Silberturms war sodann ein unter den Brüdern Wilhelm III. (1375–1435) und Ernst (1373–1438) sowie des letzteren Sohn Albrecht III. (1401–60), dem Gemahl der schönen Agnes Bernauer († 1435), fertiggestelltes, nur von diesem Turm zugängliches Kellergewölbe angelegt worden, dessen Zweckbestimmung bis heute nicht mit letzter Sicherheit feststeht. Möglicherweise deutet der Name des Turms an, daß in Zeiten der Gefahr die Silberschätze der Bewohner, ähnlich den geheimnisumwobenen Kellern des Baden-Badener Renaissancebaues, nach hier verbracht wurden.

Herzog Wilhelm IV. wußte um die Wirkung der sich vehement durchsetzenden Feuerwaffen und der dadurch bedingten Nutzlosigkeit des fortifikatorischen Charakters der Neuveste. Auch war in seine Zeit ein mehrtägiger Besuch Kaiser Karls V. gefallen, der später zwar den im Osten der Veste entstandenen Hofgarten lobend erwähnte, die noch einem anderen Stilempfinden entstammende Burganlage aber keiner Erwähnung für würdig hielt. Dies mögen für Wilhelm IV. Gründe genug gewesen sein, um die Neuveste um- und auszubauen sowie die Hofhaltung vom Alten Hof nach hier zu verlegen.

Mit diesem Herrscher und seiner Gemahlin Jakobäa sind wir in die unmittelbare Münchner Lebenssphäre der badischen Prinzessin Jakobe gestoßen. Für den in der Nordostecke der Neuveste gelegenen Querbau, die St. Georgskapelle, stellte der sich nach dem Westen hin anschließende und mit einer Tordurchfahrt versehene, zeitgleiche Hofhallenbau eine Verbindung zum Palas dar. Die Hofkapelle war zwar 1434 erstmals konsekriert worden, jedoch hatte sie ein Jahrhundert später, nur wenige Jahre bevor die Badener Einzug hielten, der Baumeister Wilhelms IV., der tüchtige Leonhard Halder aus Weilheim, völlig umgebaut. Das Kirchenschiff war verlängert und in der neuen Ostfassade mit einem großen Maßwerkfenster versehen worden. Der gleichen Epoche entstammte in der Südostecke der Rundstubenbau, ein der Vergrößerung des Wohnraums dienendes Zweckgebäude, das seinen Namen einer halb-

St. Georgskapelle der Münchner Neuveste

kreisförmig in den Burggraben vorspringenden Bastion, seiner Vorgängerin auf diesem Platz, verdankte. Stilistisch gehörten die 1540 zum zweiten Mal geweihte Georgskapelle und der Rundstubenbau noch der Hoch- oder Spätgotik an, wenn auch einige neue Stilelemente bereits die Renaissance ankündigten.

Interessant ist, daß uns mit der neuen Hofkapelle erstmals ein Blick in einen Innenraum der Neuveste gewährt wird. Ein kostbares und heute im Tresor der Münchner Staatsbibliothek aufbewahrtes Miniaturbild des Münchner Hofmalers Hans Muelich von 1567 führt den Blick durch das Kirchenschiff hindurch zum kerzengeschmückten Hochaltar, der zusammen mit zwei Seitenaltären die Ostwand einnahm. Die Seitenaltäre überspannten rote Baldachine, zwischen denen ein Medaillon mit lebensgroßer Marienstatue von der kassettierten Decke herabhing. Dahinter in der Mitte der Wand das gotische Maßwerkfenster des Leonhard Halder. Der Fußboden bestand aus großen weißen Marmorquadern, die jeweils von kleineren, länglichen Platten roten Marmors gerahmt waren. An der linken, mit einer Holztäfelung verkleideten Seitenwand erkennt man inmitten einer kettengeschmückten Gruppe von Honoratioren Herzog Albrecht V. und vor ihm seinen in ein buntes Schalksgewand gekleideten Hofnarren.

Die Lücke zwischen Georgskapelle und Rundstubenbau überbrückte der vom Hofbaumeister Wilhelm Egkl, den Malern Melchior Hammer und Martin Maulberger sowie den Steinmetzen Kaspar Weinhart und Hans Aesslinger in den Jahren von 1558 bis 1563, in den Maßen 11 mal 32 Metern, erstellte Georgssaal, ein in der Neuveste seit langem vermißter Repräsentationsraum. Über seine Inneneinteilung und -ausstattung wissen wir u. a. durch ein weiteres Bild Muelichs und einen Stich von Nikolaus Solis der Jahre 1567 bzw. 1568, die sich heute gleichfalls in der Münchner Staatsbibliothek bzw. im Münchner Stadtmuseum befinden, Bescheid.

Der Fußboden des Georgssaales glich demjenigen der benachbarten Georgskapelle. In der Mitte der östlichen Längswand erstreckte sich über zwei Fensterachsen ein marmorverschalter offener Kamin, den ein Aufsatz allegorischer Figuren zierte. Zu beiden Seiten des Kamins sowie an der ihm gegenüberliegenden Westwand teils mit Butzenscheiben verglaste Rundbogenfenster. Die relativ schmalen Wandstücke zwischen den Fenstern waren marmorverkleidet und mit goldenen Ornamenten geschmückt. Dadurch und durch in das Halbrund der Fensterbögen führende Übergänge erhielten die Zwischenwände Pfeilercharakter. An den Schmalseiten des Saales lagen sich zwei riesige, von einer kolossalen Säulen-Ordnung gerahmte Portale gegenüber. Die Bilder und Statuen des Georgssaales stellten Szenen des Alten Testaments sowie aus dem Leben Ludwigs des Bayern dar. Eine eingelegte vergoldete Kassettendek-

C. Die Münchner Zeit und erste Beziehungen zum Düsseldorfer Hof 99

ke, die außen eine riesige Altane trug, bildete den Abschluß nach oben hin. Abgesehen davon, daß wir den Künstlern Hans Muelich und Nikolaus Solis erstmals einen Blick in das Innere der Neuveste danken, lassen sie uns auf ihren Bildern auch an gesellschaftlichen Ereignissen teilhaben und gestatten dadurch Einblicke in andere kulturelle Bereiche ihrer Zeit.

Bei Muelich ist es ein Hofkonzert, das im Georgssaal stattfand und bei dem die Blickrichtung durch das südliche Portal bis in den angrenzenden Rundstubenbau führt. Im Vordergrund postieren ein Gamben- oder Kontrabaßspieler sowie diverse Saiteninstrumente. Hinter dem rot gedeckten Tisch von links nach rechts zuerst vermutlich eine einfache Blockflöte und dann der Reihe nach und besser sichtbar eine Großblockflöte, eine Querflöte, eine Baßposaune, ein gerader Zink, ein Rankett und ein krummer Zink.

Von Bedeutung ist auch das Ereignis, das uns der Stich von Solis vom gleichen Ort übermittelt. Die festgehaltene Szene zeigt ein Ritterspiel aus Anlaß der Prunkhochzeit Wilhelms V. mit Renata von Lothringen (1544–1602). Das Spiel fand in Anwesenheit des herzoglichen Paares statt, das unter dem Thronhimmel in der linken hinteren Ecke Platz genommen hat. Es ist gut denkbar, daß zu dem Kreis der Anwesenden auch die damals zehnjährige Jakobe zählte und der Künstler sie der in Thronnähe – im Bereich zwischen dem zweiten und dritten Fenster von links – postierten Vierergruppe junger Damen zugesellt hat, zumal das bayerische Herzogspaar lediglich zwei Töchter besaß.

Wenden wir uns nochmals für einen Augenblick den äußeren Baumaßnahmen zu. Es war da noch jener in der äußersten Nordostecke gelegene, wuchtige Turm, der einen zehneckigen Grundriß besaß. Er war von der Hofkapelle aus über einen die Sakristei und eine Hofapotheke beherbergenden Zwischentrakt zu erreichen. Ein weiterer, parallel zu dem Zwischentrakt ausgerichteter, mehrgeschossiger Flügel, die Türnitz, schmiegte sich im Westen an diesen Turm und stellte das Verbindungsglied in Richtung Hofhalle und Palas dar. Dieser sogenannte „äußere Christophturm" hatte in seiner unmittelbaren südwestlichen Nachbarschaft einen „inneren Christophturm" als Vorgänger, in den einst Herzog Albrecht IV. (1465–1508), der Weise, seinen älteren Bruder Christoph den Starken (1449–93) eingesperrt hatte, als dieser ihm seinen Alleinanspruch auf die Regierung streitig zu machen versuchte. Eine Legende aus jenen Tagen berichtet, daß eine Befreiungsaktion Christophs durch das Krächzen und Schnattern von Vögeln – bei einem sind es Raben und Krähen, bei einem anderen Schwäne – vereitelt worden war.

Als Prinzessin Jakobe sich hier aufhielt, diente der als solcher nicht mehr wahrnehmbare innere Christophturm an der Nahtstelle von Sakristei, Hofhallen-

Hofkonzert im Georgssaal der Münchner Neuveste

Ritterspiel anläßlich der Hochzeit Wilhelms V. mit Renata von Lothringen im Georgssaal der Münchner Neuveste

bau und Türnitz noch als Treppenverbindung zwischen den einzelnen Stockwerken. Der äußere Christophturm dagegen ist in seinem Kellergeschoß sogar bis heute erhalten. Er wurde nach dem Zweiten Weltkrieg in den dort errichteten Festsaalbau der Bayerischen Akademie der Wissenschaften einbezogen.
Hier war es also, wo Jakobe die längste und glücklichste Zeit ihres Lebens verbracht hatte; insgesamt zwischen 16 und 20 Jahre, in denen sie allerdings auch kürzere Zeitspannen auf anderen bayerischen Residenzen, wie Burghausen[1], Ingolstadt und Landshut, verweilt haben mag.

4. Jakobes Jugendjahre am Münchner Hof

Wichtige Hinweise für die Umgebung, in der die kleine Jakobe am Münchner Hof heranwuchs, verdanken wir den Bußpsalmen Orlando di Lassos bzw. deren Illustrator Hans Muelich. So warfen wir bereits einen Blick in die Georgskapelle und den Georgssaal der Neuveste jener Tage. Dank der Miniaturen dieses Künstlers kennen wir damit zwei der herrlichen Prunkräume, in denen Jakobe die ungeheure Prachtentfaltung dieses süddeutschen Hofes erlebt hatte, mit denen dieser kirchliche wie weltliche Feste zu feiern gewohnt war. Aber nicht nur die das heranwachsende Kind prägende Umgebung hat Hans Muelich in jenen Bußpsalmen der Nachwelt überliefert, sondern glücklicherweise auch das erste von Jakobe überhaupt bekannte Bildnis.
Es mag eines jener glanzvollen Feste gewesen sein, aus deren Anlaß sich eine große Anzahl von Mitgliedern der bayerischen Herzogsfamilie im Georgssaal eingefunden hatte. In der Mitte eines rot beschlagenen Podestes thront die regierende Herzogin Anna, Gemahlin Albrechts V., der selbst nicht auf dem Bild festgehalten ist. Es handelt sich vielmehr um eine ausgesprochene Damengesellschaft, die hier dem Künstler posierte. Oberhalb Annas die rot-weiß-roten Farben Österreichs als Zeichen ihrer Abkunft. Zur Linken sitzt Schwiegertochter Renata von Lothringen, neben der Annas Töchter Maria und Maria Maximiliana Aufstellung genommen haben. Zu Annas Rechten ihre Schwiegermutter, die Altherzogin Jakobäa Maria. Oberhalb Renatas und Jakobäas wieder die heimatlichen Wappen Lothringens bzw. Badens.
Fast rührend, wie sich um die Altherzogin die drei ihrer Obhut anvertrauten, verwaisten badischen Enkelinnen Maria Salome auf der einen sowie Anna Maria und eben Jakobe auf der anderen Seite scharen. Die ihrer Großmutter

---

[1] Einen Gang ziert hier das Wappen Jakobäa Marias und ihres Gemahls.

Die etwa siebenjährige Jakobe zur Rechten ihrer Großmutter Jakobäa Maria im Georgssaal der Münchner Neuveste

zunächst stehende Jakobe mag vielleicht gerade sieben oder acht Jahre zählen. Die Geschwister, von denen Jakobe die Älteste war, können sich somit noch nicht lange in dieser Umgebung befunden haben. Vielleicht war sogar ihre Aufnahme der Anlaß zu diesem Bild. Vielleicht auch ihre Konversion zum katholischen Glauben[1], da im heimatlichen Baden derzeit das lutherische Bekenntnis mehr galt und die drei evangelisch getauft waren.

Gleich allen Anwesenden trägt Jakobe spanisches Schwarz, von dem sich im wesentlichen nur die eng anliegenden Ärmel und ein im Schritt sichtbarer Brokatunterrock von altrosa Farbe abheben. Den hochgestellten Kragen umgibt eine Kette, an der in Brusthöhe ein Kreuz hängt. Vielleicht ist es eine der beiden Ketten, die die verheiratete Jakobe, als sich ihre Kinderlosigkeit anbahnte, St. Anna in Düren als Votivgabe opferte.[2] Wir werden später noch hierauf zurückkommen. Jakobes für ihr Alter zu ernst wirkende Züge lassen bei genauerem Hinsehen durchaus Ähnlichkeit mit der älteren Jakobe, von der mehr Bildmaterial erhalten ist, erkennen. Das etwas breitflächige Gesicht mit den ausgeprägten Backenknochen ist auch bereits diesem frühen Gemälde zu entnehmen. Das Gesicht wird seitlich von ein wenig blondem Haar gerahmt, das ansonsten überwiegend unter einer Brokathaube verschwindet.

Jakobe wuchs in dem ihr von den Zieheltern vermittelten katholischen Glauben heran und zeigte sich demselben in ihren Jugendjahren dann auch sehr zugetan. Dies war es in der Hauptsache, was Jakobe ihrer Tante bzw. Ziehmutter und deren Sohn – Albrecht V. war in den entscheidenden Jahren bereits tot – in besonderer Weise für ihre Pläne geeignet erscheinen ließ. Man wollte mit ihr Heiratspolitik betreiben, deren ganze Überlegungen nahezu ausschließlich auf Jakobes überzeugter katholischer Einstellung fußten. Noch war es aber nicht ganz soweit.

Das Jahr 1571 ist für die an dem ablaufenden Geschehen beteiligten Häuser Baden/Bayern auf der einen und Jülich-Kleve-Berg auf der anderen Seite in zweifacher Hinsicht erwähnenswert: So wurde damals der erst zwölfjährige Philipp von Baden von Kaiser Maximilian II. unter Protest seines evangelischen Onkels Karl II. von Pforzheim-Durlach für großjährig erklärt, um in seiner Heimat die Regierungsgeschäfte übernehmen zu können. Er verließ somit nach einem nur zweijährigen Aufenthalt als erstes der vier Geschwister München, blieb seiner dortigen Verwandtschaft aber sein ganzes weiteres Leben zutiefst verbunden, wovon – wie bei seinem Vater – zahlreiche erhaltene

---

[1] LV Nr. 13, S. 145; 21, S. 44; 24, S. 1; 34, S. 147. [2] Siehe Bild S. 150.

C. Die Münchner Zeit und erste Beziehungen zum Düsseldorfer Hof 105

Korrespondenz, vor allem mit der Altherzogin Jakobäa Maria, zeugt. Seine Schwestern dagegen, die sich um diese Zeit zu allseitig gern gesehenen, jungen Damen entwickelt hatten, durften sich nach harten Kindheitstagen glücklich preisen, auch weiterhin an dem angesehenen und in Europa ganz obenan rangierenden bayerischen Hof eine unbeschwerte Jugend zu verbringen. Das andere, vor allem in der Rückschau, bedeutsame Ereignis dieses Jahres war eine Empfehlung des spanischen Gesandten Johann Baptist de Zassiz an den Staatssekretär Zayas in Antwerpen, dem damals noch lebenden Erbprinzen Karl Friedrich von Jülich-Kleve-Berg eine streng katholische Gemahlin zuzuführen, um dadurch einen Ausgleich zu der den Protestanten gegenüber versöhnlichen Haltung seines Vaters zu schaffen. Diese Einmischung Spaniens in die Politik des Herzogtums Jülich-Kleve-Berg zugunsten der katholischen Restaurationspolitik sowie Verhandlungen der bayerischen Herzogsfamilie mit katholischen Räten des niederrheinischen Herzogtums ab 1574 waren erste erkennbare Aktivitäten, die viele Jahre später in die Heirat der badischen Prinzessin Jakobe mit dem Thronerben von Jülich-Kleve-Berg einmünden sollten.

Wie konnte es aber zu dieser Empfehlung des spanischen Gesandten überhaupt kommen? Was war der Anlaß bzw. Hintergrund des diplomatischen Spiels? Nun, die Antwort hierauf fällt nicht schwer. Immerhin war die Schwester Kaiser Maximilians II. die Gemahlin Herzog Wilhelms von Jülich-Kleve-Berg. Die beiden Herrscherhäuser waren also miteinander verschwägert. Zu dem religiösen und dem verwandtschaftlichen Aspekt kamen enge Bindungen des Kaiserhauses an Spanien: Die Kaiserin, Maria von Spanien (1528–1603), war eine Tochter Karls V., der Spanien noch zu Lebzeiten an seinen einzigen legitimen Sohn Philipp abgetreten hatte, die letzten Lebensjahre in Spanien gelebt hat und auch dort begraben ist. Maximilians II. und Marias ältester Sohn, der 1552 zu Wien geborene Rudolf, einst Nachfolger seines Vaters, wurde ab seinem elften Lebensjahr sogar in Spanien erzogen. Der spanische Hof besaß damals ungeheueres Ansehen, so daß die bedeutenden Fürstenhäuser ihre Thronerben nach dort sandten, wie man heutzutage begabte junge Leute auf Eliteschulen schickt. So gesehen darf es nicht wundern, daß man sich sowohl im Kaiserhaus als auch im katholischen Spanien Sorgen um die Verwandtschaft am Niederrhein machte, die als Nachbar der spanischen Niederlande territorial den Einflußbereich Spaniens unmittelbar tangierte. Wenn es auch zu diesem frühen Zeitpunkt zu keiner Verbindung mit dem Thronerben von Jülich-Kleve-Berg und einer katholischen Prinzessin kam – Karl Friedrich starb ja bereits 1575 –, so behielten die deutschen wie die spanischen Habsburger das Herzogtum am Niederrhein dennoch in ihrem Blickfeld.

Wichtige Nebenschauplätze bayerischer und jülich-kleve-bergischer Politik bildeten immer wieder die Bistümer Münster und Köln. In letzterem stand die Wahl eines neuen Kurfürsten bevor, nachdem Salentin von Isenburg 1577 auf diese Würde verzichtet hatte, um die Gräfin Antonia Wilhelmina von Arenberg heiraten und das väterliche Erbe antreten zu können. Um seine Nachfolge am Kölner Erzstift bewarben sich einmal Gebhard Truchseß von Waldburg, ein Neffe jenes Augsburger Kardinals Otto Truchseß von Waldburg, der zwanzig Jahre zuvor die kirchlichen Dispens- und Hochzeitsformalitäten von Jakobes Eltern geregelt hatte. Zum anderen bewarb sich Ernst, der jüngste Sohn des Bayernherzogs Albrecht V., der bereits Bischof von Freising und Hildesheim war, um den Kölner Kurhut. Voraussetzung war jedoch, zum Domkapitel zu gehören, was bei der anstehenden Wahl insofern problematisch war, weil die Zahl der Domherren feststand und keine der Stellen im Augenblick vakant war. Man mußte also versuchen, einen dieser in Amt und Würden befindlichen Domkapitulare zum Verzicht zu bewegen. Die Wahl fiel auf den noch jugendlichen Hans Philipp von Manderscheid-Blankenheim zu Gerolstein (1558–1620).

Als Sproß eines in der Eifel ansässigen, weitverzweigten und daher mit keinen großen Gütern gesegneten Grafengeschlechts war Hans Philipp von Vater Johann Gerhard und Mutter Margareta schon mit zwölf Jahren der Obhut der Kirche anvertraut worden, hatte an der französischen Universität zu Dôle studiert und gehörte nun den Kapiteln von Köln und Straßburg an, deren Pfründen ihm ein standesgemäßes Leben gewährleisteten. Es war daher verständlicherweise nicht leicht, ihn zur Aufgabe der Kölner Pfründe zu überreden, gelang dann aber schließlich unter Einschaltung seines Vaters sowie des Herzogs Wilhelm des Reichen von Jülich-Kleve-Berg, indem Hans Philipp als Ersatz ein mit 800 Gulden dotierter Posten am Münchner Hof vermittelt wurde. Ernst von Bayern wurde daraufhin am 10. 4. 1577 Kölner Domkapitular, und im Juni desselben Jahres erhielt er seine Priesterweihe. All dieser Vorgänge und Winkelzüge bedurfte es, um letztlich in München zu der Begegnung zwischen der knapp zwanzigjährigen Jakobe und dem etwa gleichaltrigen Eifelgrafen zu führen, aus welcher eine gar große, in einem Verlöbnis[1] der beiden einmündende Liebe wurde. Dieses Verlöbnis wird

---

[1] LV Nr. 29, S. 25; 33, S. 323; 162.

C. Die Münchner Zeit und erste Beziehungen zum Düsseldorfer Hof

zuweilen angezweifelt oder nur als heimliches[1] Verlöbnis hingestellt, jedoch heißt es hierzu in Punkt 5 einer Anklageschrift von Jakobes späterer Schwägerin Sibylle, gleichsam einer Kronzeugin, ausdrücklich, daß sich die beiden jungen Leute ein Eheversprechen[2] gegeben hätten.

Durch die innige Beziehung beflügelt, soll der junge Graf, nach dem Kreisrichter Theodor von Haupt, einem Jakobe-Forscher der zwanziger Jahre des vorigen Jahrhunderts, zu Bleistift und Papier gegriffen und ein in Bruchstücken erhalten gebliebenes Minnegedicht[3] geschaffen haben, dem wir folgende, wenn auch durch die rosarote Brille junger Liebe gefärbte Beschreibung der damals zu voller Schönheit erblühten Prinzessin Jakobe danken:

    Frage: Ich dank' Euch Prinzessin reine,
                Daß solch Antwort Ihr gewährt.
                Ihr seid die Blum, die ich meine,
                Die mein Herz am meist begehrt.
                Weil kein schöner nach mein Sinnen
                Stehet an dem Hof,
                Kann ich Euch nicht einst gewinnen?
                Gott sei Lob!

    Antwort: Fürstlich lieb Getreuer,
                Von Euch kein ander Frauen
                Zu der Zeit laßt sein beminnt.
                Nächst Gott wollt auf mich bauen,
                Ich soll als ein Jungfrauen
                Euch trösten, das wohl besinnt.
                Auf Hoffen lebt fortan,
                Bös Zungen laßt die gehn,
                Geduldig seid vor all,
                Ich hoff, daß Gott sehr saen[4]
                Uns zusammenfügen sall.[5]

Und dann die wohl berühmtesten drei Verszeilen, die über Jakobe jemals gedichtet wurden und die noch viele Jahre später, als es um die Identifizierung ihrer umstrittenen Bilder, ja der Toten selbst, ging, zu Rate gezogen wurden:

---

[1] LV Nr. 21, S. 46; 24, S. 3.   [2] LV Nr. 233, S. 29.   [3] LV Nr. 10, S. 10 ff.; 619;   [4] saen = bald.
[5] sall = soll.

Euch goldgelben Haare, Euch diamanten Augen –
Niemand sie malen kann so schön mit der Hand!
Wie Rubine, so fein sind ihre Lippen!

Und weiter:

Wenn ich, Lieb, in fremde Lande geh,
Wie manchen Brief soll ich Euch schreiben nhae[1],
Sehr ernstlich soll ich schreiben von Eurer Beständigkeit,
Drum laßt Euch gelieben, daß Ihr nach mir verbeidt[2],
Auf Euch ich hoffe, da ich von hinnen scheide,
Niemand, die ich ansah,
Zu reizen mich vermag.

Prinzessin, allein Ihr seid meine Zuversicht,
Denkt oft an den, der niemals von Euch läßt,
Der Euch von ganzem Herzen beminnt über alle Güter,
Und nach Euch verlangt mit großen Schmerzen, mit Tränenflut.
O schöne Jungfrau, bleibt mir doch nur getreu!
Niemand, die ich ansah,
Zu reizen mich vermag.

Gleichwie der weiße Schwan stirbt
Und singt ein traurig Lied:
So muß ich, immer, fortan singen.
Dies ist mein Schmerz.
O blasser Tod, woll mich nicht schonen,
Vernichte mich,
So werd ich sein befreit
Mit einem Mal von aller Pein!

Gott grüß Euch, Lieb, mein Sinnen: Medizin,
Getreu ich Euch bleib mit rechter Minne fein,
Schon bin ich aus den Landen, um Euch nur leide ich,
Mein Herz, das liegt in Flammen,
Die nimmermehr verglühn.
An Euch allein, schön Lieb, ist, daß ich denke!
Niemand, die ich ansah,
Zu reizen mich vermag.

---

[1] nhae = zu. [2] verbeidt = verlangt.

C. Die Münchner Zeit und erste Beziehungen zum Düsseldorfer Hof 109

Die im Original auf niederländisch gehaltenen Verse wurden von Theodor von Haupt verdeutscht und vom Verfasser nochmals der heutigen Sprachform leicht angepaßt. Leider war hierbei nicht immer der Reim der Ursprungsfassung zu erhalten. Man kann aber erkennen, und dies ist im anstehenden Zusammenhang maßgebend, daß der Inhalt der Gedichte gut in die Szenerie paßt:
Der Edelmann Hans Philipp von Manderscheid-Blankenheim zu Gerolstein betete die Prinzessin Jakobe förmlich an – ihre goldgelben Haare, ihre diamentenen Augen und ihre rubinroten Lippen. In der Frage „Kann ich Euch nicht einst gewinnen?" schien der Sprecher der Verse bereits leise Zweifel an einem glücklichen Ausgang des Verlöbnisses zu hegen. Und dann, offenbar in voller Erkenntnis seiner standesmäßig schwächeren Situation, die zur Bevorzugung eines anderen geführt hat, sein Abschied und Schwanengesang: „Wenn ich, Lieb, in fremde Lande geh . . ." und „Gleich wie der weiße Schwan stirbt . . .". Tiefe Wehmut überschattet diese Verse.
Theodor von Haupt ging es in erster Linie darum, die – wie noch zu berichten sein wird – in ihrer Politik gescheiterte sowie nach seiner Auffassung zuerst einem Ruf- und später einem physischen Mord erlegene Jakobe zu rehabilitieren. Er gilt seither im wesentlichen als der Verteidiger der Frauenehre der Herzogin. Ein gutes Jahrhundert später kamen dem Düsseldorfer Staatsarchivdirektor Dr. Bernhard Vollmer wegen der niederländischen Aussprache[1] und der erst dem 17. Jahrhundert entstammenden Handschrift der Gedichte Bedenken hinsichtlich deren Authentizität. Wenn auch die Zweifel Vollmers ernst zu nehmen sind, stellen sie dennoch keinen endgültigen Gegenbeweis zu der Hauptschen Annahme dar, weil einmal die Handschriften des 17. Jahrhunderts auch Kopien früherer Schriften sein können, und zum anderen die Geschicke der Niederlande örtlich wie politisch mit denjenigen Jülich-Kleve-Bergs und Kurkölns, in denen sich Jakobe und der Graf von Manderscheid-Blankenheim zu Gerolstein betätigten, eng miteinander verbunden waren.

Hans Philipp von Manderscheid-Blankenheim zu Gerolstein mußte zunächst in Köln vergeblich dem Protegé von Kaiser, Papst und spanischem König, Ernst von Bayern, das Feld räumen. Eine Anzahl Kölner Kapitulare hatte sich gegen eine Kandidatur des soeben erst zum Priester geweihten Ernst ausgesprochen, weil der Wittelsbacher bereits zahlreiche Kanonikate innehatte sowie Bischof

---
[1] LV Nr. 13, S. 179, Anm. 1.

Ernst von Bayern (1554–1612), erster Wittelsbacher Kurfürst und Erzbischof von Köln

C. Die Münchner Zeit und erste Beziehungen zum Düsseldorfer Hof 111

von Freising und Hildesheim war. Man mißtraute ganz einfach seiner Ämterhäufung sowie im speziellen dem Ausgreifen Bayerns an den Niederrhein. Aufgrund seiner jesuitischen Ausbildung befürchtete man von Ernst auch schwerste Bedrängnis der im Hochstift großen Anhängerschaft der neuen Glaubensrichtung. Aus all diesen Gründen unterlag Ernst bei der Stichwahl vom 5. 12. 1577 seinem Gegenkandidaten Gebhard Truchseß von Waldburg knapp. Letzterem wurde dann aber sechs Jahre später wiederum zum Verhängnis, daß er die Gerresheimer Stiftsdame Agnes von Mansfeld heiratete. Trotz des lockeren Lebenswandels vieler katholischer Geistlicher jener Zeit ließ sich ein solcher Status mit demjenigen eines Bischofs nun doch nicht vereinbaren. Auseinandersetzungen mit dem Domkapitel endeten in Exkommunikation und Absetzung Bischof Gebhards. In einer auf den 23. 5. 1583 anberaumten Neuwahl entschied man sich daraufhin aus Gründen seiner bayerischen Abstammung, die eine unter Gebhard befürchtete Säkularisierung des Kurfürstentums ausschloß, und seiner Machtmittel, durch die ihm zwischenzeitlich gleichfalls zugefallenen Territorien der Abtei Stablo und des Bistums Lüttich, einstimmig für Ernst von Bayern. Mit diesem Schritt glaubte man fürs erste verhindert, daß der Nordwesten des Reiches protestantisch und damit die konfessionelle Parität des Kurfürstenkollegs in eine protestantische Zweidrittelmehrheit, mit unabsehbaren Konsequenzen u. a. für die Kaiserwahl, verwandelt wurde. Bedenken wegen der Kumulation der drei nordwestdeutschen Bistümer Münster, Lüttich und Köln in einer Hand und Ernsts Ruf, dem schönen Geschlecht gleichfalls zugetan zu sein, traten demgegenüber in den Hintergrund.

Ernst nahm Besitz vom kurfürstlichen Hof in der Trankgasse, ließ sich zu Brühl huldigen und begehrte Einlaß in seine Bonner Residenz. Dort aber, in der Burg Godesberg und in dem Köln gegenüberliegenden Deutz, hatten sich seine Gegner verschanzt, waren die letzten Bastionen des Gebhard Truchseß von Waldburg. Es kam zum Truchsessischen Krieg, der in den Niederländischen Krieg einmündete.

Um die Säkularisation Kurkölns zu verhindern, griffen Bayern und Spanien aktiv in die kriegerischen Auseinandersetzungen ein. König Philipp II. entsandte wallonische Truppen und Herzog Albrecht V. vor allem seinen zweitältesten Sohn Ferdinand, mit deren Hilfe Gebhards Widerstand gebrochen werden konnte. Am 2. 2. 1584 ergriff Ernst von seiner Bonner Residenz Besitz, die bis dahin von Gebhards Bruder Karl gehalten worden war.

Ab 1583 lassen sich Kontakte Gebhards zu Martin Schenk von Nideggen, dem wohl berüchtigsten Söldnerführer jener Region, nachweisen, die zwei Jahre später zu einem festen Dienstverhältnis und 1587 zu einem kurzfristigen, neuerlichen Besitzwechsel Bonns führten. Der Truchsessische Krieg durch Adolf von Neuenahrs Engagement in den Niederlanden sowie durch Exil und Unterstützung, die die Niederländer Gebhard gewährten, mit dem Niederländischen Freiheitskampf verbunden, dauerte noch bis 1589. In diesem Jahr starben Schenk und Neuenahr. Von den protestantischen Fürsten im Stich gelassen, resignierte Gebhard und zog sich nach Straßburg zurück, wo ihm am Münster eine Präbende verblieben war.

Unter den Kriegsfolgen litten die Länder am Niederrhein entsetzlich. Die Bevölkerungszahl schrumpfte zusehends, Felder verkarsteten, Handel und Wandel lagen darnieder. Erschwerend kam noch hinzu, daß sich Bischof und Rat der Stadt Köln nie besonders wohlwollend gegenüberstanden, weil jeder von ihnen die Oberhoheit über die Stadt begehrte. Als Erzbischof Ernst die Rheinzölle gegen den Willen des Kölner Rates erhöhte, Renten nicht ausbezahlte und die bischöflichen Befugnisse – z. B. beim Erwerb stadteigener Gebäude – permanent überschritt, eskalierte der Streit und gelangte schließlich bis vor das Reichskammergericht. Er endete offiziell mit gewissen Auflagen hinsichtlich Ernsts Willkür gegenüber dem Kölner Handel. Später kam es wegen eigennütziger Bestrebungen und der immer noch ausstehenden Bischofsweihe auch zu Klagen an der Kurie wider ihn. Mehr oder weniger konnten aber alle diese Händel Ernst nichts anhaben, da er nämlich inzwischen viel zu fest im Sattel saß. Auch war er ein eifriger Verfechter der Restaurationspolitik, erließ Edikte über die Einhaltung der Fastenbestimmungen und über die Verbreitung von den Glauben gefährdenden Büchern, förderte die Gründung neuer Jesuitenkollegien sowie den diesem Orden eigenen Marienkult und war nicht zuletzt ein pünktlicher Zahler der Türkensteuer.

Im Gegensatz zu den zu großem Ansehen und Reichtum emporgestiegenen Wittelsbachern, die mit Erzbischof Ernst ihre zweihundert Jahre währende Herrschaft auf dem Kölner Erzstuhl begründeten, war dem gleichermaßen wenig begüterten wie einflußreichen Manderscheider Grafensohn am Münchner Hof keine lange Bleibe beschieden. Ähnlich seinem klerikalen Stand in Köln hatte Hans Philipp in München auch in Herzensdingen das Nachsehen, mußte in seinen Ansprüchen gegenüber einem Mächtigeren zurückstehen und schließlich sein Verlöbnis mit Jakobe, trotz heftiger Gegenwehr der Prinzessin, lösen. Jedoch scheint sein Verhältnis zu Bischof Ernst unter den Machenschaften nicht gelitten zu haben, zählte er doch zu dessen Begleitern, als Ernst 1581 auch noch Fürstbischof von Lüttich wurde.

Im April 1583 bot sich sodann für Hans Philipp von Manderscheid-Blanken-

C. Die Münchner Zeit und erste Beziehungen zum Düsseldorfer Hof 113

heim zu Gerolstein die Möglichkeit, in das Kölner Domkapitel zurückzukehren, da der Platz eines gewissen Hermann von Schauenburg wegen Heirat und Häresie vakant gworden war. Einen Monat später erschien er persönlich im Kapitel, hielt um den Platz des Schauenburgers an, den er dann auch vom Domdechanten und Vorsteher des Kapitels zugesprochen erhielt. So konnte Hans Philipp noch im selben Monat an der diesmal von Erfolg gekrönten Wahl Ernsts von Bayern zum neuen Erzbischof von Köln teilnehmen. Nochmals zwei Jahre später wurde er bei dem zwischenzeitlich auf seinen Vater gefolgten Herzog Wilhelm V. von Bayern, dem Bruder Ernsts, vorstellig, ihm doch beim Eintritt in spanische Dienste behilflich zu sein. Danach hören wir für knapp zwei Jahrzehnte nichts mehr von ihm. Es ist gut denkbar, daß das Schweigen der Akten um die Person des Grafen mit diesem Engagement im Ausland zusammenhing. Während er nämlich auch noch bei der Wahl des Kölner Domdechanten von 1599 als abwesend gemeldet war, nahm er an der Kölner Scholasterwahl von 1604 wieder teil. Davor tauchte er noch in Prinzessin Sibylles Anklageschrift von 1595 wider ihre Schwägerin Jakobe auf, bevor auf Schloß Gerolstein Anfang 1620 sein unruhiges Dasein im Alter von 62 Jahren endete, denn an der am 23. 3. 1620 abermals fälligen Dechantenwahl nahm er nicht mehr teil. Das zu Hans Philipps Lebzeiten weitverzweigte Grafengeschlecht derer von Manderscheid blühte ab da noch genau 160 Jahre, bevor es 1780 im Mannesstamm erlosch.

Waren es bei dem Grafen Manderscheid nur die Minnegedichte, deren Zuordnung Zweifel erregten, so zeichnen sich bei dem Grafen Fortunato Bertoldo de Pazzi, einem anderen inbrünstigen Verehrer der Prinzessin, leider noch weiterreichende Bedenken ab. Weder Archive und Bibliotheken an den Wohnsitzen und Betätigungsorten der de Pazzis in Florenz, Udine, Innsbruck und dem Vatikan, noch solche anderer Stätten, wo heute noch Dokumente und anderweitige Materialien von jenen Zeiten zeugen, wie etwa in Gorizia[1] und Venedig oder in Düsseldorf, Köln, München, Wien und London, kennen in dem Stammbaum des Geschlechts ein Mitglied dieses Namens.

Verbarg sich etwa hinter dem Namen des de-Pazzi-Grafen eine Persönlichkeit, die unerkannt bleiben oder die Spur in eine andere Richtung lenken wollte, zumal auch der erste an Jakobe gerichtete Brief dieses Schreibers anonym war? Wenn dem so sein sollte, warum wählte man dann ausgerechnet den gleichermaßen seltenen wie seltsamen und damit auffallenden Vornamen „Fortunat" als Tarnkappe? Denkbar wäre ferner ein illegitimer, in den offiziellen Stamm-

---

[1] Ital. Form von Görz.

tafeln nicht geführter Sproß der de Pazzis. Aus dem Umkreis Jakobes ist aber noch ein weiterer Träger dieses merkwürdigen Namens bekannt, nämlich ihr Cousin Eduard Fortunat, Erstgeborener Christophs II. von Baden-Rodemachern, eines Bruders ihres Vaters Philibert. Dieser Eduard Fortunat war acht Jahre jünger als Jakobe und mit 15 Jahren wohl etwas jung, als daß er als der Schreiber des Briefes in Frage käme. Für Prinzessin Sibylle, die sogar noch um ein halbes Jahr ältere Schwägerin Jakobes, schien er zu einem späteren Zeitpunkt freilich passend. Es sieht demnach so aus, als ob auch diese Liebesbeziehung der Prinzessin – wie vieles in ihrem Leben – auf immer mit einem Fragezeichen verbunden bleiben muß.

Eigenen Worten zufolge war der junge Mann ein Abkömmling der gleichnamigen Grafen von Florenz und Reggio, deren Vertreter Jakob und Franz einst jene weit über die Landesgrenzen Aufsehen erregende Verschwörung gegen die Herrschaft der Medici in Florenz angezettelt hatten. Immerhin oblagen den de Pazzis damals auch die kurialen Geldgeschäfte, und der durch seine Familienpolitik in diese Affäre verstrickte Papst Sixtus IV. (1471–86) war mit den Umsturzplänen einverstanden, wenn er auch Blutvergießen nicht billigte. Der Anschlag kostete dennoch Giuliano de'Medici das Leben, worauf die de Pazzis fliehen mußten. So kam es, daß Bertoldos Familie in Friaul ansässig wurde und er selbst, seiner eigenen Beschreibung zufolge, in den Dienst Herzog Wilhelms V. von Bayern trat.

Auch Bertoldo warb, wie erwähnt, zunächst nur aus der Anonymität heraus und ließ der von ihm angebeteten Jakobe ein leider nicht erhalten gebliebenes Konterfrei seiner Person übermitteln. Wie Jakobes nachfolgend wiedergegebene Reaktion erkennen läßt, war die Anonymität wahrscheinlich nur nach außen hin zum Schutz für Bertoldo selbst gedacht, während es offensichtlich den Adressaten keinerlei Mühe kostete, den Schreiber der Zeilen zu dechiffrieren. Hier nun Jakobes erster und einzig erhalten gebliebener Brief[1] an Bertoldo de Pazzi, der allerdings Datum und Unterschrift vermissen läßt:

„Wohlgeborner Herr Graf. Was mir für schöner Wort, so Ihr gegen mir in Euerem Schreiben gebrauchet, fürkommen, sind dermaßen beschaffen, daß sie wahrlich kein anderer als der Herr Graf Fortunato so trefflich wohl setzen hat können. Ich hab auch dadurch mehr als die Handschrift oder Handzeichen stracks erkannt, daß solcher Brief von Euch herkommen tut, mit dem Ihr mir auch Euer Contrafecht erteilet habt, welches

---

[1] LV Nr. 559; auch LV Nr. 161, S. 85 ff.

C. Die Münchner Zeit und erste Beziehungen zum Düsseldorfer Hof 115

ich zur Gedechtnus von Eurentwegen an Ort und Ende, da sichs gebührt und leichtlich zu glauben, will behalten. Hab auch dagegen nicht Bessers gewußt, als mein Contrafecht Euch auch zu schicken, so ein junger Maler, welcher in der Kunst noch nicht sehr wohl erfahren, gemacht hat. Jedoch, wie solches geraten, weiß ich, daß Euch lieb würd sein und daß Ihrs allzeit bei Euch tragen und halten werdet, als ein Sache, so Euch mehr als keinem anderen gebühren tut. Hiermit bewahre Euch Gott vor der Berenklauen, einer Antwort auf dies mein Schreiben hier zwischen erwartende.
Geben zu München, den . . ."

Das „Contrafecht", das Jakobe nach ihren eigenen Worten diesem Brief beigefügt hatte, ist das einzige zu ihren Lebzeiten gemalte Bild der erwachsenen Prinzessin, das wir bis heute von ihr kennen. Obgleich es sich hierbei um ein Scherzbild – also eine Karikatur – der Prinzessin handelt, die die damals 22jährige mindestens doppelt so alt darstellt, erwies es sich sehr viel später, nämlich nach dem Zweiten Weltkrieg, daß gerade diesem Bild besondere Bedeutung zukommt, als der Gerichtsmediziner Prof. Dr. med. Heinz Schweitzer in einem medizinisch-fotografischen Versuch die Proportionen des exhumierten Schädels der Herzogin Jakobe mit denjenigen verschiedener Jakobebilder verglich und sich eine nahezu exakte Übereinstimmung nur mit diesem Scherzbild ergab. Der nach Jakobe „in der Kunst noch nicht sehr wohl erfahren Maler" ist demnach jedenfalls ernster zu nehmen als es bis dahin den Anschein hatte.
Das heute im Düsseldorfer Hauptstaatsarchiv aufbewahrte Original[1] ist ein buntes Aquarell im DIN-A4-Format, bei dem vor allem die nicht gerade einnehmenden Gesichtszüge der als ausgesprochen schön geltenden Prinzessin auffallen. Dies mag sich durch die Überbetonung gewisser Gesichtspartien ergeben, wie dies dem Genre einer Karikatur zueigen ist. Die nahezu die Hälfte des Gesichtes einnehmende Stirn, welche über ausgeprägte Geheimratsecken in eine Art Igelfrisur übergeht, eine wuchtige Nase, weit auseinanderstehende und von buschigen Augenbrauen gesäumte Augen geben dem Gesicht insgesamt männlich herbe Züge. Dieser Eindruck wird noch durch die Art der Kleidung und verschiedene männliche Attribute verstärkt: Die auf einem etwas buckligen Rasen stehende Jakobe trägt vermutlich, wie damals zu höfischen Festen üblich, ein spanisches (Herren-)Kostüm mit einem zusätzli-

---
[1] LV Nr. 559; auch LV Nr. 13, S. 177; LV Nr. 56, S. 432 f.; LV Nr. 161, S. 83.

Einziges zu Lebzeiten Jakobes gemaltes und erhalten gebliebenes Bild, ein Scherzbild

chen, winzigen Röckchen. Eine riesenhafte spanische Halskrause verdeckt ihren Hals und gibt der ganzen Gestalt dadurch ein etwas gedrungenes Aussehen, zu dem die langen Beine mit eng anliegenden Beinkleidern und spitzen Halbschuhen in einem gewissen Gegensatz stehen. Auf dem Haupt eine Federkappe, mit nach oben und nach hinten ausladenden Straußenfedern, hält Jakobe in ihren Händen Schwert und Schild. Die Vorderseite des Schildes ist mit einem Herz bemalt, das gerade von Bärenpranken zerfleischt wird. Eine Umschrift lehrt – vielleicht in Anspielung an eine traurige Erfahrung der Prinzessin: „Mit allen falschen (Herzen)" – das Wort ist durch ein gemaltes Herz ersetzt – „soll man also schertzen." Die aufrechte Haltung mit den durchgebeugten Knien, die gespreizten Beine, die Art wie Schwert und Schild gehalten werden sowie der lauernde Gesichtsausdruck vermitteln das Empfinden, als stünde sie gerade vor einem Zweikampf – so etwa, als wolle sie ihren Kontrahenten warnen.

Mag sein, daß dieses Aquarell nur aus einer augenblicklichen Laune heraus entstanden ist; wahrscheinlicher indes ist, daß der unbekannte Maler sein Modell in voller Absicht, und zwar auf Weisung seiner Auftraggeberin, mit all den aufgezeigten Ungereimtheiten, wie dem fortgeschrittenen Alter, der Abwehrhaltung sowie dem belehrenden Spruch auf dem Schild, dargestellt hat, um dadurch den Empfänger des Bildes nicht in falschen Hoffnungen zu wiegen, denn Jakobe war zu dieser Zeit noch mit dem Grafen Manderscheid verlobt, und wahrscheinlich wurden auch bereits erste Fäden nach Düsseldorf gesponnen.

Der stürmische italienische Verehrer ließ sich aber keineswegs so schnell abschütteln; das Gegenteil scheint vielmehr der Fall, da Bertoldo de Pazzi nach Erhalt des Bildes seine Anonymität aufgab und sich in einem vom 16. 10. 1580 datierten Schreiben offen um Jakobes Gunst bemühte. Er ließ darin – vermutlich in Anspielung auf das Bild der Prinzessin – erkennen, daß er zwar kein schöner Mann sei, dafür aber um so mehr Herzenstugenden besitze. Aber lassen wir ihn in seiner unverkennbar blumigen Sprache selbst zu Worte kommen:

„Durchleuchtige Fürstin, gnädige Frau,
Ihr wohlgestelltes Schreiben hab ich empfangen, darnach ich wahrlich so groß Verlangen getragen hab, vermeine auch wohl, wie hoch Sie mein Contrafect achten tun samt dem Schreiben, dessen allen ich mich gegen Ihr unzählige Male bedanken, tue, derselben vermeldende, daß ich Ihrer nicht vergesse, aber ich zweifel, daß etwa die Lieb mir das Licht der

Augen entzogen, daß ich nicht mehr die schöne wahre Gestalt der Himmel samt Ihrer hohen und bestimmten Bewegnuß anschauen und erkennen kann, denn ich sehe, daß alle Stern wider mich seien, indem ich spüre, daß Sie meiner spottet, weil Sie mir ein Contrafecht anstatt des Ihrigen geschickt hat von einem alten Weib, so häßlicher als der groß Teufel selbst ist, darob sich die Krieger gar fürchten und erschüttern, ganze Länder erkranken, die Königreich als ab der Pest infizieren sollen, ja so zu heimlichen Gemachen von den München[1] gebraucht werden, die wilden Tiere als Löwen, Bären und Drachen furchtsam machen, die Luft vergiften, in summa gar die Teufel in Abgrund der Hölle verjagen solle. Aber nichts desto weniger, wenn Sie wohl wüßte, wer ich bin, würde Sie mich in anderen Würden halten, als also, denn ich bin vom durchleuchtigen und uralten Haus der Pazzi her, welches mein Geschlecht vor Jahren Herr über Florenz und Reggio in Toskana war, davon viel Kardinäle und Fürsten herkommen, aber durch Uneinigkeit des gemeinen Volks und innerliche Bürgerkriege haben wir uns in Friaul niedergetan und unsere Güter verloren. Ursach war Bertold von Pazzi, der den Julian von Medices in der Kirchen umgebracht hat. Nichts desto weniger haben wir noch 4 Herrschaften in gedachtem Friaul in dem österreichischen Gebiet samt den Palästen in der Hauptstadt Udena, also daß Ihr fürstlichen Genaden Herzog Wilhelm wohl hinein mag schicken und Erfahrung einziehen lassen, wer die Bertolden von Pazzi seien, würd Sie befinden, daß ich auch was bin und bin ein ehrlicher Ritter meiner Person, so wohl als ein anderer. Das will ich mit dem Schwert in der Faust beteuern. Und ob ich schon nicht schön von Leib, hab ich mich doch mit Tugenden gezieret samt der Hoheit meines Gemüts, denn viele Fürsten werden geboren, so nicht Fürsten sind und viele werden nicht Fürsten geboren und sind dennoch Fürsten. Aber dies hintan gesetzt, da ich gewußt hätte, daß unserem gnädigen Fürsten und Herrn diese unser Lieb mißfallen sollen, wollt ich mich nicht darein verwickelt haben, denn Sie hat mich und ich Sie nicht darum angesprochen. Und da gar ein Königin nicht nach mir tät fragen, fraget ich nach Ihr auch nicht. Denn da ich schon kein König oder Kaiser mit der Macht bin und mit Geld, bin ichs doch mit dem Gemüt, also daß Ihrs eine zur Genad rechnen soll, da Sie einen meinesgleichen bekäme. Man findet viel Männer, so einen Schatten und Zahl erfüllen, auch reich sind, aber sie sind faule, heillose Leut, und

---

[1] Vermutlich: Mächten.

C. Die Münchner Zeit und erste Beziehungen zum Düsseldorfer Hof 119

meines Gusto findet man nicht überall. Hiermit tue ich Ihr die Hand
küssen. Niderhoven den 16. Octobris 1580.
Antwort des Grafen Fortunaten."

Nur einen guten Monat später hielt Bertoldo bei Jakobes Bruder, dem Markgrafen Philipp II. von Baden, in einem nur zehn Zeilen umfassenden, in italienischer Sprache gehaltenen Brief, der das Datum vom 24. 11. 1580 trägt, offiziell um die Hand der von ihm so inbrünstig angebeteten Prinzessin an. Nochmals kurze Zeit später ging er in derselben Sache auch seinen Dienstherrn, den Bayernherzog Wilhelm V., um dessen Verwendung bei Jakobe an. Möglich, daß diese Bemühungen – zumindest vorübergehend – sogar erfolgreich verliefen, denn einmal war ab da der Briefkontakt bis in den Sommer 1583 unterbrochen, und zum anderen weiß man aus dem an Wilhelm V. gerichteten Schreiben, daß es gerade in dieser Zeitspanne zu einem persönlichen Kontakt auf der Landshuter Burg Trausnitz zwischen Bertoldo und Jakobe gekommen war. Des Grafen erster, auch wieder in italienisch gehaltener Brief an Jakobe, nach der fast dreijährigen Pause, kommt aus Innsbruck, datiert vom 24. 8. 1583 und hat folgenden von Sehnsucht, Weltschmerz und wohl auch schon Resignation geprägten Wortlaut zeitgenössischer Übersetzung:

„Hochgeborene gnädige Fürstin, herzallerliebste Braut
Ob wohl mir Ihr F. G.[1] alles Leid so auf der Welt möglich zuteil wär täten,
so solle dasselbige doch kein Ursach sein, mich von meiner fürgenommenen Lieb gegen eur F. G. abwendig zu machen, dieselbige anzubeten,
und dermaßen lieb zu haben, daß Ihr F. G. leuchtlich werden können
vernehmen, daß die Lieb so ich gegen eur F. G. trag wahrhaftig, gerecht
und zum wenigsten kein Betrug dahinter nicht sei. Ich bitt aber mein
Herz und Schatz, dieselbige wolle mich in vergessen nicht stellen, den
den euer Lieb gebunden und in Ketten gefangen halt, also daß ich nicht
glaube einer auf dieser Welt sei, der mich derselbig entledigen möchte.
Besorg auch, die gegen euch drängende Liebe werde ein Ursach meines
Todes sein. Weiter aber sollen E. F. G. für gewiß halten, daß sie an mir
einen Gemahl haben, daß wenn sie in der ganzen Welt sollen einen
gsucht haben, meinesgleichen nicht sollen funden haben. Denn ich bin
der sich, in derselbigen Dienst, nach Ihrem Gefallen brauch lassen will,
Ihr F. G. haben mir derselbig Conterfet verheißen, dessen ich alle Tag

---
[1] Fürstliche Gnaden.

gewärtig bin. Zwei Monat werde ich noch, allhier zu Innsbruck verharren, in denen, lasse ich etliche Sachen von Rom bringen E. F. G. zu verehren auch mich damit E. F. G. zu Befehl unvergessen Ihr F. G. Frau Basen. Wenn ich soviel derweil ghabt hätte so hätte ich diesen Brief mit Gold geschrieben, es sollt aber auf ein ander Mal geschehen. Damit bitt ich Euch herzliebste Braut, meiner nicht zu vergessen und mich in derselbigen Herz verschlossen halten bis zur Zeit der Hochzeit, Euer Gestalt aber ist jederzeit vor meinen Augen und in meinem Herzen, welches anderst allein derselbigen Conterfet begehrt, welches ich lieber haben wollt, und in mehr Achtung, als mein eigen haben, damit ende ich mit weinenden Augen dies mein Schreiben.

   Datum Innsbruck den 24 August 1583
   Diener und Gemahl wie dieselbig will
   Fortunato Bertoldo de Pazzi"

Jakobes Antwort auf dieses Schreiben kennen wir, wie schon gesagt, nicht, doch war es jedenfalls nicht abweisend, denn bereits vom 15. 9. 1583, also drei Wochen später, datiert der nächste Liebesbrief ihres südländischen Verehrers:

„Hochgeborene gnädige Frau, und mein herzallerliebste Braut.
Frau meines Herzens, die ich mehr lieb habe als das Licht meiner Augen, E. F. G. glaubt mir, daß wenn sie mir soviel Übls als möglich, tät, so ist doch die Lieb so ich derselbigen trag, so groß, daß ich sie lieb zu haben nicht unterlassen wollt, auch derselbigen zu dienen, und anzubeten, als meine allerliebste Braut, meinen Schatz, und meine Göttin, denn ich fürwahr anders nicht denn an Euch gedenken tue, und alle Zeit ist mein Seel oder Geist bei derselbigen, dient Ihr und reicht Ihr die Hand zwechen nach dem was wie ich dann selbst persönlich tät, da ich in dem Bayernland war. Und daß noch mehr ist, so sollen Ihr F. G. anders nicht dafür halten, daß wenn sie dies mein Schreiben anrühren, Sie rühren meinen Leib und Seel an, denn mein Leib und Seel haben sich in diesen Brief verwandelt auch mit weinenden Augen, da ich an dieselbig gedacht hab darum mein allersüßestes Herz. Bitt ich Euch wollet mich, weil Ihr lebt nicht aufgeben, auch Euer Lebtag, keinen andern Mann als mich nehmen, denn Ihr seid schon mein, und Gott hats im Himmel also geordnet mit diesem Beschluß. Küsse ich derselbigen Ihren lieblichen Mund, Hände und Füße, und befehl meiner allerliebsten Bäsel, will also

C. Die Münchner Zeit und erste Beziehungen zum Düsseldorfer Hof 121

dies mein Schreiben geendet haben, mit blutigen Zähren, und brennendem Seufzen. Von Innsbruck den 15 Septembris 83
Inbrünstiger Diener und getreuer Gmahl
bis in den Tod und enderhalb noch
Fortunato Bertoldo de Pazzi etc."

In seinem vorletzten, vom 22. 11. 1583 datierten Brief kam Bertoldo dem bereits im Schreiben vom 24. 8. 1583 geäußerten Vorhaben nach, seiner „signora del mio core" in kostbarer Goldschrift zu schreiben[1]. Es ist dies einer der Briefe, die Jahre später beschlagnahmt und als Prozeßmaterial gegen Jakobe ausgewertet werden sollten. Seinem Inhalt ist zu entnehmen, daß Bertoldo, offensichtlich müde des langen Wartens, nunmehr ernsthaft eine Entscheidung Jakobes herbeizuführen gedachte. Er unterstrich die Ernsthaftigkeit seines Vorhabens rein äußerlich, indem er diese aufwendige und gewiß nicht alltägliche Schreibweise wählte. Daraufhin muß in der Tat die Entscheidung gefallen sein, denn Bertoldos letztes Schreiben vom 16. 4. 1584 atmet nur noch Niedergeschlagenheit und Enttäuschung über ihm gemachte Versprechungen. Die in der Freude des Überschwangs geäußerten Bezeichnungen wie „Braut" oder „Gemahl" entpuppten sich als verfrüht. Die politischen Verhältnisse hatten Bertoldos Pläne durchkreuzt, denn noch im selben Jahr wurde Jakobe dem Erbprinzen Johann Wilhelm von Jülich-Kleve-Berg versprochen.

5. Brautwerbung, Heiratsabrede und Mitgift

Das Glück Jakobes am Münchner Hof wurde jäh gefährdet, als sich in den Jahren 1579/80 Berührungspunkte zwischen dem bayerischen und dem jülich-kleve-bergischen Herzogshof ergaben, die in den politisch unruhigen Zeiten auch bald den beiderseitigen Wunsch erkennen ließen, die Gemeinsamkeiten durch dynastische Verbindungen zu manifestieren. Erster Ansatzpunkt dieser Allianz war die schon erwähnte Einheirat der Prinzessin Anna von Jülich-Kleve-Berg in das bayerische Pfalz-Neuburg. Hiervon abgesehen waren beide Herzogshöfe katholisch und beide harmonisierten – was Wilhelm dem Reichen derzeit über alles ging – in der Lösung der Münsteraner Bischofsnachfolge.
Da traf die Nachricht vom Tode Herzog Albrechts V. ein, dem nun sein ältester

---

[1] LV Nr. 559.

Sohn Wilhelm V. und dessen Gemahlin Renata sukzedierten. Auch dieses Herzogspaar blieb der von seinen Vorgängern eingeschlagenen Politik treu. Vor allem waren sie es, die nun auch die beiderseitigen Beziehungen durch wenigstens eine der sich anbietenden Verbindungen der vielen Prinzen und Prinzessinnen beider Höfe festigen wollten. So war an eine Vermählung Philipps II. von Baden mit Sibylle, der jüngsten Tochter Wilhelms des Reichen, gedacht. Es kam zwischen diesen beiden in einer späteren Phase auch zum Verlöbnis, jedoch meinte es das Schicksal mit dem badischen Markgrafen in dieser Beziehung möglicherweise gut, der noch nicht dreißigjährig unversehens – die nähere Ursache kennen wir nicht – von der Weltbühne abberufen wurde. Er entging dadurch einer Liaison, die für ihn im Hinblick auf die sehr komplizierte Persönlichkeit der Prinzessin Sibylle hätte problematisch werden können.

Bald tauchten aber auch, und zwar von seiten der katholischen Düsseldorfer Räte, Überlegungen auf, den Erbprinzen von Jülich-Kleve-Berg, Johann Wilhelm, mit einer der badischen Prinzessinnen zu verehelichen. Die gesamte bayerische Herzogsfamilie und auch der Kaiser, der spanische König sowie der Papst waren von diesem Plan angetan. Freilich hätten die protestantischen Räte naturbedingt eine protestantische Gemahlin des Thronfolgers, z. B. eine braunschweigische oder lothringische Prinzessin, bevorzugt. Auch war Herzog Wilhelm von vornherein mehr gegen als für eine frühe Heirat seines Sohnes, aus Furcht vor einer Verdrängung seiner eigenen, bereits mit den verschiedensten Gebresten behafteten Person. Zu diesen diplomatischen Fühlungsnahmen und gegenseitigen Abtastversuchen gehörte auch, daß Herzog Erich von Braunschweig-Lüneburg mit Instruktion vom 28. 10. 1582 den jülichschen Rat, Drosten zu Sparenberg und späteren Reichsfreiherrn Otto von Bylandt zu Rheydt damit beauftragte, die Möglichkeit einer jülich-lothringischen Heirat bei Wilhelm dem Reichen, Johann Wilhelm und den klevischen Räten zu prüfen. Ihm schwebte vor, Johann Wilhelm mit einer der Töchter Karls II. von Lothringen (1543–1608) zu verehelichen. Da Erich selbst mit Dorothea von Lothringen verheiratet war, würde eine solche Verbindung der Erneuerung verwandtschaftlicher und freundschaftlicher Bande zwischen den Häusern Jülich-Kleve-Berg, Lothringen und Braunschweig dienen. Er bat daher insbesondere die klevischen Räte, sich diesen Heiratsplan angelegen sein zu lassen.

Von den badischen Prinzessinnen aber wurde zunächst die jüngere Schwester, Maria Salome, favorisiert, die altersmäßig besser zu Johann Wilhelm gepaßt hätte als die gegenüber dem Thronerben um vier Jahre ältere Jakobe. Ihre

C. Die Münchner Zeit und erste Beziehungen zum Düsseldorfer Hof 123

andere Schwester, Anna Maria, war zu dieser Zeit bereits vergeben. Über Aussehen und Eigenschaften der jüngeren Schwestern ist, abgesehen von dem schon besprochenen Bild in den Bußpsalmen Orlando di Lassos und einem Bild Anna Marias[1], kaum etwas bekannt. Von Jakobe hingegen weiß man, daß sie nicht nur hübsch und klug, sondern – wie gesagt – eine überzeugte Vertreterin des katholischen Glaubens war, was sie für jene Partie besonders geeignet erscheinen ließ.

Der maßgebliche Part in diesem politischen Ränkespiel fiel hierbei, wie Jakobes Briefe bestätigen, Herzog Ernst von Bayern zu. Er ist uns schon als Spielgefährte Jakobes, Zögling im Vatikan oder Inhaber bzw. erfolgreicher Bewerber um die Bischofssitze Freising (1566), Hildesheim (1573), Lüttich (1581) und Köln (1583) begegnet. Ernst war von seinen Eltern zum geistlichen Stande ausersehen, ohne daß sein Lebenswandel eine priesterliche Neigung erkennen ließ, und ähnlich Johann Wilhelm bereits mit knapp zwölf Jahren Bischof. Außerdem war er Administrator von Stablo und Malmedy (1581). Das Gerücht ging um, er werde auch Salzburg erhalten, was nicht eintrat. Statt dessen erhielt er aber noch Münster (1585), wenn auch nicht ohne Komplikationen: Die dortigen Landstände und ein Teil des Domkapitels hätten lieber den Erzbischof von Bremen, Herzog Heinrich von Sachsen-Lauenburg, als Nachfolger Johann Wilhelms begrüßt. Konrad von Westerhold war ebenfalls wieder mit von der Partie, und auch der Herzog von Braunschweig meldete Ansprüche für seinen Sohn Julius (1528–89) an. Die Kandidatur Ernsts schien alles andere als aussichtsreich, und aus den kalvinistischen Niederlanden drohte im Fall seiner Wahl sogar Krieg. Doch das Glück war dem Bayern hold, wenn auch einmal mehr durch das Ableben seines Hauptrivalen. Westerhold konnte mit einer Halberstädter Pfründe aus dem engeren Kreis der Bewerber gedrängt werden und unterstützte dann zusammen mit dem ehemaligen Kölner Erzbischof Salentin von Isenburg und dem Bremer Heinrich des letzteren Bruder, den Kölner Chorbischof Friedrich von Sachsen-Lauenburg. Da traf die Kunde ein, daß Erzbischof Heinrich am 2. 5. 1585 an den Folgen eines unglücklichen Sturzes vom Pferde verstorben und damit der stärkste Vertreter einer anderen Richtung ausgeschaltet war. Das Haus Wittelsbach bzw. sein Kandidat Ernst konnte mithin auch in Münster die Nachfolge antreten.

Auf dem Reichstag zu Regensburg im April 1582 war Ernst von Rudolf II. beauftragt worden, zunächst bei seinem Bruder in München für den Düsseldor-

---

[1] Erwähnt u. beschrieben in LV Nr. 80, S. 31.

fer Erbprinzen um Jakobes Hand zu werben. Wie er hierbei mit dem Grafen Hans Philipp von Manderscheid-Blankenheim zu Gerolstein ins reine kam, der ihm schon 1577 im Kölner Domkapitel hatte weichen müssen, ist nicht überliefert. Ansonsten dürfte Ernst die Erledigung dieses Auftrags bei der eigenen Verwandtschaft kaum Schwierigkeiten bereitet haben, da eine solche Verbindung auch und gerade im Interesse des Hauses Wittelsbach lag.
Der nächste Schritt in dieser Richtung erfolgte am 28. 9. 1582. Damals schrieb Rudolf II. Wilhelm dem Reichen, daß er, der Kaiser, sowie der König von Spanien eine Heirat Johann Wilhelms aus verschiedenen Gründen für notwendig erachteten. Wilhelm solle aber deswegen keineswegs resignieren, sondern durchaus noch im Regiment verbleiben. Als Gesandten schickte er Bischof Ernst, der zu diesem Zeitpunkt zwar schon Bischof von Lüttich aber noch nicht Kölner Erzbischof war. Auch hier schlug Ernst natürlich als Kandidatin Jakobe von Baden vor. Wilhelm indes winkte ab, wollte sich erst mit seinem Sohn und seinen Räten ins Einvernehmen setzen.
Wenig später, vermutlich im Oktober 1582, teilte der Kaiser Wilhelm dem Reichen mit, er habe erfahren, daß Jülich-Kleve-Berg die Heirat mit einer Lothringer Prinzessin erwäge. Gleichzeitig wurde Bischof Ernst beauftragt, den Herzog umzustimmen. Um diesem Plan Nachdruck zu verleihen, scheute man sogar vor erpresserischen Maßnahmen nicht zurück. Sowohl der Kaiser als auch Österreich, Bayern und Spanien sagten nämlich für den Fall seiner Willfährigkeit Hilfe in Gefahr- und Notzeiten zu, während sie bei einem Verharren auf der Lothringer Heirat die Hilfe zu verweigern drohten. Wilhelm jedoch wich einer Entscheidung abermals aus, indem er sich erneut auf eine Beratung mit seinen Räten, die im Augenblick allerdings aus verschiedenen Gründen nicht zusammenkommen könnten, zurückzog.
Auch Jakobes Verhalten bot ursprünglich keinen Anlaß zu besonderem Optimismus; sie hatte zunächst entsprechende Vermittlungsversuche ihrer Vettern Ernst und Ferdinand wegen Hans Philipp von Manderscheid-Blankenheim zu Gerolstein ausgeschlagen. Ferdinand zeigte hierbei für Jakobes Lage wenig Verständnis, obgleich er selbst in der Tochter des bayerischen Landrichters Georg von Pettenbeck weit unter seinem Stand geheiratet hatte.
Der Brautwerbung Ernsts kam hilfreich entgegen, daß Johann Wilhelm vom Papst und den Räten seines Vaters aus verschiedenen Motiven immer heftiger zur Rückkehr – vom Münsteraner Bischofssitz nach Düsseldorf – gedrängt wurde. Während der Papst eine Abdankung in Münster wegen der beabsichtigten Heirat für unumgänglich hielt, wähnten die Räte, mit Johann Wilhelm in seiner Eigenschaft als Erbprinz, möglicherweise bereits jetzt einen ihren

C. Die Münchner Zeit und erste Beziehungen zum Düsseldorfer Hof 125

Machenschaften willfährigeren Herrn zu bekommen, als dies sein Vater Wilhelm der Reiche in seiner damals noch vergleichsweise guten Verfassung war. Letzterer hatte zwar 1566 mehrere Schlaganfälle durchlitten und seine Gesundheit war seither lädiert, jedoch als senil konnte man ihn deshalb keineswegs bezeichnen. So reiste er noch auf die Hochzeiten seiner Töchter, 1573 in das entfernte Königsberg, 1574 nach Neuburg a. d. Donau und 1579 in die zweibrückische Residenz, war sehr wohl in der Lage, die Richtlinien der Politik noch selbst zu bestimmen, wie etwa in der Münsteraner Bischofsfrage, der Heiratspolitik seiner Kinder oder der Handhabung von Glaubensfragen, und lebte auch noch, gerechnet von den Schlaganfällen, mehr als ein Vierteljahrhundert, bevor erst gegen das Lebensende hin seine Geisteskräfte zu schwinden begannen.

Jahre nach diesem diplomatischen Spiel – die Heirat war längst perfekt – sagte Jakobe einmal zu Ernst gewandt: „Du selbst hast meine Heirat gestiftet."[1] Es ist daher so gut wie sicher, daß der Bischof letztlich doch erfolgreich war und wohl auch bei den Vorberatungen zu einem heimlichen Treffen, das zwischen Johann Wilhelm und Jakobe am 29. 9. 1583 auf Schloß Dachau zustande kam, seine Hand im Spiel hatte: Wie einst sein Vater zu einem heimlichen Treffen mit seiner ersten Frau Jeanne d'Albret an den französischen Hof gereist war, so machte sich auch Johann Wilhelm, der von dem väterlichen Unterfangen inspiriert gewesen sein mag, inkognito und nur in Begleitung von wenig Dienerschaft auf den Weg, nachdem zuvor noch Bilder – ihres von einem gewissen Oktavio, seines wahrscheinlich von Johann Malthan – ausgetauscht worden waren. Abgesehen von der Begleitperson des Paul Stor, der als Diener verkleidet mitreiste, von der über Coburg und Ingolstadt führenden Reiseroute sowie der Tatsache, daß die bayerische Herzogsfamilie bei der Begegnung zugegen war, gibt es kein unmittelbares Zeugnis über Art und Verlauf dieses ersten Sich-Kennenlernens, außer daß die beiden ab da als verlobt galten. Weiteres Indiz für den positiven Ausgang ist das Anhalten der diplomatischen Bemühungen.

Immer noch 1583 waren auch Graf Hermann von Manderscheid-Blankenheim, ausgerechnet ein Verwandter von Jakobes erstem Verlobten Hans Philipp, und der kaiserliche Rat Dr. Andreas Gail aus Köln – auf einem zeitgenössischen Porträt läßt er sich stolz dem Gremium consilium aulicum, also dem Reichshofrat, zuzählen[2] – in dieser Mission unterwegs. Nach der Jahreswende waren dann letzterer und ebenso der Marquese von Berge, der im Namen des spanischen Königs an den Verhandlungen teilnehmen sollte, aus unbekanntem

---

[1] LV Nr. 282.   [2] LV Nr. 56, S. 432 f.

Grund verhindert. So kam es, daß 1584 Erzbischof Ernst von Köln im Namen des Papstes und Graf Hermann von Manderscheid-Blankenheim im Namen des Kaisers mit Wilhelm dem Reichen am 5. und 6. Mai wegen der Heirat abschließend verhandelten.

Jakobe war für Wilhelm den Reichen keine Unbekannte, hatte er sie doch bereits zehn Jahre zuvor auf der Hochzeit seiner Tochter Anna in Neuburg gesehen. Ernst hingegen kannte Jakobe sogar von klein auf, konnte somit ihre Vorzüge ausspielen und weniger günstige Eigenschaften galant umgehen. Als neuer Nachbar Wilhelms des Reichen mußte ihm daran gelegen sein, der Restaurationspolitik in dieser Gegend zum Durchbruch zu verhelfen. So gesehen lag es einmal nahe, die religiöse Cousine als gewichtige Waffe in der Hand seiner Familie in das politische Kalkül mit einzubeziehen. Zum anderen hatten Jakobes Schönheit und ihr Liebreiz den Zenit erreicht und bildeten eine günstige Voraussetzung gegenüber dem leicht beeinflußbaren, empfindsamen Sohn des niederrheinischen Herzogs. Wenig wogen demgegenüber die vier Lebensjahre, um die sie älter war als Johann Wilhelm. Auch mußte dem Gemahl in spe, der noch postulierter Bischof war, die katholische Strenggläubigkeit seiner Braut entgegenkommen, galt es doch bald, sich gegen die Lutherfreundlichkeit des eigenen Vaters, der Räte und Schwäger zu behaupten. Diese Haltung stimmte überein mit der katholischen Politik Bayerns, das zusammen mit Spanien auf eine Wiederherstellung der überkommenen Religion in Jülich-Kleve-Berg drängte. Eine streng katholische süddeutsche Prinzessin als Gemahlin des designierten Düsseldorfer Thronfolgers mußte sich – darüber war man sich auf seiten Ernsts und des gesamten katholischen Lagers einig – durch ihre verwandtschaftlichen und politischen Bindungen an Kurköln, Bayern, Brüssel und Spanien vorteilhaft auswirken!

In dem Erzbischof und Kurfürsten Ernst hatte die katholische Partei demnach wohl den idealen Ehevermittler. Als er daher zusammen mit Graf Hermann von Manderscheid-Blankenheim im Mai 1584 bei Herzog Wilhelm von Jülich-Kleve-Berg vorstellig wurde, dürfte diesen Herren der Erfolg bereits ziemlich sicher gewesen sein. Sie konnten sich dann auch ihres Auftrags weisungsgemäß entledigen und für den 1. 7. 1584 die Heiratsabrede dingfest machen. Derselben traten zwei Monate später auch die badischen Gesandten bei. Durch einen Unfall des Brautbruders mußte sie allerdings auf den 20. 1. 1585 verlegt werden. Aber auch dieser Hochzeitstermin platzte und wurde erst auf den 24. 2. 1585 und schließlich auf den 16. 6. 1585 verschoben.

Ein Ereignis von dieser Rangordnung durfte nicht zu kurzfristig terminiert werden, da hierfür umfangreiche Vorbereitungen unerläßlich waren. So

C. Die Münchner Zeit und erste Beziehungen zum Düsseldorfer Hof 127

ergingen Einladungen, die von den Familien beider Brautleute für jeweils ihren Verwandten- und Einflußbereich getrennt erfolgten. Jakobes Bruder, Markgraf Philipp II. von Baden, kümmerte sich um die Familien seiner Schwestern von Leuchtenberg und von Rosenberg ebenso wie um die Verwandten der Seitenlinien seines Hauses in Baden-Rodemachern und Baden-Durlach. Auch seine unmittelbaren Nachbarn, den Bischof von Straßburg und den Herzog von Württemberg sowie natürlich die bayerische Verwandtschaft, lud er ein. Vom Düsseldorfer Hof hingegen ergingen Einladungen an Kaiser Rudolf II. und die Erzherzöge, die Witwe seines Vorgängers Maximilian II., Maria, sowie deren Töchter Elisabeth (1554–92) und Margarete (1567–1633), erstere Witwe König Karls IX. von Frankreich. Ferner wurden das pfälzische, das preußische, das sächsische und ebenfalls das bayerische Fürstenhaus eingeladen. König Philipp II., diverse italienische Herzogshäuser und die eigene Verwandtschaft mußten ebenso berücksichtigt werden wie heimatliche Adels- und höhere Beamtenfamilien.

Die hohen Beamten, aber auch alle greifbaren Gewerbetreibenden, wie Handwerker, Schausteller, Musiker, Feuertechniker, Wirtsleute, wurden aufgeboten bzw. mobilisiert, um Ausbesserungen am schadhaften Gemäuer vorzunehmen, Möbel, Wandteppiche und andere Ausstattungsgegenstände anzukarren, die Hochzeitsgewänder zu nähen sowie Nahrungsmittel und Getränke zu lagern. Über diese Vorbereitungen innerhalb der Düsseldorfer Schloßmauern entnehmen wir z. B. der Berichterstattung des Graminäus:[1]

> „Weiter ist Anordnung gemacht, wie die Zimmer oder Gemach aufm Schloß und Burg Düsseldorf, in welchem die geladenen Potentaten Fürsten Herrn und Gesandten zu logieren, mit köstlichen Teppichen und andern herrlichen Zierat zu bekleiden und zu schmücken, und das in allen Häusern . . . Daneben ist zu Küchen und Keller alsolcher reichlicher Vorrat gemacht worden, daß man nicht allein zur Notdurft, sondern zum Überfluß und Wollust, nach eines jeden Begehren Wünschen und Wohlgefallen, gefaßt gewesen."

Ähnliches berichtet Graminäus auch von der Stadt, wo das geringere Volk Unterkunft finden sollte.

Große Aufmerksamkeit galt naturgemäß der Frage der bräutlichen Mitgift. Jakobes Eltern waren längst tot, und der im heimatlichen Baden regierende Bruder war stark verschuldet. Er hatte in München den Kunstsinn eines

---

[1] LV Nr. 164; bei Angabe „Graminäus" und kleineren Einlassungen in der Sprache der Zeit ist im folgenden immer diese (nicht paginierte) Literaturstelle gemeint.

Albrecht V. und den hiermit verbundenen leichten Lebensstil italienischer Provenienz kennen- und liebengelernt, war frühreif und gleich seinem Münchner Oheim kunstsinnig und begabt; unglücklicherweise aber saß ihm wie seinem Nachfolger das Geld recht locker in der Tasche. Beide hatten Münchner Verhältnisse auf die weitaus bescheideneren heimischen Verhältnisse zu übertragen versucht, und obgleich die Nachwelt Philipp II. das heute vom Baden-Badener Florentinerberg herabgrüßende Neue Schloß dankt, überstiegen Baueifer und aufwendige Hofhaltung die finanziellen Verhältnisse seines kleinen Landes bei weitem und führten unter seinem Nachfolger, dem Markgrafen Eduard Fortunat von Baden-Rodemachern, geradewegs in den Ruin. Jakobe war mithin, was ihre Mitgift anbetraf, im wesentlichen von ihrem bayerischen Cousin Wilhelm V. abhängig, dessen Bruder Ernst es zu danken war, daß ihr mit 31 000 Gulden zunächst nicht viel weniger als des Herzogs eigenen Töchtern in Aussicht gestellt wurde, denen 35 000 Gulden zugedacht waren. Das tatsächliche Ergebnis sah dann letztlich mit nur 10 000 Gulden freilich viel bescheidener aus, wenn es auch nachträglich wieder auf 20 000 Gulden aufgestockt wurde. Hiermit sowie mit dem ihr abverlangten Verzicht auf badische Erbansprüche erklärte sich Jakobe einverstanden. Soweit die Verhandlungsergebnisse. In der Realität wurden aber weder die Dotalgelder noch die Zinsen jemals gezahlt.

Werfen wir nun noch einen Blick auf die übrige Aussteuer Jakobes, von der uns das erhalten gebliebene Inventar des Hochzeitsjahres[1] einen Überblick bezüglich Schmuck, Kleidung, Geschirr, Mobiliar und den Fuhrpark einer Prinzessin an der Schwelle des Renaissance- zum Barockzeitalter vermittelt. Dabei wird unterschieden zwischen losem Schmuck, Kleidung und einer Verbindung von beidem, das heißt von Kleidern, an denen Schmuckstücke befestigt oder für die funktionelle Aufgaben erfüllende Knöpfe und Stifte in Form von Schmuckstücken angefertigt worden waren:

20 Halsbänder, 37 Ketten, 83 Ohrgehänge, 19 Ringe, 10 Armbänder, 32 Medaillons, 4 als „Kröndel" bezeichnete Diademe, 1 Schmuckkreuz sowie 106 nicht näher spezifizierte weitere Kleinodien; hinzu kamen 45 Gürtel, 23 Knopfgarnituren und 10 Stiftserien. Die Materialien, das gestalterische Aussehen und die Art der Verarbeitung werden zumeist ebenfalls knapp umrissen. Schmelzarbeiten aus Gold herrschten vor, die mit Rubinen, Smaragden, Perlen, Diamanten·und geschnittenen Kristallen besetzt oder verbrämt waren. Halsbänder und Gürtel waren dabei häufig einheitlich als eine Art Set

---

[1] LV Nr. 630.

C. Die Münchner Zeit und erste Beziehungen zum Düsseldorfer Hof 129

ausgebildet. Auch Hauben sowie 26 aus Golddraht, Perlen, Edelsteinen und Schmelzarbeiten bestehende Aufsätze, teils perückenartig mit Haarteilen verarbeitet, werden erwähnt.

Es folgt die Aufzählung von Jakobes Bekleidung. Zu ihrer diesbezüglichen Ausstaffierung gehörten 28 „Leibkleider und erstlich hoche Röck" mit 24 Paar losen – möglicherweise ausknöpfbaren – Ärmeln; ferner 36 zumeist gefütterte Unterröcke aus Gold- und Silberstoff, 29 Leibchen, vorwiegend aus Taft, 14 Kutten und Nachtschauben sowie 23 Wämser – alles aus Seide, Samt, Damast sowie Gold- und Silberstoffen, letztere vermutlich Brokat. Ferner werden Farben, Farbkombinationen, Stoffdrucke und der aus Bortenbesatz sowie Gold- und Silberfäden bestehende Zierat beschrieben. Es folgen Mäntel, Pelze, aber nur ein einziger Hut, was darauf schließen läßt, daß Jakobes Vorliebe eher Hauben und Aufsätzen (nach Perückenart) galt, von denen das Hochzeitsinventar sehr viel mehr Exemplare ausweist.

Auffallend schließlich die vergleichsweise kärgliche Ausstattung an Wäsche. Jakobe besaß hiernach ganze drei – wenn auch mit Gold verzierte – Handtücher, 12 einfache Hemden sowie 24 weitere Hemden, die nach dem Hals hin mit spanischen Krausen abschlossen. Dafür wurde dann wieder an Kissenbezügen nicht gespart. 100 Stück werden angeführt.

Ferner gehörten noch ein Altar, zwei Wagen, vermutlich Reisekutschen, und nicht weniger als 16 Pferde zu Jakobes Heiratsgut.

Insgesamt gesehen also eine recht ansehnliche Mitgift, die Erzbischof Ernst das Verhandeln am Düsseldorfer Hof erleichtert haben mag.

So kam es dann schließlich zu jener Düsseldorfer Hochzeit von 1585, zu der es im Zeitalter der Renaissance nur wenige Parallelen gab. Die Feierlichkeiten, die ungezählte Turniere, Hofbälle, Maskeraden und Festessen, aber auch anspruchsvolle Auftritte von Künstlern hoher Rangordnung einschlossen, waren von kirchlichen und weltlichen Honoratioren aus allen Landesteilen und auch dem europäischen Ausland besucht. Freilich hatte das Haus Wittelsbach sich auch schon zu früheren Zeiten auf das Feiern von Festen verstanden. Unvergessen bis in unsere Tage ist die zur Zeit Jakobes bereits ein Jahrhundert zurückliegende Landshuter Hochzeit, in der Georg, der letzte der reichen Herzöge von Bayern-Landshut, die polnische Königstochter Hedwig geehelicht hatte. Und diesen prunkvollen Festen der Wittelsbacher wollte man auch in Düsseldorf nicht nachstehen, zumal die fürstliche Braut mit dem bayerischen Herzogshaus so eng verwandt war. Es lag somit nahe, die politische Bedeutung dieser Hochzeit trotz der in Düsseldorf vorhandenen „leeren Taschen" mit einem entsprechenden Rahmen noch zu unterstreichen.

4. KAPITEL

D. Die Düsseldorfer Zeit
I. Die Düsseldorfer Hochzeit

1. Weite Anfahrt

Weit und beschwerlich war der Weg von München nach Düsseldorf in der Reisekutschenzeit. Dieser Umstand sowie der auf Wunsch von Jakobes Bruder mehrfach verschobene Hochzeitstermin waren die Ursache dafür, daß Jakobe den Weg an den Niederrhein über ihre Heimat, und zwar schon im Herbst des Vorjahres, also ein Dreivierteljahr vor dem Fest, antreten sollte. Bruder Philipp hatte sie für mehrere Monate des Verweilens eingeladen, obgleich er selbst um diese Zeit auf einer Wallfahrt im mittelitalienischen Loreto weilen würde. Dieselbe war im Einvernehmen mit Papst Gregor XIII. geplant und muß von einiger Dringlichkeit gewesen sein, wenn Philipp nicht einmal den von ihm selbst eingeladenen Besuch empfangen oder an der um die gleiche Zeit angesetzten Hochzeit seiner jüngeren Schwester Maria Salome mit dem Landgrafen Georg Ludwig von Leuchtenberg teilnehmen wollte.
Die Abwesenheit des Bruders mag auch der Grund dafür gewesen sein, daß Jakobe zunächst nicht nach Baden-Baden, sondern in das benachbarte Baden-Durlach, an den Hof der Markgräfin Anna (1540–86), geborene Reichsgräfin von Veldenz, kommen sollte. Anna, zweite Frau des Durlacher Markgrafen Karl II., eines Cousins von Jakobe, war um diese Zeit bereits mehrere Jahre Witwe und die Regierungsgewalt in die Hände ihres Sohnes Ernst Friedrich (1560–1604) übergegangen.
Die Reise des Bruders, der dem reformierten Glauben anhängende Durlacher Hof und nicht zuletzt die ihr fremd gewordene Heimat, mit der Jakobe nur wenig freundliche Erinnerungen verbanden und die sie auch allzu früh hatte verlassen müssen, als daß ein nachhaltiges Verbundenheitsgefühl hätte entstehen können, ließen die Prinzessin im Herbst des Jahres 1584 die Einladung fürs erste ausschlagen.
Dann war es aber wieder Frühjahr geworden. Die Silhouette des behäbigen, Stolz und Zufriedenheit gleichermaßen ausstrahlenden Münchens spiegelte sich in den Wogen der vorbeirauschenden Isar, die schon immer als eine Art

Bindeglied seiner Bevölkerung zu den sich im Süden majestätisch erhebenden Bergketten der Alpen empfunden wurde. Wie eh und je um diese Jahreszeit führte der sonst smaragdgrün schimmernde Fluß gelblichbraunes Schmelzwasser zu Tal, an München vorbei und gegen die Auen der Hochwasser führenden Donau hin. Flußnähe und Schloß waren einige der wenigen Pendants zu Jakobes neuer Heimat Düsseldorf, wohin es nun, im April des Jahres 1585, aufzubrechen galt.

In Erwartung all des Fremden, was noch verborgen im Schoß der Zukunft ihrer harrte, ist Jakobe der Abschied von daheim, das heißt dem bayerischen Herzogspaar, der weißblauen Metropole und deren Bewohnern sowie von all ihren Freunden, Bekannten und Verehrern, kurzum ihrer gewohnten Umgebung, sicher hart angekommen. Um so erstaunlicher mutet es an, daß weder Wilhelm V. und seine Gemahlin Renata noch ein anderes Mitglied der großen bayerischen Herzogsfamilie Jakobe das Geleit gaben bzw. an ihrer Hochzeit teilnahmen. Offiziell galt der weite Weg als Vorwand. Vielleicht war aber immer noch ein gewisser Ingrimm Renatas schuld, daß Jakobe ihrer Nichte Antoinette gegenüber der Vorzug gegeben worden war. Aber auch der Ehestifter, Erzbischof Ernst von Köln, das Kaiserhaus, die sächsische Familie, die preußische und die Zweibrücker Schwester des Bräutigams samt Familien blieben der Hochzeit fern – Marie Eleonore wegen des weiten Weges und ihres kränkelnden Mannes, Magdalena wegen ihrer nunmehr dritten Schwangerschaft. So waren es von der großen Verwandtschaft des Bräutigams letztlich nur Schwester Anna von Pfalz-Neuburg und deren Familie, die der Einladung Folge leisteten. Die Braut dagegen reiste die erste Etappe des Weges in Begleitung ihrer Schwester Maria Salome samt deren Mann und Schwiegermutter, der verwitweten Landgräfin Mechthild von Leuchtenberg. Ihre andere Schwester, Anna Maria, war zu diesem Zeitpunkt bereits tot; fast noch ein Kind, hatte sie das Schicksal ihrer Mutter geteilt und war im April 1583, im Verlauf einer unglücklichen Niederkunft, verstorben. Außerdem gehörten der Reisegesellschaft mehrere bayerische Hofbeamte, Herren und Damen der Hofgesellschaft, Kammerzofen, Lakaien und dergleichen mehr an.

Der Weg führte über Baden-Baden, wo sich zu der Reisegruppe nach einer mehrwöchigen Verweilzeit noch der inzwischen aus Loreto zurückgekehrte Bruder Philipp, die beiden Vettern Jakob III. von Baden-Hochberg (1562–90) und Eduard Fortunat von Baden-Rodemachern sowie eine ganze Anzahl weiterer Personen hinzugesellten. Insgesamt 481 Teilnehmer und 392 Pferde weisen die Futterzettel aus. Es war der 3. 6. 1585, als man mit diesem Troß – zum Teil wohl auch auf dem Rhein – in Richtung Düsseldorf aufbrach. Vorbei

D. Die Düsseldorfer Zeit

ging es an den altehrwürdigen Bischofsstädten Speyer, Worms und Mainz. Wie Frankfurt am Main Wahl- und Aachen Krönungsstätte der deutschen Kaiser waren, so war der Speyrer Dom für acht von ihnen Grablege, besaßen Worms und Mainz weitere bedeutende Sakralbauten. Auf der gegenüberliegenden Rheinseite grüßten in der Ferne das Heidelberger Schloß mit seinem soeben erst vollendeten Ottheinrichsbau und das alte katzenelnbogische Lehen der nur über eine einzige Stelle zugänglichen Burg Auerberg.

All diese Kirchen und Schlösser mit ihrer beziehungsreichen Geschichte sah Jakobe damals noch unzerstört. Es sollte nurmehr ein Jahrhundert währen, bis sie alle den Heeren Ludwigs XIV. unter Mélac, Duras u. a. zum Opfer fielen.

Weiter ging die Fahrt. Man passierte den sagenumwobenen Loreleifelsen, wo Hagen von Tronje den Nibelungenhort im Strom versenkt haben soll, sowie die 1245 errichtete und den Rheinzoll sichernde Burg Rheinfels oberhalb von St. Goar. Rheinfels sowie eine ganze Reihe anderer auf diesem Wegabschnitt gelegener Burgen gehörten einmal dem begüterten und einflußreichen Grafengeschlecht derer von Katzenelnbogen, die, wie wir wissen, auch Jakobe zu ihren Ahnen zählte. Zwei dieser Burgen, die vermutlich schon dem 11. Jahrhundert entstammende Stahleck oberhalb Bacharachs und die mächtige, von Erzbischof Arnold II. von Trier (1242–59) erbaute Stolzenfels, sollen ihrer thematischen Beziehung wegen besonders erwähnt werden, haben doch ihre Mauern auch schon früher berühmte Bräute gesehen. Auf Stahleck war es, wo Agnes, die Erbtochter des Pfalzgrafen bei Rhein, Konrad von Staufen (um 1135–95), eines Halbbruders Friedrichs I. Barbarossa (1122–90), 1194 den Sohn Heinrichs des Löwen (1129–95), des erbitterten Gegners der Staufer, geheiratet hatte. Auf Stolzenfels hingegen war 1235 Isabella von England (1214–41), die dritte Gemahlin Friedrichs II. von Hohenstaufen (1194–1250), auf ihrer Brautfahrt bewirtet worden. Der Chronist berichtet von ihr und ihrer Begleitung, „sie aßen gut, tranken noch besser, und die königliche Jungfrau tanzte viel".

Vom rheinabwärts fahrenden Schiff oder ihrer Reisekutsche aus erlebte Jakobe sodann die am Zusammenfluß von Mosel und Rhein gelegene Stadt Koblenz mit ihren alten Kirchenbauten St. Castor, der Liebfrauen- und der Dominikanerkirche; mit ihrer kurfürstlichen Burg sowie der im frühen 11. Jahrhundert auf mehreren Felsterrassen erbauten und 1018 von dem Edlen Erembert dem Erzbischof von Trier übereigneten Feste Ehrenbreitstein. Alle diese landschaftlichen und baulichen Höhepunkte glitten an ihr vorbei und gemahnten nicht selten an Ereignisse, in die auch ihre eigenen Vorfahren verstrickt gewesen waren.

In Bonn, dem Castra Bonnensia des Tacitus, dem zur Zeit Jakobes vor allem die Kölner Erzbischöfe sein Gepräge gaben, legte das Schiff am 13. Juni am festlich geschmückten Ufer an. Hier hießen der Kurfürst und Erzbischof Ernst von Köln und der herzogliche Gesandte Niklas von der Broel Jakobe willkommen. Graminäus berichtet uns über diesen Empfang:
„Da nun gewisse Zeitung und Kundschaft ankommen, daß die hochermelte Fürstin Jacoba . . . am Donnerstag nach Pfingsten den 13. Juni auf Bonn zu dem hochwürdigsten, durchleuchtigen hochgebornen Fürsten und Herrn, Herrn Ernesten erwählten und bestätigten zu Erzbischoffen zu Köln . . . herrlich und freundlich empfangen worden, hat der durchleuchtig, hochgeborner Fürst und Herr, Herr Wilhelm Herzog zu Gülich, Cleve und Berg, etc. alsbald seine Abgesandten zur fürstlichen Braut verordnet, und dieselb durch den edlen und ehrenfesten Niklas von der Bröll, fürstlichen gülischen Rat empfangen und willkommen heißen lassen . . ."

Hier nächtigte Jakobe das letzte Mal vor dem Betreten ihres künftigen Wirkungsbereichs.
Das noch verbleibende kurze Wegstück wurde am Freitag in aller Frühe zurückgelegt. Von Ferne schon sah man die Umrisse der gewaltigen Steinmassen des Kölner Domes. Obgleich noch unvollendet und ohne krönende Turmspitzen, galt der vermutlich unter Gebhard von Rile um 1248 begonnene Neubau des Gotteshauses damals bereits als die genialste Leistung gotischer Baukunst.
Es dauerte nur Augenblicke, bis Dom- und Stadtkulisse von Köln im morgendlichen Dunst den Blicken wieder entschwunden waren. Linksrheinisch tauchten schemenhaft das kleine befestigte Zons und das uralte Neuß mit seiner in die Karolingerzeit zurückreichenden Stiftskirche St. Quirin auf. Letzteres war soeben erst von den truchsessischen Truppen des Adolf von Neuenahr eingenommen worden.
Alle Mühsale, Aufregungen, aber auch landschaftlichen Höhepunkte der langen Reise lagen schließlich hinter Jakobe. München und Baden-Baden, die Eckpfeiler ihres bisherigen Lebens, mit der waldreichen, bergigen, leicht südländisch wirkenden Umgebung waren in unerreichbare Fernen entrückt. Selbst die abwechslungsreiche Anfahrt hatte noch eher an die süddeutsche Heimat gemahnt als die vor ihr liegende Landschaft, die in ihrer Tiefe nur durch den Horizont begrenzt schien. Von diesem flachen, unergründlich scheinenden, weil unbegrenzten Hinterland hob sich endlich die Silhouette Düsseldorfs mit den zahlreichen Türmen der Stadtmauer, der Wehranlagen

D. Die Düsseldorfer Zeit

und Kirchen, des Rathauses sowie des am Rheinufer gelegenen herzoglichen Schlosses ab.
Diese Weite war für Jakobes Augen ungewohnt, jedoch mögen sie tiefere Gemütsregungen wie Heimweh, in Erwartung der unmittelbar bevorstehenden Ereignisse, zu diesem Zeitpunkt noch nicht bewegt haben. Nur viel später einmal – als Häscher hinter Jakobe her waren – weiß man von ihr, daß sie Düsseldorf verlassen und in ihre Heimat nach Baden-Baden zurückkehren wollte. Derlei düstere Wolken waren aber jetzt noch fehl am Platze, vielmehr schien sich nach den Überredungskünsten am Münchner Hof, dem großen Aufgebot ihrer Reisebegleitung, dem Ansehen des niederrheinischen Herzogtums und nicht zuletzt dem Optimismus ihrer eigenen Jugend ein bedeutender neuer Lebensabschnitt vor ihr aufzutun.

2. Stadt und Schloß Düsseldorf

Unsere heutigen Vorstellungen von Stadt und Schloß Düsseldorf der Jakobe-Zeit stützen sich in erster Linie auf das 1587 erschienene Werk des Dietrich Graminäus und seines Kupferstechers Franz Hogenberg. Eine kolorierte Handzeichnung des Straßburger Festungsbaumeisters Daniel Speckle (oder Specklin) von 1567, die noch auf eine ältere Vorlage der Zeit zwischen 1548 bis 1552 vermutlich eines Meisters Johann zurückgeht, ist dagegen das älteste erhalten gebliebene Dokument aus der ersten Hälfte des 16. Jahrhunderts, während Ansichten von Matthäus Merian u. a., die gleichfalls z. T. wertvolle Rückschlüsse zulassen, aus späteren Zeiten datieren.
Hervorstechender Punkt dieser Stadtanlage war Jakobes künftige, am rechten Rheinufer gelegene Residenz und Wohnstätte. Sie war nach einer Brandkatastrophe am Tag vor Heiligabend des Jahres 1510 auf Trümmern einer in ihren Anfängen etwa in das erste Quartal des 14. Jahrhunderts datierbaren Vorgängerin im Stil der Renaissance errichtet. In südlicher, rheinaufwärts weisender Richtung schloß die Stadtmauer an, die sich bis zur Bastion am Rheinort zog, danach in östlicher Richtung umknickte und weiter bis zum Bereich der heutigen Hafenstraße, der dort mündenden Düssel und schließlich dem alten Berger Tor verlief, durch das hindurch die fürstliche Braut in einem triumphalen Einzug Besitz von der Stadt Düsseldorf ergreifen würde.
Bezüglich der Inneneinteilung und -ausstattung des Düsseldorfer Schlosses sind wir nahezu ausschließlich auf Graminäus und Hogenberg sowie den nebenstehenden, etwa 160 Jahre späteren Grundriß des ersten Obergeschosses

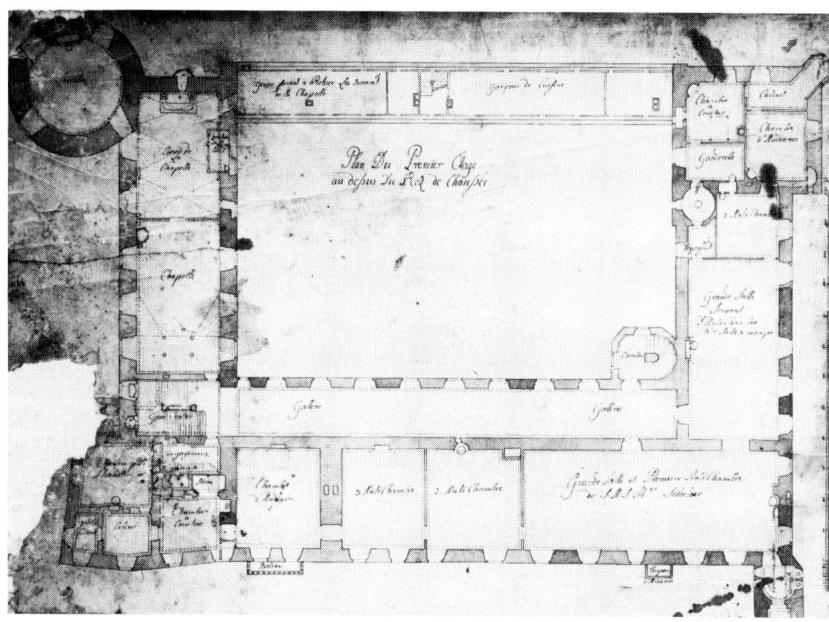

Grundriß des ersten Obergeschosses im Düsseldorfer Schloß mit rundem Turm (Kerker Jakobes) und Kapelle, links oben, sowie Ritter- und Festsaal, rechts unten

angewiesen, der von einem unbekannten französischen Zeichner stammt: Der Nordtrakt des Schlosses, in dem sich die Kapelle der Jakobe-Zeit befand, stand wahrscheinlich an der Ursprungsstätte der alten Düsseldorfer Burg der Grafen von Berg. Er ist aber erst zwei Jahrhunderte später entstanden und etwa zwischen 1548 und 1552 bezugsfertig gewesen. Als maßgebliche Baumeister der in der ersten Hälfte des 16. Jahrhunderts entstandenen Schloßanlage gelten Alexander von Uedesheim, der Düsseldorfer Kanonikus Spronck und als Oberbauleiter vor allem Bertram von Zündorf, während etwa ab Jahrhundertmitte die Bauleitung mehr und mehr in die Hände der aus Bologna zugewanderten Pasqualini-Dynastie überglitt, zuerst in die des Vaters Alexander (1493–1549) und nach dessen Ableben in die des Sohnes Maximilian (1534–72)[1] und des Enkels Johann d. J. (1562– um 1615). Alexander Pasqualini war es aber vor allem, der – um es mit den Worten von Franz Wolff Graf von Metternich auszudrücken – den Glanz des italienischen Palastbaues auf rheinischen Boden verpflanzte.

---

[1] Hatte noch einen wenig in Erscheinung tretenden Bruder: Johann d. Ä. (um 1535 – 80/81).

D. Die Düsseldorfer Zeit

Zunächst scheint – sowohl wegen der zeitlichen und örtlichen Zuordnung der einzelnen Baumaßnahmen als auch für die Topographie der beiden in wesentlichen Punkten voneinander abweichenden Kapellendarstellungen Hogenbergs – von Bedeutung, daß es in dem frühen Schloß zwei Kapellen gegeben hatte. Nachdem eine von ihnen erstmals 1392 Erwähnung fand, sprechen die Urkunden 1399 ausdrücklich von einer „capella minor". Es muß demnach im Schloßbereich noch eine andere, und zwar größere Kapelle existiert haben. 1492 wissen wir sodann von einer ersten Brandkatastrophe. Zwischen dieser und der schon erwähnten des Jahres 1510 baute Herzog Wilhelm IV. von Jülich-Berg (1455–1511) am Südflügel (um 1493) und etwas später wohl auch im Bereich des Westflügels (um 1502). Eine Rechnung des Jahres 1522 kündet von Ausbesserungsarbeiten an der im Nordflügel gelegenen Schloßkapelle. Auch im „mittleren geheus", dem Westflügel, wurde damals gearbeitet. In den folgenden drei Jahrzehnten, von etwa 1528 bis 1558, Jakobes Geburtsjahr, begnügte man sich wegen fehlender finanzieller Mittel immer wieder mit Ausbesserungsarbeiten.

Aus diesem Zeitraum gilt als wichtigster Beleg die Speckle-Zeichnung von 1567. Auf ihr fehlen jedoch zwei Flügel, die allgemein für den Nord- und Westtrakt gehalten werden, obgleich diese zu Speckles Zeit bereits bestanden hatten. Dem Zeichner der Vorlage könnten sich demnach allenfalls – in unversehrter Form – nur Ost- und Südflügel dargeboten haben. Ebenso gut könnte der Zeichnungstorso aus einer Laune des Künstlers unvollendet geblieben oder aber von vornherein nur für die bestimmungsgemäßen Details – es handelte sich um die Befestigungsanlage Düsseldorfs – vorgesehen gewesen sein; immerhin fehlen in der Zeichnung auch jegliche andere städtebauliche Einzelheiten, wie Häuser, Straßen, Plätze und dergleichen. Im übrigen – Grabungen haben dies bestätigt – gab es im Ostbereich nur eine den Schloßinnenhof nach der Stadt hin begrenzende Mauer, so daß der Speckle-Plan eigentlich nur Süd- und Westflügel wiedergeben kann. Die in der späteren Grundrißzeichnung des ersten Obergeschosses angedeuteten Hilfsgebäude für Personal- und sakrale Zwecke können deshalb über ein Planungsstadium nicht hinausgediehen sein.

Untersuchungen des Düsseldorfer Notars Karl L. Strauven in den Ruinen der letzten Brandkatastrophe vom 20. März 1872 untermauern die Zuverlässigkeit der Speckle-Zeichnung bzw. deren Vorlage, wenn auch nur für die Periode von etwa einem halben Jahrzehnt vor 1552. So hatte Strauven an einem Turmgewölbe des Südflügels noch das Allianzwappen Herzog Wilhelms IV. von Jülich-Berg und seiner zweiten Gemahlin Sibylle von Brandenburg (1467–1524) sowie zwei Türen mit den Jahreszahlen 1534 und 1545 entdeckt. Diese Jahreszahlen sowie

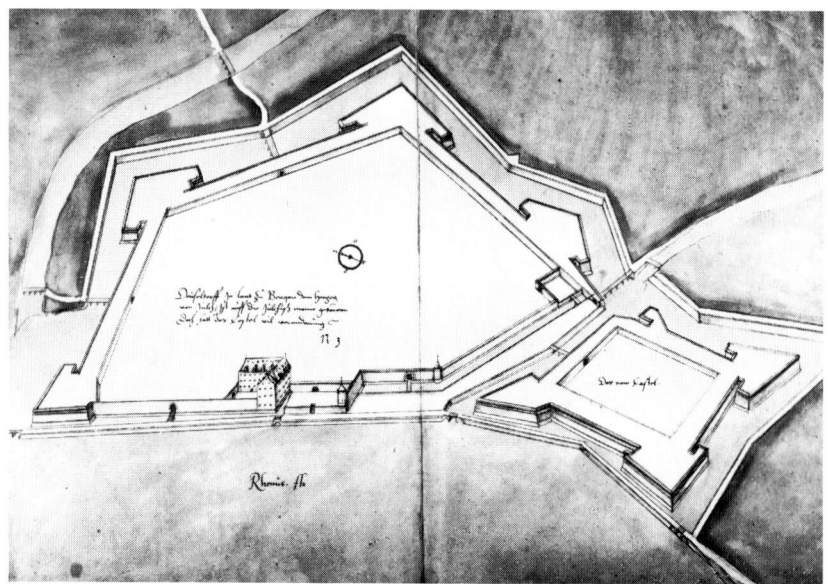

Plan der Festung Düsseldorf mit ältester bekannter Schloßansicht um die Mitte des 16. Jahrhunderts

die deutlich auszumachen gewesenen Giebelformen können als Beleg für den Baustil der Speckle-Wiedergabe gelten, wenngleich die nüchternen, zieratlosen Fassaden mit den einheitlichen Fenstern stilmäßig auf eine sehr frühe Epoche hindeuten. Die Bauzeit des Süd- und des Westtraktes wäre demnach etwa zwischen 1493 und 1534 anzusetzen. Es wurde vermutlich über die ganze Spanne hinweg gebaut, wobei die unteren, schmucklosen Mauern noch eher der ausklingenden Gotik entsprachen, während die oberen Stockwerke samt Dach früher deutscher Renaissance zuzuordnen sind. Zum Entstehungszeitpunkt der Vorlage war wohl der auf ihr vermißte Schloßflügel wegen Neubauabsichten abgerissen. Ungeklärt hingegen muß bleiben, weshalb sich der renommierte Festungsbaumeister Speckle, der ja bereits den vollendeten Schloßbau, wie er zur Zeit Jakobes bestand, kannte, einer damals etwa bereits 50jährigen und zudem nicht mehr der Wirklichkeit entsprechenden Vorlage bedient hatte.
Bezüglich des westlichen Langhauses erzählen sowohl Strauven als auch die Kupfertafeln Hogenbergs von einer dicken Mauer, die diesen Flügel – quer zur Längsfront – in zwei Teile untergliederte. Es mag vielleicht sein, daß diese Mauer als Stütze für den kleineren südlichen Teil diente, der zunächst stehenblieb, während der nördliche abgerissen und in einer dem Zeitgeschmack

D. Die Düsseldorfer Zeit 139

angepaßten Bauweise wiedererrichtet wurde, und erst anschließend, als der Nordteil bereits stand, auch der kleinere südliche Teil hochgezogen wurde. Von einer finsteren mittelalterlichen Burg zu einem für damalige Verhältnisse wohnlichen Schloß gewandelt, enthielt zumindest das westliche Langhaus keine Schießscharten mehr. Seine und die Erstellung des Nordtraktes umfaßte eine Zeitspanne von etwa vierzig Jahren, da sich uns diese Schloßteile nämlich auf den Kupferstichen Hogenbergs von 1587 vollendet präsentieren. Vermutlich waren sie dies aber bereits viel früher, denn 1549 brach ja die lange Ära der Architektenfamilie Pasqualini an, deren erster Vertreter in diesem Jahr seine herzogliche Bestallungsurkunde erhalten hatte und sich spätestens ab diesem Zeitpunkt der Baupläne seines Herrn angenommen haben dürfte. Außerdem feierte man zu Düsseldorf am 23. 6. 1552 das Richtfest für den großen runden Schloßturm, der in seinen Anfängen bis etwa 1380 zurückreicht. Aus diesem Anlaß war sogar Wilhelm der Reiche, der früher um diese Jahreszeit zu Kleve residierte, mit seinem Hofstaat angereist.

Aus Strauvens Untersuchungen von 1872 und einer von 1559 datierten Heimbacher Rechnung ist bekannt, daß auch die Rheinseite des Nordtraktes einstmals durch einen quadratischen Turm begrenzt war.

Nach alledem ist es unwahrscheinlich, daß eines Tages nur die „Eckpfeiler" des nördlichen Traktes gestanden haben, ohne daß eine Verbindung zwischen ihnen hergestellt bzw. der dazwischenliegende Bereich ausgefüllt worden wäre. Man kann demnach davon ausgehen, daß etwa um 1559 auch der nördliche Trakt des Düsseldorfer Schloßkomplexes wieder intakt und bewohnbar war.

Der Trauungsszene haben Hogenberg und sein anonymer Vorzeichner zwei ihrer ingesamt 37 doppelseitigen Kupfertafeln gewidmet.[1] Die topographisch nicht ganz übereinstimmenden Bilder lassen mehrere Deutungen zu:
Wie schon ein flüchtiger Vergleich erkennen läßt, gehörten die Altäre der beiden Bilder zu verschiedenen kirchlichen Räumlichkeiten, was entweder der Existenz zweier Kapellen entsprach, die es ja zumindest 1399 im Düsseldorfer Schloß gegeben hatte.
Eine andere Möglichkeit wäre, daß der beim Einzug Jakobes sichtbare Altar einer Seitenkapelle angehörte, an welcher das dem Hauptaltar zugewandte Brautpaar gerade vorbeizog. Der Betrachter blickt hierbei auf eine mehrfach abgewinkelte Mauer des nördlichen Langhauses – vermutlich in südöstlicher Richtung. Rechter Hand im Vordergrund eine doppelgeschossige Säulengale-

---
[1] Vgl. S. 155 und 158.

rie, ein Werk des 16. Jahrhunderts, gewährt einen Durchblick[1] in den schmucklosen Schloßinnenhof. Mit etwas nach rückwärts geneigter Achse schloß sich nach der Bildmitte hin ein schlichter Trakt von gleichfalls doppelgeschossiger Bauart an, dessen rechteckige Fenster Butzenscheiben und eine einfache Kreuzunterteilung besaßen. Unterhalb der Fensterreihe riesige Gobelins mit biblischen Motiven, die, aus anderen Schlössern zusammengetragen, die kahlen Wände verdecken halfen. Der dritte, linker Hand gelegene Teil der Mauerfront schloß mit noch weiter nach rückwärts geneigter Achse an und lenkt die Blicke des Betrachters in das Innere der (Seiten)Kapelle. Ein wenig überraschend vielleicht die gotischen Kirchenfenster oberhalb der Teppiche. Da dieser Flügel der Bauperiode zwischen etwa 1548 und 1552 angehörte, handelte es sich bei schon recht flachen Fensterbögen um die im Sakralbau noch geraume Zeit nachklingende Spät- bzw. Nachgotik. Auch an der rundbogigen Altarnische und dem Altaraufsatz, der mit brennenden Kerzen geschmückt war, kommt das gewandelte Stilempfinden zum Ausdruck.

Den vom Altar abgewandten Brautzug vor Augen, scheinen sich die Teilnehmer des Brautzuges – je nach topographischer Auslegung – einer anderen Kapelle oder zumindest einem anderen Altar zuzuwenden. Dies könnte dann das von Hogenberg auf seinem zweiten Bild[2] festgehaltene Kircheninnere mit der Trauungszeremonie vor dem Hochaltar sein. Stil- und größenmäßige Gegensätze dieses Kirchenraumes zu dem an erster Stelle genannten stechen ins Auge: Der große Chorraum besaß an seiner Stirnseite drei Nischen, deren größte, mittlere den Altar aufnahm. In ihrem hinteren Abschnitt verbreiterte sich die Kirche um zwei u. a. der Aufnahme von Kirchenbänken dienende Seitenschiffe. Auch besaß sie ein vergleichsweise mächtiges, von einem Kreuzrippennetz durchzogenes Tonnengewölbe, das auf verkleideten Pilastern ruhte. Rechts und links des mit Muschelzierat gekrönten Altars befanden sich Thron und Kanzel.

In der Literatur findet sich noch eine dritte Deutung[3] hinsichtlich des Ortes, an dem die Trauungszeremonie stattgefunden haben könnte: Unmittelbar nördlich des Düsseldorfer Schlosses lag und liegt auch heute noch die St.-Lambertus-Basilika. Da diese Kirche zur Aufnahme der zahlreichen Festgäste auch größenmäßig geeigneter war als eine enge Schloßkapelle, könnte demnach Hogenberg auf seinen beiden Bildern – und dann topographisch nicht einmal verkehrt – in dem einen Bild die winzige Schloßkapelle und in dem anderen die repräsentative, altehrwürdige St.-Lambertus-Basilika wiedergege-

---

[1] Vgl. Kupferstich Nr. 3, S. 155. [2] Vergl. Kupferstich Nr. 4, S. 158. [3] LV Nr. 100.

ben haben. Schließlich wäre es auch denkbar, daß Hogenberg nur für eines der beiden Kapellenbilder verantwortlich zeichnet, während das zweite von anderer, unbekannter Hand geschaffen wurde.

Auf den aus jenen Tagen einzig noch erhaltenen Nordostturm, den Schloßinnenhof oder die verschiedenen Schloßräume, wie Rittersaal, Tanzsaal, legendäres Schwanenzimmer sowie die Örtlichkeiten der Stadt, etwa das Berger Tor oder den Marktplatz, soll an Hand von lokalspezifischen Begebenheiten im Verlauf der Handlung näher eingegangen werden.

3. Einholen der Braut

Erster Tag (Samstag, den 15. 6. 1585)

Gegen Abend, den 14. Juni 1585, legte das Schiff mit der fürstlichen Hochzeitsgesellschaft in dem vor den Toren Düsseldorfs gelegenen Himmelgeist an. Jakobe blieb noch die Nacht über auf dem Schiff, bevor sie dann gegen die Mittagszeit des folgenden Tages durch alles, was im Lande Rang und Namen hatte, feierlich eingeholt wurde.

Zusammen mit der Braut trafen ihr unvermählter Bruder Philipp II. von Baden-Baden, ihre Schwester Maria Salome nebst Gatten, Landgraf Georg Ludwig von Leuchtenberg, ihre Vettern, der damals gleichfalls noch unvermählte Eduard Fortunat von Baden-Rodemachern, Ernst Friedrich von Baden-Durlach nebst Gemahlin Anna von Ostfriesland (1562–1621) und des letzteren Bruder, Jakob III. von Baden-Hochberg, in Düsseldorf ein. Ihre Begleitpersonen betrugen etwa das Zehnfache des Neuburgers. Pfalzgraf Philipp Ludwig von Neuburg mit seiner Gemahlin Anna, der zweitältesten Schwester des Bräutigams, nebst seinen drei Kindern und seinem Hofstaat waren als erste in Düsseldorf eingetroffen. 36 Adelige und Diener mit 86 Reitpferden sowie 12 Wagen mit 46 Zugpferden gehörten zu seinem Troß. Unter den Kindern auch der damals 7jährige Wolfgang Wilhelm, der sich einmal gemäß dem Xantener Vertrag von 1614 mit Brandenburg – seine Cousine Anna († 1625), Tochter Marie Eleonores von Preußen, war mit Johann Sigismund von Brandenburg († 1619) verheiratet – in die Hinterlassenschaft des Hochzeitspaares teilen und mit seinem Anteil, der Jülich und Berg sowie die Stadt Düsseldorf umfaßte, direkter Nachfolger Johann Wilhelms werden sollte.

Schon vernommen haben wir, daß seitens der Braut weder das bayerische

Herzogspaar noch des Herzogs Bruder, der Kurfürst und Erzbischof Ernst von Köln, erschienen waren. Letzterer war zwei Tage zuvor Gastgeber der anreisenden Festgäste zu Bonn gewesen und ließ sich nun bei den Hochzeitsfeierlichkeiten ebenso wie sein Bruder durch einen Gesandten vertreten. Dasselbe galt für den Kaiser, die Erzherzöge, den König von Spanien, den Kurfürsten von Trier, die Herzöge von Sachsen und Württemberg sowie den Markgrafen Georg Friedrich von Brandenburg-Ansbach-Jägerndorf († 1603), der seit 1578 auch Verweser von Preußen war.

Man schrieb den 15. Juni 1585, den Samstag vor Trinitatis.
Früh schon brach der klevische Marschall Johann von der Horst, dessen Vorfahren von jeher wichtige Ämter in den Territorien am Niederrhein inne hatten und deren zu Gelsenkirchen gelegenes Schloß Horst auch heute noch – wenn auch im Besitz der Familien Fürstenberg-Kettwig – existiert, gen Himmelgeist auf, um der nahenden fürstlichen Braut einen ersten Gruß ihres künftigen Gemahls, des Adels sowie der Vertreter der Stände und der Bürgerschaft des Herzogtums zu entbieten.
Durch die Straßen der Stadt eilten Trommler, um alle Mitbewohner wissen zu lassen, daß das freudige Ereignis der Ankunft der Braut unmittelbar bevorstehe sowie um die Teilnehmer der offiziellen Begrüßungszeremonien zusammenzurufen. Langsam formierte sich daraufhin innerhalb der Stadtmauer ein Zug, der wenig später den Jungherzog beim Einholen der Braut begleitete.
Es dauerte nicht lange und mehrere Fähnlein Bürgerschaft, unter ihnen Vertreter der Gilden und traditionsreicher Bruderschaften, säumten den ausgezeichneten Weg zwischen Berger Tor und Schloßplatz. Unter letzteren klangvolle Namen wie der heute noch prosperierende St. Sebastianus Schützenverein Düsseldorf 1316 e.V., der 1435 nochmals erneuert worden war und dem sich die lebenslustige, junge Jakobe in ihrer Düsseldorfer Zeit sehr zugetan fühlte. Diesem Verein sowie seiner Traditionspflege ist es in erster Linie zu danken, daß zwei von insgesamt vier heute noch vorhandenen Kleinodien Jakobes überhaupt erhalten geblieben sind, die sie mit großer Wahrscheinlichkeit tatsächlich in ihren Händen gehalten und vielleicht aus einer Laune überschwenglicher Freude dem Schützenverein geschenkt haben mag.
Bei dem einen Kleinod handelt es sich um die 85×105 cm große sogenannte Jakobe-Fahne, von der Georg Spieckhoff[1] 1935 meinte, die Vorderseite sei Restaurierungen der Jahre 1876 und 1904 zum Opfer gefallen, während Otto

---

[1] LV Nr. 13, S. 168 ff.

Jakobe-Fahne: Vorderseite

Jakobe-Fahne: Rückseite (Original)

D. Die Düsseldorfer Zeit

Korns[1] Untersuchungen von 1954 gar in der Feststellung gipfelten, daß ihre Stiftung durch Jakobe eine Legende sei und sie in Wirklichkeit erst der Zeit des Kurfürsten Karl Theodor (1733–99) entstamme. Doch betrachten wir vor einem Resümee erst einmal die Fahne in ihrem gegenwärtigen Zustand. Ihre Vorderseite trägt auf blauer Seide die Inschrift:

"St. Seb. Schützen-Verein
Ihro Durchlaucht Jakobe v. Baden
Herzogin zu Jülich Cleve u. Berg
schenkten diese Fahne
dem Verein
im Jahre des Heils 1595.
Renovirt wurde dieselbe im Jahre 1904."

Die Rückseite der Fahne zeigt unter und neben einem gekrönten Herzogshut ein von schlichter Ornamentik gerahmtes Allianzwappen, das aber – infolge unsachgemäßer Renovierung – nur in etwa der Hälfte der Felder einigermaßen korrekt wiedergegeben ist:

Auf der linken Seite die von einem doppelt geschwänzten Löwen getragene bayerische Standarte mit blau-weißen Rauten, möglicherweise als Erinnerung an Jakobes glückliche Zeit am Münchner Hof. Die Mitte – unterhalb des Herzogshutes – ist von zwei ovalen Schildern beherrscht. Auf dem linken wird das Wappen von Jülich-Kleve dargestellt mit dem geschachteten, märkischen Balken im vierten Feld sowie dem dreifachen Sparren von Ravensberg im fünften und letzten Feld. Es fehlen die klevische Lilienhaspel sowie jülichscher und bergischer Löwe.

Auf dem rechten, gevierteten Schildoval das badische Wappen mit dem sponheimschen Schachbrett in der linken, oberen Ecke und dem schwarzen Löwen mit einst roter Krone auf goldfarbenem Hintergrund der Herrschaft Mahlberg in der rechten, unteren Ecke.[2] Schachtung und Farbe dieser Schachbretthälfte sind falsch wiedergegeben, während die rot-silberfarbene Hälfte für die hintere Grafschaft Sponheim im zweiten Geviert gänzlich fehlt. Desgleichen fehlen im Mittenbereich das badische Herzschild, im dritten Geviert die rot-blaue Rose von Eberstein auf silbernem Feld und im vierten – das längsgeteilt sein müßte und nur den Mahlberger Löwen zeigt – der rote Querbalken der Herrschaft Lahr auf goldfarbenem Feld (in der vorderen Hälfte).

[1] LV Nr. 103, S. 4 ff. [2] LV Nr. 62, S. 23.

Dem standartetragenden, doppelschwänzigen Löwen der linken Fahnenseite steht ein ebensolcher auf der rechten Seite gegenüber, dessen Standarte der Renovierung anheimgefallen ist; statt dessen eine früher einmal vielleicht anderenorts plazierte Rosette. Zwischen Hut und Schildern einige Glieder einer Ordenskette, in deren Fortsetzung, unterhalb, ein weiteres, nicht mehr genau identifizierbares, nach Korn der Düsseldorfer Familie Francken gehöriges Wappen vorgesehen ist.

Korn hat mit seiner Erkenntnis, die Restauratoren hätten nicht gerade kenntnisreiche Arbeit geleistet, insofern recht, als das große, außenseitige Löwenpaar keineswegs den vorgesehenen Verwendungszweck als Schildhalter erfüllt. Erst wenn man sich die Löwen samt lotrecht verlaufender Kartuschenteile seitenvertauscht denkt, fügt sich das Oval der Schilder sinnvoll in dasjenige der Kartuschen. Auch modernisierte bzw. nicht gekonnt restaurierte Details wie Rosette und rechtes Ornament stören. Darüber hinaus meint aber Korn, daß auch ein Seitentausch der Schilder vorgenommen wurde, bei dessen Rückgängigmachung die Übereinstimmung mit einer gleichfalls noch existenten, jedoch mindestens 150 Jahre jüngeren Fahne, der eingangs erwähnten Karl-Theodor-Fahne, unverkennbar sei.

An dieser Version muß dem objektiven Betrachter auffallen, daß Korn ausschließlich die gegen eine Jakobe-Zuordnung gerichteten Argumente offeriert, obgleich es zumindest ebenso gewichtige der Gegenrichtung gibt. Hierzu gehört in erster Linie, und Korn läßt dies sogar anklingen, daß die Darstellungen in einzelnen Wappenfeldern, wie z. B. der angeblich Veldenzer Löwe, nicht so recht in seine heraldische Interpretation einer zweiten Karl-Theodor-Fahne passen – weil nämlich eine Auslegung im Sinne eines Allianzwappens der Herzogin Jakobe, wie erläutert, durchaus möglich und auch glaubwürdig erscheint. Bei der Rosette könnte es sich um eine vereinfachte Wiedergabe der Goldenen Rose handeln, die über die ebersteinische Verwandtschaft Teil ihres väterlichen Wappens war, während die Krone oberhalb des Herzogshutes, die Ordenskette und das Franckensche Wappen symbolhaften Charakter besitzen, dessen genauer Aussagegehalt über die Jahrhunderte hinweg verlorengegangen ist.

Scheint demnach bei Spieckhoff noch der Wunsch nach Authentizität vorzuherrschen, ist Korn mit seiner desillusionierenden Einstellung über das Ziel hinausgeschossen. Alte Webpartikel sind ja wohl auch nach seiner Beschreibung vorhanden. Teilweise sind sie unsachgemäß oder gar falsch restauriert bzw. ergänzt. Weshalb sollte sich aber jemand der Mühen und Kosten unterzogen haben, die bereits vorhandene Karl-Theodor-Fahne zu imitieren?!

D. Die Düsseldorfer Zeit

Die Zuordnung dieser Fahne oder zumindest von Teilen derselben ist somit keineswegs eine bloße Legende oder Illusion; vielmehr bleibt sie in ihrer Konzeption und ihren maßgeblichen Strukturteilen so lange die Schützenfahne der Herzogin Jakobe, bis nicht das Gegenteil wissenschaftlich, etwa durch Kohlenstoff-Tests und Elektronenuntersuchungen, nachgewiesen ist.
Bei dem anderen nahezu unversehrt auf uns überkommenen Kleinod der Herzogin Jakobe, dem sogenannten Schützenvogel, handelt es sich um eine kleine, aus Silber getriebene Taube mit zierlich-schlankem Körper, einem Krönchen auf dem Kopf und einem Halsband sowie zum Abflug hochgestellten Flügeln. Das Gefieder ist in feiner Ziselierarbeit aus massivem Silber herausgearbeitet, wobei ein Teil der Flügel, das Halsband und der Kopf ursprünglich vergoldet waren. Über eine Kette hängt das Vögelchen an einer vergoldeten Silberplatte, die ihrerseits an einem Ständer befestigt ist. In der Mitte der Platte wieder das badische Balkenschild mit den sponheimschen Schachbrettern, das doppelkreisförmig von der Inschrift
„Jacobe Herzogin zu Gylich Cleve und Berg geboren Markgraffin zu Baden"
und am äußersten Rand der Platte auch noch von einem Lorbeerkranz gerahmt wird. Unmittelbar oberhalb des Schildes steht die Jahreszahl 1597. Platte und Vogel tragen schließlich auch erste Düsseldorfer Goldschmiedemarken – den gestürzten Anker als Stadt- und die hakenförmige Hausmarke als Meisterzeichen.
Dieses Meisterwerk spätmittelalterlicher Goldschmiedekunst, das einen ungemeinen Liebreiz ausstrahlt und mit dem tiefschürfende Halluzinationen unbeschwerten Glücks sowie grenzenlosen menschlichen Leids und Elends gleichermaßen verbunden sind, deutet darauf hin, daß sich die Herzogin wenigstens einmal am Königsschießen beteiligt hat, ein – selbst bei weiblichen Persönlichkeiten ihres Ranges – zu damaliger Zeit Aufsehen erregendes Ereignis. Bei einem solchen Königsschießen wurde und wird auch heute immer noch ein Ziel in Form einer ihre Schwingen ausbreitenden Vogelattrappe von einem eigens dafür aufgestellten Baum durch Schießen heruntergeholt. Dabei gilt es, nacheinander Flügel, Schwanz und Kopf abzuschießen. Derjenige Schütze aber, der den letzten Teil herunterschießt, sozusagen den Blattschuß liefert, wird automatisch Schützenkönig und erhält einen Siegerpreis.
Welcher Art der Preis der herzoglichen Schützenkönigin war, ist leider nicht überliefert. Dagegen wissen wir über die jeweils in Gegenrichtung erfolgten Gaben Bescheid. Die Schützenkönige stifteten dem Verein zum Gedenken an ihren jeweiligen Sieg sogenanntes Königssilber, das über Jahrhunderte und

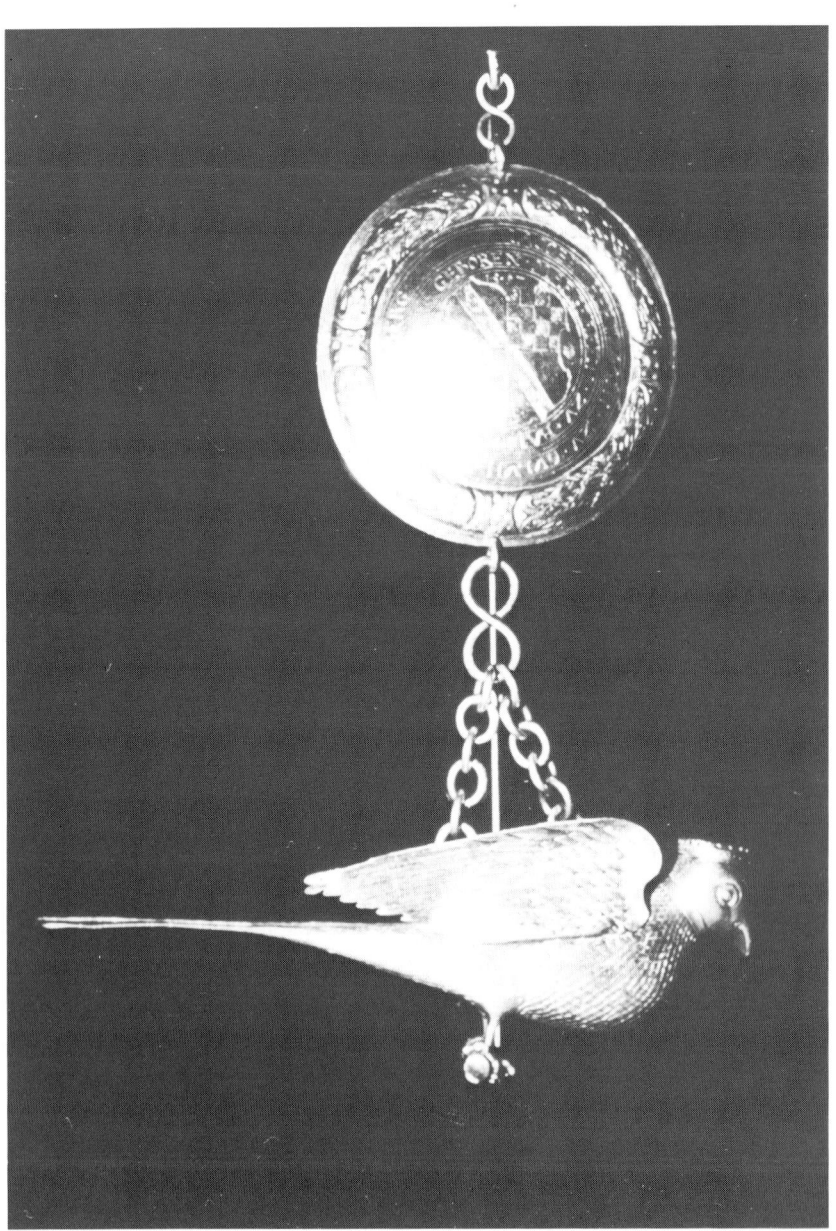

Jakobe-Kleinod: Schützenvogel

D. Die Düsseldorfer Zeit

verschiedene Stilepochen hinweg mit mehr oder minder bedeutenden Arbeiten die Entwicklung dieses Brauches und des zugehörigen Kunsthandwerks widerspiegelt. So kam es unter anderem auch zu dem Geschenk Jakobes, dem zierlichen Sibervogel, in dem wir, wenn auch nicht das älteste, so doch wahrscheinlich das interessanteste Königssilber des Düsseldorfer Vereins vor uns haben.

Der Vollständigkeit halber seien auch noch zwei von der Herzogin 1589 der St.-Anna-Kirche in Düren – verbunden mit der Bitte um Kindersegen – gestiftete Pretiosen erwähnt: zwei Halsketten, die im wesentlichen aus zu ovalen Gliedern geformtem Dreikantdraht aus vergoldetem Silber bestehen. Die eine der Ketten ist in vier symmetrischen Abständen von profiliert gegossenen Zwischenstücken unterbrochen, während die andere durchgehend einheitlich gestaltet ist, aber einen Kugel-Anhänger mit vier gemmenförmigen Medaillons und Akanthusblättern als Rahmung, alles aus Silber getrieben, besitzt.

Ein Wort noch zu den auf Fahne und Schützenvogel angebrachten Jahreszahlen 1595 bzw. 1597 und der Identität beider Stücke. In den Jahren zwischen 1876 und 1891 war ein gewisser Herr Sommer Vorsitzender der Sebastianer. Nach ihm soll bei der Erneuerung der Fahne 1876 in einer Saumecke ein vermodertes Papierstückchen gefunden worden sein, aus dem vor seinem endgültigen Verfall noch zu entnehmen war, daß die Fahne von Jakobe in deren Königsjahr 1597 zusammen mit dem Königssilber dem Schützenverein übereignet worden war. Mit ziemlicher Sicherheit läßt sich jedoch von vornherein ausschließen, daß diese Jahreszahlen mit dem zugehörigen Ereignis bzw. der Stiftung an den Schützenverein identisch sind, da die Herzogin sich um diese Zeit bereits in arger persönlicher Bedrängnis befand und ihr kaum mehr der Sinn nach derlei Zeitvertreib gestanden haben dürfte, zumal ja gerade auch Vergnügungs- und Verschwendungssucht zu den Punkten zählten, die ihr vorgehalten wurden. Anderer Literatur zufolge war 1594 das Königsjahr Jakobes.[1] Für dieses Jahr spricht insofern einiges, als sich in seiner zweiten Hälfte die große Wende, die zu der Fürstin Untergang führen sollte, abzuzeichnen begann, und somit die erste Hälfte 1594 überhaupt der letztmögliche Zeitpunkt war, in dem Jakobe noch über gewisse Freiheiten verfügte.

Denkbar wären allerdings auch die neun vorangegangenen Jahre, insbesondere 1585, das Jahr von Jakobes strahlendem Einzug in die Landeshauptstadt. Wie schon eingangs angedeutet, scharten sich damals beim Nahen des fürstlichen Brautzuges auch die Sebastianer Schützen unter ihrer Fahne zusammen oder

---

[1] LV Nr. 13, S. 171; 101.

Zwei Halsketten Jakobes

D. Die Düsseldorfer Zeit

nahmen in dem vom Stadtschloß bis vor das Berger Tor hinausreichenden Spalier Aufstellung. Desgleichen fehlten sie nicht am Abschlußtag der Feierlichkeiten in den Reihen der am Rathausplatz einziehenden Teilnehmer des großen, nächtlichen Turniers. Es wäre gut denkbar, daß dieses offen zur Schau getragene, freudige Gebahren der Schützen Jakobe aufgefallen ist und sie sich daraufhin mit der noblen Geste eines Fahnengeschenks erkenntlich zeigte. Diesem ersten Kontakt könnte dann eines Tages auch eine Einladung zur Teilnahme an einem Königsschießen gefolgt sein. Die an dem runden Aufhänger des Schützenvogels eingravierte Jahreszahl 1597 ist jedenfalls nicht das Königs-, sondern das Todesjahr Jakobes.

Für den Augenblick waren die Sebastianer aber erst einmal zusammen mit anderen Vereinen, Zünften und Gilden daran beteiligt, die Braut ihres künftigen Landesherrn willkommen zu heißen und sie, von der sie nur wußten, daß sie jung und attraktiv ist, in einem Triumphzug ohnegleichen in ihre Stadt einzuholen und zu ihrer künftigen Residenz zu geleiten. Aber auch außerhalb des Berger Tors formierten sich zahlreiche teils schaulustige, teils zum Empfang abkommandierte Personen. Unter ihnen etwa 600 einheitlich gekleidete Fußknechte – Arkebusiere, Hakenschützen, Musketiere und Pikeniere –, die vor allem auf dem Bollwerk der Zitadelle Aufstellung genommen hatten. Von diesem erhöhten Punkt war es dann, daß man den Brautzug erstmals in der Ferne erspähte.
Es muß ein farbenfrohes Bild gewesen sein, das Gramináus folgendermaßen beschreibt:

> „Als nun die Bürgerschaft der Stadt Düsseldorf solchs vernommen, haben sie alsbald und eilends die Trum umschlagen lassen, und ihre Bürger unter vier unterschiedliche Fähnlein aufgeteilt, zusammen bracht, und sich nach der Stadtmauren und Vestung mit ihren Gewehren nach eines jeden Ordnung begeben. Auch zu beiden Seiten die Straßen von der fürstlichen Burg und Schloß an, bis zu der Bergerpforten mit ihren Wehren und Wacht besetzt."

Und im nächsten Absatz fährt er fort:

> „Neben gedachten vier Fähnlein so aus der Bürgerschaft, wie vermelt, wolgerüst zusammen gemacht, sind weiter aus den Ämptern 600 wolgerüstete Fußknecht in einer Kleidung mit roten Mandilien, so mit gelb besetzt gewesen, roten Wambussen, mit gefüttert zerschnittenen weißen Buxen, mit rotem Futter, grünen und gelben Strümpfen gen Düsseldorf verordnet, welche sich alsbald für der Pforten begeben, und daselbst zu

beiden Seiten in Ordnung gestanden. Auch Citadel eingenommen und daselbst herum in guter Ordnung mit ihren Wehren aufs zierligst mit ihren Rohren, Pulverflaschen und zugehörigen Lunten und Seitenwehr ausgerüst gestanden."

Gegen 11 Uhr mühte sich die einheimische Räteschaft, die in verschiedenen Quartieren untergebrachten Gäste zusammenzurufen und zu einer Begrüßungseskorte zu formieren. Es waren dies vor allem der bergische Marschall und Amtmann von Jülich und Steinbach, Wilhelm von Waldenburg, der klevische Rat und Drost zu Dinslaken, Johann von Aldenbockum, der klevische Marschall sowie Rat und Amtmann zu Kranenburg, Arnold von Wachtendonk, der märkische Rat und Drost zu Hamm, Dietrich Knipping, und der märkische Marschall sowie Rat und Drost zu Unna, Dietrich von der Recke.

Ihnen folgte kurze Zeit später der Jungherzog in Begleitung seines Schwagers Philipp Ludwig von Pfalz-Neuburg. Inzwischen waren auch der Allgemeinheit die am Horizont aufstiebenden Staubwolken sichtbar geworden, aus denen sich nach und nach die einzelnen Gefährte und zum Schluß auch Roß und Reiter herauszuschälen begannen. Es waren geschlossene, von Zwei- oder Viergespannen gezogene Reisewagen. Lediglich den hochrädrigen und mit rotem Samt ausgeschlagenen Brautwagen zogen gleich sechs Pferde. Spätestens das badische Wappenschild mit dem auffallenden roten Schrägbalken auf goldenem Untergrund sowie den beiden diagonal angeordneten Schachbrettern informierte über die kostbare Fracht dieses Gefährts (Kupferstich Nr. 2).

Als Braut und Bräutigam sich nahe genug waren, saßen Johann Wilhelm einschließlich seine Gefolgsleute ab, überließen ihre Pferde den Sattelknechten und eilten die letzten Schritte dem Brautwagen zu Fuß entgegen. Eindrucksvoll ist diese Szene in zwei der kolorierten Stiche Hogenbergs, die allerdings gegenüber der Beschreibung des Graminäus geringfügig abweicht, wiedergegeben: Der Bräutigam trug ein hellbraunes, gefüttertes Wams, ebensolche Hosen und modisch eng anliegende Beinkleider sowie mit Sporen behaftetes schwarzes Schuhwerk. Um den Hals eine getollte weiße Leinenkrause spanischer Art, hielt er in der rechten Hand seinen Hut, während die linke auf dem Knauf seines Zierdegens ruhte. In dieser Haltung ging Johann Wilhelm auf den Wagenverschlag zu. Zehn Räte umstanden ihn halbkreisförmig mit geringem Abstand. Sie waren, ebenso wie zwei den Jungherzog bis zum Reisewagen der Prinzessin begleitende, enge Vertraute, von denen einer Philipp Ludwig von Pfalz-Neuburg gewesen sein dürfte, in dunkle Umhänge, sogenannte Mandilien, gehüllt, so daß sich die helle Gestalt Johann Wilhelms gut von ihnen abhob.

D. Die Düsseldorfer Zeit 153

Einholung der Braut vor den Toren Düsseldorfs – Kupferstich Nr. 2

Jubel brandete auf, der frenetisch anschwoll, als man im Wagen bei geöffneter Tür der in ein rotes Reisekleid gehüllten Braut ansichtig wurde. Das grelle Rot kontrastierte gegenüber dem Dunkel des Wageninnern. Man tauschte Höflichkeiten aus, der Pfalzgraf Philipp Ludwig hielt die offizielle Begrüßungsansprache im Namen der Herzöge, auf die Jakobes Bruder, Markgraf Philipp, antwortete, und dann saß man wieder auf und begab sich gemeinsam in Richtung Berger Tor und nach der Residenz, wo noch die Begrüßung durch den schon ein wenig gebrechlichen und daher im Schloß zurückgebliebenen Altherzog an der Seite seiner Töchter Anna von Pfalz-Neuburg und Sibylle erfolgte. Daran anschließend wurde Jakobe auf ihr Zimmer geleitet. Es mag ihr gefallen haben, denn die Wände waren mit Gobelins behangen, die Tische und Stühle mit Goldbrokat bespannt und die fürstliche Bettstatt gar allseitig mit kostbaren Stoffen überzogen bzw. ausgekleidet.

4. Höhepunkt – die Trauung

Zweiter Tag (Sonntag, den 16. 6. 1585)

Der Höhepunkt der neuntägigen Festlichkeiten, die Trauungszeremonie, war auf den Nachmittag des Sonntags Trinitatis, des ersten Sonntags nach Pfingsten, angesetzt. Am Morgen versammelte man sich im „großen Saal"[1] und der „Hofstuben", um von da aus gemeinsam nach der Kapelle zum Gottesdienst zu gehen. Nur die Braut ließ sich nicht sehen, sondern wohnte einer Meßfeier innerhalb ihrer Gemächer bei. Anschließend nahm man das Frühstück zu sich – die Braut wiederum in ihren Räumen, die Allgemeinheit im großen Saal.

Kurz vor 16 Uhr, um die Zeit der Vesper, wurde die Braut von Bruder Philipp und Schwager Georg Ludwig von Leuchtenberg, die ihre Trauzeugen waren, einer Musikkapelle sowie einer Reihe weiterer hochwohlgeborener Damen und Herren an der Schwelle ihrer Gemächer abgeholt, um sie in festlichem Zug der kirchlichen Einsegnung mit ihrem Bräutigam entgegenzuführen (Kupferstich Nr. 3).

Den Weg säumten Menschen in bunten Festtagsgewändern. Sie müssen, als sie der Braut ansichtig wurden, von deren Schönheit – Jakobe zählte 27 Jahre –, ihrer festlichen Kleidung, dem kostbaren Schmuck, kurzum ihrer blendenden Erscheinung, tief beeindruckt gewesen sein! Jakobe trug eine bodenlange, silberdurchwirkte und am unteren Saum sowie im Schritt mit Gold bordierte weiße Robe. Unter einer goldenen Krone quoll ihr rotblondes Haar hervor, das im Fallen Hals und Schultern umschmeichelte, wobei den Hals noch zusätzlich eine diamanten- und rubinenbesetzte Kette, auch Karakant genannt, zierte.

Die Spitze des Brautzuges führten Pagen und Edelknaben an. Es folgte die sich aus Holzbläsern rekrutierende Musikkapelle, um die sich zwölf Kerzenträger aus bevorzugten Familien des Landes gruppierten. Es waren dies Johann von der Horst, Caspar Huyn von Amstenradt, Johann von der Recke, Wilhelm von Wachtendonk, Adrian von Velen, Georg von der Horst, Johann von der Horst zu Müllinghoven, Jobst von der Recke, Herr zu Heesen, Heinrich von Enß, Dietrich Türck, Johann von Binsfeld und Heinrich von Bylandt.[2] Sie trugen riesenhafte weiße Wachskerzen ohne Griffe oder Manchetten, sogenannte Windlichter oder Flammeons, etwas Besonderes in jenen Tagen! Auf diese

---

[1] Vgl. Grundriß S. 136: „Grande Salle" – rechtes, unteres Eck. [2] Vgl. auch erste Anm. S. 171.

D. Die Düsseldorfer Zeit 155

Feierlicher Einzug von Braut und Bräutigam in die Kirche – Kupferstich Nr. 3

„Vorhut" folgte die von ihren Brautführern in die Mitte genommene, wunderschöne Braut. In geziemendem Abstand schloß sich eine Gruppe von etwa einem Dutzend hochgestellter Damen an – in der vordersten Reihe wohl die Schwestern und Schwägerinnen der Braut –, die hinsichtlich der Schönheit und Kostbarkeit ihrer Kleider miteinander konkurrierten. Allesamt waren sie in silber- und golddurchwirkte sowie mit Edelsteinen besetzte Seide gehüllt. Auf diese „Frawen und Frewlin" folgte eine etwa gleichgroße Gruppe ebenso hochgestellter, männlicher Gäste, wobei zwischen den beiden letztgenannten Gruppen der Bräutigam – flankiert von seinem Vater Wilhelm dem Reichen und seinem Schwager Philipp Ludwig von Pfalz-Neuburg, dem Gemahl seiner Schwester Anna – schritt. Der Erbprinz trug Hosen und Wams aus weißem Satin, die mit weißem Seidengewebe, Tollet genannt, gefüttert und mit Perlen besetzt waren. Dazu passend weiße Strümpfe und Halbschuhe. Um die Schultern hatte er einen mit Perlen bordierten, mit einem silbernen Tollet gefütterten schwarzen Samtmantel geworfen und um die Hüften einen Zierdegen gegürtet. Er soll auch ein schwarzes, mit einem „Kranz mit künstlichen

Stiften und einer Modalia"[1], einer Art Brosche, geschmücktes Barett getragen haben. Ein Barett, also eine flache Kopfbedeckung, hat jedoch Meister Hogenberg keiner der am Festzug beteiligten Personen aufs Haupt gesetzt. Lediglich die beiden Brautführer, Philipp II. von Baden und Georg Ludwig von Leuchtenberg, trugen hiernach einen dunklen Hut, während der Zierat mit Kranz und Modalia einen breitkrempigen Hut Johann Wilhelms auf einem späteren Bild schmückt, das aber erst ein Jahr nach seinem Tode von dem Kupferstecher Willem Swanenburg nach einem Malthan-Gemälde gefertigt werden sollte. Die den Bräutigam umgebenden männlichen Teilnehmer waren ähnlich gekleidet.

In der Kirche angekommen, verteilten sich Flammeonträger, Musikanten, Hellebardiere und die anderen Festgäste vor die seitlichen Nischen des Chorraums und nahmen Brautpaar und Priester – letzterer hatte das Brautpaar an den Stufen des Altares erwartet – in ihre Mitte (Kupferstich Nr. 4). Der Scholaster und Kanonikus der Klever Kollegiatskirche, Thomas Winand, war es, dem im Düsseldorfer Schloß auch das Amt eines Hofpredigers oblag. Er, der in eine lange Soutane mit großem, hochgeklapptem Kragen gekleidet war, stellte sich zwischen Braut und Bräutigam und richtete an sie eine Predigt, der er die Worte aus dem Epheserbrief 5 zugrunde legte: „Darum wird der Mann Vater und Mutter verlassen und sich an seine Frau binden, und die zwei werden ein Fleisch sein."

Nach Beendigung seiner Ansprache erhielt der Geistliche aus Händen des Bräutigams einen Ring, den er der Braut über den Finger streifte, und aus Händen der Braut einen mit Diamanten, Rubinen und künstlichen Blumen verzierten Kranz aus purem Golde in einer kostbaren Schale, den er dem Bräutigam aufs Haupt setzte. Danach reichten sich Jakobe und Johann Wilhelm ihre rechte Hand, worauf der Priester die ineinandergefügten Hände segnete. Der Ehebund galt damit als besiegelt. Musik klang auf und alle Anwesenden stimmten ein schallendes „Te Deum laudamus" an.

Jakobe war damit nicht nur die Gemahlin Johann Wilhelms, sondern auch Jungherzogin und künftige Landesmutter des angesehenen und mächtigen Fürstentums von Jülich, Kleve und Berg. Weder sie noch einer der anderen Anwesenden konnte in diesen festlichen und von Hochgefühlen getragenen Augenblicken erahnen, daß ausgerechnet dieser Platz – vorausgesetzt, es war wirklich die Schloßkapelle – in nur einer Dekade der einsame und einzige

---

[1] LV Nr. 164.

Herzog Johann Wilhelm von Jülich-Kleve-Berg (1562–1609)

Die Trauungszeremonie des fürstlichen Paares – Kupferstich Nr. 4

Zufluchtsraum Jakobes werden sollte, wohin man sie, die man in tiefste Not gestoßen hatte, überhaupt noch gehen ließ.

Der Tag war inzwischen fortgeschritten, und letzte Hand wurde an die Vorbereitungen des Hochzeitsmahles im Rittersaal und des sich anschließenden Hofballes im Festsaal gelegt, die den Rest dieses Tages beanspruchen würden. Beiden Ereignissen widmete Hogenberg je eines seiner Bilder, die übrigens neben den Kapellenansichten die einzigen erhaltenen Innenansichten des Düsseldorfer Schlosses der Jakobe-Zeit sind. Leider zeigen sie nur wenige bauliche Merkmale, so daß eine Zuordnung in bestimmte Flügel oder Stockwerke nur auf Umwegen und auch da nur im Rahmen des Wahrscheinlichen möglich ist. Da der Nordtrakt nach der Hofseite die Säulengalerien und nach der Außenseite die wenigstens über zwei Stockwerke hinweg verlaufende Kapelle beherbergte, ferner in demselben Trakt auch noch Kanzleiräume untergebracht waren, kommt aus Platzgründen dieser Teil des Schlosses kaum in Frage. Ein Ostflügel dagegen hat – nach allem, was wir wissen – überhaupt nicht existiert. Demnach müssen sich die Repräsentationsräume auf die attraktive Rheinseite und allenfalls noch den Südflügel erstreckt haben. Dies

D. Die Düsseldorfer Zeit

würde dann außerdem wieder mit der Einteilung der erhalten gebliebenen Grundrißzeichnung[1] harmonieren, wonach diese Räume, nämlich der „Grande Salle" und der „Salle à manger", die Südwestecke des Schloßbereichs einnahmen. Begeben wir uns nunmehr in das Innere des Rittersaales (Kupferstich Nr. 5).

Wenn man von der Zuordnung der Fenster zu den Deckenbalkenabständen ausgeht, so ist der von den Fenstern beanspruchte Teil der Wand nur geringfügig kleiner als die beiden rechts und links davon verbleibenden Wandstücke zusammengenommen. Aus dieser Relation, aber auch aus der Sitzverteilung und dem im Gänsemarsch auftragenden Personal kann man auf eine Länge dieser Wand von etwa 15 m und bei der augenscheinlich etwas kürzeren anderen Wand auf eine Länge von etwa 12 m schließen, so daß der Rittersaal bei einer Höhe von etwa 5 bis 6 m einer Flächenausdehnung von etwa 180 qm entsprochen hätte, was ziemlich genau die Hälfte des Münchner Georgssaales ausmachte. Die wenigen Fenster begannen in Kopfhöhe und reichten bis nahe unter die Decke; sie waren durch einfache Fensterkreuze gegliedert und teils mit normalen, teils mit Butzenscheiben verglast. Wenn dieser Rittersaal auch einen Vergleich mit dem Georgssaal im heimatlichen München nicht aushielt, so war man doch bemüht gewesen, die kahlen Wände ähnlich dem Kapellenbereich mit monumentalen Gobelins, die Szenen aus der Geschichte oder der Mythologie erzählten, festlich herzurichten.

Mit Pauken und Trompeten wurde das Hochzeitsmahl angekündigt. Die Kammermeister oder Kämmerer Dietrich von Palandt und Johann Ketteler begaben sich nach den Brautgemächern, wo gerade der kaiserliche Botschafter Graf Manderscheid-Blankenheim und Jakobes Schwiegervater Wilhelm der Reiche nebst einigen anderen fürstlichen Personen zugegen waren. Man geleitete sie wie auch den Bräutigam zur gedeckten Tafel. Dieselbe bestand aus zwei Tischen mit jeweils 14 Sitzplätzen entlang der Fensterfront des Saales und einem größeren Tisch im rechten Winkel hierzu mit 21 Sitzplätzen. An letzterem, im Hogenbergschen Stich an der linken vorderen Wandseite, nahm man in folgender Tischordnung Platz:

Den Anfang machten unter einem wappengeschmückten Baldachin Bräutigam und Braut. Etwas unglücklich oder vom Künstler vielleicht auch nur andeutungsweise wiedergegeben ist die Art der Darstellung des Wappens: In einer Art Mischung von monogrammatischer Vereinigung und Heiratswappen ist seitens der Familie des Bräutigams überhaupt nur der geschachtete Balken von

---
[1] Vgl. Bild S. 136.

Hochzeitsmahl im Langen Saal – Kupferstich Nr. 5

Mark identifizierbar, während von seiten der Braut eine zu Zeiten ihres Urgroßvaters Christoph I. sowie dessen Vater Karl I. († 1475) übliche, einfache Zusammensetzung von badischem Schrägbalken und sponheimischen Schachbrettern gewählt worden war.

Zur Linken der Braut schlossen sich an der kaiserliche Botschafter Graf Manderscheid-Blankenheim, die verwitwete Landgräfin Mechthild von Leuchtenberg, der Brautbruder Markgraf Philipp II. von Baden, die Bräutigamschwester Pfalzgräfin Anna, der kaiserliche Rat Dr. Andreas Gail, die Brautschwester Landgräfin Maria Salome von Leuchtenberg, der Kölner Gesandte Graf Christoph Ladislaus von Nellenburg, der Gesandte des Erzherzogs Karl von Österreich, Graf Bernhard von Ortenburg, Markgraf Jakob III. von Baden-Hochberg und Eduard Fortunat von Baden-Rodemachern.

Zur Rechten des Bräutigams, an der Stirnfront der Tafel, nahmen die Bräutigamschwester Prinzessin Sibylle und Philipp Ludwig von Pfalz-Neuburg Platz. An diese schlossen an, und zwar mit dem Rücken nach der Saalseite zu, des Neuburgers Schwester Barbara, Herzog Wilhelm der Reiche von Jülich-

Kleve-Berg, Landgraf Georg Ludwig von Leuchtenberg, der bayerische Gesandte Graf Karl von Zollern, der württembergische Gesandte Herr Eberhard von Lymburg, der Gesandte des Herzogs von Weimar Otto von Starschedel und schließlich der Zweibrücker Gesandte Lutter Quadt von Wickrath, wobei letzterer an der fensterseitigen Stirnfront der Tafel zu sitzen kam.

Hinter der letztgenannten Personengruppe hatten noch in ihren Ämtern als Vorschneider Arnold von Budberg und Wilhelm von Hatzfeld Posten bezogen. Sowohl dieses Amt als auch dasjenige des Mundschenks und Truchsessen wurde vom heimischen Adel besorgt. Namentlich werden ferner Graf Wirich von Dhaun sowie Wilhelm von Flodorf, Wilhelm von Bernsau, der klevemärkische Landhofmeister Peter von Aldenbockum und Johann von der Recke angeführt, die an der fürstlichen Tafel das Handwasser reichten. Peter von Aldenbockum und sein jülich-bergischer Kollege Werner von dem Bongart schritten außerdem den die Speisen auftischenden Personengruppen voran. Auch die Kämmerer Dietrich von Palandt und Johann Ketteler von Nesselrode sowie der jülich-bergische Haushofmeister Johann von Ossenbroich trugen zum Gelingen des Festessens bei, wobei bedauert werden mag, daß die Speisekarte als solche nicht erhalten geblieben ist.

An einem der Fenstertische nahmen die übrigen Gesandten, Ritter und adeligen Personen „ihrer Ordnung und Gebühr nach" Platz. An einem weiteren nur Damen und an einem dritten, im Bild nicht mehr sichtbaren, die Dienerschaft.

Einen wesentlichen Bestandteil eines solchen Festessens bildete auch schon damals die musische Umrahmung. Im Rittersaal zu Düsseldorf übernahm diesen Part eine Gruppe von Musikern, die sich gegenüber der Fensterfront niedergelassen hatte. Unter ihnen ein Chor, Fanfaren und Paukenschläger sowie Cembalo-, Kontrabaß- und Lautenspieler. Es war an alles gedacht, was dem Gelingen des Abends förderlich erschien.

Nach dem Essen sprach man ein Dankgebet und begab sich in den ebenfalls mit prachtvollen Wandteppichen bespannten Thronsaal (Kupferstich Nr. 6). Im Bereich des Eingangs konnten die Teppiche beiseite geklappt werden. Dem Eingang gegenüber ein einziger, die ganze Länge der Wand einnehmender Gobelin, der die Enthauptung des Apostels Paulus darstellte. In der Mitte der einen Verbindungswand stand, einige Stufen erhöht, der baldachingekrönte Thron Wilhelms des Reichen, auf dem der Herzog bereits Platz genommen hatte. Neben ihm seine beiden Töchter Anna und Sibylle, der Schwiegersohn Philipp Ludwig von Pfalz-Neuburg, der kaiserliche Gesandte Graf Manderscheid-Blankenheim sowie die badische Verwandtschaft der Braut. Dem

Jakobe und Johann Wilhelm eröffnen den Hochzeitsball – Kupferstich Nr. 6

Thron gegenüber, unter dem Paulus-Gobelin sowie im Bereich des Eingangs, weitere Teilnehmergruppen und Musikanten. In einer Ecke stand eine „Tresure" mit silbernem Gerät.

Johann Wilhelm und Jakobe betraten, von Fackelträgern geleitet, die Tanzfläche. Während Hogenbergs Stich uns fünf solcher Begleitpaare zeigt, nennt uns Graminäus folgende sechs ausgesuchte Tänzer: den Wild- und Rheingrafen Otto, Ennich von Falkenstein, den österreichischen Gesandten Graf Bernhard von Ortenburg, den Grafen Wirich von Dhaun, den bayerischen Gesandten Wolf Wilhelm von Maxelrain und Wilhelm von Flodorf, Herr zu Leuth.

In dem erwähnten Stich ist eine Mischform des bäuerlichen Sprung- und feierlichen Schreittanzes dargestellt. Vielleicht ein Reigen oder ein hinsichtlich des italienischen Ursprungs als Paduana[1] betitelter Tanz, bei dem sich ein in geradem Takt und gravitätischer Bewegung gegangener Reihentanz mit einem gesprungenen Nachtanz im schnellen Trippeltakt abwechseln. Die außerdem

---

[1] Auch: Padovana oder Paduaner.

gebräuchliche Bezeichnung „Pavane" ließe freilich auch die Deutung eines Vergleichs mit den würdevollen Gesten des Pfaus zu.[1] Die schnellen zweiten Hälften tragen national unterschiedliche Namen wie Gaillarde, Romanesca, Saltarello oder Proporz. Die erste Hälfte kann auch in ungeradem Takt gehalten sein; in diesem Fall handelt es sich um eine Polonäse, die, soeben erst aus Anlaß der Thronbesteigung Heinrichs III. von Anjou zu Krakau kreiert, einen wahren Siegeszug durch deutsche Lande hielt. Courante oder Corrente und Bourré, die in der sich mit Jakobes Hochzeit befassenden Literatur[2] auch als Beispiele für die schnellere Springform genannt werden, treten dagegen etwas später in Erscheinung. Eine Art Courante und Bourré komponierte zwar bereits Michael Praetorius (1571–1621), jedoch finden sich die Reinformen erst zur Zeit Corellis (1653–1713) und Bachs (1685–1750).

Die ersten Tänze Jakobes nach ihrem Gemahl gehörten in der genannten Reihenfolge dem kaiserlichen Gesandten Graf Manderscheid-Blankenheim, ihrem Schwiegervater, dem Pfalz-Neuburger und dem Leuchtenberger Schwager sowie dem badischen Vetter Eduard Fortunat von Baden-Rodemachern. Auffällig übrigens, daß Jakobes einziger Bruder Philipp, der auch einer ihrer beiden Brautführer war, seinen an sechster Stelle, unmittelbar vor demjenigen des Eduard Fortunat, angezeigten Tanz mit Jakobe nicht wahrgenommen hat.

Die Zeit muß schon kräftig fortgeschritten gewesen sein, wenn man sich das Ereignis vor Augen hält, das uns Hogenberg als letztes Bild dieses Tages hinterlassen hat. Es zeigt eine Überraschung kulinarisch-ästhetischer Art, an der eine ganze Schar – leider anonymer – Künstler mitgewirkt haben muß (Kupferstich Nr. 7):

In einem Nebenraum hatte man Tische zu einer großen Fläche zusammengeschoben, mit riesenhaften Laken bedeckt und darauf eine Landschaft vorwiegend aus zuckerüberzogenem Backwerk, Wachs und kandierten Früchten errichtet. In der rechten Hälfte ein Schloß mit vorgelagerter, sanfter Hügelkette, etwa in Bildmitte eine Wasserfläche und im linken sowie im vorderen Bereich eine baumbestandene Ebene mit vielen Tieren. In dem Bild herrscht Bewegung. Aus einem der Hügel schießt ein Wasserstrahl; über einen anderen setzt ein von einem Hund verfolgter Zehnender; vor letzterem hoppeln gemächlich ein paar Hasen. Auch Ziegenbock und Igel halten sich in der Nähe auf. Ein wappengeschmückter Pelikan im Vordergrund der Tafel zerhackt mit dem Schnabel seine Brust, um mit dem Herzblut seine Jungen zu tränken. Das Muttertier und die ursprünglich toten Jungen stehen als christliche Symbole für

---

[1] Italienisch: pavo. [2] LV Nr. 165, S. 46.

164   4. Kapitel

Eine Landschaft aus Zuckerwerk – Aufbau in der Hofstube – Kupferstich Nr. 7

die Liebe Gottes zu den Menschen sowie die sogenannte Erlösung durch den Opfertod Christi.
Krebs, Schildkröte sowie eine Anzahl verschiedenartigster Fische tummeln sich im Wasser, während im ebenen Terrain der linken Bildhälfte ein Reitkamel, ein Elefant sowie ein junger Mann, der gerade einen Drachen steigen läßt, für Bewegung sorgen. Der Elefant, im christlichen Sinne Symbol der Keuschheit, trägt eine Art Turm mit Bewaffneten. Er stellt also ein kriegerisches Sujet dar und ist hier demnach eher als Symbol von Macht und Stärke anzusehen.
Verschiedene weitere Tiere, wie Pferd, Bär, Leguan, diverse Vogelarten, darunter Pfau und Reiher, sowie ein Einhorn und Löwen als Wappenständer, vervollständigen die Szenerie. Auch unter diesen Tiergruppen wieder mancherlei symbolhafter Aussagegehalt: Das Rad des Pfaus gilt als Abbild des Himmels und er selbst als Paradiesvogel – aus dem Lebensbrunnen trinkend, sind Pfaue als Selige im Paradies zu deuten. Das Einhorn dagegen war bereits antikes Fabeltier und aus dieser Sicht nur zähmbar, wenn es seinen Kopf in den

Schoß einer Jungfrau legte. In christlicher Interpretation ist es deshalb Sinnbild für die sogenannte Menschwerdung im Schoße Marias. Der Profankunst des späten Mittelalters schließlich entstammt das beliebte Thema „Die Dame mit dem Einhorn".

Es mag den Anwesenden schwer angekommen sein, dieses Wunderwerk von Konditor-, Garten- und gestalterischer Kunst durch profanen Verzehr zu zerstören.

Damit endete der ereignisreiche Hochzeitstag, der für die fürstliche Braut nicht anders als für viele andere Altersgenossinnen den Höhepunkt ihres bisherigen Lebens darstellte.

5. Überreichung der Geschenke und erste Schauturniere

Dritter und vierter Tag (Montag und Dienstag, den 17./18. 6. 1585)

Die am Vortag erst gegen 16 Uhr begonnenen Trauungsfeierlichkeiten samt sich anschließendem Bankett und Tanzvergnügen zogen sich bis zum – jahreszeitlich bedingt – frühen Morgengrauen hin. So erklärt sich das nicht sonderlich umfangreiche Programm des folgenden Montags. Die Akteure mußten ausschlafen, sich erholen, neue Kräfte sammeln, bevor man an weitere Vergnügungen, insbesondere die nun anstehenden, kräftezehrenden Turniere, denken konnte.

Wie vom Hochzeitstag selbst, liegt uns glücklicherweise auch von diesem wie allen folgenden Festtagen eine oft überraschend genaue Beschreibung von Kleidung, Schmuck und Aussehen des fürstlichen Paares vor. Elfriede Heinemeyer vermittelt uns mit ihrer „Kostümierung"[1] Jakobes und Johann Wilhelms, sofern man über einige Ungenauigkeiten ihrer allgemeinen Einlassungen hinwegsieht – Philibert fiel bei Moncontour, und den entscheidenden Part der Heiratsverhandlungen führte nicht mehr Albrecht V., sondern dessen Sohn Wilhelm V. –, zusammen mit den Bildern des Graminäus sowie der Kupferstecher Swanenburg und de Passe, sowohl dieses Ereignis als auch generell die Mode- und Goldschmiedekunst der zweiten Hälfte des 16. Jahrhunderts betreffend, wichtige kulturgeschichtliche Einblicke und Erkenntnisse.

Jakobe war stets in „von silbern" oder „von gülden stück" gefertigte, mal enge und mal weite Röcke gekleidet. Zutreffender müßte es wohl „Kleider" heißen,

---

[1] LV Nr. 188.

da Angaben über die Garderobe der oberen Körperhälfte wie Leibchen, Mieder oder dgl., die sowohl in dem Brautschatz- als auch dem Nachlaßinventar erwähnt werden, an dieser Stelle fehlen. Heute, Montag, trug Jakobe ein enges, bodenlanges, silberübersticktes Kleid mit hängenden Ärmeln nach spanischer Mode. Stoffart und Farbe kennen wir nicht, jedoch war es mit schönen und kostbaren Kleinodien behangen.

Noch ein wenig ausführlicher wissen wir über Johann Wilhelms Kleidung Bescheid. Er hatte bis auf einen, den vorletzten Tag, an dem ein leichtes Tuch erwähnt wird, stets prächtige, farbenfrohe Samtmäntel um die Schultern gelegt. Veilchen- und Taubenblau, inkarnates Rot, Karmesin- und Purpurrot sowie Schwarz wechselten als Mantelfarbe ab. Die Mäntel waren jeweils mit einem Seidenfutter oder – wie es im Original heißt – Tollet von derselben Farbe gefüttert, das seinerseits auch noch von bzw. mit silbernen oder goldenen Fäden durchwirkt oder bestickt war. Lediglich ein einziges Mal, nämlich am nächsten, dem vierten Festtag, hatte der Mantel eine von seinem Futter unterschiedliche Farbe. Besonderen Reiz erhielt dieses augenfällige Kleidungsstück des Jungherzogs jeweils durch seine unterschiedlich breite Silber- und Goldbordierung sowie den Perlen- und Edelsteinbesatz. Darunter trug Johann Wilhelm ein hinsichtlich Farbe, Futter und Besatz dem Mantel angepaßtes Wams und ebensolche Hosen aus Satin sowie farbgleiche Strümpfe. Es war nur der Hochzeitstag sowie in mancher Hinsicht auch noch der kommende vierte Festtag, die eine Ausnahme machten, weil an ersterem ein besonders schöner Perlenbesatz die Kleidung geziert hatte und an dem kommenden vierten Tag die unterschiedliche Farbe des Futters nicht nur den Mantel, sondern alle Kleidungsstücke modisch auszeichnete.

Erste offizielle Amtshandlung am Montag war die Überreichung der sogenannten Morgengabe, die nach früherem deutschem Recht jeder Mann seiner ihm angetrauten Frau nach der Brautnacht, also nach Vollzug des Beilagers, zu geben pflegte. Sie war damit gleichsam in die Gemeinschaft des Mannes aufgenommen und ihre Stellung als Hausfrau beglaubigt. Nach Tacitus kannten auch die Germanen bereits diesen Brauch, und zwar in Form von Waffengeschenken. In späteren Zeiten wurde die Morgengabe zunehmend reicher ausgestattet.

Im Falle des jungvermählten Düsseldorfer Paares ließ der Jungherzog durch den Hofmeister, Rat sowie Amtmann von Düsseldorf und Angermund, Dietrich von der Horst, seiner Gemahlin zunächst eine mit Diamanten und Rubinen besetzte Halskette überbringen, die mehr symbolischen Charakter hatte. Die eigentliche Morgengabe Jakobes bestand in einer Zahlung von

D. Die Düsseldorfer Zeit

6000 fl.[1] – der fl. zu 15 oberländischen Batzen oder 60 Kreuzern –, die sie zu ihrer persönlichen Verfügung erhielt, und zwar in der Weise, daß ihr aus den Ämtern Ravensberg, Limberg und Hörde (bei Dortmund) eine jährliche Rente von 300 fl. ausgezahlt werden sollte. Die von Else Rümmler[2] angegebene Rentenhöhe von 3100 fl. ist hierbei insofern falsch, als sich dieselbe nicht nur auf die Morgengabe, sondern auf die Gesamtsumme von Aussteuer, Widerlage des Mannes in Höhe der Aussteuer und die Morgengabe (insgesamt 68 000 fl.) bezog.[3]

An den Gottesdienstbesuch anschließend wurde das Heiratsgut Jakobes besichtigt. Nach Graminäus soll dieses bereits am Vorabend, dem Hochzeitstag, im Thronsaal Aufstellung gefunden haben. Wann immer dies auch genau geschehen sein mag, benötigte man für dessen Präsentation jedenfalls neun Tische. Auf ihnen türmten sich Schmuck- und Zieratgegenstände, wie Halsbänder, Armbänder, Armreifen, (Hals-)Ketten, Ringe, Ohrgehänge und Medaillons aus Gold, Silber und Edelsteinen; ferner Geschirre, Trinkgefäße, Schalen, Karaffen und Kannen aus Glas, Kristall, Halbedelsteinen und Silber; auch Uhren, zum Teil mit Beschlägen versehene Kassetten, Lüster, Spiegel, Teppiche und Bilder. Mit Zahlen- und Materialangaben gehen in den Inventaren zumeist detaillierte Beschreibungen einher.

Aber nur wenige Male, und da in anderem Zusammenhang, erfahren wir auch den Namen einer Werkstatt bzw. eines Künstlers. Als es um die Beschaffung von Preisen für die Hochzeitsturniere und einige Anerkennungsgeschenke für geleistete Dienste ging, wird der heimische Meister Heinrich Moll erwähnt. Viel später, in einer wider Jakobe gerichteten Anklageschrift auch noch der Kölner Goldschmied Werner Nahaus und der Düsseldorfer Goldschmied Jakob. Ansonsten bleiben jedoch Künstler und Werkstätten ebenso anonym wie der spätere Verbleib der Pretiosen.

Allein von den prominenten, überwiegend verwandten Herrscherhäusern ließen die Bischöfe von Köln und Straßburg, die österreichischen Erzherzöge Karl, Mathias, Maximilian und Ernst, die Herzöge Johann Wilhelm von Sachsen, Ludwig von Württemberg und Albrecht Friedrich von Preußen, der Landgraf Georg Ludwig von Leuchtenberg, Philipp Ludwig von Pfalz-Neuburg, Wilhelm von Rosenberg sowie Kaiser Rudolf II., König Philipp II. von Spanien und Jakobes Bruder, Markgraf Philipp II. von Baden, jeweils ein Halsband oder eine Kette überreichen.

Von Kaiser Rudolf II., der u. a. bei Wenzel (1508–85) und Albrecht Jamnitzer

---

[1] Fl. od. fl. Abkürzung für Florin (Gulden).   [2] LV Nr. 56, S. 174.   [3] LV Nr. 561, Bl. 236v und 246 f.

und deren Kollegen Johann Gregor van der Schardt (um 1530 bis nach 1581) arbeiten ließ, stammte z. B. eine durchbrochene Goldarbeit aus zwanzig geschmelzten und mit Juwelen besetzten Rosen, wobei die eine Hälfte jeweils mit einem Diamanten und die andere mit vier großen Perlen bestückt war, während in der Mitte ein Diamant-Anhänger prangte.
König Philipp II. von Spanien schenkte ein nicht minder kostbares Halsband aus vierzehn aneinandergegliederten Silberrosen, die mit Perlen und Smaragden bestückt waren.
Das gleichfalls aus einer Anzahl von Silberrosen geformte Halsband des Kölner Erzbischofs Ernst war mit Perlen, Diamanten und Rubinen besetzt; außerdem hing an ihm ein die Caritas darstellender Anhänger, der seinerseits mit Diamanten und Rubinen verziert war.
Von ihrem Schwager Leuchtenberg erhielt Jakobe eine dreireihige Kette, an der als Kleinod ein Greifvogel mit rubinengezierten Flügeln hing, dessen Klauen ein diamantenbesetztes Schwert umklammerten.
Auch Herzog Ludwig von Württemberg schenkte eine Kette mit Tieranhänger. Die Kette war aus purem Gold und ihr Anhänger ein Hirsch, der auf seinem Rücken eine Jungfrau mit Laute trug. Nicht genug dessen, waren Rubine, Diamanten und Smaragde mitverarbeitet. Auch ein Kreuz mit Perlenbesatz wird erwähnt, das vielleicht einen weiteren Anhänger dieser Kette darstellte.
Der Witwer von Jakobes Schwester Anna Maria, Wilhelm von Rosenberg, machte seiner Schwägerin eine Kette zum Geschenk, deren Glieder aus „43 Kreuzröslein so halb mit Perlen und Rubinen"[1] bestanden. Die Bezeichnung der Gliederform mag hierbei dem architektonischen Begriff „Kreuzblume", dem kreuzförmig geöffneten, blumenähnlichen Abschluß gotischer Giebel und Türme bzw. Wimperge und Fialen, entlehnt sein.
Schließlich sei aus der Vielzahl der Halsgehänge noch dasjenige des Jakobe-Bruders Philipp herausgegriffen, das aus 38 Rosen – in Silber gefaßte Smaragde, Rubine und Perlen – zusammengestellt war und auch noch einen mit Rubinen, Diamanten und Smaragden besetzten Venus-Anhänger besaß.
Vom Bischof von Speyer stammte ein mit Deckel versehenes Trinkgefäß – eine getriebene Arbeit, deren Herkunft des Bischofs Wappen auswies. Ein goldenes Trinkgefäß in Form eines Löwen, das mit Diamanten, Rubinen und Perlen verziert war, schenkte Pfalzgraf Johann, während die Ortschaften Düsseldorf und Ratingen mit Wappen geschmückte Silberbecher und die Stadt Köln ein vergoldetes Waschgeschirr aus Silber sowie ein Fuder Wein übereigneten.

---

[1] LV Nr. 630.

D. Die Düsseldorfer Zeit

Die erhalten gebliebenen Verzeichnisse umfassen aber nicht nur Heiratsgut und Hochzeitsgeschenke, sondern stellen eine Bestandsaufnahme des Düsseldorfer Schloßinventars der Jahre 1585 bis 1593 dar. Hier findet sich, angefangen von Bettwäsche, Nachtgewändern, Kleidern, Mänteln, Pelzen und Kopfbedeckungen über ausknöpfbare Ärmel und Futter bis hin zu Unterröcken und französischen Schlüpfern, alles, was in einem fürstlichen Haushalt des Renaissance-Zeitalters irgendwie seine Daseinsberechtigung hatte.
Auch sakrale Gegenstände wie Kreuze, Meßgewänder, Engel- und Agnusdei-Figuren fanden ebenso Berücksichtigung wie Mobiliar und Stoffvorräte, Sporen, Pferde und Wagen oder auch nur so geringe Dinge wie Knöpfe, Stifte, Schnüre, Bordüren und Gürtel.

Die teilweise von weither angereisten weltlichen und geistlichen Fürsten wollten unterhalten werden! Nach obligatorischem Festessen und sich anschließendem Tanzvergnügen hatte man für diesen Tagesausklang ein Spektakel besonderer Art arrangiert, dessen Austragungsort der Rhein mit der eindrucksvollen Westfassade des Schlosses als Kulisse sein sollte. An ein simuliertes Seegefecht war gedacht, bei dem sich, als es zu nächtlicher Stunde soweit war, ein mit mehreren Masten bestückter, mächtiger Segler einer Anzahl wendiger Ruderboote zu erwehren hatte, die ihn attackierten (Kupferstich Nr. 8). Nach allen Richtungen feuernd, hasteten Mannschaften am Deck des Segelschiffes hin und her oder machten sich in der Takelage zu schaffen. Fahnenschwingern und Fanfarenbläsern oblag die Aufgabe, den Kampfgeist der eigenen Matrosen nach Kräften zu steigern, während derjenige des Feindes eingeschüchtert werden sollte.
Dem mittels Anker festgezurrten Segler gegenüber befanden sich die Ruderboote ihrer Manövrierfähigkeit wegen im Vorteil. Auch hier wieder Fahnenschwinger, Fanfarenbläser und musketenbewehrte Soldaten. Den wendigen Booten gelang es, den Feuergarben des Gegners geschickt auszuweichen und dennoch immer näher an ihn heranzukommen, bis schließlich der Entersprung gelang. Die Mannschaften des ungelenken Seglers suchten ihr Heil in der Flucht, gingen über Bord und versuchten, schwimmend oder sich an die „feindlichen" Boote klammernd, das Ufer zu erreichen. Bevor sich die Sieger an das Ufer begaben, schossen sie den Segler in Brand. Die Flammen griffen um sich, Feuerkörper explodierten und stoben gegen den flammenerhellten Nachthimmel. Der von den Zuschauern begierig erwartete Höhepunkt, der schaurig-schöne Untergang des Schiffes, konnte nicht mehr fern sein. Bald neigte sich denn auch einer der Hauptmaste nach der Seite hin, um im Fallen

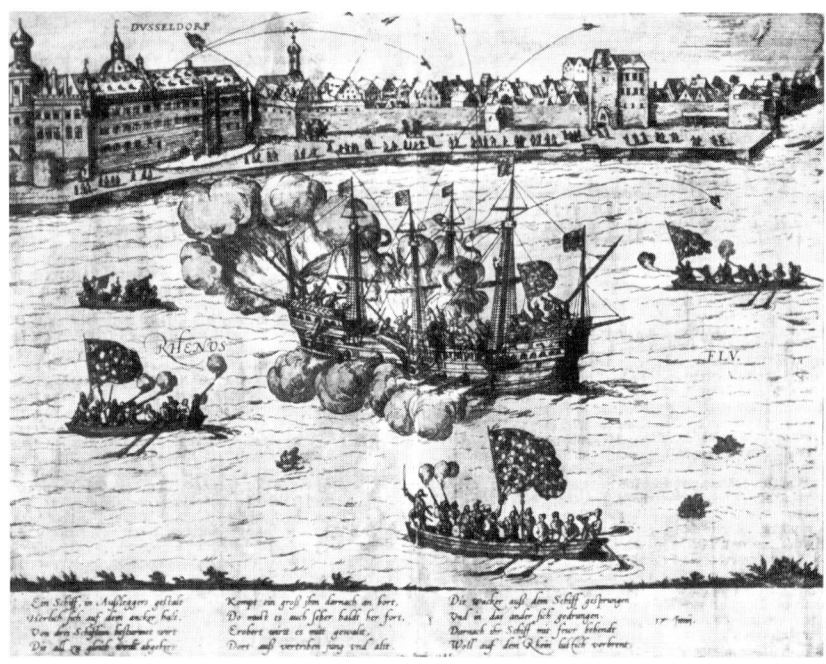

Erstes Feuerspektakel auf dem Rhein – Kupferstich Nr. 8

noch andere Schiffsteile mit sich zu reißen. Mast auf Mast folgte, Spanten barsten, und langsam sackte alles in sich zusammen, verschwand in den Fluten des Rheins, der, seinen Wellenteppich über das Geschehen ausbreitend, allmählich wieder Stille einkehren ließ.

Auch der vierte Tag der Feierlichkeiten, ein Dienstag, begann mit einem gemeinsamen Gottesdienstbesuch Johann Wilhelms und Jakobes, gefolgt von dem Frühstück.
Für diesen Tag war das erste große Turnier in dem unweit der Stadt gelegenen Pempelfort, damals ein kleiner Vorort Düsseldorfs, anberaumt worden. Am Vorabend ging dem Turnier das stets nach gleichem Ritual ablaufende „Carthel" voraus: Teilnahmebedingungen, insgesamt zwanzig Spielregeln, wurden von dem Sekretär Arnold Frank unter Pauken- und Trommelwirbel mehrfach verlesen, einmal davon vor den zum Nachtessen im Langen Saal versammelten Gästen. Auch an die Burgpforte wurden sie geschlagen. Zu ihnen zählte z. B., daß man den Ring nicht von oben herab einfangen, den

D. Die Düsseldorfer Zeit

Spieß nicht auf die Achsel oder die Erde fallen lassen und seinen Hut nicht verlieren dürfe. Nach dem dritten Verlesen erschien das Edelfräulein Anna von Hall mit einem Lorbeerkranz im Haar und einem Federbüschlein auf der linken Brust, das zum Zeichen der Beachtung der Spielregeln jeder Teilnehmer berühren mußte.

Am Turniertag selbst wurden die Teilnehmer bereits um vier Uhr morgens geweckt, um Helm und Schild vorzuzeigen sowie die Ahnenprobe vorzunehmen. Nur wer acht aufeinanderfolgende, adelige Ahnen, vier von Mutter- und vier von Vaterseite her, nachweisen konnte, durfte an dem Turnier teilnehmen. Graminäus und Hogenberg ist es zu danken, daß wir hier vermutlich das Namensverzeichnis der Teilnehmer sämtlicher Turniere des Festes vor uns haben.

In sieben seiner Kupferstiche (Nr. 14–20) ritzte Hogenberg jeweils sechs Namen mit acht Ahnen und zugehörigen Familienwappen dergestalt ein, daß die Ahnen um den Teilnehmer als Mittelpunkt herumgruppiert sind und das Ganze medaillonförmig mit Rankenwerk umgeben ist. Es handelt sich um die Teilnehmer[1]

Johann von der Recke, Türwart: Fackelträger im Brautzug und Patrine des ersten Turniers

Rutger von dem Bottlenberg, genannt „Kessel"

Georg von Sieberg (Syberg) zu Wischelingen: Patrine des ersten Turniers

Caspar Huyn von Amstenradt, Kämmerer: Fackelträger im Brautzug und Patrine des ersten Turniers

Johann von der Horst zu Mulchhausen

Winand von Leerodt, Küchenmeister: Patrine des ersten Turniers

Georg von Romberg zur Mussen, fürstlich märkischer Rat und Stallmeister: 3. Preisträger im Quintanrennen der Hochzeitsturniere

Johann von der Horst zu Rosau, Stallmeister

Henrich von Lülsdorf: 3. Preisträger im Ringreiten und 2. im Quintanrennen der Hochzeitsturniere

Johann von Ossenbroich, Haushofmeister[2]

Dietrich Türck, Herr zu Almelo, Zuschneider: Fackelträger im Brautzug

Wilhelm von Flodorf, Herr zu Leuth

Wilhelm von Wachtendonk: Fackelträger im Brautzug und Sieger im Ringreiten der Hochzeitsturniere

---

[1] LV Nr. 186a–c. [2] Möglicherw. auch der gleichnam. Zuschneider.

Heinrich von Enß: Fackelträger im Brautzug
Johann von Palandt, Herr zu Berg[1]
Philipp von Merode, Herr zu Petersheim
Arnold Haes, Herr zu Türnich
Johann von Wachtendonk

Arnold (oder Arnd) Schenk von Nideggen
Dietrich von Orsbach, Zuschneider: 1. Preisträger im Quintanrennen
Gebrüder Wilhelm und Bertram von Nesselrode, letzterer Marschall v. Jülich
Wilhelm von Hatzfeld, Zuschneider
Werner von Palandt, Kammermeister[2]
Adam von Gymnich, Stallmeister

Bertram Quadt
Wilhelm von dem Bongart
Cort von Romberg
Johann von Binsfelt: Fackelträger im Brautzug
Rolman von Bylandt
Adolf von Eller

Hermann von der Recke
Arnold Budberg, Zuschneider
Gebrüder Gisbert und Ernst von Bodelschwing } Kupferstich Nr. 19[3]
Bernhard von Swansbell
Werner von Hochsteden
Jakob Sulen von Nyvelt

Emundt von Russchenberch oder Russchenbergh (Reuschenberg)
Wilhelm von Zweivel(l)
Gebrüder Adolph und Cracht von Wylich
Reinhart von Holtrop (Holtorp)
Joist von der Recke
Melchior von Delwich zu Delwich

Hogenberg hinterließ außerdem pro Turnier je einen Kupferstich (Nr. 32 und 33), in dem er nur Teilnehmer auflistete, die sich für das erste Turnier

---

[1 u. 2] Waren Brüder, vgl. S. 185. [3] Siehe Bild S. 173.

D. Die Düsseldorfer Zeit 173

"Schriftlich fixierte" Ahnenprobe, einer der 15 erhaltenen Kupferstiche dieser Art – Kupferstich Nr. 19

zusätzlich aus den Namen Wilhelm Spies, Adam von Harff, Wilhelm Quad zu Eller, Scheiffart von Merode, Bernhard von Velbrück zu Garath, Alexander von Dreiborn und Statius von Azewijn, Herr zu Gransberg, zusammensetzen, wobei die letzteren zwei Teilnehmer auch noch in Medaillons vom Fußturnier des letzten Tages auftreten. Möglich, daß hier die "Anwesenheitslisten" der einzelnen Turniere etwas durcheinander geraten sind.
Die Wettkampfstätte selbst glich einem modernen Stadion unserer Tage: Sie war ovalförmig angelegt mit einer überdachten Tribüne für die Ehrengäste auf der einen und einem Einlaß für die Mannschaften auf der gegenüberliegenden Längsseite. Tribüne und Einlaß waren über eine Balustrade miteinander verbunden, auf oder vor der sich schaulustiges Publikum erging. Das Ganze lag in einer leicht hügeligen Landschaft von Wiesen und bestellten Äckern, deren Bauerngehöfte bis nahe an den Einlaß heranreichten. Als Kampfrichter fungierten Johann von Reuschenberg, Herr zu Setterich sowie Rat und

Amtmann zu Wilhelmstein und Eschweiler; ferner Adam von Harff, Herr zu Dreiborn sowie Rat und Amtmann zu Löwenburg und Lülsdorf; und schließlich der württembergische Rat und Hofmeister Bernhard von Löwenstein und der badische Marschall Johann Friedrich von Kronenburg.

Auf der Tribüne hatten sich bereits die höhergestellten Gäste eingefunden, was u. a. an den Teppichen kenntlich war, die vor ihren Plätzen das Geländer schmückten. Die wie eh und je attraktive Jakobe trug an diesem Dienstag ein enges, mit Silberschnüren drapiertes Kleid in Grün – mit diesmal kurzen spanischen Ärmeln. Dazu kostbaren, im einzelnen jedoch nicht überlieferten Schmuck. Johann Wilhelms Kleidung dieses Tages war – wie angedeutet – insofern eine gewisse modische Besonderheit, weil Futter und Besatz türkisfarben waren und damit zu dem Schwarz der übrigen, an anderen Tagen zumeist einfarbig gehaltenen Kleidung kontrastierten. Den Jungherzog suchte man jedoch vergeblich neben seiner Frau, denn gleich zu Beginn der Vorstellung wollte er persönlich an einem Auftritt teilnehmen.

Wappenschilder der Mantenatoren und Patrinen – Kupferstich Nr. 13

D. Die Düsseldorfer Zeit

Einzug Johann Wilhelms und seiner Begleiter in das Turnieroval – Kupferstich Nr. 12

Johann Wilhelm schlüpfte zu diesem Zweck in die Maskerade des Ritters Adelherz, die beiden Stallmeister Georg von Romberg und Johann von der Horst in die der Ritter Weisenraedt und Trawenblut, alles Namen, die für erstrebenswerte, auf ihren Wappenschildern dargestellte Tugenden wie Edelmut, Weisheit und Treue standen (Kupferstich Nr. 13). Diese drei sogenannten Mantenatoren ritten an der Spitze eines neun Mann starken Trupps durch das mit dem Allianzwappen von Baden und Jülich-Kleve-Berg geschmückte, der Tribüne gegenüberliegende Tor (Kupferstich Nr. 12). Der Türwart Johann von der Recke, Rutger von dem Bottlenberg, Georg von Sieberg, der Kämmerer Caspar Huyn von Amstenradt, der Bottelier und Kriegskommissar Wilhelm Spieß zu Matzenborn und der Küchenmeister Winand von Leerodt stellten die Patrinen oder Gefolgsleute dar; ihnen oblagen die Rollen der Ritter Wachattich haupt (= waches Haupt), Swarengangh (= schwerer Gang), Liefdenbrand (= Liebesbrand), Zungenduang (= Zungenzwang), Houffendelöff (= gehaufter Löffel) und Herzengangs. Auch sie waren mit einem Schild bewehrt, auf dem allegorische Figuren bedeutsame Tugenden symbolisierten. Ihre vermummt auftretenden Gegner, die sogenannten Venturierer, verkörperten drohende Gefahren und negative Eigenschaften, wie Eitelkeit, Schwächlichkeit, Verrat, Nachlässigkeit, Unachtsamkeit, Faulheit und Feigheit, vor denen Regenten auf der Hut zu sein hatten.

Nachdem die allegorischen Bilder an den Zuschauern vorbeigezogen waren, formierte man sich zu einem Ringreiten (Kupferstich Nr. 9). In der Mitte des Ovals war ein mit ornamentalem und figuralem Schmuck behangener Torbogen und unweit desselben, der Zuschauertribüne gegenüberliegend, ein

Ringreiten im Pempelforter Turnieroval – Kupferstich Nr. 9

Schiedsrichterstand errichtet. Die Spielregeln sahen vor, daß die durch diesen Torbogen hindurchgaloppierenden Reiter einen geringfügig über Kopfhöhe herabhängenden Ring mit der Spitze ihrer Lanze „nicht von oben herab", sondern „in der mitten hinweg führet" müssen. Fanfarenklänge kündeten die jeweiligen Mannschaften an und verabschiedeten sie auch wieder, sobald sie den Parcours durchritten hatten.

Der Jungherzog Johann Wilhelm trat gegen die badischen Markgrafen Philipp und Jakob um ein „ansehnlich Geschirr" an und gewann beide Male. Auch gegen den Stallmeister Georg von Romberg hatten die badischen Markgrafen das Nachsehen, Philipp „um ein Drinckgeschirr", Jakob „um ein Pretium von

D. Die Düsseldorfer Zeit

zehen Kronen . . . in Gestalt einer Glocken zugericht gewesen". Georg von Romberg gewann auch gegen Niklas Peckadel, Albrecht Thun gegen den fürstlichen Bräutigam, der Münchner Gesandte Graf Karl von Zollern gegen Johann von der Horst.
Danach wären der Romberger, aber auch Johann Wilhelm die Champions dieses Turniers gewesen, denn „also das fürstliche Ritterspiel glücklich geendigt und vollen zogen worden, und sind die anwesende Fürstenpersonen der abwesender Gesandten und Botschaft und alle adelige Ritter abgezogen. Hat auch die durchleuchtig, hochgeborne fürstliche Braut, Fürstinnen, Frewlin samt ganzen Frawenzimmer zu ihren Kutschen sich begeben, zur Stadt Düsseldorf und Schloß hinein gefahren."
Diese Art Unterhaltung, wie die Darstellung von Allegorien als lebende oder künstliche Bilder sowie stets neue Varianten höfischer Turniere, gehörte zu dem Beliebtesten, was solche Feste zu bieten hatten. Und so verwundert es nicht, daß eine der Hogenberg-Tafeln, auf der eine theaterartige Szene des folgenden Tages festgehalten ist, bis in neueste Zeit als Allegorie galt, zuweilen

Erste bekannte Opernbühne Deutschlands: „Orpheus und Amphion" – Kupferstich Nr. 10

auch – dem Vokabular des Gramináus folgend – als „Poetische Historia". Neuesten Erkenntnissen des Dumont-Lindemann-Archivs Düsseldorf zufolge kommt diesem Bild aber ein weit höherer Stellenwert zu, haben wir in ihm doch die erste nachweisbare Opernbühne Deutschlands mit dem Singspiel „Orpheus und Amphion" vor uns.[1] Erst 1546 war in den römischen Caracalla-Thermen die berühmte Marmorgruppe von Amphion und seinem Zwillingsbruder Zethos aufgefunden worden. Mag sein, daß dies die Motivation zu dem vorliegenden Singspiel war.

Komponist und Regisseur sind uns leider (noch) nicht bekannt, dafür aber an die zwanzig reproduzierende Künstler, die auch sonst während „der ganzen Hochzeit und derselben Freud gebraucht worden". Es waren dies Gregor Heuwet, seines Zeichens Lautenspieler, und Philips N., ein nicht näher angegebener „Instrumentist" des Landgrafen von Leuchtenberg; Alexander Lunck und Salomon aus Köln waren Organisten; Meister der Sangeskunst oder gar Domsangmeister nannten sich M.[2] Martin Peudargent, M.[2] Adam und seine zwei Söhne von St. Johann aus Lüttich, M.[2] Wilhelm von St. Mergen[3] zu Köln sowie M.[2] Heinrich wiederum aus Lüttich. Weitere Namen wie die des Wessel aus Wesel, Adam Harengius, Claudius de Fosse, Anton Jansen, Felix Neuelun, M.[2] Meinhard Jansen, Peter von Düren und Jobst Rosier gehörten ebenfalls dazu, ohne daß uns die genaue Gattung ihrer Musikkunst überliefert wäre. Nicht im Zusammenhang mit der Oper genannt, jedoch bei der Hochzeit zugegen, waren 9 Trompeter im Troß Philipps und 5 in jenem Jakobs von Baden. Insgesamt ebenfalls 5 Trompeter gehörten zum Landgrafen von Leuchtenberg, von denen Anton Caspar und Hans Wilhelm namentlich genannt werden, während für Philipp Ludwig von Pfalz-Neuburg 4 Trompeter angegeben sind. Fanfarenbläsern und Paukenschlägern oblag neben der musikalischen Unterhaltung auch eine wichtige funktionelle Bedeutung: Sie hatten auf Verkündigungen der Obrigkeit, Siegerehrungen, Ankündigungen von Mannschaften oder höheren Standespersonen und dergleichen aufmerksam zu machen. Nicht ausschließen läßt sich ferner, daß wir in einem dieser Musiker auch den Komponisten von „Orpheus und Amphion" vor uns haben.

Das Bühnenbild sah einen – vermutlich auf Gestell mit Rädern – transportablen Berg mit zwei Kuppen vor, auf denen sich die beiden Titelfiguren eindrucksvoll in Szene setzen ließen. Dieser kompositorische Einfall ermöglichte es mithin, die Sage um die Entstehung Thebens auszudrücken, wonach Amphions Saitenspiel und die „Süßigkeit der Melodey" Gestein aus dem Berg zu lösen

---

[1] LV Nr. 97. [2] Vermutl. für „Meister". [3] Vermutl. St. Marien.

vermochten, das sich wie von selbst zu Mauern und Türmen der Stadt zusammenfügte.

Graminäus und auch Rümmler geben Orpheus und Amphion eine Cyther bzw. Zither in die Hand, was der Mythologie und der Darstellungsweise Hogenbergs widerspricht.[1] Die altgriechischen Heroen bedienten sich vielmehr einer (siebensaitigen) Lyra bzw. Leier[2] oder allenfalls noch der größeren Kithara, die beim Spielen im Gegensatz zu der flach auf einer Unterlage aufliegenden Zither vertikal gehalten werden. Die Cither oder Cister des 16. Jahrhunderts hingegen war eine Lautenabart. Dargestellt ist die Oper auf Kupferstich Nr. 10 und nicht 19, wie ebenfalls falsch vermerkt wird.

Wahrscheinlich mit Bezug auf die Hochzeit Jakobes und Johann Wilhelms erschien in dem bereits fertigen, wappengeschmückten Stadttor ein Menschenpaar mit gegenseitig ineinandergefügten Händen sowie einem Priester hinter und einem Knaben vor sich – Symbole für Ehebund und Fortpflanzung.

Auf der anderen Bergkuppe bezauberte Orpheus durch die Macht seines Gesangs und Saitenspiels Tier- und Pflanzenwelt, wobei allen dargestellten Lebewesen und Dingen symbolische Bedeutung zukam: So waren Orpheus und Amphion Abbilder frommer Regenten. Der Tiger deutete auf menschliche Sinnlichkeit und Begier, der Löwe auf Hochmut und Vermessenheit, tanzendes Getier auf ein ordentliches Gemeinwesen, Felsen und Gestein auf widerspenstige Gemüter unter den Menschen und dergleichen mehr. In der altchristlichen Malerei galt Orpheus auch als Symbolfigur für Christus. In dieser Deutung finden wir ihn u. a. in den Domitilla-Katakomben zu Rom, wo er mit der Leier Löwen, Kamele und Vögel anlockt – Tiere, die sich auch auf der Hogenberg-Tafel wiederfinden.

Insgesamt gesehen gelang es dem Künstler, die artverwandten Eigenschaften der beiden mythologischen Gestalten zu einem einheitlichen Singspiel zu nutzen, wobei die Zwei-Kuppen-Komposition dennoch die Getrenntheit der zugehörigen Sagen deutlich werden läßt.

Abends beim Hofball fand die Siegerehrung der erfolgreichsten Ringreiter statt. Wilhelm von Wachtendonk war Sieger und erhielt aus den Händen der Jungherzogin ein kostbares Trinkgeschirr puren Goldes; sein Wert wurde auf 200 Taler geschätzt und war damit eine allseits begehrte Trophäe. Bereits den zweiten Preis im Wert von 100 Talern – und dies ist im Hinblick auf sein uns überliefertes Erscheinungsbild bemerkenswert – erhielt der Jungherzog selbst.

---

[1] LV Nr. 164 bzw. 165, S. 48 und 175, S. 84.   [2] LV Nr. 56, S. 261; 185.

Johann Wilhelm muß demnach zum Zeitpunkt seiner Vermählung ein sportlich veranlagter und im Vollbesitz zumindest seiner physischen Kräfte stehender junger Mann gewesen sein. Ein dritter Preis wurde für die beste Zäumung vergeben, und zwar an Heinrich von Lülsdorf. Dem allerdings unter den 48 Teilnehmern der Ahnenprobe nicht vertretenen Wild- und Rheingrafen Otto fiel der Sonderpreis der Jungfrauen zu.

Als sich auch dieser Tag seinem Ende zuneigte, nutzte man die Elemente Wasser und Feuer neuerlich zu einem Pläsier auf den Fluten des Rheins, das diesmal die Taten des Herkules und die Bestürmung der Hölle darstellte (Kupferstich Nr. 25). Auf einem im Strom verankerten Floß war ein burgähnlicher Holzverhau wahrzunehmen, der von dem Höllenfürsten, einer neunköpfigen Hydra, und einer Anzahl kleinerer Teufelsgehilfen verteidigt wurde. Bereits an Deck befindliche Angreifer stellten Herkules, Pluto und Proserpina dar. Ihnen zu Hilfe eilten zwei wendige Ruderboote voller Soldaten, von denen eines einen Friedensengel als Galionsfigur trug. Die „Hölle" brannte lichter-

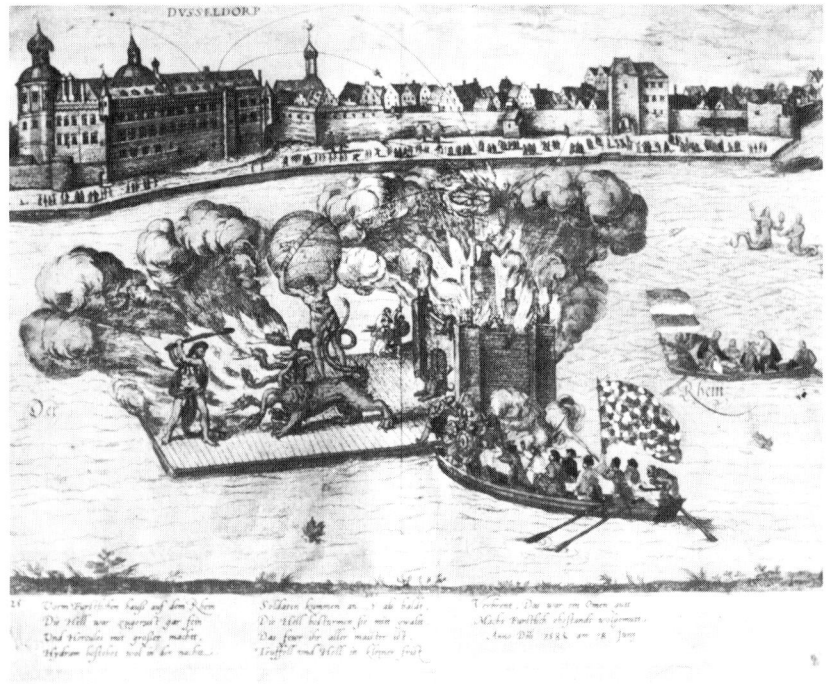

Zweites Feuerspektakel auf dem Rhein – Kupferstich Nr. 25

D. Die Düsseldorfer Zeit

loh, die Hydra spie Feuer, und immer wieder stoben Leuchtkörper raketenhaft in den nächtlichen Himmel. Zum Gaudium der Schaulustigen am Ufer ging das Floß schließlich in Flammen auf, so daß die kämpfenden Parteien in den beigedrehten Ruderbooten Zuflucht nehmen mußten. Von da ab dauerte es nicht mehr lange, bis die Rheinwellen die auseinanderberstenden Floßreste in die Dunkelheit der Nacht mit sich rissen.
In einer für jene Zeit typischen Art wurde in solchen Spektakeln, und zwar in immer neuen Varianten, der christliche Glaube durch die männlichen Tugenden Mut und Tapferkeit inkarniert, die den Sieg über den Atheismus davontrugen.

6. Quintanrennen, Fecht- und Plankenturniere

Fünfter bis achter Tag (Mittwoch bis Samstag, den 19. 6. – 22. 6. 1585)

Am Mittwoch der Festwoche vermeint man erstmals eine gewisse Sättigung und Lustlosigkeit unter den Anwesenden festzustellen, denn das Treiben währte jetzt bereits fünf Tage. Auch ging es dem alten Herzog Wilhelm gesundheitlich nicht zum besten, er wünschte in seinem Schloß, das doch in diesen Tagen weitgehend den Gästen gehörte, absolute Ruhe. Hinzu kamen die wenig erbaulichen Launen des Wettergottes. Wolkenverhangene oder gar regnerische Tage, wie sie sich eingestellt hatten, trieben die Leute nach Hause und ließen das Interesse an Belustigungen im Freien sinken.
Vielleicht hatte sich Jakobe gerade wegen dieses regenverhangenen Mittwochs besonders hübsch gemacht, wollte zur Aufheiterung der Gemüter beitragen, als sie in einem mit Goldknöpfen und Rubinen besetzten Kleid von „schwarz gemussierten Samt" erschien, dessen – möglicherweise durchbrochene – Webart ein mit feinstem Gold- und Silberdraht besticktes Unterkleid erkennen ließ. Ihr fürstlicher Gemahl trug als Besonderheit zu der sich nur durch die (veilchenblaue) Farbe unterscheidenden Kleidung der Vortage ein passendes Mandilin.
Da ließ sich bei Johann Wilhelm, gerade noch rechtzeitig, das heißt vor einem Auseinanderlaufen der Gäste, der weithin bekannte Fechtmeister Hans von Olm melden. Er bat um die Erlaubnis, den Innenhof des Schlosses der Bürgerschaft für Fechtspiele freigeben zu dürfen (Kupferstich Nr. 26), welcher der Jungherzog bereitwillig nachkam. Herolde verbreiteten diese Nachricht in den Straßen der Stadt, und es währte nicht lange, bis sich ausreichend

Teilnehmer und schaulustiges Publikum im Karree des Schloßhofes eingefunden hatten. Manch einer hatte wegen der Witterungsunbillen und besseren Sichtverhältnisse auf den Galerien oder unter den Arkaden des Nordtraktes Platz genommen. Obgleich alles an diesem Treffen improvisiert war, so fehlten doch die Musikanten nicht.

Graminäus sieht dies so:
„Als nun gerürter Trabant mit vielen guten Gesellen so ihm gefolgt den Burgplatz aufkommen, und in mittelst ernannter Platz mit Sand überworfen, seine Wehren in unterschiedlicher Gestalt, dem alten Fechtbrauch nach niedergelegt, und jederman dem Werk und Fechtspiel zuzusehen herangedrungen, sind die fürstliche Personen der abwesender Gesandten, die fürstliche Eheleut und Frawenzimmer aus ihren zugerichten Zimmern zu den Galerien, so mit köstlichen Teppichen und gülden Stücken behangen gewesen, den Fechtern zuzusehen, hervor-

Fechtturnier des Hans von Olm – Kupferstich Nr. 26

D. Die Düsseldorfer Zeit

kommen, und hat obgemelter Fechter seine Schul mit lauter Stimm und Ausrufen, altem Fechtbrauch nach, mit Anrührung der Trummen wie folgt defreyet."

Der „Meister des langen Schwerts" verlas daraufhin unter Berufung auf Kaiser und Herzog eine Art Zulassung zu diesem Gewerbe, an deren Ende er das Publikum dazu aufforderte

„. . . wolgemut hervortreten wolle, nach Brauch des Schwerts Gerechtigkeit, und frei aufheben, schonen des Schwerts nicht . . . treffen mich auch mit, dieweil ich auch ein guter Gesell."

Diesen aufmunternden Worten Olms leistete manch einer Folge, und schließlich tummelten sich zumeist zwei Kampfpaare gleichzeitig auf dem Schloßinnenhof. Auch einige Blessuren gab es. Insgesamt muß aber das Interesse nicht gerade überwältigend gewesen sein, denn der Chronist berichtet:

„Da nun ermelts Werk und Kurzweil ein geraume Zeit getrieben, auch vielleicht den Fechtern selbst darüber der Unlust und Verdruß ankommen, sind die Fürstenpersonen zu ihren Zimmern abgewichen, und sich nochmals zum Abendessen begeben. Und ist also die Freud gerürts Tags geendigt und vollenzogen worden."

Am Nachmittag des folgenden Tages, eines Donnerstags, war der Pempelforter Festplatz Austragungsstätte eines sogenannten Quintanrennens oder Lanzenbrechens (Kupferstich Nr. 27). Weder Graminäus, Rümmler noch sonst einer der zahlreichen Artikel zu diesem Thema erklären jedoch den Begriff einer Quintana. Graminäus spricht an dieser Stelle zwar vom „Spießebrechen", jedoch war der Spieß die Waffe des Landsknechts, während die Lanze die ritterliche Turnierwaffe war. Quint oder Quinte bedeuten im anstehenden Zusammenhang einen Fechthieb. Eine in Türkentracht aufgeputzte Puppe menschlicher Größe, der Quintain, fand am Ende einer abgesteckten Bahn, in der Mitte des Ovals, Aufstellung. Er war auf einen Pfahl gesteckt und um sich selbst drehbar. An seinem ausgestreckten rechten Arm hing im allgemeinen ein Sandsack, der in Pempelfort durch ein Schwert ersetzt war, während die linke Hand einen Schild hielt. Gelang es dem angaloppierenden Kavalier mit seiner Lanze die Mitte des Schildes zu treffen, dann zerbrach der Lanzenschaft, und die Quintana war gemacht. Verfehlte er den Mittelpunkt dagegen nur geringfügig, drehte sich die Puppe um den Pfahl, und Sandsack bzw. Schwert schlugen

Quintanrennen im Pempelforter Turnieroval mit Quintain in rechter Bildmitte – Kupferstich Nr. 27

im Schwung – gewissermaßen als Strafe – unsanft wider den Rücken des Kavaliers.[1]

Die Teilnahmebedingungen waren dieselben wie schon bei dem vorausgegangenen Turnier des Ringreitens. Bevor sich die Teilnehmer dem Kampfe stellten, präsentierten sie vor Jakobe, die in einem engen Kleid mit spanischen Ärmeln auf der Tribüne Platz genommen hatte. Ihren Gemahl Johann Wilhelm dagegen, der an diesem Tag Karmesinrot bevorzugte, finden wir inmitten der Turnierteilnehmer, denn abermals beabsichtigte er, sich mit dem Adel des Landes zu messen.

„Da nun ungefähr wie vermelt, die zweite Stund Nachmittag herankommen, haben sich die Ritter, so auf angemelte Quintan zureiten vorgenommen, sich gerüstet, und sind die Interpremors oder Mantenatoren, der durchleuchtig, hochgeborner Fürst und Herr, Herr Johan Wilhelm zu Gülich, Cleve und Berg, etc. die edlen und ehrenfesten Georg von

---

[1] LV Nr. 95, S. 569 f.

D. Die Düsseldorfer Zeit

> Romberg, Wilhelm von Flodorf, Herr zu Leuth, auf deutsch und braunschweichs in schwarzen samtenen Reitröcken voller Falten, deutschen Hüten, mit schwarzen Federbuschen geziert, mit silbern Seitenwehren, Tollichen, Pulverflaschen und Patronen, Köchern, mit weiten Hänschen und aller zugehöriger Rüstung in der Mascarada mit schwarzen Bärten nach deutscher Art brauniert ausgerüst, auf der Turnierbahn aufgezogen."

Der Jungherzog kämpfte zuerst mit Arnold Haes, Herrn zu Türnich, um einen Preis von zwanzig Kronen und gewann. Wilhelm von Flodorf, Herr zu Leuth, Johann von Palandt, Herr zu Berg, und Dietrich von Orsbach traten sodann um den Preis eines Trinkgeschirrs im Wert von zehn Goldgulden gegeneinander an, das Dietrich von Orsbach von den Richtern zuerkannt erhielt. Im dritten und letzten Durchlauf war ein Preis im Wert von zwanzig Reichstalern ausgesetzt. Um diesen stritten Johann Wilhelm sowie Georg von Romberg, der Sieger des Ringrennens vom vergangenen Dienstag, Philipp von Merode, Herr zu Petersheim, und abermals Arnold Haes, Herr zu Türnich, der Sieger blieb und den Preis gewann.

Unter den Teilnehmern fielen die beiden Brüder Johann und Werner von Palandt auf, die in Kutte und Skapulier der Kreuzbrüdermönche den Turnierplatz betraten. Dieser Orden besaß in der Stadt eine Niederlassung mit einer aus dem 15. Jahrhundert stammenden, zweischiffigen Hallenkirche gotischen Stils. Ihr Türmchen grüßt heute noch den durch die alte Ratinger Straße Wandernden. Die Kreuzherrenkirche fügt sich unscheinbar in die Häuserflucht, so als wolle sie möglichst wenig auffallen, als schäme sie sich ihrer unrühmlichen Rolle, die sie im letzten Kapitel des Lebens der Herzogin spielen mußte.

Bei dem Quintanrennen des Donnerstags siegte Dietrich von Orsbach, dem daraufhin aus der Hand Jakobes der Siegerpreis winkte. Wie üblich auch diesmal ein Trinkpokal, und zwar im Wert von 158 Talern. Heinrich von Lülsdorf, der schon beim Ringreiten vor zwei Tagen erfolgreich war, fiel der zweite Platz mit einem Pokal im Wert von 110 Talern zu, während sich Georg von Romberg den dritten Preis in Form einer Löwenfigur, 90 Taler wert, erstritt.

Zwischen den Turnieren erging man sich gern in den fürstlichen Gärten, unterhielt sich über eigene Erfolge oder Mißerfolge in den verschiedenen Disziplinen der Wettkämpfe oder, noch lieber, über diejenigen anderer.

Auch der Freitag begann mit Gottesdienst und Frühmahl. Danach vernehmen wir erst wieder vom Geschehen des Nachmittags. Zu Pempelfort, das sich für

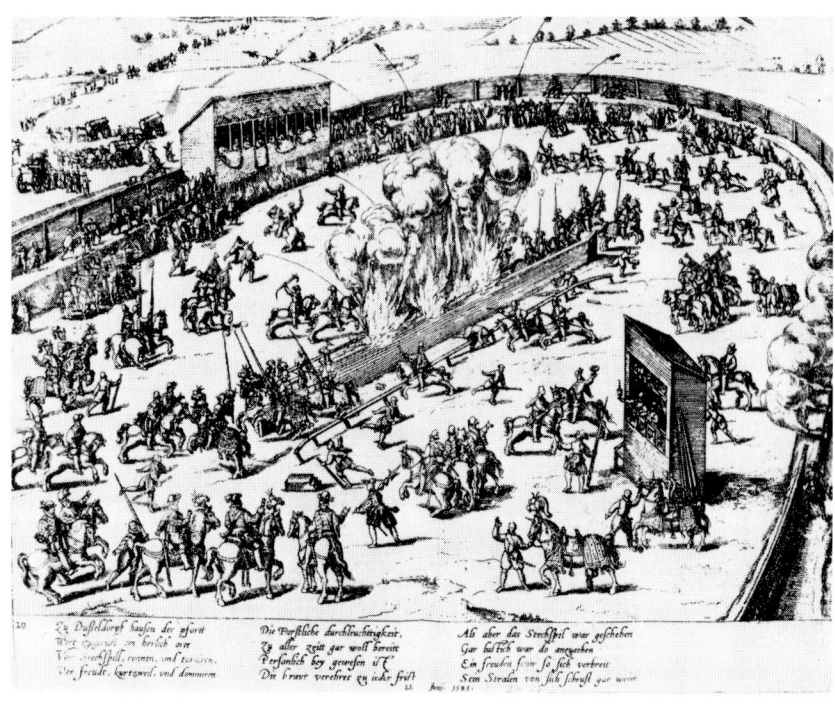

Plankenturnier im Pempelforter Turnieroval – Kupferstich Nr. 29

Großveranstaltungen besser eignete als der beengte Düsseldorfer Schloß- oder der Marktplatz, wo auch Wettkämpfe abgehalten wurden, löste jetzt ein Turnier das andere ab. Auf das Quintanrennen und Lanzenbrechen des Vortages folgte am Freitag gegen 16 Uhr, nach dem Zeremoniell des „Carthels", ein Balienrennen (Kupferstich Nr. 29). Dies war ein Gestech über den Dill „alla pallia", also die parallel zur Tribüne verlaufende Planke, welche die Gegner voneinander trennte.[1] Um die Mitte des 16. Jahrhunderts gab es neben dieser Turnierform nur noch das Freirennen oder Freiturnier, bei dem die Planke bzw. pallia (oder palia) fehlte. Ein Ringrennen oder eine Quintana war dagegen kein echtes Turnier, also Zweikampf, sondern nur Vorübung zum eigentlichen Rennen bzw. Stechen mit scharfer oder auch stumpfer Waffe. Die in der Fachliteratur anzutreffende Erklärung „Planken-Schranke"[2] und „bei der Balie, durch die Schranke getrennt"[3] ist insofern irreführend, da die Termini Planke, Schranke und Balie alle dasselbe ausdrücken.

[1] LV Nr. 95, S. 563 f. [2] LV Nr. 165, S. 50. [3] LV Nr. 56, S. 178.

In ihre Prunkrüstungen gekleidet und hoch zu Roß, trat man im Zweikampf gegeneinander an. Den Akteuren wurden beim Einritt in die Arena Wappentafeln vorangetragen und die Wege gebahnt. Berittene Fanfarenbläser kündigten den Beginn an, bevor die Kontrahenten ihre Visiere herunterklappten und beiderseits der Planke von entgegengesetzten Seiten und mit aufgepflanzten Lanzen gegeneinander zupreschten, in dem Bestreben, einander aus dem Sattel zu wuchten.

Jakobe trug zu diesem Anlaß ein weites Samtkleid sowie ein goldübersticktes und mit silbernen Fransen versehenes Unterkleid, während ihr Gemahl purpurnes Rot und dazu ein im gleichen Ton gehaltenes Mandilin bevorzugte. Namen von Teilnehmern und Siegern sind hiervon allerdings nicht überliefert.

Am Samstag, dem vorletzten Tag des Pläsiers, entfaltete die Stadt am Niederrhein nochmals ihr volles Gepränge. Der gesamte ahnenerprobte Adel war wiederum nach Pempelfort geladen. Sogar von Wilhelm dem Reichen kam Kunde, daß er sich am Turnier beteiligen wolle, obgleich er sich immer noch unpäßlich fühlte. Mehrere ihm nahestehende Personen vermochten ihn schließlich von dem in seinem Alter auch in gesundem Zustand riskanten Unterfangen nur dadurch abzuhalten, daß sie selbst auf eine Beteiligung verzichteten. Möglich, daß dies oder auch die sich zuspitzende politische Situation um das nahe Neuß Schuld trugen, daß jetzt erste Gäste abzureisen begannen. Daß die Sorge um die Nachbarstadt begründet war, wußte man spätestens seit dem Überfall Adolfs von Neuenahr im Vormonat. Ein Jahr später sollte es dann in Neuß sogar zu einer Katastrophe furchtbaren Ausmaßes kommen, als die Stadt durch Alexander Farnese von Parma (1545–92) erstürmt, die Einwohner niedergemetzelt und ihre Mauern dem Erdboden gleichgemacht wurden.

Das samstägliche Turnier fing etwa gegen 13 Uhr in Anwesenheit Johann Wilhelms und seiner in ein langes, elegantes Kleid mit weiten Ärmeln gekleideten Gemahlin an. Die Regenwolken der vergangenen Tage hatten sich verflüchtigt, und es muß sogar recht warm geworden sein, worauf u. a. Johann Wilhelms Mantel aus leichtem Tuch schließen läßt, dessen geringes Stoffgewicht aber möglicherweise durch den hier eigens erwähnten, reichhaltigen Zierat an Diamanten und Rubinen wieder aufgewogen war. Bei den ersten drei von insgesamt vier Durchgängen galt es, 212 Lanzen zu brechen – die letzten zwölf zu Ehren der Damenwelt.

Eine besondere Überraschung harrte der Anwesenden gegen Schluß des

Drittes und letztes Feuerspektakel auf dem Rhein – Kupferstich Nr. 30

Turniers: Den letzten gegeneinander anrennenden Mannschaften waren Feuerkörper an ihre Lanzenspitzen gebunden, die beim Aufprall an Gegner oder Planke explodierten, die präparierte Planke entzündeten und raketengleich davonstoben (Kupferstich Nr. 29).[1] Gleichzeitig loderten vom Eingang her Feuersäulen in das Oval und ließen die Turnierstätte nochmals für Augenblicke taghell erstrahlen.

Draußen aber, vor den Toren, warteten Reisewagen, um die Damenwelt in die Stadt zurückzubringen, während die Kavaliere auf ihren Turnierpferden zurückritten. In einem langen Zug, unter den sich auch Fußvolk gemischt hatte, hastete man dem nächsten Pläsier entgegen, das sich wieder – zum dritten Mal in dieser Woche – auf dem Rhein abspielen sollte.

Das Wasserspektakel (Kupferstich Nr. 30) war diesmal als Kampf zwischen einem Mißtrauen symbolisierenden Drachen und einem Walfisch gedacht, der den Aberglauben personifizierte. Kunstvolle Attrappen erhoben sich auf

---

[1] Vgl. Bild S. 186.

D. Die Düsseldorfer Zeit189

floßähnlichen Pontons, die man aufeinander zutreiben ließ. Auf ihren Rükken trugen die Ungeheuer Fabelwesen, und aus ihren aufgerissenen Mäulern stürzten, an den biblischen Jonas erinnernd, Soldaten. Während der Walfisch aus seinen Nasenlöchern Fontänen gegen den Drachen prustete und dieser in umgekehrter Richtung Feuer spie, schoß, stach und drosch man aufeinander ein, bis auch hier wieder Feuer und Wasser dem Treiben Einhalt geboten. Ein Kampf von Giganten oder eine Science-fiction-Version der Jakobe-Zeit!
Abendessen, Preisverleihung und Tanz bildeten den Abschluß des vorletzten Tages. Für die drei ersten Plätze, die Sieger des Turniers hießen Georg von Romberg, Johann von Ossenbroich und Arnold Haes, waren Preise zu 150, 100 und 60 Taler ausgesetzt. Ein vierter Preis, der sogenannte Dank der Jungfrauen, wurde abends beim Tanz dem edlen Johann von Palandt, Herr zu Berg, überreicht.

7. Fußturnier am Alten Markt und Kehraus

Neunter und letzter Tag (Sonntag, den 23. 6. 1585).

Mit dem Sonntag nach Trinitatis war der letzte Tag der Jahrhunderthochzeit gekommen. Der Vormittag galt dem Kirchgang, und zum letzten Mal erfahren wir etwas über die Kleidung „der zu guter Zeit erschienen fürstlichen Eheleut". Sie waren in „kolumbines Colör", das heißt Taubenblau, gekleidet.
Für den frühen Nachmittag war ein Fußturnier am Alten Markt anberaumt. Ob Ringreiten, Quintanrennen oder Plankenturnier, ob Wettkämpfe zu Fuß oder hoch zu Roß – dem Einfallsreichtum in Sachen Verpackung und Dekor schienen keine Grenzen gesetzt! Man tat alles, um so viel und so oft wie irgend möglich dieser Berufskrankheit jener Tage zu frönen.
In der Zeit zwischen 13 und 14 Uhr begaben sich Herzog Wilhelm, seine Schwiegertochter Jakobe, deren Hofstaat und die Gäste zum nahe gelegenen Alten Markt, um vom Rathaus aus dem Treiben zuzuschauen. Den Zug der Aktiven eröffneten an die dreißig mit Schwertern und Hellebarden oder auch Stangen bewehrte Trabanten, jeweils drei in einem Glied, denen die Marschälle und der von einigen Lakaien umringte Jungherzog – als einziger hoch zu Roß – folgten. Die Beschreibung des Gramináus weist Johann Wilhelm wieder in der Verkleidung des Ritters Adelherz aus, die er schon einmal, zu Beginn der Wettkämpfe, angelegt hatte. Ein Vergleich der entsprechenden Bilder läßt

jedoch beachtliche Unterschiede in der Art der Bekleidung erkennen. Wir haben es deshalb möglicherweise auch an dieser Stelle mit einer Ungenauigkeit des Künstlers zu tun. Unmittelbar hinter dem Jungherzog trug ein Edelpage Schild und Turnierlanze. Dann folgte ein kleinerer Trupp von mit Stangen und Schwertern oder Schildern und Schwertern bewehrten Teilnehmern, denen sich in bunter Folge Trommler, Pfeifer, Arkebusiere, Musketenträger, Hellebardiere und immer wieder Musikanten sowie auch ein Bannerträger anschlossen.

Im einzelnen waren dies:[1] Wenn man von dem Edelknaben hinter Johann Wilhelm ausgeht, die drei in einem Glied marschierenden Patrinen. Sie waren gekleidet in „weiße geschnittene Wammesser mit rot Carthecken gefüttert, inkarnaten Buxen, grünen Strümpfen, mit weißen Schuhn" und trugen „silbern Seitwehren, die Hüt von rotem Taffet, mit Federn inkarnat weiß und grün, hatten auch lange Stangen mit weiß inkarnat und grün schockiert, in ihren Händen." Auf diese folgten mit jeweils geringem Abstand weitere Gruppierungen mit für Kleidung, Waffen und Musikinstrumente weitgehend gleichbleibender Farbgebung:

Drei in einem Glied formierte „Rundassiers", „ausgerüst mit Rundassen[2] und bloßen Wehren, ... Hosen, Wammes und Schuh der gemeiner Ausrüstung anderer Soldaten."

Sodann je ein Glied von drei Trommlern, drei Pfeifenbläsern und drei Musketieren – die Trommeln mit fürstlichem Wappen verziert.

Nach den Musketieren vier Glieder zu je drei Hakenschützen. Sie trugen mit dem Landeswappen und mit Federn verzierte Sturmhauben; mit grünem Satin, silberfarbenen Passementen[3] und Fransen versehene Mandilien; Hosen und Wämser aus Satin, Hosenbändel aus weißem Taft, durchwirkt mit andersfarbigen Fransen, sowie Schuhe.

Im Anschluß an die Hakenschützen fünf Glieder Kürassiere. Alle trugen Seitwehren und einen langen, gelb gestrichenen Spieß mit vergoldetem Eisenteil. Ihre Kleidung glich jener der Hakenschützen.

Es schlossen sich zwei Glieder Hellebardiere an, die in ihrer Kleidung sowie ihren Harnischen und Seitwehren ebenfalls den Schützen glichen. Wie ihr Name besagt, trugen sie allerdings Hellebarden, und an die Stelle von Sturmhauben traten federgeschmückte Hüte.

Danach folgte je ein Glied Schlagschwerter, Trommler und Pfeifenbläser in der Kleidung von Lakaien: Auf dem Haupt ein federgeschmückter Hut und

---

[1] Vgl. Bild S. 194. [2] Schilder. [3] Franz.: passements = Posamenten, Besatzarbeiten.

D. Die Düsseldorfer Zeit

um die Schultern Mandilien mit weiten, bänderverzierten Ärmeln. Darunter trugen sie Wämser, mit Passementen besetzte Hosen sowie Strümpfe und Schuhe.
Auf diesen Spielmannszug folgte einzelgehend der Fähnrich in der Kleidung der Hakenschützen, jedoch mit einem federgeschmückten Hut. Die Fahne enthielt einen Lorbeerkranz mit acht goldenen Rosen und sieben Herzen, zwischen denen der Name des Jungherzogs sowie seine Wappensprüche „Mein Zuflucht zu Gott" und „Wie es Gott wil" zu lesen standen.
Auch hinter dem Fähnrich wieder je ein Glied Schlagschwerter und Hellebardiere, an die sich je fünf Glieder Langspieße, auch Doppelsöldner genannt, und Hakenschützen anschlossen.
Ein einzelnes Glied Musketiere beendete den festlichen Aufzug.
Nach Graminäus und Rümmler[1] sollen auch Kürassiere, also schwere, mit Brustpanzern versehene Reiter, an diesem Turnier beteiligt gewesen sein. Hogenberg hingegen zeigt uns nur Johann Wilhelm hoch zu Roß. Ob es sich vielleicht nur um „nach Art" von Kürassieren angelegte, also besonders schwere Brustpanzer handelte? Jedenfalls läßt letztere Fundstelle auch noch andere Ungenauigkeiten erkennen.
Die in das Karree des Marktplatzes Einziehenden gehörten zur Blüte des Herzogtums, eine Vielfalt und Häufung von Namen, wie sie sich uns weit und breit kein zweites Mal darbot. Sie alle waren gekommen, um hier, von ihrem künftigen Landesherrn angeführt, dabei zu sein. Die Rombergs, Gymnichs und Bylandts ebenso wie die Haes', Merodes und Reckes, die Horsts, Palandts und Flodorfs oder die Wachtendonks, Leerodts und Ossenbroichs – alle versammelten sich nochmals, ein letztes Mal sollte es in dieser Größenordnung sein, um in einem Schauturnier inmitten der Residenzstadt ihre Kräfte zu messen, was jedoch nur äußerer Anlaß oder Mittel zum Zweck war. In Wirklichkeit galt es, alles aufzubieten an prunkvollen Gewändern, kostbaren Waffen, klangvollen Instrumenten, Fahnenschmuck und dergleichen, um der Herrschaft zu huldigen und um zu präsentieren, aber auch um vor den Abgesandten der damaligen Welt zu zeigen, wer man war. Man überbot sich förmlich, nur um damit – Armut, Verschuldung und Krieg überdeckend – ungewollt auch kundzutun, daß jeder Höhepunkt schon wieder Abschied und Abstieg bedeutet.
Zur Turnierbahn schritten als erste, geleitet von den Marschällen, „den

---

[1] LV Nr. 164 bzw. 175, S. 84 f.

Fürstinnen, Frewlin und Frawenzimmer" ihre Referenz erweisend, Markgraf Jakob von Baden-Hochberg sowie der sächsische Gesandte und Rat Friedrich von Starschedel. An diese schlossen sich Johann Wilhelm, Georg von Romberg, wohl einer der turniererfahrensten und auch erfolgreichsten Recken am Niederrhein, ferner Wilhelm von Flodorf, Herr zu Leuth, Adam von Gymnich, Arnold Haes, Herr zu Türnich, sowie Wilhelm und Johann von Wachtendonk an.

Wie beim Pempelforter Ringreiten hat Hogenberg auch hier wieder die Ahnenproben von jeweils sechs Teilnehmern auf einer Tafel verewigt, von denen noch acht mit folgenden Namen erhalten sind:

Rutger von Düngelen
Gebrüder Rutger und Eberhard von Schöller
Georg von Neuhof, genannt Ley
Johann von Mirbach
Christof Schenk von Nideggen zu Hellenrath
Anton von Harff

Bernhard von Heiden
Johann von Binsfeld zu Binsfeld
Wilhelm von Winkelhausen
Gebrüder Johann und Werner von Gymnich
He(i)n(d)rich von Bylandt, Herr zu Walbeck
Hubert Kall zu Dael

Alexander Dreiborn
Statius von Azewijn
Wilhelm von Neuhof, genannt Ley zu Eibach
Wilhelm von Cortenbach
Jobst von Fürstenberg zu Senden
Dietrich von Ovelacker zu Wischelingen (Kreis Dortmund)

Wilhelm von Streithagen
Wilhelm von Loe
Bernhard von Romberg
Hubert Lutter von Gertzen, genannt Sinzig

D. Die Düsseldorfer Zeit

Werner von dem Bongart
Heidenrich von Asche(n)berg

Johann von Lützenradt, bergischer Amtmann zu Windeck
Dietrich von Hall, späterer Mundschenk und Favorit der Herzogin Jakobe
Caspar Lappe, märkischer Rat und Drost zu Altena
Herman von der Ley
Bertram von Bylandt, Herr zu Walbeck, jülichscher Amtmann zu Bruggen
Friedrich von der Mark, märkischer Drost zu Schwirten

Johann von Hochsteden
N. Schuiren
Heinrich von Plettenberg, klevischer Amtmann zu Bornsfeld oder der gleichnamige märkische Drost zu Schwarzenberg
Johann von der Wenge
Dietrich Ovelacker
Arnd von Frentz

Johann von Bauer: einer der Speisenaufträger
Otto Schenk von Nideggen
Ernst von Bodelschwing
Heinrich von der Hovelich
Heinrich Ketteler
Johann von Hugenpoeth

Bertram von Nesselrode, Herr zu Raedt, Marschall von Jülich
Arnd[1] von Wachtendonk
Wilhelm von Waldenburg, genannt Schenkern, Amtmann von Jülich und Steinbach, Marschall von Berg, ab 1596 anstelle Nesselrodes von Jülich – späterer Antipode der Herzogin Jakobe
Dietrich von der Recke, Rat und Drost zu Unna, märkischer Marschall
Johann von Aldenbockum, Kleve-märkischer Rat und Drost zu Dinslaken
Dietrich Knipping, märkischer Rat und Drost zu Hamm.

---

[1] Vermutl. Arnold, der klev. Marschall, Rat und Amtmann zu Kronenburg.

Der Ort des Geschehens, der Alte Markt, wird von Hogenberg, ähnlich der Düsseldorfer Schloßkapelle, in zwei topographisch unterschiedlichen Abbildungen (Kupferstiche Nr. 31 und 34) dargestellt, bei denen nur der gemeinsame „Rahmen" stimmt, nämlich das Vorhandensein der südlichen und der durch die Marktstraße vom Platz getrennten Häuserreihe sowie das 1567 von Heinrich Tußmann aus roten Backsteinen errichtete Rathaus, das zusammen mit einigen der Häuser die Widrigkeiten der Zeitläufe überdauert hat und erst vor wenigen Jahren renoviert wurde. Sein Architekt war möglicherweise Maximilian Pasqualini, da es demjenigen von Sittard, das als ein Werk dieses Meisters verbürgt ist, ähnelt. Damit aber erschöpfen sich bereits wieder die Gemeinsamkeiten dieser Bilder. Während das den Einzug der Akteure darstellende Bild vor allem eine reiche Vielfalt von Häuserfassaden mit reichhaltigen Gliederungen, Fensterformen sowie spitzen, verschieden abgetreppten und auch bereits leicht geschwungenen Giebeln erkennen läßt, sind die Fassaden mit dem das eigentliche Turnier darstellenden Bild einfacher

Einzug der Turnierteilnehmer am Düsseldorfer Alten Markt – Kupferstich Nr. 31

D. Die Düsseldorfer Zeit 195

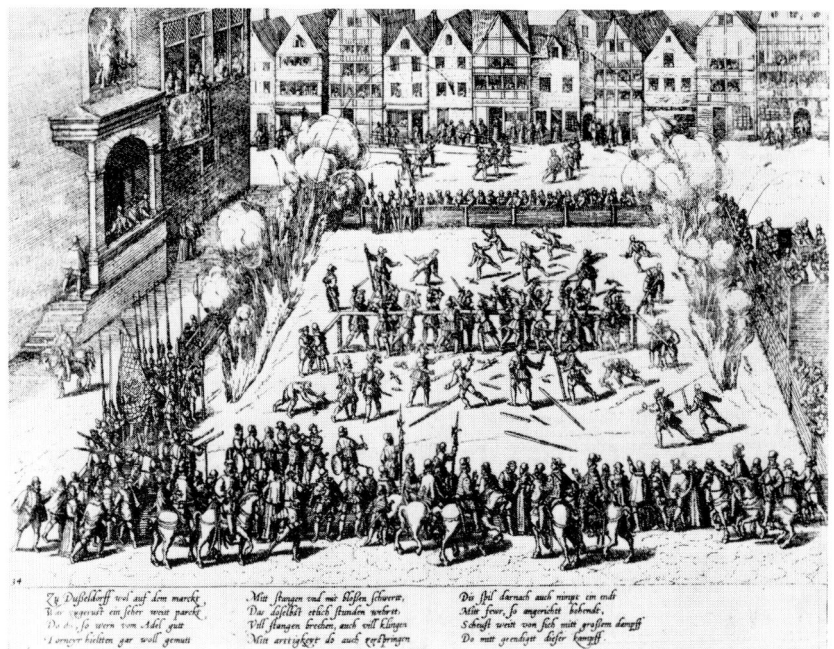

Fußturnier am Düsseldorfer Alten Markt – Kupferstich Nr. 34

gehalten. Mit einheitlichen Fensterformen und durchwegs spitzen Giebeln ducken sie sich in den Schlagschatten des wuchtigen Rathausbaues mit seinem loggiaähnlichen, seitlichen Aufgang und der ihn bekrönenden Justitiafigur. Der gravierendste Unterschied ist aber in der Tatsache zu sehen, daß erstere Darstellung noch einen Blick in die im Rathausbereich in die Marktstraße mündende Bolkerstraße erlaubt, man dort sogar die Fassadenformen einiger Häuser erkennt, während die Bolkerstraße auf dem Bild der vorliegenden Seite völlig fehlt.

Was das Tagesgeschehen anbetrifft, so war auf dem Marktplatz ein brusthoher Bretterzaun in Karreeform errichtet – mit einem Einlaß an der Rathaus- und einer Schiedsrichtertribüne auf der gegenüberliegenden Seite. Zwischen Einlaß und Tribüne verlief parallel zur Marktstraße eine Planke, über die hinweg die Parteien miteinander kämpfen würden. Als die Wettkämpfe begannen, barsten nochmals Klingen, splitterten Stangen, und Feuerwerke flammten auf. Es war ein buntes, jahrmarktähnliches Treiben, das die Anrainer aus ihren Häusern und die übrigen Schaulustigen vom Rand des Spielfeldes aus verfolgten.

Besonderes Gewicht verlieh den Veranstaltungen natürlich auch hier wieder die Anwesenheit des Hofes. Jakobe hatte in der Loggia des Rathauses Platz genommen, andere Mitglieder des Hofes und fürstliche Gäste schauten aus den teppichbehangenen Rathausfenstern zu.

Gegen Abend fand lediglich noch ein abschließendes Festessen statt, dem sich ein großer, von allerlei Einlagen unterbrochener Hofball anschloß. Viel Beifall fand dabei ein von vier Paaren vorgetragener Mummenschanz (Kupferstich Nr. 35), den vier antik gewandete Musiker auf Saiteninstrumenten begleiteten. Zwei der Paare trugen lodernde Fackeln, in deren Schein sich die prächtigen und farbenfrohen Gewänder gut ausmachen ließen. Die fackeltragenden Edelleute waren mit Lorbeerkränzen geschmückt, während die Männer der anderen beiden Paare Zepter und Stirnbinde trugen. Die Damenwelt hatte lange, wallende Gewänder angelegt sowie Kranzgebinde im Haar, alles zur Verherrlichung Gottes, des Lichtes und der Natur, jedoch wollte man auch auf die Eigenschaften Mäßigkeit, Gerechtigkeit und Weisheit als Anzeichen einer guten Regierung anspielen.

Anschließend kam es zur Preisverleihung des nachmittäglichen Fußturniers mit

Fackeltanz in antiken Gewändern – Kupferstich Nr. 35

Abschlußturnier im Innenhof des Düsseldorfer Schlosses – Kupferstich Nr. 36

Preisen im Werte zwischen 80 und 200 Talern für den Jungherzog, Arnold Haes, Herr zu Türnich, Jobst von Fürstenberg zu Senden und Markgraf Jakob von Baden-Hochberg.

Im Schloßhof waren inzwischen alle Vorbereitungen zum Kehraus abgeschlossen. Nach und nach fanden sich die noch anwesenden Gäste ein. Ein letztes Kräftemessen zwischen zwölf hoch zu Roß gegeneinander antretenden Rittern kam in Gang (Kupferstich Nr. 36). Der feine Glanz ihrer Prunkrüstungen, die Ziselierarbeiten und die farbenfrohe Bemalung zeugten gleichermaßen von großem handwerklichem Geschick wie teurer Ware. Auch bei den Pferden handelte es sich um gepflegte Tiere mit langen, wehenden Mähnen sowie mit Kopfputz und bis nahe an den Fußboden reichenden Schabracken. Als die Gegner aufeinanderprallten, barsten wieder Lanzen und Turnierschwerter. Mitten in dieses Getümmel stürzten mit Hakenbüchsen bewehrte Schützen und vertrieben die miteinander ringenden Parteien – alles natürlich als ritterliches Spiel gedacht.

198   4. Kapitel

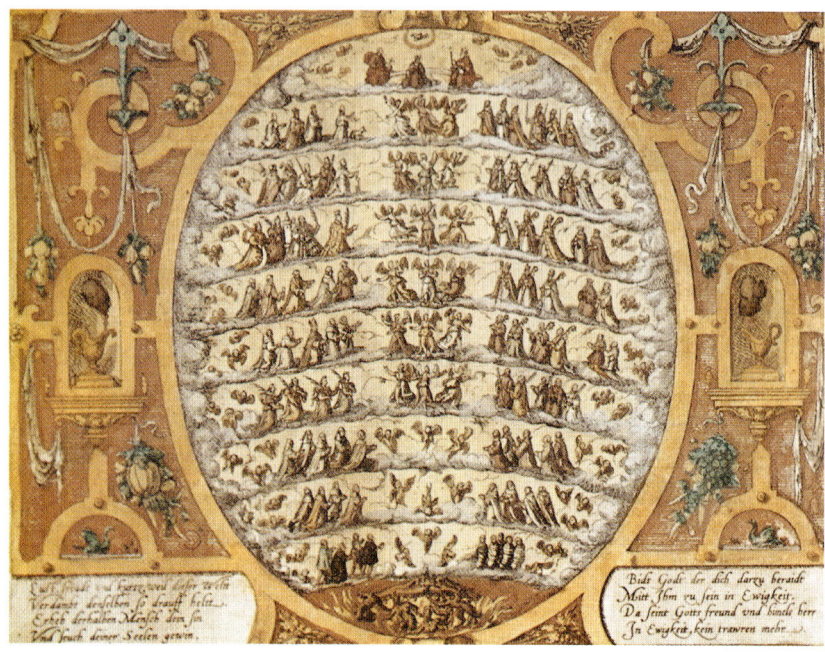

Das Reich Gottes in mittelalterlicher Vorstellung – Kupferstich Nr. 37

Zuvor waren auch mehrere als Feuerspeier präparierte Pferdeattrappen auf den Schloßhof gebracht worden, die in dem herrschenden Halbdunkel kaum von lebenden Tieren zu unterscheiden waren, so daß die von ihnen überraschten und erschreckten Hakenschützen letztendlich gleichfalls in der Flucht ihr Heil suchten.

Damit war man endgültig am Ende des Turniers sowie der gesamten Hochzeitsfeierlichkeiten angelangt. Sinnbildlich hierfür erstrahlte jetzt der Schloßhof in gleißendem Licht, das von einer Erde, Himmel und Gestirne symbolisierenden riesenhaften Kugel rührte, die die Aufmerksamkeit aller Anwesenden weg vom irdischen Geschehen zur himmlischen Ewigkeit hin lenken sollte (Kupferstich Nr. 36).

Eine zeitgemäße Vorstellung des Gottesreiches zeigt uns Hogenbergs letztes Bild (Kupferstich Nr. 37). Von der zuunterst dargestellten Hölle führen neun in einzelnen Streifen dargestellte „Chöre" bis zu Maria und der um sie gruppierten Dreifaltigkeit. Himmlische Heerscharen, angefangen von den niedrigsten, von einfachen Menschen umgebenen Engeln im untersten bis hin zu den

D. Die Düsseldorfer Zeit

Cherubin im achten und den Seraphin im neunten Chor, die von Patriarchen, Kardinälen, Kurfürsten, Herzögen und Königen bzw. Eremiten, Märtyrern, Aposteln, heiligen Päpsten und Kaisern flankiert werden. Eine in ihrem hierarchischen Aufbau noch ganz mittelalterlicher Denkweise verhaftete Bildkonzeption.

In den nächsten Tagen nahm man Abschied voneinander. Als einer der letzten Gäste ist die Neuburger Familie am 24. 7. 1585 abgereist. Herzog Wilhelm der Reiche ließ es sich nicht nehmen, die fürstliche Verwandtschaft noch bis hinaus nach Ratingen zu begleiten, während sein Sohn Johann Wilhelm der leuchtenbergischen Familie sowie den kaiserlichen und kurfürstlichen Gesandten das Geleit gab.

So endete eines der größten Feste, wenn nicht gar das größte Fest überhaupt, das uns aus dem Zeitalter der Renaissance am Niederrhein bekannt ist. Leider war es aber kein Auftakt zu einer glücklichen Zukunft, wie es sich die Teilnehmer wohl gewünscht haben mögen, sondern glich insgesamt eher dem Auflodern eines der zahlreichen Feuerspektakel der vergangenen Tage, das schön anzuschaun, jedoch bereits nach kurzer Zeit von der unruhigen und allseitig aufbegehrenden Umgebung erfaßt und hinfortgerissen worden war.

II. Gute Jahre

1. Rätekollegium und Geistesleben am Niederrhein

Die Hochzeitsfeierlichkeiten waren verklungen, die Gäste abgereist, und der Alltag hielt wieder Einzug am Düsseldorfer Hof.
Hatten an den vergangenen Festtagen für den Altherzog wie für seine Kinder Repräsentationspflichten und wohl auch freudiges Teilhaben an der sich bietenden Abwechslung das Tagesgeschehen beherrscht, und hatte man sich den aus politischen wie verwandtschaftlichen Gründen angereisten Fürstlichkeiten und Honoratioren widmen müssen, so standen ab jetzt wieder die heimatliche Umgebung mit all ihren Sorgen und Kümmernissen sowie – vor allem – der eigene familiäre Kreis im Vordergrund, der immerhin um die gewichtige Person Jakobes erweitert war.
Bei diesem „Zusammenrücken" war man aufeinander angewiesen, wollte man das Gefüge im Gleichklang halten. Bedenkt man, daß Jakobe nicht ohne Grund nach hier geschickt war, konnten sich schon bange Fragen ergeben, ob sie z. B. in der Lage sein werde, die in sie gesetzten Erwartungen zu erfüllen und ihre Person samt ihren Fähigkeiten ohne allzu große Reibungsflächen zum Nutzen des Landes in das Düsseldorfer Hof- und Familienleben einzubringen?!
Ferner, ob sie imstande sein werde, ihren gutmütigen, jedoch wenig entschluß- und durchsetzungsfreudigen Gatten entsprechend zu ergänzen? Und dann – würden sie es wohl gemeinsam schaffen, der süddeutsch jesuitischen Restauration zum Sieg zu verhelfen? Oder war es etwa so, daß alles beim alten blieb, mal der protestantischen und mal der katholischen Seite zum Nutzen, oder daß gar die reformierten Christen allein ihre Vorteile aus höfischer Uneinigkeit zögen?! Letzteres, die Kardinalfrage, war denkbar, wenn es der Reformpartei gelänge, die Aktivitäten des Jungherzogs auszuschalten bzw. auf seine hübsche Frau zu beschränken, um deren Einfluß auf die Politik erst gar nicht zur Geltung kommen zu lassen, zumal auch vorerst noch der Schatten des Altherzogs über allem lag, unter dessen Deckmantel die zunehmend erstarkende Räteschaft agierte.
Wer waren nun diese allgewaltigen Räte eigentlich, und wie waren sie zu ihrer so einflußreichen Stellung emporgestiegen?
Wichtiges wurde schon in dem Kapitel über Jakobes badische Heimat berührt. Wir hatten gehört, daß die lokal organisierte, vorrangig auf die landesherrliche Hofhaltung abgestellte mittelalterliche Verwaltung mehr und mehr durch eine

D. Die Düsseldorfer Zeit

zentrale Landesverwaltung abgelöst worden war; wie die alten fränkischen Hofämter des Truchsessen, Kämmerers und Schenken teils übernommen, teils anderweitig in der Zentralverwaltung aufgegangen waren oder sich allmählich gleichgewichtige andere Ämter, wie die des Kanzlers und Hofmeisters (Landhofmeisters und Haushofmeisters), herausgebildet und erstere zum Teil verdrängt hatten. Eine etwas andere Entwicklung nahmen am Niederrhein, wie gleich zu berichten sein wird, die Ämter des Marschalls, des Hofmeisters und des Rentmeisters. Rangtiefer, auf lokaler und regionaler Ebene, rangierten Vögte, Burggrafen, Schultheißen, Bürgermeister und was es dergleichen Chargen mehr gab.

Kirchliche und weltliche Mitglieder der Hofhaltung und -verwaltung, die Adelige und Fachleute bürgerlicher Abkunft sein konnten und sich eines besonderen Vertrauens des Landesherrn erfreuten, hatten sich zu dem Gremium eines fürstlichen Rats zusammengefunden. Einen solchen hatte es hier wie dort zwar schon im Mittelalter gegeben, jedoch in einer unbestimmteren Art von Zusammensetzung und Funktion. Nur Adelige und Geistliche gehörten ihm in der frühen Zeit an, und im wesentlichen ist er damals nur beratend – nicht exekutiv – tätig gewesen. In der ersten Hälfe des 16. Jahrhunderts dagegen wurden Mitgliederzahl und Kompetenzen in Ordnungen streng geregelt – in Kleve-Mark schon ab 1486/89 – und neben Adel und Geistlichkeit, die ihrer Herkunft nach für dieses Amt prädestiniert waren, hatte sich das seiner gelehrten Ausbildung wegen qualifizierte Element bürgerlich-bäuerlicher Herkunft geschoben.

Aus Gründen der Arbeitshäufung hatten sich von ihm, sozusagen als der Keimzelle einer landesherrlichen Zentralbehörde, nach und nach die Behörden einer Rechenkammer (vor 1557), eines Hofgerichts (1597) und einer Stelle für Heereswesen abgespalten. Die Kanzlei hingegen hatte gemäß einer weit ins Mittelalter zurückreichenden Tradition schon immer eine gewisse Eigenständigkeit bewahrt.

Dies hatte sich im Prinzip, wenn auch, vor allem im Vergleich mit der geradezu vorbildlichen und fortschrittlichen Entwicklung in Kleve-Mark, zeitlich später und mit verschiedenen Nuancierungen sowie unterschiedlichen Schwerpunkten, in der süddeutschen Heimat Jakobes ebenso zugetragen bzw. herausgebildet.

Im 16. Jahrhundert erfuhren nun die Verwaltungsbereiche (Finanz-, Heeres-, Gerichts-, Religions- und Polizeiwesen) genauere Reglementierungen. An die Stelle des mittelalterlichen Anweisungssystems trat eine Zentralkasse, anstelle des Lehnsheeres ein nur im Bedarfsfall angeworbenes Söldnerheer, neben die Stadt- und Landgerichte das herzogliche Appellationsgericht (1555) und neben die früher allein anerkannte katholische Staatsreligion diejenige des Augsburger Bekenntnisses (1532/33). Ohne ein sonderliches Vorbild war dagegen die Ordnungsinstitution der Polizei (1554 und 1558) entstanden, die im 16. Jahrhundert für die gesamte Tätigkeit der lokalen und staatlichen Behörden mit Ausnahme der Rechtspflege stand.

Ortsspezifisch für Jülich-Kleve-Berg war nun, daß seine Geburtsstunde erst 1521 geschlagen hatte und dieselbe damit zum Zeitpunkt, als Jakobe hier Einzug hielt, zwar noch gar nicht besonders lange zurücklag, obgleich andererseits drei Viertel seines nur 88jährigen Bestands bereits verstrichen waren. In der vorausgehenden Periode waren Jülich-Berg und Kleve-Mark zwei selbständige Herzogtümer gewesen und hatten zwei verschiedenen Landesherrn unterstanden, so daß sie auch nach der Union von 1521 ihre eigenen Verwaltungen behielten und alle Institutionen – jeweils in Düsseldorf und in Kleve – doppelt besetzt waren, wie sich dies vor allem in den Kanzlei-, Hof- und Regimentsordnungen von 1532[1], 1534, 1564 und 1592 manifestiert hat.

Aus der Ordnung von 1534 geht u. a. hervor, daß es in Jülich-Berg-Ravensberg zu dieser Zeit bereits eine organisierte Räteschaft gegeben hat, während dies für Kleve-Mark-Ravenstein zumindest unklar ist. Unterschiedlich entwickelte sich auch in beiden Landeshälften das Hofgericht. Im benachbarten Bistum Münster war ein solches 1571 und in Kleve-Mark 1597 vorhanden, wohingegen es sowohl eine kirchliche Zentralbehörde als auch ein institutionalisiertes Hofgericht in der Landeshälfte Jülich-Berg des 16. Jahrhunderts noch nicht gab; dennoch kann gesagt werden, daß sich letzteres schon 1534 insoweit abzuzeichnen begann, als ab da eigene Amtsstunden für die delegierten Räte angesetzt wurden.[2] Die nachhinkende Entwicklung in Jülich-Berg mag ganz allgemein mit dem den Burgvogt oder Grafen früherer Zeiten allmählich ablösenden Amtmann zusammengehangen haben, der in den Niederlanden und im nordostdeutschen Raum schon früher neben dem Verwaltungsbeamten auch Richter war, also mehr Befugnisse als im Westen und Süden des Reiches besaß, wo er zunächst nur als Verwaltungsbeamter auftrat und richterliche Befugnisse erst nach der Rezeption hinzukamen. In diesem Amt muß es mithin damals zwischen dem etwas rückständigeren Jülich-Berg und Jakobes badischer Heimat mehr Übereinstimmung gegeben haben als dies zwischen Jülich-Berg und der nördlichen Landeshälfte Kleve-Mark der Fall war.

---

[1] Ist nicht mehr erhalten. [2] LV Nr. 251, S. 32.

D. Die Düsseldorfer Zeit

Mit umfangreichen Vollmachten ausgestattet, war der Amtmann in der Lokalverwaltung oberster, landesherrlicher Vertreter. Untergeordnet war ihm der die Domänen und die aus ihnen stammenden Einkünfte beaufsichtigende Rentmeister bzw. im badischen Raum der Landschreiber, während der Rentmeister in Jakobes zweiter – der bayerischen – Heimat den Landschreiber erst nach und nach ersetzte und dort dem Viztum zugeordnet war. An der Spitze des Kassenwesens eines ganzen Landes – in Jülich-Kleve-Berg aus dem Amt des Rentmeisters hervorgehend – stand der Landrentmeister, der erster und lange Zeit hindurch einziger Zentralbeamter überhaupt war, bis etwa in der Mitte des 15. Jahrhunderts das Amt des Kanzlers immer deutlicher an Kontur gewann und schließlich den Landrentmeister in dem – unterschiedlich zu Baden – nicht in Landes- und Hofverwaltung untergliederten Amt sogar verdrängte. Auf ihn sowie auf die Ämter des für den gesamten Hofhaushalt einschließlich Rechenkammer zuständigen Hofmeister sowie den für Heer- und Polizeiwesen verantwortlichen Marschall nimmt auch wieder vor allem die Ordnung von 1534 Bezug. Im Gegensatz zu anderen Territorien, in denen sich im späten Mittelalter das Marschallamt auf verschiedene Personen verteilte (Hof-, Feld- und Reisemarschall), kennen die Hofordnungen Jülich-Kleve-Bergs des 16. Jahrhunderts nur den Marschall schlechthin. Unterhalb dieser drei bis vier höchsten Chargen der Zentralverwaltung gesellten sich im Laufe der Zeit auch noch andere einflußreiche, aber nur zum Teil mit der Ratswürde verbundene Ämter hinzu.

Gewissermaßen als Kanzlerstellvertreter fungierte in Jülich-Berg ab etwa 1580 ein Vizekanzler. Auch in Kleve-Mark war an seine Installierung gedacht, jedoch ist es letztlich nicht dazu gekommen. Dem Kanzler und Vizekanzler unterstanden Kanzlei-„Räte" und diesen wiederum – rangtiefer – die (Geheim-)Sekretäre, Registratoren und Botenmeister.

Ähnlich dem Verhältnis von Kanzler und Vizekanzler – nur hinsichtlich seiner Entstehung wesentlich früher – stand dem Hofmeister, der sich ab 1592 Landhofmeister nannte, der Haushofmeister zur Seite. Ihnen beiden unterstanden – bzw. dem Haushofmeister waren sie in etwa nebengeordnet, was sich u. a. an der bei Hofe gefütterten Anzahl von Pferden für diese Amtsinhaber erkennen läßt – Küchenmeister, Bottelierer, Türwärter, Kammermeister, Stallmeister, Schenk, Zu- oder Vorschneider und Spinder. Der in dieser administrativen Durchgliederung nicht mehr vertretene Truchseß, aber auch das alte Amt des Schenken hatten sich in die Ämter von Küchenmeister, Zuschneider bzw. Bottelierer und „jüngerem" Schenk aufgespalten. Der Truchseß und das ursprüngliche Schenkenamt waren in ihrer Bedeutung zurückgesunken und zum Teil wohl auch in nicht mehr mit der Ratswürde verbundenen Chargen, wie der des Küchenschreibers in der Zentralverwaltung oder des Amtmannes in lokaler Ebene, aufgegangen. Letzterem unterstand – und davon rührt sein Name – ein Amt, das heißt ein Bezirk, der im 16. Jahrhundert in der Regel die kleinste und auf lokaler Ebene einzige Verwaltungseinheit darstellte.

Vögte, Dinger, Schultheißen und Richter waren Beamte unterhalb eines Amtmannes; ihnen oblag das Gerichtswesen, während dem Kellner sowie dem hinsichtlich seiner Befugnisse bereits besprochenen Rentmeister – und unter letzterem in Kleve-Mark auch dem Schlüter – das Finanzwesen zuzuordnen war. Auf gleichem Niveau stand in Jülich-Kleve-Berg noch der Landschreiber mit einem Brüchtenmeister an seiner Seite. Letzterer hatte sich um die den gerichtlichen Gefällen des Landesherrn zugehörigen Brüchte (oder Brüche), das heißt Strafen, meistens Geldstrafen, zu kümmern.

Verbleibt noch das Amt des Marschalls, dem sechs Pferde und damit mehr als dem Kanzler und dem Hofmeister mit jeweils vier bis fünf Pferden zustanden. Beim Marschall mag dies neben seinem hohen Rang auch in seiner Funktion begründet gewesen sein; zu seinem Tätigkeitsbereich zählte nun einmal das gesamte Heer- und Polizeiwesen einschließlich der herzoglichen Pferde. Unterstellt waren dem Marschall Fourier, Junker, Schützenmeister, Artilleriemeister und auch der Generalanwalt.

Ein Vergleich mit Jakobes badischer Heimat läßt erkennen, daß sich dort das Amt des Hofmeisters schon wesentlich früher und mit deutlich gegenseitiger Abgrenzung in das Amt eines Landhofmeisters und eines Haushofmeisters aufgespalten hatte, daß es einen Vizekanzler gar nicht und den Landschreiber in der niederrheinischen Funktion des Rentmeisters gegeben hatte. Dem Marschall hingegen begegnet man – z. B. in der Person Johann Friedrichs von Kronenburg unter den Begleitern Philipps II. anläßlich der Hochzeitsfeierlichkeiten – in seiner auch in Jülich-Kleve-Berg einzigen Erscheinungsform.

Im 16. Jahrhundert bildeten sich aber unabhängig von diesen „berufsbezogenen" Tätigkeiten noch weitere Rätekategorien heraus. Da der Herzog nicht nur eine Residenz hatte, sondern zwischen Kleve auf der einen sowie Düsseldorf, Bensberg und Hambach auf der anderen Seite hin- und herpendelte, gab es Räte, die dem innerhalb der Landesgrenzen wandernden Hofstaat *folgten* und somit dem „folgenden Rat" angehörten. Entsprechend gab es auch Räte, die in einer der Residenzen *verblieben* und deshalb als „bleibender Rat" bezeichnet wurden. Es gab gemeine, im Sinne von allgemeine, und geheime Räte, und zwar quer durch die Reihen der bleibenden und der folgenden

Gruppe. Kanzler, Hofmeister, Marschall und Landrentmeister gehörten stets dem bleibenden Rat an und waren immer der sich von der übrigen Räteschar abhebenden Gruppe der geheimen Räte zuzurechnen. Ferner unterschied man zwischen Räten, die zugezogen und solchen, die echte Landeskinder waren. Schließlich auch zwischen adeligen, bürgerlichen und der Sondergruppe von Räten, die man als „von Haus aus" bezeichnete. Letztere gehörten dem bürgerlichen Lager oder dem Landadel an. Sie wurden so tituliert, weil sie verpflichtet waren, eine bestimmte Zeit im Jahr mit einer festgesetzten Zahl berittener Knechte am Hof zu erscheinen und in dieser Zeit am Hofrat teilzunehmen. Sie konnten in höchste Ämter vorstoßen, wie etwa das Beispiel der Kanzler Dr. Olisleger und Gogreve lehrt, jedoch war ihr bevorzugter Tätigkeitsbereich das Gerichts- und das Polizeiwesen.

Die Kompetenzen der einzelnen Rätekategorien, vor allem zwischen den bleibenden und den folgenden Räten, scheinen nicht genau abgegrenzt. Überhaupt wog für die Zugehörigkeit zu dem einen oder anderen Rat weniger das Amt als vielmehr die Person, die dieses Amt bekleidete. Fest stand aber das für alle Räte verbindliche Gebot, daß jeder von ihnen in wichtigen Streitfragen, wie z. B. in gerichtlichen oder in den zeittypischen kirchlichen Belangen, nicht im Alleingang, sondern erst nach gegenseitiger Abstimmung entscheiden konnte – eine besonders wichtige Auflage, wenn man an die Eigenmächtigkeiten verschiedener einflußreicher Räte in der Endphase der Jakobe-Ära denkt.

Eckpfeiler der Verwaltung waren demnach im Herzogtum Jülich-Kleve-Berg Kanzler, Hofmeister, Marschall und Landrentmeister. Mit diesen Ämtern identifizierte sich folgender Personenkreis:

Auf den schon erwähnten Kanzler Johann Gogreve (um 1520 – 17. 2. 1554) des bürgerlichen Lagers folgten in Jülich-Berg Probst Johann von Vlatten und die Kanzler der Jakobe-Ära, Orsbeck und Hardenrath. Als Kanzler Orsbeck noch zu Lebzeiten von diesem Amt resignierte, hatte er – ein Novum – den sogenannten Vizekanzler, Dr. Johannes Hardenrath, zum Nachfolger. Zum Unterschied von diesem wurde Orsbeck nach seiner Resignation als „Abgestandener Kanzler" bezeichnet. In den letzten verhängnisvollen Jahren des Herzogtums lag das Kanzleramt Jülich-Bergs in den Händen des Niklas Priet von Horchheim, genannt von der Broell, dem der Licentiat Bernhard zum Pütz als Vizekanzler zur Seite stand.

Auch in Kleve-Mark hatte das Kanzleramt 1540 bis 1545, in einer Übergangsphase, Johann Gogreve inne, und zwar zusammen mit Dr. Olisleger.[1] Während

---
[1] LV Nr. 56, S. 106.

letzterer die klevische Kanzlei ab 1547 in alleiniger Verantwortung übernahm, beschränkte sich Gogreve auf die Kanzlei von Jülich-Berg. Von 1575 bis 1600 folgte in Kleve der strenge Katholik Heinrich Rudolf von Weeze, der schon ab etwa 1560 klevischer Rat gewesen war und dem man in späten Tagen ebenfalls einen Vizekanzler beigesellen wollte, wozu es jedoch letztendlich nicht mehr kam.

Wie diesen hohen Beamten sind wir auch den meisten anderen Chargen, die an dem Düsseldorfer Geschehen der Jakobe-Zeit beteiligt waren, bereits einmal namentlich begegnet. Die wichtigsten von ihnen seien hier nochmals im Sinne einer behördenmäßig hierarchischen Struktur zusammengefaßt:

Den Rang eines (Land-)Hofmeisters bekleidete in Kleve-Mark Peter von Aldenbockum und in Jülich-Berg Werner von dem Bongart. Die Haushofmeister dieser Zeit waren Gottfried von Stein und Johann von Ossenbroich.

Marschälle gab es in jedem Landesteil: Klevischer Marschall und gleichzeitig Rat und Amtmann zu Kranenburg war Arnold von Wachtendonk, während der märkische Marschall, der gleichzeitig Rat und Drost zu Unna war, Dietrich von der Recke hieß. In Jülich oblag das Amt des Marschalls Bertram von Nesselrode und Johann von Reuschenberg, während im Bergischen der berüchtigte Wilhelm von Waldenburg das Marschallamt innehatte, der ab 1596 anstelle Nesselrodes Marschall von Jülich wurde. An seine Stelle als bergischer Marschall dagegen trat ein gewisser von Ley.

Als Landrentmeister ist uns Heinrich von Diepenbroich bekannt sowie als Kammermeister die von Palandts, Herren zu Breidenbend, in Jülich (Dietrich) bzw. Kleve (Werner), Johann Ketteler von Nesselrode in Berg sowie die nicht näher zuzuordnenden Adam von Harff, Herr zu Dreiborn, und Caspar Huyn von Amstenradt.[1]

Stallmeister waren Adam von Gymnich, Georg von Romberg und Heinrich von Plettenberg. Das Amt eines Bottelierers wurde von Wilhelm Spies zu Matzenborn, Johann von Marhulsen und Wessel von Knippenberg versehen. In gleichem Atemzug mit letzterem wird auch ein gewisser Saalmeister Pelzer genannt. Beiden oblag gegen das Lebensende der Herzogin Jakobe eine sehr unheilvolle Rolle.

Eine Zusammenfassung dieser Ämter samt ihren wichtigsten Daten, Befugnissen und Inhabern während der Ägide der Herzogin Jakobe geht aus den folgenden Tafeln hervor.

---

[1] Ein im Kölnischen u. Jülichschen ansässiges Geschlecht, daher wohl in jülichscher Verwaltung tätig.

D. Die Düsseldorfer Zeit   207

Zentralverwaltung von Jülich-Berg und Kleve-Mark zur Zeit der Herzogin Jakobe

Hofmeister: (ab 1592 Landhofmeister)
Doppelfunktion: Neben Kanzler höchster Beamter der Landesregierung und Leiter der gesamten Hofhaltung einschließlich Rechenkammer
Amtsinhaber: Werner von dem Bongart (Jülich-Berg), Peter von Aldenbockum (Kleve-Mark) und Dietrich von der Horst (nur vom Jungherzog)

	Haushofmeister	Küchenmeister	Bottellerier	Türwärter	Kammermeister	Stallmeister	Schenk	Zu- oder Vorschneider	Spinder oder Dispensator
Amtsinhaber / Befugnisse	vermutl. adeliger Rat ab 1592 (4 Pferde)	adeliger Rat (3 Pferde)	adeliger Rat (3 Pferde)	im Gegensatz zu den meisten Territorien meist adel. Rat, eine Art Kammerherr (3 Pferde)	Jülich-Berg: Rat spätest. ab 1564 (4 Pferde), Kleve-Mark: nur Hofbeamter, kein Rat	adeliger Rat (3 Pferde)	konnte adelig sein, aber kein Rat (3 Pferde)	vermutl. kein Rat (3 Pferde)	adeliger Rat (4 Pferde)
	entst. zw. 1534–64	abgezw. von Truchseß lt. Ordnung 1564	abgezw. von Schenk ab 1564	ab 1534	abgezw. von Kämmerer	abgezw. von Marschall		abgezw. von Truchseß ab 1564	ab 1564
	stützte Hofmeister in allen Bereichen (Revision der Hofabteilungen, Küchenbücher u. a.)	unterstützte Hofmeister nur in Verpflegung des Hofes	unterstützte Hofmeister nur in Bottelerei bzw. Keller mit allen Vorräten – Wein, auch Kredenzvorgang trotz eigenem Schenken	Bedienung des Herzogspaares; Weiterreichung seiner Befehle; Revision von Küche und Keller; Bittschriften	Bedienung des Herzogspaares; Bekleidungswesen; Silbergeschirr	Bedienung des Herzogspaares; Fuhrwesen (Pferde, Sattelzeug)	Überschneidung mit jenen des Bottelerers		Schatzmeister der fürstl. Privatschatulle, Almosengeber
	Johann von Ossenbroich (Jülich-Berg), Gottfried von Stein (Kleve-Mark)	Winand von Leerodt, Steffen von Neuhof	Wilhelm Spies zu Matzenborn, Johann von Marhulst(?), Wessel von Knippenberg	Joh. v. d. Recke, Dietrich von Wylich, Christoph von Rolshausen	Dietrich von Palandt (Jülich), Johann Ketteler von Nesselrode (Berg), Werner v. Palandt (Kleve), Adam von Harff, Caspar Huyn v. Amstenradt	Adam von Gymnich, Johann von der Horst, Heinrich von Plettenberg, Georg von Romberg (Mark)	Lenuer, ab 1592: Dietrich von Hall	Dietrich von Orsbach, Johann von Ossenbroich d. J., Wilhelm von Hatzfeld, Herr zu Wildenburg und Weißweiler, Arnold Budberg, Dietrich Türck	Gottfried von Steinen

Kanzler

Funktion: Neben Hofmeister höchster Beamter, Vorsitz im bleibenden Rat und ab 1592 im Düsseldorfer Geheimen Rat, stand an der Spitze der Kanzlei und der Rechenkammer; seit 1564 jülich-bergischer oder kleve-märkischer Kanzler abwechselnd bei Hof

Inhaber des Kanzleramtes in Jülich, Berg: Wilhelm von Orsbeck 1563–95: nach Resignation 1595 „abgestandener Kanzler"
Niklas von der Broell

Inhaber des Kanzleramtes in Kleve (und Mark): Heinrich Rudolf von Weeze (1575–1600)

Inhaber des Vizekanzleramtes in Jülich (und Berg): Dr. Johann Hardenrath (ab etwa 1580)
Bernhard zum Pütz (mind. ab 1594 in Jülich)

Inhaber des Vizekanzleramtes in Kleve und Mark: –

Kanzleiräte (auch Befehlshaber oder Deputierte genannt) waren „Räte". Amtsinhaber in Jülich: Engelbert von Orsbach, Lohn von Binsfeld, Christoph von Rolshausen, Johann von Vlatten, Johann von Merode, Johann von Harff, Degenhard von Merode, Bertram von Bylandt
Amtsinhaber in Kleve: Wilhelm Quadt, Dietrich von dem Botzler, Pilgrim von Heckeren, Rudolf Muhm, Johann von Wylich, Gerhard von Helingen
Amtsinhaber von Berg: Johann von Lützenrad, Roland von Waldenburg, Heinrich von Plettenberg (Amtmann zu Bornsfeld)
Amtsinhaber von Mark: Heinrich von Plettenberg (Drost zu Schwarzenberg), Gerhard von Neuhof, Friedrich von der Mark, Georg von Siegberg, Dietrich von der Recke (Drost zu Unna)

(Geheim-)Sekretär	Registrator	Botenmeister
Amtsinhaber in Düsseldorf Wassenberg (1535–53), Gerhard Jülich (1554–75/76), von Olisleger, Mattenclodt (1577–88), Konssen (1595–1608), Marten (1604–09)		namentlich nicht bekannt
Amtsinhaber in Kleve Rheydt (1535–43), Egher (1544–66), Verwer (1566–99), Turck (1600–09)		
Weitere Amtsinhaber Closs, Wolter und Paul Langer (Geheimsekretär Wilhelms des Reichen)		

D. Die Düsseldorfer Zeit   209

Marschall

Doppelfunktion: In Landesregierung und Hofverwaltung für Heerwesen, Polizeiwesen und herzogliche Pferde zuständig. Rat, 6 Pferde (mehr als Kanzler und Hofmeister)

Amtsinhaber von Jülich, Berg: Wilhelm von Waldenburg, genannt Schenkern (Berg, ab 1596 in Jülich; Nachfolger in Berg NN. von Ley) Bertram von Nesselrode (bis 1596 in Jülich)
Johann von Reuschenberg (Jülich)

Amtsinhaber von Kleve, Mark: Arnold von Wachtendonk (Kleve)
Dietrich von der Recke (Mark)
Johann (?) von der Horst (Kleve 1595)

Fourier	Junker (in militär. Sicht)	Schützenmeister	Artilleriemeister	Generalanwalt (neben oder unter dem Marschall)
zw. 1534 u. 38	adelige Grundbesitzer			
Befugnisse: Fütterung der Pferde, Herbergsuche auf Reisen		**Befugnisse:** Stand an der Spitze einer kleinen stehenden Truppe, den Schützen	**Befugnisse:** Festungen, Geschütze, Pulver	**Befugnisse:** Schutz landesherrl. Rechte, Landespolizei (Einzug von Gütern, Verfolgung von Straftaten, Schutz der Grenzen, Befolgung herzoglicher Edikte)

Landrentmeister aus den Rentmeistern von Jülich und von Berg hervorgegangen

Befugnisse: Zentralkasse, später Rechenkammer: Jülich-Berg 1534–47, Kleve-Mark um 1550

Amtsinhaber: Heinrich von Diepenbroich

Der „lustige Rat" Wilhelms des Reichen

D. Die Düsseldorfer Zeit

Bei einem vollständigen Hofstaat aus den Tagen der Herzogin Jakobe durfte schließlich auch das „Amt" eines Hofnarren nicht fehlen. Es hat seit dem Lustigmacher in Xenophons „Gastmahl" bis hin zu den Fürstenhöfen des 15. und 16. Jahrhunderts gleichfalls manche Wandlung durchgemacht. Manch einer dieser oft zwerghaften, buckligen oder anderweitig mißgestalteten Spaßvögel hatte es zu großer Berühmtheit gebracht, man denke nur an Bruisquet und Angeli am französischen, Wiegand von Theben am steiermärkischen, Klaus von Ranstädt und F. Taubmann am kursächsischen, Hans von Singen[1] am badischen oder Kunz von der Rosen am kaiserlichen Hof. Ob seines großen Durstes viel bestaunt auch Perkeo (um 1720), der zwergenhafte Hofnarr Karl Philipps von der Pfalz (1661–1742), dessen Standbild symbolgerecht noch heute im Keller des Heidelberger Schlosses neben dem nicht minder berühmten großen Faß plaziert ist.

Auch der „lustige Rat" vom Hofe Wilhelms des Reichen ist uns bekannt. Seine Jacke besitzt den typischen breiten Halskragen, ebenso wie Jackensaum und Ellenbogen mit Schellen behangen. In seiner Rechten das Narrenzepter, sitzt er noch immer, mit durch Kriegsgeschehen leicht ramponierter Nase und lädierten Fingern an einer Innenwange des alten Südgestühls von 1563 der Dürener St.-Anna-Kirche zu Füßen Herzog Wilhelms des Reichen, Narrenweisheiten dozierend. Vielleicht handelt es sich bei ihm um den in den Paragraphen 14 und 15 von Sibylles Anklageschrift[1] erwähnten Schalksnarren Martin, obgleich zwischen dem Schnitzwerk und der Ausfertigung der Anklageschrift mehr als dreißig Jahre liegen.

Martin wäre der einzige der Räte- und Beamtenschar des Düsseldorfer Hofes der Jakobe-Zeit, dessen Konterfei die Jahrhunderte überdauert hat. Und dies auch nur dank der Auslagerung des Gestühls während des Zweiten Weltkrieges sowie dem vehementen Eingreifen des Küsters Bernd Jußen nach dem Wiederaufbau, als es darum ging, die wenigen, den Bombenhagel überstandenen Stücke vor allzu eifrigen Sammlerhänden zu bewahren.

Das war sie – die Vorstellung der Räte der Jakobe-Ära. Es soll nun immer deutlicher werden, daß in demselben Ausmaß, wie Wilhelm dem Reichen mit zunehmendem Alter und Gebrechen die Zügel der Herrscheraufgaben entglitten, dieselben durch die Hände des Rätekollegiums und in dessen Sinn gelöst wurden. Höhepunkt der Entwicklung wird die Zeitspanne 1592 bis 1609 sein, in der diese Art der Verwaltung zwar in mancher Hinsicht, z. B. der finanziellen,

---

[1] Brunnenfigur vor Ettlinger Schloß. [2] LV Nr. 594; 233, S. 30.

bedingt auch zum Nutzen des Landes gedieh. In anderer aber, wo es um religions-politische Entscheidungen und damit verquickt um das Schicksal der beiden Gattinnen Johann Wilhelms ging, handelte es, vor allem einzelne seiner Mitglieder, entgegen seiner/ihrer „Satzung" oft eigenmächtig sowie ausgesprochen korrupt und eigennützig.

Nicht zu übersehen das vielfältige geistige Leben jener Zeit am Niederrhein! Konnte es auch nicht mit jenem der Münchner, Prager oder Wiener Residenzen konkurrieren, so wurde es doch durch die aus jenen Regionen eingeheirateten Frauen – der Kaisertochter Maria als Gattin Wilhelms des Reichen und Jakobes, der Nichte des Bayernherzogs – merklich beflügelt.
Über allen Geistesgrößen leuchtete der Stern des Humanisten Erasmus von Rotterdam (um 1466–1536) am strahlendsten. Seinen Schülern Konrad von Heresbach sowie den schon erwähnten Kanzlern Gogreve und Propst Johann von Vlatten war es zu danken, daß Düsseldorf ein Gymnasium erhielt. Zu seinem Leiter ward der nicht minder berühmte Rektor der Kölner Domschule Johann Monheim bestellt, so daß der gute Ruf der Schule rasch über die Grenzen des Herzogtums hinauswuchs. Wilhelm der Reiche, selbst Humanist, hatte hierzu am Stiftsplatz die erforderlichen Gebäude zur Verfügung gestellt. Die um 1581 überlieferte Zahl von 2000 Hörern bleibt auch dann enorm, wenn man annimmt, daß damit die Gesamtzahl der Schüler seit Gründung gemeint ist und berücksichtigt, daß das ganze Residenzstädtchen damals nur etwa 3000 Einwohner zählte.
Herzog Wilhelm stand sodann mit dem berühmten Duisburger Mathematiker und Astronomen Gerhard Merkator in Verbindung, berief die Ärzte Reinhard Gathmann alias Solenander (1524–1601), Johann Weyer (1515–88) und Sohn Galenus († 1619) sowie Johann Echt und Bernhard Cronenburg. Solenander hatte er auf eigene Kosten ausbilden lassen sowie ihm ab 1559 und dem jüngeren Weyer ab 1578 eine feste Anstellung bei Hof eingeräumt.
Die Ärzte jener Zeit, die etwas auf sich hielten, waren naturwissenschaftliche Allroundgenies. So ging vor allem dem älteren Weyer der Ruf eines aufgeklärten Mannes und echten Humanisten voraus, der mit der ganzen Autorität seiner Persönlichkeit gegen den Hexenwahn ankämpfte. Auch hatte er die bei hochgestellten verstorbenen Personen übliche Einbalsamierung auf einen brauchbaren Stand gebracht, während Solenander als Professor gelehrt und mehrere wissenschaftliche Abhandlungen verfaßt hatte.
Die Hochzeit Johann Wilhelms und Jakobes beweist, wie kaum eine andere Gelegenheit, daß man am Hofe Wilhelms des Reichen auch den schönen

Künsten zugetan war. Die Schauturniere, allegorischen Bilder, Musikdarbietungen und Feuerspektakel lassen Befähigung für die Theater- und Schauspielkunst erkennen.
Zusammenfassend läßt sich sagen, daß in Jülich-Kleve-Berg durchaus der Boden für ein höheres Niveau geistigen Lebens präpariert schien und zarte Pflänzchen der Saat bereits eine eigenständige, gehobene Kultur erkennen ließen. Aber die kriegerischen Zeiten, die zu einer allseitigen Auszehrung des Landes führten, standen einer weiteren Entwicklung hemmend im Wege. Dieser Allgemeinlage entsprach irgendwie auch das Wesen Wilhelms des Reichen. Von Haus aus tolerant sowie dem Humanismus und allem Schönen zugetan, fehlte ihm dennoch – vielleicht aufgrund seiner gesundheitlichen Malaise – jene Genialität, die diesen Ansätzen zu einem durchschlagenden und dauerhaften Durchbruch verholfen hätte.

2. Erste kaiserliche Kommission – Graf Manderscheid und Dr. Gail

Während das Verhältnis Johann Wilhelms zu seinem Vater und auch zu dessen Räten, die ihn zur Rückkehr von Münster nach Düsseldorf bewogen hatten, zunächst in normalen Bahnen verlief, war das Verhältnis zwischen seiner Frau und seinem Vater von vornherein ein gespanntes. Der Altherzog mag vielleicht seine Stellung – nicht ganz unbegründet – als gefährdet angesehen haben, und zwar einmal durch seinen mit zunehmendem Alter einhergehenden körperlichen und geistigen Verfall, zum anderen aber auch durch die zweifellos vorhandene Aufwertung, die seinem Sohn durch dessen intelligente, gutaussehende Gemahlin und deren Verbindungen nach München und Köln zuteil geworden ist. Er hatte ja nur durch allseitiges Drängen in die Heirat gewilligt, sah sich nach der Turbulenz der zurückliegenden Wochen und Monate bei nüchterner Abwägung überrumpelt und empfand deshalb Jakobe als eine ihm aufgenötigte Schwiegertochter. Seine reservierte, um nicht zu sagen ablehnende Haltung konnte umgekehrt auch seitens Jakobes keine verwandtschaftlichen Gefühle aufkommen lassen. Hinzu kam, daß Jakobe, die ihrem Gatten geistig um vieles überlegen war, sehr bald wahrnahm, daß man gar nicht daran dachte, sie und ihren Gemahl an Regierungsgeschäften teilhaben zu lassen. In diesem von Anfang an für Jakobe ungünstigen Klima war sie bemüht, eine gewisse Scheinwelt um sich her zu errichten. An dem prächtigen Münchner Hof Herzog Albrechts V. erzogen, der seiner Residenzstadt erstmals zu einer künstlerischen und wissenschaftlichen Blüte verholfen hatte, mußte sie nach den in jeder nur denkbaren Weise aufwendigen Hochzeitsfeierlichkeiten der Meinung sein, daß man auch am Niederrhein für Frohsinn und verfeinerte Lebensformen Sinn hatte, sofern vielleicht nur jemand da war, der sich der Sache annahm. Jakobe arrangierte deshalb Reisen, Feste mit allerlei mehr oder weniger aufwendigem Mummenschanz sowie Theater- und Tanzvergnügen. Hinzu kam ein gewisser Hang zu modisch guter Kleidung sowie aufwendiger Hofhaltung. Dies alles wurde zwar von ihrer mit Vergnügungen nicht gerade verwöhnten Umgebung freudig aufgenommen, bot aber ihren Gegnern wegen des verschuldeten und von Kriegsgefahr bedrohten Landes reichlich Stoff zu Angriffen gegen ihre Person. Trotzdem ging das erste Jahr wegen des zu diesem Zeitpunkt noch erträglichen Vater-Sohn-Verhältnisses glimpflich vorüber.

Ein Jahr nach der noch allen Beteiligten in lebhafter Erinnerung befindlichen Hochzeit traf im Juni 1586 erstmals eine kaiserliche Gesandtschaft, bestehend aus dem Grafen Manderscheid und Dr. Andreas Gail, in Düsseldorf ein. Bei ersterem handelte es sich entweder um den uns schon in Sachen Brautwerbung am Düsseldorfer Hof begegneten Hermann von Manderscheid-Blankenheim oder um Johann Gerhard, den Vater des früheren Verlobten der Herzogin. Über den Zweck dieser Gesandtschaft berichtet der Jungherzog etwa einein-viertel Jahre später nach München:

> „Nun kann ich mich nicht genügsam verwundern, daß sie — gemeint sind der Vater und dessen Räte — so à part dürfen handeln, weil doch Ihre Kaiserliche Majestät den Grafen zu Manderscheid samt Doktor Gail ungefähr vor fünf Vierteljahren zu dem Herrn Vater geschickt und dort werben ließ, weil wir nunmehr verheiratet und zu unserem ziemlichen Alter gekommen sind, wohl Ihre Kaiserliche Majestät den Herrn Vater ermahnt haben, auch geraten haben, daß Seine Liebden uns nun fortan wollten zu allen Sachen hinzuziehen."[1]

Dieser Brief läutete gewissermaßen einen Wandel der Einstellung des Jungherzogs zu den religiös-politischen Verhältnisen im Land, seinem Vater und dessen Räten gegenüber ein. Hatte er bis dahin noch geschwankt und sich dem Verhalten seines Vaters anzupassen versucht, der dem Namen nach zwar katholisch geblieben, den lutherischen Reformen aber mehr als zugetan war, so reichten offenbar ein Jahr am Düsseldorfer Hofleben in Gesellschaft seiner Frau sowie das Erscheinen der Prager Gesandtschaft, um ihn seinen fortan endgültigen Standpunkt finden zu lassen. Sein anfänglich loyales Verhalten

---

[1] LV Nr. 24, S. 107 f.

dem Vater und den Räten gegenüber hatten ihn seinem Ziel, an den Regierungsgeschäften teilzuhaben, nicht nur um keinen Schritt nähergebracht, sondern es hatte ihm noch zusätzlich das Mißtrauen Kaiser Rudolfs II., König Philipps von Spanien, des Kurfürsten und Erzbischofs Ernst von Köln, dessen bayerischer Verwandtschaft und des Vatikans eingetragen.

Die gewandelte Einstellung Johann Wilhelms wird im gleichen Jahr an seinem vom 14. 8. 1586 datierten Erlaß sichtbar, der dem Ort Wesel den Austausch seiner reformierten gegen eine katholische Geistlichkeit befahl, der jedoch von den Bürgern nicht befolgt wurde. Aber auch die protestantischen Landstände gerieten mit Johann Wilhelm schnell auf Kollisionskurs.

Im Mai 1587 hatten sich die Ausschüsse sämtlicher Landtage, das heißt des jülichschen, bergischen, klevischen und märkischen Landtags, zu Essen versammelt. Diese Ausschüsse wurden sowohl von den protestantischen wie den katholischen Landständen der Territorien gebildet. Damals forderten die protestantischen Landstände von Johann Wilhelm und seinem Vater Religionsfreiheit, neutrales Verhalten gegenüber den Händeln in den benachbarten Niederlanden, daß Richter, Lehrer, Vögte und Rentmeister nur jeweils aus der einheimischen Bevölkerung zu wählen seien sowie der Posten des Hofpredigers künftig nur mit einem Nichtjesuiten besetzt werde. Konkret wurde die Abberufung zweier nicht in dem Herzogtum geborener Geistlicher gefordert: so des Aachener Dechanten Franz Voß und des Klever Propsts und Trierer Domherrn Dietrich von der Horst, dem als Sohn des gleichnamigen Amtmanns von Düsseldorf, Angermund und Landsberg sowie Verwandten des klevischen Marschalls Johann von der Horst großer Einfluß auf den Jungherzog nachgesagt wurde. Dieser war es auch, der Johann Wilhelm zusammen mit dem Jülicher Marschall von Reuschenberg und dem jülich-bergischen Vizekanzler Hardenrath – im Gegensatz zu den meisten anderen Räten – in seinem Kurs bestärkte.

Wir finden hier Vater und Sohn letztmals Seite an Seite, da Wilhelm der Reiche, jedweden politisch-religiösen Veränderungen abhold und sich den Forderungen der Landstände widersetzend, alles beim alten zu lassen gedachte. Dies fiel ihm keineswegs schwer, da die wichtigsten Punkte, wie die Neutralität gegenüber den Holländern und die Religionsfreiheit, de facto ohnedies bereits bestanden.

Der Affront wurde aber vor allem dem Jungherzog nachteilig ausgelegt und trieb die protestantischen Landstände dazu, sich anderweitig um Bundesgenossen gegen die Spanier zu bemühen, deren Übergriffe nicht nur in Frankreich und den Niederlanden, sondern auch in den westlichen Gebieten von Jülich-Kleve-Berg und Kurköln zu spüren waren. Hierzu boten sich an erster Stelle

die französischen Hugenotten und die protestantischen Reichsstände an, mit denen man in Kontakt trat und sich gegenseitige Hilfe versprach.
Johann Wilhelm, der in diesem Vorgehen ein Komplott wider sich befürchtete, wandte sich um Hilfe an die Kurfürsten von Köln, Mainz und Trier, die Herzöge von Bayern, Lothringen und Parma sowie an den Papst und beantragte, ihn doch in die Heilige Liga aufnehmen zu wollen – ein Unterfangen, das beispielhaft für seine Unwissenheit auf politisch-religiösem Gebiet war, weil längst nicht alle katholischen deutschen Fürsten Liga-Mitglieder waren.

3. Zweimal Gold für Baden

Als in Essen 1587 die Landstände tagten und an die Herzöge mit den bekannten Forderungen herantraten, gibt es ein freudiges Ereignis zu berichten, das damals weit über die Grenzen des Herzogtums Aufsehen erregte.
In der römisch-katholischen Kirche hatte sich um das Pontifikat des dem elsässischen Grafengeschlecht derer von Egisheim und Dagsburg entstammenden Benediktinerpapstes Leo IX. (1049–54), eines der wenigen Deutschen auf päpstlichem Thron, folgender Brauch herausgebildet: In einer jeweils am vierten Fastensonntag, dem Sonntag Lätare, stattfindenden Prozession trug der Papst als Schmuck ein Rosenbouquet mit sich. Ein besonders schönes Exemplar der Blumen überreichte er alljährlich nach Abschluß der Feierlichkeit einer sich durch vorbildliche Lebensweise oder eine überragende Tat auszeichnenden Person. Zunächst waren es päpstliche Beamte, katholische Fürsten, Korporationen usw. Später dann vor allem Frauen. Eine der ersten bekannten Verleihungen erfolgte 1096 durch Papst Urban II. (1088–99) an den Gafen Fulco von Anjou. Frühe Empfänger einer solchen „Tugendrose", wie sie auch genannt wurde, waren ferner z. B. die Könige Alfons VII. von Kastilien (1122–57) und Ludwig VII. von Frankreich (1137–80) oder der Doge Ziani von Venedig, und zwar aus der Hand des Papstes Eugen III. (1145–53) bzw. des großen Barbarossagegners, Papst Alexanders III. (1159–81).
Ab dem 15. Jahrhundert wurde die Rose zuvor vom Papst in Gegenwart des Kardinalkollegiums geweiht, dem Tag von Weihe und Verleihung wurde die volkstümliche Bezeichnung „Rosensonntag" zuteil, und aus der natürlichen Rose wurde allmählich eine solche aus Gold, die mit Diamanten besetzt war, deren Blüte aus fünf um einen Saphir gruppierten Rubinen bestand und deren natürlicher Duft durch Balsam, Moschus und Weihrauch nachempfunden wurde.

D. Die Düsseldorfer Zeit

Im 13. Jahrhundert war in Kunigunde von Eberstein († 1290), der Gemahlin des in gleicher Weise streitbaren wie frommen Markgrafen Rudolfs I. von Baden († 1288), als erster badischer Fürstin diese Ehrung wegen ihres tugendhaften Lebenswandels zuteil geworden. Ihr Vater Otto – möglicherweise auch ihr Bruder gleichen Namens – hatte als kaiserlicher Gesandter in Rom die Auszeichnung in Empfang genommen. Der Ebersteiner gab sich aber mit der bloßen Überbringung nicht zufrieden, sondern er machte jene fünfblättrige Rose fortan zum Wappensymbol seines Geschlechtes. Sie begegnet einem heute noch rund um die ehemalige Grafschaft Alteberstein vielerorts auf Grabsteinen und -denkmälern, alten Kirchen- und Klostermauern, Grenzsteinen, Gemälden, Plastiken und Fenstern und hat schließlich auch in Jakobes Allianzwappen Eingang gefunden. Die ältesten dieser nicht welkenden Rosen, aus der zweiten Hälfte des 13. Jahrhunderts, befinden sich im Giebelfeld des Hauptportals der Klosterkirche zu Lichtental, dem gleichnamigen Stadtteil Baden-Badens, an der berühmten romanischen Wappensäule der nahe Rastatt gelegenen Wallfahrtskirche Maria Bickesheim – hier zusammen mit dem badischen Balkenschild und einem Kruzifix, reliefartig aus dem vollen Säulenmaterial herausgearbeitet – sowie in Form eines Zepters in der rechten Hand der Gnadenstatue dieser Wallfahrtskirche.
Etwa zwei bzw. drei Jahrhunderte später erhielten übrigens in Herzog Johann II. von Kleve-Mark und der Schottenkönigin Maria Stuart weitere Verwandte Jakobes bzw. ihres Gemahls die begehrte Auszeichnung.

1585 wurde mit dem italienischen Gärtnerssohn, späteren Franziskanergeneral und Inquisitor Felice Peretti ein Mann zum Papst gewählt, der in diesem Amt den Namen Sixtus V. († 1590) annahm und der – nach Gregor XIII. – in dem nächsten entscheidenden Lebensabschnitt der Herzogin Jakobe das Kirchenschiff durch die aufgewühlten Wogen der Zeit hindurchlotsen sollte. Er, der in seiner Jugend als Hirte und Wächter seinen Lebensunterhalt bestritten hatte, besaß viel Scharfsinn, Sachverstand und offensichtlich auch eine Portion unverfälschte Bauernschläue, die es ihm ermöglichten, sich auch aus der Ferne ein objektives Bild über die Verhältnisse am Niederrhein zu machen. Er hatte schon damals das sich anbahnende, infame Ränkespiel der Düsseldorfer Räteclique durchschaut und wollte Jakobe den Rücken stärken, freilich auch in der Absicht, sie keinesfalls in das protestantische Lager abdriften zu lassen. Der Papst beorderte daher seinen Geheimen Kämmerer und Legaten, Monsignore Antonio Caraccioli, gen Düsseldorf,

Romanische Wappensäule mit der fünfblättrigen Goldenen Rose (vor 1300) rechts vom Kruzifix – Wallfahrtskirche Maria Bickesheim

Die Goldene Rose – aus vorstehendem Bild herausvergrößert

um der Herzogin Jakobe, und mit ihr nach Kunigunde von Eberstein zum zweiten Mal einer badischen Fürstin, die vielbegehrte Goldene Rose zu überreichen.

Caspar Huyn von Amstenradt, ranggleicher Kammermeister am Düsseldorfer Hof, reiste dem Gesandten des Vatikans ein Stück Weges entgegen. Die eigentliche Bewillkommnung freilich fand erst am 9. 5. 1587 vor den Toren Düsseldorfs, zu Himmelgeist, statt. Nach dort hatten sich Johann Wilhelm sowie die herzoglichen Räte Wilhelm von Waldenburg, Franz Voß – der Dechant von Aachen – u. a., umringt von glänzendem Gefolge, begeben. Die Begrüßungszeremonien gingen vonstatten, und man geleitete den in einem Prachtgewand hoch zu Roß thronenden Legaten, der die Goldene Rose gleich einer Trophäe vor sich hertrug, unter Glockengeläut, Geschützdonner, Paukenschlag und Trommelwirbel nach der Residenz und von hier tags darauf in feierlicher Prozession nach der Kollegiatskirche, wo er die mit Balsam und Moschus getränkte Rose am Hochaltar niederlegte.

Nach einem Festgottesdienst in der bis auf den letzten Platz gefüllten Basilika erhob sich Monsignore Antonio Caraccioli und überreichte der an der Seite ihres Gemahls dem Gottesdienst beiwohnenden Herzogin die köstlich duftende Rose, indem er durch den Aachener Dechanten Franz Voß gleichzeitig folgendes Begleitschreiben Sixtus' V. verlesen ließ:

„Geliebte Tochter in Christo! Edle Frau! Gruß und apostolischen Segen! Am Sonntag Lätare, da die Christenheit im Chor ‚Freue dich Jerusalem' singt, haben Wir nach altem Brauch die ‚Goldene Rose' geweiht, als ein Symbol der triumphierenden und streitenden, hochheiligen Kirche. Nur Fürsten und Großen blühet in Unserer Hand dieses köstliche Geschenk. Und darum senden Wir Dir, edle Frau und Beherrscherin blühender Herzogtümer, die Rose der Tugend. Empfange nun diese heilige Gabe, geliebte Tochter in Christo, an dem Bayerischen Hof im katholischen Glauben und in christlicher Frömmigheit auf das gottesfürchtigste erzogen, Du, edle, mächtige, mit so vielen Tugenden geschmückte, durch den Fürstenstamm Deiner Ahnen glänzende, glückliche Gemahlin Unseres geliebten Sohnes, des Edlen Johann Wilhelm, Herzog zu Kleve, Jülich und Berg, damit Du in Christo dem Herrn an allen Tugenden beständig wachsen, zunehmen und leuchten mögst, wie die am wasserreichen Bache gepflanzte Rose. Wir wußten Dir nichts Größeres zu bieten, das würdiger wäre Deiner Frömmigkeit und Deiner Demut vor dem Stuhle Petri und

D. Die Düsseldorfer Zeit

Papst Sixtus V. (1585–90)

unserer väterlichen Liebe angemessener, als diese köstliche Blume, die den bezeichnet, der aller Gläubigen Freude ist und Krone, die Zuflucht aller Treue: Jesus Christus!"[1]

Im Anschluß an die Überreichung brandete die Orgel zu einem gewaltigen Lobgesang auf, in den alle Anwesenden freudig miteinfielen.

[1] LV Nr. 10, S. 29 f; 99; 100, S. 47 f.

Der Mission Caracciolis haftete aber – aus nicht erfindlichem Grund – etwas Eiliges an, denn nur vier Tage nach seiner Ankunft, der immerhin eine beschwerliche Anreise aus dem fernen Rom vorausgegangen war, sah man ihn am 13. 5. 1587, in Begleitung Marschall Schenkerns und Georgs von der Horst, wieder in Richtung Köln weiterziehen.

So beglückend dieses Ereignis als solches war, hatte es dennoch gegenüber seinem frühmittelalterlichen Sinn an Qualität eingebüßt. Die ursprünglich nur für ideelle Eigenschaften und Leistungen vorgesehene Auszeichnung war auf einmal mit handfesten politischen Absichten und Weisungen verquickt, erfolgte sie doch ausgerechnet in dem Augenblick, als Johann Wilhelm soeben erst dem Reformglauben abgeschworen und sich wieder gänzlich der jesuitischen Restauration zugewandt hatte. „Fahret fort in dieser Haltung" ließe sich deshalb die päpstliche Weisung auf ihren wesentlichen Kern zusammenfassen „und laßt euch nicht durch das calvinistische Umfeld beirren!"

Aus Gründen der Vollständigkeit und der Originalität sei hierzu noch ergänzt, daß die Verleihung der Goldenen Rose auch in den nachfolgenden Jahrhunderten Wandlungen unterworfen war. Der Weg führte zunächst mehr und mehr weg von demjenigen der „celissimae viduae"[1], bis er im 18. Jahrhundert im Sujet des „Rosenkavaliers" gar zu einem regelrechten Irrweg geworden war. In unserer Zeit dagegen erhielten wieder einige verdienstvolle weibliche Persönlichkeiten – unter ihnen erstmals auch eine Amerikanerin – diese Auszeichnung. Einen gewissen Abschluß der Entwicklung stellte schließlich die dritte Periode des Vatikanums II dar, in dessen Folge Papst Paul VI. (1963–78) den Marienstatuen von Fatima und Guadeloupe eine Rose überreichen ließ, die seither deren Gewänder ziert.

4. Der Gesandte des Papstes

Inzwischen gestaltete sich das Vater-Sohn-Verhältnis zwischen Wilhelm dem Reichen und Johann Wilhelm immer mehr zum Unguten hin. Es war bereits soweit, daß sich die beiden aus dem Wege gingen und der Altherzog mit seinen Räten, fremden Gesandten oder anderweitigen Besuchern nur noch in Abwesenheit des Sohnes verhandelte, diesen weglockte oder aber selbst den Gesprächsort verlegte, wenn der Jungherzog der Runde beizuwohnen gedachte.

---

[1] Sehr erhabene, unverheiratete Frau.

D. Die Düsseldorfer Zeit

So traf z. B. am 25. August 1587 ein neuer Nuntius des Vatikans in Köln ein. Es handelte sich um den Bischof von Cajazzo, Ottavio Mirto (1587–95), aus dem angesehenen neapolitanischen Geschlecht der Frangipani, der Giovanni Francesco Bonhomini[1] (1584–87) ablöste. Die zentrale Lage der rheinischen Metropole und ihre Bedeutung für den Katholizismus in Nordwestdeutschland bewogen Frangipani, den von seinem Vorgänger übernommenen Amtssitz zu seiner festen Residenz zu wählen. Und obgleich sein Nuntiaturbezirk auch die Sprengel Mainz, Speyer, Worms, Trier und Fulda sowie Franken und norddeutsche Territorien einschloß, beanspruchten seine Aufmerksamkeit – zumindest die ersten Jahre hindurch – im wesentlichen die unmittelbar benachbarten Territorien Kurköln, die Niederlande und Jülich-Kleve-Berg. Bald nach seiner Ankunft suchte er bei den Herzögen um Audienz nach. Es war dies kein ungewöhnlicher Schritt, hatten sich doch auch in früheren Jahren, etwa 1561 oder 1574, immer wieder einmal päpstliche Vertreter am Düsseldorfer Hof eingefunden, um Wilhelm den Reichen auf einen entschiedeneren katholischen Kurs zu verpflichten. Diesmal indes weigerte sich Wilhelm der Reiche, diesem Ersuchen stattzugeben, solange sein Sohn anwesend war. Erst nach dessen Entfernung kam ein Treffen zustande, in dem der Vizekanzler Hardenrath schwere Vorwürfe wider das Verhalten der Spanier auf Jülicher Gebiet vorbrachte. Frangipani versprach, sich bei Sixtus V. dahingehend zu verwenden, daß den Übergriffen der Spanier, unter denen die Bevölkerung unsäglich zu leiden hatte, ein für allemal Einhalt geboten würde.

Da der neue Nuntius den Herzog-Vater noch für rüstig genug hielt, die Regierungsgewalt der nächsten Jahre selbst auszuüben, und er mit dem Altherzog soeben in gütlichem Einvernehmen auseinandergegangen war, konnte ihm an einer Begegnung mit dessen Sohn zunächst kaum gelegen sein, einem Sohn, der mit dem Vater im Zwist lag, und der andere, weniger gut kalkulierbare politische Ziele verfolgte. Auf Drängen Johann Wilhelms kam die Begegnung dann aber dennoch zustande.

Als wesentliches Ergebnis seiner Unterredungen nahm der Nuntius die Erkenntnis mit, daß der Jungherzog zwar als Ziel seiner politischen Bestrebungen die Ausrottung der Ketzer vorgab, in Wirklichkeit ihm aber mehr an der Wachablösung seines Vaters in der Führung der Regierungsgeschäfte lag. Da in Frangipanis italienischer Heimat derlei Streitigkeiten häufig mit der schonungslosen Vernichtung wenigstens einer der rivalisierenden Parteien endete, fürchtete der Nuntius bereits damals um das Leben des Herzogspaares. Er

---

[1] Auch Bonomi oder Buonhomi.

bewog deshalb den Jungherzog zur Mäßigung. Dies kam z. B. darin zum Ausdruck, daß Botschaften des Papstes, die über Frangipani an die Herzöge von Bayern, Guise, Lothringen und Parma gerichtet waren, ihre Adressaten mit einer beachtlichen Nivellierung erreichten. Während nämlich der Papst, dessen fern vom Schauplatz der Ereignisse abgefaßte Schreiben bei ihrem Eintreffen oft überholt waren, die Räte ohne eine bestimmte Zeitangabe zur Unterstützung des Jungherzogs aufforderte, wurde dieses Hilfeersuchen erst für die Zeit nach dem Ableben des Vaters weitergegeben.

Um den willensschwachen und durch sein Streben nach Macht getriebenen Jungherzog nicht wieder in das Lager der protestantischen Räte schlingern zu sehen, schlug Frangipani Sixtus V. vor, sich beim König von Spanien für die Verleihung des begehrten Ordens vom Goldenen Vlies an Johann Wilhelm zu verwenden. Dem Papst schien dies übertrieben, zumal er soeben erst die Jungherzogin mit der Goldenen Rose ausgezeichnet hatte. Statt dessen wandte er sich an den Kaiser zu Prag, daß dieser Wilhelm den Reichen, der ihm durch den Vertrag von Venlo in besonderer Weise verpflichtet war, dazu bewege, seinem Sohn eine Statthalterschaft anzuvertrauen, um dadurch dessen Geltungsbedürfnis entgegenzukommen. Der Papst empfahl ferner dem Altherzog, seinen jetzt 25jährigen Sohn, der ja auch schon gewisse Erfahrungen aus seiner Zeit als bischöflicher Administrator von Münster besaß, zu den Regierungsgeschäften hinzuzuziehen und ihn offiziell als seinen Erben und Nachfolger anzuerkennen.

Johann Wilhelm muß in diesen Jahren von vielerlei Zweifeln geplagt gewesen sein, ob überhaupt und wenn ja, welcher der beiden Parteien er wohl am ehesten trauen durfte, welche von beiden ihn am ehesten zu seinem Ziele, ernstgenommen und als Landesherr anerkannt zu werden, führen würde. Nach seiner Hochzeit mit Jakobe mehr den protestantischen Räten zuneigend, hatte er sich nur ein Jahr später ganz der katholischen Partei zugewandt, um nach Jahresfrist beim Nuntius Frangipani bereits wieder Befürchtungen aufkommen zu lassen, ein abermaliges Hinwenden zu den protestantischen Landständen könnte unmittelbar bevorstehen. Es liegt nahe, daß Frangipani daraufhin alles aufbot, um dieser Absicht entgegenzusteuern. Ebenso wie das Schreiben Papst Sixtus' V. an den Kaiser, mag daher auch das eigenhändige Schreiben Johann Wilhelms an den Herzog von Bayern, in dem er diesen um eine Unterstützung seiner Sache beim Kaiser bat, auf Frangipanis Veranlassung zurückzuführen sein. Dieses Schreiben sprach eine sehr deutliche Sprache, wenn es dort heißt:

D. Die Düsseldorfer Zeit 225

„. . . daß dies niemand verursache, als etliche Räte der anderen (= protestantischen) Religion; weil dann die nicht anders als allen Unfrieden stiften, obwohl Ihre Kaiserliche Majestät den Herrn Vater ermahnt haben als ein treuer Freund, daß der Herr Vater die vom Hof wolle schaffen und der katholischen ansehnlichen Räte etwas mehr bei Hof verschreiben und halten, die dem Herrn Vater nichts anderes als treulich werden raten . . ."[1]

Hierbei fällt auf, daß sich Johann Wilhelm als reichsunmittelbarer Fürst und prädestinierter Thronerbe nicht selbst an Kaiser Rudolf wandte, zumal er des Kaisers Meinung zumindest von der ersten Mission Manderscheids her kannte. Er mag sich wohl seiner Schwäche bewußt und von Minderwertigkeitskomplexen geplagt gewesen sein, wenn man am Schluß des Schreibens erfährt:

„. . . denn Euer Liebden mehr noch zur Zeit bei Ihrer Kaiserlichen Majestät vermögen als ich, denn Euer Liebden in mehrer Authorität bei Ihrer Kaiserlichen Majestät sein und mehr vermögen als ich noch zur Zeit."

Jedenfalls sollten ab da Frangipani und auch sein Prager Kollege, der 1587 bis 1589 Antonio Puteo hieß, in den Fortgang der tragischen Düsseldorfer Ereignisse nicht unmaßgeblich verstrickt werden. Zumindest Frangipani hatte die von hier aus dem Katholizismus drohende Gefahr erkannt, wie seine vom September 1589 datierte, an die Kurie zu Rom adressierte, ausführliche Denkschrift erkennen läßt.[2]

5. Versammlung der Landstände zu Düsseldorf und zweite kaiserliche Kommission – Dr. Faber und Graf Isenburg

In den letzten beiden Monaten des Jahres 1587 versammelten sich die Ausschüsse der Landstände abermals, diesmal zu Düsseldorf. Ihre Sorge galt vorrangig dem Jülicher Gebietsstreifen, der immer wieder unter Einlagerungen und Truppenbewegungen der berüchtigten spanischen Soldateska zu leiden hatte, welche gegen die niederländischen Protestanten und die französischen Hugenotten kämpfte und neuerdings auch gegen das anglikanisch gewordene England mobil machte. Aber auch niederländische und kurkölnische Truppen achteten die Grenzen des ehemaligen Herzogtums Jülich kaum. Die Ausschüsse erhoben daher in einer von ihnen entworfenen und von Herzog Wilhelm

---

[1] LV Nr. 24, S. 109 f.   [2] LV Nr. 198 a, Anm. 22.

bestätigten Landesvereinigung vom 16. 11. 1587 erneut die bereits im Vorjahr zu Essen laut gewordenen Forderungen nach Religionsfrieden und Neutralität. Um die Protestanten gegen Unterdrückung und Bedrängnis zu schützen, hätte dies vor allem eine Kündigung des Bündnisses mit Spanien bedeutet. Darüber hinaus verlangten die Ausschüsse, daß eine Abordnung von Ausschußmitgliedern zum Kaiser sowie zu den wichtigsten Kur- und anderen Fürsten entsandt werde, damit diese und der westfälische Kreistag, der in Kürze zusammentreten sollte, sich für eine Abschaffung von derlei Übergriffen des Kriegsvolkes auf das so arg bedrängte Land einsetzten; anderenfalls, so drohte man, würde man sich aus den Verpflichtungen gegenüber dem Reich, wie der Zahlung der Reichssteuer, zurückziehen.

Wie schon zu Essen lehnte Johann Wilhelm auch diesmal ein Entgegenkommen kategorisch ab. Nicht nur, daß er ein Nachgeben als eine Brüskierung Jakobes und aller katholischen Parteigänger empfunden hätte, war er auch darauf bedacht, sich für seine eigene Regentenzeit, die immer greifbarere Konturen anzunehmen schien, nicht unnötig und voreilig in später vielleicht lästige Fesseln zu begeben. Die Deputierten mußten mithin auf eine Ratifizierung ihrer Landesvereinigung durch Johann Wilhelm verzichten, wohingegen sie bei seinem Vater, Wilhelm dem Reichen, auf größeres Verständnis stießen. Der regierende Altherzog blieb – wie immer in religiösen Belangen – nach allen Seiten hin unverbindlich, kam aber in den übrigen Punkten den Ständen entgegen. Wieder einmal mehr war dies dem Einfluß des Vizekanzlers Hardenrath, des Marschalls Schenkern und des Landhofmeisters von dem Bongart zu verdanken. Und obgleich auch der katholische Rat Dietrich von der Horst und Johann Wilhelm selbst den entscheidenden Gesprächen beigewohnt haben, gelang es letzteren nicht, mit ihrer gegensätzlichen Meinung durchzudringen. Der Jungherzog hat seinen Standpunkt, nachdem sein mündlicher Vortrag, etwa Ende Januar 1588, in keiner Weise gefruchtet hatte, auf Begehren der Räte protokolliert und dieses Dokument auch dem Herzog von Bayern, mit einem vom 9. 2. 1588 datierten Schreiben, mitgeteilt.[1]

Breiten Raum beanspruchte hierbei eine Episode, die typisch war für die Atmosphäre am Düsseldorfer Hof. Die drei erwähnten Räte hatten den Altherzog dazu bewogen, den Obristen Martin Schenk von Nideggen und dessen bunt zusammengewürfelten Söldnerhaufen durch Jülicher Gebiet marschieren zu lassen, um das kurkölnische Bonn zu besetzen. Trotz heftiger Gegenwehr Johann Wilhelms war dem Obristen ein schriftlicher Paß ausge-

---

[1] LV Nr. 24, S. 126 ff.; auch S. 110 ff. sowie LV Nr. 38, Bd. 2, S. 797 ff.

D. Die Düsseldorfer Zeit

stellt worden, und zwar im Einvernehmen mit den protestantischen Ständeausschüssen, was nicht zuletzt auch einem Affront gegen Jakobe und ihre bayerische Verwandtschaft gleichkam. Johann Wilhelm prangerte ferner den geringen Respekt seiner künftigen Untertanen an, seine zu niedrige Apanage sowie die Mißachtung und Ausnutzung der schlechten gesundheitlichen Verfassung des Vaters durch die Mehrzahl der Räte. Letzeres sei schuld an dem unguten Klima bei Hof und den offensichtlich zwielichtigen Finanzmachenschaften.

Auf ein diesbezügliches Vorstelligwerden hin hatten die Räte sich zwar bei Johann Wilhelm entschuldigt, was diesem jedoch nicht genügte. Sich in eine weitergehende Diskussion einzulassen, weigerte sich dagegen der Vizekanzler. Es scheint, als ob dies das entscheidende Ereignis gewesen sei, das zu dem tiefen und – wie sich bald erweisen sollte – endgültigen Bruch in den Beziehungen zwischen dem noch regierenden Altherzog und dessen Räten auf der einen sowie dem Thronfolgerpaar auf der anderen Seite führte. Eine gute oder gar familiäre Atmosphäre hatte kaum jemals bestanden, jedoch waren bisher die Regeln menschlichen Anstands und höfischer Sitte gewahrt worden, die in den zurückliegenden Jahren wenn schon nicht ein Miteinander, so doch ein erträgliches Nebeneinander am Düsseldorfer Hof ermöglicht hatten. Dies alles schien nunmehr plötzlich durch den Grenzzwischenfall mit einem niederländischen Obristen in Frage gestellt.

Mit der Gewährung des Durchzugs Schenkscher Truppen durch Jülicher Gebiet zum Zweck der Besetzung Kurkölns hatte man auch nach außen hin einen Bruch in den Beziehungen zum katholischen Lager wegen Nichteinhaltens des Venloer Vertrages in Kauf genommen. Johann Wilhelm war sich im klaren darüber, daß er durch die Mißachtung seiner Person politischen Kredit den mächtigen heimischen Räten gegenüber verspielt hatte und diese sich künftig ihm gegenüber, der nicht einmal von seinem eigenen Vater respektiert wurde, zunehmend mehr erlauben würden. Man konnte nur ahnen, wohin diese offen zur Schau gestellte Feindseligkeit bei dem schon fast ertastbaren Ableben des von Tag zu Tag gebrechlicher werdenden Altherzogs führen würde, zumal die in Glaubensdingen zu laschen katholischen Räte bei Hofe kaum für ihre Religion eintraten und alle verbündeten katholischen Regierungen sich auf beschwichtigende Reden beschränkten.

Für Johann Wilhelm stellte sich die Lage dar, als sei er von lauter Feinden eingekreist. Der Erbprinz verbohrte sich förmlich in derlei Vorstellungen, so daß ihm seine Situation auswegloser denn je erschien, was sich schließlich auf sein empfindsames Gemüt in einer Art panikhaftem Verfolgungswahn auswirkte. Erstmals bangte er um sein Leben, von den kalvinistischen Ärzten und Apothekern des Hofes vergiftet zu werden. Flucht aus dieser Umgebung schien der einzige Ausweg.

Der Prinz entwickelte seine trüben Gedanken und Fluchtvorstellungen seinem bayerischen Vetter, dem Herzog Wilhelm V. Er sah eine rettende Möglichkeit, wenn er das ihm vom spanischen König verliehene „Commandement des Landes Geldern . . . samt der Grafschaft Mörs" antreten könnte, was ihn außer Landes geführt hätte. Auch den Kaiser bat er um ein abermaliges Eingreifen, nachdem die aus dem Grafen Manderscheid und Dr. Gail bestehende Gesandtschaft des Jahres 1587 nichts gefruchtet hatte. Der Kaiser war sogar willens zu helfen, das heißt im einzelnen, zwischen Vater und Sohn zu vermitteln, um insbesondere Racheakte der Spanier – als Antwort auf die herzogliche Durchzugserlaubnis für die Schenkschen Truppen – zu verhindern. Ein gewisses Eigeninteresse des Kaisers lag dabei in seinem Bestreben, ein Übergreifen der Düsseldorfer Unruhen auf anderes Reichsgebiet zu verhindern. Er betraute daher am 20. 3. 1588 den Reichshofrat Dr. Christoph Faber und den Grafen Salentin von Isenburg mit einer entsprechenden Mission an den Niederrhein.

Hatte die Gesandtschaft des Vorjahres nichts gefruchtet, so kam diejenige, die jetzt erwogen wurde, erst gar nicht zustande. Dies hatte verschiedene Gründe: Einmal wollte Prinz Johann Wilhelm in die seiner Meinung nach zu unbestimmten kaiserlichen Instruktionen, die Aufhebung der Neutralitätserklärung sowie die Entlassung maßgeblicher protestantischer Räte mit aufgenommen wissen; auch schwebten ihm weitere Kommissionen bzw. Kommissionsmitglieder seitens des Vatikans und Spaniens vor, vielleicht in der Erwartung, den bereits im Gespräch gewesenen Orden vom Goldenen Vlies doch noch zu erhalten. Aber auch die Person des Grafen von Isenburg war in Düsseldorf auf Kritik gestoßen. Darüber hinaus hatten die beiden Gesandten Befürchtungen bezüglich möglicher Kalamitäten geäußert, in die sie auf ihrer Reiseroute wegen der Belagerung Bonns durch den Obristen Schenk von Nideggen geraten könnten.

Diese Punkte scheinen in Prag jedenfalls dazu beigetragen zu haben, daß die Kommission auf einen günstigeren Zeitpunkt verschoben wurde, um in der verbleibenden Zeit die Situation nochmals zu überdenken. Gleichzeitig erwartete man aus Düsseldorf Ersatzvorschläge für die Person des Grafen Salentin von Isenburg. Hierauf deutet ein Schreiben des bayerischen Sekretärs[1] und Jakobe-Vertrauten am Prager Hof, Dr. Johannes Barvitius, an Nuntius

---

[1] LV Nr. 38, Bd. 2, S. 833, Anm. 2.

D. Die Düsseldorfer Zeit

Frangipani vom 30. 1. 1589, wonach die vorgesehene Gesandtschaft praktisch nur noch auf einen diesbezüglichen Wink aus Düsseldorf wartete. Der Nuntius gab diese Nachricht am 9. 3. desselben Jahres an Johann Wilhelm unter gleichzeitiger Aufmunterung weiter, die Widerwärtigkeiten solange ertragen zu wollen. Ganz offensichtlich bedurfte es solcher moralischer Stützen, da man zeitweise befürchtete, der Erbprinz werde seinen Vater nicht überleben. Dennoch, im anstehenden Fall bedeutete das Aufschieben der Kommission gleichzeitig deren Aufhebung.

Trotzdem zeitigten all diese Vorbereitungen und die zumindest seitens des Kaisers ernstgemeinten Absichten insofern auch ein Gutes, weil dadurch für Johann Wilhelm eine gewisse Entlastung spürbar wurde. Dem Prinzen wurde z. B. die Oberaufsicht über alle Kirchen des Landes eingeräumt, und außerdem kam die Nachfolgefrage wieder reger ins Gespräch. Vor allem in katholischen Kreisen wähnte man sogar, daß auf dem für Juni 1589 nach Düsseldorf einberufenen Gesamtlandtag die Ablösung Wilhelms des Reichen durch seinen Sohn Johann Wilhelm vonstatten gehen werde. Es bestand demnach augenscheinlich kaum mehr das Bedürfnis nach einer aufwendigen Kommission. Wie gesagt, unterblieb sie, jedoch kam der erhoffte Regierungswechsel ebenfalls nicht zustande.

Auf dem Landtag ging es in erster Linie um die Plagen, die die Bevölkerung durch niederländische und spanische Truppen zu erdulden hatte. Vor allem die Truppen der „Allerkatholischsten Majestät" zeichneten sich immer wieder durch besondere Brutalität aus, so daß Johann Wilhelm für die Landstände Partei nahm, wodurch er sogleich wieder das Mißtrauen des Nuntius Frangipani erregte, weil ja die Kirche hoffte, über das katholische Spanien auch die rebellierenden Niederlande unter ihre Herrschaft zu zwingen.

Frangipani entfaltete in der Folge eine rege diplomatische Tätigkeit. Er schrieb dem Kurfürsten von Trier und dem Herzog von Parma. Er steckte sich hinter den gerade anwesenden bayerischen Gesandten, den Freiherrn Philipp von Lauenburg, und ergriff auch sonst jede ihm dienlich erscheinende Maßnahme, um einen Bruch des Herzogtums mit Spanien zu verhindern. Über Lauenburg verstärkte Frangipani u. a. seinen Einfluß auf die beiden Herzöge, von denen sich der Vater unter dem 4. 10. 1589 in dieser Angelegenheit gar an den Bayernherzog wandte. Hieraus wiederum geht hervor, daß Wilhelm der Reiche in ähnlicher Weise auch beim Kaiser vorstellig geworden sein muß – alles in dem für ihn charakteristischen Bestreben, beide fremden Mächte, die Spanier wie die Niederländer, von seinem Territorium zu vertreiben. Der Nuntius befürchtete offenbar, daß die baldige Regierungsübernahme Johann

Wilhelms während seines soeben vollzogenen Gesinnungswandels erfolgen könnte und dann die katholische Seite das Spiel im Herzogtum endgültig verloren habe. Noch war die Zeit nicht reif hierfür, doch der spätere Verlauf der Geschichte wird zeigen, daß Befürchtungen dieser Art durchaus realistisch waren, denn der schlechte Zustand des kinderlosen Jungherzogs ließ die Abmachungen des Erbvertrages von 1546, wonach beim Aussterben des Herzogshauses im Mannesstamm die protestantisch verheirateten Töchter Wilhelms des Reichen und deren Kinder erbberechtigt seien[1], in damals vom Kaiser und den Katholiken sicherlich nicht erstrebter und vorausschaubarer Weise, bedrohlich nahe rücken.

Um den 19. 10. 1589 war Johann Wilhelms hochverehrter, ehemaliger Lehrer und Erzieher, der Hofmeister Dietrich von der Horst, unversehens gestorben. In weiser Voraussicht verheimlichte man zunächst diese Nachricht dem Jungherzog und lotste ihn für einige Zeit von Düsseldorf fort. Als er dann dennoch davon erfuhr, weil sich das Fortbleiben des Vertrauten auf Dauer nicht entschuldigen ließ, verschlechterte sich sein ohnehin nicht erbaulicher Zustand abermals rapid.

6. Von anfänglichem Einvernehmen bis zu ersten Querelen

Die Tage eines ungetrübten Glücks in der Ehe Johann Wilhelms und Jakobes von Baden waren gewiß wenige. Aber es hat sie mit Sicherheit zumindest in den ersten vier bis fünf Jahren ihres gemeinsamen Lebensweges gegeben. Um die wenigen Archivalien, die von den hierfür relevanten Szenen berichten, richtig zu deuten, muß man sich in die damaligen Sitten und Gebräuche einzufühlen versuchen.

Entsinnen wir uns des Jahres 1584, als Erzbischof Ernst, der Vermittler dieser Ehe, Johann Wilhelm ein von dem Maler Oktavio porträtiertes Konterfei Jakobes übersandt hatte. Der Jungherzog war daraufhin sofort bereit, sich mit der badischen Prinzessin zu treffen. Er eilte ihr bis Dachau entgegen und verlobte sich dort mit ihr. Es verstrich abermals nur eine kurze Zeit, und man heiratete. Diese Spontaneität in den Reaktionen läßt unbedingt darauf schließen, daß man aneinander Gefallen gefunden hatte, daß man sich sympathisch war, daß man das Schicksal gemeinsam zu meistern gedachte.

Aus dem Jahr der Hochzeit besitzen wir sodann je ein Autogramm Johann

---

[1] LV Nr. 566.

D. Die Düsseldorfer Zeit   231

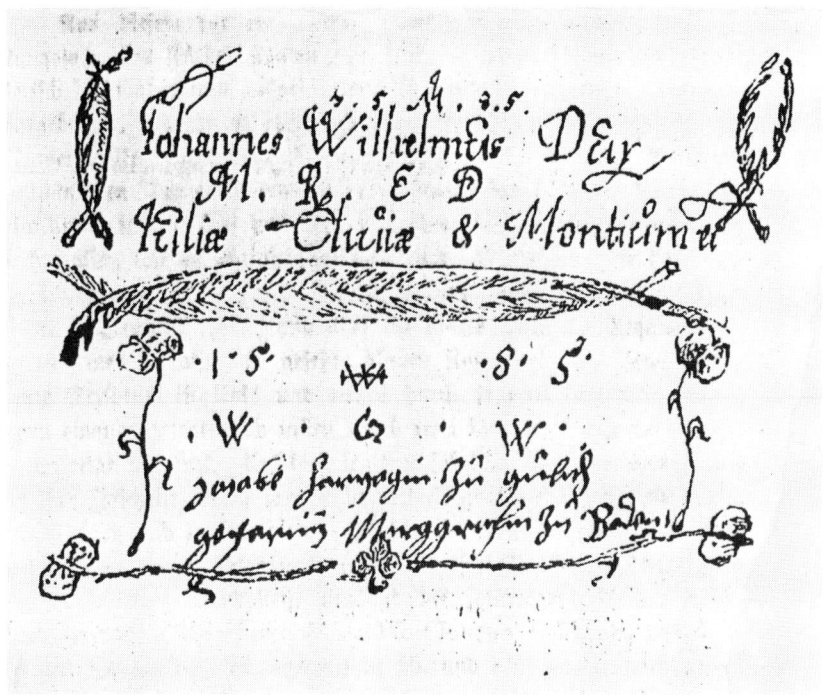

Johann Wilhelms und Jakobes Monogramm – von ihnen selbst gestaltet

Wilhelms und Jakobes, das die beiden auf das leere Deckblatt eines selbst nicht mehr vorhandenen Oktavbandes gemalt haben. Jedes dieser Autogramme besteht aus vier Zeilen, die, mit Pflanzen und Blumen umrankt, jeweils die Hälfte des Platzes beanspruchen. Die erste Zeile beider weist das Hochzeitsjahr aus, zwischen dessen zweiter und dritter Ziffer jeweils ineinander verwobene Initialien des Partners eingefügt sind. Die zweite Zeile Jakobes und die dritte ihres Gemahls besteht aus drei bzw. vier Versalien als Abkürzung für ihre Wahlsprüche „Wie Gott will" und „Meum refugium est deus"[1]. Die beiden restlichen Zeilen beanspruchen Namen und Titel.

Die Autogramme werden durch zwei gegeneinander gebogene und einander teilweise kreuzende Palmzweige getrennt. Jeweils ein weiteres, kleineres Palmzweigenpaar begrenzt Johann Wilhelms Hälfte nach den Seiten hin. Dieser offensichtlich von seiner Hand stammende Pflanzenschmuck läßt sicher

---

[1] Meine Zuflucht ist Gott.

kaum einen Schluß auf Stimmung und Situation zu, der dieses Blatt zu danken sein könnte. Eher schon Jakobes diesbezügliche Einfälle: Insgesamt vier feingliedrige Blumenstengel mit einer Flamingoblüte und jeweils zwei zierlichen Blättchen randen ihren Namenszug, wobei je eines an den beiden Seiten senkrecht steht, während zwei waagerechte, mit den Stengelenden einander zugekehrte und durch ein vierblättriges Kleeblatt voneinander getrennte die Unterseite abschließen.

Diesem Arrangement zarter Blumensprache ist man ebenfalls geneigt, ein gewisses intimes Glück zuzubilligen.

Darüber hinaus gibt es aus den folgenden Jahren noch einige Liebesverse und Briefpassagen, die Jakobe ihrem Gatten gewidmet hat. Wenn Jakobe ihren Gemahl „Mein herzallerliebster Schatz" oder „ihr einziges Glück auf Erden" bezeichnet, so ist dies sicher mehr als nur eine Höflichkeitsfloskel oder bloße Fassade. Zu erwähnen blieben letztlich vielleicht noch gewisse Anzeichen von Sinnenfreuden beider Ehegatten, die fürs erste anderweitige Enttäuschungen überdeckt haben mögen.

Damit aber erschöpfen sich dann die Anzeichen für die noch als glücklich zu bezeichnende Anfangszeit dieser Ehe.

Es besteht ferner kein Zweifel darüber, daß Jakobe auch schon zur Zeit ihrer Hochzeit nicht nur die an Jahren reifere Persönlichkeit war, sondern daß sie bei weitem intelligenter, gebildeter und geistig beweglicher war als ihr Gatte, für den die Geschichte dereinst nur den Beinamen „der Gute" oder auch – gleich einem väterlichen Ahnen – „der Einfältige" übrig haben sollte.

Da man die sehr mittelmäßigen Fähigkeiten Johann Wilhelms damals schon kannte, hätte man trotz begrenzter medizinisch-wissenschaftlicher Kenntnisse auf der Hut sein müssen, dieses in gewisser Weise gezeichnete Pflänzlein nicht noch zusätzlichen Erschütterungen auszusetzen. Die 1581 viel zu früh verstorbene Mutter hätte durch die immerhin um vier Jahre ältere Gattin zumindest teilweise ersetzt werden müssen und ein Zurseitestellen zuerst von tüchtigen Lehrern und später von uneigennützigen, fähigen Ratgebern hätte eine auch anderenorts praktizierte, funktionsfähige Regierung ergeben können – so geschehen z. B. unter den letzten spanischen Habsburgern, unter Kaiser Ferdinand I. von Österreich (1793–1875) oder in der ausklingenden bayerischen Wittelsbach-Ära. Auch im Hinblick auf die Erbfolge, die seit dem Tod des einzigen Bruders nurmehr auf zwei Augen ruhte, hätte wohl nur Einsicht sowie ein behutsames Planen und Vorgehen auf die Dauer gesehen die Chance auf Überleben geboten.

Nichts von alledem geschah. Weder ein auf Beständigkeit ausgerichtetes,

D. Die Düsseldorfer Zeit

gegenseitiges Verbundenheitsgefühl der Ehegatten, wie es bei den mißlichen Zeitumständen und der noch mißlicheren Umgebung bei Hofe geboten gewesen wäre, kam auf, noch vermochte es Jakobe, trotz ihrer gerühmten Klugheit, ihren Gatten in staatspolitischer Hinsicht zu ergänzen bzw. ihm hilfreich zur Seite zu stehen. Weit eher gewinnt man den Eindruck, daß Johann Wilhelm und Jakobe, vielleicht ausgenommen den bei beiden wahrnehmbaren Willen zu herrschen, jeder überwiegend für sich allein kämpfte – und das schon zu einem sehr frühen Stadium und nicht erst etwa, als man sie gewaltsam voneinander trennte.

Wollte es also schon nach den ersten Flitterjahren in der privaten Sphäre der beiden nicht so recht klappen – Kindersegen blieb auch aus –, so waren die politischen Verhältnisse noch weit weniger dazu angetan, dieses Bündnis auf Dauer zu stützen oder auch nur dem sensiblen, labilen Geisteszustand des Jungherzogs förderlich zu sein. Insbesondere Johann Wilhelm empfand es vielmehr so, als hätte er jedermann gegen sich und hätte sich alle Welt gegen ihn verschworen.

Die Front des Vaters und der ihn umgebenden protestantischen Räte war fest gefügt, und die Teilnahme des Nachfolgers an Staatsgeschäften verstand man auch weiterhin zu verhindern. Außerdem bedrückten Johann Wilhelm die kriegsähnlichen Zustände zwischen Kurköln und den Spaniern auf der einen sowie den Generalstaaten auf der anderen Seite. Martin Schenk von Nideggen hielt Bonn vom Dezember 1587 bis zum September 1588 mit niederländischen Truppen besetzt, danach rückten spanische Truppen ein. Wachtendonk war sogar von 1588 bis 1599 spanische Festung und damit für Johann Wilhelm ein permanentes Ärgernis. Im Zusammenhang hiermit bezichtigte er in einem vom 14. April 1589 datierten Brief an Wilhelm V. von Bayern den spanischen Truppenführer Alexander Farnese, Herzog von Parma, daß dieser „keinen von seinen Befehlshabern und Soldaten strafe..." und „dadurch in böse Nachrede kommt, als daß er viel zusage und wenig halte".[1] Die durch die Spanier gemachten Verwüstungen müssen in der Tat verheerendes Ausmaß angenommen haben, wenn man aus demselben Schreiben erfährt, daß der Kurfürst von Trier sogar Kontributionsgelder für ein Respektieren seiner Landesgrenzen zu zahlen bereit war. Schwerpunkt dieses Schreibens ist dann aber, daß Johann Wilhelm fürchtete, wegen dieser Machenschaften vom Vater und den Räten einer Konspiration mit den Spaniern beschuldigt zu werden und damit ein weiteres Mal um sein Leben bangen zu müssen.

---

[1] LV Nr. 24, S. 144.

Neben diesen schwermütigen Gedanken, die auch robustere Naturen, als Johann Wilhelm sie besaß, erschüttert hätten, gab es leider auch noch hinreichend andere Punkte, die seine ohnedies schwächliche Konstitution beeinträchtigten, seine Gesundheit aushöhlten sowie seiner seelischen und geistigen Verfassung hart zusetzten, so daß nach und nach ein sogar recht bedrohlicher Zustand eintrat.

Da war z. B. die Sache mit der Apanage bzw. dem Kammergeld, wie man damals sagte. Dasselbe war mit jährlich 800 Talern nicht nur knapp bemessen, sondern man zahlte es dem Herzogspaar häufig genug nur teilweise oder gar nicht aus. So kamen Johann Wilhelm und Jakobe oft in arge Bedrängnis. Teilnahmen an Reisen oder auch nur an Festlichkeiten, wie Hochzeiten, Taufen und dergleichen, zu denen man sie geladen bzw. deren Patenschaft man ihnen angetragen hatte, mußten ausgeschlagen werden, persönliche Bedienstete, wie Kammerdiener, Schneider und dergleichen, konnten nicht bezahlt werden, und das Verteilen von Trinkgeldern oder Almosen – während des Kirchgangs zum Beispiel – mußte unterbleiben.

Einmal beabsichtigte Johann Wilhelm in das benachbarte Kleve zu reisen. Zunächst verliefen die Vorbereitungen nach Plan. Als dann aber die Abreise erfolgen sollte, verstanden es die Räte, selbst eine so kleine und unbedeutende Reise innerhalb der Grenzen des eigenen Landes zu unterbinden.

Eine Begebenheit, die uns ein Jakobe selbst zugeschriebenes Schriftstück des Jahres 1591 berichtet, fügt sich gleichfalls in dieses trostlose Bild. Am 16. 10. 1590 war in München die Altherzogin Anna, die Mutter des regierenden Bayernherzogs Wilhelm V., verstorben. Diese Nachricht wurde nach Düsseldorf durch einen Gesandten überbracht. Die Höflichkeit jener Zeit erforderte, daß Johann Wilhelm den Gesandten empfing und ihm auch einen Teil seiner Zeit widmete. Hierbei war es üblich, jedenfalls keinesfalls unschicklich, daß man sich die Zeit trotz des traurigen Anlasses mit allerlei Kurzweil, wie Brett- und Ballspielen, vertrieb. Nach Jakobes Worten muß diese Unterhaltung für Johann Wilhelm sogar eine lästige Pflicht bedeutet haben. Sie schreibt „. . . so ist unser Herr Gemahl, obwohl Seine Liebden derzeit fast melancholisch, mit dem Gesandten ins Ballspiel gegangen . . ."[1] Vielleicht war es dieser unlustigen Stimmung zuzuschreiben, daß dem Jungherzog dann auch das Spielerglück nicht hold war und er acht Reichstaler verspielte. Die gewiß nicht überwältigende Schuld zwang ihn aber dennoch, das Spiel abzubrechen, da „wir kein Geld mehr haben", wie er sich ausdrückte.

---

[1] LV Nr. 10, S. 34.

D. Die Düsseldorfer Zeit

Wenige Tage später wiederholte sich dieser Vorgang mit Herrn Ketteler zur Assen, einem Bekannten aus dem Stift Münster, mit dem sich Johann Wilhelm einige Partien des Brettspiels lieferte. Auch diesmal verlor der Jungherzog, und zwar zehn Goldgulden. Immerhin hatte er aber die Einsicht, das Spiel daraufhin abzubrechen. Auch war er besorgt, seinem Gast und Spielkumpanen einen Ersatzmann, einen gewissen Spinder Boexen, zu vermitteln.
Keine Frage, daß das von den permanenten Kriegswirren ausgezehrte Herzogtum ein sparsames Wirtschaften dringend erforderte. Nur hätten sich dieser Enthaltsamkeit auch und vor allem die Räte befleißigen müssen. Davon freilich konnte bei vielen von ihnen nicht die Rede sein. Statt dessen zeigten sie sich erfinderisch im Erlassen von stets neuen Steuern und hatten

> „ ... ihr Gehalt vermittels der neuen Hofordnung (um) etliche vielhundert Reichstaler jährlich verbessert, dagegen aber in derselbigen Ordnung ... den geringeren armen Dienern an ihrem Gehalt abgezogen ... so ist doch nicht ohne, daß etliche der Räte mehr an jährlichem Gehalt als unser Herr Gemahl, unsere geliebte Schwester und wir zusammen an Kammergeld haben"[1],

weiß die Herzogin zu berichten.
Manch einer übte sich darüber hinaus in einträglicher Ämterhäufung. Zu letzteren zählte vor allem der Marschall Schenkern: Er war herzoglicher Rat, bergischer Marschall und Jülicher Amtmann zu Steinbach sowie von Stadt und Veste Jülich. Die Gelder, die er aus diesen Ämtern sog, betrugen 8000 Taler pro Jahr, wovon allein 300 Taler an gesichertem monatlichem Einkommen aus dem bergischen Marschallamt flossen. Diese horrenden Einnahmen sowie das zinsbringende Verleihen großer Summen ermöglichten dem aus vergleichsweise bescheidenen Verhältnissen stammenden Marschall die Hortung beachtlicher Besitztümer und das Führen eines verschwenderischen Lebenswandels. Gerne umgab er sich hierbei mit Leibtrabanten und Lakaien.
Vom gleichen Schlage wie der Marschall war auch Johann von Ossenbroich. Neben seiner herzoglichen Ratsstelle hatte er noch das einflußreiche Amt des Haushofmeisters am Düsseldorfer Hof inne und war Amtmann zu Gladbach und Grevenbroich. Obgleich von Ossenbroich aus noch armseligeren Verhältnissen kam, die ihm keine 100 Taler pro Jahr einbrachten, schuf er sich sehr schnell auffallenden Wohlstand.
Wehe aber, wenn Jakobe oder Johann Wilhelm gegen die ungerechten Praktiken, mit denen die Mächtigen des Landes Einnahmen unter sich

---

[1] LV Nr. 15, S. 638.

aufteilten, aufbegehrten! Als die Herzogin Unregelmäßigkeiten bei der Zuweisung ihres Kammergeldes zu beheben versuchte, wurde sie zunächst ohne Erfolg von einer Stelle zur anderen gehetzt, nur um dann letztlich doch brüsk abgewiesen zu werden. Wir haben darüber von ihr selbst folgenden Bericht: „Und da wir bei den Räten, so sich der Rechenkammer annahmen ... darauf anhalten lassen, so sein wir von ihnen zum andern schimpflich hingewiesen, auch zuweilen den Bescheid erlanget, sie hätten der Herren Geld nicht zur Hand, man möchte deshalb bei dem Verwalter der Landrentmeisterei suchen und der Haushofmeister (– jener Johann von Ossenbroich, der für sich selbst sehr wohl zu sorgen wußte –) sich vernehmen lassen, er hätte nicht mit den Sachen zu tun, denn allein wer eine gute Suppe haben wolle, der mög ihn ansprechen. Wenn wir (dann aber) bei jetzigem Verwalter der Landrentmeisterei Geld gesunnen, so sind wir beantwortet, daß er kein Geld im Vorrat hätte, auch nicht aufzubringen wußte."[1]

Trotz des ruinösen Zustands, in dem sich die Lage des Herzogtums befand, verstand es also ein Teil der herzoglichen Räte immer noch, kräftig in eigene Taschen zu wirtschaften, und zwar nicht zuletzt auf Kosten des herzoglichen Paares. Dasselbe fand keinerlei Rückhalt beim regierenden Altherzog, so daß die Räte mehr und mehr ein regelrechtes System entwickelten, wie sie Johann Wilhelm und seine Gemahlin gewaltsam niederhalten, ihrer Umgebung entfremden und sie mitunter auch noch lächerlich sowie hinsichtlich einfachster und selbstverständlicher Verpflichtungen als Landeseltern desavouieren konnten.

7. Die Geisteskrankheit und andere Gebrechen der Herzöge

Der Sohn und Nachfolger Wilhelms des Reichen und der Maria von Österreich war nach allem, was wir von ihm wissen, ein nur sehr mittelmäßig begabter und später überaus unglücklicher, beklagenswerter junger Mann. Es waren mitnichten finanzielle Sorgen allein, die ihn belasteten. Vielmehr quälten ihn auch trübe Gedanken, ja depressive Anfälle über sein und Jakobes sich mehr und mehr verschlechterndes Verhältnis zum Vater, über das entgegen den kaiserlichen Weisungen gewaltsame Ferngehaltenwerden seiner Person von Regie-

---

[1] LV Nr. 15, S. 635; 111, S. 37; 313.

rungsverantwortung, über die geringe Gegenliebe, die ihm seitens der Bevölkerung entgegengebracht wurde, über die mit einem plötzlichen Ableben des Vaters, der sich um diese Zeit bereits der Mitte seines achten Lebensjahrzehnts näherte, abzusehenden Schwierigkeiten mit den verschiedenen konfessionellen Lagern angehörenden Räten und Ständen sowie über die nicht enden wollenden Exzesse spanischer und niederländischer Kriegshorden auf dem Gebiet des Herzogtums, einem Treiben, dem er keinerlei wirksame Waffe entgegenzusetzen hatte. Auch wäre denkbar, daß das Verlassen der geistlichen Laufbahn Gewissensbisse heraufbeschwor, die freilich unbegründet waren, da Johann Wilhelm nur postulierter Bischof von Münster gewesen war. „Postuliert" deshalb, weil er ein kanonisches Hindernis aufwies; er besaß nämlich keine höheren Weihen und war auch noch nicht alt genug gewesen.[1]

Johann Wilhelms Sorgen und Ängste gipfelten schließlich in regelrechtem Verfolgungswahn, von seinen Gegnern bei Hof vergiftet oder von den Spaniern gefangen und enthauptet zu werden, sowie in der Befürchtung, daß ihm sogar der eigene Vater nach dem Leben trachte. Außerdem war ein pietätloses Feilschen um seine Nachfolge bereits jetzt, zu seinen eigenen und seiner Gemahlin Lebzeiten, in Gang gekommen.

Von besonderem Gewicht war sodann die Nachwuchsfrage, die sich langsam zur bösen Gewißheit entpuppte. Zweifel waren in Johann Wilhelm wach geworden, ob überhaupt, und wenn ja, in welchem Ausmaß Jakobe daran Schuld trage, oder ob es nicht ausschließlich seinem angeschlagenen Gesundheitszustand zuzuschreiben sei, daß das Erlöschen seines Stammes drohte. Daß sich der Jungherzog seines traurigen Zustandes bewußt war, geht z. B. aus dem schon erwähnten Brief an Wilhelm V. von Bayern hervor, in dem er schreibt: „Ich bin schier die ganze Fasten nicht vom besten aufgewesen."[2]

Man kann nicht sagen, daß Johann Wilhelm und Jakobe untätig gewesen wären – gleichsam willenlos ihrem Schicksal ergeben. So unterzog sich die Fürstin z. B. im Frühjahr 1588 einer Kur in Bad Ems, dessen Quellen u. a. in dem Rufe standen, der Unfruchtbarkeit abhelfen zu können. Von ihrem Gemahl begleitet, traf sie am 5. Mai dort ein und begann sogleich zu kuren, während Johann Wilhelm teils recht ausgedehnte Wanderungen in die Umgebung des Badeortes unternahm. Nicht immer wurde er an den Zielorten mit offenen Armen empfangen. Die Einwohnerschaft von Dautzenau versperrte ihm beispielsweise den Zutritt in der Meinung, er und seine in rote Kasseken gekleideten Begleiter seien eine der zahlreichen Freibeuterscharen, die im

---

[1] LV Nr. 11, Bd. 14. [2] LV Nr. 24, S. 143.

Land umherschweifend auf eigene Faust ihren Unterhalt betrieben. Zu einer Begegnung zwischen dem fürstlichen Paar und dem Gastgeber, dem Landgrafen von Hessen, auf dessen Gebiet die Quellen lagen, scheint es nicht gekommen zu sein. Irgendwann im Verlauf des Monats Juni beendete man die Kur und kehrte wieder ins heimatliche Düsseldorf zurück.

Das fürstliche Paar suchte aber auch wiederholt Rat bei Ärzten, gab sich geistigen Devotionen und Meditationen hin oder unternahm Wallfahrten zu verschiedenen Heiligtümern. Eine solche führte Jakobe im Jahr 1589 u. a. nach Düren. Dorthin war zu Beginn des Jahrhunderts die ursprünglich zu Mainz verwahrte Kopfreliquie der hl. Anna, der Mutter Mariens, verbracht worden. Diese Heilige galt auch als Schutzpatronin wider die Unfruchtbarkeit. Aus Anlaß ihres Besuches stiftete ihr die Fürstin zwei noch heute erhaltene vergoldete Silberketten, die im Kapitel über das „Einholen der Braut" näher beschrieben und auch abgebildet sind.

Von den vier Schwestern Johann Wilhelms, die für eine Nachfolge in Frage kamen, war einzig die Prinzessin Sibylle noch ledig, während die drei anderen in dem Herzog Albrecht Friedrich von Preußen sowie den Pfalzgrafen Philipp Ludwig von Pfalz-Neuburg und Johann von Pfalz-Zweibrücken protestantische Ehegatten besaßen. Wegen ihres augenfälligen Verhaltens in Sachen Kuratel und Administration wurden diese drei Schwiegersöhne Wilhelms des Reichen allerorts „die Interessenten" genannt. Sie hatten ebenso wie Wilhelm von Bayern entweder Delegierte nach Düsseldorf entsandt oder Bürger dieser Stadt zu ihren Bevollmächtigten bestellt, um, im Falle daß Entscheidungen in der Nachfolge- und der Vormundschaftsfrage getroffen würden, jederzeit präsent zu sein.

Hierbei handelte es sich einmal um den von Brandenburg bevollmächtigten Düsseldorfer Bürger Johann von Megen, um Johann Schultze (Schultheiß) als Gesandten des Administrators von Magdeburg, Markgraf Joachim Friedrich von Brandenburg (1546–1608), sowie um Eustachius von Schlieben und Sebastian Müller, die im Juli 1591 Gesandte des Kurfürsten Johann Georg von Brandenburg († 1598) waren.

Pfalz-Neuburg wurde von Roth von Schreckenstein, Tobias Zorer (September 1591) und über mehrere Jahre hinweg vor allem von Alexius Moroldt (1590–1602) vertreten, während Pfalz-Zweibrückens Gesandter Petrus de Pötter (ca. 1595/96) hieß.

Der bayerische Gesandte und Rat Hans Winkelmair kam auf dem Umweg über Innsbruck an den Niederrhein, weil er auch noch den Erzherzog Ferdinand von

D. Die Düsseldorfer Zeit

Tirol für diese Mission gewinnen sollte. Derselbe meinte indes, daß es ausreiche, wenn als Gegengewicht zu den protestantischen Interessenten der Herzog von Parma anwesend sei und überließ im übrigen Winkelmair allein die heikle Mission, denn soviel stand fest: Wenn in der anstehenden Frage die Interessenten oder einer von ihnen zum Zuge käme, wäre nicht nur im Herzogtum Jülich-Kleve-Berg die katholische Sache verloren, sondern es würde der katholischen Seite auch bei den Reichsversammlungen und -deputationstagen die entscheidende Stimme fehlen, so daß sich die Mehrheitsverhältnisse im Reich insgesamt zugunsten der protestantischen Partei verändern würden.

Die Interessenten waren sowohl Johann Wilhelm als auch den Räten unwillkommen; letztere fürchteten zu Recht, daß ein allzu durchsichtiges eigennütziges Treiben ihrerseits durch die vergleichsweise mächtigen Interessenten sehr schnell beendet werden könnte.

Aber auch der Rest der breitgefächerten Sorgen und Mühsale erwies sich für die schmalen Schultern eines Johann Wilhelm noch als ein zu schwergewichtiges Paket. Es gab zwar katholische Räte, die ihrem zukünftigen Landesherrn hätten beistehen können; dieselben waren jedoch mehr an ihren Pfründen als an Glaubensfragen interessiert und wollten sich jedenfalls nicht für eine Sache, deren Ausgang mehr als ungewiß schien, über Gebühr engagieren, so daß es ihnen im Falle eines Unterliegens hätte verübelt werden können. So mußte sich Johann Wilhelm seiner Feinde mit dem Rücken zur Wand erwehren. Jakobe aber, seine Frau, hatte um diese Zeit entweder den Ernst der Lage noch nicht erfaßt oder war ganz einfach der dauernden Querelen leid; sie kümmerte sich jedenfalls nicht oder nicht intensiv genug um die Mißstände, sondern amüsierte sich, so gut dies am tristen Düsseldorfer Hof möglich war.

Unter diesen Voraussetzungen war es schlechthin unausweichlich, daß über kurz oder lang die dünnste Nahtstelle im Düsseldorfer Machtgefüge nachgeben und das dahinter entstehende Vakuum schwerwiegende Folgen nach sich ziehen würde. Das schwächste Glied der Kette der Unwägbarkeiten niederrheinischer Politik war nun einmal der in depressiv-melancholischer Gemütsverfassung mehr schlecht als recht dahinvegetierende Jungherzog. Und dieser unglückliche Mensch war es auch, bei dem um die Jahreswende 1589/90, nicht zuletzt mangels jedweder sachgemäßer Hilfestellung, die Katastrophe hereinbrach, die später alles mit sich in den Abgrund zog.

Den auslösenden Faktor im einzelnen kennen wir nicht. Ausgesprochen ungünstig waren jedoch zunächst einmal viele der über beide Elternteile eingeflossenen Erbanlagen. Dabei wird man nach heutigem genetischem

Verständnis wahrscheinlich sogar noch dankbar sein müssen, daß sich auf Johann Wilhelm die zahlreichen negativen Eigenschaften beider Linien nicht kumulativ weitervererbt haben, sondern letztlich und im wesentlichen nur tiefe Melancholie.

Betrachtet man die väterliche Seite, so widerfuhr Johann II., also dem Urgroßvater Johann Wilhelms, seitens der Geschichte keine allzu erfreuliche Zensur. Sein Land in wirtschaftlichen Ruin stürzend, führte er selbst offensichtlich einen skandalösen Lebenswandel, für den einige sechzig illegitime Kinder bürgen, die er bis zu seiner im 31. Lebensjahr erfolgten Verheiratung gezeugt haben soll, und deren Versorgung die Landesfinanzen noch zusätzlich belasteten. Zu diesen Abnormitäten stehen Johann Wilhelms kärgliche, ja geradezu armselige Verhältnisse und seine Kinderlosigkeit in krassem Gegensatz. Johanns II. einziger legitimer Sohn und Nachfolger Johann III. hingegen wird in der Literatur unterschiedlich, wenn nicht gar gegensätzlich beurteilt. Während die einen ihm die Besserung der inneren Zustände, Talent in der Organisation von Regierungsbehörden, Wohltätigkeit, religiöse Toleranz und Sparsamkeit zugute halten[1], sagen ihm andere Verschwendung, Putzsucht und ein Beherrschtwerden durch seine Ehefrau Maria von Jülich-Berg nach[2], was auch den Beinamen „der Einfältige" oder „der Friedfertige" erklären würde. Der Ehe Johanns III. von Kleve mit Maria von Jülich-Berg entsproß Wilhelm der Reiche, der Vater Johann Wilhelms.

Die geistige Verfassung Wilhelms des Reichen ist heute etwas strittiger, als sie dies noch vor wenigen Jahrzehnten war. Früher galt allgemein, daß das Jahr 1566 im Befinden des Altherzogs eine Zäsur darstellte, weil damals Schlaganfälle eine Lähmung der linken Körperhälfte und auch eine geringfügige Beeinträchtigung der Zunge auslösten. Dies führte dazu, daß sein Gebaren, seine Bewegungen, seine Sprachgewandtheit und ganz allgemein seine Spontaneität nachließen. Dieser Eindruck mag sich mit zunehmendem Alter noch verstärkt haben, da mit der Zeit weitere körperliche Gebrechen hinzukamen. So vermochte Wilhelm nicht lange bei Tische zu sitzen. Möglich, daß ihm dabei auch eine Gelenksteifigkeit zu schaffen machte. Eine Wirbelsäulenverkrümmung wird jedenfalls sowohl durch zeitgenössische Bilder als auch eine Untersuchung seiner sterblichen Überreste durch den Gerichtsmediziner Prof. Dr. Heinz Schweitzer nach Wiederauffinden der Fürstengruft im Jahr 1954 belegt, auf die im Kapitel „Tod und Begräbnis Wilhelms des Reichen" näher eingegangen wird. Mußte der Altherzog trotzdem einmal länger in Sitzstellung

---

[1] LV Nr. 11; 43, Bd. 3, S. 88; 56, S. 383; 235, S. 31.   [2] LV Nr. 43, Bd. 3, S. 89; 207, S. 253.

D. Die Düsseldorfer Zeit 241

ausharren, kam es zuweilen vor, daß er einschlief. Ob daran nicht auch ein frugales Mal, widrige Blutdruckverhältnisse oder ganz einfach Übermüdungszustände Schuld trugen – diese Frage fand bis heute keine Beachtung.
Bei einigen Bildern dieses Herrschers aus seiner letzten Lebensphase neigt man zwar dazu, den körperlichen Niedergang wahrzunehmen. Damit muß aber nicht unbedingt auch geistiger Verfall einhergegangen sein. Zum anderen strafen Betätigungen wie das Tragen und Festhalten von Regierungsverantwortung, das Abhalten langer Audienzen, das Entgegennehmen der Vorträge seiner Räte sowie vor allem strapaziöse Reisen aus Anlaß der Verehelichung seiner Töchter, die 1572 bis in das entfernte Königsberg führten, derlei Behauptungen Lügen. Jedenfalls geht es sicher zu weit, wollte man diesem Mann „Blödigkeit" unterstellen, wenn sein Wesen zuletzt auch altersbedingte Verschleißerscheinungen, z. B. ein gewisser Altersstarrsinn und vielleicht auch die Abneigung dem Sohn und dessen Ehefrau gegenüber, gekennzeichnet haben mögen.
Mütterlicherseits waren die ungünstigen Voraussetzungen für den beklagenswerten Zustand Johann Wilhelms sogar noch ausgeprägter. Wilhelm des Reichen Gemahlin, Maria von Österreich, die Mutter Johann Wilhelms, hat in den Jahren um die Geburt dieses ihres letzten Kindes zunehmend an Schwermut gelitten, ein Erbteil ihrer spanischen Großmutter Johanna von Kastilien (1479–1554), mit dem Beinamen „die Wahnsinnige". Diese Frau war nach dem frühen Tod ihres Gemahls, Philipp des Schönen von Burgund, geisteskrank geworden, eine Krankheit, die sie gegenüber allem, ausgenommen das Andenken und Grab ihres Gemahls, teilnahmslos werden ließ. Philipp und Johanna waren die Eltern der Kaiser Karl V. und Ferdinand I. und letzterer wiederum der Vater von Wilhelm des Reichen Gemahlin bzw. von Johann Wilhelms Mutter Maria von Österreich.
Wollte man zuletzt auseinanderdividieren, welche der negativen Erbeigenschaften von welcher Seite in Johann Wilhelm wiederauflebten, verbleibt vorrangig immer wieder die mütterlicherseits aufgetretene Melancholie, die bei ihm mit voller Wucht durchgeschlagen ist. Väterlicherseits fällt dagegen auf, daß sich manche der Eigenschaften wie Putzsucht und die sexuelle Triebhaftigkeit bei Johann Wilhelm eher ins Gegenteil gekehrt haben, da der Jungherzog in seinem äußeren Erscheinungsbild mehr und mehr vernachlässigt herumlief und trotz zweimaliger Heirat keine Nachkommen hatte.
Wie auch immer sich Historiker und Mediziner über die geistige Potenz von Vater und Sohn einigen mögen, darf nach allem jedenfalls eines als sicher gelten: Unter den bekannten Vorfahren des Jungherzogs befand sich keiner,

der befähigt gewesen wäre, ihm überdurchschnittliche geistige Fähigkeiten vererbt zu haben. Es war bestenfalls Mittelmaß, das sich über Generationen hinweg fortgepflanzt hat, wobei selbst dies auf den letzten des Stammes nur in sehr bescheidenem Rahmen zutraf.

So war es in der Substanz wohl richtig diagnostiziert, wenn die Ärzte schon in einem vom Herbst 1589 datierenden Gutachten die Geistesverfassung Johann Wilhelms auf „ex paterno semine et materno sanguine"[1], das heißt also auf eine beiderseitige Belastung zurückführten.

Erste Anzeichen eines nicht mehr normalen Verhaltens des Jungherzogs waren seiner Umgebung bereits kurz nach der Mitte der achtziger Jahre sichtbar geworden. So in Befehlen, die er nicht zu geben befugt war. Z. B. im August 1586, als er den mehrheitlich protestantischen Bürgern von Wesel befohlen hatte, ihre Geistlichen durch katholische zu ersetzen, was ihm nur Hohn und Spott einbrachte. Im Sommer 1587 war sodann dem päpstlichen Nuntius anläßlich eines Gesprächs, das er mit Johann Wilhelm führte, aufgefallen, daß der Jungherzog auf konkrete Fragen und Vorhalte jeweils nur wirr zu antworten wußte. Und als er schließlich im Frühjahr 1588 die Statthalterschaft in Geldern für ein Jahresentgelt von 30 000 Talern anstrebte, um vermeintlichen Giftanschlägen durch die kalvinistischen Ärzte und Apotheker seines Vaters zu entgehen, hegte kaum mehr jemand Zweifel an der Erkrankung des Prinzen.

Um die Fastenzeit und im Sommer des Jahres 1589 trübte überdies Schwermut seine Gedanken, weil er in den Verdacht geraten war, mit den Spaniern zu paktieren, während ihm doch gerade seine Machtlosigkeit gegenüber spanischen Grenzübergriffen sehr am Herzen lag.

Von drei wichtigen Personen der unmittelbaren Umgebung des Jungherzogs besitzen wir schriftliche Berichte über seine Krankheiten, und zwar aus je einem Gutachten seines Leibarztes Dr. Reinhard Gathmann alias Solenander, seines Beichtvaters Hubert Fronhoven sowie aus einigen Briefen seiner Schwester Sibylle an die Herzogin Renata von Bayern.

Dr. Gathmann war von Johann III. sowie Wilhelm dem Reichen gefördert und von letzterem ab 1559 zu seinem Leibarzt bestellt worden. Er hatte an mehreren Universitäten – in Brabant, Italien und Frankreich – studiert und später für kurze Zeit als Professor der Medizin gelehrt. Auch mehrere wissenschaftliche Werke entstammen seiner Feder. Gemäß der Sitte der Zeit hatte er eine Änderung seines Namens in Reiner Solenander vorgenommen

---

[1] LV Nr. 215, S. 29; 227, S. 136.

D. Die Düsseldorfer Zeit

und wurde ein für seine Zeit hochangesehener Arzt mit einer über heimatliche Grenzen hinausreichenden Berühmtheit.

Dr. Solenander stand seinem Gönner bei insgesamt elf innerhalb weniger Monate erlittenen Schlaganfällen zur Seite, von denen einer, der schwerste, den Altherzog ausgerechnet auf seiner Reise zum Augsburger Reichstag des Jahres 1566 ereilt hatte. Auch von einem Bein- und einem die letzten 25 Jahre seines Lebens währenden Bruchleiden ist die Rede.

Von diesem Dr. Solenander und seinen Kollegen Dr. Lambert Wolf und Dr. Galenus Weyer stammt ein an die Düsseldorfer Räte gerichtetes Gutachten vom 18. 10. 1589, das auch die Krankheiten des Sohnes Wilhelms des Reichen und die Art ihrer Bekämpfung nennt. Aus den Kindheitstagen werden uns nur pauschal „viele und mancherlei langwährende Krankheiten" sowie organisch eine geschwollene Milz genannt.[1] Den Tenor des Berichts aber bildet immer wieder die „Leibesblödigkeit" und „-schwachheit", hervorgerufen durch „Schwermütigkeit und Melancholie". Als Gegenmittel werden Sorgfalt und Ausgewogenheit in Ernährung, Verdauung, Schlaf und sexuellem Verhalten empfohlen; als Medizin Mandel- oder „süße liebliche" Milch sowie der beruhigend wirkende und den Schlaf fördernde Mohn; ferner Luftveränderung, Wohnungswechsel und sexuelle Enthaltsamkeit.

Das andere Gutachten von der Hand des Geistlichen Hubert Fronhoven aus dem gleichen Monat bestätigt im wesentlichen die seelischen Leiden. Im Gegensatz zu den Ärzten meint Fronhoven aber, daß Abhilfe hier von den Menschen kaum zu erwarten sei; er empfiehlt als „Rezept" das Gebet und das Austeilen von Almosen.

Um die Jahreswende 1589/90 eskalierte die Geisteskrankheit des Jungherzogs vermutlich durch die fixe Idee, der eigene Vater trachte ihm nach dem Leben. Johann Wilhelm wollte plötzlich seine Rüstung nicht mehr ablegen, behielt sie vielmehr Tag und Nacht an, um gegen Anschläge auf sein Leben allzeit gewappnet zu sein. Zuweilen gestikulierte er mit blanken Waffen, wie Dolchen, Spießen und Gewehren, so daß er für sich selbst und seine Umgebung zu einer ernsten Gefahr wurde. Prinzessin Sibylle berichtet, daß er sowohl „sich . . . selbst im Gesicht hart verletzt" als auch anderen schon übel mitgespielt hat und sie es nicht wundern würde, wenn der Bruder in dieser Stimmung auch ihr etwas antäte.[2] Hinzu kam seine allmähliche Verwahrlosung in Kleidung und Körperpflege. Weder, daß er sich selbst kämmte und wusch, ließ er dies auch nicht – vermutlich aus Angst vor Attentaten – von Bediensteten zu.

[1] LV Nr. 227, S. 135 ff.   [2] LV Nr. 24, S. 149.

Storchähnlich stand er des öfteren vor dem Düsseldorfer Schloß auf einem Bein und stierte geistesabwesend vor sich hin, oder aber er beugte sich über die Schloßzinnen, als wolle er sich jeden Augenblick in die Tiefe stürzen. Kurz nach Neujahr 1590 verfiel er sodann in das andere Extrem und erlitt erstmals furchtbare Tobsuchtsanfälle, die schließlich auf Anordnung des Vaters zu seiner Entwaffnung und Festsetzung führten.

Mit Windeseile verbreitete sich die Nachricht über dieses Geschehen an die benachbarten Höfe von Kurköln und Brüssel. Auch die von den protestantischen Schwägern regierten Höfe von Pfalz-Zweibrücken, Pfalz-Neuburg und Preußen-Brandenburg waren schnell ins Bild gesetzt. Dasselbe galt für den Bayernherzog, den spanischen König, den Papst und den Kaiser. War die katholische Seite im wesentlichen aus Selbsterhaltungstrieb bestrebt zu helfen, um den vorgeschobenen katholischen Brückenkopf am Niederrhein zu halten, so war das Interesse der protestantischen Schwäger eher auf Machtzuwachs aus.

Die Verantwortlichen bei Hof versuchten nun zunächst, sich die Künste der Geistlichen Johann von Lank, einem Ort in der Nähe von Krefeld, und Cornelius Ingenhoven aus Köln zunutze zu machen.

Am 30. 1. 1590 beorderte man den Kaplan Hubert Fronhoven und den Lizentiaten Theodor Heistermann zu dem Pfarrer von Lank, der in dem Rufe stand, in noch mehr als nur den theologischen und ärztlichen Wissenschaften bewandert zu sein. Und in der Tat deutete der Pfarrer diesen Herren die Sterne. Er führte aus, daß auf den Jungherzog jüngst in der Grafschaft Mark ein Giftanschlag verübt worden sei und kein Arzt ihm mehr helfen könne, es sei denn, daß er, Johann Wilhelm, nach dem Willen Gottes von sich aus gesunde. Als Therapie empfahl der Pfarrer auf dem Haupt des Patienten einen Rosenkuchen sowie an seinen Fußsohlen mit Kräuternamen beschriftete Papiere zu befestigen. Als Medizin ein in Bier gesottenes Kraut und mit lateinischen Gebeten geweihtes Salzwasser zur inneren und äußeren Anwendung. Schließlich auch noch Gebete und Almosen. Die Kur solle am nächsten Montag „bei jungem Licht" beginnen und sich über einen Monat erstrecken.

Die Räte freilich gaben sich hiermit nicht zufrieden und beorderten Heistermann am 1. 2. 1590 ein zweites Mal nach Lank, diesmal in Begleitung von Dietrich Graminäus. Die Abordnung stellte dem Pfarrer gezielte Fragen: Wie er denn in den Sternen zu erkennen vermöge, daß Johann Wilhelm vergiftet worden sei und womit, da die Getränke den Schenkern und Kredenzern nicht geschadet hätten, und ob noch jemand davon getrunken habe? Wie er dazu

D. Die Düsseldorfer Zeit 245

komme, der gnädigen Fürstin Jakobe mitzuteilen, der Jungherzog hätte nichts zu sich genommen, sondern sei „angeblasen" worden, und woran der Jungherzog eigentlich erkrankt sei? Ferner, warum nur er, der Pfarrer, helfen könne, warum dem Jungherzog mit einer Kur nach dem folgenden Montag nicht mehr zu helfen sei und warum eine Unterbrechung der Kur sogar schaden solle? Diesen Fragenkatalog beantwortete Johann von Lank teils mit Wiederholungen der Fragestellung, teils mit einander widersprechenden Aussagen und nur zum geringsten Teil mit einer klaren Auskunft. So behauptete er, daß das Gift am Boden eines Glases gelegen habe, so daß es den Schenkern und Kredenzern nicht schadete, während es den offenbar zuletzt trinkenden Johann Wilhelm gezielt erreichte. Dann aber soll beim Trunk wieder kein Gift im Spiel gewesen, sondern der Jungherzog angeblasen worden sein, nur um gleich anschließend wieder zu behaupten, daß beides geschehen sei. Im übrigen treffe es nicht zu, daß er, der Pfarrer von Lank, hier allein helfen könne, denn der Herrgott habe diese Gnade auch anderen zuteil werden lassen.
Heistermann und Graminäus schienen von des Pfarrers Antworten wenig angetan, denn ärgerlich resümieren sie, daß der Geistliche „in summa . . . nicht viel auf die Fragen zu antworten wußte."[1] Auch die schriftliche Fixierung seines „Rezepts" vom 7. 2. 1590, von der man sich wohl größere Klarheit erhofft hatte, brachte keinerlei befriedigende Ergebnisse. Außer einer Menge lateinischer Gebete zur Weihe der Salzwasser-Medizin kam dabei noch nicht einmal der Name eines einzigen der beliebten Heilkräuter dieser Zeit heraus. Möglich, daß der schlitzohrige Pfaffe keinen Beleg aus der Hand lassen wollte, der ihn in diesen unruhigen Zeiten vielleicht gar belastet hätte. Wenn auch im niederrheinischen Herzogtum, dank der religiösen Toleranz des Altherzogs, eine gewisse Freizügigkeit herrschte, so loderten in den benachbarten niederländischen und spanischen Landen, wo die Ketzeredikte unter König Philipp II. rücksichtslos gehandhabt wurden, die Feuer der Inquisition nur um so heftiger. Im Zuge dieser und der kriegerischen Maßnahmen der Allerkatholischsten Majestät schrumpfte die Seelenzahl der spanischen Bevölkerung damals von 10 auf 8 Millionen.
Die von dem Kölner Priester Cornelius Ingenhoven angebotene Kur war ein Mischmasch medizinisch-okkulter und kirchlicher Maßnahmen: Das Verhalten erhitzten Urins des Patienten sollte begutachtet, gesegnetes Brot und Wasser verabreicht und erstmals auch der Exorzismus angewandt werden.
Auch Jakobe bediente sich wegen des Ausbleibens eigener Nachkommen –

---

[1] LV Nr. 217, S. 43.

vielleicht aus einem Akt der Verzweiflung heraus – solcher Praktiken, die schon damals mit einem an Aberglauben gemahnenden Beigeschmack behaftet waren: Sie ließ die landauf, landab geschätzte Krankenheilerin Margarethe von der Ahr kommen, mengte ihres Gemahls Speisen, auf Vorschlag eines Priesters – möglicherweise des Johann von Lank – und einer Nonne namens Elisabeth, Austern sowie mit allerhand Zeichen beschriebene Hostien bei und nähte seinem Wams, von dem Johann Wilhelm immer wieder behauptete „de Düvel is im Wammes", Reliquien und einen mit Stellen aus dem Johannes-Evangelium beschriebenen Zettel ein.

Auch fehlte es nicht an offensichtlichen Scharlatanen, die an dem Unglück Johann Wilhelms profitieren wollten. So erbot z. B. ein in Amsterdam lebender englischer Arzt Heilung gegen ein Entgelt von 20 000 Gulden. Als man ihn aber vorab seine eigene Arznei zu versuchen bat, kam die Behandlung nicht zustande.

Es war damals erst gut 100 Jahre her, daß sich die höchsten kirchlichen Autoritäten, Papst Sixtus IV. (1471–84) und sein Nachfolger Papst Innozenz VIII. (1484–92), in Inquisitionsdekreten über Hexen- und Zauberwesen geäußert hatten. Mit der noch im Jahr seiner Thronbesteigung ergangenen berühmt-berüchtigten Bulle „Summis desiderantes affectibus", bekannter unter der Bezeichnung „Hexenbulle" und „Hexenhammer", seiner „geliebten Söhne" Jakob Sprengler und Heinrich Institoris, zweier Dominikaner, beabsichtigte Innozenz den Hexenglauben auszurotten. Nach Schätzungen des Historikers Manfred Hammer bedeutete dies in den folgenden 250 Jahren für etwa neun Millionen unschuldige Mädchen und Frauen qualvolle Folter und Tod.

Gegen Hexenwahn und Aberglaube war am Düsseldorfer Hof zwar schon frühzeitig der Humanist und Leibarzt Wilhelms des Reichen, Dr. Johann Weyer, eingeschritten. Unter seiner Ägide hatte es im Herzogtum am Niederrhein kaum Hexenverbrennungen gegeben. Er war der Vater jenes Dr. Galenus Weyer, der ein Jahr nach dem Tod seines Vaters zusammen mit Dr. Wolf und Dr. Solenander das Gutachten über den Gesundheitszustand Johann Wilhelms ausgestellt hatte. Die aufklärerischen Gedanken des älteren Weyer scheinen aber nicht nachhaltig genug gefruchtet zu haben. Nach seinem Ableben im Jahre 1588 bestimmte in den Jahren um die Jahrhundertwende weiterhin der düstere Hintergrund der Inquisition die Maßnahmen gegen Anhänger der Reformatoren, Häretiker oder irgendwie verdächtige Personen und Schriften. Ein Schatten fällt hier auch auf den Kölner Nuntius Frangipani, der die

D. Die Düsseldorfer Zeit 247

unmenschlichen Praktiken der Folter, Verbrennung und wahrscheinlich sogar des Giftmords als klassische Abwehrmittel billigte. Und als Folge von Hexerei galt natürlich auch die „Blödigkeit" und Kinderlosigkeit Johann Wilhelms.

Jakobe wurde gegen ihr Lebensende hin in den Artikeln 21 bis 24 der insgesamt 91 Artikel umfassenden, mehrfach erwähnten Anklageschrift[1] ihrer Schwägerin Sibylle direkt der Hexerei bezichtigt. Nur allzu gerne hätte man sie den Scheiterhaufen besteigen gesehen. Von diesen Infamien wird zu einem späteren Zeitpunkt noch die Rede sein. Bei ihrer resoluten und durch ihr, Jakobes, Schicksal gewarnten Nachfolgerin Antoinette von Lothringen mußte man dagegen vorsichtiger hantieren! Sie und ihren Gemahl beschuldigte man nicht selbst der Hexerei, sondern verbreitete vielmehr, daß das Herzogspaar wegen des ausbleibenden Kindersegens Opfer eines solchen Zaubers geworden sei. In der Folge wurde daher an beiden in der Schloßkapelle zu Hambach das „christliche Privileg" des Exorzismus, zu deutsch Teufelsaustreibung, vorgenommen.

Ferner wurden der Herzog von Lothringen, ja selbst der Kaiser bemüht. Sie beorderten verschiedene italienische Experten und zuletzt den Breslauer Propst Dr. Johann Pestorius an den Niederrhein. Hatte man dem Herzog zu Lebzeiten Jakobes auf Anraten Schenkerns noch die Eingeweide eines Hahnes bis zum Übergang in Fäulnis aufs Haupt gebunden, so wurde ihm nunmehr von den neuen „Kapazitäten" eine Monstranz aufs Haupt gedrückt, sodann wurde er mit nicht enden wollenden Beschwörungsformeln, Gebeten, Litaneien, Segnungen und Exorzismen traktiert, bis er eines Tages die Quacksalber über hatte, in der Flucht sein Heil suchte und noch im Forteilen einem von ihnen eine schallende Ohrfeige verpaßte.

8. Dritte kaiserliche Kommission – Graf Lobkowitz

Die herzogliche Räteclique zu Düsseldorf sah sich in diesen Wochen und Monaten ihrem Ziel, die Macht im Lande allein zu bestimmen, näher denn je: Der alte Herzog schien bereits mehr dem Tode als dem Leben verhaftet; seinen einzig überlebenden Sohn, Johann Wilhelm, hatte man wegen seiner Tobsuchtsanfälle und Gemeingefährlichkeit für regierungsunfähig erklärt und kurzerhand eingesperrt; dessen Gemahlin Jakobe und seine Schwester Sibylle

---

[1] LV Nr. 594; 233, S. 31 f.

wären zur Bewältigung der schwierigen Situation zwar durchaus fähig gewesen, beide waren aber kinderlos und von persönlichen Differenzen, Neid und Mißgunst in verschiedene Lager getrieben; die – gleich den gewichtigen Räten – protestantischen Interessenten waren ihrer drei und damit zu viel, als daß unter ihnen Einigkeit bestanden hätte.

Was diese und vermutlich auch andere hierin verstrickte Interessenten anbetrifft, so blieb es zwar ein Gerücht, daß sie sich mit Waffengewalt des Herzogtums am Niederrhein zu bemächtigen gedachten. Dennoch war ihr Drängen in der Nachfolgefrage kaum zu übersehen. Zum Beispiel schrieb der Vormund des geistesschwachen Herzogs Albrecht Friedrich von Preußen, Markgraf Georg Friedrich von Brandenburg-Ansbach-Jägerndorf, an den Kaiser höchstpersönlich, um die Rechte der Gemahlin seines Schützlings, die eine Schwester Johann Wilhelms war, zu sichern. In den Kreisen der Interessenten hegte man die keinesfalls abwegigen Gedanken, daß nach Erlöschen des niederrheinischen Herzogshauses das erledigte Reichslehen an den Kaiser zurückfallen oder er zumindest die Vormundschaft beanspruchen könnte, um die Regierungsgewalt dann einem Katholiken zu übertragen.

In dieser ziemlich unüberschaubaren Situation wandten sich die Düsseldorfer Räte am 4. 2. 1590 an den Kaiser um Weisung. Über die Gesandten des Vatikans und Spaniens versuchte auch Frangipani auf Rudolf II. einzuwirken, der daraufhin seinen Kammerherrn, den Freiherrn Adam Graf Popel von Lobkowitz, nach Düsseldorf sandte, damit dieser die Vorkommnisse an Ort und Stelle überprüfe, um ihm, dem Kaiser, anschließend zu berichten.[1]

Am 20. 3. 1590 traf von Lobkowitz in Düsseldorf ein, für die erste Aprilwoche wurden die Stände zusammengerufen, und bereits am 14. 4. 1590 erstattete er Rudolf II. seinen Bericht.

Die Gesandtschaft erbrachte für keine der Parteien das von ihr angestrebte Ergebnis: Die Räte – obgleich ursprünglich beim Kaiser um Beistand heischend – wähnten über vatikanische und bayerische Kanäle eine Intervention zugunsten Jakobes. In der Tat hätte Jakobe auch nichts lieber als eine Regelung der Frage der vormundschaftlichen Regierung, unter gleichzeitiger Beschneidung der Machtfülle der herzoglichen Räte, gesehen. Ihr schwebte im Einvernehmen mit dem Nuntius vor, daß in einem solchen Fall ihr Cousin, der Kurfürst und Erzbischof von Köln, die Regierungsgewalt übernähme, wozu dieser auch unter der Bedingung, daß ihm ein „agionto" – zu deutsch Adjunkt, Amtsgehilfe – an die Seite gestellt würde, Bereitschaft zu erkennen gab.

---

[1] LV Nr. 238, S. 14, spricht sogar von zwei Reisen Lobkowitz', was in LV Nr. 54, S. 33, Anm. 3, angezweifelt wird.

D. Die Düsseldorfer Zeit

Damals zogen noch Jakobe und Frangipani am gleichen Strang, denn oberstes Ziel des Nuntius war die Verhinderung einer protestantischen Sukzession der Schwäger Jakobes. Diese in den Augen des Erbprinzen positive Konstellation bewirkte etwa Mitte März eine Besserung in seinem Befinden; seine empfindsame Psyche reagierte auf – die unmittelbare Umgebung betreffende – äußere Einwirkungen immer sehr spontan. Aber letztlich waren Jakobe und ihre Parteigänger doch enttäuscht, denn beim Kaiser stieß ihr Regentschaftsplan auf keine Gegenliebe, so daß im Ergebnis alles beim alten blieb.
Die herzoglichen Räte, die die kaiserliche Kommission zunächst befürwortet und sogar ausgelöst hatten, befürchteten später eine negative Auswirkung derselben auf ihren Einfluß und waren deshalb darum bemüht, den Freiherrn von Lobkowitz gegenüber allem abzuschirmen, was nicht für seine Augen bestimmt zu sein schien. Sie vermochten auf diese Weise nur die ihnen genehmen Nachrichten an das kaiserliche Ohr zu lancieren. Dennoch traf letzterer in Sachen Vormundschaftsregierung auch keine den Räten günstige Entscheidung, und zwar mit der fadenscheinigen Begründung, daß derzeit eine geeignete Persönlichkeit nicht verfügbar sei. In Wahrheit waren es wohl auch bei ihm ererbte Schwermut und Entschlußlosigkeit, die seine Tatkraft wie bei vielen anderen Dingen lähmten. So wurden die Düsseldorfer Räte von Rudolf II. lediglich in ihren Ämtern bestätigt und geheißen, auch im Falle des Ablebens von Wilhelm dem Reichen die Geschäfte bis auf weitere kaiserliche Weisung fortzuführen.

9. Verhängnisvoller Frontenwechsel

Das eigenmächtige Handeln der Räte ärgerte die politisch quirligen, protestantischen Landstände, insbesondere diejenigen der Landesteile Kleve und Mark, weil die übermächtige Vertretung aus Jülich plötzlich jede Maske, als würden noch die gemeinsamen Richtlinien von Wilhelm dem Reichen befolgt, fallen ließ.
Die Parteinahme der Landstände fußte auf alter Tradition, daß nämlich Entwicklung und Festschreibung landständischer Rechte stets einhergingen mit dem Eintreten der Stände für das oft zweifelhafte Recht neuer Landesherren; mit anderen Worten, jetzt, da eine Regentschaft und ein Präjudiz für die Lösung der Nachfolgefrage spruchreif schienen, durften sie nicht abseits stehen, vor allem nicht die protestantischen Stände, da Freiheit oder fernere Bedrückung ihres Bekenntnisses von der neuen Ordnung abhing.

Im speziellen mutmaßten diese Landstände, daß die lediglich in Kurköln berechtigt, in Jülich dagegen zu Unrecht agierenden Spanier nur darauf warteten, unter dem Deckmantel kaiserlichen Einvernehmens gegen sie vorzugehen. Bereits im Juli 1590 wollten die Landstände daher den Gesamtausschuß der Länder und später auch einen allgemeinen Landtag einberufen. Sie wußten sich diesbezüglich der Zustimmung der Interessenten sicher, was zwangsläufig einen Gegensatz zu den Räten heraufbeschwor, die eine ihnen unheimliche Machtanballung heraufziehen sahen. Letztere stimmten daher dem Abhalten eines solchen Landtages zunächst nicht zu.

Um diese Zeit gärte und brodelte es allerorten im Lande. Immer wieder taten sich Ausschüsse und Abordnungen zusammen, um zu beraten, wie den unsäglichen Miß- und Notständen im Herzogtum ein Ende bereitet werden könnte. Für den 12. 9. 1590 waren die Landstände von Jülich-Berg zu einem Landtag nach Düsseldorf einberufen worden. Am 16. September fand auf des Altherzogs Veranlassung ein Reichsdeputationstag zu Frankfurt statt, am 22. 2. 1591 gab es eine Versammlung der Landstände von Berg zu Urdenbach, irgendwann um diese Zeit auch eine solche der Jülicher Landstände zu Birkesdorf, vom 6. 3. bis 4. 4. eine der Räte von Jülich-Berg zu Düsseldorf und ungefähr um dieselbe Zeit schließlich auch wieder eine der Landstände von Kleve-Mark zu Dinslaken.

Wilhelm der Reiche hielt nicht allzuviel von diesen Zusammenkünften und gab dieser seiner Meinung auch schriftlich Ausdruck. In der Tat verliefen mehr oder weniger alle wie das Hornberger Schießen, denn an konkreten Ergebnissen, insbesondere Erfolgen, kam dabei nur selten etwas heraus. Allenthalben wäre die Entsendung des Mettmanner Amtmanns und späteren Nachfolgers Orsbecks im Kanzleramt, Niklas von der Broel, an den kaiserlichen Hof durch die jülich-bergischen Räte zu erwähnen, auf die aber im Zusammenhang mit dem im übernächsten Kapitel zu besprechenden Gesamt- oder Langen Landtag näher eingegangen werden wird.

Kurz zuvor hatte sich auch der Protestant Otto von Bylandt, Herr zu Rheydt, in seiner Eigenschaft als Jülicher Rat, nach Prag begeben. Er wollte im wesentlichen zwischen dem Kaiser und der protestantischen Seite, d. h. den Ständen, Interessenten und auch schon der Fürstin selbst, vermitteln, welch letztere die protestantischen Landstände trotz konfessionellen Gegensatzes als ihren wichtigsten Bündnispartner auserkoren zu haben schienen. Anfang 1591 hatte der Kölner Nuntius erstmals ihre Neigung, sich im Regimentsstreit der protestantischen Partei zu nähern und im Verein mit ihr die Regierung anzustreben, festgestellt.

D. Die Düsseldorfer Zeit

Die Landstände setzten darauf, daß Jakobe sich mit den meisten oder jedenfalls den einflußreichen Räten auf Kriegsfuß befand, weil sie diese für alle ihrem Gemahl angetane Schmach verantwortlich machte. An ihrer Spitze rangierten nach wie vor der Vizekanzler Dr. Johann Hardenrath, der Haushofmeister Johann von Ossenbroich und vor allem der Marschall Wilhelm von Waldenburg.
Gottlob hatte damals Jakobe noch eine Anzahl einflußreicher Freunde. Möglicherweise waren dieselben von den Gegnern der Herzogin nicht hinlänglich in die selbstsüchtig auf Macht und Profit gerichteten Pläne eingeweiht worden. Ehrsamere Charaktere können auch das schändliche Spiel ihrer „Kollegen" durchschaut und erst daraufhin die Sache der Herzogin und der protestantischen Landstände zu der ihrigen gemacht haben. Was immer der eigentliche Grund gewesen sein mag, können zu diesem Zeitpunkt Dr. Fabritius, Jakobes Kammerdiener Georg Kümmerle und ihre Hofmeisterin Agnes von They, die Räte Werner von dem Bongart und Werner von Palandt zu Breidenbend, ein Protestant, – ihres Zeichens Landhof- bzw. Kammermeister – sowie eben noch der Kanzler von Jülich-Berg-Ravensberg, Orsbeck, und der Anführer der Protestanten, Graf Wirich von Dhaun, diesem Kreise zugezählt werden.[1] Auch Dietrich von der Horst gehört hier genannt, jedoch war der Trierer Domherr vor kurzem verstorben.
Widersprüchliche Meldungen liegen uns darüber vor, ob der Frontenwechsel der Herzogin nur in ihrem Bestreben, die Regierungsverantwortung endlich für sich zu erlangen, begründet lag oder ob die Behauptung Schenkerns und Sibylles, die protestantischen Landstände hätten sie für Geld gekauft – von 500 bis 100 000 Talern ist die Rede – und ihre Schwägerinnen hätten ihr die Übernahme der Regierung als Gegenleistung für eine Freistellung in Glaubensdingen zugesichert, der Wahrheit entspricht. Beides wird von Jakobe nachhaltig bestritten, wohingegen der wichtigste Zeuge für derlei anrüchige Geschäfte, der Speyrer Domherr Metternich, nur den verwandtschaftlichen Handel bestätigt, während er die Bestechungsgelder nicht erwähnt.
Jakobe erkannte den Interessenkonflikt sehr wohl, in den sie sich durch die politische Solidarisierung mit Leuten wie Palandt und Bongart, den Schwägern reformierten Glaubens und den ihnen nahestehenden protestantischen Landständen begeben hatte, zumal sie ihrem katholischen Glauben, in dem sie erzogen worden war und dem sie ihre Stellung als künftige Landesherrin zu verdanken hatte, keinesfalls untreu zu werden gedachte. Trotzdem gesellte sie sich – die Beseitigung Schenkerns, Hardenraths und Ossenbroichs sowie die

---

[1] LV Nr. 24, S. 25; 242, S. 99; 281; 285; 313.

Übernahme der Regentschaft als oberstes Ziel vor Augen – an deren Seite und war damit von einem eifrigen Verfechter der Restaurationspolitik plötzlich zum Aushängeschild der protestantischen Seite geworden, von der kaiser- und spanientreuen Vasallin zur Gegnerin der mit dem Kaiser und seinen Verbündeten geschlossenen Verträge. Hardenrath, Ossenbroich und Schenkern dagegen, von denen man bisher meinte, daß sie – dem Altherzog schmeichelnd – den protestantischen Ständen zugetan seien und demzufolge zu Kaiser und Spanien in Opposition stünden, wollten sich nunmehr plötzlich als Verbündete des Kaisers, der Spanier und des Herzogs von Parma verstanden wissen, weil sie nämlich in dem Frontenwechsel Jakobes zu Recht eine Chance erblickten, im Herzogtum auch weiterhin das Heft in der Hand zu behalten. Ihre wichtigste Stütze am Düsseldorfer Hof war Prinzessin Sibylle. Die keineswegs besonders anziehende und auch nicht gerade als klug geltende, jüngste Tochter Wilhelms des Reichen war jetzt zu einer sehr umworbenen Dame geworden, da nämlich beide Konfessionen über ihre Person die Nachfolgefrage in den Griff zu bekommen versuchten. Am 3. Januar 1591 berichtet sie selbst in einem an Herzogin Renata von Bayern gerichteten Brief über ihre augenblickliche Lage:

„Es soll E. L. auch unverhalten sein, daß man gewaltig darauf gehet, mich an einen luthrischen Herrn zu bringen, welches ich nimmer wird tun, wills Gott, wie wohl ich weiß, ich bin schuldig, zu folgen, was der Herr Vater, Bruder und ander Herrn Freund ratsam finden. Aber in dem bin ich es nicht schuldig, was gegen Gott ist und die katholische Religion. Ich versichere mich auch, Ihre kaiserliche Majestät würden in solchen nicht willigen."[1]

Im gleichen Jahr gingen noch drei weitere Briefe ähnlichen Inhalts an Renata von Bayern, in denen wir auch Namen der für Sibylle in Aussicht genommenen Ehegatten erfahren. Auf sie kommen wir im nachfolgenden, Sibylle gewidmeten Kapitel zu sprechen. In den erwähnten Briefen schließt sich im anstehenden Zusammenhang immer auch ein Klagen über die drei mit protestantischen Ehemännern verheirateten Schwestern an, die ihr, Sibylle, vorwerfen würden, sie strebe nach der Herrschaft und wünsche deshalb sogar des Bruders Tod. Daß das Bündnis Jakobes mit den protestantischen Landständen neben ihrem persönlichen Interessenkonflikt in mehrfacher Hinsicht tiefgreifend problematisch war und äußerst verhängnisvolle Folgen heraufbeschwören mußte, das schien Jakobe damals in der vollen Tragweite nicht oder noch nicht erkannt zu haben. Denn wie hätte sie es sonst wagen können, ihre einflußreichen

[1] LV Nr. 311.

Verwandten sowie alte Freunde und Förderer zu brüskieren. Wie sollten diese ihr Handeln verstehen, im Herzen dem alten Glauben verhaftet zu bleiben, aber nach außen hin zur Behauptung ihrer Herrschaft mit den protestantischen Kräften zu paktieren?! Wahrscheinlich war der Versuch, auf mehreren Klaviaturen gleichzeitig zu spielen, eine Art Trotzreaktion, die freilich der damals bereits zweiunddreißigjährigen Fürstin schlecht zu Gesicht stand. Zu einem zwielichtigen, diplomatischen Spiel, das auch denkbar wäre, schien sie dagegen kaum fähig.

Man fragt sich ferner, wie eine solche unheilige Allianz einer katholischen Regentin und einer protestantischen Mannschaft in jener Zeit tiefster religiöser Auseinandersetzungen nach Erreichen der vordergründigen Ziele hätte weitergehen sollen? Stände und Interessenten hätten zumindest auf Gleichberechtigung des Protestantismus gedrängt, was aber einer Verletzung des Venloer Vertrages und einer Kräfteverschiebung im Herzogtum und damit auch im Reich entsprochen hätte. Wenn man derlei Überlegungen anstellt, zu denen ausgerechnet auch noch ein katholischer Domherr maßgeblich beigetragen hat, kann man kaum zu einem für die Herzogin günstigen Ausgang ihres Unterfangens gelangen. Bei dieser verfahrenen Lage deuteten im Gegenteil alle Anzeichen auf Sturm, einen furchtbaren Sturm sogar, der Jakobe noch schwere Zeiten bescheren und letztlich mit ihrem Untergang enden sollte.

10. Prinzessin Sibylle und ihre Freier

Zu Beginn der neunziger Jahre des 16. Jahrhunderts trat immer auffälliger Prinzessin Sibylle, die jüngste Tochter Wilhelms des Reichen und seiner Gemahlin Maria von Österreich, in das Rampenlicht der Öffentlichkeit. Sie war, hinsichtlich ihres Bedürfnisses zu herrschen, eine zu ihrer Schwägerin Jakobe kongeniale Erscheinung sowie eine der wenigen emanzipierten weiblichen Herrschergestalten ihrer Zeit.

Am 26. 8. 1557 geboren, war sie nur um ein knappes halbes Jahr älter als Jakobe. Da ihr Vater zwischen Katholizismus und Protestantismus hin und her schwankte, war es nicht außergewöhnlich, daß sie sich – zunächst jedenfalls – wie ihre Schwestern als Protestantin fühlte.

Das Aussehen Prinzessin Sibylles kennen wir von mehreren Bildern aus verschiedenen Lebensphasen. Aus der Zeit, da sich ihr Weg mit demjenigen Jakobes kreuzte, vor allem von einem 1598 gefertigten Stich des Kupferstechers Crispin de Passe, der als sehr gekonnt gilt und der sie uns im Alter von 41

Jahren zeigt. Ihre und ihrer Geschwister große Familienähnlichkeit sowohl untereinander als auch im Vergleich mit ihren Eltern, insbesondere der Mutter, lassen auch einen Rückschluß auf die Zuverlässigkeit hinsichtlich der Übereinstimmung mit den Gesichtszügen der historischen Prinzessin zu.
Die im Dreiviertelprofil als Brustbild dargestellte Fürstin trägt ein festliches Gewand damals üblicher spanischer Hoftracht mit auffällig großer Halskrause und einer von den Schultern bis zur Brust herabhängenden, dekorativen Kette. In ihrem Gesicht fällt der Kontrast der hohen, großflächigen Stirn mit hohem Haaransatz und den auf der unteren Gesichtshälfte dichtgedrängten Sinnesorganen auf. Spitze Nase und spitzes Kinn sowie vorstehende Backenknochen und weit auseinanderliegende, stechende Augen verleihen dem Gesicht ein wenig einnehmendes Äußeres, wenn auch das Lächeln um den Habsburg-Mund den Zügen etwas von ihrer Schärfe nimmt. Zerbrochene Verlöbnisse, Neid und Mißgunst auf ihre hübschere Schwägerin sowie ihre Verdrängung aus der Stellung der First Lady bei Hof durch Jakobe mögen das Ihrige zum Aussehen beigetragen haben, das der Anfangvierzigerin das Leben beschied.

Selten rotierte bei einer hochgestellten Dame das Heiratskarussell so heftig und ausgiebig wie im Fall der Prinzessin Sibylle. Wie angedeutet, besaß sie zwar von Natur aus kein anziehendes Äußeres, jedoch waren es das im Mannesstamm vom Aussterben bedrohte Herzogtum, seine konfessionell nicht eindeutige Bindung, um die sowohl das katholische wie das protestantische Lager buhlten, um sich spätestens bei eintretender Vakanz den Zuschlag für die Nachfolge zu sichern, und vielleicht auch noch ein Sibylle nachgesagter Zug zur Sinnlichkeit, dem die Prinzessin das auffällige Bemühen der Männerwelt um ihre Person dankte.

Erster namentlich bekannter Bewerber war der zu Vollenhoven in Friesland geborene Graf Karl von Arenberg (1550–1616), Sohn des in spanischen Diensten gefallenen Jean de Ligne und der Margarete, einer geborenen Gräfin von der Mark, sowie Patenkind Kaiser Karls V. Schon mit 19 Jahren finden wir ihn gleich dem Vater in spanischen Diensten, wo er es bis zum Obristen brachte. Im Truchsessischen Krieg spielte er sodann eine gewisse Rolle. Ihm und seinem Schwager Salentin von Isenburg war es u. a. zu danken, daß Ernst von Bayern auf den Erzstuhl zu sitzen kam. 1576 wurde er von Kaiser Maximilian II. als Graf Arenberg in den Reichsfürstenstand erhoben und heiratete später Anne de Croy.
Karl von Arenberg kam bei Sibylle letztlich zwar nicht zum Zuge, jedoch

Prinzessin Sibylle (1557–1622), jüngste Schwester Johann Wilhelms im Alter von 41 Jahren

wissen wir von der Ernsthaftigkeit dieses Planes aus verschiedenen Briefen. Immerhin wurde sechs Jahre an ihm gesponnen. Auch konvertierte Sibylle Karl zuliebe zum katholischen Glauben.[1] Entscheidend aber war wohl die Einstellung des österreichischen und des bayerischen Hofes, die in Karl von Arenberg vermutlich einen zu wenig einflußreichen und zu schwach bemittelten Vertreter der katholischen Seite gegenüber den gewichtigen, protestantischen Ehemännern der Sibylle-Schwestern sahen.

Schon erwähnt wurde die Verlobung Sibylles mit dem Bruder ihrer Schwägerin Jakobe, dem Markgrafen Philipp II. von Baden.[2] Dieses Verlöbnis war seinerzeit als Doppelfest mit der Hochzeit ihres Bruders Johann Wilhelm mit Jakobe von Baden gefeiert worden. Andere Literatur will dagegen erst von einer Verlobung im darauffolgenden Jahr, also 1586[3] oder gar erst 1588[4], wissen. Letzteres Jahr war aber bereits auch das Todesjahr des Markgrafen. In Eheberedungen vom 26. 7. 1586 und 25. 1. 1587 hatte Markgraf Philipp seiner Braut Sibylle, für den Fall, daß das eheliche Beilager vollzogen würde, eine Morgengabe von 6 000 fl. mit einer jährlichen Verzinsung von 300 fl., eine solche von gleichfalls 300 fl. aus den Herrschaften Lahr und Mahlberg sowie 3 800 fl. als Widerlage und Wittum, ebenfalls wieder aus den Herrschaften Lahr und Mahlberg, zugesichert. Ferner sollte Sibylle von ihrem Vater eine Aussteuer von 25 000 Goldfl. erhalten. Freilich behielt all dies nur Gültigkeit, sofern nicht einer der Verlobten vor dem ehelichen Beilager starb. Philipp II., der in diesen Urkunden Sibylle etwas voreilig schon als Gemahlin und Markgräfin von Baden tituliert hatte, wurde dann in der Tat am 17. 6. 1588 völlig unerwartet vom Tod hinweggerafft, so daß die Eheberedungen hinfällig wurden.

In der Folge schalteten sich zunehmend der Vatikan und sein Kölner Nuntius Frangipani in die ehevermittelnde Tätigkeit um Prinzessin Sibylle ein. So kam man u. a. auf den bereits früher gehegten Plan mit einem Sproß des Hauses Lothringen zurück, versuchte eine Verbindung mit des Kaisers Bruder, dem Erzherzog Ernst, einem bayerischen Herzogssohn oder Wolfgang Wilhelm von Pfalz-Neuburg. Aber alle diese und noch andere Kombinationen wurden wieder verworfen. Am Prager Hof gefiel weder der Plan mit Erzherzog Ernst, für den die spanische Infantin Isabella ausersehen war, noch ein weiterer Vorschlag Frangipanis, wonach Anna, Tochter Marie Eleonores von Preußen,

[1] LV Nr. 156, S. 110.   [2] LV Nr. 574; 245.   [3] LV Nr. 56, S. 144; 24, S. 28.   [4] LV Nr. 34, S. 151, 2. Anm.

Markgraf Philipp II. von Baden (1559–88), Jakobes einziger Bruder

der ältesten Schwester Sibylles, mit dem österreichischen Erzhaus verehelicht und damit für die Nachfolge am Niederrhein ausersehen werden sollte. Der Rechtstitel des preußischen Hauses Jülich-Kleve war zwar – u. a. nach Einschätzung der Kurie – noch am besten begründet[1]; diesem Plan stand aber wiederum die Konfessionsverschiedenheit der Partner entgegen. Ähnliche Argumente galten auch für das Projekt mit Wolfgang Wilhelm von Pfalz-Neuburg, nur daß dieser obendrein noch zwanzig Jahre jünger als die in Aussicht genommene Braut war. Das Haus Lothringen hingegen war seit 1592 zutiefst mit Querelen um die Straßburger Bischofsnachfolge beschäftigt.

Was nun die weiteren Heiratskandidaten der Prinzessin Sibylle anbetrifft, so schien für sie – wenigstens zunächst – auch der Nachfolger von Philipp II. in der baden-badenschen Markgrafschaft nicht uninteressant. Es war dies der um acht Jahre jüngere Eduard Fortunat von Baden-Rodemachern, der vor allem von dem protestantischen Herzog Johann von Pfalz-Zweibrücken favorisiert wurde und der sogar den Bayernherzog, seinen ehemaligen Vormund, um Unterstützung dieser seiner Werbung beim Kaiser anging. Im Frühjahr 1590 erschien Eduard Fortunat am Düsseldorfer Hof, war von Prinzessin Sibylle recht angetan und erhielt schließlich auch die Einwilligung von deren Vater und Bruder für eine Heirat. Sibylle hingegen schrieb in dem schon erwähnten Brief vom 3. 1. 1591 an Renata von Bayern: „Man sagt mir hier vom Markgrafen zu Baden . . ., daß S. L. sich auch in solch böses Leben sollen geben wie der vorig Herr, das wär nimmer gut." Im gleichen Brief weist Prinzessin Sibylle sodann von sich aus auf einen allerdings nicht näher identifizierbaren Pfalzgrafen Georg Johann als Heiratskandidaten hin, während ihre Schwester Marie Eleonore, Moritz, Sohn des Landgrafen Wilhelm von Hessen-Kassel, oder den Pfalzgrafen Johann Kasimir vorschlug. Auch einen Grafen von Ostfriesland brachte die Verwandtschaft später ins Spiel. Alle diese Kandidaten wurden jedoch von Sibylle als „lutherische Herren" ausgeschlagen.[2]

Das „böse Leben" Eduard Fortunats, der immerhin acht Jahre betragende Altersunterschied und vor allem Sibylles immer noch nicht völlig aufgegebene Hoffnung auf des Kaisers Bruder mögen die wahren Gründe für das endgültige Scheitern des badischen Planes gewesen sein; weniger hingegen die Sorge um die Not des Vaterlandes sowie den Gesundheitszustand von Vater und Bruder, die sie selbst als Entschuldigungsgründe für ihren Rückzug vorgab, was um so unglaubwürdiger klingt, weil doch gerade Eduard Fortunat ihres Glaubens war

---

[1] LV Nr. 116 a, S. 231 f.; 198 a, S. 70. [2] LV Nr. 311.

D. Die Düsseldorfer Zeit 259

und darüber hinaus die Unterstützung zumindest eines protestantischen Schwagers, nämlich des Pfalzgrafen von Zweibrücken, besaß. Auch hätte ihn sein von Haus aus geringer Machtbesitz für seine Nachbarn erträglich gemacht. Prinzessin Sibylle blieb jedoch bei ihrem Nein.
Mit ihrer Bemerkung über das „böse Leben" Eduard Fortunats gegenüber der Bayernherzogin hob Sibylle auf die ungeheueren Schulden ab, in die schon Philipp II. sein kleines Land, vor allem durch den Bau des Baden-Badener Schlosses, verstrickt hatte und die nun unter seinem Nachfolger ins Riesenhafte anschwollen.

Von Erfolg gekrönt war erst ein Vermittlungsversuch Herzog Wilhelms V. von Bayern. Wie leicht hätte es Jakobe fallen müssen, diesen Mann, mit dem sie

Eduard Fortunats Grabdenkmal mit den Buchstaben E F M B für Eduardus Fortunatus Marchio Badensis – Bronzeplatte

Stark vergrößerte Reliefs Eduard Fortunats (1565–1600) und seiner Gemahlin Maria von Eicken († 1636) aus umseitiger Bronzeplatte

gemeinsam am Münchner Hof aufgewachsen war, für ihre Sache einzunehmen. Er stand ihr anfänglich recht nahe, und es hätte nur einer sorgsamen Pflege dieser Freundschaft bedurft. Mit ihrer Hinwendung zum Protestantismus war jedoch eine deutliche Abkehr des bayerischen Herzogspaares von Jakobe weg und hin zu Sibylle wahrzunehmen, die von ihm hinfort – zum Ausdruck der Verbundenheit – sogar als Tochter bezeichnet wurde.

Politisch hatte sich der Bayernherzog demnach von seiner Cousine bereits losgesagt. Dies ersieht man auch aus der Tatsache, daß er sich mit der Zeit nach Jakobe, also der Erbfolge am Niederrhein, befaßte. Seine Gedanken spielten dabei mit einer Verheiratung Sibylles an einen Bruder des Kaisers oder den Sohn des Erzherzogs Ferdinand von Tirol, mit dem Köder, daß dieser Tochter Wilhelms des Reichen dereinst ein großer Anteil des väterlichen Erbes zuteil werden würde, weil es bei dem zu erwartenden Erlöschen des elterlichen Herzogsstammes der Braut nicht schwerfallen sollte, das erledigte Lehen auf einen kaiserlichen Heiratskandidaten zu übertragen. Diese Gedankengänge

D. Die Düsseldorfer Zeit

nahmen bald bezüglich der Tiroler Alternative konkrete Formen an, wobei freilich auch das Drängen Spaniens in dieselbe Richtung nicht zu übersehen ist: Briefe gingen zwischen München auf der einen sowie Düsseldorf, Köln und Innsbruck auf der anderen Seite hin und her, Kuriere wurden ausgetauscht, und ganz allgemein war eine rege Aktivität in dem beliebten Heiratsspiel zu verspüren – es war wieder Schwung in das Heiratskarussell gekommen. Zu danken war dies nicht zuletzt dem bayerischen Rat Hans Georg von Freising, der vermutlich die Pläne seines Herrn sowohl am Niederrhein als auch zu Innsbruck vertreten mußte. Der Bräutigam-Vater, Erzherzog Ferdinand von Österreich, Graf von Tirol (1529–95), der zweite Sohn des verstorbenen Kaisers Ferdinand I., war von dieser ins Auge gefaßten Partie zunächst nicht erbaut, da ihm damals für seinen Sohn, den Enkel Ferdinands I., Neffen Maximilians II. und Vetter des regierenden Kaisers Rudolf II., hochfliegendere Verbindungen vorschwebten. Jedoch durfte man bei Ferdinand von Tirol, der 1557 ohne Wissen seines Vaters die schöne Augsburger Kaufmannstochter Philippine Welser (1527–80) geheiratet hatte und mit ihr – zunächst auf dem böhmischen Schloß Bresnitz und später in Schloß Ambras oberhalb Innsbrucks – eine überaus glückliche und harmonische Ehe geführt hatte, auf ein Einlenken hoffen. Ihrer Nachkommenschaft war fürstlicher Stand sowie die Titulierung „Markgrafen von Burgau" zugesichert worden.

Dieser Ehe nun entstammte der neueste und letztendlich auch geehelichte Heiratskandidat der Prinzessin Sibylle. Er hieß Karl, war der zweite Sohn seiner Eltern und dankte Berühmtheit in erster Linie seiner Abkunft und erst danach seinen an der Türkenfront sowie in Spanien erworbenen soldatischen Lorbeeren. Nach den gescheiterten Heiratsprojekten mit dem Arenberger Grafen, den badischen Markgrafen und mit einer Reihe „lutherischer Herren" war es nun zwar nicht des Kaisers Bruder, aber immerhin ein Habsburgabkömmling, den Prinzessin Sibylle von Jülich, Kleve und Berg zu ihrem Gemahl erhielt. Während es dem Vater Karls, also jenem Tiroler Ferdinand, zu danken ist, daß dessen bürgerlicher Schwiegervater Franz Welser samt seinen Nachkommen in den Freiherrenstand derer von Zinnenburg erhoben worden war, einem Geschlecht, das sich in den nachfolgenden Jahrhunderten in mehreren Zweigen über ganz Süddeutschland ausbreitete, gelang es Karl selbst erst unter erheblichen Mühen in den Jahren zwischen 1605 und 1609 – nachdem sein Vater längst das Zeitliche gesegnet hatte –, für sich und seine Familie eine standesgemäße Pfründe zu erhalten. Er wählte Günzburg, wo sein Vater zwischen 1577 und 1580 ein Schloß samt Hofkirche hatte erbauen lassen, zu seiner Residenz.

Markgraf Karl von Burgau (1560–1618), Gemahl der Prinzessin Sibylle

D. Die Düsseldorfer Zeit 263

Karl und Sibylle von Burgau – im Grundstein der ehemaligen Kapuzinerkiche von Günzburg eingelassene Silberplatte

Erwähnenswert vielleicht noch, daß das Markgrafenpaar 1616 den Grundstein zu dem Günzburger Kapuzinerkloster legte, dessen Kirche 1618, nur kurze Zeit vor dem im gleichen Jahr erfolgten Ableben des Markgrafen, vollendet und auch geweiht wurde. Der Markgraf selbst sowie seine 1622 verstorbene Gemahlin wurden in dieser ihrer Stiftung beigesetzt, die aber 1803 der Säkularisation zum Opfer fiel und 1806 abgebrochen wurde. Heute liegen ihre sterblichen Überreste im Chorraum von St. Martin unter einer schlichten Marmorplatte. Im Herbst 1973 stieß man bei Baggerarbeiten auf den Grundstein der ehemaligen Kapuzinerkirche, der für unsere Geschichte insofern Beachtung verdient, weil er eine halbkreisförmige Silberplatte mit einem lebensnahen Reliefbildnis des Markgrafenpaares enthielt.
Es bleibt zu resümieren, daß bei rechtzeitiger Anmeldung seiner Ansprüche, einem entschlossen handelnden katholischen Ehegatten Sibylles, der vielleicht auch über eine entsprechende Hausmacht verfügte, ein Zugriff auf das niederrheinische Herzogtum möglicherweise geglückt wäre. Dies insbesondere deshalb, weil der Venloer Vertrag von 1543 das katholische Bekenntnis auch für den weiblichen Erbfolgefall vorsah und damit eine rechtliche Handhabe

gegen Sibylles protestantische Schwestern bot. Freilich war, als Rudolf II. endlich in das Eheprojekt mit Karl von Burgau einwilligte, der erfolgversprechende Zeitpunkt längst vertan. Außerdem muß dahinstehen, ob der Markgraf hierzu hinsichtlich Wesen und Herkunft geeignet gewesen wäre, zumal sich in der Zwischenzeit andere, stärkere Prätendenten in den Vordergrund geschoben hatten.

Weder diese hypothetische Annahme noch das im wesentlichen aufgrund der Auseinandersetzungen mit Jakobe entstandene, negative Bild der Prinzessin Sibylle berechtigen aber zu einer Korrektur dieses Eindrucks, wie z. B. Burkhard Roberg meint.[1] Als Letztgeborene der vier Düsseldorfer Schwestern waren nun einmal ihre Ansprüche – wenn auch vorhanden – vergleichsweise gering; und auch gegenüber der „amtierenden" Herzogin Jakobe hatte sie ins zweite Glied zurückzutreten. Hinzu kommt, daß eine Prinzessin der damaligen Zeit sich normalerweise der mit ihrer Person verfolgten Heiratspolitik zu beugen hatte, wie dies ja auch Jakobe getan hat.

Wenn Sibylle aber – zuerst mit kleinlichen Intrigen, später mit handfesten Mitteln, wie der beim Kaiser vorgebrachten Schmähschrift – wider den Stachel löckte, so konnte dies letztlich für ihr geschichtliches Erscheinungsbild nicht ohne Folgen bleiben. Bei der Konformität dieses Erscheinungsbildes mit den überlieferten Fakten ist kein Grund ersichtlich, von der vorhandenen, wenig erbaulichen Einstufung der Prinzessin abzugehen. Die Einzelheiten, die hierzu geführt haben, werden wir im Verlauf der Handlung noch kennenlernen.

---

[1] LV Nr. 116 a, S. 233.

D. Die Düsseldorfer Zeit 265

III. Die politische Periode

1. Der Gesamtlandtag (16. 9.–13. 12. 1591) und die vierte kaiserliche Kommission – von Hoyos und Prinz von Buchau

Das Vorgeplänkel

Die regionalen Landtage und anderweitigen Zusammenkünfte der Landstände – Abgeordnete von Ritterschaft und Städten –, ihrer Ausschüsse und der Räte um die Wende von den achtziger zu den neunziger Jahren des 16. Jahrhunderts waren gleichsam nur ein Vorgeplänkel zu der großen Versammlung, die sich gegen das letzte Quartal des Jahres 1591 abzuzeichnen begann. Treibende Kraft, daß es überhaupt dazu kommen konnte, waren einmal die Stände von Kleve-Mark, die den Altherzog bereits im Dezember 1590 zur Bereinigung von auf dem Frankfurter Reichsdeputationstag vom 28. September offengebliebenen Fragen um die Abhaltung eines allgemeinen Gesamtlandtags angegangen waren.
Aber auch die Herzogin trug zur Durchsetzung einer solchen Versammlung bei. Um nämlich für sich und ihren Gemahl an Macht und Einfluß zu gewinnen, vereinte sie sich mit den Ständen von Kleve-Mark zu der Forderung nach einem Gesamtlandtag, der Ordnung und Regierung des Landes übernehmen müsse. Die Stände griffen diesen vom 20. 3. 1591 stammenden Vorschlag der Herzogin auf und richteten am 23. d. M. ein entsprechendes Gesuch an Wilhelm den Reichen, dem sich auch die Interessenten anschlossen.
Die Stände von Kleve-Mark wandten sich aber nicht nur an Wilhelm den Reichen, sondern sie schickten am 23. März auch einen der ihren, Georg von Siegberg, zu der gerade in Düsseldorf tagenden Räteversammlung, die aber den Gesandten am 29. d. M. mit einer ausweichenden Antwort beschied. In derselben Weise wurde auch ein Schreiben der bergischen Stände vom 5. April in der gleichen Angelegenheit beantwortet.
Doch die Krankheit der Herzöge, das mehr und mehr um sich greifende Augsburger Bekenntnis und die Übergriffe der spanischen Soldateska haben den Wunsch nach einer allgemeinen Aussprache und einem Revirement der ins Wanken geratenen Ordnung, die Eckpfeiler von Staat und Religion, bereits zu weit um sich greifen lassen, als daß er noch abzublocken gewesen wäre. Am 18. April wandten sich einige Stände aller vier Landesteile, unterstützt von

Herzogin Marie Eleonore von Preußen und den übrigen Interessenten, an Herzog und Räte, während sich Jakobe, von dem ihr besonders vertrauten klevischen Kammermeister Werner von Palandt zu Breidenbend dazu angeeifert, mit gleich zwei Schreiben, datiert vom 25. April und 24. Juni, an Rudolf II. wandte, indem sie ihn unter Darlegung der bekannten Beweggründe um Genehmigung zur Abhaltung eines Gesamtlandtags, die Entsendung eines Bevollmächtigten sowie um Hintansetzung der Regimentsordnung bis nach Beendigung dieses Landtages bat. Aber auch die kaiserlichen Räte Freiherr von Lobkowitz und Wolf Rumpf sowie Vizekanzler Jakob Kurz bestürmte die Herzogin in diesem Sinne.

Nun wurde nicht mehr locker gelassen. Mag sein, daß es den Ständen zu lang dauerte, eine Antwort von Herzog und Räten abzuwarten oder auch, daß sie ein Verpuffen all ihrer Bemühungen befürchteten. Jedenfalls gingen sie diesbezüglich bereits zu Beginn des Monats Juni Herzog und Räte neuerlich an. Am 17. Juni begann dann Wilhelm der Reiche, unter dem permanenten Bombardement der an dieser Frage interessierten Partei, nachzugeben und stellte einen Landtag für die Mitte des nächsten Monats in Aussicht.

Wie sicher sich die zu diesem Vorgehen in Opposition befindliche Räteclique wähnte, geht daraus hervor, daß sie in ihrem Bestreben, einen allgemeinen Gesamtlandtag zu verhindern, immer noch nicht nachgab. Auch der soeben ergangene Erlaß ihres Herrn wurde hintertrieben, indem man einmal die katholischen Stände von Jülich-Berg zu einem gegenteiligen Ersuchen an den Herzog bewog und zum anderen, auf die Unentschlossenheit des Kaisers setzend, ihn um Fortführung der Regierungsgeschäfte im Sinne der mit von Lobkowitz getroffenen Vereinbarungen bzw. um Aufschub des Landtags bis zur Entsendung einer neuerlichen kaiserlichen Kommission bat.

Für das Überbringen dieser ihrer Botschaft an den Kaiser hatten sich die Düsseldorfer Räte auf Niklas von der Broel geeinigt. Er sollte auf eine kaiserliche Order zur Fortführung der Regierungsgeschäfte im vorstehend erwähnten Sinne sowie auf eine Verhinderung des allgemeinen Gesamtlandtags hinwirken. Sein Brief ist von Honoratioren des gesamten Herzogtums unterschrieben. Angefangen von dem Junker Eickel und dem Drost Laib über von der Broel selbst, dem allerorts präsenten Kammermeister Palandt, der wenig später auch ein in die Gegenrichtung weisendes Schreiben der Herzogin Jakobe unterstützte, den Marschällen Reuschenberg und Schenkern bis hinauf zum Vizekanzler Hardenrath, dem Haushofmeister Ossenbroich sowie den Kanzlern und Landhofmeistern beider Landeshälften, Orsbeck und Weeze

D. Die Düsseldorfer Zeit

bzw. Bongart und Altenbockum, befanden sich eine Menge klangvoller Namen unter den Befürwortern.
Da der Kaiser über die krankheitsbedingt eingeschränkte Entscheidungsfähigkeit Wilhelms des Reichen im Bilde war, zögerte er anfänglich, wie dies im übrigen auch seiner Art entsprach, von der Broel überhaupt Gehör zu schenken. Dann aber siegte die Diplomatie des Ratsherrn bzw. die persönliche Vertretung seiner und seiner Miträte Interessen am kaiserlichen Hof, denn Rudolf II., obschon nicht gerade von der Stichhaltigkeit der gegen Jakobe vorgebrachten Klagen überzeugt, betraute die Düsseldorfer Räteschaft auch weiterhin mit der Regierungsverantwortung, während er die Einberufung eines Landtags bis zum Eintreffen der kaiserlichen Kommission zurückgestellt wissen wollte. In gleichem Sinne beantwortete der Kaiser auch die Briefe Jakobes.
Als dritter Machtkomplex nahmen die Interessenten Fühlung mit Prag, an deren Spitze Pfalzgraf Johann von Zweibrücken und die noch ranghöhere Herzogin Marie Eleonore von Preußen, die ihren geistiger Umnachtung anheimgefallenen Gemahl vertrat, handelten. Marie Eleonore hatte zwar in ihrem Heiratsvertrag vom 14. 12. 1572 auf eigene Erbansprüche zugunsten der Brüder verzichtet, sich aber bei deren unbeerbtem Tod die Sukzession vorbehalten. Zusammen mit dieser Regentschafts- und Erbfolgefrage betrieb sie gleichlaufend noch Heiratspläne mit ihrer Tochter Anna betreffend Friedrich IV. von der Pfalz (1574–1610), den späteren Vater des Winterkönigs, und Johann Sigismund, den nachmaligen Kurfürsten von Brandenburg, von denen sie nur zu gern einen als Schwiegersohn und Düsseldorfer Statthalter gesehen hätte. Nicht weniger war der Zweibrücker Pfalzgraf darum bemüht, ein Stück des niederrheinischen Kuchens zu ergattern, obgleich seine Gemahlin Magdalena ebenso wie die mit dem Pfalzgrafen Philipp Ludwig verheiratete Anna auf Erbansprüche verzichtet hatten. Allerdings wird in ihren Heiratsverträgen des Vorzugsrechtes ihrer Schwester Marie Eleonore nicht gedacht. Die jüngste Schwester Sibylle hat dagegen gar nicht erst verzichtet.
Das Zweibrücker Pfalzgrafenpaar, ferner die sich aus Hans Kaspar Roth von Schreckenstein zu Oberbechingen, seines Zeichens Pfleger zu Gundelfingen, und den Doctores der Jurisprudenz Tobias Zorer und Alexius Moroldt zusammensetzende Delegation Pfalz-Neuburgs sowie Vertreter Johann Georgs, des Kurfürsten von Brandenburg, des Administrators Joachim Friedrich von Magdeburg und des Markgrafen Georg Friedrich von Brandenburg-Ansbach-Jägerndorf, Vormund des geisteskranken Preußenherzogs, erschienen bereits Mitte Juli am Düsseldorfer Hof, um den beschlossenen Gesamt-

landtag abzuwarten und dessen Ergebnisse mitzubestimmen – ein jeder in seinem Sinne, versteht sich.

Am 26. Juli berieten diese Delegationen mit Herzog Wilhelm und den Räten aller vier Landesteile zu Düsseldorf offene Fragen. Kurz darauf traf Herzogin Marie Eleonore, von Bad Ems kommend, ein. Dieses massierte Auftreten ihrer Gegner beunruhigte die Räte. Aber auch die Interessenten waren unter sich nicht eitel Harmonie, und noch vor Eröffnung des Landtags verließ Marie Eleonore Düsseldorf wieder in Richtung Siegburg. Dort spann sie an den ihr augenblicklich vorrangig erscheinenden Heiratsplänen ihrer Tochter, und zwar zunächst mit dem pfälzischen Fürstenhaus. Erst am Vorabend der Landtagseröffnung kehrte sie von dort zurück.

Eine beachtenswerte Rolle im Vorfeld der Entscheidungen fiel dem Kölner Nuntius Frangipani zu, der zusammen mit seinem Prager Kollegen gerne entweder die Prinzessin Sibylle oder deren Nichte Anna, die Tochter und schon erwähnte Heiratskandidatin ihrer ältesten Schwester Marie Eleonore, mit einem katholischen Fürsten verehelicht hätte, um – sobald es die Situation erforderte – einen Anwärter für die Düsseldorfer Herzogswürde parat zu haben. Indes, beide Pläne scheiterten, weil sich Sibylle, wie schon erläutert, erst viel später – nach Jakobes Tod – vermählte, und auch da nicht mit einem Bruder des Kaisers, sondern mit einem unebenbürtigen Habsburgsprößling, während ihre Nichte in Johann Sigismund einen ihr glaubensgleichen, das heißt protestantischen Ehegatten bekam, der für die katholischen Kirchenfürsten als Regent von Jülich-Kleve-Berg nicht diskutabel war.

Auch griff Frangipani – in allerdings etwas abgewandelter Form wie seinerzeit vom Kölner Erzbischof vorgeschlagen – den Gedanken einer Regierung unter Hinzunahme eines Adjunkten wieder auf. Während Erzbischof Ernst sich seinerzeit nicht abgeneigt gezeigt hatte, in Düsseldorf an der Seite eines dort ansässigen Adjunkten mitzuregieren, konnte es sich der Nuntius jetzt sogar vorstellen, daß Jakobe selbst mit dieser Aufgabe betraut würde und ihr hierbei eine Persönlichkeit des einheimischen katholischen Adels zur Seite stünde. Auch scheint sein Bemühen um Jakobes Sache ehrlich und glaubwürdig, weil er immer wieder seiner – wie sich zeigen sollte – berechtigten Sorge Ausdruck verlieh, daß man die Herzogin nur durch Beteiligung an der Regierung dem katholischen Lager erhalten könne.

Um diese Zeit war ein allgemeiner Landtag bereits so gut wie sicher. Es ging eigentlich nurmehr um Ort und genauen Zeitplan sowie die Koordinierung mit den Weisungen, die von der Broel, den man täglich aus Prag zurückerwartete, mitbringen würde.

D. Die Düsseldorfer Zeit 269

Mit einem Mal überstürzten sich dann aber die Ereignisse: Der Prager Gesandte war noch nicht wieder zurück, und zu dem vom Altherzog für Mitte Juli in Aussicht gestellten partiellen Landtag Jülich-Bergs kam es erst gar nicht, sondern Wilhelm der Reiche und seine maßgeblichen Räte beschieden per Order – offensichtlich unter dem Druck der Verhältnisse – Räte und Landstände aller Territorien (Jülich, Berg, Kleve und Mark) zu einem für den 15. September nach Düsseldorf anberaumten allgemeinen Gesamtlandtag. Genauer gesagt, nahmen an ihm nur die jülichschen und bergischen Stände teil, während diejenigen von Kleve-Mark sich lediglich zu einem Ausschußtag am 22. September in Düsseldorf versammelten und anläßlich dieser Gelegenheit mit ihren jülich-bergischen Kollegen korrespondierten.

Als dann wenig später von der Broel eintraf und seinen Miträten des Kaisers Weisung unterbreitete, daß man nämlich mit dem Landtag bis zum Eintreffen einer kaiserlichen Kommission zu warten hätte, ließ sich das Rad nicht mehr zurückdrehen. Seitens der Düsseldorfer Regierung war man sich der Peinlichkeit voreiligen Handelns bewußt und schickte deshalb umgehend einen Rechtfertigungsbericht in Gegenrichtung, in dem man dringend um die Entsendung der kaiserlichen Kommission noch vor Landtagsbeginn bat.

In Düsseldorf war das allgemeine Klima um diese Zeit, das heißt Juli/August 1591, mit Emotionen geladen und recht unerträglich, um nicht zu sagen vergiftet. Natürlich war es durch die Ankunft der Interessenten bzw. ihrer Vertreter zusätzlich angeheizt worden, da der Grund ihres Erscheinens jedermann offenkundig schien. Störmanöver der protestantischen Gottesdienste durch permanentes Glockengeläut bei den Katholischen und umgekehrt der katholischen Gottesdienste durch Trommelwirbel und Trompetenlärm bei den Protestanten muten dabei noch als harmlose Nadelstiche an. Gravierendere Maßnahmen waren es schon, was sich der als eigenwillig bekannte Pfalzgraf von Zweibrücken oder der erst recht exzentrisch veranlagte Marschall Schenkern herausnehmen. Ersterer hatte versucht, sich der zu Kurköln gehörenden Festung Kaiserswerth und letzterer sogar des Jungherzogs zu bemächtigen. Während jedoch der Anschlag des Pfalzgrafen rechtzeitig aufgedeckt wurde, gelang es Schenkern im August 1591, noch knapp vor Eröffnung des Landtags, Johann Wilhelm in seine Jülicher Stammlande zu locken. Es ist nicht klar erkennbar, inwieweit Johann Wilhelm dem Drängen des Marschalls freiwillig Folge leistete oder dieser mehr oder weniger kräftig nachgeholfen hat. Es wäre wohl denkbar, daß das Feilschen bei Hof um seine eigene Vormundschaft und Nachfolge dem Gesundheitszustand Johann Wilhelms derart zugesetzt hat, daß die Macht ausübenden Räte um sein Leben und damit auch um den Deckmantel für ihr selbstsüchtiges Regiment fürchten mußten, so daß es ihnen letztlich nicht einmal schwerfiel, den Jungherzog aus dem unruhigen Düsseldorf zu entfernen. Sicher indes ist, daß Johann Wilhelm in der Hand der Räte ein willkommenes Mittel darstellte, die Verhandlungen, sofern sich dies als erforderlich erweisen sollte, in ihrem Sinne zu beeinflussen. Wahrscheinlich traf beides zu, wobei natürlich zur Schau getragene Fürsorge der Räte bezüglich des angeschlagenen Gesundheitszustandes ihres künftigen Landesherrn als ein wirksames und für viele glaubwürdiges Argument eingesetzt wurde.

Jakobe kränkelt

In diesen dem Gesamtlandtag unmittelbar vorausgehenden Aktivitäten findet der Name Jakobes so gut wie keine Erwähnung, obgleich sie es doch war, die seine Abhaltung noch vor kurzem sehr eifrig betrieben hatte. Erst gegen Mitte September 1591 hören wir wieder von ihr, als es ihrem, im Gegensatz zu Frangipani, energischen Einschreiten gelang, den von Schenkern nach Jülich entführten Gemahl noch rechtzeitig vor der Landtagseröffnung nach Düsseldorf zurückzuholen.

An diesem bei der Fürstin sonstigem Engagement ungewohnten Schweigen, zumal in dieser gespannten Atmosphäre, war ihr Gesundheitszustand schuld. Über die zunehmende ,,Geistesblödigkeit" ihres Gemahls oder gar die vielen Leiden ihres Schwiegervaters, angefangen von den Schlaganfällen des Jahres 1566, über Lähmungserscheinungen, ein Beinleiden und einen Hodenbruch bis hin zu der Wirbelsäulenverkrümmung im Alter, werden wir auf dem laufenden gehalten. Jedoch sucht man über Anhaltspunkte, die über die gesundheitliche Verfassung der Herzogin berichten, vergeblich. Lediglich ein einziges Mal, und zwar von den dem Gesamtlandtag vorausgehenden Wochen ist bekannt, daß sie sich nicht wohl fühlte.

Zwei Mediziner, Dr. med. Peter Paul Höchstetter und der Apotheker Gemminger, wurden konsultiert, die uns dann auch ihre Diagnose, eine Verstopfung, sowie die verordneten Gegenmaßnahmen wissen lassen, wenn sie in sehr menschlicher Weise unter dem 9. 8. 1591 berichten:[1]

> ,,Was sich aber bei dem Frawlin ein unnatürliche Hitz sollte zutragen (das der liebe Gott wolle verhüten) soll man zuvorderst wahrnehmen ob

---
[1] LV Nr. 542.

der Leib sein Öffnung habe und da die Natur nicht selber sollte wirken, mit gebührenden Mitteln solche beförderen."

Als Medizin wird Jakobe ein schleimiges Gerstenmüsli mit Milch und Obst, wie süßen Zwetschgen, Rosinen, Zibeben, Birnen und Äpfeln, empfohlen ,,oder aber zum Abwechseln, ein frisch Brunnenwasser, darin ein gebäht warm Brot wohl erweicht werde".

Man kommt nicht umhin, Höchstetter und Gemminger über die Art der Behandlung der hohen Patienten seinen Respekt zu zollen, machten die beiden sich doch Gedanken, die sich als bewährte Hausmittel weitgehend auch heute vertreten lassen. Kein Wort von den Kranken schwächenden Aderlässen, Klistieren oder dem beliebten Haareabscheren. Statt dessen ein schonendes Müsli, vermischt mit ausgewählten Obstsorten zur Behebung der Verstopfung. Es dürfen nicht irgendwelche Zwetschgen und Äpfel sein, sondern süße Früchte werden empfohlen.

Die Ratschläge der Mediziner gehen noch weiter. Für den Fall größerer Hartnäckigkeit soll man ,,anderthalb Lot Manna[1] in . . . Trinkwasser . . . zertreiben, durch ein Tüchlein seihen und (das) Müsli . . . damit kochen lassen". Sofern aber auch dies nicht ausreicht, finden eine Wurzel[2] sowie dosierte Zusätze von Pfirsich- und Schlehensaft Erwähnung.

Es folgen allgemeine Verhaltensmaßregeln über die Zubereitung von Speisen, die weder zu heiß noch zu kalt und auch nicht zu stark gewürzt oder gesalzen sein sollen. Kalte Luft ist zu meiden. Die Breie können auch mittels eines Leinentüchleins unterhalb des Nabels als Umschlag aufgelegt werden. Schließlich werden Rückenmassagen sowie eine Art Zäpfchenkur erwähnt.

In einem regen Disput zwischen Ständen und Räten ging es nun immer wieder um die Abhaltung des Landtags und seine Kosten, die schlechten Beziehungen der Räte zu den Ständen, die spanischen Drangsale im Herzogtum, die abzuführende Reichssteuer und dergleichen mehr. Die Räte versuchten dabei, den Landtag, wenn sie ihn schon zu akzeptieren hatten, wenigstens an einen ihnen genehmen Ort zu verlegen. So wäre Jülich oder auch Grevenbroich willkommen gewesen, während sich Kaiser und Altherzog auf Düsseldorf festgelegt hatten. Bereits in diesen Randfragen bestand (auch gegenüber den Interessenten) Uneinigkeit. Jede Partei versuchte, ihre Standpunkte mit Argumenten zu untermauern und die Argumente der Gegenseite zu entkräf-

---

[1] Vermutl. Mannazucker.   [2] Evtl. Nieswurz.

ten. Als der Disput immer mehr in gegenseitigen Vorwürfen ausartete, unterbrach man schließlich den Gedankenaustausch, um ihn auf eine effektivere Behandlung im Rahmen des bevorstehenden Landtags zu verschieben. Klar war in der Zwischenzeit wenigstens der zeitliche Beginn des Landtags und die dort zu erwartende politische Gruppierung: Auf der einen, den Landtag befürwortenden Seite standen die Herzogin Jakobe, Herzog Wilhelm der Reiche, Herzog Johann Wilhelm, die Interessenten und die Gesamtstände. Letztere waren zwar auch konfessionell gespalten, traten aber gegen den Machtanspruch der Räte stets geschlossen auf. Die andere, den Landtag ablehnende Seite setzte sich aus der Person des Kaisers und der Mehrzahl der jülich-bergischen Räte zusammen; sie konnten den Landtag aber nur begrenzt verschleppen.

Das Prozedere des Landtags, die vierte kaiserliche Kommission, die Ziele der Parteien und ein ehrenrühriges Vorbringen

Am Nachmittag des 16. September 1591 war es endlich soweit. Johann Wilhelm betrat in Vertretung seines Vaters und umringt von dessen Räten das Düsseldorfer Rathaus. Wilhelm der Reiche hatte damals nur noch eine Zeitspanne von 3 1/2 Monaten vor sich und war nicht mehr in der Lage, Amtshandlungen vorzunehmen, so daß der Vizekanzler Dr. Hardenrath an der Seite des Jungherzogs den Landtag eröffnete. Daraufhin verlas ein namentlich nicht bekannter Sekretär die Proposition, das heißt die vom Fürsten vorgeschlagenen Verhandlungspunkte. Es waren dies insgesamt vier Punkte, von denen allein drei finanzielle Dinge betrafen. Die Hauptpunkte des protestantischen Lagers, Regimentsordnung und Religion, wurden dabei völlig übergangen. Dies bewog die Stände, unterstützt von den Interessenten, zu einer ersten schriftlichen Beschwerde. Waren vor Landtagseröffnung die Interessenten als die Hauptgegner der Räte in Erscheinung getreten, so fiel diese Rolle danach den protestantischen Ständen unter Führung des Grafen Wirich von Dhaun zu.

Nach althergebrachtem Brauch ließen sich nun die Räte, wenigstens dem Augenschein nach, vom Herzog ihrer Pflichten und Eide entbinden, um künftig nicht in ihrer Eigenschaft als herzogliche Räte, sondern nurmehr als einfache Angehörige der Ritterschaft den Verhandlungen beizuwohnen. Diese begrüßenswerte Geste trog jedoch, da die Räte in entscheidenden Fragen nach wie vor auf ihre aus der Regierungsverantwortung abgeleiteten Privilegien pochten. Dies wirkte sich in der Praxis beispielsweise so aus, daß sie sich nicht auf das Rathaus, den Tagungsort der Ritterschaft, begeben wollten, damit nicht ihre Stimmen in denen der Ritterschaft aufgingen. Noch ehe über die entscheidenden Punkte beraten wurde, kam es daher zunächst zu Streitigkeiten in Zuständigkeitsfragen sowie in Fragen der Rangordnung und Privilegien. Den Räten schwebte eine Dreiteilung der Stände in Räte, Ritterschaft und Städte vor; auch wollten sie die Beratungen dergestalt durchgeführt wissen, daß sich jeweils Ritterschaft und Städte einigten, um erst danach das Einigungsergebnis auch der Räteschaft zugänglich zu machen. Die Stände dagegen beharrten auf einer Eidsentbindung der Räte und damit ihrer Gleichschaltung mit der Ritterschaft, so daß sich letztlich nur eine Zweiteilung in Ritterschaft und Städte ergeben würde. Zwar beharrte auch die Räteschaft auf ihrer Einstellung, doch ließ sie sich schließlich, um die Verhandlungen nicht in der Sache zu gefährden, dazu herab, die Ritterschaft aufzusuchen, um mit ihr zunächst über deren Privilegien zu debattieren – ein Unterfangen, das sich über den gesamten Landtag hinziehen sollte.

Den Ständen, vor allem den jülich-bergischen – nur sie waren vollzählig versammelt, während die kleve-märkischen lediglich einen Ausschuß, das heißt Deputierte, aus ihrer Mitte geschickt hatten –, ging es in erster Linie um eine Beteiligung an der Regierung und an der Vormundschaft über den mehr oder weniger als unheilbar erkrankt geltenden Jungherzog sowie um die Beseitigung der gegenseitigen Einmischungen der Regierungen von Jülich-Berg-Ravensberg und Jülich-Mark-Ravenstein. Sie forderten ferner, daß hohe Ämter nur von im Land gebürtigen Personen, sogenannten Landsassen, besetzt und deshalb vor allem Dr. Hardenrath seiner Vizekanzlerschaft, Schenkern des Befehls über Stadt und Festung Brüggen, Werner Huyn von Amstenradt der Amtmannschaft in der Jülicher Grenzfestung Brüggen, der Hesse Christoph von Rolshausen der Amtmannschaft zu Monschau und der aus Kleve gebürtige Johann von Ossenbroich seines Haushofmeisterpostens enthoben würden.

Dem Vormundschaftsvorbringen der Stände über Johann Wilhelm hatten sich auch seine älteste Schwester Marie Eleonore von Preußen sowie sein Zweibrücker Schwager, der Pfalzgraf Johann, angeschlossen. Die beiden hatten darüber hinaus auch noch bessere Verteidigungsmaßnahmen des jülich-klevischen Gebietes gefordert, wobei aber letzteres gar nicht erst zu einer Landtagsvorlage wurde, da man in diesbezüglich bereits laufende Verhandlungen des Kaisers nicht eingreifen wollte. Alle diese Forderungen wurden von dem zwischenzeitlich wieder zurückgekehrten Jungherzog, den ihm ergebenen katholischen Räten und Ständen sowie von der kaiserlichen Kommission abgelehnt. Ebenso von dem hinter den Kulissen agierenden Kölner Nuntius Frangipani. Er kommentierte dies damit, daß man dem vordergründigen Streben der Protestanten, der Städte Jülich und Brüggen habhaft zu werden, um damit einen Korridor durch das benachbarte Herzogtum Geldern zu den niederländischen Glaubensbrüdern zu schaffen, was der angestrebten Religionsfreiheit gewaltig Vorschub leisten würde, einen Riegel vorschieben wolle, zumal dadurch die Interessen Spaniens berührt und damit eine unnötige Kriegsgefahr heraufbeschworen würde. Darüber hinaus stand der Kaiser durch seine Bestätigung der Räteherrschaft und die von ihm befürwortete Abschirmung der Interessenteneinflüsse den Verfechtern der katholischen Seite gegenüber im Wort.

An dieser Stelle wird sichtbar, daß die katholischen Räte von Jülich-Berg darauf aus waren, zwischen die mehrere Jahre hindurch durchaus einvernehmlich handelnden fürstlichen Ehegatten einen Keil zu treiben. Während Johann Wilhelm, wie schon ausgeführt, auf seiten der kaiserlichen Kommission und der katholischen Räte die Landtagsvorlagen ablehnte, war es Jakobes ganzes Bestreben, Regierungsgewalt auszuüben sowie Schenkern, Hardenrath und Konsorten auszubooten – und sei es auch durch gewisse religiöse Zugeständnisse an die Protestanten. Es ist ein betrüblicher und in der Konsequenz das Verhängnis beschleunigender Sachverhalt, daß wir Johann Wilhelm und Jakobe ab diesem Zeitpunkt in verschiedenen Lagern finden. Nach dem Schwiegervater und dem Bayernherzog hatte sich damit auch Jakobes eigener Ehegatte gegen sie gestellt. Fest steht zwar, daß er ihr nie besondere Stütze gewesen war, geschweige denn, daß er in der Lage gewesen wäre, eigenverantwortlich Entscheidungen herbeizuführen; dennoch hatte seine bloße Anwesenheit – als Vertreter der angestammten Dynastie – es vermocht, ihren Direktiven den Anstrich von Rechtmäßigkeit und Legalität zu verleihen. Damit aber schien es nun vorbei. Deutlich ist zu verspüren, daß sich die Fronten neu formierten, die eigene Verwandtschaft mehr und mehr von Jakobe abrückte und dies dazu beitrug, daß der eigentliche Drahtzieher, Schenkern, immer unverhohlener sein wahres Gesicht zeigen konnte, das bereits jetzt ausschließlich auf Sturz und Verderben der Herzogin mit anschließender Wiederverheiratung Johann Wilhelms ausgerichtet zu sein schien, dessen schwache Herrschaft dann genügend Spielraum für das eigene, schändliche Tun bieten würde. Wie sicher Schenkern seiner Sache war, zeigt, daß er sich in aller Öffentlichkeit gegen seine Landes- und Lehensherrin stellte und sie schließlich beim Kaiser sogar aus heiterem Himmel „übermäßi-

D. Die Düsseldorfer Zeit

ger Unkeuschheit"[1] anklagte – ein ungeheuerlicher und in seiner Konsequenz vernichtender Affront.

Die vierte kaiserliche Kommission, bestehend aus dem Hofkammerrat Ludwig von Hoyos, Freiherr zu Stichsenstein, und dem böhmischen Appellationsrat Daniel Prinz von Buchau, wurde am 23. September von dem ihr bis Köln entgegengereisten Heinrich von Baxen eingeholt.

Zunächst glichen die vielerlei schriftlichen und persönlichen Kontaktaufnahmen einem gegenseitigen Abtasten. Eine Flut unerledigter Petitionen über Mißstände im Steuer-, Militär- und Gerichtswesen wurde wieder aufgegriffen, alte Privilegien des Pfalzgrafen von Zweibrücken sowie der Ritter- und der Landschaft von Berg machten die Runde, die Kommissare überreichten dem Herzog wie den Räten Beglaubigungsschreiben, und Herzogin Jakobe verteilte an die Stände Regierungspapiere ihrer eigenen, kurzen Amtsperiode. Es schlossen sich gemeinsame Beratungen der Stände, der beiden Landeshälften unter sich, der Stände mit den jülich-bergischen Räten und den Interessenten sowie der kaiserlichen Kommissare einerseits mit den Räten und andererseits mit den Interessenten bzw. ihren Gesandten an. Jeder verhandelte mit jedem und immer blieb man über Kuriere untereinander in Verbindung. Vielerlei Vorschläge gingen hin und her, und natürlich wurden auch Intrigen gesponnen und aufgedeckt, Vorwürfe und Proteste erhoben, Verhandlungen abgebrochen, Audienzen abgelehnt oder gar Abreisen angedroht.

Jakobes damaligen Standpunkt offenbart uns eine von ihr selbst verfaßte, acht Punkte umfassende Beschwerdeschrift, die sie am 28. September den kaiserlichen Kommissaren in Anwesenheit der Landstände und Interessenten bzw. deren Vertreter am Düsseldorfer Rathaus vorlesen ließ:

1. An erster Stelle steht eine Anklage wider die katholischen Räte und deren finanzielle Mißwirtschaft. Jakobes eigenes und ihres Gemahls Kammergeld – obgleich von den Räten mit nur 800 rheinischen Talern festgesetzt – werde nicht pünktlich und zuweilen überhaupt nicht ausgezahlt. Ferner sei ihr und ihrem Gemahl vom Vizekanzler die Einsicht in die neue Hofordnung verweigert worden. Die Herzogin meint, daß dies nicht ohne Grund geschehen sei und die Räte ihr eigenes Gehalt um ,,etliche viel hundert rtlr. jährlichs verbessert, dagegen aber in derselben Ordnung den Fürstenpersonen . . ., auch den geringen armen Dienern an ihrem Gehalt abgezogen haben . . . und etliche der

---
[1] LV Nr. 24, S. 42.

Räte mehr an jährlichem Gehalt als u.h. Gemahl, unsere geliebte Schwester Herzogin Sybilla und wir zusammen an Kammergeld haben."[1]

2. Ein weiterer Anklagepunkt der Herzogin ist dem Marschall Schenkern und dessen Eigenmächtigkeiten in der Behandlung ihres Gemahls gewidmet. Der angestrebte Hofmeisterposten dürfe ihm keinesfalls eingeräumt werden.

3. Der nächste Punkt betrifft die katholischen Räte in ihrer Gesamtheit, die, ungeachtet der Gesundheit des Jungherzogs, einerseits Diener davonjagen, die ihr Gemahl liebgewonnen habe, und andererseits solchen, die er nicht ausstehen könne, zu hohen Ämtern bei Hofe verhelfen.

4. In diesem ausführlichsten aller Abschnitte gelangt die Herzogin zum Kernpunkt ihrer Beschwerde, nämlich der von Niklas von der Broel dem Kaiser anstelle des hinfälligen Altherzogs vorgeschlagenen Räteregierung – und zwar unter völligem Übergehen der beiden Herzöge, ihrer selbst sowie der Ritterschaft und der Landstände. Sie rät bezüglich der Regierungsbildung zu bedachtem Vorgehen unter Hinzuziehen von Ritterschaft und Landständen. Sie fürchte eine Präjudizierung ihrer selbst und ihres Gemahls sowie, daß eine einmal installierte Regierung nicht mehr abgeschafft werden könne, sofern sich eines Tages ihres Gemahls Gesundheit wieder gefestigt habe. In diesem Punkt wisse sie sich mit ihm einig. Die Herzogin beschwert sich sodann, daß, ungeachtet des vorgeschriebenen Rotationsprinzips, die Räteschaft über Jahre hinweg nahezu unverändert sei. Den wenigen Neulingen in Regierung und Rechenkammer stand sie mit einer gewissen Skepsis gegenüber.

5. Hier wird vor allem davor gewarnt, vier oder fünf unterschiedliche und obendrein örtlich weit voneinander entfernte Ämter ein und derselben Person anzuvertrauen, da jedes der Ämter eine Person allein ausfülle.

6. Sodann gibt Jakobe zu bedenken, ob es nicht für ein besseres Funktionieren der gegenseitigen Kommunikation sinnvoller wäre, aus den einzelnen Landesteilen mit vertrauensvollen Leuten von Adel einen Ausschuß zu bilden, als bei allen wichtigen Anlässen einen Landtag auszuschreiben.

7. und 8. An dieser Stelle beklagt sich schließlich die Herzogin über ihren und ihres Gemahls Ausschluß bei der Vergabe erledigter Ämter und Lehen und gibt der Hoffnung Ausdruck, daß sie darin sowie bei der Disposition der Rechenkammer, der Bestallung von Ämtern und in wichtigen Regierungsangelegenheiten fürderhin so lange hinzugezogen werde, bis ihr Gemahl wieder genesen sei.

---

[1] LV Nr. 111, S. 39.

D. Die Düsseldorfer Zeit

Das erklärte Ziel der Kommissare, das mit demjenigen des Kaisers gleichzusetzen war, bestand in der Rückversetzung der Regierung bzw. dessen, was sich in dem augenblicklichen Durcheinander als solche darstellte, in den früheren Stand. Es war eindeutig, Kaiser Rudolf II. wollte – weshalb auch immer – zum gegenwärtigen Zeitpunkt keinerlei Änderung in der Art der bis dahin gehandhabten Regierung.

Ebenso klar war aber auch das immer wieder an Hand verschiedenster Episoden zutage tretende Ränkespiel der mächtigen katholischen Räte. Dieselben konnten zu diesem Zeitpunkt den Landtag natürlich nicht mehr verhindern, noch auch nur in dem ihnen genehmen Jülich, der „Hausmacht" Schenkerns, abhalten. Sie änderten daher ihre Taktik und versuchten, den Landtag nun nicht mehr zu ver-, sondern nur noch zu behindern. So beabsichtigten sie z.B., den Jungherzog Ende September unter dem Vorwand eines Jagdvergnügens neuerlich vom Tagungsort wegzulocken, was jedoch rechtzeitig erkannt und verhindert wurde. Oder aber sie versuchten, Verhandlungen noch schleppender zu gestalten als sie ohnedies schon verliefen, indem sie verschiedene Fragen erst nach Zwischenschalten weiterer Institutionen, wie des Kaisers und der Reichsfürsten, entschieden wissen wollten. Jülicher Namen wie Reuschenberg, Gymnich, Amstenradt und Nesselrode fielen in diesem Zusammenhang.

Am 28. September kam es zwischen den beiden verfeindeten Schwägerinnen zu einem Eklat. Nicht nur, daß die Herzogin Jakobe – in Erinnerung daran, wie ihrem Gemahl seitens des eigenen Vaters übel mitgespielt worden war – beim Erscheinen ihrer Schwägerin Sibylle die Gespräche abbrach, brüskierte sie dieselbe auch noch öffentlich, wenn auch nicht grundlos. Jakobe verteilte nämlich Kopien eines von Dr. Johann Geilenkirchen[1] an den Jülicher Rat Dr. Gottfried Fabritius gerichteten Schreibens, das sie ebenso abgefangen und erbrochen hatte wie Briefe, die von der Bayernherzogin Renata an Prinzessin Sibylle gerichtet waren. Gemein war all diesen Briefen die Beschuldigung Jakobes geheimer Machenschaften, die sie mit den Protestanten gegen die Katholiken betreibe.

Zusammen mit den Briefkopien verteilte Jakobe auch eine Denkschrift, in der sie Schenkern im wesentlichen wegen der Entführung ihres Gemahls angriff. Sowohl Schenkern als auch seine Komplizen, der Haushofmeister Ossenbroich und der Vizekanzler Hardenrath, fühlten sich bemüßigt zu antworten. Während Schenkern jegliche Schuld und vor allem Gewaltan-

---

[1] Nach LV Nr. 24, S. 38: bayer. Hofkanzler, u. nach LV Nr. 227, S. 57: Vertrauter der jülichbergischen Räte am Zweibrücker Hof.

wendung gegenüber Johann Wilhelm weit von sich wies, ging es den beiden anderen in ihren Stellungnahmen um die Rechtfertigung ihrer Amtsinhaberschaften.

Ausgerechnet mit Prinzessin Sibylle erlaubte sich um diese Zeit ihr Schwager Pfalzgraf Johann, der als einer der führenden Köpfe des protestantischen Lagers galt, einen delikaten Scherz: Aus welchem Anlaß auch immer – die Prinzessin hielt sich einmal zusammen mit ihrem Parteigänger, dem Ratsherrn und Haushofmeister Johann von Ossenbroich, in ihrem Schlafgemach auf. Nur diese Fakten nennen die Akten, nicht den Grund. Pfalzgraf Johann, dem dies zugetragen worden sein muß, versperrte daraufhin die Tür dieses Gemachs. Es bedarf keiner Fantasie, wie rufschädigend diese Begebenheit für die Prinzessin war und auch in hämischer Freude ausgeschlachtet wurde.

Vorkommnisse dieser Art vergifteten das Verhältnis zwischen den beiden Schwägerinnen und schadeten Jakobe, die vermutlich den Einfluß Sibylles zu dieser Zeit gewaltig unterschätzte. Deren Vater, der regierende Herzog, war zwar alt und senil geworden und mit seiner wirksamen Parteinahme für die Tochter kaum mehr zu rechnen; auch auf ihren gesundheitlich darniederliegenden Bruder, den Jungherzog Johann Wilhelm, konnte Sibylle nicht bauen, zumal man gerade um diese Zeit befürchtete, der Sohn werde den Vater kaum überleben. Ihre drei Schwestern waren allesamt an Protestanten vermählt und schieden somit als Verbündete aus, während es den katholischen Räten an Überzeugungskraft und Engagement ihren Glauben betreffend fehlte, und zwar im Gegensatz zu ihren protestantischen Kollegen.

Womit Jakobe wahrscheinlich zuletzt gerechnet hatte, war jedoch, daß ihrer Schwägerin Sibylle das bayerische Herzogshaus zum großen Verbündeten wurde, allen voran die Herzogin Renata, die möglicherweise immer noch daran litt, daß seinerzeit Jakobe ihrer Nichte Antoinette von Lothringen als Gattin Johann Wilhelms vorgezogen worden war. Auch der Bayernherzog selbst, Renatas Gemahl, war ihr geneigt, weniger dagegen dessen Bruder, der Erzbischof Ernst von Köln, der auf Jakobes Seite stand, aber an dem die Einflüsterungen Sibylles zuweilen ebenfalls spürbar wurden.

Vor allem war und blieb es Renata, mit der sich jetzt über eine rege Korrespondenz ein enges Vertrauensverhältnis herauszukristallisieren begann. Allein aus dem Zeitraum zwischen 1591 und 1595 sind uns an die dreißig von Sibylle an sie gerichtete Briefe erhalten. Immer wieder geht es darin um die Klagen, Jakobe verfolge die katholischen Räte und unterliege völlig den Einflüssen der niederländischen Freiheitskämpfer gegen Spanien.

D. Die Düsseldorfer Zeit

Weiterhin beklagte sich Sibylle, daß sich Jakobe zur Befriedung ihrer Herrschsucht und zur Aufbesserung ihrer Einkünfte auf die protestantischen Landstände und die Interessenten stütze, ihnen die Religionsfreiheit verspreche und sich bei ihnen wegen ihrer Restaurationsversuche entschuldige, wohingegen diese das Verhalten Jakobes dahingehend honorierten, daß sie mit der Vernichtung von Pfaffen und Papisten innerhalb der nächsten zehn Jahre prahlten.

Neben dem politischen Fehler, mit dem protestantischen Lager zu liebäugeln, wird jetzt auch eine weitere Schwäche der Herzogin erkennbar: Hatte sie sich einmal für eine Richtung ihrer Politik und die sie tragende Institution entschieden, hätte sie keinen Wankelmut mehr zeigen dürfen, sondern – zumal unter den obwaltenden, schwierigen Verhältnissen des Landes – entschlossen und unerschrocken dafür eintreten müssen, ihren als richtig erkannten Vorstellungen zum Durchbruch zu verhelfen. Statt dessen aber vertröstete Jakobe die in diesem Gerangel so bedeutende Figur des Bayernherzogs hinsichtlich einer Rechtfertigung der wider sie erhobenen Klagen, entsandte Anfang Juli lediglich ihren Vertrauten Dr. Dreger zu des Herzogs Bruder nach Köln und ließ im übrigen die Zügel unbekümmert schleifen. Aber selbst bei der einzigen Gegenmaßnahme seitens Jakobes, der Entsendung des Dr. Dreger zum Kölner Erzbischof und später – wegen einer Reise des Bischofs nach München – hinter diesem her an den bayerischen Hof, ist eine positive Wirkung auszumachen. In München gelang es nämlich dem sich immer stärker der Prinzessin Sibylle zuwendenden Bayernherzog nicht, seinen Bruder Ernst umzustimmen. Derselbe bewahrte vielmehr, was nicht zuletzt ein Verdienst Dr. Dregers war, seiner Gefährtin aus Kindheitstagen die Treue, und zwar bis hin zu ihrem frühen Ende.

Dieser bischöfliche Freund und Gönner Jakobes war trotz seiner kompromißlos romtreuen Einstellung kein Kind von Traurigkeit, feierte gerne ausgelassene Feste, liebte gleich seinen beiden Vorgängern auf dem Kölner Erzstuhl die Frauen und hatte nie eine richtige Bischofsweihe gesehen. Er war demnach sicher zu jedem anderen als dem geistlichen Beruf befähigter, was nicht zuletzt in einer wenig schmeichelhaften Beurteilung seiner Person durch die Kirche zum Ausdruck kommt.

Dieser sein Lebenswandel ließ den Erzbischof trotz häufiger Besuche der Bäder von Spaa früh altern. 1588 kursierte dann das Gerücht, Ernst sei in Lüttich gestorben. Dies entpuppte sich zwar als unzutreffend, doch erhielt 1590 sein damals erst 13jähriger Neffe Ferdinand (1577–1650) im Kölner Domkapitel ein Kanonikat, um schließlich 1595, auf Wunsch des Papstes, die Führung des Erzstiftes als Koadjutor zu übernehmen. Ernst zog sich im gleichen Jahr mit seiner Konkubine Gertrud von Plettenberg nach dem westfälischen Schloß Arnsberg zurück, wo er 1612 gestorben ist. Da es ihm in der langen Regierungszeit nicht gelungen war, seinem Land Glück und Frieden zu bescheren, hielt sich die Trauer in Grenzen. Was Ernst im Rahmen unserer Geschichte dennoch in besonderer Weise hervorhebt, ist die unverbrüchliche Anhänglichkeit seiner Cousine Jakobe gegenüber – auch und vor allem in deren hochnotpeinlichen Situation, die bald deutlicher zutage treten wird und in der sich alle Welt von ihr abwenden und sie nur noch um ihr bloßes Leben zu kämpfen haben sollte. Ernst war aber auch ein Mann der Tat, der sich nicht wie die wenigen Jakobe wohlgesonnenen Ratsherren in leeren Floskeln erging, sondern jetzt, wo Hilfe geboten schien, den Dompropst Gropper gen Düsseldorf delegierte und außerdem Jakobes Wunsch nachkam, den Gesamtlandtag durch eine eigene Abordnung, bestehend aus Graf Werner von Salm, Adolf Scheiffart von Merode und seinem Kanzler Dr. Dietrich Bistervelt, zu beschicken. Deren Ziel bestand darin, der zunehmend in Bedrängnis geratenden Cousine ihres Herrn die dringend benötigte Rückenstärkung zu gewähren. Die stets aufmüpfigen Räte sollten nach Möglichkeit in die Schranken verwiesen und das Recht Jakobes an einer Regierungsbeteiligung gegenüber der kaiserlichen Kommission verteidigt werden. Andererseits gehörte es auch zu deren Aufgabe, die Herzogin vor leichtfertigen, religiösen Zugeständnissen den protestantischen Landständen und den Interessenten gegenüber zu bewahren. Dieser von Jakobe selbst eingeleitete Schritt erwies sich demnach als hilfreich. Hätte sie anstatt des allzuoft aufkommenden Wankelmuts immer so folgerichtig gehandelt, vor allem nicht die anfängliche Geneigtheit der fürstlichen Freunde aufs Spiel gesetzt, das ihr beschiedene Los wäre nicht unabwendbar gewesen!

Die ersten Sachgespräche und -beratungen des Gesamtlandtags hatten die Verteidigung und das Regiment des Landes zum Inhalt. Wie nicht anders zu erwarten, brachten sie nur teilweise Einigung und selbst die sah von einem Gesprächszirkel zum anderen unterschiedlich aus und war häufig genug durch ,,wechselnde Mehrheiten" gekennzeichnet. Um es zunächst bei den erwähnten beiden Themen zu belassen, so waren sich selbst die Stände Jülich-Bergs nur über die Verteidigung des Landes einig, während hinsichtlich des Regiments ihr katholischer Teil der bekannten Auffassung der Räte und kaiserlichen Kommissare zuneigte und sich der übrige Teil mit den bergischen Räten assoziierte.

Nachdem in diesen Punkten zunächst unter den Landständen keine generelle

D. Die Düsseldorfer Zeit

Einigung zu erzielen war, brachten diejenigen von Kleve-Mark am 12. Oktober drei weitere Fragen ins Spiel: Ob die Interessenten zu Beratungen hinzuzuziehen und Protestanten bei der Ämterverteilung zu berücksichtigen seien sowie ob Beratungsausschüsse gebildet werden sollten. Mit verschiedenen Zusätzen wurde hierin unter den Ständen aller vier Landesteile und in Anwesenheit der Räte von Kleve-Mark Einigkeit erzielt. Das wichtigste Ergebnis war die künftige Besetzung der Ämter ohne Frage nach Konfessionszugehörigkeit. Die beiden anderen Fragen bildeten demgegenüber weniger Reibungsflächen – insbesondere wäre ein Ausschluß der Interessenten, zumal sie oder ihre Vertreter nun einmal anwesend und Leute fürstlichen Ranges waren, kaum durchzusetzen gewesen.

Zwei Tage später, am 14. Oktober, antworteten die Stände auch auf die von der Herzogin Jakobe vorgebrachten Beschwerden. Es ging darin, neben einer Regelung von Zahlungen an untere Chargen, um die Revision alter Rechnungen, ein ungebührliches Benehmen des Dr. Fabritius, die Mißbilligung von Ämterhäufung, die Umgehung der Stände bei der Entsendung von der Broels nach Prag sowie vor allem um Klagen wider Schenkern, der sich inzwischen allerdings gerechtfertigt hätte. Entscheidend, daß es keinen Punkt gab, in dem der Herzogin seitens der Stände nicht beigepflichtet worden wäre.

Am 18. Oktober ließen die vereinigten Stände aller vier Landesteile den beiden Herzögen, den Interessenten bzw. ihren Vertretern und den Kommissaren ein die Verteidigung des Landes und das Regiment betreffendes Papier überreichen. Da man vorgab, hinsichtlich des Regiments keine Neuerungen einführen zu wollen, war diese Vorlage auch von den Räten mitunterschrieben.

Dazwischen ereigneten sich immer wieder Quertreibereien der Räte, die zwar einer von den Ständen geforderten Untersuchung von Mißständen im Verwaltungs-, Finanz- und Gerichtswesen zustimmten, dagegen Schenkern und Hardenrath als ihresgleichen ansahen, sie in Schutz nahmen und für sie die für Nichtansässige vorgesehenen Regulative nicht angewendet wissen wollten und im übrigen vorgaben, die Festung Jülich im Einvernehmen mit dem Herzog bei Schenkern in guten Händen zu wissen.

Als die Forderungen, Schenkern abzulösen, nicht fruchteten, wurde die Herzogin am 19. Oktober bei den kaiserlichen Kommissaren vorstellig und schob eine den Sachverhalt einer Nötigung beinhaltende Beschwerde gegen Schenkern und dessen Kumpan Ossenbroich nach. Sie brachte vor, daß diese beiden im Beisein anderer Räte erklärt hätten, sich an ihren, der Herzogin Parteigängern, rächen zu wollen. Wenn derlei Einschüchterungsmaßnahmen nicht Einhalt geboten würde, sehe sie sich zur Selbsthilfe gezwungen. Dasselbe gelte auch für die

Interessenten. Bei dem daraufhin durch die Kommissare vorgenommenen Zeugenverhör kam nicht viel Positives für Jakobe heraus. Mit einer namentlich nicht genannten Ausnahme stand keiner zu der von ihr gemachten Aussage, und selbst die einzige Ausnahme tat dies nicht vorbehaltlos, sondern drehte und wandt sich, um es sich möglichst mit keinem der Kontrahenten zu verderben, wußte man doch nicht, wer in diesem Ringen letztlich obsiegen würde.
Schimpf und Schande gab es, als gegen Ende des Monats die Räte Nesselrode, Bongart, Palandt, Weeze, Altenbockum, Eickel und Weschpfennig in geheimen Verhandlungen mit den Kommissaren weiterzukommen versuchten und die Herzogin wie die Stände davon Kunde erhielten. Im Beisein des Grafen Dhaun und des Amtmannes Merode beschied Jakobe die Räte zu sich und gemahnte sie an ihre Pflichten, während die darob aufgebrachten Stände die Kommissare aufsuchten, sich dieserhalb verwahrten und im Wiederholungsfall sogar Aufstände nicht ausschlossen.
Den geschilderten Gesten der Parteiungen Jakobe gegenüber, wie dem permanenten Sticheln ihrer Schwägerin Sibylle, dem Übergehen ihrer Person in Geheimverhandlungen zwischen Räten und Kommissaren oder gar den ostentativen Drohgebärden der Räteanführer Schenkern und Ossenbroich ist unschwer zu entnehmen, daß der Herzogin schon von Beginn der Landtagsverhandlungen an das Glück nicht sonderlich hold war. Unverständnis, Ablehnung und Mißachtung bei den eigenen katholischen Glaubensgenossen sowie das Ins-Leere-Tappen, wenn sie eine Beweisführung, wie die Zeugenvernehmung, anging, mußten in Jakobe geradezu ein Gefühl des Ärgers, der Bitternis und vielleicht gar des Verlassenseins hervorrufen. Es scheint daher nicht abwegig, wie dies maßgebliche Biographen dieser Periode, etwa Stieve und Krudewig, vorgeben, wenn dieserart Vorkommnisse die Herzogin dazu bewogen hätten, es auch einmal mit der anderen Seite zu versuchen, ja sie sogar geradezu in deren Arme getrieben hätten, zumal ihr von dort nicht nur mit Freundlichkeiten und leeren Versprechungen, sondern mit handfesten Zusagen gewunken wurde. Ob es politisch klug war, steht freilich auf einem anderen Blatt; allein menschlich ist es ihr kaum zu verargen, wenn sie sich nach den geschilderten Enttäuschungen immer unverhohlener als Wortführerin der Protestanten zu erkennen gab, um vielleicht mit deren Hilfe die Dinge besser in den Griff zu bekommen. Und in der Tat gelang ihr dies auch für kurze Zeit – man könnte sagen, Jakobe regierte ab diesem Zeitpunkt, wenn auch nicht unumschränkt und immer wieder von Rückschlägen bedroht.[1]

---

[1] LV Nr. 24, S. 58 u. 78; 286; 297, S. 77; 317; 320.

D. Die Düsseldorfer Zeit

In diesem Aufeinanderprallen widersätzlicher Meinungen, Standpunkte und Aktivitäten erzielte Jakobe zunächst einen Teilerfolg, indem sie erstmals die Reichweite ihrer Machtbefugnisse zu erproben und gewissermaßen ein Exempel zu statuieren verstand. Entgegen dem Rat der ihr wohlwollenden kurkölnischen Gesandten und Frangipanis setzte sie den honorigen, von der Rechtmäßigkeit seines Tuns immerhin überzeugten Vizekanzler Hardenrath ab und tauschte mittels eines von ihrem Schwiegervater gegengezeichneten Papiers vom 27. Oktober den ihr so verhaßten Schenkern in seiner Position als Amtmann bzw. Verweser von Stadt und Festung Jülich gegen den Jülicher Marschall Bertram von Nesselrode aus. Dieser Erfolg war freilich nur kurzlebig. Wilhelm der Reiche war nämlich zu dieser Zeit nurmehr ein Schatten seiner selbst und in eine Hilflosigkeit manövriert worden, in der er zum Spielball der die Situation rigoros nutzenden Parteien wurde. Hinzu kam Jakobes schwache Stellung bei Hof und die haushohe Überlegenheit ihres Widerparts Schenkern, was Schläue, Raffinesse, treffsicheres Einschätzen der einzelnen Schachfiguren und letztlich auch brutale Gewalt anbetrafen. Jakobe mag manche Schwächen besessen haben – besonders schlau, hinterhältig oder gewalttätig war sie dagegen nicht. Dies zeigte sich auch in der soeben geschilderten Situation, denn schneller als die Herzogin ihren Achtungserfolg zu nutzen verstand, hatte Schenkern den Hieb pariert. Die Kommissare sowie Kanzler Orsbeck, Vizekanzler Hardenrath und Marschall Reuschenberg erwirkten nämlich bei Wilhelm dem Reichen am 29. Oktober einen Erlaß gegenteiligen Inhalts, und zwar mit der Begründung, daß mit Jakobes Maßnahmen ein Machtzuwachs auf seiten der Kalvinisten zu befürchten sei. Daraufhin hetzte Schenkern nach Jülich und verwehrte dem wenig später ahnungslos eintreffenden Nesselrode samt Gefolgschaft den Zutritt, so daß dieser unverrichteter Dinge wieder abziehen mußte. Man vermeint förmlich noch, den genüßlichen Triumph Schenkerns und seiner Mannen hinter sicheren Festungsmauern zu vernehmen!

Trotz dieses kaiserlich weisungsgemäßen Handelns, das in allen wesentlichen Punkten den Bestrebungen der Herzogin zuwiderlief, blieben die Kommissare sowie die Kölner Gesandtschaft des Erzbischofs Ernst und der dortige Nuntius weiterhin in Tuchfühlung mit ihr. Sie versuchten nicht nur, Jakobe wieder aus dem protestantischen Lager zu lösen, sondern sie stellten ihr, die sich in ewiger finanzieller Bedrängnis befand, sogar handfeste Beträge, von 400 Goldgulden jährlich sowie einem einmaligen Zuschuß über 10 000 Goldgulden war die Rede, in Aussicht. Schließlich gelang es ihnen, Jakobe zu einer schriftlichen Erklärung zu bewegen, derzufolge sie dem katholischen Glauben die Treue bis in den Tod bewahren wolle. Ferner, daß sie sich zu einer mäßigenden Einflußnahme auf die Interessenten und protestantischen Landstände bereit erklärte, was schließlich sogar zur völligen Aufgabe ihres Ziels, die Religionsfreiheit durchzusetzen, führte.

Diese aus seiner Sicht augenscheinlich günstige Entwicklung der sich abzeichnenden Landtagsergebnisse berichtete Frangipani nach Rom, wo inzwischen nicht nur Sixtus V., der Gönner Jakobes, verstorben war, sondern – innerhalb von nur wenig mehr als einem Jahr – mit Innozenz IX. (gew. u. † 1591) schon der dritte Nachfolger, wie es sich gar bald zeigen sollte ebenfalls ein Übergangspapst, den apostolischen Thron bestiegen hatte. In seinem ganze zwei Monate während Pontifikat reichte es nur zu einigen Anweisungen an die Nuntiaturen in Köln und Prag. Auch eine Reise von Dr. Dreger, dem Intimus Jakobes, nach München blieb ohne spürbare Resonanz. Trotzdem schien damals Frangipani, unter Abwägen von allem Für und Wider der Beteiligung Jakobes an der Regierung, dem von Erzbischof Ernst und ihm selbst entwickelten Modell der Hinzuziehung eines Adjunkten den Vorrang zu geben, und zwar einmal, weil Jakobe durch ihre Erklärung und ihre Einflußnahme auf die Protestanten Beweise ihres guten Willens geliefert hatte, und zum anderen, weil ihre Person ohne eine Aufgabe innerhalb der Regierung im eigenen Lager stets einen Unsicherheitsfaktor bzw. im gegnerischen einen gewichtigen Machtzuwachs bedeutet hätte. In dieser Einstellung der Kirche konnte demnach Jakobe ihr Regiment in gewisser Weise bestätigt finden.

Von all diesen Vorgängen rund um den Gesamtlandtag, dem die Geschichte den Beinamen „der Lange" geben sollte, berichteten auch von Hoyos und Prinz nach Prag, von wo aus der Kaiser mit einer an Jakobe und ihre Getreuen gerichteten Verwarnung, der Bestätigung Schenkerns im Kommando über Stadt und Festung Jülich sowie vor allem einer Festschreibung der von den katholischen Räten mitgetragenen Regierung im Einvernehmen mit Wilhelm dem Reichen reagierte. Kein Wort dagegen von einer Beteiligung Jakobes oder gar einer eigenständigen Regierung an der Seite eines Adjunkten gemäß den Vorschlägen der Bischöfe Ernst und Frangipani.

Am 29. Oktober erhielten die Stände endlich eine Stellungnahme der Kommissare zu ihren bohrenden Fragen. Wegen der Verteidigung des Landes stehe der Kaiser bereits in Verhandlungen. Bezüglich der Regierung der Herzöge, der Ämterverwaltung, der Wahrung der Privilegien und der Religionszugehörigkeit stimmten sie der Auffassung der Stände bei. Der öffentlichen Ausübung der Religion nach jedermanns Belieben könnten sie dagegen ebensowenig beipflichten wie der Berufung eines Ausschusses.

D. Die Düsseldorfer Zeit

Nur vier Tage später lag die Gegenantwort der Stände vor, in der sie vorgaben, die langwierigen und zum Teil bereits als erfolglos auszumachenden Friedensbemühungen des Kaisers nicht mehr abwarten zu können. Sie baten die Kommissare ferner, sich doch selbst für eine Räumung der von den Spaniern besetzten Landesteile zu verwenden. Bezüglich der Regierung und Religion verwiesen sie schließlich auf die dem Herzog und den Räten gemachten Vorschläge. Das Verlangen nach Bildung eines Ausschusses, der Revision der Rechenkammer und der Bildung einer Münze hielten sie aufrecht.

Auf die diversen, ergebnislosen Beschwerden der Landstände hin griffen nun die Interessenten in die Verhandlungen ein: Sie verfaßten zunächst mehrere Schreiben: Eines an Parma und die Generalstaaten zwecks Räumung des besetzten deutschen Gebietes, die Freigabe des Rheins und die Befolgung der Reichskonstitutionen. Ein anderes Schreiben richteten sie an den Kaiser höchstpersönlich mit Ratschlägen betreffs seiner Verhandlungen mit den kreisausschreibenden Fürsten[1], den Generalstaaten sowie mit Parma und dem Kurfürsten von Köln samt dessen Domkapitel. Die kreisausschreibenden Fürsten baten sie, sich mit den Ständen ihrer Kreise über die Stärke der Hilfstruppen zu einigen und den Kurfürsten von Köln sowie dessen Domkapitel um Entfernung der spanischen Besatzung und Freigabe der Wasserstraße des Rheins.

Bezüglich Schenkern waren sie allerdings – zunächst wenigstens – geteilter Ansicht. Marie Eleonore zürnte, ihren hinfälligen Vater in dieser Angelegenheit derart strapaziert zu sehen, und wollte deshalb hiermit nichts zu tun haben. Zusammen mit den brandenburgischen Gesandten warnte sie die Stände vor übereiltem Handeln und riet, die Entscheidung dem Kaiser anheimzustellen. Pfalzgraf Johann dagegen und die neuburgischen Gesandten vertraten sehr viel energischer Jakobes und der Stände Standpunkt. Sie überreichten den Ständen und Kommissaren am 8. November je eine eigene Erklärung.

Anders geartete Zwischenfälle, die u. a. die Not im Lande verdeutlichen, ereigneten sich um Monatsmitte. Gleich dreimal, im Abstand von nur wenigen Tagen, bemühten sich damals einige Räte auf das Düsseldorfer Rathaus, wo die Stände tagten, und bettelten um Lebensmittel. Unter anderem berichteten sie hierbei, daß diese Armut auch der Grund sei, weshalb die Herzogin Marie Eleonore vorzeitig an Abreise denke. Da die Räte an sich nur sehr ungern das Zentrum der städtischen Kommune betraten, muß die Notlage – auch bei Hof – gewaltig gewesen sein.

---

[1] Im betroffenen niederrh.-westfäl. Reichskreis waren dies Jülich-Kleve-Berg und Münster.

Der erste Rezeß der kaiserlichen Kommissare

In der ersten Hälfte des Monats November begann sich die Lage zu verschärfen. Fortschritte waren nicht in Sicht, manch einer dachte – nicht zuletzt der jahreszeitlichen Unbillen wegen – an Abreise, und verschiedentlich gebrach es wohl auch, vor allem bei den kaiserlichen Kommissaren, an Geduld. Sie händigten am 12. November den Ständen einen aus 36 Paragraphen bestehenden Rezeß mit folgenden Schwerpunkten aus:

Bl. 45 *Abschnitt 1:* das Regimentswesen erfolgt im Namen der beiden Herzöge, doch soll der Kaiser, vor allem angesichts der bestehenden ,,Leibsblödigkeit" als oberster Lehensherr immer respektiert werden.

Abschnitt 2: Wilhelm und die Räte administrieren die Regierung, doch soll der alte Herzog soweit wie möglich von Regimentssachen verschont bleiben.

Bl. 46 *Abschnitt 2:* bei wichtigen und allgemeinen Sachen sollen die Räte mit den Ausschüssen der Stände zusammenkommen und sich beraten oder sogar

Abschnitt 3: einen Landtag ausschreiben.

Bl. 46 R Ist auch dann keine Lösung möglich, soll der Kaiser von den Räten, Landständen und Ausschüssen unterrichtet und seine Resolution abgewartet werden.

Es folgen Abschnitte, welche die Verwaltung im einzelnen betreffen. Praktisch regieren die Räte unter Oberaufsicht des Kaisers, wobei es in

Bl. 50 R/51 noch heißt, daß Jakobe Respekt entgegengebracht werden soll und die Kammergefälle rechtzeitig auszubezahlen sind.

Diese weitgehend zu der Räte Gunsten erarbeitete Ordnung entsprach dennoch nicht in allen Punkten ihren Vorstellungen, so daß Kritik nicht lange auf sich warten ließ. Zum Beispiel schien ihnen die Art der Überwachung beider Rechenkammern zu aufwendig. Bezüglich angeordneter Sequestration von Stadt und Festung Jülich meldete sich Schenkern selbst zu Wort, der diese Maßnahme für den Anfang einer Exekution hielt und sich gegenüber ein ordnungsgemäßes Verhalten beanspruchte, zumal ein Amtmann erst bei drei groben Vergehen abgesetzt werden dürfe usw.

Als die Kommissare diesen Rezeß am selben Tag (12. November) auch den Ständen übergaben, verfaßten diese sofort einen weitgehend ablehnenden Gegenrezeß.

Am 20. 11. 1591 traten Marie Eleonore von Preußen und die brandenburgi-

D. Die Düsseldorfer Zeit

schen Gesandten als erste die Heimreise an. Sie verließen den Landtag, nicht ohne zuvor den Ständen, Räten und Kommissaren die schleppenden Verhandlungen vorgehalten und sie nochmals zu einer gütlichen Einigung gemahnt zu haben. Auch die Stände begannen – des nun schon über zwei Monate währenden Streitens müde – allmählich abzureisen. Daraufhin sah es so aus, als ob die verbliebenen Restparteien unter Einsatz all ihrer Kräfte eine Lösung erzwingen wollten. Die Stände hatten am 18. November nochmals ein aus dem Rezeß, den Bedenken der Räte und ihren eigenen Vorstellungen zusammengeschnittenes Papier den Kommissaren übergeben. Diese Schrift wanderte zwecks mehrfach vorgenommener Änderungen immer wieder hin und her, so daß abermals kostbare Zeit verstrich, ohne daß wenigstens in Grundfragen ein Konsens erzielt worden wäre. Inmitten dieser Wirrsale verabschiedeten sich am 30. November die Neuburger Gesandten, und auch die kaiserlichen Komissare drängten auf Abreise.

Der zweite Rezeß der kaiserlichen Kommissare

Schließlich war die Mehrzahl derjenigen, von denen man sich Hilfe erwartet hatte, unverrichteter Dinge wieder abgereist, und zurück blieben die Stände und Räte, deren Meinungen sich nach wie vor unversöhnlich gegenüberstanden. Außer diesen waren nur noch die kaiserlichen Kommissare anwesend, die nun immer kompromißloser ihren Standpunkt durchzudrücken versuchten.
Am 7. 12. 1591 gaben die Kommissare zwar im Namen des Kaisers und des Herzogs, jedoch ohne deren Ratifikation und ohne Rücksicht auf die Stände, die Interessenten und Jakobe, eine neue Regimentsordnung an Hand eines zweiten Rezesses bekannt. Derselbe unterschied sich gegenüber seinem Vorgänger nur hinsichtlich einiger weniger Punkte, z. B. die Kriegsführung in den Niederlanden und die Landesverteidigung betreffend, von denen es bisher immer geheißen hatte, sie blieben den Friedensverhandlungen des Kaisers vorbehalten. Sie sollten nun von den Räten beider Kanzleien unter Hinzunahme vornehmer Landstände geklärt werden.
Quasi als Trostpflaster beorderten die Kommissare noch am gleichen Tag die Stände zu sich, um ihnen zu erklären, daß die Religionsfrage im Rezeß zwar ausgeklammert sei, die Protestanten aber, solange sie kein Aufhebens machten, unbehelligt blieben. Auch über die Bildung von Ausschüssen enthalte der Rezeß nichts, da zur Zeit des Altherzogs Meinung darüber seiner Krankheit

wegen nicht eingeholt werden könne – Räte und Stände müßten dies unter sich ausmachen.
Als der Zweibrückener und der Neuburger Pfalzgraf von diesem Rezeß vernahmen, protestierten sie und wandten ein, daß dieses Verfahren der Kommissare gegen herkömmliche Regeln und den kaiserlichen Willen verstoße. Sie legten beim Kaiser und bei den Reichsständen Berufung ein. Räte und Kommissare bemühten sich hinfort um die Stände, ohne von ihren eigenen Standpunkten auch nur geringfügig abzugehen. Daran vermochten auch die Ermahnungen Jakobes nichts zu ändern.
Am 13. 12. 1591 veröffentlichten die Kommissare – abermals protestantische Stände, Interessenten und vor allem Jakobe rigoros übergehend – die zusammen mit den katholischen Räten erarbeitete und von Wilhelm dem Reichen unterschriebene Regimentsordnung vom 7. d. M., die jetzt noch einige zusätzliche Punkte enthielt, wie z. B., daß die Justizpflege und Verwaltung nach der bestehenden Ordnung zu handhaben sei. Zwei Räte der Rechenkammer haben die einzelnen Ämter und Verwaltungszweige zu revidieren, Rechnungen einzufordern und Mißstände abzustellen. Auch wurde nochmals betont, daß Jakobe und Sibylle gebührlich zu respektieren und wie die Herzöge mit ihnen genehmen Personen zu umgeben seien sowie pünktlich ihre Kammergelder zu erhalten hätten. In Regierungsangelegenheiten hätten sie sich jedoch nicht einzumischen. Eine beachtliche Konzession den Räten gegenüber bestand ferner darin, daß sie nunmehr auf gemeinsamen Beschluß einen Landtag auszuschreiben legalisiert waren. Schwierige Angelegenheiten, über die man sich nicht einigen könne, bleiben mit Wissen und Einwilligung sämtlicher Räte und Stände der kaiserlichen Entscheidung überlassen. Der wichtigste Punkt des Einschwenkens auf die herrschende Rätemeinung ist aber darin zu sehen, daß Schenkern nunmehr doch in seinen Ämtern bis zur endgültigen Entscheidung des Kaisers zu belassen war.
Im wesentlichen war dies eine Bestätigung der vorhandenen Regimentsordnungen der beiden Landeshälften. Nochmals – allerdings vergeblich – Proteste seitens des Pfalzgrafen Johann und der Stände.
Mit diesem „Ergebnis" endete am 13. 12. 1591 der Gesamtlandtag bzw. Lange Landtag, ohne daß man sich nähergekommen wäre. Mit ihm verbanden sich zugleich die letzten Amtshandlungen des Altherzogs, den nur wenige Tage später eine kurze, akute Krankheit hinwegraffte.

Wegen des in diesem Kapitel noch deutlicher gewordenen Frontenwechsels der Herzogin Jakobe und der ihm zukommenden Bedeutung sei hier, nach der

D. Die Düsseldorfer Zeit

Hälfte ihrer Düsseldorfer Zeit und an der Schwelle der sich abzeichnenden Wachablösung des Altherzogs, eine erste Wertung ihres politischen Starts versucht:

Mehrere schwerwiegende Fehler kennzeichnen den Ausgangspunkt. Einmal war es ihr Verhältnis zu Prinzessin Sibylle, das sich rapide verschlechterte. Jakobe gab ihr nicht nur keinen Platz in ihrem Regiment, sondern sie betrachtete sie geradezu als Feindin, der es auszuweichen und die es zu überwachen galt. Sie ließ es ferner zu, daß ihr ursprünglich gar nicht so schlechtes Einvernehmen zu ihrem Gemahl von ihren Gegnern allmählich auseinanderdividiert wurde.

Ihre Hinwendung aber nach dem protestantischen Lager, darüber besteht retrospektiv kein Zweifel, muß als ihr verhängnisvollster Fehler gewertet werden, und zwar in doppelter Hinsicht. Infolge der engen Verflechtung von Politik und Religion beging die Herzogin aus katholischer Sicht einen gleichermaßen politischen wie moralischen Fehltritt. Einen politischen, weil man mit der Verheiratung Jakobes eine Stärkung der wankend gewordenen katholischen Front im Nordwesten des Reiches im Sinn hatte. Gerade diese Erwartung war aber Jakobe soeben dabei, in den Augen ihrer Münchner Verwandtschaft, des Königs von Spanien, des Kaisers und des Papstes bzw. seines Kölner Nuntius, zu unterlaufen, indem sie sich mit den Gegnern dieser Politik verband, die sich – nur rein äußerlich – unter dem Deckmantel des Protestantismus zusammengefunden hatten. Einen moralischen, weil seit dem ökumenischen Konzil von Florenz (1442) in der römischen Kirche der Grundsatz Verbindlichkeit besaß, daß alle außerhalb der Kirche Stehenden vom Heil ausgeschlossen, gewissermaßen eine „massa damnata" sind. Dieser Wankelmut erschien nach außen noch dadurch besonders begründet, daß Jakobe samt Geschwistern und Cousin Eduard Fortunat im Glauben des Augsburger Bekenntnisses geboren waren und sich erst später dem Katholizismus zugewandt hatten. Auch dies für ihre Gegner ein Zeichen von Wankelmut und Rückfallgefahr.

Diesem negativen Erscheinungsbild stehen aber zumindest ebenso viele gleichgewichtig positive Punkte gegenüber: Jakobe war bereits mit 11 Jahren Vollwaise. Mit ihrer daraufhin am hochangesehenen Münchner Hof erfolgten Erziehung hatte man zwar das Beste aus der mißlichen Lage zu machen versucht. Die Nestwärme indes konnte man ihr nicht ersetzen, zumal durch Jakobe und ihre Geschwister die Zahl der standesgemäß zu versorgenden, eigenen Prinzen und Prinzessinnen noch beträchtlich gestiegen war. Die einzige, die ihr die Elternstelle bestmöglich zu ersetzen vermochte, ihre

Großmutter und Namensgeberin, die Altherzogin Jakobäa, war leider vor den entscheidenden Jahren verstorben und eine Vorbereitung auf Regierungspflichten nie erfolgt – schien allerdings auch für eine Prinzessin der damaligen Zeit nicht vonnöten. Statt dessen hatte man aber, als die Konstellation mit Jülich-Kleve-Berg sichtbar wurde, mit ebenso zu keinem Zeitpunkt in Frage gestellter Brutalität ihre große Liebe – zu jenem Eifel-Grafen Hans Philipp von Manderscheid-Blankenheim zu Gerolstein – unterbunden und die unvorbereitete und seelisch mißhandelte Prinzessin – drastisch ausgedrückt – in das Düsseldorfer „Irrenhaus" gesperrt. Ein Geschehen, das bei der betroffenen, schöngeistig veranlagten Prinzessin gewiß nicht nur Dankgefühle für das Ersatzelternhaus, sondern ein gehöriges Maß Einfühlungsvermögen, Pflichtbewußtsein, Intelligenz und vor allem Seelengröße voraussetzte.

Ganz allgemein läßt sich sagen, daß auch der Zeitgeist gegen Jakobe gerichtet war.
In der Spätrenaissance ließ sich in den einzelnen Ländern immer mehr ein Vermengen antiker Ideale mit nationalen Momenten beobachten. Dieses Übergangsstadium, in das Jakobe hineingeboren war, zeitigte in allen Lebensbereichen ein Verlangsamen, Abbremsen und Verflachen. Die Zeiten eines Brunellesco, Ghiberti und Donatello waren längst Geschichte, und erst in den nachfolgenden Stilepochen des Barocks und Rokokos vermochte sich die Menschheit zu adäquaten Kulminationspunkten emporzuschwingen. Dem Erheben von Phönix aus der Asche war aber ein Niedergang auf allen Ebenen menschlichen Daseins vorangegangen, wie dies Jahrhunderte hindurch nicht der Fall war. Daran trugen vor allem die zahlreichen Kriege dieses Säkulums Schuld, die eine grenzenlose Verrohung von Sitten und Gebräuchen sowie eine Verarmung, Verelendung, ja Entvölkerung der betroffenen Gebiete nach sich zogen.
Wilhelm der Reiche von Jülich-Kleve-Berg hatte zumindest in seiner ersten Lebenshälfte noch näher an der Blütezeit der Renaissance gestanden. Von hoher Abkunft, aus uralt kleve-bergischem Adel und verschwägert mit dem Kaiserhause, stand die Legitimität seiner Regierung niemals in Frage. Das Hinundherpendeln zwischen den Konfessionen blieb deshalb für ihn wie schon für seinen Vater, Johann III., ohne nachhaltige Folgen. Ganz anders bei Wilhelms Schwiegertochter Jakobe. Fast ein halbes Jahrhundert später geboren, hatten die großen Religionskriege schon begonnen, war der sich anbahnende, kulturelle Umbruch deutlicher zu verspüren. Lebensumstände und überkommenes Umfeld waren ins Wanken geraten. An die Stelle von höfischem Minnesang,

Rittertum, gefestigter innerer Religiosität und Moral hatten Verfall der Sitten, Bestechlichkeit, Eigennutz und Brutalität um sich gegriffen. Eigenschaften, die weltliche und geistliche Machthaber gleichermaßen betrafen. Nicht zuletzt waren auch die religiösen Fronten erstarrt und von gegenseitiger Bitternis geprägt. Man war deshalb bei Jakobe nicht mehr gesonnen, religionspolitischen Wankelmut und Wohlleben hinzunehmen oder gar eine unkonventionelle weibliche Regentschaft zu ertragen.

2. Tod und Begräbnis Wilhelms des Reichen

Das der einheimischen Bevölkerung besser unter dem Namen Speesches Palais bekannte Stadtmuseum Düsseldorfs birgt bedeutende Sammlungen zur Geschichte der Stadt. Der im ersten Stock nach dem Eckzimmer der Südostecke erste Raum des Südflügels beherbergt fast ausschließlich Exponate Jakobes, ihres Gemahls sowie dessen Vorfahren: Am auffallendsten zwei riesige Ölgemälde des Düsseldorfer Hofmalers Johann Malthan, Wilhelm den Reichen und seinen Sohn Johann Wilhelm darstellend. Rein äußerlich gut erhalten, läßt ihre letzte Restaurierung dennoch zu wünschen übrig. Abgesehen von den grell leuchtenden, fahlen Antlitzen von Vater und Sohn verschwinden ihre übrigen Körperpartien weitgehend hinter einer bräunlich-schwarzen, stark lichtreflektierenden Firnisschicht.

Im Gegensatz hierzu stellen drei medaillonförmige Miniaturbildnisse von Vater, Sohn und der Herzogin Jakobe, die ein unbekannter Maler, vermutlich erst im folgenden, dem 17. Jahrhundert, unter Zugrundelegung der Malthan-Bilder sowie eines bekannten Jakobe-Stichs von Crispin de Passe[1] gefertigt hat, wahre Kleinodien dar. In trauter Gemeinsamkeit liegen sie hier in einer Glasvitrine nebeneinander – gleichsam ein posthumes Stelldichein, wie es die Wirklichkeit niemals zu bieten vermochte. Während die Bilder von Vater und Sohn nachstehend wiedergegeben sind, befindet sich das Medaillon Jakobes am Bucheinband sowie in einem späteren, eigens ihren Bildnissen gewidmetem Kapitel.

Hinsichtlich des Ablebens von Wilhelm dem Reichen unterliegen dessen Bilder insofern besonderem Interesse, weil sie den Altherzog im 75. Lebensjahr, also ein Jahr vor seinem Tode, zeigen und deshalb gewisse Rückschlüsse auf seine damalige körperliche Verfassung zulassen: Das – vom Betrachter aus

---

[1] Beschreibung und Bild siehe S. 393.

Herzog Wilhelm der Reiche (1516–92), Schwiegervater Jakobes

gesehen – leicht nach links geneigte Haupt des Fürsten blickt einem im Halbprofil nicht unfreundlich entgegen. Die geringfügig schräg stehenden Augen, eine lange, knochig-dünne Nase und ein greisenhaft verkniffener Mund verleihen dem Gesicht einen etwas verschmitzten Ausdruck. Hinzu kommt ein kurzer Kinnbart, der ebenso wie das – unter einem flachen, runden Barett gerade noch sichtbare – Haupthaar schlohweiß ist. Um die zusammengefallenen Schultern trägt Wilhelm einen pelzverbrämten, grünlich-schwarzen Mantel, der lediglich im Halsbereich, wo eine feine, linnene Halskrause aus dem Mantel hervorschaut, zusammengehalten wird. In seiner abgewinkelten linken Hand hält er wahrscheinlich Handschuhe.[1] Da man aber nur der nach oben offenen Stulpen ansichtig wird, findet sich zuweilen auch die Deutung, daß Wilhelm dem Reichen hier zum Zeichen für seine lebenslang religiöszwiespältige Haltung ein Kelch in die Hand gegeben wurde, weil er nämlich trotz seines Verharrens im alten Glauben das Abendmahl in zweierlei Gestalt empfing. Insgesamt gesehen, war die mit etwa 1,70 bis 1,75 m Körpergröße

[1] LV Nr. 56, S. 417: F 47.

D. Die Düsseldorfer Zeit

Herzog Johann Wilhelm (1562–1609), Gemahl der Herzogin Jakobe

früher einmal und für damalige Verhältnisse stattliche Erscheinung dieses Mannes schmal, spitz, ja geradezu ein wenig durchsichtig geworden.
Was sowohl Johann Malthan als auch der unbekannte Maler der Miniaturen nicht wiedergeben durften, ist die Tatsache, daß Wilhelm der Reiche eine gekrümmte Wirbelsäule besaß, die seine Körpergröße um etwa 5 cm, das heißt auf 1,65 bis 1,70 m schrumpfen ließ. Die Körpergröße sowie die Veränderung der Wirbelsäule, die häufig auf Störungen des Kalkstoffwechsels schon im Jugendalter zurückgehen, stellte der Gerichtsmediziner Prof. Dr. Heinz Schweitzer fest, der nach Wiederauffinden der herzoglichen Gruft in der St.-Lambertus-Basilika u. a. auch das Skelett Wilhelms des Reichen exhumiert und untersucht hatte. Das in der gleichen Gruft aufgefundene Skelett der Prinzessin Amalia, einer Schwester Wilhelms des Reichen, wies diese Wirbelsäuleschäden sogar noch in verstärktem Maße auf. Historische Unterlagen über eine weitere Schwester, die Prinzessin Sibylla, lassen ähnliche Deformationen vermuten. Das hier familiär auftretende Krankheitsbild verschlimmerte sich zwar im Alter, war aber nicht Todesursache.
Wenn somit auch das den letzten Lebensmonaten des Herzogs Wilhelm

entstammende Bild sowie seine wieder aufgefundenen sterblichen Überreste keine Anhaltspunkte für die eigentliche Todesursache ergeben, vermitteln sie uns dennoch übereinstimmend ein für die letzten Lebensmonate recht hinfälliges Äußeres dieses Fürsten.

Die physisch wie psychisch labile Verfassung Wilhelms des Reichen am Ende seiner Tage, die zuletzt fast einem Siechtum geglichen hatte, kam den die Regierung bestimmenden Räten nicht ungelegen. So konnten sie ihm u. a. ohne allzu große Mühe und dennoch unter dem Deckmantel der Legalität am 13. 12. 1591, nur gut drei Wochen vor seinem Tod, jenen bekannten Rezeß abringen, der, dem Wunsche des Kaisers entsprechend und im Einvernehmen mit seinen Gesandten, ihnen, den Räten, und nicht der Herzogin und deren Parteigängern, die Regierungsverantwortung zusicherte. Es war dies, wie gesagt, Wilhelms letzte offizielle Amtshandlung, die freilich brisanten und weit in die Zukunft reichenden Zündstoff in sich barg, bevor vielleicht ein in dem jahreszeitlich feuchtkalten Schloßgemäuer entstandener Grippeinfekt oder eine Lungenentzündung, denen die ärztliche Kunst jener Tage hilflos gegenüberstand, sein nurmehr schwach glimmendes Lebenslicht am 5. 1. 1592 zum Erlöschen brachte.

Besser als alle Äußerlichkeiten vermittelt uns ein Bericht seines Leibarztes Solenander vom 8. 1. 1592 die letzten Stunden seines Herrn. Hiernach war der alte Herzog am 4. Januar weitgehend bettlägerig, sein Puls ging nurmehr schwach, und ein Verlassen des Bettes sowie Anziehen, Waschen und Einnehmen von Nahrung waren ohne fremde Hilfe nicht mehr möglich. Als sich Wilhelm der Reiche dennoch „in die Kleider stellen ließ", um sich gemeinsam mit von der Horst, Ossenbroich, dem Prior der Kreuzbrüder und dem Geistlichen Thomas Winand an den Tisch zu setzen, da kippte er aus Schwäche vom Stuhl und mußte mit fremder Hilfe wieder auf seinen Sitzplatz verbracht werden. Auch seine Tochter Sibylle konnte er in deren Gemächern nicht mehr aus eigener Kraft aufsuchen, sondern mußte auf Armen und Schultern seiner Kammerdiener hingeschleift werden.

Am 5. Januar kam dann ein Verlassen der Bettstatt gar nicht mehr zustande. Gleichwohl war der Verstand des Herzogs noch voll zugegen. Sibylle besuchte nun ihrerseits den Vater. Ihr und dem herzugeeilten Haushofmeister Ossenbroich lächelte der Kranke freundlich entgegen und vermochte zum Gruß sogar sein ansonsten auch im Bett aufbehaltenes Barett abzunehmen. Kapaunenbrühe und destilliertes Rosmarinwasser wurden ihm zur Stärkung eingeflößt – dazwischen immer wieder Gebete und Zusprüche des anwesenden Priesters sowie ermattetes Eindösen. Aber auch dem Jungherzog gegenüber war nichts mehr

D. Die Düsseldorfer Zeit

von der ehemals feindseligen Haltung zu verspüren. Vater und Sohn reichten sich vielmehr die Hand, und Wilhelm der Reiche gab seinem Sohn den väterlichen Segen. Dann, gegen Abend, ließen die Kräfte weiter nach, das Atmen wurde zusehends schwerer, der Arzt netzte ab und zu die Zunge des Kranken, Röcheln setzte ein, und gegen 21.45 Uhr verschied der alte Herr. Bereits vom 19. 2. 1564 datierte des Herzogs Testament, und sein ,,Totenschein" mit Andeutung der Krankheit findet sich neben seinem Sarg an der Gruftmauer von St. Lambertus: „Quo morbo periit? Senio cordisque dolore" (= Woran ist er gestorben? An Alters- und Gemütsschwäche)[1].
Die Bestattungsfeierlichkeiten wurden auf den 10. 3. 1592 festgelegt. Wie bei Persönlichkeiten seines Ranges und Standes üblich, wurde der Leichnam Wilhelms des Reichen, nach der wahrscheinlich von seinem nur wenige Jahre zuvor verstorbenen Leibarzt Johann Weyer entwickelten und für pathologische Medizin wegweisenden Methode, obduziert und einbalsamiert, worauf der – wie beim Wiederauffinden der Gruft festgestellt – durch Rundschnitt geöffnete Schädel schließen läßt.
In der benachbarten St.-Lambertus-Basilika errichtete ihm der Hofbaumeister Johann Pasqualini d. J. halblinks hinter dem Hochaltar die erwähnte Gruft. Die Bestattungsfeierlichkeiten als solche schildert uns derselbe Dietrich Graminäus, der uns wenige Jahre zuvor auch die Hochzeit seines Sohnes aufgezeichnet hat, in einem ähnlich aufgemachten, mit Angaben über Teilnehmer und Ablauf versehenen sowie mit 14 Kupferstichen illustrierten Bericht.[2]
Der Leichnam Wilhelms des Reichen war bis zum 10. 3. 1592 in der Schloßkapelle aufgebahrt. An diesem Tag formierte sich der Trauerkondukt im Schloßinnenhof, in dessen Mittelpunkt der riesige Sarg Aufstellung gefunden hatte. Über ihn und den Katafalk war ein großes schwarzes Tuch gebreitet. Dasselbe war mit einem bis an seine Ränder reichenden Kreuz sowie an den Breit- und an den Schmalseiten mit insgesamt acht, sich aus dem jülichschen und bergischen Löwen, der klevischen Lilienhaspel[3] – die zuweilen auch Lilienkreuz, Glevenkreuz oder Ursinerrose[4] genannt wird –, den rot-weiß geschachteten Balken von Mark und den ravensbergischen Sparren zusammensetzenden Landeswappen bestickt. Etwa 180 Menschen gruppierten sich, von den einzeln gehenden Fahnen- und Wappenträgern abgesehen, jeweils zu zweien in einem Glied. Hinzu kamen acht mit Trauerschabracken behangene Pferde, darunter die drei Leibpferde des Herzogs.
Unter dem Geläut der Kirchenglocken der Stadt setzte sich der Zug in

---

[1] LV Nr. 210, S. 277.   [2] LV Nr. 211.   [3] LV Nr. 40 a: Ursprünglich Schildbeschlag, ab ausgehendem 13. Jh. auf klev. Siegeln als Wappenschild aufgefaßt.   [4] LV Nr. 56, S. 422.

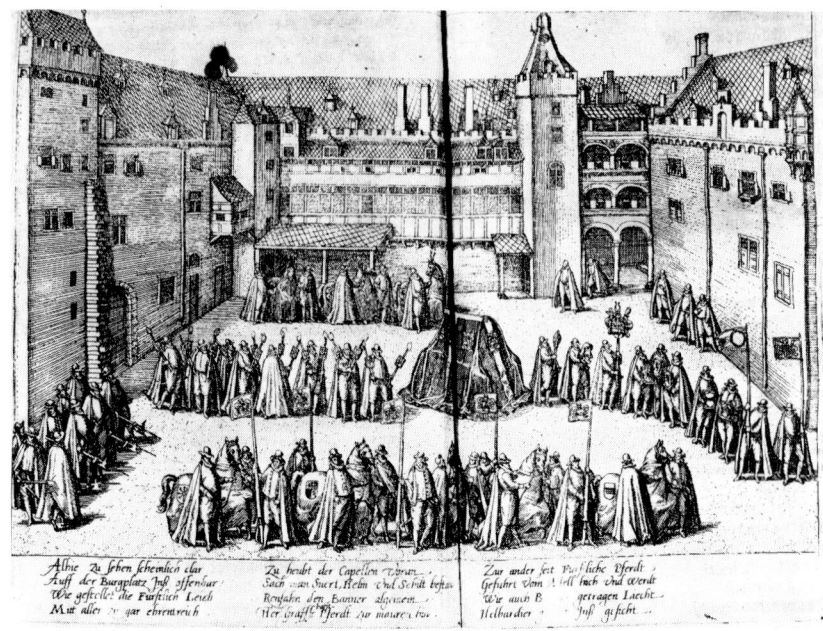

Trauerkondukt mit Sarg Wilhelms des Reichen nimmt Aufstellung im Schloßinnenhof

Bewegung. Angeführt wurde er von 24 schwarzgekleideten, lange Windlichter und Wappentafeln vor sich hertragenden Personen, gefolgt von mehreren Dutzend Schülern. An diese schlossen sich Priesterschaft, Chorsänger und Trompeter. Danach kam die erste Gruppe von vier Pferden; jedes wurde von zwei Adeligen geführt, während eine Wappentafel vorangetragen wurde. Hinter den Vierbeinern die Fahne Wilhelms des Reichen mit seinem Wahlspruch „In deo spes mea"[1]; den Fahnenträger umgaben – ihn flankierend bzw. hinter ihm gehend – weitere Standarten- und Wappenträger sowie Träger des Prunkhelms und des schwarzverhüllten Schwerts des Toten. Danach die drei geschmückten Leibpferde, jeweils mit einem Wappen der Landesteile Jülich, Kleve und Berg, den bekannten Löwensymbolen und der Lilienhaspel auf ihren Schabracken. Hellebardiere schlossen sich an mit zur Trauer gesenkten Waffenspitzen sowie die höhere Geistlichkeit der Umgebung mit Rabanus Boetzler, dem Prior von Werden, dem gefürsteten Abt Heinrich Duden von Werden und Helmstedt, dem Abt Bartholomäus Anstel von Altenberg und

---

[1] In Gott ruht meine Hoffnung.

D. Die Düsseldorfer Zeit

Ludger von Landsberg, Abt zu Hamborn. Neben diesen schritten Gelehrte und Räte. Die Kirchenmänner, Bischöfe und Äbte waren an ihrer Amtstracht, vor allem dem Chormantel oder Pluviale, dem Birett und dem Stab, als äußere Zeichen ihrer Würde erkennbar.
Eine Gruppe für sich bildete der Sarg und die ihn umgebenden Getreuen des Dahingeschiedenen; sie mögen ihm im Leben besonders nahegestanden haben und hielten dies nun auch auf seinem letzten Gang so.
Jeweils 4 Paar Fackelträger mit gekreuzten Windlichtern schritten an den Stirnfronten des Sarges, und zwei mit unterschiedlichen Aufgaben betraute Personengruppen, ebenfalls zumeist paarweise, geleiteten den Sarg an dessen Längsfronten. Während innenseitig insgesamt zwölf der Beteiligten das ansonsten bis auf den Boden herabhängende schwarze Übertuch hochhielten, fungierten die außenseitig schreitenden Personen lediglich wieder als Träger von Windlichtern. Von den vielen Namen dieses Personenkreises sei, wegen seiner später verhängnisvollen Rolle beim Ableben der Herzogin Jakobe, stellvertretend lediglich derjenige des Botellierers Wessel von Knippenberg herausgegriffen.
Nur durch ein paar Hellebardiere getrennt, folgte Johann Wilhelm, der Sohn und Nachfolger des Verstorbenen. Er sowie die rechts und links von ihm schreitenden Grafen Johann und Werner von Salm-Reifferscheid hatten als Zeichen tiefen Leids sogenannte Trauerkogeln, eine maskenähnliche Vermummung, über ihre Häupter gestülpt, die nur kleine Öffnungen zum Sehen und Atmen freiließen. Auch diese Dreiergruppe trug lange, dunkle Mäntel; Johann Wilhelm darüber hinaus noch eine Trauerschleppe, deren Ende von dem fürstlichen Küchenmeister, dem Rat und Amtmann zu Randeradt, Winand von Leerodt zu Honsdorf, gehalten wurde.
Das benachbarte Erzstift Köln sowie die mit dem niederrheinischen Haus verwandten Preußen, Pfalz-Neuburger und Pfalz-Zweibrücker waren persönlich erschienen oder durch Gesandtschaften vertreten. Der Repräsentant der spanischen Krone, Franciscus de Verdugo, folgte Johann Wilhelm unmittelbar auf dem Fuß, wohingegen den Kölner Nuntius Frangipani ein Gallenleiden an der Teilnahme hinderte.
Der Zug führte auf einem kleinen Umweg über die von Bürgern der Stadt gesäumten Straßen zur St.-Lambertus-Basilika, wo der Sarg bis zur Beisetzung unter einem Baldachin abgestellt wurde. An der Totenmesse innerhalb des Gotteshauses nahmen kurioserweise auch Pferde teil, wobei die kirchliche Zeremonie einschließlich Leichenpredigt, wie seinerzeit bei der Hochzeit des Thronfolgerpaares, vom Scholaster und Kanonikus des Klever Kollegiatstiftes

Grabdenkmal Wilhelms des Reichen, St.-Lambertus-Basilika zu Düsseldorf

Thomas Winand und der Nachruf von dem Hofprediger Johann Leuenheuer gehalten wurde. Anschließend gab es nur noch einen Leichenschmaus.

Ein paar Jahre später, zwischen 1595 und 1599, errichtete der Kölner Bildhauer Gerhard Scheben in der Längsachse hinter dem Hochaltar zum Preis von 2 000 Goldgulden ein prächtiges Grabdenkmal, das zu den bedeutendsten Werken des Manierismus am Niederrhein gehört. Ein schwarzer Marmoraufbau kontrastiert mit allegorischem Figurenwerk in vier übereinander getürmten Etagen, einer als Relief gearbeiteten, vielgliedrigen Figurengruppe im Mittelbereich, das Jüngste Gericht darstellend, sowie mit der davor auf einem sarkophagartigen Piedestal hingestreckten, lebensgroßen Figur Wilhelms des Reichen aus weißem Alabaster: Der in eine Prunkrüstung gekleidete Herzog ruht auf einem Hermelinfell und stützt sein leicht nach hinten geneigtes Haupt auf den abgewinkelten, rechten Arm, der seinerseits auf einem Kissen aufliegt. Sein kahler Schädel mit weit geöffneten, auffallend tiefliegenden Augen und kurzem Kinnbart ragt aus der blumenkelchförmigen spanischen Halskrause, während sein linker, ebenfalls abgewinkelter Arm entspannt auf der linken Hüfte liegt. Neben den übergeschlagenen Beinen – vom Betrachter aus gesehen hinter der Figur – sind Helm und Handschuhe abgelegt.

Auf den Stufen, die zu dem altarförmigen Monument emporführen, halten acht wappentragende Löwen Wache. Die Wappen künden von der gewaltigen Ahnenreihe des Entschlafenen; auf der einen Seite diejenigen von Kleve-Mark, Burgund, Hessen und Geldern, denen auf der anderen die von Jülich-Berg, Sachsen-Lauenburg, Brandenburg und Meißen entsprechen.

Der Szene vom Jüngsten Gericht schließen sich in der Hauptnische nach unten hin noch ein Wappenschild und weiter abwärts eine Inschrifttafel mit den wichtigsten Daten und Ereignissen aus dem Leben des Herzogs an.

3. Das Trauma der Statthalterschaft und erster kaiserlicher Rezeß

Jakobe, die den Tod ihres Schwiegervaters zu Recht als Zäsur hinsichtlich ihrer eigenen Ansprüche auf das Regierungsamt empfand, war bestrebt, einen neuen Anfang zu probieren. So bemühte sie sich vorrangig um eine Aussöhnung mit den katholischen Räten und Prinzessin Sibylle, was letztere unter dem 9. 1. 1592 zu den an Renata von Bayern gerichteten Worten veranlaßte: „Meines Bruders Gemahel erzeigt sich iz mit diesem leidigen Fall – gemeint ist der Tod Wilhelms des Reichen – gar wohl gegen mich."[1] Folgte nicht noch der Nachsatz ,,Aber es ist (erst) der Anfang", aus dem wieder Skepsis aufklingt, ließe sich für die Zukunft auch der Prinzessin guter Wille und Entgegenkommen nicht absprechen.

Vom 12. 1. und 12. 2. 1592 sind zwei Schreiben des Nuntius Frangipani erwähnenswert, die eine gewisse Widersprüchlichkeit kennzeichnet. Während er in ersterem das nunmehr – seiner Meinung nach – Jakobe zufallende Regiment quasi als selbstverständlich anerkennt, schilt er sie in dem späteren der Bevormundung ihres Gemahls. Vermutlich wurde sich Frangipani in dem dazwischenliegenden Zeitraum gewahr, daß er der allgemeinen Stimmung und des allseitigen Raunens zufolge mit seiner Parteinahme zugunsten der Fürstin zu weit vorgeprescht war, was es in dem späteren Schreiben zu korrigieren galt.

In erster Linie mag hierfür wohl die etwas hinterhältige Verhaltensweise Dr. Hardenraths verantwortlich zeichnen. Er nahm – möglicherweise auf Anstiften seines Ratskollegen Ossenbroich, was das Verhalten des Vizekanzlers in etwas milderem Licht erscheinen ließe – den Tod Wilhelms des Reichen zum Anlaß und zettelte über die Art der künftigen Regimentsordnung hinter dem Rücken Jakobes Verhandlungen mit Prag an. Keine Frage, daß dieselben die Herzogin nicht berücksichtigt sehen wollten und vielmehr die Einsetzung eines Statthalters vorsahen – anderenfalls die Kontaktaufnahme nicht hätte heimlich erfolgen müssen. In Reaktion hierauf bestätigte dann Rudolf II. am 27. oder 28. 1. 1592[2] und wenig später nochmals am 6. 3. 1592 die Räteregierung, und zwar zumindest für die Zeit bis zur Entsendung einer neuerlichen Kommission. Ungeachtet dieser Rückschläge agierte die Herzogin zunächst folgerichtig, indem sie bemüht war, die Schar ihrer einflußreichen Gönner zu vergrößern und nach Möglichkeit die ihr ohnedies gewogenen Freunde und Verwandten noch stärker für sich und ihre Sache einzunehmen: Sie sandte den in ihren Diensten schon mannigfach bewährten Dr. Johannes Dreger zuerst zum Nuntius Frangipani nach Köln und von hier aus weiter zu dem gerade in Lüttich weilenden Kurfürsten von Köln, der dort mit dem bayerischen Gesandten Freising zusammengetroffen war. Dreger sollte nicht nur für den Beistand Ernsts, der Jakobe gewiß war, sondern auch für denjenigen seines Münchner Bruders, des Bayernherzogs, und des soeben erst, am 30. 1. 1592, neu gewählten Papstes, Klemens VIII. (1592–1605), Sorge tragen. Vorrangig bedeutete dies die Abwendung der Statthalterschaft, über die Dr. Dreger in

---

[1] LV Nr. 326. [2] LV Nr. 242, S. 22 bzw. 243, S. 125.

D. Die Düsseldorfer Zeit

Köln, Lüttich und nach dem 19. 2. 1592, in Begleitung des Kölner Geheimen Rates Gottfried von Taxis, auch noch in Prag Vortrag hielt.

Das taktlose Feilschen zu Lebzeiten Johann Wilhelms um seine Nachfolge oder auch nur Vormundschaft sowie die Auswirkungen dieser mit vielerlei Aufregungen verbundenen Maßnahmen auf den angegriffenen Gesundheitszustand des Herzogs waren – bei dem wenig gefühlsbezogenen Handeln jener Zeit – noch die schwächsten Argumente. Der Opposition der Landstände und Interessenten maß man dagegen schon mehr Gewicht bei; unbefriedigt lagen sie gewissermaßen stets auf der Lauer, um im Erbfall oder bei sich sonst ändernden Macht- und Kräfteverhältnissen nach Möglichkeit einen Vorteil für sich zu erheischen. Während man in Rom und München auf Frangipani bzw. Freisings Berichterstattung angewiesen war, verwendete sich der Kurfürst beim Kaiser direkt und zusätzlich auch noch über den Papst für Jakobe, weil nämlich dem Papst daran gelegen sein mußte, die protestantischen Schwäger der Herzogin vom Regiment in Düsseldorf fernzuhalten. Ansonsten waren von dem soeben erst an die Regierung gelangten Papst keine besonderen Aktivitäten für oder wider Jakobe zu erwarten. Er ließ lediglich den Prager Nuntius wissen, daß eine fähige kaiserliche Kommission zu den Begräbnisfeierlichkeiten Wilhelms des Reichen entsandt werden möge, die ja dann im Einvernehmen mit Frangipani, Hardenradt und eventuell der Prinzessin Sibylle die Nachfolgefrage am Niederrhein regeln könne. Etwas später, als die Meinungsbildung durch die Botschaften Dregers und von Taxis in Prag und des Jakobe durchaus noch zugetanen Frangipani in Rom Platz gegriffen hatte, schwenkte dann allerdings der Heilige Stuhl in eine Befürwortung der Regentschaft Jakobes ein.

Dr. Dreger und von Taxis harrten am Hradschin einer Antwort des entscheidungsschwachen Kaisers, der nun über die gegensätzlichen Anträge der Düsseldorfer Räte und Jakobes im Verbund mit Erzbischof Ernst und dem Papst befinden sollte. An den Trauerfeierlichkeiten selbst, die ankündigungsgemäß am 10. 3. 1592 in dem für die damalige Zeit gewohnten düsteren Pomp abgelaufen waren, hatten weder Frangipani noch Ernst teilgenommen, welch letzterer aus unbekannten Gründen verhindert war. Aber auch auf die Kommission aus Prag wartete man vergebens.

So war der Stand der Verhandlungen zum Zeitpunkt der Beisetzung Wilhelms des Reichen. Einiges war in Fluß geraten und manches durchaus im Sinne der Herzogin, jedoch kam das angestrebte, große Treffen der maßgeblichen Fürsten bzw. ihrer Delegationen, das eine definitive Regelung hätte bringen sollen, nicht zustande.

Das sich schon seit geraumer Zeit anbahnende Ende Wilhelms des Reichen gab wegen der Unfähigkeit seines ungeliebten Sohnes und präsumtiven Nachfolgers, der von seiner Gemahlin beanspruchten, umstrittenen Vormundschaft sowie der Uneinigkeit der verschiedenen Parteien und einflußreichen Institutionen des Landes Anlaß zu schwerwiegender Sorge. Nach seinem Ableben wurde dann aber die eigentliche Regierungsgewalt für den Zeitraum von etwa zwei Jahren, nämlich bis zum Landtag im Februar 1594, von der Herzogin Jakobe ausgeübt. Diese Befugnis leitete sie vom Bescheid Rudolfs II. ab, welchen dieser den in Prag weilenden Delegierten Jakobes und des Erzbischofs, Dr. Dreger und von Taxis, am 12. 5. 1592 hatte zukommen lassen. Sie war jedoch nicht so umfassend und so ausschließlich auf die Person der Herzogin bezogen, wie Jakobe erwartet hatte und wie dies nachfolgend von ihr praktiziert worden ist, sondern bestand vielmehr aus einem die Macht zwischen ihr und den Räten aufteilenden Kompromiß. Zu einer völligen Beseitigung seines zugunsten der Räte lautenden Rezesses vom 27. oder 28. Januar bzw. 6. März dieses Jahres und der Bewilligung der Huldigung durch die Stände hatte sich der Kaiser nicht durchringen können, aber immerhin hatte er seinen Standpunkt insoweit revidiert, als er ein Handeln der Räte und Jakobes in beiderseitigem Einvernehmen anordnete.

Es war dies ein wichtiges Zugeständnis des Kaisers und das weitestgehende außerdem, zu dem er sich jemals Jakobe gegenüber bereitgefunden hatte. Nur darauf hätten sich beide Seiten stützen können. Die Praxis aber sah anders aus: Obgleich Rudolf II. sich einerseits ein eigenmächtiges Vorgehen seitens der Herzogin ausdrücklich verbeten und andererseits sich eine respektvolle Behandlung ihrer Person schon von jeher ausbedungen hatte, wurde seinen Forderungen von keiner Seite nachgekommen.

4. Der zweite kaiserliche Rezeß

Die diplomatischen Bemühungen aller an den jülich-kleve-bergischen Auseinandersetzungen beteiligten Parteien am kaiserlichen Hof zu Prag führten zunächst zu folgendem, als zweiter kaiserlicher Rezeß bekanntem Zwischenergebnis vom 12. 5. 1592: Rudolf II. ließ verkünden, nicht selbst in die Regierung des Herzogtums eingreifen, aber auch nicht dem Drängen der Herzogin Jakobe nach einer Übertragung der Regierungsgewalt allein auf ihre Person nachkommen zu wollen. Seine früheren Anordnungen sollten vielmehr Gültigkeit behalten, wonach das Regierungsgeschäft den Räten obliege, die aber nichts

D. Die Düsseldorfer Zeit

ohne Jakobes Einverständnis zu verfügen hätten, wie auch umgekehrt die Herzogin nichts ohne Einwilligung der Räte tun dürfe. Diese Regierungsform sollte Gültigkeit besitzen, bis er, der Kaiser, eine neuerliche Gesandtschaft – es wäre dies bereits die vierte – an den Niederrhein schickte, die bevollmächtigt sein würde, eine endgültige Regimentsordnung unter Mitwirkung und Anhörung aller Beteiligten zu erlassen. Dieser Rezeß bedeutete somit letztlich ein Festfahren der bisherigen, unklaren Machtstrukturen am Niederrhein.

Als die Nachricht vom neuerlichen Zaudern des Kaisers, endlich durchzugreifen, dem Provisorium in der Düsseldorfer Regierung ein Ende zu bereiten und klare Rechtsverhältnisse zu schaffen, die Fürstin erreichte und sie abermals die Fruchtlosigkeit ihrer Bemühungen sowie ihre auf lange Zeit festgeschriebene Abhängigkeit von dem ihr so verhaßten Triumvirat der Räte gewahr wurde, verlor sie die Herrschaft über ihre in letzter Zeit strapazierten Nerven. Sie sah sich in ihren Bemühungen, den jahrelangen Auseinandersetzungen, Sticheleien und Brüskierungen ein Ende zu bereiten, hintergangen, und zwar durch den von ihr trotz seiner Gegnerschaft dennoch einigermaßen geschätzten herzoglichen Rat und Vizekanzler Dr. Johannes Hardenrath. Daß ausgerechnet er hinter ihrem Rücken heimlich in Prag verhandelte, wo er doch damit rechnen mußte, daß sein Vorgehen der Herzogin früher oder später zu Ohren gelangen würde – dies verbitterte Jakobe zutiefst. Und obgleich der Kaiser Hardenrath, Schenkern und Ossenbroich soeben erst in ihren Ämtern bis zur Ankunft der angekündigten neuen Gesandtschaft bestätigt hatte, erhielt daraufhin der in mehr als zwanzig Jahren Hofdienst ergraute Vizekanzler von der Herzogin – trotz mehrfacher Vermittlungsversuche Frangipanis – am 4. 7. 1592 seine Demission. Hardenrath verließ Düsseldorf, zog nach Köln, wo sein jüngerer Bruder Bürgermeister war. Hier verläuft sich die Spur des nicht unverdienten Mannes, von dem wir nur noch wissen, daß 1602 sein Todesjahr war. Ersatz fand Jakobe in dem gleichfalls katholischen, jedoch weniger kaiserlich gesinnten Bernhard zum Pütz, der von da ab die Vizekanzlerschaft von Jülich-Berg-Ravensberg leitete.

Auch der Haushofmeister Johann von Ossenbroich fiel dieser Säuberung zum Opfer und wurde entlassen. Gründe für seine Demission zu finden, dürfte Jakobe kaum schwergefallen sein. Außer seinem abweisenden Verhalten der Fürstin gegenüber, muß Ossenbroich ein ziemliches Rauhbein gewesen sein, das nicht zuletzt immer wieder durch Trunkenheit und Rauflust auffiel. Jünger als Hardenrath, zog er es vor, bei Hof zu bleiben. Vielleicht spekulierte er damit, daß sich die Verhältnisse auch einmal wieder zu seinen Gunsten ändern könnten. Für diesen Fall sollte er sogar recht behalten.

Gegen ihren ärgsten Widersacher, den Marschall Schenkern, vermochte sich Jakobe dagegen – anders als bei Hardenrath und Ossenbroich – nicht durchzusetzen. Von anderem Stehvermögen als diese, widersetzte sich der Marschall seiner Amtsenthebung, verschanzte sich mit Gleichgesinnten hinter Jülichs Mauern und harrte dort – immer wieder aufgemuntert durch Frangipani – trotz des ihm vorenthaltenen Soldes neuer Instruktionen durch die bevorstehende kaiserliche Kommission.

Läßt sich also sagen, daß die einflußreichen katholischen Räte der Herzogin gegenüber bereits mehr oder weniger offen Feindschaft zur Schau trugen, so verhielt sich die andere, um die protestantischen Landstände gruppierte Bewegung des Herzogtums derzeit noch abwartend; sie wollte ja – noch keineswegs sichere – Zugeständnisse von Jakobe, benötigte Druckmittel und konnte sich daher zu diesem Zeitpunkt noch nicht festlegen. Anders ausgedrückt, konnte man es sich an den Fingern abzählen, wie schnell auch die Landstände und Interessenten gegen Jakobe Front beziehen würden, zeigte sie sich ihren Wünschen – allen voran nach freier Religionsausübung – nicht willfährig.

Eine psychologisch niederschmetternde Wirkung mußte außerdem der ihr von den meisten Vasallen im Herzogtum verweigerte Huldigungseid nach sich ziehen.

Alle diese Vorkommnisse für sich sowie der durch sie ausgelöste zweite Rezeß des Kaisers, der einerseits Jakobes Vorstellungen kaum entgegenkam, aus dem andererseits aber jede der Parteien die Argumente für ihr Verhalten schöpfte, waren Mosaiksteinchen auf dem Weg zu Jakobes Verhängnis.

Nachdem es der Herzogin ihre eigenen Glaubensgenossen so schwer machten, sich mit ihnen zu arrangieren, die protestantische Seite dagegen – wenn auch aus machtpolitisch egoistischen Zielen – ihr und ihrem Bestreben nicht ablehnend gegenüberstand, wen wundert's, daß Jakobe sich in der Zeit nach des Kaisers für sie so enttäuschender Botschaft wieder mehr den Protestanten hinzuwenden versuchte, allen voran an den Kämmerer Werner Palandt von Breidenbend, den Jülicher Erbkämmerer, Rat und Landhofmeister Werner von dem Bongart, ihren Sekretär Arnold sowie den Landrentmeister Heinrich von Diepenbroich. Letzteren ernannte sie sogar zusammen mit dem am 20. 7. 1592 aus Prag zurückkehrenden Dr. Dreger zu Mitgliedern des sie beratenden und ihr in allen wichtigen Fragen zur Seite stehenden Geheimen Rates. Diese Zeichen des Wohlwollens vor Augen, ermunterten die protestantischen Landstände sie, ja sie forderten Jakobe geradezu auf, nunmehr die Regierungsgewalt entschiedener zu handhaben. Und in der Tat kam es dann dazu, daß

D. Die Düsseldorfer Zeit 305

Jakobe am 11. 12. 1592 eine neue Regimentsordnung verkündete und zusammen mit den Landständen den Rezeß zur Regimentsordnung der kaiserlichen Kommissare vom 13. Dezember vergangenen Jahres außer Kraft setzte, mit der Begründung, daß die alte Regimentsordnung mit dem in der Zwischenzeit erfolgten Ableben des seinerzeitigen Landesherrn keine Gültigkeit mehr besitze.

In dieses Bild paßt auch der Herzogin halbherziges Vorgehen gegen die überwiegend protestantischen Städte Xanten, Kleve, Rees, Kalkar und Emmerich, die seit dem Langen Landtag ohne Genehmigung zunehmend Gottesdienst nach neuem Ritual feierten. Zwar gibt es ein Schreiben Jakobes an Kanzler und Räte von Kleve, datiert vom 18. 5. 1592, in dem sie Rechenschaft über diese Vorgänge verlangte und der katholischen Religion das Wort redete; ein ernstliches Vorgehen gegen diese Neuerungsbestrebungen lag jedoch nicht in ihrer Absicht.

Besondere Sorge bereiteten dem katholischen Lager auch in dieser Situation die Spanier. Sie waren gewissermaßen Besatzungsmacht, die zu einer Herausgabe der in ihrer Hand befindlichen Gebiete wegen eines befürchteten Umkippens der Regierung am Niederrhein zugunsten des Protestantismus keinesfalls bereit waren. Diese Lageeinschätzung teilte in ihren wesentlichen Punkten auch der Nuntius Frangipani, wohingegen der Speyrer Domherr Adolf Wolff von Metternich eher eine gegenüber Jakobe kritische Haltung einnahm. Als Hofmeister der Söhne Renatas von Bayern stand er natürlich mit Sibylle und den einflußreichen Düsseldorfer Räten auf gutem Fuß. Trotzdem muß er sich in der Rolle eines Mittlers gefallen haben, denn wiederholt suchte er Kontakt mit Jakobe – vorwiegend allerdings, um ihr Verfehlungen vorzuhalten.

Jakobe beriet sich mit den Ständeausschüssen, zog auch deren Anführer, den protestantischen Grafen Wirich von Dhaun, hinzu und kam schließlich zu dem Ergebnis, unter Ablehnung einer fremden Statthalterei mit allen Räten im Gespräch zu bleiben und nach wie vor eine Aussöhnung anzustreben. Lediglich den Jülicher Marschall Schenkern wollte die Fürstin hiervon ausgeschlossen wissen – er hatte sich ihr gegenüber bereits allzuviel herausgenommen. Aber auch dauernde Ermahnungen Metternichs nervten sie, jedoch waren zeitweise Zornesausbrüche gegen ihn offensichtlich nicht von der viel tiefer sitzenden Verbitterung, wie sie sie Schenkern gegenüber empfand, der zu ihrem Todfeind geworden war.

Im Gegensatz zu Stieve[1] kann man Metternich seinen guten Willen, die

---

[1] LV Nr. 24, S. 50.

Angelegenheit durch Vermittlungen doch noch zu einem beide Seiten befriedigenden Abschluß zu bringen, nicht völlig abstreiten. Als Mann der Kirche lag ihm zweifellos weniger die Art, durch Verhandlung ein Ergebnis zu erzielen, als vielmehr – nach Art eines Kanzelpredigers oder Beichtvaters – durch Ein- und Überreden sein Gegenüber zu gewinnen. Ihn bedrückte die Ausbreitung des Kalvinismus am Niederrhein und das Eifern der protestantischen Landstände gegen den als Räterezeß vom 13. 12. 1591 in die Geschichte eingegangenen, von Wilhelm dem Reichen lediglich abgezeichneten Rezeß der kaiserlichen Kommissare sowie gegen die Verträge von Venlo und Burgund. Wenn diese Verträge nichtig würden, so fürchtete der Domherr, sei auch eine Eskalation des Krieges in Jülicher Gebiet nicht aufzuhalten, weil die Spanier eine durch das Zusammengehen der Landstände und der Generalstaaten erzwungene Erstarkung des Protestantismus ebensowenig hinnehmen würden wie einen größeren Einfluß der Interessenten in diesem Land. Daß Metternich echt um einen Ausgleich bemüht war, ist vor allem daran zu erkennen, daß er in der Frage des kaiserlichen Statthalters eher dem Standpunkt Jakobes zuneigte. Auch hatte er sich von der katholischen Gesinnung der Herzogin überzeugen lassen, so daß ihm als einzig gangbarer Ausweg aus dem Dilemma, der gleichzeitig auch eine dauerhafte Befriedung des Landes versprach, ein Hand-in-Hand-Gehen der Herzogin und der katholischen Räte vorschwebte. Von dieser Vorstellung ausgehend, sprach Metternich mit beiden Parteien, indem er den Düsseldorfer Räten Johann Wilhelm und Jakobe als legitimes Regentenpaar vor Augen führte, dem sie, vorausgesetzt die durch den Venloer Vertrag vorgezeichnete religiös-politische Einstellung werde beibehalten, den Diensteid nicht verweigern dürften. Andererseits gelang es ihm, Jakobe davon zu überzeugen, daß sie weder Vormund ihres Mannes werden könne noch – wegen ihrer Kinderlosigkeit[1] – ein Recht auf Ausübung einer Regentschaft besitze und sie sich daher dem Rezeß vom 13. Dezember letzten Jahres zu beugen und die protestantischen Ausschüsse wieder zu entlassen habe.

Nach einigem Hin und Her hatte Metternich tatsächlich einen beiden Seiten akzeptabel erscheinenden Kompromiß herbeigeführt, so daß am 29. Januar 1592[2] eine entsprechende Vereinbarung zustande kam.

Von dem Erreichten überzeugt, reiste Metternich wenige Tage später in Richtung Köln. Seine staatsmännische Leistung hatte jedoch nur geringen Bestand, und dies nicht nur, weil die Fronten beiderseits verhärtet waren und das gegenseitige Mißtrauen groß war, sondern, wie wir heute mit geschichtli-

---

[1] War nur ein vermeintl. Hindernis – vgl. S. 320 dritter Abs. und Anm. [2] LV Nr. 24, S. 53; am 27. 2. 1592 hatten die Räte außerdem – nach LV Nr. 242 – ein kaiserl. Edikt erwirkt.

D. Die Düsseldorfer Zeit

chem Abstand zu jener Zeit auch sagen können, weil diese Vereinbarung sehr auf Kosten der Herzogin erfolgt war, so daß dem Vertragswerk mangels seiner Ausgewogenheit kein längerer Bestand beschieden sein konnte. Während nämlich die Räte lediglich auf ein Mitspracherecht der Herzogin und ein gegenseitiges Überwachen ihrer eigenen und Jakobes Verhaltensweisen eingingen, womit sie sich keinesfalls etwas vergaben, da dieser Punkt beliebig auszulegen war, mußte Jakobe den von ihr so gefürchteten Rezeß akzeptieren, die Ausschüsse der Landstände entlassen und dem von ihr im Vorjahr erfolglos abgesetzten Marschall Schenkern Straffreiheit gewähren. Im übrigen scheint der Herzogin ihr verhältnismäßig schlechtes Abschneiden in diesem Vergleich erst durch die Auslegung ihres soeben von seiner Mission beim Erzbischof Ernst zurückgekehrten Intimus Dr. Dreger bewußt geworden zu sein. Schwankend und mißtrauisch geworden, sah sie sich durch die Rhetorik Metternichs überrumpelt, woraufhin es den protestantischen Landständen nur allzu leicht gelang, sie abermals – eigennützige Ziele vor Augen – vor ihren Karren zu spannen.

Als Metternich von dem neuerlichen Umfallen Jakobes und dem damit verbundenen Scheitern seiner Mission Nachricht erhielt, nahm er sofort „die Rolle des ehrlichen Maklers" wieder auf, schrieb der Herzogin einen eindringlichen Brief und appellierte an alle Leute, die irgendeinen Einfluß auf Jakobe besaßen, wie deren Hofmeisterin Agnes von They, die Prinzessin Sibylle, den Nuntius Frangipani, den Erzbischof Ernst sowie natürlich seinen Auftraggeber, den Herzog von Bayern, sie möchten doch die Herzogin zur Umkehr bewegen sowie zum Festhalten an dem getroffenen Vergleich und damit zur Sicherung an der gemeinsamen, katholischen Sache. Er brachte dabei den früher angeblich von Jakobe selbst in diesem Zusammenhang genannten, bei ihrer Hochzeit als bayerischer Gesandter fungierenden Graf Karl von Hohenzollern-Sigmaringen als Quasi-Statthalter ins Spiel, der, Jakobe in ihrer Eigenschaft als Regentin an die Seite gestellt, für die Beruhigung der Gemüter Sorge tragen sollte.

Auch der Erzbischof Ernst von Köln wurde mit Erhalt der unliebsamen Nachricht aus Düsseldorf sofort – noch vor Metternichs Bericht – aktiv und entsandte seinen Geheimen Rat Gottfried von Taxis, der auch Lizentiat und sein Statthalter im Reichsfürstentum Stablo war, gen Düsseldorf. Unverkennbar war der Ton Ernsts diesmal schärfer. Er ließ der Cousine mitteilen, daß er ihr nur noch zu helfen bereit sei, wenn es bei der getroffenen Vereinbarung, der Annahme des Rezesses vom 13. 12. 1591 sowie der Entlassung der Ausschüsse und protestantischen Ratgeber bleibe.

Von Taxis kam dennoch zu folgendem, im Grunde recht positivem Ergebnis seiner Untersuchung: Ein gestörtes Verhältnis Jakobes fand von Taxis allein gegenüber ihren alten Widersachern, den Räten Hardenrath, Schenkern und Ossenbroich, vor, wofür er wohl zu Recht deren Streben nach Macht verantwortlich machte. Außer diesen drei Räten gab es andere katholische Räte, mit denen Jakobe durchaus harmonierte. Auch lasse sie keine Zweifel über ihre nach wie vor dem katholischen Glauben verhaftete Einstellung sowie ihre Bereitschaft zur Entlassung der Ausschüsse aufkommen. Natürlich ermahnte von Taxis die Herzogin im Sinne seines erzbischöflichen Auftraggebers und nahm ihr zum weiß Gott wievielten Male alle nur erdenklichen Zusagen und Gelöbnisse ab, die diese auch willig abzugeben bereit war.

Durch ihr rückhaltloses Unterwerfen, namentlich hinsichtlich der Wahl ihrer Ratgeber und der Einhaltung der geschlossenen Verträge, war man in der Lage, dem Kaiser auch ihrerseits Vorschläge für die Regimentsordnung zu unterbreiten. Garantien für die Erledigung ihres Lehens nach dem Tod ihres Gatten sowie der Verzicht auf die Regierung im Fall der Nichteinhaltung ihrer Zusagen wurden dem Kaiser ebenso angeboten wie die Leistung des Diensteides durch die Landesvasallen. Neu kam hinzu die Zusage der Überprüfung der Zölle und Ungelder im Herzogtum sowie die pünktliche Abgabe der Reichssteuern, auch der rückständigen, die insbesondere für den Türkenfonds Verwendung fanden; als Protest wegen der ausbleibenden Hilfe an der eigenen niederländischen Front waren diese Leistungen seit längerer Zeit unterblieben.

Alle seitens des Kölner Cousins geforderten Punkte gestand Jakobe Kaiser und Reich schließlich zu. Hierbei fällt lediglich auf, daß die Statthalterschaft nicht namentlich angesprochen wurde. Indirekt wurde sie jedoch dadurch, daß alle übrigen Forderungen, die man zu erfüllen beabsichtigte, Erwähnung fanden, abgelehnt. Auf diese Weise hoffte man, unter Umgehung der Frage der Statthalterschaft, zu erreichen, daß nun die Rückkehr der Fürstin in den Schoß der katholischen Allianz nichts mehr behindern würde. Ernst und Jakobe sandten nun – wie bereits im Vorkapitel erwähnt – ihre erfahrenen Unterhändler von Taxis und Dr. Dreger nach Prag, um die Billigung Kaiser Rudolfs II. für diese Regimentsordnung einzuholen.

Noch ein weiteres tat der sich mit der Sache seiner Cousine identifizierende Kölner Erzbischof und Kurfürst. Er mahnte die Räte des Herzogtums und bat außerdem den Nuntius Frangipani um dessen Unterstützung seiner diesbezüglichen Aktivitäten bei den Gesandten des Kirchenstaates und Spaniens sowie bei seinem Münchner Bruder, dessen Stimme beim Kaiser immer noch auf Gehör gestoßen war. Gerade der Bayernherzog blieb aber wegen Jakobes

D. Die Düsseldorfer Zeit

ewigem Wankelmut mißtrauisch und unterstützte die Prager Delegation nur halben Herzens. Seine einzige erkennbare Hilfe bestand darin, daß er den an ihn gerichteten Bericht Metternichs geringfügig geschönt und entschärft dem Kaiser zukommen ließ.

Die Jakobe von Anfang an mißgesonnen gewesenen Räte dagegen verargten es ihr, daß sie mit dem protestantischen Grafen Wirich von Dhaun und den protestantischen Ständen nach wie vor Kontakte pflegte. Man lastete ihr ferner an, daß einige Städte, wie z. B. Xanten, Gottesdienste nach protestantischem Ritual abhielten und sich hierbei auf sie beriefen. Und obgleich sich Jakobe gegen eine solche Unterstellung mit Recht verwahrte, auch gegen die von ihr angeblich gutgeheißene Glaubensausübung in den Städten und Gemeinden ihres Landes anging, ja sogar jesuitische Ordensleute nach Emmerich berief, half ihr dies alles wegen der sich ihr verweigernden Räte und ihrer mit denselben paktierenden Schwägerin Sibylle wenig. Außerdem glitt der von der vorherrschenden Skepsis gegen Jakobe bereits infizierte Nuntius immer mehr in das Fahrwasser der Gegenpartei ab. Er war erst auf eindringliche Weisung des Papstes, der über sie den Stab noch nicht zu brechen gewillt war, gegen Ende des Monats Mai dazu zu bewegen, sich wieder an den Düsseldorfer Hof zu begeben. Eine günstige Auswirkung seines daraufhin erfolgten Besuches ist jedoch nicht erkennbar.

Jakobe bewegte sich in einem Teufelskreis: Sie war guten Willens und versuchte auch, die ihr gemachten Auflagen zu realisieren. Alle ihre diesbezüglichen Anläufe waren jedoch zum Scheitern verurteilt, da ihre Absichten von zwar wenigen, aber den maßgeblichen Räten boykottiert wurden. Der Bayernherzog, der König von Spanien und der Kaiser, die dieses Spiel lediglich aus der Ferne beobachteten, in ihrer Meinungsbildung auf Fremde angewiesen und ohnedies bereits zuvor schwankend waren, welche von beiden Parteien wohl im Recht sei, wurden jetzt in ihrer Vermutung bestärkt, Jakobe tue nichts oder jedenfalls nicht genug, um den gemeinsamen Vereinbarungen und den in sie gesetzten Hoffnungen zum Sieg zu verhelfen. Die Herzogin verlor in ihren Augen sichtlich an Gewicht, der spanisch-jesuitischen Restaurationspartei überhaupt noch von Nutzen zu sein, wovon man ursprünglich ausgegangen war. Jakobes Verhalten am Gesamtlandtag, das man korrigiert wähnte, ihre immer noch oder wieder zu beobachtende Verbundenheit mit den Interessenten und den protestantischen Landständen sowie ihr keineswegs angeschlagenes Selbstbewußtsein, das vor allem in der Entsendung einer eigenen Delegation zum Kaiser zwecks Verteidigung ihrer Ansichten und der Unterbreitung von Gegenvorschlägen durchaus glaubwürdig zum Ausdruck kam, stießen bei ihren ehemaligen Gönnern kaum auf Gegenliebe. Man hätte statt dessen viel lieber eine reuige, entmachtete und in religionspolitischer Hinsicht willfährige Jakobe gesehen, die diese aber im Frühjahr 1592 – nicht zuletzt auch durch die Stützung ihres erzbischöflichen Freundes zu Köln – noch nicht war.

Im August 1592 besuchte der Kölner Erzbischof und Kurfürst Ernst seine Düsseldorfer Cousine auf deren eigenen Wunsch hin. Dabei entwickelte er der Fürstin einen Plan, der seiner Meinung nach aus der Sackgasse, in die man geraten war, wieder herausführe. Ernst meinte, daß sie auf einem entsprechend vorbereiteten Papier die ihr angelasteten Fehltritte schriftlich richtigstellen und die Zusage des Gehorsams gegenüber Papst und Kaiser wiederholen solle; und obgleich eine solche Verpflichtung alle übrigen Streitpunkte einschloß, sollten dennoch einige Details – ihrer Bedeutung wegen – auch noch separat angeführt werden. Dies gelte vorrangig für mißliebige Neuerungen im katholischen Glauben, wie die Duldung kalvinistischer Prediger und die Verkündigung des Abendmahls in beiderlei Gestalt, sowie die Wiederholung ihres Bekenntnisses, im katholischen Glauben leben und sterben zu wollen. Nicht ganz selbstlos scheint die von Ernst ausdrücklich befürwortete Aufnahme eines Punkts, wonach ihm die Ausübung der bischöflichen Gerichtsbarkeit im Herzogtum obliegen solle. Wogegen sich Jakobe jedoch auch jetzt noch schwach zur Wehr setzte, war die Absetzung der protestantischen Räte, zumal sie keine Protestanten neuerlich eingestellt und sich darüber hinaus sogar verpflichtet hatte, diejenigen protestantischen Räte und deren Subalterne, die nicht der Jülicher Regierung angehörten, zu entlassen. Katholische Räte hingegen, erklärte die Herzogin, habe sie nicht mehr entlassen und wolle dies auch künftig nicht tun.

Die wichtigsten Passagen dieser undatierten Erklärung der Herzogin haben folgenden Wortlaut:[1]

> „Wir von Gottes Gnaden Jakobe etc. tun hiermit kund zu wissen. Nachdem der hochwürdigist durchleuchtigist und hochgeborne Fürst Herr Ernst . . . sich hierher begeben . . . und uns freund- vetter- und brüderlich besucht . . . mit uns ganz eifrig traktiert, daß wir mit wohlbedachtem Gemüt und Rat hinwieder S.L. die nachfolgende wahrhaftige Erklärung Antwort und Resolution, dabei wir fest stehen, leben und sterben auch unverbrüchlich halten wollen . . .
> Und was vorerst anlangt die alte katholische apostolische romanische

---

[1] LV Nr. 112, S. 365 ff.

D. Die Düsseldorfer Zeit

Religion in diesem unsern Fürstentum nicht allein zu erhalten, sondern auch fortzupflanzen und in und bei derselb unter ihr bestlicher Heiligkeit Gehorsam unfehlbar zu stehen und beharrlich zu bleiben, darwider auch keine Neuerungen zu gestatten, sondern dieselben eifrigst vermigens abzuschaffen, haben wir uns aufrichtig erklärt und tun es noch, daß wir bei angezogener Religion und in derselben wollen leben und sterben, dieselbige auch mit dem Herzen und Werken innerlich und äußerlich unerschrocken bezeugen, handhaben und fortpflanzen, auch I. Heil. allen schuldigen gebührenden Gehorsam und Folge leisten und dagegen keine Neuerungen gestatten oder einreißen lassen.
Denn obwohl hiebevor in etlichen klevischen Städten die Bürger (sich) unterstanden, heimliche Zusammenkünfte zu machen und Winkelpredigten zu halten, so ist doch solches geschehen ohne unser Wissen . . .;
. . . wir haben zuerst durch ansehnliche Schickungen ernstliche Schreiben und Betrauungen die Richtigkeit gemacht, daß die Neuerungen abgeschafft, die Versammlungen verboten, die Prediger vertrieben und alles wieder in vorigen Stand gericht und gestellt werde . . . Und dieweil wir selbst . . . bekennen müssen, daß der Verlauf in der Religion in diesem Fürstentum daher entstanden, daß man auf das heilsam Konzil zu Trient, wie auch auf die geistliche Jurisdiktion nicht geachtet, sondern die alle beide zurückgesetzt, die geistlichen Sachen durch weltliche Händel und Gemüter traktiert, der geistlichen Obrigkeit ihre Autoritätsgewalt, Gerichtsbarkeiten, Visitation, Korrektion und Ordnung beschnitten, als ist dem hinfort vorzubauen unsere Meinung und eigentlicher Wille, daß durch S.L. als den Ordinarium und die geistliche Obrigkeit angezogene Konzil zu Trient in diesem Fürstentum und Land publiziert, observiert und in die wirkliche Übung gestellt werde . . .
. . . die Räte sämtliche und besonders betr., daß die katholischen verdrückt, vorbeigegangen und zurückgestellt, die evangelischen hervorgezogen, mit ihnen heimliche Ratschläge gehalten und der neuen Religion anstatt der katholischen auf das neu angenommen werden sollen, hat es die Meinung jederzeit bei uns gehabt und auch noch, daß wir nicht allein alle Räte, sondern auch dieses Fürstentums Untertanen katholisch gewünschet und noch wünschen tun, daher wir denn, wie auch noch bei vielen, große Abgunst auf uns geladen. Dieweil wir aber denen beide Religionen gespürt und befunden, als hat es bis daher in unserer Macht nicht gestanden jemand, so wohl gedient, wegen seiner Religion abzuschaffen, sondern damit wie dieser Zeit viele hohe katholische

Potentaten auch tun, eine Zeitlang Geduld tragen müssen; da sollen aber S.L. uns brüderlich vertrauen, daß wir von Religions- und geistlichen Sachen niemals andere als mit den katholischen Räten kommuniziert, auch die evangelischen nicht gehört noch zugelassen, außer wenn sie von ihren Ämtern weltlichen und politischen Sachen etwas Notwendiges vorzubringen gehabt . . ."

Obgleich der Fürstin Eintreten gegen den Kalvinismus und seine ,,Winkelprediger" den Pfalzgrafen Johann von Zweibrücken auf den Plan rief, der sich für seine Glaubensbrüder einsetzte und Jakobe an früher von ihr angeblich getätigte Zusagen gemahnte, schien Erzbischof Ernst mit dem Ergebnis seiner Reise zufrieden und wandte sich, gewappnet mit Jakobes Papier, abermals an den Kaiser. Dabei ließ er seine und Jakobes Befürchtungen einfließen, daß der von dem Kaiser neuerlich in Aussicht gestellten Gesandtschaft wieder Ludwig von Hoyos angehören könnte, der wegen seiner mütterlicherseits spanischen Abstammung den protestantischen Landständen der Mitverantwortung an Greueln verdächtig sei, die spanische Truppen im Lande begangen hätten. Außerdem sei von Hoyos der Bestechung durch Schenkern sowie der Verleumdung der Herzogin und der protestantischen Stände beim Kaiser verdächtig, was ihn trotz seines Vertrautseins mit den Düsseldorfer Verhältnissen für diese Mission als wenig geeignet erscheinen lasse.

Das beharrliche Eintreten Ernsts für seine Cousine wurde von der Gegenseite als Lohn für die von ihm gewünschte Ausdehnung seiner bischöflichen Gerichtsbarkeit auf Jülicher Gebiet verstanden. Dies minderte allmählich sein Ansehen und schwächte den Einfluß des Erzbischofs am kaiserlichen Hof, so daß, ungeachtet seiner Warnung, von Hoyos ein weiteres Mal – diesmal zusammen mit dem Geheimen Rat Dr. Johann Wolf Freymond – mit kaiserlichen Direktiven bevollmächtigt, nach Düsseldorf delegiert wurde.

5. Die fünfte kaiserliche Kommission – von Hoyos und Dr. Freymond (Mai 1592 – Januar 1594)

Die kaiserlichen Gesandten, personae ingratae beim Herzogspaar

Etwa seit Mai 1592 standen in dem Freiherrn Ludwig von Hoyos und dem Dr. Johann Wolf Freymond die Kommissare der nächsten, fünften Gesandtschaft fest, die zur Schlichtung der Streitigkeiten an den Düsseldorfer Hof reisen sollte. Ihre Entsendung zögerte sich dann aber – möglicherweise bedingt durch die Interventionen des Kölner Erzbischofs – bis in die erste Oktoberhälfte hinaus. Über München, Bonn und Köln, wo die beiden Unterredungen mit Herzog Wilhelm, Erzbischof Ernst und dem Nuntius Frangipani hatten, trafen sie schließlich am 17. d. M. in Düsseldorf ein und wurden sofort – wohl auf Weisung der Herzogin, die sich zu diesem Zeitpunkt auf dem Höhepunkt ihrer Macht befand – streng überwacht und an unerwünschten Begegnungen, wie z. B. mit der Prinzessin Sibylle, gehindert. Auch sträubte sich Jakobe zunächst, die Gesandten überhaupt zu empfangen. Als Vorwand diente ihr, daß die zu den Verhandlungen geladenen Räte und Ständeausschüsse ihre Weisung nicht befolgt hätten, was freilich mit der Gesandtschaft kaum zu tun hatte. Schließlich überwand sie sich aber insofern, als sie – unter Zurücksetzung Hoyos' – zunächst wenigstens Dr. Freymond und wenige Tage später dann auch den Freiherrn empfing.

Diese etwas kleinlich wirkenden Sticheleien den mit allerhöchsten Vollmachten ausgestatteten Prager Herren gegenüber kann man nicht gerade als klug bezeichnen. Es ist dies wohl bereits eine Art Eingeständnis, der Festlegung einer für sie ungünstigen Regimentsordnung nicht ausweichen zu können, so daß die Herzogin es – zunächst wenigstens – vorzog, die Probleme von sich fernzuhalten, anstatt mit einer bitteren Gewißheit zu leben. Der kaiserliche Legat von Hoyos war Jakobe gewissermaßen Garant für ein Beharren am Inhalt des Rezesses vom 12. Mai, die Wiedereinsetzung bzw. Bestätigung Schenkerns samt Genossen in Amt und Würden, die Entlassung der von ihr eingesetzten Gefolgsleute sowie schließlich die Installation des Statthalters oder Adjunkten – wenn möglich in seiner eigenen Person.

Jakobe und auch ihr Gemahl liefen gegen diese Auflagen – wenngleich aus unterschiedlichen Beweggründen – Sturm. Abermals mobilisierte Jakobe die Ausschüsse der protestantischen Landstände und bestürmte ihre einflußreichen Cousins in Köln und München sowie den Nuntius Frangipani (Schreiben vom 24. 10. 1592), sich doch in ihrem Sinne beim Kaiser in Prag zu verwenden mit dem Ziel, eine baldige Abberufung der parteiischen und eigennützigen Gesandten, insbesondere des Freiherrn von Hoyos, zu erwirken und es mit ihr, die am katholischen Glauben festhange, doch wenigstens einmal zu versuchen. Aus einem vom 10. 11. 1592 datierten Brief Freymonds an Herzog Wilhelm von Bayern, einem Gutachten Ernsts von Köln für die kaiserlichen Gesandten vom 17. 11. 1592 und schließlich einem Schreiben Jakobes an Ernst vom 20. 12. 1592 wissen wir sodann, daß Johann Wilhelm in den Gesandten so etwas wie seine ganz persönlichen Feinde sah, die ihn zu ihrem eigenen und des Marschalls

Schenkern Nutzen der Herrschaften Jülich und Berg berauben wollten. Bei seiner von den Räten immer noch formal eingeholten Unterschrift vermied er es daher ab jetzt, diese beiden Landesteile, wie dies üblich war, hinter seinem Namen anzufügen. Eine andere Reaktion war sein Drang, sich aus Düsseldorf nach Jülich abzusetzen, wahrscheinlich um sich der Treue seiner Untertanen in diesen – seiner Meinung nach von Schenkern und den Gesandten für eigennützige Zwecke erstrebten – Landesteilen zu vergewissern. Dies wollte man ihm aber nicht gewähren, so daß die Wachposten an den Düsseldorfer Stadttoren Weisung erhielten, den Jungherzog keinesfalls passieren zu lassen.

Nachdem Wilhelm der Reiche im Vorjahr, ohne deutlich wahrnehmbare Aussöhnung mit seinem Sohn und Nachfolger, verstorben war, sahen auch die Räte keinerlei Veranlassung, ihr Verhalten gegenüber diesem schwachen Herrscher zu ändern, zumal sie dadurch sich selbst in ihren Machtbefugnissen beschnitten haben würden und andere Personen in ihre korrupten, wirtschaftlichen Verhältnisse Einblick bekommen hätten. Dies konnte also keineswegs in ihrem Interesse liegen, so daß sie wie bisher fortfuhren, Johann Wilhelm zum Deckmantel ihrer Interessen zu mißbrauchen. Dadurch aber ging es mit dem Zustand desselben immer weiter bergab, bis schließlich besorgniserregende Symptome auftraten. Nicht nur, daß er infolge schwermütiger Gedanken und Ängste, die ihn permanent plagten, von einer Unruhe befallen war, die äußerlich dadurch in Erscheinung trat, daß er alle Winkel im Schloß und in der Stadt auskundschaftete, um etwaige Attentäter gegen seine Person auszumachen. Auch stellte er für sich und seine Umgebung nach wie vor eine Gefahr dar, weil er auch weiterhin mit geladenen Waffen umhergestikulierte und ,,täglichst mit groß und kleinen Geschütz zue ungewöhnlichen Zeiten schießen"[1] ließ. Daß ein solcher Zustand bei den bevorstehenden politischen Verhandlungen mit des Kaisers Gesandten nicht gerade besonders verheißungsvoll und zugunsten Johann Wilhelms ausfallen konnte, schien verständlich. Andererseits mußte aber so schnell wie irgend möglich nach einer das Herzogtum und seine Menschen befriedigenden Lösung in Sachen Regimentsordnung gesucht werden, da die sich widerstrebenden Exekutiven einander behinderten.

Unsäglich waren immer noch die Leiden mancher Landesteile unter den plündernden Soldatenhorden des katholischen Spaniens und der kalvinistischen Generalstaaten, die nur fortwährend darauf zu warten schienen, daß sie von ihren jeweiligen Glaubensgenossen unter der korrupten Düsseldorfer Räteschaft zu Hilfe gerufen würden, wie etwa jüngst die Niederländer im

---
[1] LV Nr. 342.

D. Die Düsseldorfer Zeit 315

Landesteil Kleve, wo ihnen die von der Herzogin nach Emmerich berufenen Jesuiten den Vorwand lieferten.

Orientierung der Kommissionsmitglieder

Bereits der Arbeitsbeginn der beiden kaiserlichen Kommissare Ludwig von Hoyos, Freiherr zu Stichsenstein, und Dr. Johann Wolf Freymond zu Düsseldorf stand unter keinem besonders glücklichen Stern. Zwar wollte der zugänglichere, uneigennützigere, politisch geschickter taktierende und in seinen Umgangsformen konziliantere Freymond dies zunächst nicht wahrhaben und stellte die Einsetzung einer arbeitsfähigen Regierung bald in Aussicht. Nach nur drei Tagen erwies sich dieser anfängliche Optimismus aber schon als verfrüht, man fürchtete, die komplizierte Lage nicht so ohne weiteres in den Griff zu bekommen, und ließ daher am 20. 10. 1592 einen Hilferuf in Richtung Köln ergehen. Jakobe dagegen wandte sich in einem vom 24. 10. 1592 datierten und ihre katholische Einstellung unterstreichenden Schreiben an Wilhelm V. um Vermittlung. Noch bevor jedoch Hilfe eintraf, verkündeten die kaiserlichen Legaten am letzten Tag des Monats vor den Honoratioren des Herzogtums, namentlich der Herzogin sowie Vertretern der Regierungen von Jülich-Berg und Kleve-Mark, endlich des Kaisers Botschaft, deren wichtigster Punkt die Bestellung eines Adjunkten betraf, wobei offenblieb, ob der Prager Hof oder der heimische Adel ihn stellen sollte.

Erzbischöfliches Memorandum

Sowohl der Kölner Kurfürst und Erzbischof Ernst als auch der Nuntius Frangipani kamen während der Schaffensperiode der Kommission wiederholt nach Düsseldorf. Aktiv und vermittelnd griffen sie in die Verhandlungen ein, wobei des Erzbischofs Vorschläge in seinem schon erwähnten Gutachten an die Kommissare vom 17. 11. 1592 enthalten sind. Da er sich zwei Tage zuvor mit dem Nuntius in Kaiserswerth getroffen hatte, ist eine Absprache wahrscheinlich, obgleich Frangipani Bedenken wegen zu großer Toleranz den Protestanten gegenüber hegte.
Zentrale Punkte des bischöflichen Memorandums waren das Krankheitsbild Johann Wilhelms und die sich daraus ergebenden Folgen, wie die Wahnvorstellung, der Kaiser habe sein Land Schenkern anvertraut, und die vom Jungherzog aus diesem Grund praktizierte Unterschriftsverweigerung sowie das Vor-

stelligwerden der Landstände wegen eines Statthalters, den man aus den eigenen Reihen wünschte. Jakobe betreffend, ließ sich der Erzbischof über ihre Beteiligung an der Regierung und die Ablehnung eines Adjunkten, die Verbindlichkeit eines die Religionsausübung regelnden, den Protestanten wohlgesonnenen Edikts Wilhelms des Reichen aus dem Jahr 1556 und die hiermit zusammenhängende Bestimmung über den Zugang beider Bekenntnisse zu Staatsämtern aus.

Letztere Verfügung war in erster Linie auf Schenkern und Ossenbroich gemünzt. Es gilt hier aber zu berücksichtigen, daß Jakobe die protestantischen Landstände immerhin an einem noch radikaleren Vorgehen gegen diese Landschaden gehindert hatte. Sie fühlte sich nämlich dem Kaiser gegenüber in ihrem Herrschaftsbereich für die Wahrung von Ruhe und Ordnung verpflichtet. Der Jülicher Marschall Johann von Reuschenberg, der sich beim Kaiser, dem Herzogspaar und den meisten Räten und Landständen eines großen Vertrauens erfreute, oder auch der etwas jüngere Jülicher Küchenmeister Winand von Leerodt wären nach des Erzbischofs Ansicht ein guter Ersatz gewesen.

In einigen Punkten mußte der Erzbischof allerdings zurückstecken bzw. sich an der Absprache mit Jakobe vom August dieses Jahres festhalten lassen, fanden sie doch nicht die Billigung der Herzogin. Während Ernst ursprünglich – ebenso wie in Sachen Religionsausübung – auch bei der Ernennung vakant gewordener Stellen dem protestantischen Lager entgegenzukommen trachtete und dieses Recht dem protestantischen Räte-Gremium überlassen wollte, sollte letzterem nach Jakobes Wünschen bzw. erfolgter Revision nurmehr ein Vorschlagsrecht verbleiben, wohingegen die eigentliche Ernennung sowie auch der Erlaß von Gnadenakten Jakobe für sich beanspruchte. Ernst begründete diesen Gesinnungswandel – denn er hatte sich Jakobes Vorstellungen gebeugt – mit dem derzeitigen Übergewicht der protestantischen Räte, der Einsicht, daß neuernannte Personen das Vertrauen und die Religion der Fürstin besitzen sollten, sowie der bekannten Abneigung Johann Wilhelms gegen das Leisten von Unterschriften. Auch warnte Ernst davor, die Einwohner des Landes mit ihren unterschiedlichen Religionsbekenntnissen gegeneinander auszuspielen, was zu einem Bürgerkrieg führen könnte, bei dem dann wegen der Hilfsbereitschaft der Interessenten wie der Niederländer die Gefahr bestünde, daß den Katholischen eine Niederlage bereitet würde.

Nicht bzw. nur teilweise konnte die Herzogin mit ihren Vorstellungen hinsichtlich der Neubesetzung von Kirchenämtern durchdringen. Hierbei gelang es ihr, ein Mitspracherecht bei Lehen ohne Seelsorge eingeräumt zu erhalten, wäh-

rend bei solchen mit Seelsorge, sogenannten Kuratbenefizien, die bisherige Regelung aufrechterhalten blieb.
Bei dieser Gelegenheit schien es dem Erzbischof schließlich auch noch angebracht, sich selbst als getreuen Verfechter kaiserlicher Politik zu empfehlen, zumal er in Jülichs unmittelbar benachbarten Gebieten Verantwortung trage und dem Kaiser die von Eigennutz getriebenen Räte von ihren Auftritten in Prag her bekannt seien. Sieht man von der befürworteten Absetzung Schenkerns und der ablehnenden Haltung gegenüber der Einsetzung eines Adjunkten ab, so war es das Bestreben des Erzbischofs, in allen Punkten den Bestimmungen des kaiserlichen Rezesses vom Mai dieses Jahres möglichst nahe zu kommen, sich an dieselben anzulehnen, um die Annahme seiner Vorschläge in Prag nicht zu gefährden; der Zustimmung durch die Herzogin dachte er sich dabei sicher, war er doch in den für sie augenscheinlich wichtigsten Punkten, die die Fragen der Regimentsordnung und der Behandlung Schenkerns betrafen, ihren Vorstellungen gefolgt.
Am 2. 12. 1592 berichtete Kurfürst Ernst über die Verbesserungen, die an dem ersten Entwurf der Räte gemacht worden waren, nach Rom und befürwortete gleichzeitig die Abberufung des Freiherrn von Hoyos. Von beiden Seiten, der Herzogin wie den Räten, wurde die Regimentsordnung am 11. d. M. unterzeichnet. Als dies geschehen war, machten Ernst und Frangipani den etwas überraschenden Vorschlag, daß von Hoyos und Freymond nach Prag zurückkehren sollten, um dem Kaiser den Entwurf vorzulegen. Da aber trat unerwartet ein Zwist zwischen den Gesandten selbst zutage. Während Freymond den Anliegen Jakobes aufgeschlossen gegenüberstand und auf die Vorschläge der Kölner Vermittler einging, sah von Hoyos seine persönlichen Hoffnungen auf die Statthalterschaft mehr und mehr schwinden, lehnte die neue Regimentsordnung ab und verhielt sich auch der Fürstin gegenüber ausgesprochen feindlich. So kam es, daß sich Freymond mit dem einseitig gefärbten Bericht seines Kollegen nicht zu identifizieren vermochte und um die Monatsmitte zu persönlichem Vortrag allein nach Prag reiste.

Umtriebe gegen den freiherrlichen Gesandten

Übereinstimmend berichten zwei Schreiben, das eine von einem unbekannten Verfasser an Frangipani (4. 1. 1593) und das andere von Prinzessin Sibylle an Renata von Bayern (10. 2. 1593) gerichtet, von einem die Verbitterung kennzeichnenden Vorfall. Hiernach wollte sich von Hoyos am Jahreswechsel

1592/93 in das Schloß begeben, um in der Kapelle dem Gottesdienst beizuwohnen. Er kam aber nicht dahin, denn auf Jakobes Befehl versperrte man ihm den Zutritt zum Gotteshaus; später verweigerte sie ihm außerdem ihr Gehör, weil ihrer Meinung nach der Auftrag des Freiherrn mit Abreise seines Mitbeauftragten Dr. Freymond erloschen war. Dafür aber – wie konnte es anders sein – schenkte ihm Prinzessin Sibylle um so eifriger ihr Ohr, mußte dafür aber in ähnlicher Weise büßen, da nun Jakobe der Prinzessin ihr Gesinde für mehrere Tage aus dem Schloß sperrte.

Von Hoyos wurde fürderhin nicht nur im privaten Bereich, sondern auch bei politischen Entscheidungen übergangen. So wurde für zwei Jülicher Landtage zu Hambach, im März und im September 1593, sowie für einen anderen Landtag der Landesteile Kleve, Mark und Berg zu Duisburg, im Mai 1593, weder seine noch des Kaisers Genehmigung eingeholt.[1]

Was hierbei die über die Monatsangaben hinausgehenden, genauen Datumsangaben der Landtage anbetrifft, so schwanken diese bei Scotti, Stieve und Unkel.[2] Bezüglich der Zuverlässigkeit dieser Autoren sei deshalb vermerkt, daß Stieve wie Unkel in ihren Zeit-, Orts- und Namensangaben eine Anzahl Fehler unterlaufen sind, weshalb auch bei ihren Datumsangaben gewisse Vorsicht geboten scheint. Z.B. verlegt Stieve Jakobes Geburtstag vom Januar in den Juni, läßt sie mit 10 bzw. 12 anstatt mit 7 bzw. 11 Jahren ihre Eltern verlieren und verlegt ihr erstes Treffen mit Johann Wilhelm von Dachau nach Ingolstadt, während er dessen zweite Gattin in Christine umbenennt.[3] Unkel wiederum hält es mit den verwandtschaftlichen Beziehungen und den Herrscherprädikaten wenig genau; Eduard Fortunat ist bei ihm Bruder statt Vetter des badischen Markgrafen Philipp II., während Neuburger und Zweibrücker Verwandtschaft als Herzöge (anstatt Pfalzgrafen) tituliert werden.[4]

Unter den Landtagen kam dem zweiten Hambacher Landtag besondere Bedeutung zu. Von der Herzogin eigenmächtig einberufen, befaßte er sich mit der Zurückgewinnung der Festung Jülich aus der Hand Schenkerns. Man versuchte es gütlich, was scheiterte, da Jakobe den Marschall aus der Schar ihrer Räte ausgeschlossen hatte und nicht bereit war, diesen Schritt rückgängig zu machen. In dem Freiherrn von Hoyos aber sah Jakobe, nachdem dessen eigennützige Bestrebungen, Adjunkt zu werden, und sein Verhältnis zu Spanien ruchbar geworden waren, nicht nur einen Nebenbuhler nach der angestrebten Macht, sondern sie stufte ihn gleichrangig zu Schenkern, Ossenbroich und Prinzessin Sibylle als Hauptfeind ein, zumal er inzwischen auch

---

[1] LV Nr. 354, 357.   [2] LV Nr. 24; 193; 243.   [3] LV Nr. 24, S. 1–6.   [4] LV Nr. 243, S. 107 f.

D. Die Düsseldorfer Zeit 319

noch in Ossenbroichs Haus Wohnung genommen hatte, und wollte ihn am liebsten nach Hause abgeschoben sehen.

In diesem Punkte hatte Jakobe sogar gewichtige Parteigänger. Der Bayernherzog beklagte sich beim Reichsvizekanzler Jakob Kurz, und sein Bruder Ernst, der Papst sowie dessen Kölner Nuntius machten zu Prag Front gegen von Hoyos, wobei Ernst seiner Meinung durch den ihm nahestehenden Rat Johann von Groisbeeck Nachdruck verlieh. Eine besonders intrigante Kumpanei des Freiherrn hatte noch einmal das bayerische Haus und die Kirche an Jakobes Seite gebracht. Hoyos hatte nämlich mit den spanischen Kommandanten verschiedener befestigter Plätze, wie der rheinischen Städte Mörs und Neuß, der Festung Rheinberg oder der im Bistum Lüttich gelegenen Stadt Huy, heimlich Verbindung aufgenommen und sie zu überreden versucht, dieselben nicht, wie ausgemacht, zu räumen. ,,Würden sie vom spanischen König aber doch Befehl dazu erhalten, sie dann wenigstens dem Kaiser zu übergeben."[1]

Dann aber trat im Verhalten des Nuntius Frangipani unerwartet ein Gesinnungswechsel zutage, der ihn wieder näher an die Seite des Freiherrn führte. Es ist dies nur durch die von ihm mißbilligten Punkte der Regimentsordnung zu deuten, die sich mit Zugeständnissen an die protestantischen Räte, Stände und Bevölkerungsteile befaßten. Nicht nur, daß sich Frangipani Jakobe gegenüber plötzlich sehr reserviert verhielt und ihr die Parteinahme für die katholischen Räte empfahl, vertrat er jetzt sogar des Freiherrn Eignung und Anspruch auf die Stelle eines Adjunkten.

---

[1] LV Nr. 243, S. 152.

IV. Der Endkampf – Schuld und Gegenwehr

1. Der Ring beginnt sich zu schließen

Der im evangelischen Glauben geborenen und erst später in ihrer Münchner Zeit zum Katholizismus konvertierten Jakobe war, als sie sich nach ihrer Verheiratung an den Niederrhein – wegen der ihr gegenüber an den Tag gelegten, ablehnenden Haltung ihres Schwiegervaters, dessen Tochter Sibylle und der einflußreichen herzoglichen Räte – wieder dem protestantischen Lager näherte, religiöser Wankelmut und schließlich sogar Verrat vorgehalten worden. Als sich dann später aufgrund der Intrigen des kaiserlichen Gesandten von Hoyos das gute Verhältnis mit den Protestanten zu lockern begann und die Fürstin schließlich sogar wieder in den Schoß der katholischen Partei zurückzukehren gewillt war, kam noch der Vorwurf politischer Unzuverlässigkeit hinzu. Trotzdem regierte die Herzogin – wenn auch nicht unangefochten – für gute zwei Jahre, nämlich vom Tode Wilhelms des Reichen bis zum Hambacher Landtag im Februar 1594, ziemlich autoritär, so daß keine wichtige Amtshandlung ohne ihr Einwilligen geschehen konnte, wenngleich sie umgekehrt Räte und Kanzler zu befragen hatte, sie nicht übergehen durfte.

Dieses auf gegenseitigem Mißtrauen, wenn nicht gar Haß, aufgebaute Agreement funktionierte so lange, wie es durch den kaiserlichen Zauderer auf dem Hradschin in der Waage gehalten wurde. Jakobes Streben, ihre Regierungsgewalt durch eine Vormundschaftsstellung über ihren unfähigen Gemahl auch nach außen hin zu legalisieren, schlug dabei freilich fehl. Begründet wird dies häufig mit der ausgebliebenen Nachkommenschaft, deren Minderjährigkeit angeblich allein eine solche Ausnahmeform des Regierens zugelassen hätte.

Demgegenüber muß eingewandt werden, daß in der Zeit Jakobes und auch noch lange Zeit darüber hinaus das Wort „Regentschaft" lediglich in einer einzigen Bedeutung, nämlich dem Ausüben von Staatsgewalt, bekannt war.[1] Ob dies in Stellvertretung, während der Unmündigkeit eines Fürsten, erfolgte, spielte zunächst nur eine sehr untergeordnete Rolle. Erst im 18. Jahrhundert scheint es dann unter französischem Einfluß zu einer gleichwertigen, zweiten Bedeutung dieses Wortes gekommen zu sein.

Es ist daher ein ziemlich haltloser, auf Diffamation ausgerichteter Vorwurf,

---

[1] LV Nr. 186.

wenn man Jakobe, als die ihrem kranken Ehegatten zunächststehende Person, nur weil sie sich einem Ausschluß von den Regierungsgeschäften vehement zur Wehr setzte, Herrschsucht und Machtbesessenheit nachsagte.

Um diese wenig attraktive und mit ungezählten Querelen einhergehende Regierungsform so zu stören, daß das beschriebene Gleichgewicht verlorenging, gewissermaßen außer Tritt geriet, dazu bedurfte es allerdings eines gewichtigeren Ereignisses, dessen sich dann eine der beiden Parteien bedienen würde, um die andere auszubooten und endlich allein herrschen zu können.

Die Herzogin mußte versuchen, die um sie herum „etablierten" katholischen Herrscher von ihrer Unschuld zu überzeugen, um sie dadurch für ein entschiedeneres Eintreten ihre Sache betreffend zu gewinnen. Für ihre Widerparte dagegen lag die Chance, die Oberhand zu gewinnen, im Auffinden einer die Persönlichkeit der Fürstin unterhöhlenden und noch weiter diffamierenden Beschuldigung, ähnlich etwa der vom Marschall Schenkern am Gesamtlandtag von 1591 vorgebrachten, die einen angeblich unkeuschen Lebenswandel zum Inhalt hatte. Seinerzeit war die selbst für die verwilderten Sitten der damaligen Zeit ungeheuerliche Beschuldigung noch im Sande verlaufen – vom Kaiser vielleicht auch mit Absicht nicht aufgegriffen worden, zumal dann Schenkern im Februar 1592 auch noch bestritt, diesen Vorwurf jemals erhoben zu haben. Zieht man zudem in Betracht, daß ein solcher Vorwurf, sollte er gefallen sein, sich höchstens auf damals an nicht wenigen Höfen übliche Unflätereien beziehen konnte, so brach auch diese Anschuldigung haltlos in sich zusammen.[1]

Was die Herzogin Jakobe anbetrifft, so kommt man allerdings nicht darum herum anzuzweifeln, ob ihre Bemühungen, Freunde und Verbündete für ihre Sache zu gewinnen, anfänglich mit gebotenem Ernst und Eifer betrieben wurden. Später, als sich die Ereignisse um sie herum zuzuspitzen begannen und sie sich allmählich der Gefährlichkeit ihrer Lage sowie ihrer Einsamkeit gewahr wurde, sich schließlich auch intensiver um das Wohlwollen ihrer fürstlichen „Kollegen" mühte, war die Situation bereits verfahren. Die Mehrzahl der Beteiligten oder Betroffenen hatte Partei gegen sie ergriffen, und dies weitgehend als Folge der viel eifriger um ihren Erfolg kämpfenden, das heißt permanent auf den Sturz und das Verderben der Herzogin hinarbeitenden heimischen Räte. Diese in ihren Folgen so verhängnisvolle Fehleinschätzung kann man ihr – aus der Retrospektive und im Zusammenhang gesehen – aller-

---

[1] LV Nr. 24, S. 80; vgl. auch LV Nr. 34, S. 153.

dings auch nur zum geringen Teil persönlich anlasten, weil sie für die äußerst diffizile Aufgabe eben zu wenig vorbereitet war. Am Münchner Hof, wo genügend wittelsbachische Prinzen gelebt hatten, lag seinerzeit der Gedanke, sie zu Regierungsgeschäften heranzuziehen, fernab. Wir haben von ersten, in eine andere Richtung verlaufenden Bemühungen des spanischen Gesandten zu Beginn der siebziger Jahre, dem völlig unvermuteten Hinscheiden des Erbprinzen von Jülich-Kleve-Berg in der Mitte des Jahrzehnts und schließlich dem Gerangel um den Kölner Erzstuhl am Übergang von diesem zum nächsten Jahrzehnt vernommen. All diese Ereignisse mußten in der geschilderten Art und Weise erst ablaufen, um den Weg an den Niederrhein für Jakobe freizugeben. Es konnte somit bis etwa zum 25. Lebensjahr der badischen Prinzessin niemand ahnen, daß ausgerechnet sie dafür ausersehen war, an dieser kritischen und dazu auch intrigenanfälligen Nahtstelle des Reiches Verantwortung zu tragen. Insofern traf auch ihre Münchner Zieheltern kaum Schuld. Wenn eine solche überhaupt vorhanden war, so lag sie an den allgemein religiös-politischen Zeitumständen, der Heiratspolitik und an der Verkettung einer ganzen Reihe unglücklicher Umstände.

So stand Jakobe eigentlich von vornherein auf verlorenem Posten, zumal sie es auch nicht verstanden hatte, sich rechtzeitig mit tüchtigen und ihr gewogenen Beratern zu umgeben. Es gibt genügend Beispiele in der Geschichte, wo solche Maßnahmen durchaus zu einer ersprießlichen Regierungsepoche weiblicher Herrscher geführt haben. Erinnert sei nur an die Zeitgenossin Jakobes, die englische Königin Elisabeth I. und ihren bedeutsamen Berater William Cecil, den Lord Burgleigh (1520–98), an die im darauffolgenden Jahrhundert lebende Schwedenkönigin Christine (1626–89) und ihren Kanzler Axel Graf von Oxenstjerna (1583–1654) oder an die unserer Zeit schon vertrautere letzte „echte" Habsburgerin Maria Theresia (1717–80) und ihren Staatskanzler Wenzel Anton Fürst von Kaunitz (1711–94). Jakobe hatte es sogar mit mehreren Kanzlern versucht, Orsbeck und Hardenrath gegen Broel und Weeze ausgetauscht, jedoch erwies sich dies in ihrem Fall als keineswegs hilfreich, da ihr vor allem Niklas von der Broel im entscheidenden Stadium seine Gefolgschaft versagte. Auch sollte es ihren Gegnern durch deren ständige Wühlarbeit gelingen, mittels eines fiktiven, jedenfalls keineswegs bewiesenen Fehltritts, der an anderen Höfen dieser Zeit sogar entschuldbar und in Jakobes Lage auch noch verständlich gewesen wäre, den bis dato unentschiedenen Schwebezustand in ihrem Sinne zu beenden. Gemeint ist ein mutmaßliches Verhältnis mit einem schmucken, heimischen Edelmann namens Dietrich von Hall zu Ophoven. Zunächst freilich setzte man an der verkehrten Stelle an, als

D. Die Düsseldorfer Zeit

man ihr das viele Jahre zurückliegende und großteils vergessen gewähnte Verlöbnis mit dem Grafen Hans Philipp von Manderscheid-Blankenheim zu Gerolstein vorhielt in der Absicht, damit eine moralische Schwachstelle entdeckt zu haben, aus der sich an gegen Jakobe gerichteten Argumenten beliebig Honig saugen lasse. Wenigstens hierin irrte man sich. Denn wie immer Jakobe und dieser Graf zueinander gestanden haben mögen, gilt eines als erwiesen: Mit dem Eintritt Johann Wilhelms in das Leben seiner späteren Gattin war deren Verlobung mit und die Verbindung zu dem Manderscheider Grafen für immer gelöst. Nach den vorausgegangenen Treueschwüren für viele sogar zu abrupt, so daß Jakobe auch hieraus wieder negative Beurteilungen wie Gemütskälte, Empfindungsmangel und dgl. erwuchsen, die sich aber kaum als taugliche Waffe gegen sie verwenden ließen.

Ganz anders dagegen ist Jakobes Verhältnis zu Dietrich von Hall zu bewerten, den sie etwa 1592 über seinen Vater, den Jülicher Rat gleichen Namens, kennengelernt und an ihren Hof geholt hatte. Es war dies die Zeit, da sich die geistige Verfassung ihres Gemahls bereits drastisch verschlechtert, man ihn deshalb in Gewahrsam genommen und sich Jakobe über die Geschehnisse des Langen Landtags eine gewisse Führungsrolle erstritten hatte. Menschlich gesehen, kann man es der Herzogin wahrscheinlich nicht verargen, daß sie sich – die aus Staatsräson einem Schwachsinnigen angetraut worden war, von dessen Seite man sie aber, nachdem sich zwischen den Ehegatten ein Freundschaftsverhältnis herausgebildet hatte, wieder gewaltsam fernhielt – in jenem Dietrich von Hall einen Ausgleich zu schaffen suchte. Aber Jakobe war eben nicht jedermann, sondern in der Zeit nach dem Tode ihres Schwiegervaters gleichzeitig die erste Frau und de facto auch Regentin im Herzogtum. Auf sie waren aller Augen gerichtet, sie stand im gleißenden Rampenlicht – jedoch leider nicht ohne Vorbehalte, so daß man auf sie ein doppeltes Augenmerk hielt, und ihre Gegner, allen voran die Räte sowie Prinzessin Sibylle, auch jeden Makel – und sei es auch nur einen vermeintlichen – sofort als solchen erkannten und nur darauf warteten, denselben zu gegebener Zeit eigennützig gegen die Fürstin auszuspielen.

2. Der Reichstag zu Regensburg und die richtungweisende Stimme Roms

An der Jahreswende 1593/94 stand eine weitere unerquickliche Begebenheit: Vor dem Gang zur weihnachtlichen Vesper hatte die Prinzessin ihrem Pagen befohlen, sich nahe den Zimmern Jakobes zu postieren, um ihr, Sibylle, den Aufbruch der Schwägerin zu melden. Die Herzogin jedoch wähnte sich bespitzelt und verjagte den Pagen. Als kurz darauf Sibylle erschien, um sie zum Gang in die Kirche abzuholen, stellte Jakobe die Prinzessin zur Rede, worauf es zu einem heftigen Zank zwischen den Schwägerinnen kam, der die Kluft zwischen beiden Frauen abermals offen zutage treten ließ.[1] Die Herzogin gab später dieser Auseinandersetzung sogar die Schuld für die fortan feindliche Gesinnung Sibylles ihr gegenüber.

Etwa ab Jahresmitte 1594 begann das Kesseltreiben um die Herzogin besorgniserregende Formen anzunehmen. Gleich einem verhängnisvollen Ring schnürte sich die Lebenssphäre um sie herum ein, wurde ihr Handlungsspielraum enger, so daß letztlich die wenigen ihr verbliebenen Freunde sogar ernsthaft um ihr Leben bangten. Berechtigt, wie sich nur allzu bald erweisen sollte, denn Jakobes endgültige, politische Ausschaltung und physische Beseitigung schien paradoxerweise vielen ihrer Gegner aus dem katholischen Lager der geeignete Ausweg; dies auch noch, obgleich das Herzogshaus Jülich-Kleve-Berg katholisch und demzufolge die Ehe Johann Wilhelms mit der Herzogin nach katholischem Ritus geschlossen war und als unauflöslich galt. Würde sie wegen der Kinderlosigkeit dennoch geschieden und Johann Wilhelm eine neue Ehe eingehen, wäre diese Ehe nach katholischem Kirchenrecht ungültig und die aus ihr hervorgehenden Kinder Bastarde, die kaum eine Chance besäßen, jemals als erbfolgeberechtigt anerkannt zu werden. Einer legalen Lösung mit kirchlichem Segen verweigerte sich aber die Kurie. Mehrfach waren Anträge auf eine Scheidung bzw. ein Nichtigkeitsverfahren durch die Kölner und Prager Nuntien abgelehnt worden, obgleich andere Potentaten, etwa der französische König Ludwig XII. oder der römisch-deutsche König Maximilian I. u. a., von dieser Möglichkeit aus viel fadenscheinigeren, zumeist machtpolitischen Gründen immer wieder Gebrauch gemacht hatten. Auch Wilhelm der Reiche war schließlich von Jeanne d'Albret, mangels rechten Ehewillens der Braut, geschieden worden. Weshalb derselbe Grund – bei der geistigen Umnachtung Johann Wilhelms wäre außerdem noch der Mangel zur Ehefähigkeit denkbar gewesen – 50 Jahre später eine Auflösung nicht mehr rechtfertigte, dürfte für immer Geheimnis der Kurie bleiben. Um das aufgezeigte Hindernis dennoch zu umgehen und eine Wiederverheiratung zu ermöglichen, war Jakobes Tod bald beschlossene Sache. Da sie sich aber als Mittdreißigerin bester Gesundheit erfreute, mußte man zu „welschen Methoden" greifen und das Sterben

---

[1] LV Nr. 24, S. 88; 34, S. 152; nach LV Nr. 10, S. 51, spielte sich die Episode erst Weihnachten 1594 ab.

D. Die Düsseldorfer Zeit

durch willfährige Werkzeuge gewaltsam herbeiführen. Man geht so gesehen nicht fehl in der Annahme, daß sich das bereits zu diesem Zeitpunkt abzeichnende Ende der unglücklichen Fürstin, wenn man von den vordergründigen Widerwärtigkeiten am Düsseldorfer Hof absieht, ursächlich mit der Weigerung des Vatikans, in eine ,,Scheidung" einzuwilligen, zusammenhängt, sozusagen eine mittelbare Folge dieser Haltung ist. Das Verhängnis nahm seinen Lauf.

Dieses Thema machte zunächst am Reichstag zu Regensburg 1594 die Runde. Man erzählte sich, daß Prinzessin Sibylle ihre Schwägerin zu vergiften versuchte. Sibylle selbst berichtet hierüber unter dem 11. 8. 1594 nach Bayern: ,,Ich glaub kunt man durchs Gift was zurichten, ließe mans nicht . . . Man hat mich auf dem Tag fast herumgetragen, als wenn ich mit der Fürstin Kammerfrau ein Vergleichung gemacht, die sollt ihr Gift geben, das mein Herz niemalen gedacht."[1]

Zumindest noch eine weitere Begebenheit beschäftigt sich mit der Beseitigung der Herzogin durch Gift, und zwar zeitlich nur wenig später, am Übergang der Jahre 1594/95. Es war dies die Zeit kurz vor dem Zusammentritt des für Jakobe so verhängnisvoll endenden Grevenbroicher Landtags.[2] Damals soll Schenkern aufgrund eines Beschlusses der Düsseldorfer Räteschaft vom Kanzler Niklas von der Broel, der zwischenzeitlich an die Stelle Orsbecks getreten war, ermächtigt worden sein, an den Hofmedikus Dr. Solenander heranzutreten, um die Herzogin mit einem ,,Trank und Süpplein hinzurichten", was dieser ehrenwerte Mann in einem vom 2. 1. 1595 datierten und in der Literatur zuweilen als ,,zweiter Eid des Hippokrates" bezeichneten Brief entsetzt von sich wies. Nur zwei Tage später, am 10. 1. 1595, antwortete der Marschall dem Doktor maßregelnd:[3]

,,Herr Doctor. Ich habe euren Brief heute empfangen, und mich gewiß solcher spitzigen Antwort nicht versehen. Ihr seid eurem Vaterlande und Erbfürsten, welche so höchlich beschimpfe, zu einem Mehrern verbunden, und seid nicht andern das Recht, weil ihr ja dasselbe nicht gründlich studieret, zu lehren geschickt genug, sondern solltet bei Eurer Arznei verbleiben, und nicht, wie ihr in eurem Schreiben getan, einen Advokaten oder der Herzogin Vorsprecher abgeben . . ."

Diese Vergiftungsepisode taucht erstmals in der ,,Historia Arcana Juliaco Clivensis"[4] auf, die von einem anonymen Autor in der zweiten Hälfte des

---

[1] LV Nr. 369. [2] Vgl. folgendes Kapitel. [3] LV Nr. 5, S. 288 f.; 34, S. 173 ff.; 226, S. 15; 227, S. 120 f. [4] LV Nr. 631, 662.

17. Jahrhunderts verfaßt und seither in zahlreichen Artikeln[1] einerseits als Rechtfertigung für die sittlich einwandfreie Haltung Jakobes und andererseits als Beweis für den ihr mißgesonnenen, finsteren Marschall von Waldenburg immer wieder übernommen wurde. Goecke und vor allem Vollmer wiesen jedoch zumindest die Briefe als Fälschung aus.[2]

Die nahe seinem heimatlichen München gelegene Reichstagsstadt Regensburg bot dem Kölner Kurfürsten und Erzbischof Gelegenheit, mit den Großen des Reiches, voran dem Kaiser, die heikle Situation seiner Cousine zu besprechen und sie nach Möglichkeit von der Richtigkeit seines Standpunktes zu überzeugen.

Ein weiterer Kirchenfürst, Coriolano Garzodoro, Bischof von Ossero in Istrien, der vom Papst am 11. 12. 1593 neben Frangipani als außerordentlicher Nuntius nach Köln beordert worden war, sollte auf dem Reichstag für eine den katholischen Interessen entsprechende Regelung der niederrheinischen Angelegenheit Sorge tragen. Er wurde allerdings später, da seine Anwesenheit in Köln für wichtig erachtet wurde, von der Reise nach Regensburg entbunden. Dafür ließ aber der in Jakobes Angelegenheit ohne Unterlaß engagierte Erzbischof Ernst nichts unversucht. Greifbare Erfolge blieben ihm dennoch versagt. Auch muß man einräumen, daß die die Herzogin betreffende allgemeine Stimmung nicht gut war. Dazu Tratsch und Halbinformiertheit. Wo aber tatsächliches Interesse herrschte, blieb es meist vordergründig auf die pikanten Details beschränkt und stellte den Ehebruch und den dieserhalb eingesperrten Ehegatten als Tatsachen hin. Jedenfalls war von daher – und mögen mancherorts auch Zweifel am Wahrheitsgehalt der umgehenden Gerüchte aufgeflackert sein – keine Hilfe zu erwarten.

Am 19. 8. 1594 wurde der Regensburger Reichstag wieder geschlossen.

Es blieb auch fürderhin alles beim alten: Seit den üblen Machenschaften des Freiherrn von Hoyos waren die protestantischen Landstände der Herzogin feindlich gesonnen, zumal sie immer aufs neue bestätigt fanden, daß sich Jakobe nunmehr ganz offen für die katholische Sache ereiferte, wobei ihr deren weltliche Rädelsführer im Herzogtum deswegen aber keineswegs geneigter wurden. Vielmehr stieß letzteren immer wieder ihr früheres Paktieren mit den Protestanten auf; da aber jetzt die feindliche Gesinnung der heimatlichen, protestantischen Landstände der Herzogin gegenüber unübersehbar geworden war, mußten die zumeist kalvinistischen Niederländer und die

---

[1] LV Nr. 34, S. 166; 226, S. 20; 370. [2] LV Nr. 161, S. 84 Anm.; 236, S. 295 f.; auch 230, S. 52.

D. Die Düsseldorfer Zeit

protestantischen Reichsstände, die für Kaiser und Reich eine Gefahr darstellten, herhalten.

Es schien fast so, als sei Jakobe für alle gegensätzlichen Strömungen sowohl im Herzogtum als auch im Reich zu einer Integrationsfigur gegen sich selbst geworden, auf die sich ihre Feinde eingeschossen hatten und der gegenüber sie sich alle in dem Ziel einig waren, daß sie schnellstmöglich vernichtet werden müsse. Zu diesen ihr ausgesprochen feindlich gesonnenen katholischen Räten zählten außer Schenkern und Ossenbroich auch noch einige ,,Trittbrettfahrer", die – im Gegensatz zu Jakobe selbst – gerade noch rechtzeitig die Aussichtslosigkeit ihrer Lage erkannt hatten und nun, obgleich von ihr protegiert, ausgehalten und vielfach sogar eingestellt, ihr bereits mit heftiger Schlagseite dahinschlingerndes Schiff verließen. Zu dieser Kategorie zählten Leute wie etwa der Haushofmeister Gottfried von Stein oder der neue Kanzler von Jülich-Berg, Niklas von der Broel, der ihr einst, am Tage ihrer Ankunft, bis Bonn entgegengeeilt war und der es seiner Herrin nunmehr schlecht lohnte, daß sie sich hinsichtlich der Nachfolge des früheren Kanzlers Orsbeck für seine Person entschieden hatte.

Verhängnisvoll für die Fürstin wirkte sich auch aus, daß sie trotz der ihr eigenen Frömmigkeit nicht die Gabe besaß, sich mit zumindest einer Seite ihrer Gegner wieder auszusöhnen, um sich dadurch gewissermaßen eine eigene Hausmacht zu schaffen, deren sie zu ihrer Behauptung dringendst bedurft hätte. Statt dessen vertraute sie fast ausschließlich auf die zwar einflußreichen, wie es sich aber bald erweisen sollte, nicht hinreichend mächtigen Freundschaften Papst Klemens' VIII. und des Erzbischofs von Köln. Konnte ihr ersterer im entfernten Rom nur eine moralische Stütze bedeuten, eine „Scheidung" kam auch nicht in Frage, so war letzterer als Landesherr zwar unmittelbarer Nachbar und als Kirchenmann über seine Diözesen in Glaubensfragen sogar direkt für das Herzogtum zuständig. Aber an den Attributen tatsächlicher Macht, einem ausreichend starken Heer, gebrach es auch ihm. Ein wirklich potentieller Machtfaktor in erreichbarer Nähe war nur des letzteren Bruder, der Bayernherzog, von dem man aber wußte, daß sein Verhältnis zu Jakobe im Laufe der Zeit viel distanzierter geworden war.

Was Kaiser Rudolf II. angeht, so mag sich dieser Monarch hinsichtlich der Herzogin vom Niederrhein etwas bedrängt gefühlt haben. Zum einen war er dem Papst und dessen Sache verpflichtet und mußte damit dem Kölner Kirchenfürsten sein Ohr leihen. Zum anderen konnte er aber auch nicht mit den in Jülich-Kleve-Berg Regierungsgewalt ausübenden Räten brechen, die vorgaben, katholisch und kaiserlich gesinnt zu sein. So zögerte der Kaiser, in dieser Frage zu einem Ergebnis zu kommen, immer wieder, da er es sich mit keiner der Parteien verderben wollte, wohl auch nicht durfte, wenn er sich ihre Unterstützung in anderen Belangen, etwa der Türkensteuer, sichern wollte.

Zeitlich ist an dieser Stelle noch eine Episode einzufügen, die wieder das ungute Verhältnis der beiden Schwägerinnen Jakobe und Sibylle beleuchtet. Um den Bestrebungen der Interessenten, am Düsseldorfer Hof größeren Einfluß zu gewinnen, zu begegnen, war im Namen der Prinzessin Sibylle und der Jülicher Stände zu Beginn 1594 eine weitere Gesandtschaft nach Prag gereist. Dieselbe hatte vom Kaiser die Weisung mit nach Hause gebracht, daß die Prinzessin bis zur Klärung verschiedener Fragen, den Nachlaß ihres Vaters betreffend, in dem Jülicher Schloß Heinsberg Wohnung nehmen solle. Dies kam aber weder Jakobe noch der Mehrzahl der Düsseldorfer Räte gelegen. Während letztere in einer zusätzlichen Hofhaltung eine unnötige finanzielle Mehrbelastung sahen, wollte Jakobe ihre Widersacherin nicht aus ihrer unmittelbaren Einflußsphäre wegziehen lassen, von der sie dann ein noch ungehemmteres Agieren gegen ihre Person befürchtete. Sibylle bejammerte ihr „betrübtes Leben"[1], daß Jakobe und ihre Räte sich ihr gegenüber aufsässig erwiesen und man sie auf dem Regensburger Reichstag gar eines Giftkomplotts wider ihre Schwägerin bezichtigt hätte.

3. Der Grevenbroicher Landtag und seine verheerenden Folgen

Im Spätherbst 1594 beschlossen die Landstände der Landesteile Jülich und Berg, ihren nächsten Landtag zu Grevenbroich abzuhalten, während die Landstände von Kleve und Mark in Duisburg zusammentreten wollten. Indes gefährdeten zunächst niederländische Militärs, die immer wieder in provozierender Weise die gemeinsame Grenze zum Herzogtum mißachteten, sowie eine anders lautende Weisung des Kaisers, der sich bei Landtagen vertreten wissen wollte, das Zustandekommen dieser Landtage.

Nach der Jahreswende galt es dann wieder einmal das Dreikönigsfest zu feiern. Wir wissen, daß die lebenslustige Herzogin gerne feierte, und im Verlauf ihrer Lebensgeschichte sind wir ihr auf manch einem Fest begegnet, ob dies im Georgssaal der Münchner Neuveste, bei der eigenen Hochzeit, an Fastnachtstagen oder beim Fest der Sebastianer Schützen war, zu deren Königin sie es einmal gebracht hatte.

---

[1] LV Nr. 366.

D. Die Düsseldorfer Zeit

Sicher nahm Jakobe auch regelmäßig am Dreikönigsfest teil, das am Niederrhein Tradition hatte, vergleichbar dem Sternensingen der drei Weisen aus dem Morgenlande in ihrer süddeutschen Heimat. Das Dreikönigsessen mit dem Bohnen- oder Königskuchen und der Krönung des gewählten Bohnenkönigs sowie ein sich anschließender Umzug waren Höhepunkte dieses Festes, das aufwendiger Vorbereitungen bedurfte: Räumlichkeiten mußten hergerichtet, Getränke und Speisen bereitgestellt und die Gästeliste aufgestellt bzw. Einladungen verschickt werden. Wie andere, immer wiederkehrende Feste mag sich im Düsseldorfer Schloß auch das Dreikönigsfest bei Kerzen- und Fackelschein alljährlich wiederholt haben, jedoch ist das Beisein des Herzogspaares lediglich für das Jahr 1595 nachzuweisen.

Johann Wilhelm und Jakobe wurden zum König bzw. zur Königin gewählt, und der Festschmaus mit Bohnensuppe und Königskuchen dürfte gemundet haben. Was sich anders als die vergangenen Jahre ausnahm, waren die düsteren politischen Wolken, die nicht mehr zu übersehen waren: Wenn man von Haupt[1] folgt, war es kurz zuvor, bei der weihnachtlichen Vesper 1594, zu einem feindlichen Eklat zwischen Jakobe und Sibylle gekommen, als sich die Herzogin durch einen Pagen der Prinzessin bespitzelt fühlte. Jetzt, zum Dreikönigsfest, gab die gewichtige Persönlichkeit des Grafen Wirich von Dhaun der Herzogin einen Korb, obgleich sie ihn mit folgenden freundlichen Worten geladen hatte:

„An den Grafen zu Broch. Jakobe.

Wohlgeboren, lieber Neve. Wir mögen Euch gnädiglich nicht verhalten, welcher Gestalt der hochgeboren Fürst ... und Wir am nächsten Dreizehenabend ... die Elektion eines Königs vor sich gehen lassen. Wenn dann das Glück also geben, daß Seine Liebden zum König und Wir zur Königin erwählet worden, auch Seine Liebden und Wir gnädiglich entschlossen, das Königsessen gegen nächsten Donnerstag ... zu halten, als ist wohlgedechts Unsers Herzgemahels und Unser ganz günstigs Gesinnen, Ihr wollet unbeschwert sein, Euch gegen bestimmte Zeit anhero zu erheben. Sein Liebden und Uns etwas Gesellschaft leisten und soviel möglich und jetziger Gelegenheit erleiden mag, neben etlichen Fremden darzu berufenen von Adel Jungfrauen ergötzen.[2] Das sein Seine Liebden und Wir um Euch mit günstigen Willen zu erkennen erbietig. Geben zu Düsseldorf, am 8.[3] January anno 95."[4]

---

[1] LV Nr. 10, S. 51 – vgl. hierzu auch S. 323 f.   [2] Der Graf war Witwer.   [3] Dreikönig fällt auf den 6. 1., aber Jakobes Königsschmaus fand am 12. 1. statt.   [4] LV Nr. 108.

Zwar ließ sich von Dhaun höflich entschuldigen, aber die Zeichen trogen nicht; es war wieder einer mehr geworden, der zu Jakobe auf Distanz ging. Er sollte an dem nur zehn Tage später angesetzten Grevenbroicher Landtag Jakobes Rücktritt fordern und der Landtag selbst zum eigentlichen Cannae der Herzogin werden.

Am 23. 1. 1595 kam es entgegen der ausdrücklichen Weisung des Kaisers zur Eröffnung des Landtags von Grevenbroich. Graf Wirich von Dhaun, der Anführer der ständischen Ausschüsse und Führer der Protestanten schlechthin, und die katholischen Feinde der Herzogin forderten auf diesem Landtag die Befreiung und Wiedereinsetzung Johann Wilhelms. Diesem Begehren haftete insofern Scheinheiligkeit an, als man die Unfähigkeit des Herzogs kannte. Es war vielmehr so, daß die Stoßrichtung aller Maßnahmen von vornherein gegen Jakobe gerichtet war, deren man sich nun endlich in irgendeiner Weise zu entledigen gedachte. So blieben denn auch die Befreiung Johann Wilhelms und die Enthebung Jakobes von der Regierungsgewalt die einzigen Beschlüsse dieses Landtags.

In dieselbe Richtung deuten auch Prinzessin Sibylles an Renata von Bayern gerichtete, ahnungsschwere Worte:

„Folgt auch weiters hieraus, ist in acht zu nehmen. Ich hab mich Gott befohlen . . . fürcht mich nicht mit dessen Hilf, weils um der Gerechtigkeit willen ist."[1]

Am Morgen, dem 26. Januar, drei Tage nach Zusammentritt des Landtags, brach Schenkern mit etwa achtzig Gefolgsleuten unter Führung des Hauptmanns Katterbach gegen den Willen der Herzogin in Richtung Düsseldorf auf. Jakobe berief sich auf den Befehl des Kaisers, der diesen Landtag nicht wünschte, während ihre Gegner erklärten, nur in Anwesenheit des Herzogs mit ihr überhaupt verhandeln zu wollen. Vergeblich setzte sich Jakobe gegen die Übermacht zur Wehr. Ihre Weisungen und Befehle verhallten unbefolgt. Nicht einmal der Fährmann an der Rheinfurt vermochte die nach Düsseldorf Eilenden am Übersetzen zu hindern. In der Residenzstadt angelangt, besetzte Schenkern – sehr zum Verdruß der protestantischen Landstände – die wichtigsten Posten mit ihm ergebenen Katholiken. Zu spät erkannten die protestantischen Landstände, daß sie dem Marschall auf den Leim gegangen, ihm nur Mittel zum Zweck gewesen waren.

Das Verhalten Schenkerns der Fürstin gegenüber schien genau ausgeklügelt.

---

[1] LV Nr. 371.

Da der Marschall lange vor Jakobe Stadt und Schloß Düsseldorf erreichte, war er jetzt – obgleich offiziell abgesetzt – eigentlicher Herr im Herzogtum. Er konnte so seine ihm nacheilende Herrin zuerst demütigend aus der Stadt aussperren, nur um sie später, das heißt nachdem Leute seiner Wahl die zu vergebenden Posten eingenommen hatten, die Korrespondenz und sonstigen Papiere der Herzogin nach belastenden Materialien durchsucht waren und das weitere Vorgehen gegen Jakobe auch mit Prinzessin Sibylle abgesprochen war, ins Schloß einzulassen und dort in Gewahrsam zu nehmen.

Bemerkenswert, wie gut das Zusammenspiel Schenkerns und Sibylles, der beiden Hauptwidersacher, klappte. Nur zwei Tage nach dem geglückten Handstreich des Marschalls verlas die Prinzessin am 28. 1. 1595 vor ihm, den adeligen Räten und Marschällen Reuschenberg, Nesselrode und Weschpfennig, je sieben Personen der Stände und jedes Fürstentums sowie je zwei Personen aus den verschiedenen Städten die schon mehrfach erwähnte, 91 Punkte[1] umfassende Anklageschrift gegen ihre Schwägerin. Sie entsprangen einem verbitterten Herzen, kleinlicher Denkweise und dem auf Rache sinnenden Charakter der Prinzessin. Endlich schien ihr die Stunde gekommen, sich von den jahrelangen Zurücksetzungen zu befreien, indem sie die von ihr sorgfältig zusammengetragenen und Punkt für Punkt aneinandergereihten, zum Teil nur vermeintlichen Schwachstellen in Jakobes Leben in einer Anklageschrift zusammenfaßte, um hiermit die moralisch-rechtliche Grundlage für eine Verurteilung der festgesetzten Herzogin zu schaffen. Wären darin nicht die Jakobe des Ehebruchs mit jenem Ritter Dietrich von Hall zu Ophoven zeihenden Artikel Nr. 33 bis 60 enthalten, hätte man sicher die ganze Anklageschrift vergessen können. Sie ist nachstehend sinngemäß wiedergegeben:

Die ersten elf Punkte gelten dem Verhältnis Jakobes zu ihrem Bruder sowie ihrer Zuneigung zu dem Grafen Hans Philipp von Manderscheid-Blankenheim zu Gerolstein, mit dem sie vor ihrer Vermählung korrespondiert und sich verlobt hatte:

1. Jakobe wird bezichtigt, mit ihrem Bruder, dem Markgrafen Philipp II. von Baden, vor ihrer Vermählung ,,allerhand Leichtfertigkeit" unternommen zu haben;
2. sie hat mit dem Grafen Hans Philipp von Manderscheid-Blankenheim zu Gerolstein ,,sonderliche Kenntschaft, Freundschaft und Konversation wider fürstlichen Brauch gehalten";
3. die ,,Kenntschaft" mit dem Grafen Manderscheid wurde so vertieft, daß

---

[1] LV Nr. 594; 233, S. 29 ff.; vgl. außerdem LV Nr. 17, S. 4; 243, S. 168 (LV Nr. 34, S. 155; 56, S. 444; 236, S. 284 nennen nur 90 Punkte).

Jakobe „demselben allerhand argwöhnische Briefe" zukommen ließ;
4. einige der Briefe hat Jakobe mit Blut unterschrieben;
5. Jakobe und der Graf Manderscheid haben sich gegenseitig ein Eheversprechen in Aussicht gestellt;
6. Jakobe bekräftigte in mehreren Briefen unter Eid, dem Grafen Manderscheid bis in den Tod die Treue halten zu wollen;
7. Jakobe hat mit einiger Dringlichkeit den Grafen Manderscheid verschiedentlich durch Vertraute zu einem heimlichen Stelldichein gebeten und geklagt, daß ihr Herz breche, wenn er nicht komme;
8. Jakobe hat selbst die Innigkeit ihres Verhältnisses zu dem Grafen Manderscheid bekannt und daß seine etwaige Abreise ihr Tod sei;
9. Jakobe hat dem Grafen Manderscheid als Zeugnis ihrer Freundschaft (gemeint ist wohl Liebe) durch ein Fräulein von Helfenstein Geschenke überbringen lassen;
10. Jakobe hat dem Grafen Manderscheid erklärt, an einem bestimmten Freitag die Sakramente empfangen zu wollen;
11. Graf Manderscheid ist von seinen Eltern nach Frankreich geschickt worden, wo er den Verstand verloren hat;[1] dieser Zustand dauert bis zur Stunde an.

Die Punkte 12 bis 20 klagen im wesentlichen über das Benehmen Jakobes ihrem Schwiegervater Wilhelm dem Reichen, ihrem Gemahl Johann Wilhelm sowie dessen Schwester Prinzessin Sibylle, also der Anklägerin und Verfasserin dieser Schrift, gegenüber. Es heißt da:
12. Jakobe hat sich alsbald nach ihrer Vermählung gegen die genannten Personen „ganz unfreundlich, trotzig und widerwärtig gezeigt";
13. sie hat ihren betagten Schwiegervater in der winterlich kalten Kapelle häufig „mit entblößtem Haupt" stehen und warten lassen;
14. sie hat den alten Fürsten heimlich verspottet, mit ihrem Hund verglichen, einen Narren gescholten und den Hofnarren Martin angehalten, ihn zu schlagen;
15. sie hat den Hofnarren Martin nach dem Essen insgeheim in ihre Kammer beordert, wo sie sich hinter verschlossenen Türen seine Oberhosen für 2 oder 3 Stunden anlegte;
16. sie hat ihn liebkost, zärtlich angekleidet, aufgeputzt und ihn wöchentlich zweimal im Bad reinigen lassen;

---

[1] Unzutreff. Behauptg. Sibylles – vgl. Hergang S. 113, 1. Abs.

D. Die Düsseldorfer Zeit

17. der Verfasserin der vorliegenden Anklageschrift wurde der Verkehr mit ihrem Bruder untersagt;
18. Jakobe hat sich häufig durch Maskeraden und andere Kurzweil amüsiert und dadurch ihren (kranken) Gemahl beunruhigt, so daß er zuweilen zu den Waffen griff (und für sich und die Umwelt zur Gefahr wurde);
19. am Fastnachtsabend 1593 hieß sie den Lakaien Karl ihre Kleider anziehen, hat ihn gleich sich selbst herausgeputzt und ihn so in das Gemach ihres Gatten geschickt. Johann Wilhelm, der den Mummenschanz nicht gleich durchschaute, tanzte anfänglich mit Karl. Als er jedoch des Schwindels gewahr wurde, schmiß er ein Feuerscheit nach ihm;
20. im gleichen Jahr veranstaltete sie einen weiteren Mummenschanz mit vier Edelleuten – darunter Dietrich von Hall. Sie mußten sich ihres Gemahls Kleider anlegen und in diesem Aufzug öffentlich auf die Hofstube kommen.

In den Anklagepunkten 21 bis 26 bezichtigt Sibylle die Herzogin, die ,,Blödigkeit" ihres Gemahls durch Zubereiten und Verabreichen von Speisen überhaupt erst herbeigeführt und eine ausgelassene Lebensfreude an den Tag gelegt zu haben:
21. Jakobe hat ,,in der Kammer . . . allerhand gekocht, und unserem Herrn Bruder zugebracht";
22. ungefähr vor drei Jahren hat sie dem Herrn Bruder ihr eigenes Blut und noch allerhand andere Dinge eingegeben, wobei ihr eine Klosterfrau namens Elisabeth aus Bayern und der Doktor Betzlein behilflich waren;
23. in des Herrn Bruders Wams hat sie Brieflein seltsamen Inhalts eingenäht, so daß derselbe Angst hatte, es anzuziehen;
24. die geschilderten und andere Umstände tragen Schuld an des Herrn Bruders ,,Blödigkeit", wodurch uns und unseren Untertanen Jammer und Elend erwuchs;
25. Jakobe wäre es gut angestanden, ihr ,,üppiges Leben" aufzugeben und sich des erbärmlichen Zustands ihres Gemahls anzunehmen;
26. statt dessen zeigte sie wenig Trauer über ihres Gemahls Schwäche und fuhr ungenierter denn je fort ,,mit unzüchtigem Tanzen, Mommen[1], Fressen, Saufen und ander Ungebühr".

Die Punkte 27 bis 32 erheben einerseits Klage über die Verschwendungssucht

---

[1] Mummenschanz.

der Herzogin und andererseits darüber, daß sie ihren Gemahl sträflich vernachlässigt:
27. Sie zog mit Hofdienern durch das Fürstentum und verschwendete bei allerlei, im folgenden aufgeführten Lustbarkeiten ansehnliche Geldbeträge;
28. die Kammermägde Gerhardtgen und Cardt, Weiber des Lakaien Karl und des Kämmerlings Jörg[1], waren mit schönen, goldbordierten Kleidern sowie Kleinodien, wie Goldketten, Armbändern und Ohrgehängen, aufgeputzt; darob geriet bei Jakobe ihr eigener Gemahl in Vergessenheit;
29. über gutem Essen und Trinken sowie schöner Kleidung und Kurzweil mit italienischen Sanni[2] vergaß sie ihren Ehegemahl mit dem Nötigsten, wie Speise, Kleidung und Brennmaterial, zu versorgen;
30. den Edelknaben ihres Gemahls mangelte es an ordentlicher Kleidung; sie war verdreckt und besudelte dadurch auch diejenige des Fürsten;
31. verdorbener, unsauberer Wein wurde zweimal durch ein Tuch gefiltert und dann kredenzt;
32. demgegenüber ließ sie übermäßig Schmuck für Kleider sowie Kleinodien anfertigen, um die sie gar manche Fürstin beneiden konnte.

Die Anklagepunkte 33 bis 60 betrafen als Schwerpunkt der Anklageschrift die eheliche Treue der Herzogin:
33. Jakobe hat „ihre unserm Hern Brudern vor Gott allmächtig und der christlicher Kirchen angelobte eheliche Treu und Pflicht vergeßlich in Wind geschlagen, und mit anderen sich geselliget";
34. im speziellen hat sie es mit dem zum Mundschenk bestellten Dietrich von Hall getrieben;
35. sie ließ von Hall für Stunden auf ihr Zimmer „und uf dem großen Saal ganz verdächtig zu sich kommen";
36. der Lakai Karl wurde von Jakobe vereidigt und mit den nötigen Schlüsseln versehen, um einmal von Hall heimlich durch den Garten, die Katzbahn, über die Treppe hinauf und durch den langen Saal in ihre Kammer zu führen, und zum anderen, um als Postillion d'amour die gegenseitigen Briefe zu befördern;
37. von Hall war vom 20. 7. bis 20. 8. 1593 siebenmal in der Kammer der Herzogin, und zwar am 20., 23., 28. und 30. 7. sowie am 6., 17. und 19. 8.;

---

[1] In Punkt 89: „Jürgen". [2] Auch „sanen" = Charaktermasken der ital. Komödie.

D. Die Düsseldorfer Zeit

38. bald nach von Halls Ankunft wurden durch die Hofmeisterin Boenen alle galerieseitigen Fenster geschlossen;
39. der Lakai Karl und die Kammermägde Gerhardtgen und Cardt mußten an den Türen Wache stehen;
40. die Herzogin ließ durch die Hofmeisterin Boenen das Öffnen der Galerie-Fenster oder auch nur das Vorbeigehen an denselben streng verbieten;
41. sie ließ die Gemächer innenseitig zusperren;
42. entgegen fürstlichem Brauch erteilte sie in ihren Gemächern – u. a. Dr. Dreger – Audienz;
43. nach dem Vorbild der Herzogin hat auch beim Hofgesinde der gegenseitige Besuch in Kammern und Betten der Unzucht Tür und Tor geöffnet, vor allem 1591. Zur Zeit des Landtags wurde sogar ein neugeborenes Kind in den Wasserschleusen nahe dem Schloß aufgefunden, was zu allerhand Spekulationen Anlaß gab;
44. als am Dienstag, den 17. 8. 1593, kurz nach 14 Uhr von Hall in der Herzogin Gemach geschlichen war, haben wir gegen unseren Willen und nur zur Wahrheitsfindung dem Argwohn und Gerücht nachgehend, ein in der Decke oberhalb ihres Bettes installiertes Guckloch geöffnet;
45. in dieser Zeit hat sich von Hall in der Herzogin Kammer bis aufs Hemd entblößt, hat die Schuhe vor das Bett gestellt, ist sodann ins Bett gestiegen, hat die Bettgardinen zugezogen und ist von 14 bis gegen 16 Uhr bei der Herzogin geblieben;
46. Erschütterungen des Bettes waren deutlich wahrzunehmen;
47. nachdem sie sich erhoben hatten und die Herzogin sich ihren weißen Unterrock übergestreift hatte, ging von Hall, sein Gewand zuknöpfend, in der Kammer auf und ab, während die Herzogin das Bett herrichtete, anschließend von Hall wieder die Gardinen zurechtzog und die Herzogin schließlich ihr erhitztes Antlitz kühlte, um daraus die Röte zu vertreiben;
48. der Ehebrecher ist am folgenden Donnerstag, den 19. 8., abends, abermals zur Herzogin aufs Schloß gekommen und erst anderentags 8 Uhr durch den Lakaien Karl wieder hinausgeschleust worden;
49. das Hemd, das die Herzogin in der Zeit ihrer ehebrecherischen Tätigkeit mit von Hall anhatte, sowie die Bettlaken und Tücher, auf denen sie gelegen und die sie anschließend abgezogen hatte, gab sie unüberlegt ihrer Kammerjungfer, der sie immer ihre Kleider und ihr Leinenzeug anvertraut hatte. Die Kammerjungfer aber hat Hemd und Laken als Zeugnis für Jakobes Treiben aufbewahrt. Damit die Anzahl der Hemden

und Tücher gewahrt blieb, legte man andere Stücke an den entsprechenden Platz;[1]
50. die Herzogin hat verschiedentlich unter dem Siegel der Verschwiegenheit selbst bekannt, die Untat begangen zu haben;
51. die durch allerlei Geschrei argwöhnisch gewordenen Räte haben von Hall Hofverbot erteilt;
52. ungefähr um die Mitte des Sommers 1593 ist die Herzogin mit von Hall von Düsseldorf aus nach Reydt, Gladbach, Heinsberg, Breidenbend, Grevenbroich und wieder zurück nach Düsseldorf gereist;
53. als die Herzogin zu Heinsberg nächtigte, ließ sie Sibylles Bett in der Kammer neben sich und die oberhalb ihres Gemaches den Jungfern zubereiteten Betten in Eile wieder abschlagen, Sibylles Bett auf des Landhofmeisters Kammer, an einen abgelegenen Ort, verbringen und die Jungfern in einer parterre gelegenen Kammer logieren. Dem Landhofmeister Bongart und dem Hofmeister Stein befahl sie dagegen, die Nacht außerhalb des Schlosses zu verbringen;
54. im September desselben Jahres 1593 ist die Herzogin in Begleitung des von Hall nach Ophoven, in die außerhalb Düsseldorfs gelegene Behausung seines Vaters, von hier nach Bensberg und wieder zurück nach Ophoven gereist;
55. im April 1594 ist die Herzogin abermals von Düsseldorf nach Ophoven und von da in Begleitung von Halls nach Bensberg gereist, wo von Hall nicht, wie üblich, abends bei den Junkern am Tisch zu Abend speiste, sondern in das Frauengemach ging und dort heimlich bis zur neunten Stunde verweilte;
56. als folgenden Tags der Kölner Kurfürst gleichfalls nach Bensberg kam und der stattlich aufgeputzte Ehebrecher von Hall der Herzogin zum Abendessen den Wein kredenzte, erkundigte sich der Kurfürst, wer das denn sei. Als der Landhofmeister Bongart antwortete, daß es sich um von Hall handle, sah der Kurfürst verwundert auf und verlangte seine Entfernung;
57. dessen ungeachtet blieb von Hall den Abend über und noch den folgenden Mittag und kredenzte der Herzogin auch weiterhin Wein;
58. als der Kurfürst aber auf der Entfernung von Halls bestand, ging dieser zwar vom Hof weg. Wenig später ließ ihn die Herzogin aber durch die Frau des Lakaien Karl zurückbeordern und hieß daraufhin ihre Jungfrauen gehen;

---

[1] Wer genau dies letztlich getan hat, Jakobe oder die Kammerjungfer, ist nicht klar.

D. Die Düsseldorfer Zeit

59. auf dieser Reise und anderen unnötigen Reisen wurden in wenigen Tagen allein an Barmitteln ungefähr 25 000 Gulden vertan;
60. als der jetzige Hofmeister Stein festgestellt hatte, daß der Ehebrecher von Hall wiederholt heimlich durch Garten und Gänge in das Düsseldorfer Schloß nach der Herzogin Kammer geschlichen kam, erbot er sich für den 19. 5. 1593[1], und hat dies auch dem Herrn Landhofmeister sowie den Herren Dr. Dreger und Diepenbroich kundgetan, den ,,Vogel unter Mithilfe von Trabanten aus dem Nest zu heben". Er erhielt jedoch Bescheid, die Herzogin sei von hoher Abkunft, so daß dies Folgen haben könnte.

Als letzter der Komplexe, in die sich die Anklageschrift untergliedert, befassen sich die Punkte 61 bis 91 mit den Geschenken der Fürstin an ihren Favoriten, dessen Mutter und ihre Dienerschaft. Sie werfen zugleich ein Schlaglicht auf die Freigebigkeit der Fürstin, die ihr als Verschwendung angelastet wurde:

61. Die Herzogin ließ von Hall Hosen aus rotem Samt mit breitem goldenem Besatz, ein Wams aus weißem Satin und einen Mantel aus 13 Ellen schwarzem Samt anfertigen und durch den Lakaien Karl überbringen;
62. sie schmückte ihn mit goldenen Ketten, Armbändern, Ohrgehängen sowie anderen köstlichen Kleinodien und schenkte ihm ihr goldgerahmtes Konterfei;
63. im Detail läßt sich anführen, daß die Herzogin zu Beginn des Sommers 1594 für von Hall beim Kölner Goldschmied Werner Nahaus (oder Nachaus) eine goldene Medaille durch den Lakaien Karl in Auftrag gegeben hat, die mit 75 Rubinen, 8 Diamanten und 4 Perlen besetzt war sowie 30 Kronen Macherlohn kostete;
64. etwa um die gleiche Zeit schenkte die Herzogin von Hall zwei Paar goldene Armbänder, von denen ihm das eine durch den Lakaien Karl und das andere durch sie selbst überbracht worden ist;
65. dazu verehrte sie ihm einen goldenen Ring mit einem schönen Rubin, ungefähr 20 Reichstaler wert;
66. auch ließ sie ihm durch den Lakaien Karl ein Stück Kammerreichstuch überbringen, ,,um daraus Lobben[2] machen zu lassen";
67. ferner schenkte sie von Hall zwei Ohrgehänge, die sie selbst getragen hatte und von denen eines mit dem Namen Fortuna gekennzeichnet war;

---

[1] Vermutl. der 19. 8. – vgl. Pkt. 37. [2] Im Niederländischen: herabhängende Streifen aus Spitze zur Verzierung an Hals und Ärmeln.

68. umgekehrt schenkte auch von Hall der Herzogin einen Goldring, den sie an ihrem kleinen Finger getragen hat;
69. sie ließ von Hall in Weiß und Schwarz kleiden und ihm zu Ehren auch alle ihre Kammerdiener in derselben Farbe[1], dann reiste sie zum Kurfürsten nach Bensberg;
70. im vergangenen Sommer 1594 ließ sie eine kleine vergoldete und mit einer Goldkette versehene Silberkassette anfertigen;
71. in der Kassette lag ein Kupferplättchen mit einem Konterfei der Herzogin von Johann Malthan nebst einem auf Papier gezogenen Agnus Dei – gegen Herausfallen mit einem Drähtchen gesichert;
72. wenn man den Deckel öffnete, sah man nur das Agnus Dei. Erst wenn man letzteres herausgenommen hat, sah man auch das Konterfei der Herzogin. Die Kassette war mit einem Ring verschlossen, so daß sie niemand, dem man dies nicht zuvor gezeigt hat, öffnen konnte. Der Lakai Karl überbrachte sie von Hall im Namen der Herzogin;
73. von Hall wiederum ließ fünf Wochen vor Jakobi (15. Juli) 1594 der Herzogin gleichfalls eine verschlossene Silberkassette, mit seinem Konterfei, durch den Lakaien Karl überbringen;
74. nach Öffnen der Kassette fragte Frau Jakobe den Lakaien Karl, ob er das Konterfei kenne. Karl habe mit ja geantwortet – das sei Hall. Die Herzogin trug das Konterfei täglich in- und außerhalb der Kirche bei sich;
75. sie schickte von Hall unseres Herrn Bruders seidenbordierten sowie mit einem Perlenkranz und schwarzen Reiherfedern gezierten Hut;
76. als das Verhältnis ruchbar wurde und von Hall daher für einige Zeit nach Italien reisen sollte, gab die Herzogin ungefähr einen Monat vor Jakobi 1594 bei dem Kölner Goldschmied Werner Nahaus eine feingliedrige Goldkette zum Preis von 300 Kronen in Auftrag, die er sich elfmal umschlingen konnte;
77. damit man nicht gleich erkannte, daß diese Kette von der Herzogin stammt, mußte sich von Hall in Italien in fremde Dienste begeben, um einen Gnadenpfennig zu erwerben, den sie ihm daran aufzuhängen beabsichtigte;
78. von Hall wünschte sich in die Dienste des lothringischen Hofes zu begeben, wovon ihm die Herzogin jedoch abriet;
79. da der Bayernherzog mit einer lothringischen Prinzessin vermählt werden sollte und von Hall befohlen werden könnte, dem Beilager beizuwohnen,

---

[1] Vermutl. in Anlehnung an das von Hallsche Wappen.

D. Die Düsseldorfer Zeit

drohte Gefahr, von der Herzogin Verwandtschaft ergriffen und gefangengesetzt zu werden. Deshalb wurde es als ratsam angesehen, lieber nach Italien zu gehen, wohin er dann auch bald mit drei Pferden abgereist ist;

80. ungefähr um dieselbe Zeit schenkte Frau Jakobe von Hall „19 goldene amulierte Kneuff".[1] Damit aber keine Gerüchte entstünden, war ihm aufgegeben, dieselben nicht eher als nach seiner Rückkunft aus Italien zu tragen;

81. Frau Jakobe ließ von Hall vor seinem Abzug nach Italien auch noch 41 Doppeldukaten durch den Lakaien Karl nach Köln bringen, mit der Bestimmung, dieselben mitzunehmen und sich vor seiner Rückkehr aus Italien ein Ehrenkleid machen zu lassen, damit es nicht so scheine, als stamme es von der Herzogin;

82. kurz vor von Halls Abreise nach Italien gab ihm die Herzogin ihr durch Meister Johann Malthan in italienischer Kleidung gemaltes Konterfei;

83. hierauf fertigte die Herzogin den Lakaien Karl gleichfalls in Richtung Italien ab, mit dem Befehl, sich dort nach Gütern umzusehen, wohin sie sich nach ihres Gemahls Ableben begeben könne, um dort standesgemäß zu leben;

84. als der Lakai Karl aus Italien zurückgekehrt war, meldete er der Herzogin, daß genügend Gelegenheit vorhanden sei, sofern sie nur Geld hätte;

85. im Januar 1595 ließ sie durch den Lakaien Karl von Halls Mutter 200 Goldgulden behufs Übermittlung an ihren Sohn überbringen;

86. außerdem ließ sie im Mai 1594, gleichfalls durch den Lakaien Karl, von Halls Mutter einen diamantenbesetzten Goldring im Wert von ungefähr 100 Reichstalern zusammen mit dem Befehl übermitteln, den Ring so lange zu verwahren, bis ihr Sohn heiraten würde, um ihn dann für seine Braut als Trauring zu verwenden;

87. ferner schenkte die Herzogin um dieselbe Zeit von Halls Mutter ein Kleinod aus Smaragden und Rubinen mit einer goldenen Kette, was sie wieder durch den Lakaien Karl überbringen ließ;

88. sodann hat sie der Hausfrau[2] Durwertter ein Kleinod verehren lassen;

89. als der Kämmerling Jürgen[3] dessen gewahr wurde, daß der Lakai Karl von der Herzogin mit dem Überbringen obiger Kleinodien und noch anderer Dinge betraut worden war, mißgönnte er ihm dies;

90. derselbe Kämmerling kam daraufhin zu von Hall und brachte vor, wie es denn komme, daß er dies alles Karl und nicht ihm anvertraue. Dies sei in

---

[1] Knöpfe. [2] Möglicherweise Gattin von Halls Türwärter. [3] In Punkt 28: „Jörg".

Anbetracht der Jugend Karls gefährlich, der oft in Gesellschaft zeche und dadurch seinem Auftraggeber Widerwärtigkeiten bereiten könne;
91. diesem Kämmerling schenkte die Herzogin zu Neujahr eine Goldkette, die sie bei dem Düsseldorfer Goldschmiedemeister Jakob hatte machen lassen.

Entkleidet man die Anklageschrift von allem Unwesentlichen, verbleibt als nicht entschuldbares Vergehen einzig und allein der Ehebruch. Aber selbst dieses Delikt ist nicht erwiesen, so daß die Fürstin zumindest nach dem Grundsatz in dubio pro reo heute mit einem Freispruch rechnen könnte. Die Art der Beweisführung ist in mehrfacher Hinsicht beschämend, dubios und angreifbar. Einmal stammen Anklage und Zeugnis aus demselben von Haß erfüllten Mund Sybilles. Sybille mußte einräumen, daß sie nicht davor zurückscheute, oberhalb des Bettes der Herzogin ein Guckloch in die Decke zu brechen, um sich von dem Vergehen zu überzeugen. In flagranti hat sie freilich Jakobe auch hierbei nicht überführt – lediglich einige Anzeichen sprachen dafür. Schließlich stehen der Aussage Sybilles auch die gegenteiligen Beteuerungen ihres zwar bekanntermaßen nie sehr standhaften, jedoch in ihrem bisherigen Leben zu keinem Zeitpunkt einer Lüge geziehenen und obendrein sehr frommen Opfers gegenüber. Desgleichen, und wenn möglich von noch gewichtigerer Bedeutung, ist die Aussage des hochangesehenen Leibarztes der herzoglichen Familie, Dr. Solenander, der sich dadurch von den erbosten Räten ein Hausverbot eingehandelt hat. Für und Wider halten sich also die Waage. Es muß daher – wie schon in der Vergangenheit – problematisch und äußerst gewagt erscheinen, wollte man sich bei dieser Sachlage auf einen Schuldspruch festlegen.

Die Klagen der Prinzessin Sibylle wurden zu Protokoll gebracht und acht Tage später, am 5. Februar 1595, an Kaiser Rudolf II. und in einer lateinischen Übersetzung über den Kölner Nuntius auch an den Papst geschickt, wobei die Jakobe verbundenen Räte, wie Drost Knipping, der Küchenmeister Leerodt, der klevische Kanzler Weeze, der jülichsche Vizekanzler Pütz und der ihr besonders ergebene Unterhändler Dr. Dreger, der Mitwisserschaft und Mitschuld bezichtigt und deshalb aus der Räteschaft entfernt wurden. Dr. Dreger wurde sogar eingekerkert; ebenso eine Anzahl kleinerer Leute, die als Diener, Kammerfrauen oder dergleichen bei der Herzogin in Diensten standen und die man jetzt – wie seinerzeit Schenkern und Ossenbroich – in ,,enge Löcher" steckte.

D. Die Düsseldorfer Zeit

4. Der Favorit der Herzogin und das Geheimnis der Düsseldorfer Schloßkirche

Von den in ihrem Leben irgendwann einmal Jakobe nahestehenden männlichen Wesen sind uns außer ihrem Ehemann Johann Wilhelm im wesentlichen nur ihr ehemaliger Verlobter, der Graf Hans Philipp von Manderscheid-Blankenheim zu Gerolstein, von dem sie aus Staatsräson lassen mußte, die mehr einseitige Zuneigung Fortunato Bertoldo de Pazzis und der ihr zum Verhängnis gereichende Edelmann am Düsseldorfer Hof, der Junker und Ritter Dietrich von Hall, bekannt. Von den beiden Erstgenannten haben wir schon vernommen, von letzterem vorerst nur im Zusammenhang mit der Anklageschrift der Prinzessin Sibylle, die zu zwei Dritteln ihm und seinem Verhältnis zu Jakobe gewidmet ist.

Dietrich von Halls Geburtsjahr kennen wir ebensowenig wie sein Aussehen, obgleich es von ihm laut Artikel 73 der Anklageschrift ein Bildnis gegeben hat. Auch ist nichts über seine Erziehung und insgesamt die Lebensjahre vor 1592 bekannt, demjenigen Jahr, in dem er seine Dienste am herzoglichen Hof vermutlich angetreten hat. Es scheint vielmehr so, als habe für ihn die Geschichte lediglich die verhängnisvolle Rolle im Zusammenhang mit dem Untergang der Herzogin bereitgehalten, die eine Periode von knapp zehn Jahren umfaßte und ihn dadurch und für diese Zeit aus der Vielzahl seinesgleichen emporhob, um ihn nach dem überraschenden Abgang der Herzogin ebenso unvermittelt wieder zu verschlucken. Fest steht lediglich, daß Dietrich von Hall wesentlich jünger als seine Herrin gewesen sein muß, weil er sich später, als ihm wegen dieser Beziehung Vorhalte gemacht wurden und er sich zu rechtfertigen hatte, immer wieder auf seine Jugend und Unerfahrenheit berief, während Jakobe 1593, dem Zeitpunkt dieser Beziehung, bereits eine reife Frau von immerhin 35 Jahren war. Außer seinem gleichnamigen Vater, der jülichscher und bergischer Rat sowie Amtmann von Monheim (1601) war, kennen wir noch seine Mutter Margareta von Wylich und einen Bruder namens Godhard[1] von Hall.

Aus der Anklageschrift wissen wir sodann, daß der junge Edelmann, als er der Fürstin aufgefallen war, anstelle Lenuers zum Mundschenk bestellt wurde. Damit verfolgte sie das Ziel, ihn an ihre Nähe zu ketten. Das Amt eines Mundschenks gestattete eine gewisse Vertrautheit im gegenseitigen Umgang. Z. B. nahm Jakobe Dietrich von Hall verschiedentlich auf Reisen innerhalb des

---

[1] Nach LV Nr. 186b hieß der Bruder Godfried.

Herzogtums mit, wobei nicht klar ist, ob es sich immer um dienstliche oder aber um Reisen handelte, die von der Herzogin für ein Beisammensein mit ihrem Günstling arrangiert worden waren. Wahrscheinlich verquickte sie beides miteinander, so daß eine genaue Trennlinie nicht möglich ist. Die in diesem Zusammenhang genannten Örtlichkeiten waren Gladbach, Bensberg, Heinsberg und natürlich das heimatliche Ophoven des Junkers. Daß derartige Reisen, die auch Repräsentation erforderten, keine ,,Billigreisen" waren, lehren uns nicht zuletzt die allemal zu Lasten des Steuerzahlers gehenden Reiseaktivitäten der Volksvertreter unserer Tage. Hiermit halten es die ungekrönten Staatsoberhäupter nicht anders als die gekrönten – quer durch die Jahrhunderte –, so daß ein diesbezüglicher Vorwurf speziell gegen Jakobe eigentlich an der Sache vorbeigeht.

Was das Amt des Mundschenks anbetrifft, so gehörte es an den fürstlichen Höfen zu den obersten Hofchargen und war mitunter sogar erblich. Es hätte demnach kaum stören dürfen, wenn die Landesherrin den Träger dieses Amtes auch entsprechend ausstaffierte. Hätte sie es bei weißem Satin für ein Wams, rotem und schwarzem Samt für Hosen und Mantel sowie dem seidenbordierten Hut belassen, so wäre dies wahrscheinlich nicht sonderlich aufgefallen. Gleichzeitig schritt hiermit jedoch eine Vernachlässigung in der Versorgung ihres Ehegemahls mit Kleidung, Nahrung, Brennmaterial und dergleichen Elementarbedürfnissen einher sowie auf der anderen Seite eine Überhäufung des neuerwählten Mundschenks mit kostbaren Ketten, Ringen, Armbändern, Perlen, Edelsteinen und sogar barem Geld. Nur das Ausufern in diesem Punkt – über gewohnte Maßstäbe hinaus – gab Schenkern und Sibylle überhaupt eine Handhabe, gegen Jakobe vorzugehen, weil sich nur diese materiellen Dinge auch de facto nachweisen ließen. Sie anzuzweifeln, fiel niemandem ein, und so wirkten sie dadurch indirekt auch erschwerend auf die angebliche moralische Schuld der Herzogin.

Jakobes Blick über die Grenze scheint verständlich, wenn sie, die bis an ihr Lebensende hin zuversichtlich war, eventuell die Zeit nach ihrem Prozeß, eine Scheidung oder ein eventuelles Ableben ihres kranken Mannes ins Auge gefaßt haben sollte. Möglich, daß sie eine gewisse ,,Altersvorsorge" beabsichtigte. Sie schickte nämlich nicht nur Dietrich von Hall außer Landes, was zunächst zum Vergessen dieser Affäre beitragen sollte, sondern jagte wenig später auch noch ihren Lakaien hinterher, um im Ausland die Möglichkeit einer geeigneten Bleibe auszukundschaften. Dabei an einen gemeinsamen Nestbau für sich und ihren Günstling außerhalb aller Querelen sowie der Reichweite des Kaisers und der deutschen Fürsten zu denken, ist abwegig, da Sibylle in Punkt 86 ihrer

D. Die Düsseldorfer Zeit

Anklageschrift hierfür selbst den Gegenbeweis erbringt, wenn sie ihre Schwägerin einen Trauring für von Halls dereinstige Braut überbringen läßt.

Die Vorsehung hatte es indes anders geplant: Der Fürstin gelang es nicht mehr, ihren Häschern zu entkommen. Der Prozeß wurde ihr gemacht, wobei es um eines gerechten Ausgangs wegen bedauert werden mag, daß es nicht zu einer Gegenüberstellung der Herzogin mit Dietrich von Hall, dem Kronzeugen der gegen sie gerichteten Anklage, gekommen ist. Letzterer verstand es nämlich bis lange nach Jakobes Tod, sich dem Zugriff der Düsseldorfer Machthaber zu entziehen. Dann aber, Anfang 1599, erhaschte ihn Schenkerns langer Arm doch noch. Dieser hatte Wilhelm Breuwer als Unterhändler zum spanischen General Spinola (1571–1630) entsandt, um den General und über denselben auch den Statthalter, Kardinal Erzherzog Albrecht von Österreich (1559–1621), für die Festnahme und Auslieferung von Halls zu gewinnen. Für einen guten „Paßgänger"[1] und einen „Trummeter" als Gegenleistung war man sich schnell handelseins, so daß Dietrich von Hall auf dem väterlichen Amt Wolkenburg festgenommen und am 4. 1. 1599 an den Marschall von Waldenburg ausgeliefert werden konnte. Er verschwand daraufhin hinter den dicken Mauern des Jülicher Schloßverließes.

Petitionen einflußreicher Freunde und Verwandter, wie der Elberfelds, Metternichs, Nesselrodes, Quadts, Reuschenbergs, Schenks von Nideggen u. a., halfen nichts. Eine vom Junker selbst entworfene Petition vom 17. 3. 1599 an den Marschall und eine andere vom 25. 9. 1599 an Prinzessin Sibylle zeigen eine sehr unterwürfige Haltung. Dem Marschall gegenüber pochte er – in von lateinischen Passagen durchsetzten Schreiben – auf „adelige Tugenden" der Aufrichtigkeit, der Treue und des gemeinsamen Glaubens, derer er sich aber offenbar erst in der Abgeschiedenheit des Kerkers, und die mögliche Todesstrafe vor Augen, bewußt wurde.

Ein erstes, von Dietrich von Ovelacker zu Wischelingen, Wilhelm Spies von Matzenborn und Wilhelm Zours von Keyenberg unterzeichnetes Verhör trägt als Datum den 30. 8. 1599. Geständigkeit wird dem Junker zuerkannt, insbesondere hinsichtlich der Frage des Ehebruchs, die er mit „Ja, er sei dessen nicht in Abred und wäre wahr, daß er solch Laster mit Ihrer Fürstlichen Gnaden begangen"[2] beantwortete. Ein ähnliches Geständnis findet sich auch in der erwähnten Petition an Sibylle. Beiden Aussagen haftet allerdings der Schönheitsfehler an, daß sie angesichts des Jakobe bereiteten Schicksals, das auch ihm widerfahren konnte, und angedrohter Folter gemacht wurden.

---

[1] Pferd mit besonderer, für den Reiter bequemer Gangart. [2] LV Nr. 623 und 236, S. 298.

Dietrich von Hall gab dem Vergehen den Anstrich einer Jugendsünde. Als weitere Entschuldigung nannte er die allen Menschen – gleich ob Kaiser, König, adelige oder unadelige Person – innewohnende Natur, die in moralischer Hinsicht äußerst freien Lebensformen bei Hof und den damals in allem bestimmenden Willen der Fürstin, die darüber hinaus auch selbst eine lockere moralische Gesinnung zur Schau getragen hätte. Ein weiteres Verhör, das am 20. 3. 1601 vor dem Schultheißen und Schöffen des Hauptgerichts von Jülich stattfand, ist in seiner Beweiskraft zweifelhaft, weil dieser Ort die „Hausmacht" Schenkerns war und jedermann dort auf der Hut sein mußte, ihn zu seinem Gegner zu erhalten.

Werfen wir noch einen Blick auf Charakter und Glaubwürdigkeit dieses wichtigsten Zeugen für die moralische Seite der Anklage. Als man seiner im Januar 1599 habhaft wurde, waren 1½ Jahre seit dem Ableben der Fürstin vergangen, und der Marschall Schenkern stand hoch in Amt und Würden. Er war wie Dietrich von Hall von adeliger Herkunft, mit diesem sogar verwandt und wurde daher zunächst psychologisch angegangen, sein Leben zu schonen. Neben der Bitte, auf seine alten Eltern Rücksicht zu nehmen, teilte von Hall dem Marschall mit, daß er auf die ihrem gemeinsamen Stande eigenen Tugenden der Sincerität[1], der Treue und des gemeinsamen Glaubens baue. Dies mag angesichts des Jakobe bereiteten Schicksals ebenso verständlich sein wie seine sehr kleinlaut, um nicht zu sagen kläglich klingende Bitte nach Gnade. Zugute halten muß man ihm allerdings, daß er weder den ihm seinerzeit bei Jakobe die Wege ebnenden Küchenmeister Leerodt noch die intimste Vertraute der Fürstin, die mit großer Wahrscheinlichkeit in das Verhältnis ihrer Herrin eingeweihte und deren „Ehebruch" später indirekt zugebende Hofmeisterin Boenen, verriet, wie er überhaupt keinerlei Namen preisgab. Unverständlich dagegen bleibt des Edelmannes unedelmännischer Zug, die Schuld auf die tote Herzogin abzuwälzen, von der ihm ausschließlich Annehmlichkeiten zuteil geworden sind.

Dann trat ein, was die Räte angestrebt hatten: Der verwitwete Herzog Johann Wilhelm heiratete wieder. Auch Sibylle heiratete und kehrte ihrer Düsseldorfer Heimat den Rücken.

Nachdem sich auf diese Weise unversehens das Blatt zugunsten Dietrich von Halls zu wenden begann, vermeint man plötzlich einen anderen Tonfall des Junkers zu spüren, der zuversichtlicher und selbstbewußter klingt. Er unterstellte dem Marschall kaum Strafabsichten – derselbe hätte im Vorgehen gegen

---

[1] LV Nr. 236, S. 297: Ehrlichkeit, Aufrichtigkeit.

D. Die Düsseldorfer Zeit

die Fürstin nur eines Aufhängers bedurft und diesen in seiner Beziehung zu der Herzogin gefunden. Der Mohr hatte aber längst seine Schuldigkeit getan. Dietrich von Halls Person konnte dem Marschall höchstens noch zur Denunziation weiterer, ungelegener Mitbewerber im Ringen um die Macht dienen, jedoch besaßen die hierfür in Frage kommenden Personen, ausgenommen Antoinette von Lothringen – was Schenkern aber zu diesem Zeitpunkt noch nicht ahnte –, kein ihm adäquates Format, so daß das Faustpfand Dietrich von Hall wertlos geworden war. 1601, dem Jahr der Hochzeit von Sibylle, ereilte dann endlich auch Schenkern der strafende Arm der Gerechtigkeit. Im Ringen um die Macht unterlag er der neuen Landesherrin Antoinette und wurde des Landes verwiesen. Damit waren mit Schenkern und Sibylle in ein und demselben Jahr beide Personen, die noch ein Interesse an einem Prozeß gegen Dietrich von Hall haben konnten, ausmanövriert. Mit der Flucht Schenkerns erübrigten sich aber alle Überlegungen in dieser Richtung, so daß man schließlich Gnade walten ließ, wenn auch gegen harte Auflagen: Bei einer Strafe von 5000 Goldgulden, für die sich der Vater verbürgen mußte, wurde der Junker lebenslang nach ,,Portugal, Afrika, Indien oder Amerika" verbannt, wo er sich unter fremdem Namen dem geistlichen Stand widmen sollte. Diese Verpflichtungen tragen unter dem 8. 3. 1601 die Unterschriften von Vater und Bruder sowie – als Zeugen – auch diejenigen Heinrich von Lülsdorfs, Caspar von Elberfelds und Johann von Binsfelds; außerdem noch das herzogliche Siegel sowie die Unterschriften zweier weiterer Personen, vermutlich der ausfertigenden Beamten.

Nach Abschied von den Eltern begab sich Dietrich von Hall zusammen mit einem gewissen Herrn von Broichhausen auf die Reise und passierte am 28. 4. 1601 die niederländische Grenze bei Emmerich. Dabei mußte er sich ein letztes Mal schriftlich, und zwar unter notarieller Beglaubigung, zur Einhaltung der Auflagen verpflichten. Er nahm dies alles sehr ernst – im Inneren vermutlich dankbar, nach jahrelangem Kerker und drohender Todesstrafe doch noch mit einem blauen Auge davongekommen zu sein.

Es ist anzunehmen, daß Dietrich von Hall wenige Tage später mit einem niederländischen Segler in Richtung Neue Welt ausgelaufen ist. Man hat ab da nie mehr wieder von ihm gehört.

Jahrhunderte später bekam die Affäre um Dietrich von Hall unvermutet nochmals Auftrieb. 1794 hatte auch das Düsseldorfer Schloß das von den Franzosen den oberrheinischen Kirchen, Burgen und Schlössern schon ein Jahrhundert zuvor bereitete Schicksal ereilt. Das Ausmaß der Zerstörung war so groß, daß man Burgtrümmer abzutragen begann. Dabei trat 1816 ein makabrer Fund zutage. In einer vermauerten Nische der erst um die Mitte des 16. Jahrhunderts errichteten Kapelle des Nordflügels stieß man auf ein Kindergrab, das keine Inschrift trug, von außen daher nicht kenntlich war und von dessen Existenz bis dahin keine Akten etwas kündeten. Das kurze Erdendasein dieses Kindes sollte der Öffentlichkeit offenbar verborgen bleiben, so daß sein Leichnam allem Anschein nach heimlich beigesetzt worden war. Dabei deutet die Bestattung in der Schloßkirche auf hochgestellte Eltern. Punkt 43 der Anklageschrift Sibylles gebührt in diesem Zusammenhang nochmals Erwähnung. Hiernach hatte sich in Wasserschleusen beim Schloß eine Kindsleiche verfangen. Wollte Sibylle dieselbe nicht mit ihrer Schwägerin in Zusammenhang bringen, wäre ihre Erwähnung in der Schrift, welche die Herzogin belasten sollte, sinnlos. Als ich auf eine mögliche Schwangerschaft Jakobes Herrn Prof. Dr. Schweitzer ansprach, der Ende der fünfziger Jahre Jakobes Skelett einer Untersuchung unterzogen hat, sagte er mir, daß Anhaltspunkte hierfür den Skeletteilen nicht zu entnehmen waren, diese Möglichkeit allerdings auch nicht restlos auszuschließen sei.

Man hatte der Herzogin die Schuld an mangelnder Nachkommenschaft aus der Ehe mit Johann Wilhelm zum Vorwurf gemacht. Es war daher – von der Liebesbeziehung zu Dietrich von Hall einmal ganz abgesehen – auch aus dynastischen Gründen nicht abwegig, wenn die Herzogin durch ein als legitim ausgegebenes Kind einer außerehelichen Beziehung die Erbfolge und ihre Regentschaft hätte sichern wollen. Gegen diese Annahme spricht, daß eine solche Schwangerschaft für ihre Feinde den größten Triumph bedeutet hätte, so daß ein Nichtbemerken trotz der spanischen Mode weiter Röcke eigentlich unwahrscheinlich ist.

An die Herkunftsfrage des Kindes schließt sich sogleich auch die nach der Art seines Todes. War es tot geboren, oder hatte es etwa bereits im Wickelbett das auch seiner Mutter – vorausgesetzt sie hieß Jakobe – zugedachte Ende erduldet?! Fragen, auf die kaum noch jemals Antwort zu erwarten ist.

5. Die sechste kaiserliche Kommission – Haimb und Prinz von Buchau

Mit den Ereignissen um die Person Dietrich von Halls, die aus Gründen einer besseren Übersicht im Zusammenhang abgehandelt wurden, waren wir bereits in das nächste Jahrhundert vorgedrungen, eine Schwelle, die zu überschreiten Jakobe nicht vergönnt sein sollte. Schenkern hatte trotz Verstoßes gegen die

D. Die Düsseldorfer Zeit

kaiserliche Anordnung und des Handstreichs gegen das rechtmäßig etablierte Herrscherhaus zunächst noch das Glück auf seiner Seite, und zwar vor allem deshalb, weil Rudolf II. seine Regierung bis zur beabsichtigten Klärung aller anstoßerregenden Vorfälle in Jülich-Kleve-Berg durch eine neuerliche Gesandtschaft anerkannte. Ganz anders aber als der Marschall, der schlagartig reagieren und zupacken konnte, ließ sich der Kaiser nicht zu schnellerem Handeln bewegen.

Obgleich höchste Gefahr für Leib und Leben der Herzogin im Verzug war, schickte der Kaiser die in Aussicht gestellte Gesandtschaft erst mit einem Vierteljahr Verspätung nach dem Niederrhein. Sie setzte sich diesmal aus dem Reichshofrat und Freiherrn zu Reichenstein Hans von Haimb und dem uns bereits bekannten Reichskammer- bzw. Appellationsrat Daniel Prinz von Buchau zusammen. Es war die Untersuchungskommission des Gesamtlandtags gewesen, der letzterer zusammen mit dem unseligen Freiherrn von Hoyos angehört hatte. Vor allem der durch die damaligen Ereignisse bereits vorbelastete von Buchau war es, der der Herzogin diesmal nicht sonderlich gut gesonnen schien und von dem daher für die so wichtigen Untersuchungen und Zeugenvernehmungen, die über die Haltbarkeit der Anklagepunkte der Prinzessin Sibylle befinden sollten, nicht viel Gutes zu erhoffen war.

Am 27. 4. 1595 trafen Haimb und Prinz in Düsseldorf ein. Mit entsprechenden Vollmachten ausgestattet, verboten sie der Fürstin – die als Gefangene dazu ohnedies nicht mehr in der Lage war – jedwede Amtshandlung. Gleichzeitig setzten sie alle von ihr seit dem Tode ihres Schwiegervaters, Wilhelms des Reichen, erlassenen Verfügungen außer Kraft. Im Grunde genommen entsprach dies Vorgehen den bereits verschärften kaiserlichen Bestimmungen des zweiten Rezesses aus dem Jahr 1592, denn in dem Rezeß vom 13. 12. 1591 war ja noch davon die Rede, daß keine Seite, also weder Jakobe noch die Räte, eine Amtshandlung jeweils für sich allein vornehmen dürfe. Die Herzogin befand sich nunmehr in einer prekären Lage. Sie, die keinem der Mächtigen mehr von Nutzen sein konnte, sah sich jetzt nicht nur ihrer Bewegungsfreiheit beraubt, sondern auch präjudiziert verurteilt – bevor es noch überhaupt zu einem Prozeß gegen sie kommen konnte. Vergeblich setzte sie sich gegen diese Behandlung zur Wehr, ihre Aufschreie und Klagen hinter dicken Mauern verhallten ungehört.

Entsprechend verlief dann auch der Prozeß selbst, von dem es – zumal vom Standpunkt unserer heutigen Rechtsprechung aus – nicht viel Rühmliches zu berichten gibt. Nur sehr schleppend ließ er sich an; obgleich es der als Klägerin auftretenden Prinzessin Sibylle sowie den Ständen nicht schnell genug gehen konnte, ließen sich die kaiserlichen Gesandten keineswegs bedrängen, geschweige denn zu einer sofortigen Aburteilung der Angeklagten hinreißen. In ihrem Vorgehen vermag man zunächst sogar Anhaltspunkte für eine Verteidigung des Standpunkts der Herzogin aufzuspüren. Die Hauptschuld lag dann aber in dem unverkennbar parteiischen Verhalten der beiden Gesandten. Dasselbe äußerte sich zunächst darin, daß die innerhalb von acht Tagen vernommenen 57 Zeugen sich fast ausschließlich aus solchen der Anklage, das heißt also aus den Kreisen der ärgsten Feinde der Herzogin, zusammensetzten, die darüber hinaus jedwede Belege für ihre diffamierenden Behauptungen schuldig blieben. Einem zweiten Personenkreis gebührt allenfalls wegen seines großen Aufgebotes einige Aufmerksamkeit; insgesamt kommt ihm jedoch wenig Bedeutung zu, denn nach der Gewichtigkeit seiner Aussagen überprüft, vermochte dieser sich aus Domestiken und anderen kleinen Leuten, wie Kammerbediensteten, Handwerkern, Künstlern und Angestellten von Hof und Stadt, rekrutierende Kreis, zum wichtigsten und alles entscheidenden Punkt der ehelichen Untreue herzlich wenig beizutragen. Dies war überhaupt nur dadurch denkbar, weil ein Sekretär der Prinzessin Sibylle, Steinhausen, auf die Aussagen dieser Leute noch während des Verhörs Einfluß nahm. Anders sah es mit den jakobetreuen Räten, allen voran dem um ihre Sache bemühten Dr. Dreger, aus, die aber mit ganz wenigen Ausnahmen, zu denen der Küchenmeister Leerodt, der klevische Marschall von der Horst und der Haushofmeister von Stein zählten, nicht vernommen wurden; sie durften demnach zu einer sachgemäßen Aufklärung gar nichts beitragen. Für Jakobe sprechen sodann noch ihre große Frömmigkeit, die freilich einen Fehltritt nicht ausschließt, sowie ihre Unschuldsbeteuerungen ihrem Schwager Leuchtenberg gegenüber, die sie in ihrer Verteidigungsschrift wenige Monate später sogar unter Eid bekräftigt, wo es heißt:

„Daß dieses alles nichts denn eitel falsche, zusammengedichtete, gotteslästerliche und hochstrafbare Schandlügen sind, will Ich zuvörderst Gott den Allmächtigen, dem alle Dinge bewußt und nichts verborgen ist, zum wahrhaften Zeugen meiner rechten und wahren Unschuld nehmen, ... auch alles leiden und ausstehen, was mir zeitlich und ewig zu leiden stehet, daß Ich an allem fälschlich mir zugemessenem Ehebruch, vor Gott und der H. Dreifaltigkeit, vor der christlichen katholischen Kirchen, vor E.K.M.[1] und vor der ganzen Welt, ganz unschuldig und unbefleckt seie ..."[2]

---

[1] Euer Kaiserliche Majestät. [2] LV Nr. 10, S. 90 f.

D. Die Düsseldorfer Zeit

Auch Jakobes Leibarzt brach eine Lanze für sie, indem er die Unschuld der Fürstin in einem Dokument beteuert, das in seiner Hinterlassenschaft entdeckt und von einer Enkelin des Arztes publiziert worden ist – leider jedoch eine Fälschung sein soll, wie wir an früherer Stelle vernommen haben.[1]

Ein weiterer Verstoß in der Prozeßführung gegen Jakobe lag darin, daß auch noch nach Prozeßbeginn, während der Verhöre, Klagen entgegengenommen wurden. Nachdem die mit unseren heutigen Rechtsvorstellungen kaum zu vereinbarende Zeugenvernehmung zu Ende war, schickte man Wilhelm Zours von Keyenberg Ende August 1595 mit dem Ergebnis nach Prag, um die Aburteilung der Herzogin zu erwirken.

Zuvor hatte am 8. 8. 1595 Daniel Prinz von Buchau, der in der Zwischenzeit zum böhmischen Vizekanzler avanciert war, den Düsseldorfer Schauplatz verlassen und war in seine Heimat zurückgekehrt. Auch der Freiherr von Haimb trat bald seine Heimreise an, da auf seinen Gütern Unruhen ausgebrochen waren.

In dieser für Jakobe lebensbedrohlichen Situation bewahrten ihr allein der Kölner Erzbischof Ernst und der Landgraf von Leuchtenberg noch die Treue. Zwar hatte auch von Haimb unter dem 28. 9. 1595 die Räte von Jülich-Berg und Kleve-Mark ermahnt, Jakobe den nötigen Respekt zu erweisen, sie ausreichend zu alimentieren und sich im übrigen an die Resolution des Kaisers zu halten. Darüber hinaus aber rührten sich weder die kaiserlichen Gesandten, die besten Einblick in die Verhältnisse am Niederrhein bekommen und wie z.B. von Hoyos und von Haimb immerhin in einer gewissen Verbundenheit von Jakobe Abschied genommen hatten, noch ein anderer ihrer kirchlichen oder weltlichen „Freunde".

Vom Kurfürsten Ernst war man es dagegen nicht anders gewohnt, als daß er, wenn es für seine Cousine brenzlig zu werden begann, ihr mit tatkräftigen Maßnahmen zu helfen versuchte. So auch in dieser letzten Phase ihres Lebens, die mit Jakobes Gefangennahme und Anklage eingeläutet worden war. Da sie ihr eigenes Gesinde nicht behalten durfte, schickte er ihr seine beiden Hofjunker Cornelius und Tristram Schenk. Außerdem einen rechtlichen Beistand sowie den Geheimen Rat, Kämmerer und Lütticher Domherrn Arnold von Buchholz, dem vor allem die kaum mehr Erfolg versprechende Aufgabe oblag, einen letzten Versuch zu unternehmen, die verfeindeten Schwägerinnen miteinander auszusöhnen. Wie der Domherr sich seiner Aufgabe entledigt hat, wurde nicht überliefert. Erfolg war ihm jedenfalls keiner beschieden.

---

[1] Vgl. S. 325 f.

6. Die drei Düsseldorfer Reisen Leuchtenbergs

Der Schwager Jakobes, der Landgraf und Reichshofratspräsident Georg Ludwig von Leuchtenberg, trachtete gleichfalls, seiner Schwägerin beizustehen, wenn auch spätere Erbschaftsstreitigkeiten den Beigeschmack nicht völliger Uneigennützigkeit aufkommen lassen. Zu Lebzeiten der Fürstin erwies er sich aber als aufrechter Freund, der in ihrer Haftzeit insgesamt dreimal nach Düsseldorf kam und wegen seines Eintretens für Jakobe von der dortigen Räteclique, aber auch den Ständen, wiederholt Schelte einstecken mußte. So z. B., als er erstmals am 22. 5. 1595 auf einer Durchreise von den Niederlanden nach Prag in Düsseldorf Station machen wollte und man ihm zunächst brüsk den Zutritt zur Stadt verwehrte. Der Landgraf nahm daraufhin Quartier im benachbarten kurkölnischen Kaiserswerth und versuchte es tags darauf nochmals. Jetzt wurden ihm zwar die Stadttore geöffnet, nicht dagegen das Schloß, so daß er sich mit einer öffentlichen Herberge begnügen mußte. Immerhin gelang es ihm aber, Jakobe dort zu empfangen, die ihrem Schwager hierbei Kleinodien im Wert von etwa 80 000 Gulden aushändigte, um dieselben vor ihren Peinigern in Sicherheit zu bringen. Diese Wertgegenstände waren es, die einige Jahre später zu den vorstehend erwähnten Auseinandersetzungen führten, als das Feilschen um das Erbe der Herzogin begann.

Nach Prag zurückgekehrt, führte der Landgraf heftig Klage gegen seine und der Herzogin Behandlung. Ihm wurde daraufhin für die Zukunft ein ungehinderter Verkehr mit der Fürstin, insbesondere wegen des rechtlichen Beistands, zugesichert. An den Fakten änderte dies freilich wenig, da sich die Düsseldorfer Räte um Weisungen des weit entfernten Kaisers, wie schon in der Vergangenheit, einfach nicht kümmerten, jedenfalls sofern dieselben zu ihren Ungunsten lauteten.

In der Folge scheint dem Landgrafen von Leuchtenberg so etwas wie die Rolle einer mehr offiziösen kaiserlichen Gesandtschaft zugefallen zu sein. Er kehrte im September 1595 ein zweites Mal nach Düsseldorf zurück, diesmal sogar mit dem ausdrücklichen Auftrag, Jakobe Beistand zu gewähren und sie vor Gewalttätigkeiten ihrer Bewacher zu schützen. Nach den Giftaffären der Vergangenheit wußte man in Prag sehr wohl, zu welchen Dingen man am herzoglichen Hofe zu Düsseldorf fähig war. Alle Bevollmächtigungen und Vorsichtsmaßnahmen halfen aber wenig, hatte doch die Räteclique bereits ausgiebig Erfahrung im Auflehnen gegen noch gewichtigere Gegner, wie die offizielle kaiserliche Gesandtschaft, die protestantischen Landstände oder die heimische Fürstenherrschaft. Man ließ daher von Leuchtenberg gar nicht erst

D. Die Düsseldorfer Zeit

mit Jakobe zusammenkommen – vielleicht hatte man auch von dem Schmuck-Transfer Wind bekommen. Jedenfalls mußte der Landgraf diesmal abreisen, ohne die Fürstin gesehen zu haben. Sein Weg führte ihn zu dem in Lüttich weilenden Erzbischof Ernst.
Letztmals wird man als Reaktion dieses Treffens eines Bündels von Abwehrmaßnahmen gegen den Jakobe zugedachten und – wie es sich kurze Zeit später erwies – leider wörtlich zu nehmenden „Würgegriff" gewahr. So berichtete Leuchtenberg dem Kaiser von dem völligen Scheitern seiner Düsseldorfer Mission, während Ernst in einem Schreiben vom 18. 9. 1595 seinen herzoglichen Bruder nochmals zu einem gemeinsamen Eintreten beim Kaiser ermunterte, obgleich des Kaisers Macht sich soeben erst als sehr begrenzt erwiesen hatte. Auch Jakobe selbst war nicht untätig geblieben. Sie hatte Tristram Schenk nach München beordert, um Hilfe von ihrer bayerischen Verwandtschaft zu erbitten.
In München, das für Jakobe viele Jahre hindurch mit Heimat gleichbedeutend war, hatte sich aber inzwischen das Klima total zu ihren Ungunsten gewandelt. Die Mitglieder der vorangehenden Generationen, die ihr am meisten zugetane badische Großmutter Jakobäa Maria sowie ihre Zieheltern, Herzog Albrecht und dessen Gemahlin Anna von Österreich, waren tot, während das regierende Herzogspaar, Wilhelm V. und seine Gemahlin Renata, sowie dessen immer häufiger zu Staatsgeschäften hinzugezogener Sohn Maximilian im Laufe der Jahre – teils bedingt durch Mißverständnisse, teils durch geschicktes Taktieren der Gegenseite, vor allem Sibylles – Jakobe entfremdet waren. Es sah so aus, als wären sie ihrer Gesinnung nach längst im gegnerischen Lager beheimatet und versuchten lediglich noch, mit der einen oder anderen Unverbindlichkeit, Jakobe gegenüber das Gesicht zu wahren. Wirkliche Hilfe konnte sich die Fürstin von dieser Verwandtschaft nicht mehr erhoffen, zumal man in München auch noch große Stücke auf den ihr nie sonderlich gut gesonnenen Speyrer Domherrn Metternich hielt.
Metternich war auch zugegen, als Tristram Schenk am Münchner Hof eintraf und beim Herzog und dessen Ministern im Namen seiner Auftraggeberin vorstellig wurde. Er war es, der abwertende Äußerungen über Jakobe verbreitete, die bei Wilhelm und Renata auf fruchtbareren Boden fielen als bei deren Sohn und Nachfolger Maximilian, der immerhin den bayerischen Rat Ulrich Speer nach Prag sandte, um sich beim Kaiser für eine standesgemäße Behandlung der badischen Verwandten zu verwenden.
Prägend blieb am Münchner Hof die negative Einstellung Metternichs, die Wilhelm V. wahrscheinlich sogar gelegen kam, wenn man seine nach allen

Seiten hin abgegebenen Entschuldigungen nach angeblich mangelnder Information vernimmt. Diese Ausflüchte teilte der Herzog – den Einflüsterungen Metternichs folgend – sowohl seinem Bruder Ernst als auch den kaiserlichen Räten Barvitius und Freymond sowie auch dem gerade bei ihm weilenden Tristram Schenk mit. Für Herzog Wilhelm V. war seine Cousine Jakobe bereits abgeschrieben, er wollte sich einfach nicht mehr für sie einsetzen und wartete nurmehr auf die Nachricht ihrer endgültigen Beseitigung; anders läßt sich seine Untätigkeit kaum erklären.

Aber kehren wir zurück zu der vornehmeren Haltung des Landgrafen von Leuchtenberg, der, wahrscheinlich bedrängt durch Jakobes jüngere Schwester Maria Salome, seine Gattin, in den Bemühungen, Jakobe Hilfe zu leisten, nicht locker ließ. So ist es mit Sicherheit seinem Eintreten zu danken, daß er von Rudolf II. ein drittes Mal die Erlaubnis erhielt, Jakobe zu besuchen. Als von Leuchtenberg am 3. 11. 1595 wieder in Düsseldorf eintraf, stieß er erwartungsgemäß abermals auf Schwierigkeiten. So wurde er insgesamt nur an drei aufeinanderfolgenden Tagen für jeweils eine Stunde bei Jakobe vorgelassen. Sichtbares Ergebnis dieser Unterredungen war ein Schreiben der Fürstin an den Kaiser, in dem sie ihn bat, die Verhörsakten ihres Prozesses vorerst nicht den Düsseldorfer Räten zugänglich zu machen, um der Willkür gegen sie und ihre Ehre nicht Tür und Tor zu öffnen. Dieses Gesuch wurde vom Landgrafen wie vom Kölner Erzbischof durch eigene Schreiben befürwortet.

Wie im Herzogtum, so prallten auch zu Prag die gegensätzlichen Interessen in der ,,Düsseldorfer Angelegenheit" heftig aneinander. Dort weilte zu dieser Zeit noch Wilhelm Zours von Keyenberg, der dem Kaiser das Ergebnis der Zeugenaussagen überbracht hatte und auf grünes Licht zur Fortführung und Beendigung – sprich Verurteilung der Herzogin – drängte. Rudolf II. zögerte aber weiterhin mit einer verbindlichen Erklärung. In diesem Stadium wirkte sich das Zaudern des Kaisers sogar positiv für Jakobe aus, denn ein Freispruch war unter den gegebenen Umständen nicht mehr zu erwarten, so daß das Hinauszögern des Prozesses, vor allem des Prozeßendes, auch schon einen Erfolg bedeutete. Der Kaiser stellte von Keyenberg lediglich ganz allgemein eine Weiterführung des Prozesses für die nächste Zeit in Aussicht.

Das Zögern des Kaisers kann, wie wir dies schon wiederholt vernommen haben, auch diesmal seinem Naturell entsprochen haben. Es wäre aber auch denkbar, daß er den Prozeß aus Rücksicht auf seine fürstlichen Standesgenossen, die Verwandten Jakobes, gar nicht zu Ende bringen wollte in der Hoffnung, daß er sich – wie schon manches andere zuvor – von selbst erledige. Ein weiterer Grund könnte auch darin bestanden haben, daß der Kaiser und

D. Die Düsseldorfer Zeit

seine Umgebung gegen die starken protestantischen Kräfte am Niederrhein insofern ein Mißtrauen hegten, als sich in deren Verlangen nach einer Verurteilung und Beseitigung der Herzogin lediglich das bekannte religiöse Freiheitsbestreben – vergleichbar etwa der Schweiz oder den Niederlanden – artikulierte.

Dann aber kam wider Erwarten Bewegung in die Sache. Der Kaiser entschloß sich nämlich plötzlich – konträr seinen Gewohnheiten – zu einer rascheren Fortsetzung des Prozesses. Indem er das Bittgesuch Jakobes, die Zeugenaussagen den Räten nicht oder nicht so schnell zugänglich zu machen, das Leuchtenberg und Erzbischof Ernst befürwortet hatten, nicht weiter beachtete, schickte er die protokollierten Aussagen am 5. 12. 1595 sowohl der Fürstin als auch ihren Düsseldorfer Peinigern zu. Daneben erhielten der Bayernherzog und sein Bruder Ernst von Köln je ein Exemplar.

Noch einmal fand die Fürstin einen persönlichen Kontakt zum Landgrafen von Leuchtenberg in einem vom 8. 2. 1596 datierten Schreiben, in dem sie drei weitere an den Landgrafen gerichtete Briefe, die diesem vorausgegangen sein sollen, erwähnt. Der Inhalt bestätigt, was aus den Handlungsabläufen im Grunde schon bekannt ist. Auch fügte sie ihrem Schreiben ein Landtagspapier bei, aus dem sich offenbar Unbotmäßigkeiten der Räte wider den Kaiser ergaben. Ferner beschuldigt sie Schenkern der Bestechlichkeit: Gegen die Leistung der Landstände von 13 000 Reichstalern hätte er sich bereit erklärt, sie, Jakobe, zu überführen, während sie ohne jeden Heller dasitze, obgleich ihr sowohl Kleve als auch Jülich Geld schuldeten. Inständig bittet sie den Adressaten, ihr bei der Beschaffung von Mitteln, die sie zur Bezahlung ihrer Rechtsgelehrten benötige, behilflich zu sein, wenn nicht anders durch Versetzen zweier Halsbänder. Zumindest eines von ihnen, mit dem Anhänger einer Caritas, läßt sich als das ihr in glücklicheren Tagen zugedachte Hochzeitsgeschenk des Kölner Erzbischofs identifizieren. Wahrscheinlich handelte es sich hierbei um Schmuck, den die Fürstin von Leuchtenberg bei seinem ersten Besuch im Vorjahr ausgehändigt hatte. Schließlich beklagt sich Jakobe auch noch darüber, wie man mit ihr umgehe. Sie dürfe keinerlei Besuche empfangen; weder neuburgische und brandenburgische Gesandte, noch Rechtsgelehrte oder auch nur einen Schreiber. Wie um alles in der Welt solle sie unter diesen Widerwärtigkeiten zu einer Verteidigungsschrift gelangen! Zum Schluß bittet sie darum, Seine Majestät wenigstens korrekt unterrichten zu wollen. Der Kaiser werde nicht unbillig mit ihr verfahren, wenn es ihm nur „recht vorgebracht wäre".

In einem Antwortschreiben des Landgrafen vom 5. 2. 1596, das sich mit

Jakobes Schreiben kreuzte, erfuhr die Fürstin u. a. noch, daß der Reichshofratspräsident[1] zwar einen mehrmonatigen Aufschub bezüglich der Einsendung der Verteidigungsschrift erwirkt habe und er in Kürze zu weiteren Unterredungen mit dem Bayernherzog und dem Gesandten des Erzbischofs Ernst nach München reisen wolle, daß er aber in der Hauptfrage, der Haftentlassung, beim Kaiser nichts erreichen konnte. Gleichzeitig mit der Aktenübergabe der Zeugenvernehmung forderte der Kaiser Jakobe auf, sich hierzu innerhalb von drei Monaten zu äußern. Dieser Weisung kam die Fürstin auch in ihren 120 Folien umfassenden Verteidigungsschriften vom 19. 5. und 30. 6. 1596 nach. Der Kaiser behielt sich daraufhin zwar ausdrücklich das Recht vor, daß gegen Jakobe nichts ohne seine Einwilligung unternommen werden dürfe. Dies mag aber mehr rethorisch gemeint gewesen sein, denn die von ihm zunächst so unerbittlich angeforderten und im Juli 1596 auch zu Prag eingegangenen Verteidigungsdokumente Jakobes leitete er nur kurze Zeit später an die Düsseldorfer Räte zurück.

Es zeigte sich jetzt, daß Jakobes Bitte an den Kaiser, die protokollierten Zeugenaussagen noch für sich zu behalten und nicht den beteiligten Parteigängern auszuhändigen, begründet war. So gereichte dies dem bayerischen Herzog abermals zum willkommenen Anlaß, sich einer von Bruder Ernst vorgeschlagenen, gemeinsamen Hilfsaktion zugunsten ihrer Cousine zu widersetzen. Und ungeachtet der Genugtuung, die das Verteilen der Akten selbstverständlich auf der Gegenseite auslöste, war sogar deutlich eine gewisse Abkühlung im bisher ungetrübten Verhältnis zum Erzbischof Ernst und auch zum Landgrafen von Leuchtenberg wahrzunehmen.

So müssen dem Kölner Erzbischof ernsthafte Bedenken gekommen sein, ob bei dieser Sachlage nicht alle seine Anstrengungen umsonst seien und seine Schutzbefohlene – bei dem Haß ihrer Bewacher und der allgemeinen Lethargie der übrigen weltlichen und kirchlichen Fürsten – nicht bereits eine Todgeweihte war. Dies zeigt sich vor allem darin, daß er ab jetzt keine Worte mehr an eine mögliche Regierungsbeteiligung Jakobes verschwendete, sondern nurmehr um deren Überleben kämpfte. Von ihm, dem Kirchenmann, stammt die Wiederaufnahme der Idee, den Papst um die Auflösung der Ehe zu bitten, um dadurch Johann Wilhelm eine neue Ehe mit Hoffnung auf Fortsetzung der Erbfolge zu ermöglichen – ein, wie berichtet, erfolgloses Unterfangen.[2] Gleichzeitig schlug Ernst für das vorstehend bereits erwähnte gemeinsame Vorgehen seiner Verwandtschaft vor, sich für ein Verbringen Jakobes an einen sicheren Ort zu

---

[1] Dies war Georg Ludwig von Leuchtenberg, vgl. z. B. LV Nr. 58, S. 5.   [2] Vgl. S. 324.

D. Die Düsseldorfer Zeit

verwenden. Aber abgesehen davon, daß er mit diesen Vorschlägen bei seinem von Metternich beherrschten Bruder nicht durchdrang, würgten auch die Düsseldorfer Räte seine Vermittlungsversuche bereits im Vorfeld jeder positiven Auswirkung ab. Sie widersetzten sich energisch einer Entfernung Jakobes aus ihrer Machtsphäre, verschärften sogar – da sie eine Flucht nicht ausschlossen – die Haftbedingungen und bestanden auf deren Aburteilung.

Nachdem der letzte kaiserliche Gesandte, der Freiherr von Haimb, Düsseldorf verlassen hatte, war die Fürstin am 1. 8. 1595 in ein mit mehreren Eisentüren abgesichertes Gemach jenes Schloßturms verbracht worden, der als noch vorhandener Zeuge dieses Geschehens die Zeiten überdauert hat. Wie ein zum Himmel erhobener Finger gemahnt er an diese Begebenheit düsteren Hintergrunds noch heute.

Vor Jakobes Gemach marschierten sich stündlich ablösende Schildwachen auf, ohne Rücksicht darauf, daß die Herzogin sich durch den Lärm dieser grobschlächtigen Gesellen um ihre Nachtruhe gebracht sah. Den abgesicherten Raum durfte die Herzogin nur für Andachten in der im nördlichen Schloßtrakt benachbarten Schloßkapelle verlassen. Auch alles Hofgesinde sowie die Beistände des Erzbischofs Ernst und des Landgrafen von Leuchtenberg wurden ihr genommen; lediglich zwei Kammerfrauen und eine Zofe durften bleiben.

Aber lassen wir auch einmal einen kritischen Zeitgenossen Jakobes, z. B. Petrus de Pötter, den Gesandten von Pfalz-Zweibrücken, zu Wort kommen:

„Jakobe ist trotzig, frech, stolz und müetig[1], trotz aller Trübsal, Leids und Widerwärtigkeiten . . . Sie macht ihre Sache nicht sehr gut . . . und sie verbittert die Gemüter der Menschen."[2]

Äußerlich kommt es de Pötter vor, daß sie des Nachts unruhig ist, nicht viel schlafen kann; morgens früh noch im Bett oder über Tage seufzt, weint und wehklagt . . . Der Landgraf von Leuchtenberg bringt Geld für Jakobe auf. Sein Angebot, auf ihre Kleider Geld aufzunehmen, hat sie aber strikt abgelehnt „obstinat, steyff und eigensinnig" wie sie ist, obgleich sie noch viel mehr Geld benötigt.

De Pötter hatte also keine sehr hohe Meinung von Jakobe. Vor allem bedauerte er ihren „bösen, trotzigen" Kopf, obwohl ihre Intention doch dahin gehen müßte, durch „demütiges und sanftsinniges" Verhalten von ihrer Unschuld zu überzeugen.

Trotz aller dieser Widrigkeiten sowie leumundschädigenden Aussagen und

---

[1] Wahrscheinlich: hochmütig. [2] LV Nr. 604.

Schloßturm, einziges Relikt des ehemaligen Düsseldorfer Schlosses – Kerker Jakobes

Berichte blieb Jakobe in bewundernswerter Weise weiterhin zuversichtlich und von einem für sie günstigen Ausgang des Prozesses überzeugt.

5. KAPITEL

E. Das Ende

1. Letzte Tage, Tod und Begräbnis

In den Tagen ihrer Kerkerhaft verfaßte Jakobe ein Protokoll über die ihr aufgezwungenen widrigen Lebensumstände. Bei den erhalten gebliebenen Exemplaren handelt es sich nicht um Originale, sondern nur um zwei alte Abschriften[1]. Die Unterschrift auf der einen ist von einem Kanzlisten nachvollzogen, während sie auf der anderen völlig fehlt. Diese Zeilen müssen, sofern man der Echtheit der Dokumente traut, noch vor der sofort nach dem Ableben der Herzogin erfolgten Versiegelung ihrer Räume nach außen gelangt sein. Ihr Alter, die Schrift, ihr Stil und der Inhalt fügen sich in die Begebenheit, so daß bisher keine Stimmen laut geworden sind, die diese Schilderung in Zweifel zögen.

Die Herzogin berichtet über ihre Peiniger: So über den Soldaten Pfundtkeeß; von ihm, dem zur Nachtzeit jede Stunde ein Rundgang durchs Schloß oblag, fühlte sie sich an Leib und Leben bedroht. Den Saalmeister Pelzer, den ein zeitgenössisches Bänkelsängerlied zusammen mit zwei Soldaten der Schloßwache zum Meuchelmörder werden läßt; Martin Neersen soll der eine geheißen haben, während der andere unbekannt blieb. Ferner den zwischenzeitlich vom Hofdiener zum Bottelier und Schloßverwalter aufgestiegenen Wessel von Knippenberg. Wir waren ihm bei den Trauerfeierlichkeiten um Wilhelm den Reichen begegnet. Von niederem Adel, zählte er damals dennoch zu dem kleinen Kreis Bevorzugter, die unmittelbar neben dem Sarge einherschritten. Auch Jakobe hatte ihn wie seine Gattin einst mit Wohltaten überhäuft, bevor sie später beide wegen nicht näher bekannter Verfehlungen aus ihren Diensten entließ und sich die Knippenbergs damit zu ihren erbittertsten Feinden machte. Das zum Beweis von Jakobes vermutetem Ehebruch dienende Guckloch in der Decke ihres Schlafgemachs war der Knippenberg ihr Werk. Schließlich gilt es noch, die Spitzeldienste leistenden Kammermägde Gerhardtgen und Stommin[2] zu erwähnen.

Dieser Personenkreis hielt nach den Worten der Herzogin unter sich Kontakt

---
[1] LV Nr. 403, 404, 602 (auch 235, S. 291). [2] Nach LV Nr. 10, S. 96 f. heißt die zweite Kammermagd Agnes – vielleicht Vorname von Stommin.

und traf sich des öfteren in einem nahe gelegenen Raum, wo bei diesen Gelegenheiten Pfundtkeeß verköstigt wurde – eine Ungewöhnlichkeit für Leute seines Standes. Mit an Sicherheit grenzender Wahrscheinlichkeit wurden bei diesen Zusammenkünften Einzelheiten der schikanösen Behandlung der Gefangenen und schließlich sogar die näheren Umstände ihrer Beseitigung ausgeheckt.

Pfundtkeeß hatte sich die Feindschaft der Herzogin zugezogen, als er einmal einer ihrer Kammerzofen aufgelauert und ihr vermutlich Gewalt angetan hat. Der Zofe muß es jedenfalls schlimm ergangen sein, obgleich Pfundtkeeß diese Tat später in einem Gespräch mit dem Lakaien Peter, dem Holzträger der Herzogin, nachhaltig bestritt. Er beteuerte diesem gegenüber:

„Ja mein genädige Fraw ist mir um Unschuld feind, ich hab es nicht verdient, dieweil ich es nicht verdient hab, so will ich alle Schelmerei anfangen, gegen Ihr und ihren Leuten, was ich nur erdenken kann."

Jakobe indes vertraute ihrer Zofe und antwortete Peter, der ihr die Worte von Pfundtkeeß zugetragen hatte:

„. . . daß es wahr ist, daß ich ihm feind halt bin, dieweilen es sich hat zugetragen, daß der ehrenvergessene Bub auf offner Brücken meiner Jungfraumagd so schändlich und leichtfertig angegriffen hat, und mit anderen leichtfertigen Worten angesprochen, nicht anderes, als wenns in einem gemeinen Haus wär. . . . wann es einem andern fürstlichen Haus wäre geschehen . . . so wär ihm ohne Zweifel um das nur allein sein Haupt für die Füß gelegt worden."

Die Herzogin sagt in diesem Zusammenhang auch, daß ihr der genaue Zeitpunkt, der Tathergang und Zeugen bekannt seien, ohne allerdings Einzelheiten oder Namen dem Papier anzuvertrauen. Sich ihrer eigenen, gefahrvollen Lage bewußt, fährt sie fort:

„Dieweil ich aber nun jetzt hier in meiner höchsten Feindin[1] Gewalt bin, und kein Recht haben kann, und ich wohl weiß, daß meine höchsten Feinde, mir nicht allein nach Ehr und Glimpf trachten, sondern auch um Leib und Leben, so soll sich dieser Gesell auf sein oben Erbietung wohl dazuerkaufen und anreizen lassen, noch solche ehrliche Gesellschaft, wie er ist, zu sich zu nehmen, und zu Nacht, weil er ein Gefreiter[2] ist, und alle Uhr und Stund umgehet das ganze Haus, durch mir und den meinigen nach Leib und Leben zutrachten."

Dieses Vorkommnis ließ Haßgefühle in Pfundtkeeß hochkommen, die mit der

---

[1] Gemeint ist Prinzessin Sibylle.   [2] Mit heutiger Amtsbezeichnung kaum identisch.

E. Das Ende

Zeit noch geschürt wurden, so daß er sich schließlich in den Händen der Jakobe feindlich gesonnenen Räte, den eigentlichen Drahtziehern, als ein willfähriges Mordwerkzeug gebrauchen ließ. Ungestraft konnte er seine gehegten Rachepläne verwirklichen. Dies fing an mit einer hochnotpeinlichen Überwachung all ihrer Schritte und ihrer Post. Dabei fiel Pfundtkeeß einmal ein an den Kaiser zu Prag gerichtetes Schreiben in die Hände, das der Kammerjunge Schwedt überbringen sollte. Als sich dieser Schwedt am 12. September 1596 etwa zwischen acht und neun Uhr auf den Weg machte, war er von Pfundtkeeß gestellt und zur Herausgabe des Schreibens gezwungen worden. Pfundtkeeß erbrach das Siegel, muß aber angesichts des Adressaten Bedenken bekommen haben, denn nach ein paar unflätigen Bemerkungen durfte Schwedt seinen Auftrag ausführen. Weder dieses noch andere Schreiben der Fürstin wurden von Rudolf II. jemals beantwortet.

Auch ihren früheren Diener Wessel von Knippenberg bezeichnete Jakobe zu wiederholten Malen als ihren „höchst-" oder „ärgstabgesagten" Feind. Er verstand es, Netze feineren Garns zu spinnen. Langsam, aber zielstrebig tastete sich von Knippenberg über das Gesinde der Herzogin an sie selbst heran. Je nach Mentalität versuchte er, Diener und Kammermägde entweder unter Androhung von Strafen einzuschüchtern und aus den Diensten der Herzogin zu entfernen oder aber ihnen dermaßen zu schmeicheln, daß sie, über ihre Eitelkeit stolpernd, Verrat übten, indem sie Knippenberg über alle Vorkommnisse, deren sie in ihrem Dienst gewahr wurden, berichteten. Jakobe durchschaute das Spiel, was sich aus ihrem in treffliche Worte gekleideten Gleichnis ergibt:

„... denn gleich wie die Hunde, an den Kiemen zuenagen, das Leder fressen gern, also pflegen allsolche Konspirierte an der Diener Personen Ihre Verräterei anfangen, und folglich an den Herrn oder Frauen selbst versehen und uns wegrichten."

Die „Diener Personen" waren Jakobes Kammermägde Gerhardtgen und Stommin. Mit Gerhardtgen stand von Knippenberg in brieflichem Kontakt; er ermunterte sie, ihm „auch das allergeringste Geschwätz (der Herzogin) zue wissen tuet". In einem solchen Brief, der von Jakobe ergebenem Personal abgefangen wurde, wird bezüglich der Herzogin erstmals geheimnisvoll angedeutet, „es soll wohl anders kommen eher denn sie meinen". Jakobe muß es spätestens jetzt klargeworden sein, daß ihr selbst in der intimen Wohnsphäre nur Personal belassen worden war, das sich zu Spitzeldiensten bereit fand.

Aus diesen Tagen, die zu den letzten der Fürstin im Düsseldorfer Schloßturm zählten, stammen auch die letzten beiden Schriftdokumente ihrer Hand.[1] Im ersten, das sie mit ,,Ein neues Lied" titulierte, spiegeln sich ihr Unglück, ihre Verlassenheit und gewissermaßen auch die Vorahnung auf noch Schlimmeres wider, wenn sie schreibt:

,,Ein neues Lied
1.
Ach, Unglück groß mit Schmerz, wie hart hast mir mein Herz
mit schwerem Leid umfangen, mir ist alles vergangen
All Freud' an diesem stummen Leid jetzt dar mir hab gefunden.

2.
Nun hilft mir jetzt alles nicht, ich war wie man mich hat bericht,
daß ich wider mein Willen hab' müssen alles erfüllen,
das Begehren zu meinem Schatten, wie die mir's haben geraten.

3.
O weh, o weh, o weh, hätt ich ein wenig auch
können das Recht erfahren, so hätt ich mögen sparen
viel Angst, Trauern und Leiden und leben jetzt in Freuden.

4.
O schad' ist's jetzt mal schad', daß ich jetzt und zu spat
mein Herz erst muß betrüben und mich im Trauern üben,
kein größer Sorg' auf Erden, es wäre nimmer besser werden.

5.
Ach wie ist es möglich, daß ich kann trösten mich,
mein Herz will mir zerspringen, mein Unglück tut mich dringen,
daß ich begehr zu werben von Gott selig zu sterben.

6.
Das Lied sei jetzt gemacht, in allem Leid betracht't,
Gott tut mein Herz erkennen, will ich zu einem Zeugen nennen,
der wolle es alles wenden und mir mein Trauern enden."

E. Das Ende

Das andere Schriftdokument ,,Eine Supplikation[1] an unseren Herrn" ist ein von Jakobe verfaßtes Gebet, das sich wie das ergreifende Schlußwort eines zum Tode verurteilten Delinquenten anhört. Seiner leichteren Lesbarkeit der heutigen Orthographie angepaßt und stilistisch leicht geschönt, sei der umseitig urschriftlich abgebildete Teil nachfolgend wiedergegeben:

,,Ein Psalm das ist wider unsern Feind zu sprechen, daß Ihnen Gott Ihre Gewalt nehme und Ihre Hoffart strafe.

O Gott, nicht schweige mein Lob, denn das Maul der Sünder und das Maul des Betrügers haben sich wiederum aufgetan und wider mich geredet mit falschen Zungen und zerredeten mich mit hesigen[2] Worten allenthalben und streiten wider mich ohn' Ursach, dafür, daß sie mich sollen lieben, reden sie mir übel nach, ich aber bete, daß ihr Wille nicht möchte fortgehen und der Herr hat mich oft erhört; sie tun aber mir Böses wie Gut und vergelten mir Haß und Liebe, daß ich sie geliebt habe. Setz Herr einen Gottlosen über ihn und ein Widersacher muß allzeit stehen an seiner Seiten, damit er zeitlich nimmer Reden hab' und muß von der Welt verurteilt und zum höchlichsten verdammt werden und sein Gebet muß hin sein und nimmer erhört werden, seine Tage müssen irrwahnig werden und sein Regiment muß ein anderer empfangen, seine Kinder . . ."

Jakobe war sich übrigens ihrer schwer lesbaren Schrift bewußt, von der sie einmal gesagt hat: ,,Weil ich des Schreibens wohl kann, daß mein Schreiben fast unlesbar seien."[3]

Aber auch noch andere Zeichen gab es, die Schlimmes andeuteten: So ließ sich am 27. August 1597 eine der Kammermägde der Herzogin aus ihrem Dienst für die Dauer von zehn Tagen beurlauben, um ihre Eltern zu besuchen. Als sie daraufhin von ihrem Schwager abgeholt wurde, machte sie die tiefgründige Bemerkung ,,vielleicht find ich mein Herzogin nimmer, wenn ich wiederkomm".[4] Und so war es ja dann auch. Als sich die Magd zum vereinbarten Termin am 7. 9. 1597 im Düsseldorfer Schloß zurückmeldete, war ihre Herrin schon vier Tage tot.

Von einer Audienz bei Jakobe berichtet Petrus de Pötter, der Gesandte von Pfalz-Zweibrücken, an Philipp Ludwig von Pfalz-Neuburg, daß Jakobe Hilfe der Interessenten erbittet, er sie in der Hofkapelle nächtlicherweise heulen und

---

[1] Bittschrift.   [2] ,,häßlichen", vielleicht sogar ,,gehässigen".   [3] LV Nr. 603.   [4] LV Nr. 405 fol. 3.

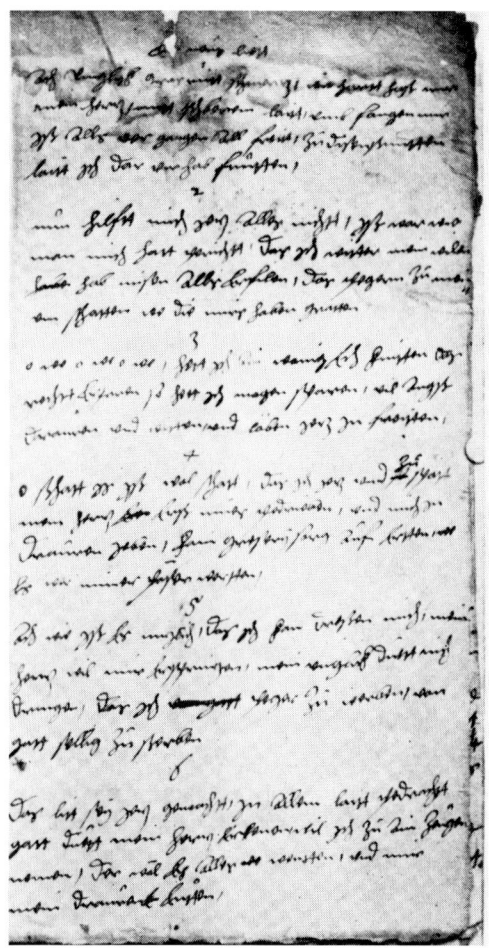 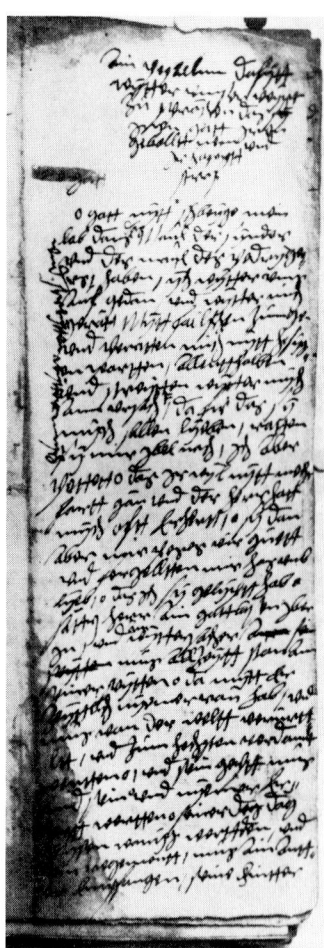

Die beiden letzten Schriftdokumente aus Jakobes Hand

wehklagen gehört habe und Wahrsager in baldiger Zukunft eine Leiche im Schloß vorausgesagt hätten.[1]
Eine noch deutlichere Sprache redet schließlich ein Schreiben, das der Fürstin Gemahl, Herzog Johann Wilhelm, an den Kaiser richtete, als dieser ihn nach seiner Einstellung zur eigenen Frau befragen ließ. Mit bestürzender Gemüts-

[1] LV Nr. 604.

E. Das Ende

roheit antwortete daraufhin der Herzog: ,,man solle die Herzogin abschaffen".[1] Freilich ist nicht bekannt, inwieweit diese Antwort eine Ausgeburt seines kranken Hirns oder aber eine von feindlich gesonnenen Räten bewußt provozierte Aussage war, die als Rückendeckung für die Zeit nach vollbrachter Tat dienen sollte. Diese bitteren herzoglichen Worte wurden dann in der Tat sehr bald als eigentliches Todesurteil gedeutet.

Wenden wir uns aber wieder der Fürstin selbst zu. Wie verbrachte sie die letzten, ihr noch verbliebenen Stunden? Es war am 2. September 1597, dem Vorabend ihres Todestages, als sie – ihr freilich unbewußt – als letzten Gast einen gewissen Herrn Adam Pastor empfing und mit ihm zu Abend speiste. Welchen Zweck dieser Besuch hatte, in welcher Eigenschaft Herr Pastor erschienen war, ob sein Kommen private oder dienstliche Beweggründe hatte, und vor allem zu welcher Uhrzeit er sich wieder verabschiedete, darüber schweigen die Akten. Fest steht lediglich, daß dieser Mann in keinem Zusammenhang mit dem wenige Stunden später erfolgten Ableben der Herzogin stand – dazu scheint der Besuch zu unbedeutend und seine Atmosphäre zu gelockert. Jakobe hatte sogar noch auf das Wohl ihres Gemahls getrunken und wirkte den ganzen Abend ausgesprochen heiter, gelöst und ohne Anzeichen jedweder Beschwerden.

Die Nachtwache vor der Herzogin Gemächer lag wie stets in Händen des Pfundtkeeß, und zwar zusammen mit ein oder zwei anderen Soldaten, möglicherweise Pelzers und Neersens. Von dieser Wachmannschaft abgesehen, soll sich noch eine weitere Person sowie deren Schreiber im Schloß aufgehalten haben. Hinter der ranghöheren, anonymen Person könnte sich Wessel von Knippenberg verbergen, dem die Rolle der Aufsicht in dem Mordkomplott obliegen sein mag, obgleich er seine Anwesenheit bei Hof zum fraglichen Zeitpunkt später bestritt.

Nach dem Bericht des Alexius Moroldt an Philipp Ludwig von Pfalz-Neuburg vom 10. 10. 1597 waren Schultheiß und Schöffen von Jülich nach Hambach beordert worden. Sie sollten – unter Umgehung des Kaisers – das Urteil über Jakobe sprechen. Einen Tag vor der Mordnacht reisten dann der Schultheiß und ein Dr. Simonius von Hambach nach Düsseldorf, um dort das Urteil vollziehen zu lassen. Dr. Simonius hat, nach Moroldt, in der fraglichen Nacht gleichfalls im Schloß übernachtet, was im allgemeinen unüblich ist, ja den Räten gar nicht zusteht.

---

[1] LV Nr. 405.

Irgendwann in der Nacht vom 2. auf den 3. September 1597 sind dann wohl Pfundtkeeß und seine Kumpane in das Schlafgemach der Herzogin eingedrungen und haben die nichtsahnende Fürstin in ihrem Bett erdrosselt.
Erst am Morgen wurde der Tod Jakobes von den beiden Kammerzofen Gerhardtgen und Stommin entdeckt. Als sie zuvor, zwischen 5 und 6 Uhr, schon einmal nach ihrer Herrin Ausschau gehalten hatten, waren sonderliche Anzeichen nicht zu bemerken gewesen. Etwa zwei Stunden später aber, zwischen 7 und 8 Uhr, wollten sie sich dann auf ihre oberhalb der Fürstin Schlafgemach gelegene Kammer begeben. Der Weg führte am Schlafzimmer Jakobes vorbei, so daß ein kurzer Blick nach ihrem Befinden geboten schien. Erst hierbei wurden sie der entseelt in ihrem Bett liegenden Fürstin gewahr. Fürs erste fiel ihnen die Lage der linken Hand auf, die abgewinkelt und wie zur Abwehr nahe dem Halse ruhte. Man deutete dies später als Zeichen für einen ebenso kurzen wie verzweifelten Kampf des Opfers mit seinen Mördern.
Ein Diener Jakobes will sodann von dem Todesfall aus erster Hand – wohl durch Gerhardtgen oder Stommin – erfahren und ihren Leichnam in Augenschein genommen haben. Seinen Eindruck schildert er uns, da er

,,der erst gewesen, welcher als er den unversehenen Tod gehört, hinaufgelaufen, und die tote Herzogin besichtigt hat, dieselb um den Hals blutige Striemen oder mit Blut unterlaufen, auch um die Augen sehr aufgeschwollen, und verblabt gewesen sein, als wenn man sie erdrosselt oder erstickt hätt".[1]

Die bei Verstorbenen ansonsten keineswegs obligatorische Veränderung des Antlitzes unmittelbar nach dem Ableben sowie die Abwehrhaltung der einen Hand sind jedenfalls Anzeichen für eine gewaltsame Erstickung, und zwar dann, ,,wenn sie sich über einige Minuten erstreckt".[2]
Der Knippenberger will von dem Geschehen irgendwo in den Straßen der Stadt gehört haben. Er tat kund, daß er die Fürstin in letzter Zeit weder gesehen noch von einer Krankheit etwas gewußt hatte. In seiner Eigenschaft als Bottelier, das heißt als Verwalter des Proviants, habe sie vor zwei Tagen lediglich wegen ihrer Verköstigung zu ihm geschickt. Mit derselben unzufrieden, begehrte die Herzogin, und dies noch am Vorabend ihres Ablebens, einmal etwas anderes, z. B. Fisch. Wegen dieser Dinge habe sie dann den Koch zu sich gebeten, über den u. a. der Burggraf Lutter Törrich vom Geschehen der Nacht vernommen hatte.
Über jede Art der Verdächtigung erhaben, will von Knippenberg das ihm unterstellte Küchen- und Kellerpersonal sogar vor der Möglichkeit eines

---

[1] LV Nr. 405. [2] LV Nr. 225, S. 19.

E. Das Ende

Giftanschlags auf das Leben der Herzogin gewarnt haben. Nicht genug dessen, habe er nach Bekanntwerden des Vorfalls sogar einen im Glas verbliebenen Getränkerest der Herzogin durch einen Kellerknecht und sich selbst überprüft. Nach einer anderen Version zeigte sich Wessel von Knippenberg von dem Geschehen der zurückliegenden Nacht wenig überrascht, trug sogar eine ausgesprochen fröhliche Miene zur Schau und ließ sich, bar jeglicher Skrupel und Pietätsgefühle, in den Sterbegemächern der Herzogin eine Suppe servieren, die er zusammen mit den anwesenden Kammermägden verspeist haben soll. Seine allzu offensichtlich an den Tag gelegte Gleichgültigkeit und Unbekümmertheit ließ jedenfalls mancherorts aufhorchen und Argwohn aufkommen.

Die nach dem letzten Weltkrieg angestellten gerichtsmedizinischen Untersuchungen Schweitzers bestätigen somit eigentlich nur, was in der alten Handschrift, die das erwähnte Protokoll der Herzogin und das Knippenbergsche Schreiben an Gerhardtgen wiedergibt, bereits gemutmaßt wird,

„daß man diese Nacht mit der Frauen Fürstin übel umgangen und also beständig darfür gehalten, daß Ihr Fürstliche Gnaden entweder mit einer Hand wohl erdrosselt, der Mund vor das Schreien verhalten, oder aber mit einem Kissen erstickt worden".[1]

Darüber hinaus wollen einige der Zeugen wie der ,,Doctor N." auch Blut oder blutunterlaufene Stellen an der Leiche beobachtet haben. So ist von ,,mit Blut unterlaufenen Augen", einer ,,mit noch frischem, jedoch gestocktem Blut voll gewesten Nasen", ,,ein roten oder mit Blut underlaufenem schwarzen Strich um den Hals" und von einer ,,mit gestocktem Blut berunen gewesten Brust" die Rede.[2]

Nach Alexius Moroldt war es der Arzt Galenus Weyer, der gesehen hat, daß Jakobe ,,nicht allein im Angesicht sehr dick geschwollen, sondern auch ober- und underhalb den Augen von zusammen geronnenem Blut bis auf die Brust gleichsam schwarz Farb gewesen".[3]

Wahrscheinlich alles Blutergüsse, die von dem verzweifelten, Minuten währenden Kampf der Herzogin mit ihren Mördern herrührten. Durch diese Beweisanzeichen wurde der dreist und frivol klingende Versuch der Räte, einen Schlagfluß oder Katarrh als Todesursache glaubhaft zu machen, ad absurdum geführt.

Im Jahre 1966 entdeckte man in einem Bündel von Dokumenten eine Zeichnung, über die drei Jahre später Brigitte Tabbert eine Dissertation

---

[1] LV Nr. 405 fol. 7. [2] LV Nr. 405 fol. 14. [3] LV Nr. 605, Bl. 102 ff.

IACOBE MARCHIONISSA BADENSIS DVCISSA IVL: CLIV:
ET MONT:

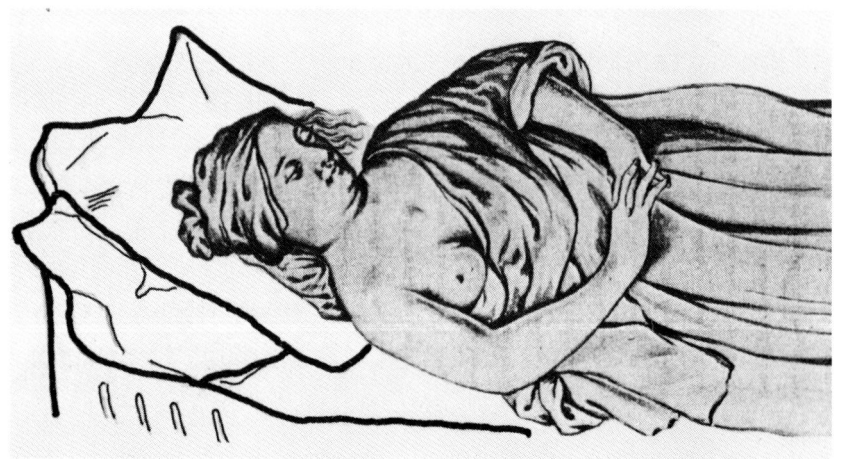

Leichnam Jakobes

geschrieben hat.¹ Die Zeichnung soll die Kopie eines aus dem Todesjahr Jakobes stammenden, verschollenen Originals sein und im Gegensatz zu der Bildunterschrift

JACOBE MARCHIONISSA BADENSIS
DVCISSA IVL: CLIV: ET MONT:,

die am Fußende der scheinbar aufrecht stehenden Jakobe plaziert ist, den liegenden Leichnam der Fürstin darstellen.² Alle zeichnerischen Details deuten jedenfalls in diese Richtung: Das Kleidungsstück, vermutlich Nachtgewand, läßt die rechte Brust der etwas aufgedunsen wirkenden Frauengestalt entblößt, es könnte ihr im Kampf gewaltsam vom Leibe gerissen worden sein. Um den Hals, gut sichtbar, ein als Strangulierungszeichen gedeuteter, dunkler Ring und auf dem Kopf ein turbanartiges Tuch, das lediglich an der linken Seite eine einzelne, gelockt herabhängende Strähne nicht erfaßt. Die Augenlider sind halb geschlossen und die Finger beider Hände über dem Leib verschränkt. Ein toter weiblicher Körper also, wenn auch die Gesichtszüge und die etwas pyknische Gestalt nicht über alle Zweifel der Person erhaben sind.

Andere, bereits damals, aber vor allem in späterer Zeit hochgekommene Gerüchte, daß die Herzogin durch Gift oder – gleich ihrer Zeitgenossin Maria Stuart oder auch der zweihundert Jahre später lebenden Marie Antoinette – durch Enthaupten zu Tode gekommen sei, sind unwahrscheinlich. Zum einen soll ein früherer Giftanschlag Schenkerns über Dr. Solenander gescheitert sein. Gift ließ sich in den 1960 exhumierten Knochen der Herzogin jedenfalls nicht nachweisen, was bei dem damals meist gebrauchten Arsen noch nach Jahrhunderten möglich gewesen wäre. Zum anderen berichtet das zweite der vom 22. und 28. 10. 1819 datierten Protokolle³, die bei der Umbettung Jakobes von der Kreuzherrenkirche nach St. Lambertus angefertigt worden waren, ausdrücklich von einer unversehrten Wirbelsäule. Auch bei den Untersuchungen des Jahres 1960 konnte dieses Ergebnis bestätigt werden, allerdings mit der Einschränkung, daß der Wirbelsäule fünf Halswirbel fehlten. Wäre bei der gerichtsmedizinischen Untersuchung nicht auch das Fehlen des linken Schlüsselbeins und des linken Schulterblatts sowie fortgeschrittene Verwesung einiger anderer Knochenpartien festgestellt worden, wobei ausgerechnet alle kleinen Knochen der Hände und Füße erhalten waren, wäre diese Unregelmäßigkeit u. U. schon geeignet, die Erstickungstheorie der Herzogin ins Wanken zu bringen. Jahrhunderte hindurch hielt sich nämlich im Volk der Glaube,

---

[1] LV Nr. 226; [2] Im nebenstehenden Bild wurde versucht, auch die ursprünglich gemeinte, liegende Lage zu veranschaulichen. [3] Vgl. S. 380.

Jakobe sei von einem extra zu diesem Zweck aus Mannheim herbeigeorderten Scharfrichter namens Alexander im Schwanenzimmer des Schlosses enthauptet worden.[1]

Folgen wir noch den letzten, traurigen Geschehnissen um Jakobe. Ihre Gemächer wurden versiegelt. Sodann wurde der Leichnam geöffnet und einbalsamiert. Im Herzogtum war letzteres zwar nicht gesetzlich vorgeschrieben, jedoch bei Persönlichkeiten vom Range Jakobes üblich. Aber im Gegensatz zu der fünf Jahre zuvor erfolgten Obduktion ihres Schwiegervaters, bei der das Hirn und alle Organe nach damaligem ärztlichen Vermögen sorgfältig in Augenschein genommen worden waren, gab man sich bei der Fürstin weniger Mühe. Unbekannte Leute, wie es heißt ein Arzt und ein Barbier, wurden hiermit betraut.[2] Wir besitzen jedoch einen Bericht, demzufolge die Obduktion wie im Fall Wilhelms des Reichen, dessen Protokoll noch von dem vielgepriesenen Dr. Solenander unterzeichnet ist, sachgemäß von renommierten Medizinern durchgeführt wurde.[3] Dr. Solenander war zu dieser Zeit bereits in Ungnade gefallen und des Hofes verwiesen, so daß an seine Stelle – jedenfalls dem Protokoll zufolge – der herzogliche Leibarzt Dr. Galenus Weyer und der Wundarzt M. Rheydt von Kempen traten. Doch vernehmen wir zunächst den Wortlaut dieses Protokolls, das einen Tag nach Präparieren des Leichnams von den Sekretären und Notaren Reinfeld, P. A. Simonius[4] und Heinrich Conssen angefertigt wurde:

„5. Septembris 1597
ante merid
Dr. Galenus Weyer, Ihr Fürstlich Gnaden Leibmedicus und M. Rheydt von Kempen, Wundarzt, auf Erfordern erschienen und ihnen vorgetragen, welchergestalten die anwesenden Kanzler und Räte als ferner der unvorsehentliche Tod hochfürstlicher Gnaden Frauen angezeigt weniger nicht tun können, als sich bei den Hofdienern und sonst da Beschäftigten zu erkundigen, danach für ratsam angesehen, hochfürstliche Gnaden Leibmedicus in aller Eil an hero toten Leichnam zu eröffnen, die inwendige Gestalt zu besichtigen und darob ihre Kundschaft mitzuteilen, zu beschreiben. Und, weil der Leichnam gestrigen Tages (4. 9.) eröffnet und der Gebühr nach fürstlich balsamiert worden, wollte man ihre Erklärung, was für Mängel inwendig befunden, anhören.

Darauf beide, genannte Weyer und M. Rheydt, geantwortet und refe-

---

[1] LV Nr. 5, S. 238; 9. [2] LV Nr. 405 fol. 9 und fol. 14; 59, S. 8. [3] LV Nr. 605, Bl. 102 ff. [4] Ein Dr. Simonius spielte auch bei der eigenmächt. Urteilsvollstreckung eine Rolle – vgl. S. 363.

ns. Das Ende

riert: „daß sie keine Andeutung einiges Giftes, sondern den Magen natürlich und wohlgestalt befunden. Dergleichen die Leber, Milz und Eingeweid richtig, aber die Mutter braunschwarz und mangelhaft, zudem die Lunge mißfarb bemerkt."[1]

Das hier weiterführende Wort ist dem Protokoll zu entnehmen. Es wurde alles, wie auch bei den nachfolgenden Bestattungszeremonien, „in aller Eil" gehandhabt. Keine spezifische Begutachtung der einzelnen Organe, auch nicht des Hirns. Der ganze medizinische Teil des Untersuchungsbefunds beschränkt sich auf zwei kurze Schlußsätze. Dabei ging man, vielleicht eingedenk früherer Anschläge auf das Leben Jakobes, einzig und allein der Todesart des Vergiftens nach, obgleich doch mehrere Personen die Strangulierungsmerkmale an der Leiche gesehen hatten und von Haupt sogar eine Aussage des assistierenden Wundarztes Rheydt überliefert, wonach „sich an beiden Seiten der Kehle Spuren des Stricks zeigen".[2]

Es heißt nun, „Nachdem sein des N. [= Weikhart] Behalts die Leich 5 Tag gestanden, war sie an dem sechsten Tag bei den Kreuzbrüdern in einer Kapellen gar hinten beim Eingang auf der linken Hand ... begraben worden".[3] Jakobe sollte demnach nicht in dem ihrer Familie zugedachten Erbbegräbnis von St. Lambertus ruhen, sondern wurde von den sie noch über ihren Tod hinaus verfolgenden Räten und ihrer Schwägerin Sibylle nach der unweit von St. Lambertus, an der Ratinger Straße gelegenen Klosterkirche der Kreuzherrenbrüder verbannt. Nach vorstehender Zeitangabe muß das Begräbnis somit am 9. September stattgefunden haben. Nur ein kleiner, sich aus Kanzler Niklas von der Broel sowie einigen wenigen Räten und Hofchargen zusammensetzender, rein pflichtgemäßer Trauerkondukt folgte dem von ein paar Landsknechten getragenen Sarg teils verdrossen, teils aus purer Neugierde. Von Jakobes Verwandtschaft war niemand zugegen. In Düsseldorf wären dies ohnehin nur ihr Gemahl Johann Wilhelm gewesen, der auf Schloß Hambach festgehalten wurde, sowie dessen Schwester, die Prinzessin Sibylle, die sich durch ihr Fernbleiben wenigstens nicht auch noch des Vorwurfs der Heuchelei aussetzte. Für die aber in ganz Deutschland verstreute, übrige Verwandtschaft erfolgte die Beisetzung viel zu schnell, als daß sie noch hätte anreisen können.

Die Beisetzungszeremonien, wie Einsegnung des Leichnams und Trauergottesdienst, nahm nicht Vetter Ernst, sondern lediglich ein Kölner Weihbischof vor. Eine Leichenpredigt sparte man sich, und der Leichenschmaus im nahe

[1] LV Nr. 226, S. 37 f.; 10, S. 98 f. [2] LV Nr. 226, S. 38. [3] LV Nr. 405 fol. 10.

gelegenen Stadtschloß nach Abschluß der Zeremonien beendete das gespenstische Geschehen dieses Tages.
Das Grab Jakobes in der Kreuzherrenkirche blieb noch kurze Zeit mit einem billigen Leichentuch bedeckt, das mit einem weißen Kreuz und an vier anderen Stellen – auf der Fürstin Herkunft weisend – auch noch mit dem badischen Wappen geschmückt war. Es wurde bereits darauf hingewiesen, daß das Grab keinen Gedenkstein und noch nicht einmal eine Inschrift erhielt. Auch mögen die Umstände des Todes und der Beisetzung Jakobes die Mönche des Klosters bewogen haben, sich nicht, auch nicht mit Aufzeichnungen über die genaue Lage der Grabstätte, in die undurchsichtige Angelegenheit einzumischen. Es hätte damit gar nicht mehr eines durch die Überschwemmung von 1784 bedingten, neuen Bodenbelags der Kirche, diverser baulicher Veränderungen und der Gräberplünderung durch russische Truppen der Jahre 1809–1813 bedurft, um jedwede Orientierung zu verwischen. So schien es lange, als ob das traurige Schicksal Jakobes in der Folge auf ihre letzte Bleibe übergegriffen und sich im Tode gar mit einem anderen, nämlich demjenigen der etwa hundert Jahre vor ihr verstorbenen Erbauerin dieser Begräbnisstätte, der Herzogin Sophia von Sachsen-Lauenburg, dermaßen verwoben hatte, daß eine genaue Ermittlung der Gräber beider Frauen nicht mehr möglich war.
Der einzige, der sich auch noch über den Tod der Fürstin hinaus ihrer Angelegenheit annahm, war der Landgraf von Leuchtenberg. Er schrieb an den Kaiser und verlangte eine Bestrafung der Mörder, eine standesgemäße Grabstätte und die Herausgabe des Erbes seiner Frau Maria Salome, einziger noch lebender Schwester Jakobes. In ähnlicher Weise mobilisierte er den Bayernherzog Maximilian, der sich ihm in den wesentlichen Punkten anschloß. Des Kaisers Haltung war jedoch eindeutig: „. . . man solle die Toten ruhen lassen . . ."[1] Von Leuchtenberg verfolgte daraufhin nur noch die Herausgabe der seiner Familie zustehenden Hinterlassenschaft. Nach einigem Hin und Her, ob der Landgraf seine Ansprüche persönlich oder wegen seines nach wie vor gespannten Verhältnisses zu den Düsseldorfer Räten durch Gesandte vertreten lassen solle, erfolgten die Verhandlungen ohne die Person Leuchtenbergs in Anwesenheit eines kaiserlichen Kommissars und kamen sogar zu einem positiven Abschluß, so daß das Erbe 1599 ausgeliefert werden konnte. Nur, Maria Salome konnte sich dieses Ergebnisses nicht mehr lange erfreuen, denn bereits am 9. 4. 1600 schied auch sie aus dem Leben.
Georg Ludwig von Leuchtenberg ehelichte noch im gleichen Jahr, am 24.10.,

---

[1] LV Nr. 59, S. 9.

E. Das Ende

die Gräfin Elisabeth von Manderscheid-Gerolstein. Ihr Vater Hans Gerhard schrieb von Leuchtenberg unter dem 7. 8. d. J., daß es die Düsseldorfer Räte auf ein kaiserliches Schreiben hin, das auf die Rehabilitierung Jakobes hinauslief, mit der Angst zu tun bekommen hätten. Im Falle der Freilassung Jakobes „würde es ihnen sämtlich ihre Hälse kosten".[1] Sie schritten daher umgehend zur Tat und bestimmten von Knippenberg, Pelzer, Pfundtkeeß und Merten Herzenmacher, den Mord auszuführen. Es ist dies das einzige Mal, bei dem die Namen der Mörder offen genannt werden.

Jakobe ruhte an dem Ort ihrer ersten Beisetzung, der Kreuzherrenkirche, 221 Jahre, bis sie 1819 exhumiert und im März 1820 doch noch an der ihr gebührenden Stätte ihrer Familie, der Gruft in St. Lambertus, beigesetzt wurde. Neuerlich gehoben und nach gerichtsmedizinischer Untersuchung wieder beigesetzt wurden ihre Gebeine 1960.
An Popularität allenfalls mit Jan Wellem, einem ihrer Nachfolger, vergleichbar, ging Jakobe sogar, obschon erst am Übergang vom Renaissance- zum Barockzeitalter lebend, in die Sagenwelt ein, was vor ihr am Niederrhein nur der Schwanenritter Elias de Grail und mit gewissen Einschränkungen auch noch ihr Schwiegervater Wilhelm der Reiche schafften. Die Verbindung von ersterem zu Jakobe führt denn auch über das Düsseldorfer Schwanenzimmer, in dem die Fürstin der Fama nach enthauptet wurde. Aber ob enthauptet oder erdrosselt, findet sich in dem jedenfalls gewaltsamen Tod der Herzogin das Hauptmotiv für ihren nicht Ruhe findenden, nach Sühne und Erlösung suchenden Geist.
Sowohl in biographischen Artikeln wie in ernsthafter Belletristik oder in Kindermärchen begegnet man seither immer wieder auch der um das Schloß bzw. dessen Überbleibsel, den runden Schloßturm, spukenden Weißen Frau. Ihr Hals ist – je nach Auslegung der Todesart – entweder von einem schmalen Seidenband gezeichnet, oder sie trägt gar ihr abgeschlagenes Haupt in ihren Händen. Immer ist ihr Erscheinen von irgendwelchen Geräuschen, zumeist dem Knistern ihres schweren Seidengewandes, begleitet.
Damit hatte also auch das Herzogshaus Jülich-Kleve-Berg seine Weiße Frau, die es als „geschichtliche Person" schon in der germanischen Mythologie gegeben hatte und die später in zahlreichen Adelsgeschlechtern, wie den Rosenbergs, Hohenzollern u. a., immer wieder in Erscheinung trat und immer noch tritt.

---

[1] LV Nr. 59, S. 11.

2. Die Kreuzherrenkirche

Im Jahre 1438 hatte Herzog Gerhard (1437–75) den Orden der Kreuzbrüder von Steinhaus nach Düsseldorf berufen und ihm wenige Jahre später eine ehedem außerhalb der Stadtmauer gelegene Kapelle nebst aller an sie gebundenen Pfründen zugewiesen. Es handelt sich hierbei um die Keimzelle des um 1460 vollendeten Klosters und der zugehörigen, im Stil der Spätgotik aus rötlich braunen Backsteinen errichteten, zweischiffigen Kreuzherrenkirche. Da auch dieser Herzog in geistige Umnachtung verfallen war, regierte seine Gemahlin, eben jene Sophia von Sachsen-Lauenburg, die niederrheinischen Lande später allein – insofern sicher ein frühes Leitbild für Jakobe. Wahrscheinlich war Sophia auch die Triebfeder für die Berufung des Ordens sowie den Bau von Kloster und Kirche, da sie bis hin zu ihrem am 9. 9. 1473 auf der Burg Nideggen erfolgten Ableben die große Gönnerin dieser Stiftung blieb.

In ihrem Testament bestimmte Sophia „. . . in der Kirchen zo den Cruytzbroeder zo Duysseldorp da wir begraven syn willen . . ."[1] Diese Verfügung sowie der von ihr gestiftete St.-Annen-Altar auf der rechten Seite des linken Schiffes, im Bereich des dritten Kreuzgewölbes von hinten, sind die einzigen Anhaltspunkte für die Beisetzung der Herzogin Sophia an diesem Ort. Gewisse Bedenken, ob ihrem letzten Willen entsprochen wurde, bestehen insofern, weil keinerlei weitere urkundliche Belege existieren, sondern es im Gegenteil in den Teschenmacher-Annalen der Jahre 1638 und 1721 heißt, daß Sophia, zusammen mit ihrem im gleichen Jahr verstorbenen, zweitgeborenen Sohn Adolf, in der Kirche von Nideggen beigesetzt worden sei. Da also auch das Grab dieser Frau mit keinem Gedenkstein und keiner Inschrift versehen wurde, kennen wir letztlich seine Lage nicht. Die vorausgehende Regentschaft für den geistesschwachen Gemahl und die große Frömmigkeit sind nicht zu übersehende Parallelen zum Schicksal Jakobes, die 1¼ Jahrhunderte später in dieser Kirche beigesetzt werden sollte. Danach versinken Klosteranlage und Kirche in einen mehrhundertjährigen Dornröschenschlaf. Kein größerer Gönner, kein hervorstechendes Ereignis, das in der Geschichte dieser klösterlichen Niederlassung von sich Aufhebens machte.

Während das Ordensleben seinen unauffälligen Gang nahm, wurden an der Kirche im Zeitalter des Barocks und Rokokos einige Veränderungen vorgenommen, am auffälligsten an den später gänzlich verschwundenen Kapellen sowie dem Türmchen, das jetzt wohl anstelle eines ursprünglich gotischen

---

[1] LV Nr. 13, S. 185.

Die Kreuzherrenkirche zu Düsseldorf

Dachreiters eine abgesetzte Barockhaube trägt. Die schlanken, mit Blattkapitellen versehenen, gen Himmel strebenden und sich in einem gotischen Kreuzgewölbe auflösenden Pfeiler untergliedern die Kirche in zwei symmetrische Schiffe, zwischen denen chorseitig das Türmchen angebracht ist.

Wahrscheinlich aufgrund seiner reichen Dotationen und eines klugen Wirtschaftens in den zurückliegenden Jahrhunderten erfreute sich der Orden der Düsseldorfer Kreuzbrüder bis in die napoleonische Ära hinein eines Wohlstandes, der ihm im Zeitalter der Säkularisation zum Verhängnis gereichte: Die Mönche wurden bis auf den Subprior J. Heinrich Schweitzer vertrieben, das Vermögen enteignet und die Gebäude anderen Nutzungen zugeführt.

Zweckentfremdet diente die Kirche nacheinander als Tabakmagazin (1808–13), Pferdestall russischer Truppen, Militärmagazin, Büro des Finanzamtes und Ausstellungsgalerie. Es versteht sich, daß diese profanen Verwendungszwecke auch tiefgreifende Wunden hinterließen, wie die Beseitigung diverser Kapellen nebst einem Turm in der Außenseite der Südwestecke, die Umgestaltung gotischer Spitzbogenfenster, den Einzug von Zwischengeschossen und dgl. mehr.

Nach dem Zweiten Weltkrieg bahnte sich dann ein würdigeres Schicksal an. Der katholischen Kirche zurückgegeben, wurde sie etappenweise renoviert, so daß im Juni 1968 seit 156 Jahren erstmals wieder Gottesdienst gehalten werden konnte.

Eine Inschrift oder ein sonstiger Hinweis auf die Herzogin Jakobe ist hier allerdings nach wie vor nicht zu finden.

3. Erste Grabung und Wiedersehen mit Jakobe

(16.–23. 10. 1819)

Die Säkularisation und der durch die entfremdeten Verwendungszwecke hervorgerufene Niedergang der Kreuzherrenkirche veranlaßten die Regierung – seit 1815 gehörten die ehemaligen Herzogtümer Jülich und Berg zu Preußen –, vor der Einrichtung zum Militärmagazin nach etwaigen Gräbern zu forschen, um gegebenenfalls Überführungen zu ermöglichen. Es wurden daraufhin insgesamt drei offizielle Grabungen, zwei in der Kreuzherrenkirche in den Jahren 1819 und 1880 sowie eine in St. Lambertus in den Jahren 1954 bis 1960, durchgeführt. Bei der ersten vom 16. – 23. 10. 1819 erfolgten Grabung oblag es einem gewissen Hofrat Kerris, in Archiven nach fürstlichen Grabstätten

E. Das Ende 375

Ausschau zu halten, wobei er lediglich in einem vom 3. 10. 1597 datierten Brief der Düsseldorfer Räte-Regierung an ihren Prager Gesandten Wilhelm Zours von Keyenberg auf einen Hinweis über die Beisetzung der Herzogin Jakobe in der Kreuzherrenkirche stieß. Es heißt dort:

„. . . . als viel den der Markgräfin Frauwen Jakoben Begräbnis belangt, hat es damit diese Gelegenheit, daß in der Pfarrkirche zu Düsseldorf[1], da weiland unser allergnädiger Fürst und Herr hochlöblichen Gedächtnis begraben, ein Epitaphium Ihrer F(ürstlichen) G(naden) zur Memoria aufgerichtet werden sollen, und also des Ends in dasselb fürstlich Gewölb kein Körper ferner zur Erd füglich bracht werden mögen, ohne daß auch *hochgemelte Markgräfin im Kreuzbrüder Kloster und im Chor daselbst in überwülbt Grab,* wie bei fürstl. Personen bräuchlich hingelegt . . ."[2]

Außer dieser Ortsangabe gibt es noch diejenige, die den Junkern Weikhart oder Uttenberger zugeschrieben wird, die beide der Fürstin in ihrer Haftzeit auf Geheiß ihres leuchtenbergischen Schwagers zur Seite gestanden hatten. Dort wird geschildert, daß

„die Leich . . . an dem sechsten Tag bei den Kreuzbrüdern in einer Kapellen gar hinten beim Eingang auf der linken Hand . . . begraben worden".[3]

Offenbar hatten aber die Junker Angst vor Repressalien, denn ihre Namen sind in dem Bericht durch ein großes „N" ersetzt, so daß in den einzelnen Abhandlungen vorstehendes Zitat einmal Weikhart und das andere Mal Uttenberger in den Mund gelegt wird.
Bei der Grabung des Jahres 1819 hielt man sich zunächst an den Bericht der herzoglichen Räte, wonach die Herzogin Jakobe „im Chor" und in einem „überwölbten Grab", also einer Gruft, bestattet worden sei. Man hatte eigentlich keinerlei Zweifel, bei einem systematischen Aufgraben des linken Chores, in dem sich der Hauptaltar befand, auf die Ruhestätte Jakobes zu stoßen. Dennoch blieb die Suche fürs erste ergebnislos.
Man vernahm den noch im früheren Klostergebäude lebenden, ehemaligen Subprior J. Heinrich Schweitzer und den ehemaligen Prior des ebenfalls säkularisierten Klosters Beyenburg, Peter Weingarz, der früher einmal Konventsmitglied der Düsseldorfer Kreuzherren gewesen war. Beide konnten nur

---

[1] St. Lambertus.   [2] LV Nr. 13, S. 189.   [3] LV Nr. 405 fol. 10 – vgl. S. 369.

gerüchteweise mitteilen, daß sie der Fürstin Grabstätte vor dem Altar der hl. Anna vermuten, zumal Weingarz beim Niederknien und Berühren des Fußbodens in diesem Altarbereich ein dumpfer Ton aufgefallen war. Obgleich derselbe außerhalb des Chors lag, ging man der Spur nach. Man stieß aber lediglich auf eine links vom Altar gelegene und nur teilweise in den Chorraum reichende Familiengruft und bei tieferem Nachgraben, ziemlich genau in Chormitte, auch noch auf eine bleiplattenverschlossene, weitere Gruft. Nachdem man sich Zugang verschafft und in der Gruft sowie ihrer Verlängerung nach der Westseite hin vermoderte Holzteile, abgefallene Handgriffe aus Eisen, verstreute Skeletteile zweier Verstorbener, einige gelbbräunliche Stoffreste aus Samt, Manchester und Seide, ferner Reste von mit Gold und Silber durchwirkten Schuhen gefunden hatte, wähnte man sich am Ziel. Diese Ansicht wurde noch dadurch bestärkt, daß man etliche Eisenstücke fand, von denen der Pfarrer von St. Lambertus, Brewer, zu wissen meinte, daß dies ein Indiz für Jakobes Sarg sei, weil derselbe von eisernen Bändern umfaßt gewesen sei. Trotzdem setzte sich letztlich auch hier Skepsis durch, da die Knochen des einen Verstorbenen zwar in einem ,,überwölbten Grab", jedoch laut Auskunft der befragten Ärzte Servaes und Nägele männlichen Geschlechts waren, während die anderen Überreste zwar einem weiblichen Wesen gehört hatten, sich jedoch nicht in einem ,,überwölbten Grab" befanden.

Nach diesem unbefriedigenden Zwischenergebnis setzte man Grabungen im Chorbereich fort. Rechts von dem Aufstellungsort des ehemaligen Marienaltars, der unmittelbar vor dem Chorraum an der Nordmauer der Kirche und symmetrisch zum St.-Annen-Altar angeordnet war, wurde man sodann fündig: Ein ,,überwölbtes Grab" tat sich auf, das zu zwei Dritteln in den Chorraum ragte, demnach auch überwiegend ,,im Chor" gelegen war.

An der rechten Seite der Gruft fand man einen Bleisarg vor, der ursprünglich in der Mitte gestanden hatte. Ein rostiger Abdruck eines Griffs in der Mitte der Westwand deutete auf ein späteres Verrücken des Sarges aus seiner ursprünglichen Stellung, bei dem der Mörtel offensichtlich noch verformbar gewesen war. Der bis auf eine Stelle an der Oberseite, die durch gewaltsames Öffnen und Verbiegen des Sargdeckels entstanden sein muß, verlötete Sarg war von einem weiteren, weitgehend vermoderten Sarg aus Holz umgeben, an dem ursprünglich sechs Handgriffe befestigt waren. Keinerlei Inschriften – weder am Sarg noch an den Wänden – kündeten etwas über die hier bestattete Person. In welchem Zustand man die in dem mit Nesseltuch ausgekleideten Sarginneren befindlichen menschlichen Überreste vorfand, berichtet ein Pro-

E. Das Ende

tokoll, das von dem Arzt und Kreisphysikus Servaes angefertigt sowie von ihm und dem Kommissar und Konsistorialrat Bracht unterzeichnet ist:

,,In dem durch Abschneidung des Deckels auf der einen langen und den beiden kurzen Kopf- und Fußseiten und Zurücklegen derselben geöffneten Sarge lag auf dem Boden ein Knochgengerippe in der Lage wie hier folgend bezeichnet ist.

1. Die Füße waren bis zu dem Fersenknochen, welcher noch an dem unteren Ende des Schienbeins dicht anlag, in allen ihren Teilen gänzlich auseinandergefallen.

2. Die Unterschenkel berührten mit ihren oberen Enden die unteren Enden der Schenkelknochen, jedoch mit der Ausnahme, daß das untere Ende des rechten Schenkelbeines nach einwärts gewichen war;

3. die beiden . . . Knochen des Beckens waren in ihren Verbindungen durch die Schambeine und das Kreuzbein auseinander gewichen, die Zwischenknorpel gänzlich zerstört, und der rechte . . . Knochen war stärker als der linke nach auswärts gewichen, wodurch der rechte Schenkelknochen, dessen Kopf noch in der Pfanne lag, eine schiefe Lage von oben nach unten und von außen nach innen erhalten hatte. Der linke Schenkelknochen, dessen Kopf ebenfalls in der Gelenkpfanne lag, hatte noch die natürliche Richtung.

4. Die Hände, welche so wie die Vorderarme quer über den Bauch des Leichnams gelegen, waren in allen ihren Teilen getrennt, jedoch in ihrer ursprünglichen Lage sehr auffallend zu erkennen.

5. Die Rippen lagen in ihrer Richtung und Verbindung mit dem Rückgrate, obschon alle ihre Knorpelteile so wie die Zwischenknorpeln zwischen den Körpern der Wirbelbeine gänzlich zerstört waren.

6. Die oberen Armknochen lagen an der Seiten des Gerippes mit dem Gelenkkopfe noch, die Gelenkfläche des Schulterblatts berührend.

7. Der Kopf, dessen Scheitel noch mit Haaren oder etwas demselben ähnlichem, worüber die ferne Untersuchung Aufschluß gewähren wird, bedeckt war, lag mit der Stirne auf der linken Schulter dergestalt auf, daß das Gesicht nach unten und etwas nach hinten gerichtet war. Die auseinandergefallenen Halswirbelbeine bildeten in ihrer Lage einen leichten Bogen nach der linken Seite, und der Unterkiefer, welcher zwischen jenem Bogen und der Schulterhöhe lag, war aus seinem Gelenk herausgefallen.

Über dem Kopfe und dem Gerippe lag ein weicher, lockerer Körper, welcher ein Kissen gewesen zu sein schien. Eine ähnliche lockere Masse wie jene des Kissens lag auf der rechten Brustseite, jedoch in einem viel kleineren Stücke. Die Knochen waren sämtlich von schmutzig brauner Farbe, und zwischen denselben sowie auf dem Boden des Sarges lag eine fettig schmierige Dammerde von den aufgelösten und zerstörten weichen Teilen des Leichnams.

Die Länge des Gerippes von den Fersen bis auf den Scheitel betrug vier Fuß sieben Zoll und zwei Linien rheinisch.

gez. Servaes
Bracht, Kommissar."[1]

Erst nach dem Heben des Sarges aus der Gruft wurde man auch noch eines durch Oxydation an der Unterseite entstandenen Lochs gewahr, durch das einige Knochenteile der Hände und der Wirbelsäule herausgefallen waren. Man sammelte sie wieder ein und bewahrte sie zunächst in einem gesonderten Gefäß auf. Der Geheimsekretär und Rechnungskommissar Franz Wilhelm Custodis und der Kaplan von St. Lambertus, Franciskus Kegeljan, welche die in St. Lambertus beigesetzten Särge von Wilhelm dem Reichen und seinem Sohn Johann Wilhelm gekannt haben wollen – bei der Öffnung der Gruft im Jahre 1954 war nur ein einziger Sammelsarg vorhanden –, gaben zu Protokoll, daß diese der Form nach derjenigen des jetzt gehobenen Sarges entsprächen.

Merkwürdig die sich nun anschließende Begebenheit, welche zugleich ein Licht auf die Unzulänglichkeiten der Untersuchungsmethoden des vorigen Jahrhunderts wirft. Ein aus der Familie des Geheimsekretärs und Rechnungskommissars Leopold Wilhelm Custodis stammendes Porträt, von dem man annahm, daß es die Herzogin Jakobe darstellt, wurde zum Beweis dafür herangezogen, daß es sich bei dem aufgefundenen Schädel auch tatsächlich um denjenigen der Herzogin handle. Man wußte damals noch nicht, was erst im Jahre 1875 von dem Düsseldorfer preußisch-königlichen Notar Karl Ludwig Strauven nachgewiesen wurde, daß nämlich dieses Bild die Kopie eines von Peter Paul Rubens gemalten, heute mit je einem Exemplar im Kunsthistorischen Museum zu Wien und in der Münchner Pinakothek aufbewahrten Ölbildes in Wirklichkeit Elisabeth von Bourbon, eine Tochter Heinrichs IV. von Frankreich bzw. Enkelin der Jeanne d'Albret, darstellt, die später Gemahlin Philipps IV. von Spanien (1605–65) geworden war. Das früher in Berlin aufbewahrte „Custo-

---

[1] LV Nr. 13, S. 192 f.

Elisabeth von Bourbon (1602–44) – als Stich Ernst Thelotts irrtümlich Jakobe zugeordnet

dis-Bild" dagegen ist nicht mehr auffindbar und nach Auskunft des Geheimen Staatsarchivs Preußischer Kulturbesitz wahrscheinlich den Wirren des Zweiten Weltkrieges zum Opfer gefallen.

Die beiden Ärzte Servaes und Nägele sowie die Kunstsachverständigen Custodis und der malende Professor Ernst Thelott kamen damals aber einhellig zu dem erstaunlichen Ergebnis, daß die Kopfform und Haarfarbe von Bild und aufgefundenem Schädel übereinstimmten. In dieser ihrer Aussage wurde die Untersuchungskommission auch noch durch das Minnegedicht bestärkt, das Jakobes ehemaligem Verlobten Hans Philipp von Manderscheid-Blankenheim zu Gerolstein zugeschrieben wurde und in dem er sie anhimmelnd mit goldgelben Haaren, diamantenen Augen und rubinrotem Mund beschrieben hatte. Wir hörten bereits, daß die Herkunft des Gedichts ebenfalls zweifelhaft ist.[1]

Professor Thelott diente damals das vermeintliche Jakobe-Bild sogar als Vorlage für einen Stich, dessen Abdrucke, trotz der Richtigstellung Strauvens, bis auf den heutigen Tag immer wieder als Jakobe ausgegeben werden. Theodor von Haupt[2], dessen Abhandlungen in der ersten Hälfte des vorigen Jahrhunderts erschienen, kannte den wahren Sachverhalt noch nicht. Daß aber die Publikation Leo Gries'[3] des Jahres 1957 und sogar noch diejenige Erich G. Wickenburgs[4] des Jahres 1965 diesen Irrtum weiter verbreiten, ist mehr als peinlich.

Da am Tag des Auffindens der Gruft die Untersuchungen nicht abgeschlossen werden konnten, hatte man am Abend Sarg und Gruft wieder versiegelt. Da außerdem das vorstehend wiedergegebene Protokoll vom Augenblick der Sargöffnung, also noch innerhalb der Gruft, herrührte, wurde tags darauf nach Abschluß der Arbeiten von den Ärzten Servaes und Nägele ein weiteres Protokoll angefertigt, das an wesentlichen Unterschieden noch auf die Geschlechtszugehörigkeit, den vorgefundenen Zahnbestand des Skelettes und den Zustand der Halswirbel eingeht. Eine Verletzung derselben, die auf eine Enthauptung Jakobes hätte schließen lassen, hatte man nicht festgestellt, lediglich der zweite Wirbel war durch Verwesung etwas zerstört, jedoch sein Zapfenfortsatz erhalten, wie ausdrücklich vermerkt ist.

Neben dem erwähnten Verrücken des Sarges und seiner Beschädigung an der Oberseite fand sich als weitere Unregelmäßigkeit noch eine allerdings sorgfältig wieder zugemauerte Öffnung an der obersten Stelle der Gruft-Südwand. Das Grab war demnach geplündert worden, vermutlich durch die russischen Truppen der Napoleon-Kriege.

Damit hielt man die Untersuchungen als abgeschlossen, legte die Gebeine wieder in den Sarg und versiegelte ihn. Erst danach entdeckte man in der dem

---

[1] Vgl. Kapitel 3: „4. Jakobes Jugendjahre am Münchner Hof." [2] LV Nr. 10; 79. [3] LV Nr. 100, S. 45 (unpaginiert). [4] LV Nr. 31, S. 14.

Sarg entnommenen Masse, die aus aufgelösten Weichteilen der Leiche bestand und die man dem Münzinspektor Zabel sowie den Apothekern Kahler und Corte zur Untersuchung überlassen hatte, einen Zahn. Derselbe sowie eine braune Haarsträhne Jakobes werden heute im Hauptstaatsarchiv Düsseldorf aufbewahrt.

Haarsträhne Jakobes

Am 22. Oktober 1819, etwa gegen 21 Uhr, wurde Jakobe nach St. Lambertus überführt, und zwar – wie schon beim ersten Begräbnis – während der Dunkelheit, nur daß sich diesmal der Trauerkondukt in umgekehrter Richtung bewegte.
Beim Öffnen der Familiengruft, in der der unglückliche Gemahl und der ungeliebte Schwiegervater ruhten, hatte man festgestellt, daß deren Ruhe auch nicht ungestört verlaufen war. Alle Skeletteile lagen über den Boden verstreut. Der Sarg Jakobes wurde daher zunächst vor dem Grabmal Wilhelms des Reichen abgestellt, eingesegnet und anschließend mit einem schwarzen Tuch zugedeckt. In den folgenden Monaten setzte man die Gruft instand und bettete

deren Gebeine in einen Sammelsarg. Nur Jakobe erhielt einen eigenen kleinen Zinnsarg, versehen mit der Inschrift:

„Ossa asserVata ILLVstrIssIMae DVCIssae IaCobae, natae ex illma domo Badensi 1558, denatae 1597. Jnfelicis conjugis Wilhelmi ducis J. C. et M. comitis de March et Ravensberg, quae 22 8^{bris} 1819 ex ecclesia crucigerorem dum ad profanos usus destinaretur hic translata et jussu potentissimi Regis Frid. Wilh. III. curante ministro regiae domus Principe a Wittgenstein hic deposita sunt Anno ut supra die 24 Martii praesentibus et exequentibus praeside regiminis de Pestel et consiliario consistorials Bracht."[1]

Über diesen Arbeiten verstrichen fünf Monate, so daß Jakobe erst am 24. März des folgenden Jahres an ihrer endgültigen Ruhestätte beigesetzt werden konnte.

Offenbar gab man sich aber auch jetzt nicht zufrieden und wollte – bevor die Kreuzherrenkirche einen neuen Verwendungszweck erhielt – ganz auf Nummer Sicher gehen, so daß man auch noch den verbleibenden Rest des nördlichen Chorraumes durchwühlte, ohne jedoch auf nennenswerte Gräber zu stoßen. Auch wurden nun mehrfach Stimmen laut, die aufgrund mündlicher Überlieferung von verstorbenen Mitgliedern des Kreuzherrenkonvents und von längst toten Vorfahren wissen wollten, daß sich das Grab der Herzogin Jakobe seitlich des Marienaltars befinde. Dies war ein Grund mit, der zu einer weiteren Grabung in der Kreuzherrenkirche führte.

4. Zweite Grabung
(14. 6.–26. 6. 1880)

Die Überreste der Herzogin – oder was man dafür hielt – waren kaum im März 1820 in St. Lambertus beigesetzt, als im Herbst desselben Jahres Stiebel aus Elberfeld erste Zweifel an der Zuordnung des Custodis-Bildes hegte. Daß diese Zweifel nur allzu berechtigt waren, dieser Nachweis gelang dann erst – wie bereits geschildert – dem königlichen Düsseldorfer Notar Strauven im Jahr 1875.

Wenige Jahre später, nämlich 1878, brachte der bayerische Archivar und Professor für Geschichte, Dr. Felix Stieve, eine erste wissenschaftliche Abhandlung „Zur Geschichte der Herzogin Jakobe von Jülich, Kleve und Berg"[2]

---

[1] LV Nr. 75, S. 11; die Inschrift enthält die wichtigsten Lebensdaten Jakobes u. Umstände der Überführung ihrer sterbl. Überreste; mit „Wilh." ist „Joh. Wilh." gemeint. [2] LV Nr. 24.

E. Das Ende

heraus, die, mit Dokumenten des Bayerischen Hauptstaatsarchivs belegt, neben den Ortsangaben der Düsseldorfer Räte „im Chor" und „überwölbtes Grab" auf den zweiten, den Junkern Weikhart oder Uttenberger zugeschriebenen diesbezüglichen Hinweis „in einer Kapelle gar hinten beim Eingang auf der linken Hand"[1] aufmerksam machte.

Bei der ersten Grabung hatte man die Angaben der Junker noch nicht wiederentdeckt und richtete sich deshalb fast ausschließlich nach jenen der Räte. Dieselben nahmen aber nur auf den Chorraum Bezug, der dann freilich systematisch durchforstet worden war. Als aber die Panne mit dem vermeintlichen Jakobe-Bild ruchbar wurde, ordnete die Düsseldorfer Regierung auf Betreiben Strauvens eine weitere Grabung an, der die Beschreibung der leuchtenbergischen Junker zugrunde gelegt wurde. Sie verlief jedoch in allen Punkten negativ und war eine Enttäuschung für alle daran Beteiligten. Dennoch zeitigte sie zwei interessante Aspekte.

Zum einen ist es die Unbestimmtheit, die in der Ortsangabe der leuchtenbergischen Junker liegt, weil man nicht wußte, von welchem der drei in Frage kommenden Eingänge – einem von der Ratinger Straße und zwei von der Nordseite (dem Kreuzgang und dem Klostergebäude) her – sie ausgegangen waren. Dies führte dazu, daß man an allen Stellen, die eine Möglichkeit entsprechend den Angaben zuließ, den Boden der Kirche aushob, so daß sich mit diesen Negativerkenntnissen letzten Endes doch wieder eine Aussage ergab: Hiernach konnte sich im Jahre 1880 weder im Innenbereich noch im Außenbereich der fraglichen Eingänge das Grab Jakobes befunden haben. Wenn man dem Ergebnis der Grabung von 1819 nicht zustimmte, war dies entweder ein „Beweis" dafür, daß die Beschreibung der Junker gewollt oder ungewollt falsch war oder aber Jakobes Gebeine bei einer der Graböffnungen zwischen 1809 und 1819 nicht als die ihrigen erkannt worden waren. Ebensogut wäre eine gewollte Irreführung, und zwar nicht nur des Kaisers durch die Räte, denkbar, wie der Düsseldorfer Anzeiger vom 15. 7. 1880 mutmaßt; auch der Bericht der Junker muß gewissen Zweifeln unterliegen, da ihr im Geheimen Hausarchiv zu München aufbewahrtes Dokument anstelle ihrer Namen (Weikhart und Uttenberger) nur ein „N" enthält, nicht unterzeichnet ist und darüber hinaus auch noch eine vermutlich unkorrekte Zeit für das Begräbnis angibt. Dort heißt es, daß „die Leich . . . an dem sechsten Tag . . . begraben worden"[1] ist. Dies wäre, wenn der Todestag Jakobes der 2. oder 3. September war, der 8. oder 9. dieses Monats, wäh-

---

[1] LV Nr. 24, S. 102 Anm. 1, bzw. LV Nr. 405 fol. 10.

rend es ansonsten zumeist heißt, daß Jakobe erst am 10. September beigesetzt worden ist.

Die zweite Folgerung, die man aus dem Verlauf der zweiten Grabung ziehen kann, ist die, daß sich Jakobes Überreste – wenn überhaupt – vor den offiziellen und inoffiziellen Grabungen der Jahre 1809 bis 1819 in der Kreuzherrenkirche befunden haben. Schließt man dabei ihre mutwillige Entfernung oder eine unbeabsichtigte Entfernung nach vorausgehender Beraubung ihrer z. B. metallischen Erkennungsmerkmale aus, was nicht weiterführt, so lohnt überhaupt nur eine Untersuchung der junkerschen Ortsangaben im Hinblick auf das zwischen dem dritten und vierten Strebepfeiler sowie rechter Hand vom Marienaltar aufgefundene und seinerzeit bereits Jakobe zugeordnete Grab. Die diesbezügliche Angabe der Räte traf weitgehend zu, die Angabe von Weikhart oder Uttenberger ,,in einer Kapelle gar hinten beim Eingang auf der linken Hand" dagegen nur bedingt. Betritt man nämlich die Kreuzherrenkirche von dem zwischen dem zweiten und dritten Strebepfeiler gelegenen Eingang des ehemaligen Klostergebäudes, dann befindet sich dieses Grab zwar in etwa beim Eingang ,,auf der linken Hand" und im Bereich der zwischen dem dritten und vierten Strebepfeiler an der Nordwand der Kirche gelegenen ,,Kapelle". Auch wenn man den zwischen diesen Pfeilern gelegenen Eingang von der Ratinger Straße her benutzt und sich dem Hauptaltar zukehrt, stimmt diese Auslegung noch. In beiden Fällen kann allerdings die Ortsangabe ,,in einer Kapelle" nicht wortwörtlich, sondern nur im Sinne von ,,im Bereich" einer Kapelle befindlich, gedeutet werden, da die Kapellen an der Nordmauer durchwegs außen angebaut und somit zu weit von der bezeichneten Grabstelle entfernt waren. Der dritte und letzte Eingang, der früher vom Kreuzgang her in das Kircheninnere führte und heute zugemauert ist, läßt sich dagegen mit den leuchtenbergischen Angaben überhaupt nicht in Einklang bringen, da dieser Eingang viel zu weit hinter Jakobes Grabstätte lag.

Darüber hinaus scheint noch folgende Interpretation einer Überlegung wert: Da es in dem überlieferten Satz der Junker heißt ,,bei den Kreuzbrüdern in einer Kapelle gar hinten", und nicht etwa ,,in einer Kapelle der Kreuzbrüderkirche", so wäre es immerhin denkbar, daß nicht die angebauten Kapellen der einzelnen Kreuzjoche gemeint sind, sondern hier das Wort ,,Kapelle" gleich ,,Kirche" zu setzen ist und die Kreuzherrenkirche als solche gemeint ist. Auch in diesem Fall würde die Ortsangabe zumindest in bezug auf den Eingang vom Kloster her zutreffen, weil das Grab ,,gar hinten beim Eingang", das heißt also relativ nahe bei diesem Eingang lag.

Es läßt sich bei weitem nicht alles rekonstruieren, was im Verlauf der mehr als

E. Das Ende

200 Jahre, die seit dem Tod Jakobes bis zum Wiederauffinden ihrer Gebeine verstrichen waren, mit ihren sterblichen Überresten geschehen ist; vor allem nicht, warum ausgerechnet die Lagebeschreibung ihrer nicht kenntlich gemachten Grabstätte durch die Düsseldorfer Räte in etwa zutraf und damit zu ihrer Wiederauffindung verhalf, während diejenige der ihr augenscheinlich wohlgesonnenen leuchtenbergischen Untergebenen Uttenberger und Weikhart nur auf dem Umweg über einige Kunstgriffe verständlich wird.

Um beide Augenzeugenberichte miteinander vereinbaren zu können, scheint nur folgendes Geschehen vorstellbar: Die leuchtenbergischen Junker haben den Sarg ihren eigenen Worten zufolge nur „über dem Grab", nicht aber innerhalb desselben, also in den Grabaushub abgesenkt, gesehen. Sie richteten ja auch noch die Wappen am Sargtuch zurecht. Möglich wäre sogar, daß sie auch eine ausgehobene Grube gesehen haben, die Räte jedoch, kaum daß die offizielle Feier vorüber war, ihre Widersacherin zwecks Vertuschung der Spuren anderenorts begruben. Dem widerspricht auch nicht, daß sie dem Kaiser gegenüber bei der Wahrheit bleiben mußten.

5. Dritte Grabung
(1954–60)

Im Zweiten Weltkrieg war auch die dem 12. Jahrhundert entstammende St.-Lambertus-Kirche in Mitleidenschaft gezogen worden. Im Zuge von Renovierungsarbeiten stieß man am 26. 3. 1954 auf die Fürstengruft Wilhelms des Reichen. Dieselbe war 1592 von Johann Pasqualini d. J. für den in diesem Jahr verstorbenen Landesherrn erbaut und nach der Überführung und Beisetzung des Jakobe zugeschriebenen Sarges im März 1820 von außen nicht erkennbar zugemauert worden. In den zurückliegenden Jahrhunderten hatte sie noch der Aufnahme von acht weiteren Personen gedient. Einige von ihnen waren ursprünglich – nachdem zum Teil schon früher verstorben – anderenorts beigesetzt und erst später nach hier überführt worden. Zu letzteren gehörte u. a. das im Jahre 1819 in der Kreuzherrenkirche geborgene und wegen anderweitiger Verwendung dieser Kirche nach St. Lambertus überführte Skelett, bei dem man in anfänglicher Euphorie, aufgrund des in den Vorkapiteln berichteten Bildvergleiches, etwas eilfertig bereit gewesen war, es als dasjenige der Herzogin Jakobe anzuerkennen. Nach Gewahrwerden der unzulänglichen Beweisführung ergingen sich die Betroffenen in einer Art Katzenjammer, und Zweifel wurden laut, ob die seinerzeit nach St. Lambertus überführten Gebeine überhaupt diejenigen der Herzogin Jakobe waren, ohne daß sich durch die 1880 durchgeführte Nachgrabung das Ergebnis beweisen oder widerlegen ließ.

Interessant ist nur, daß der mißglückte Vergleich mit einem Porträt, wie er bei der ersten Grabung des Jahres 1819 – seinerzeit freilich noch dilettantisch gehandhabt – nach dem Zweiten Weltkrieg wieder aufgegriffen wurde, um sodann mit den technisch-wissenschaftlichen Möglichkeiten unserer Zeit zu einem erstaunlich sicheren und im Rahmen des Menschenmöglichen auch befriedigenden Ergebnis zu gelangen, wenn auch mit anderem Bildmaterial.

Nachdem man also die Fürstengruft von St. Lambertus wiederentdeckt hatte, wurden die Knochenreste der hier bestatteten Personen unter Leitung von Prof. Dr. Heinz Schweitzer, dem Direktor am Institut für Gerichtliche Medizin der Medizinischen Akademie Düsseldorf[1], mit gebotener Sorgfalt untersucht. Freundlicherweise überließ mir Herr Prof. Dr. Schweitzer das im Düsseldorfer Jahrbuch, Bd. 50, 1960, veröffentliche Ergebnis dieser Untersuchungen in Form eines Sonderdrucks[2], auf den ich mich im folgenden beziehe.

In der Fürstengruft von St. Lambertus fand man einen großen Sammelsarg mit den Überresten der erwähnten acht Personen – unter ihnen auch Wilhelms des Reichen und seines Sohnes Johann Wilhelm – sowie in einer Mauernische den kleinen Zinnsarg mit den mutmaßlichen Überresten der Herzogin Jakobe. Da man die Namen und Sterbedaten im wesentlichen kannte, widmete man die besondere Aufmerksamkeit den geschlechts-, lebensalter- und lagezeitbedingten Unterschieden, wobei allerdings eingeräumt werden muß, daß man aufgrund dieser Merkmalsunterschiede die Jakobe zugeschriebenen Knochenreste nicht mit Sicherheit von denen der möglicherweise ebenfalls in Frage kommenden Herzogin Sophia von Sachsen-Lauenburg zu unterscheiden vermochte, weil man nämlich von letzterer nur das Todesjahr kannte, das etwa ein Jahrhundert vor demjenigen Jakobes liegt, nicht dagegen ihr Lebensalter. Sicherheit brachte erst ein eigens für die anstehende Untersuchung von O. Grüner und R. Reinhard[3] entwickeltes Verfahren unter Einsatz neuzeitlicher Fotografier- und Videotechnik.

Wie sonst kein anderer Teil eines Skelettes, zeigt ein Schädel Merkmale, die eine Identifizierung erlauben. Er ist als Matrix der Kopf- und Gesichtsform anzusehen und ermöglicht daher Rückschlüsse auf das Antlitz eines Menschen, was man sich heute bei der Aufklärung von Kapitalverbrechen zunutze macht.

---

[1] Nach LV Nr. 61, S. 217 ist die Medizin. Akademie seit 1965 Universität. [2] LV Nr. 225.
[3] LV Nr. 211a, S. 247 ff.

Rheinfront mit St.-Lambertus und Schloßturm, Augenzeugen der Düsseldorfer Tragödie

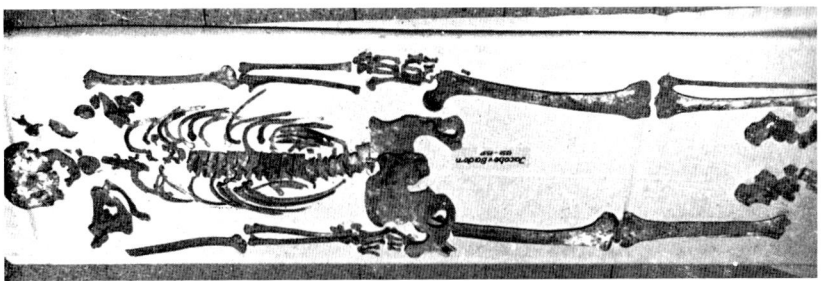

Skelett Jakobes

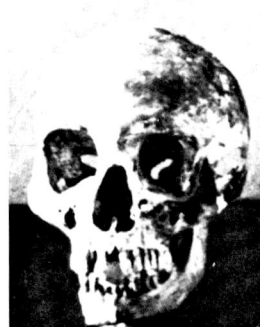  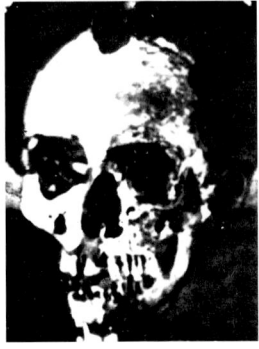

Schädel Jakobes   Scherzbild Jakobes   Videomontage von Schädel
                                                     und Scherzbild

Bei diesem Verfahren wird der Schädel in ein Gemälde oder eine Fotografie hineinprojiziert. Voraussetzung ist allerdings, daß sich seine Haltung im Moment der Aufnahme in allen Ebenen mit der Kopfhaltung des interessierenden Individuums auf Gemälde bzw. Fotografie in Übereinstimmung befindet. Auf dem Schädel werden kraniometrische[1] Punkte markiert; er wird sodann auf das eine Ende einer optischen Bank gestellt, während auf deren anderem Ende eine Spiegelreflexkamera Aufstellung findet. Zwischen Schädel und Kamera wird ein verschiebbarer Plexiglasrahmen mit einer Umrißzeichnung des Gemäldes und einem Spannrahmen mit Gummischnüren eingefügt, wobei letztere die Hilfslinien für die kraniometrisch wichtigsten Punkte symbolisieren. Alle Linien und Punkte (von Schädel und Umrißzeichnung) werden zur Deckung gebracht sowie je eine Fotografie des Gemäldes und eine solche des Schädels

---

[1] Die Schädelvermessung betreffend.

E. Das Ende

angefertigt. Abschließend werden mit Hilfe eines Vergrößerungsgerätes beide Fotografien auf gleiche Maße gebracht und ineinander fotografiert.

Da das Wissenschaftlerteam bei den verstorbenen Personen der St.-Lambertus-Gruft ausschließlich auf Gemälde angewiesen war, hatte man zunächst Schwierigkeiten erwartet, was sich dann aber aufgrund der exakten Wiedergabe von Gesichts- und Schädelproportionen weitgehend als unbegründet erwies. Alle Schädel, unter ihnen Wilhelms des Reichen und seines Sohnes Johann Wilhelm, konnten genauest zur Deckung gebracht werden; von Wilhelm dem Reichen sogar mit zwei Bildern, einem aus seiner Jugend von Heinrich Aldegrever (1502–55/61) und einem anderen aus seinen letzten Jahren von Johann Malthan. Zur Kontrolle versuchte man auch, die Schädel von Vater und Sohn mit vertauschten Bildern in Einklang zu bringen, was mißlang und somit ein Zeichen ist für die Sicherheit dieser Methode.

Das historisch gesehen interessanteste Ergebnis dieser Untersuchung war natürlich, daß man nun mit an Sicherheit grenzender Wahrscheinlichkeit das mit so viel Vorbehalten belastete Grab Jakobes kannte. Interessant ist ferner, daß sich zwar das sogenannte Scherzbild Jakobes, nicht dagegen das Bild von Crispin de Passe mit ihrem Schädel zur Deckung bringen ließ. Schweitzer meint hierzu, daß ,,die besonderen Kennzeichen der Gesichtsweichteile und des Gesichtsschädels (Augenpartie und Nasenbildung) in beiden Zeichnungen völlig übereinstimmen" und deshalb ,,wohl davon ausgegangen werden kann, daß auch die Crispin-de-Passesche Zeichnung Jakobe von Baden darstellen sollte; es dürfte jedoch wegen der mangelnden Übereinstimmung der Höhen- und Breitenproportionen unmöglich sein, daß dieser Maler, wenn er nur mit einiger Genauigkeit zeichnete, den Kopf der von uns aufgefundenen Leiche porträtierte. Wenn man dagegen, wie Levin und Vollmer, annimmt, daß der Stich von Crispin de Passe nach einem anderen, zur Verfügung stehenden Gemälde angefertigt wurde, so findet die mangelnde Übereinstimmung der Schädelform mit der auf der Zeichnung Crispin de Passes dargestellten Kopfform ihre Erklärung." Den anderen Düsseldorfer Hofmalern Aldegrever, Malthan und Holbein d. J. gilt jedoch, ob der posthum möglich gewordenen Bestätigung ihrer Zeichengenauigkeit, uneingeschränkte Hochachtung. Dies nicht zuletzt deshalb, weil sie uns mit vierhundertjährigem Abstand Gewähr für lebensnahe Abbildungen der Akteure jener Tage sind.

Da sich bei der Fürstengruft von St. Lambertus kein Hinweis auf die Herzogin Jakobe findet und auch den Kirchenführern der letzten Jahre – wenn überhaupt – nur Spärliches über sie zu entnehmen ist, sei noch vermerkt, daß sich der mit einer Metallplatte von 50 x 60 cm verschlossene Einstieg zu ihrer

Gruft unmittelbar links der marmornen Einfriedung des Grabmales ihres Schwiegervaters befindet.

6. Die Bildnisse Jakobes im Wandel der Zeiten

Im Verlaufe der Handlung sind wir manch einem Bild der Fürstin begegnet, das schicksalhaft in ihr Leben eingegriffen oder wichtige Ereignisse daraus festgehalten hat.

Erinnert sei an das Miniaturbild Hans Muelichs aus den Bußpsalmen Orlando di Lassos, das die soeben am Münchner Hof angekommene, sieben- oder achtjährige Jakobe zusammen mit ihren beiden Schwestern inmitten ihrer Münchner Verwandtschaft zeigt. An das Karikatur-Aquarell unbekannter Herkunft aus der Zeit, als Jakobes Neigung zu dem Manderscheider Grafen schon ihren Höhepunkt überschritten hatte und verwandtschaftliche Pläne bereits den neuen Lebensabschnitt am Niederrhein ahnen ließen.

Abgegangen sind leider die Bilder Jakobes von Oktavio und Johann Malthan, die für Werbung bzw. gegenseitigen Austausch am Düsseldorfer Hof vorgesehen waren. Anläßlich des gegen die Herzogin angestrengten Prozesses hat Malthan später zu Protokoll gegeben, Jakobe sogar etliche Male, zusammen mit ihrem Gemahl und dreimal auch allein, ,,abcontrafeit" zu haben. Nicht zuletzt führen die Punkte 62, 71, 72 und 82 von Sibylles Anklageschrift Porträts dieses Meisters auf.

Ich habe bei den nach dem Leben gemalten Malthan-Bildern der Fürstin besondere Mühe darauf verwendet – wie übrigens auch im Fall ihrer Favoriten Hans Philipp von Manderscheid-Blankenheim zu Gerolstein, Fortunato Bertoldo de Pazzi und Dietrich von Hall –, alle nur denkbaren Spuren zu überprüfen. Dabei wurden in- und ausländische Archive, Bibliotheken, Galerien und Museen befragt oder eigenhändig durchforstet, diesbezügliche Kataloge und Fachliteratur berücksichtigt und miteinander verglichen sowie Rücksprache mit den heute in Salem am Bodensee ansässigen markgräflichen Nachfahren von Jakobes Verwandtschaft genommen, ohne der Sache näherzukommen. Möglich, daß diese Bilder nach dem Tode der in Mißkredit geratenen Herzogin sowie der Wiederverheiratung ihres Gemahls absichtlich vernichtet wurden oder aber in Düsseldorf oder – nach verteilter Erbschaft – anderenorts einer der zahlreichen Kriege, Plünderungen und Brandkatastrophen, wie z.B. den Bränden im Düsseldorfer oder Hambacher Schloß, anheimgefallen sind. Allein bei dem Bombardement französischer Truppen von 1794 verbrannten

E. Das Ende

im Düsseldorfer Schloß 52 Gemälde. Es ist deshalb mit einiger Sicherheit davon auszugehen, daß die gesuchten Bilder leider nicht mehr existieren.

Dann der Höhepunkt in Jakobes Leben! Ihre bis heute unvergessen gebliebene Hochzeit, die von dem Kupferstecher Wilhelm Hogenberg und seinem anonymen Illustrator für den druckschriftlichen Augenzeugenbericht des Dietrich Graminäus festgehalten wurde: Die Begrüßung der Braut vor den Toren der Stadt wird auf den Kupferstichen Nr. 1 und 2 wiedergegeben; ferner die Stiche Nr. 3 und 4, die den Brautzug und die eigentliche Trauungszeremonie festhalten, und schließlich noch Nr. 5 und 6 mit dem hochzeitlichen Festmahl sowie der Tanzeröffnung nach dem Bankett. Alle Bilder zeigen neben kulturgeschichtlich bedeutsamen Details eine Vielzahl von Personen. Ihr vergleichsweise kleiner Maßstab ließ zwar keine porträthafte Ähnlichkeit zu, dennoch sind die maßgeblichen Personen aufgrund ihrer Plazierung, ihrer Kleidung und dem beschreibenden Text auszumachen. Dieser Bericht mit seinen teils kolorierten Stichen und die Muelichsche Miniatur aus den Bußpsalmen Orlando di Lassos sind Originale, die glücklicherweise die Zeiten überdauert haben.

Ferner sei nochmals kurz der drei Bilder gedacht, die zu Jakobes schnödem Tod Verbindung haben. Da ist das berühmte Rubens-Gemälde der Elisabeth von Bourbon, von dem eine Kopie existierte, die fälschlicherweise bis in unsere Zeit immer wieder Jakobe zugeordnet wird und die beim Wiederauffinden des Jakobe-Grabes im Jahr 1819 sogar dafür herhalten mußte, daß der exhumierte Schädel derjenige der Fürstin sei. Gottlob stellte man eine Ähnlichkeit fest, ansonsten die mehr zufällig als Jakobe zugehörig identifizierten Skeletteile vielleicht wieder achtlos vergraben worden wären. Schließlich muß im anstehenden Zusammenhang auch nochmals die erst vor zwei Jahrzehnten in einem Papierbündel entdeckte Zeichnung des Leichnams der Fürstin Erwähnung finden, der sogar eine Doktorarbeit gewidmet wurde.

Im Laufe der bald vier Jahrhunderte, die seit dem Tod Jakobes verstrichen sind, wurden von ihr noch eine ganze Reihe weiterer, mehr oder minder guter Porträts und Skulpturen angefertigt oder ihr auch nur zugeordnet, die der Vollständigkeit halber ebenfalls genannt werden sollen:

An erster Stelle der posthume Kupferstich Crispin de Passes, dessen Umschrift ILLUSTRISSIMAE PRINCIPISSAE AC DOMINAE, D. IACOBAE, MARCHIONISSAE BADENSIS, IO. GVIL DVC IVL. OLIM CONIVGIS, EFFIGIES (= Bildnis der erlauchtesten und fürstlichsten Gebieterin, Frau Jakobe, Markgräfin von Baden, einst Gemahlin Herzog Johann Wilhelms von Jülich) die richtige Zuordnung bestätigt. Wie die meisten Künstler war auch Crispin de Passe gehalten, einen gewissen Geschäftssinn zu entwickeln, um von seiner Kunst leben zu können. Als nach Jakobes Tod der Erbfolgestreit im Herzogtum Jülich-Kleve-Berg entbrannte, sah dieser Meister offenbar eine Verdienstchance bzw. in den künftigen Landesherren einen potentiellen Abnehmerkreis für ein bebildertes Werk mit der Bezeichnung ,,Des fürstlichen Geschlechts und Hauses Gülich, Clef und Mark etc. Stammregister", das er dann 1610 in Arnheim bei Jan Jansen tatsächlich auch veröffentlichte.

Wegen der bevorzugten Stellung der Herzogin Jakobe in diesem Streit durfte ihr Bild nicht fehlen. Da sie aber zum Zeitpunkt der Drucklegung bereits tot war und ihr äußeres Erscheinungsbild künstlich desavouiert wurde, so daß eine schöne, lebensechte Jakobe unter Umständen sogar wirtschaftlichen Schaden bedeutet hätte, wundert es kaum, daß ihr Stich an die übrigen Familienbildnisse weder vom künstlerischen Standpunkt noch in seinem Anspruch auf Porträtähnlichkeit heranreicht. Strauven war auf dieses Bild, bei dem er Jakobes Brautkleid wiederzuerkennen glaubte, im Zuge seiner Ermittlungen gegen das angebliche Jakobe-Bild aus der Familie des Leopold Wilhelm Custodis gestoßen. Wenn nun die Gesichtszüge des auf gepunktetem Grund ausgeführten, runden Brustbildes den Kunstgeschichtler Theodor Levin an die entfernt verwandte Schottenkönigin Maria Stuart erinnern, so legen ihre Tracht und Aufmachung nicht minder einen Vergleich mit einem bekannten Bild von Marias Rivalin, der Königin Elisabeth I. von England, nahe:

Ein großer weißer Spitzenkragen hebt sich von einem darunter befindlichen dunklen, noch größeren und nach rückwärts oben ausladenden Kragen des Gewandes ab. Von dem Gewand selbst, das in Brusthöhe eine fast überdimensional breite Kette überspannt, ist nicht viel mehr zu sehen, als daß es sich um ein aus Brokat und Seide gefertigtes und mit kostbarem Schmuck und Zierat drapiertes, farbenfrohes Festgewand handelt. Die auffällige Kragenkonstellation und eine Haube, beides dicht mit Perlen besetzt, geben im wesentlichen nur die Gesichtspartie mit charakteristischer Augen-Nasen-Mundbildung und das vordere Haupthaar mit Stirnansatz in der Mitte frei. Die Unterlippe ist leicht vorgezogen, während die dunklen, freundlich blickenden Augen von buschigen und bis zur Wurzel des kräftig geraden Nasenrückens reichenden Augenbrauen überspannt sind.

Der Kupferstecher hatte ursprünglich dieses Bild mit folgendem lateinischen Gedenkspruch versehen.

Principibus celsis Badensis orta JACOBE,
Cliuensis quondam prima marita Ducis.

Herzogin Jakobe von Jülich-Kleve-Berg (1558–97)

Herzogin Jakobe, Ölminiatur nach vorstehendem Bild

Si forman spectes, si cetera: Femina, dicas,
Digna hac fortuna pol meliore fuit.
(= Dem Geschlecht der erhabenen badischen Fürsten entstammt Jakobe, ehemals erste Gemahlin des Herzogs von Kleve.
Ob du die Gesichtszüge betrachtest, ob das übrige: Eine Frau, sagst du vielleicht, ausgezeichnet durch ein würdiges Schicksal, bei Gott, es hätte besser sein können.)

Auf einer späteren Reproduktion wurde dieser Spruch durch die Jahreszahl 1592, das Monogramm von Jakobes Gemahl, die Anfangsbuchstaben ihres Wahlspruchs ,,Wie Gott will" und ihre Unterschrift ersetzt.

Der Crispin-de-Passesche Kupferstich lag auch einem medaillonförmigen Miniaturbild der Herzogin zugrunde, das ein anonymer Meister etwa Anfang des 17. Jahrhunderts gemalt hat. Dieses nachempfundene Bild zeigt uns die Fürstin im Vergleich zum Kupferstich mit einer etwas schlankeren Gesichts-

E. Das Ende

form. Ihre Züge sind geprägt von einem sympathisch feinen Lächeln. Wie je eine weitere Miniatur ihres Gemahls und ihres Schwiegervaters, zu denen die Originale des Düsseldorfer Stadtmuseums Pate gestanden haben dürften, sind Bildfläche und profilierter Rahmen einstückig gefertigt. Der Herzogin Bild unterscheidet sich gegenüber den beiden anderen durch vorwiegend bräunliche Farbtöne und die vergleichsweise durchsichtig dünne Malerei der Gesichtspartie. Die Umschrift lautet hier:

JACOBE. MARCHIONISSA BADENSIS IOHANNIS.
GVILHELMI. DVCIS IVL. CLIV. Z. MO. CONIVX.[1]
(= Jakobe, Markgräfin von Baden, Gemahlin des Herzogs Johann Wilhelm von Jülich, Kleve und Berg.)

Zum 300. Todestag Jakobes wollte der an der Düsseldorfer Kunstakademie lehrende Professor Friedrich Schaarschmidt mit einer Neuigkeit aufwarten. Er hatte in einem Abstellraum der Akademie ein halbverrottetes Ölgemälde entdeckt, das er aufgrund des Kupferstiches von de Passe als das „nach dem Leben mit größter Naturwahrheit und Lebendigkeit ausgeführte Originalporträt"[2] Jakobes des Meisters Malthan ausgab. Wie auf dem Stich vermeinte er sogar die gleichen runden, dunklen Augen mit breiten Augenlidern, die gerade Nase, die große Unterlippe und die energischen Mundwinkel wahrzunehmen. Und wie bei dem Rubens-Bild wurde abermals Übereinstimmung mit der Haarfarbe und den übrigen Angaben des Hans Philipp von Manderscheid-Blankenheim zu Gerolstein zugeschriebenen Minnegedichts festgestellt. Aber auch dieser Fachmann unterlag einem Irrtum, den Theodor Levin, Vorgänger Schaarschmidts in der Leitung des Bayerischen Nationalmuseums in München, aufklärte, weil ihm im Vergleich mit unzweifelhaften Malthan-Bildern eine unterschiedliche Pinselführung aufgefallen war. Er entlarvte das fragliche Bild als Porträt der Bayernherzogin Renata des Münchner Hofmalers Hans von Achen (1552–1615), das auf dem Wege des Austausches von Familienporträts nach Düsseldorf gelangt sein mag.

Als keineswegs gut zugänglich erweist sich ein ebenfalls bereits von Levin veröffentlichtes und besprochenes „Bildnis einer vornehmen Dame"[3], auf das u. a. in „Quellen und Studien zur Kunstpolitik der Wittelsbacher"[4] von Lorenz Seelig aus dem Jahr 1980 eingegangen wird. Es stammt von einem anonymen Meister um 1600 – Levin mutmaßt den Nürnberger Lorenz Strauch (1554–1636). Mir gelang es nur mit Mühe, das Bild überhaupt ausfindig zu

---

[1] Müßte korrekt „CONIUNX" heißen. [2] LV Nr. 13, S. 174. [3] LV Nr. 84, S. 247 ff. [4] LV Nr. 91, S. 299.

Renata von Lothringen (1544–1602), Gemahlin Herzog Wilhelms V. von Bayern – zeitweise Jakobe zugeordnet

machen. Sein desolater Zustand bekümmert. Das stark nachgedunkelte und wegen gelockerter Malschichten mit Japanpapier beklebte Brustbild sieht im Bilderdepot des Münchner Nationalmuseums einer zeitlich ungewissen Restauration entgegen. Frühere Bestimmungen weisen es als Jakobe von Baden aus.[1]

Die aus ihrer Sicht leicht nach links blickende Dame trägt ein rotes Kleid mit schwarzem Übergewand und sehr filigran wirkendem Spitzenkragen. Das Gesicht läßt noch Schönheit erkennen, wirkt aber schon leicht verhärmt. Am auffallendsten die kurze, ein wenig breite Nase über leicht zusammengepreßten Lippen und die gutmütig verträumten Augen. Eine weiße Spitzenhaube mit einem schleierförmigen Ansatz verdeckt alles Haar. Mehrere Goldketten hängen tief bis über die Brust herab.

Eine Kopie dieses Porträts hängt sodann in der Ahnengalerie der Münchner Residenz.[2] Das offiziell der Wittelsbacher-Prinzessin Sidonia von Bayern (1488–1505) zugewiesene Bild entstammt der Werkstatt Georg Desmarées. Im Vergleich mit dem vorbeschriebenen Original zeigt es ein längliches Antlitz mit jugendlicheren Zügen. Ansonsten aber entspricht seine Konzeption, sieht man von einer Verlängerung der Statur bis zu den Hüften, den dadurch sichtbar gewordenen, mit einer Perlenschnur spielenden Händen sowie den wunderschönen, kräftigen Farben ab, dem Bild des Nationalmuseums.

Es gibt noch eine Vielzahl mehr oder minder bedeutsamer Jakobe-Nachwirkungen, vor allem des ausgehenden vorigen sowie unseres Jahrhunderts, ohne daß ihre Künstler immer bekannt wären. Am ehesten verdienen vielleicht noch die Federzeichnungen von Professor Hans Kohlschein[3] Erwähnung, die aus Anlaß der 350jährigen Wiederkehr von Jakobes Hochzeit geschaffen wurden.

An Jakobe-Skulpturen schließlich sind mir zwei bekannt: Eine Büste des Bildhauers Vögele, die, an die bekannte Crispin-de-Passesche Aufmachung angelehnt, seit dem letzten Weltkrieg verschollen ist, die andere dagegen grüßt immer noch von dem Düsseldorfer Eckhaus Marktplatz Nr. 6. Dort ist sie in eine Backsteinfassade, die Nische eines früheren Fensters, eingelassen: Jakobe hat soeben die Reisekutsche verlassen und wird von ihrem Gemahl, vorbei an einer Reihe gebückter Rücken, mit der Altstadtkulisse als Hintergrund, in Richtung ihrer künftigen Residenz geleitet.

---

[1] LV Nr. 84, S. 251. [2] LV Nr. 91, S. 299. [3] LV Nr. 168; 13, S. 204.

„Bildnis einer vornehmen Dame", Ende des 16. Jhs. – zeitweise Jakobe zugeordnet

Kopie des vorstehenden, anonymen Bildes – Sidonia von Bayern und Jakobe von Baden zugeordnet

Schließlich wollte auch der Autor zu der vorliegenden Biographie einen darstellerischen Beitrag liefern und gab Frau Helene Kroutil aus Passau, Malerin aus Passion, ein Bild nach freier künstlerischer Gestaltung in Auftrag. Das überwiegend in hellen Braun- und Blautönen gehaltene Aquarell befindet sich am Anfang dieses Buches. Es stellt die Fürstin, mit einem Gebetbüchlein in Händen, vor schwer vergittertem Kerkerfenster dar, das ihr gerade noch einen Blick auf den sich unterhalb vorbeiwindenden Strom freigibt – gleichsam Symbol für Bewegungs- und Entfaltungsmöglichkeit, die ihr fortan verwehrt waren.

Das Thema der Bildergeschichte Jakobes behält seinen Reiz, weil trotz vielerlei Anstrengungen über dem tatsächlichen Aussehen der Fürstin ein Schleier liegt. Wir kennen die Herzogin als Kind und auch als Karikatur in späteren Jahren. Sodann gibt es die Kopie einer nicht mehr existenten Originalzeichnung ihrer Leiche und den posthumen Stich des Crispin de Passe, der beim Vergleich mit Bildern des Meisters aus der Verwandtschaft ihres Gemahls zwar Authentizitätsmerkmale aufweist, aber bei den videotechnischen Versuchen ungünstiger abschnitt als das Scherzbild. Stimmen wurden laut, ein Bild der Schottenkönigin Maria Stuart hätte dem geschäftstüchtigen Meister als Ersatzvorlage gedient.
Vielerlei Möglichkeiten und Theorien also und dennoch kein eindeutig authentisches Bild. Ähnlich den Grabstätten Jakobes hat sich auch die Geschichte ihrer Bilder verselbständigt, entpuppte sich mehr und mehr zu einem eigenen Forschungsgebiet. Zumindest ihre porträthaften Züge bzw. Bilder müssen leider auch weiterhin umstritten bleiben. Dies entspricht in gewisser Weise sogar der Persönlichkeit der Herzogin, deren Popularität am Niederrhein nach 400 Jahren ungebrochen ist, wenngleich ihre politischen Ambitionen keinesfalls uneingeschränkten Beifall finden.

Herzogin Jakobe – im Krieg verschollene Büste

Johann Wilhelm geleitet Jakobe von der Reisekutsche ins Schloß, Relief am Eckhaus Marktplatz Nr. 6 in Düsseldorf

7. Epilog oder die Zeit danach

Die Herzogin Jakobe war endlich dank der unermüdlichen Wühlarbeit namentlich Schenkerns und Sibylles „abgeschafft", nachdem sie zuvor noch in 2½jähriger Haft die harte Hand der Räteclique hatte fühlen sowie die Wirkungslosigkeit ihrer Verteidigungsschriften vom 19. 5. und 30. 6. 1596 und die kränkende Unentschlossenheit des Kaisers hatte hinnehmen müssen. Eine von ihrem Schwager und Freund, dem Landgrafen von Leuchtenberg, beim Kaiser angestrebte Untersuchung der Todesumstände kam nicht zustande. Statt dessen spann man an der Wiederverheiratung Johann Wilhelms weiter. Nur zwei Monate nach Jakobes Tod fiel auf einer Hambacher Zusammenkunft die Wahl auf die noch immer freie andere Heiratskandidatin früherer Tage, die Prinzessin Antoinette von Lothringen. Die entscheidende Figur scheint freilich auch hier der Nuntius Frangipani gewesen zu sein, der Ende 1597 über Antoinettes Bruder, den Bischof von Metz, das Einverständnis des Lothringer

Prinzessin Antoinette von Lothringen (1568–1610), zweite Gemahlin Johann Wilhelms

Hofes zu Nancy erwirkt hatte.[1] Der Düsseldorfer Landtag vom Mai 1598 gab hierzu seine Einwilligung, und nach den obligatorischen Verhandlungen um die näheren Bedingungen wurde am 20. 6. 1599[2] die Ehe geschlossen, während die eigentliche Hochzeit am 30. 6. 1599[3] stattfand.

In die Zeit der Vorbereitung dieser zweiten Ehe Johann Wilhelms und nur ein Jahr nach dem Tode Jakobes schieden zwei ihrer profiliertesten Widersacher ebenfalls aus dem Leben. Es waren dies einmal Niklas von der Broel, also jener Mann, der einst der mit großen Erwartungen anreisenden, strahlend hübschen Braut bis Bonn entgegengeeilt war, den die Fürstin zum Kanzler hatte aufsteigen lassen, der sich dann aber auf die Seite ihrer Widersacher geschlagen, sie beim Kaiser in Prag wie kaum sonst einer persönlich denunziert und diffamiert und sich nach vollbrachter Tat dennoch – den Schein wahrend – dem kleinen Häuflein hinter dem Sarg Herschreitender zugesellt hatte.

Der andere prominente Tote des Jahres 1598 hatte sich in der Zeit der Zuwendung Jakobes nach dem protestantischen Lager gleichfalls ihr Freund nennen dürfen, war aber bereits ihrer Einladung zum Dreikönigsfest des Jahres 1594 nicht mehr gefolgt und zählte zuletzt ebenfalls zu ihren scharfen Widersachern. Gemeint ist Graf Wirich von Dhaun, der Anführer des protestantischen Lagers, der gleich seiner einstigen Herrin in den fortschwärenden, religionspolitischen Auseinandersetzungen einen gewaltsamen Tod erleiden mußte.

Auch das Hinscheiden Jakobes hatte auf das Konfessionsdilemma am Niederrhein keinen direkten Einfluß. Spanien war zwar mit Frankreich im Frieden von Vervins am 2. 5. 1598 handelseins geworden, jedoch wurden dadurch nur noch mehr spanische Truppen frei, die nun zusätzlich nach dem Niederrhein drängten. Ihr Anführer, der spanische Feldobrist und Admiral Don Francesco de Mendoza († 1623), hatte sich – stets das Gebet auf den Lippen und den Rosenkranz in der Hand – die Ausrottung der Ketzer zum Ziel gesetzt. Die Stadt Aachen war sein erstes Opfer auf deutschem Boden. Auch der Graf von Dhaun setzte sein Schloß zunächst in Verteidigungszustand, schätzte dann aber die Verteidigungschancen für sich und die Seinen als zu gering ein und entschloß sich gegen die Zusicherung unbehinderten Abzugs zur Übergabe. Aber weder Gebet und Rosenkranz noch Handschlag und Schwur hinderten die Spanier daran, als von Dhaun und seine Mannen die Burgmauern verließen, ihn mit Mann und Maus niederzumetzeln. Den Schlössern Diersfordt, Empel, Bellinghoven, Groin und Aspel bzw. deren protestantischen Bewoh-

---

[1] LV Nr. 198 a, S. 73. [2] LV Nr. 24, S. 102; 56, S. 448; 165, S. 64; nur 13, S. 159 nennt den 26. 6. 1599. [3] LV Nr. 56, S. 459.

E. Das Ende

nern erging es ähnlich. Auch vor den Stiften Werden und Essen sowie Klöstern mit Hinneigung zur Reformation wurde nicht haltgemacht. Plünderungen, Vergewaltigungen, Marter und Mord waren die bevorzugten Mittel der Soldaten Ihrer Allerkatholischsten Majestät, mit denen die Altäre der Kirchen wieder für katholische Gottesdienste vorbereitet wurden.

Prinzessin Sibylle sollte zwar an Lebenszeit noch ein Vierteljahrhundert beschieden sein, jedoch verließ sie durch die schon berichtete Heirat mit Karl von Burgau die politische Bühne am Niederrhein 1601 in Richtung Süddeutschland.

Auch Marschall Schenkern, der andere große Antipode der Herzogin, überlebte noch eine Zeitlang, jedoch liegen sein eigentliches Ende sowie die näheren Umstände im dunkeln. Aber wie schon am Schicksal von Dhauns, so lassen sich auch an Schenkerns Jahren, die auf Jakobes Tod folgten, außer einer Anzahl persönlicher Daten, allgemein gültige Zeitumstände des niederrheinischen Herzogtums erläutern.

Antoinette von Lothringen fand, als sie 1¾ Jahre nach dem Tod Jakobes an den Düsseldorfer Hof heiratete, noch immer die unerquicklichen Verhältnisse vor, wie sie gegen das Lebensende ihrer Vorgängerin geherrscht hatten. Obgleich man eine Verheiratung Johann Wilhelms mit ihr gewünscht hatte, waren die Schwierigkeiten seit Jakobe in keiner Weise abgetragen worden. Antoinette war zehn Jahre jünger als Jakobe, aber sie hatte zum Zeitpunkt ihrer Eheschließung eben auch schon das dritte Lebensjahrzehnt überschritten. Bedenkt man, daß damals die durchschnittliche Lebenserwartung bei knapp 35 Jahren lag, dürfte man bezüglich des ersehnten Nachwuchses zumindest skeptisch gewesen sein. Vor allem aber waren es nach wie vor die Düsseldorfer Räte mit Marschall Wilhelm von Waldenburg an der Spitze, die den Weg für eine Regentschaft nicht freigaben. Bald begann daher das Kräftemessen aufs neue. Gleich Jakobe versuchte man über Antoinettes Ruf auch ihren Einfluß zu untergraben.

Antoinette war jedoch eine kluge und mutige Frau. Ihrer Vorgängerin Schicksal vor Augen, gelang es Antoinette immerhin, sich der Freundschaft des wichtigsten Mannes im Reich, nämlich des Kaisers, zu vergewissern. Auch war die allgemeine Stimmung im Volk eher gegen als für Schenkern. Mit dieser Rückendeckung wagte sie nur 1 Jahr nach der Hochzeit zum entscheidenden Schlag wider den Marschall auszuholen. An der Spitze einer bewaffneten Schar von Soldaten zog sie vor die Festung Jülich und zwang Schenkern und seine Soldaten zur Übergabe. Die Besatzung wurde entwaffnet, Schenkern des Landes verwiesen und in Jülich durch Reuschenberg ersetzt. Der Marschall begab sich daraufhin zum Nuntius nach Köln, wo, kaum daß er dort war, am Heumarkt ein Plakat auftauchte, das ihm Landesverrat, das Elend der Stadt Aachen sowie die Ermordung Jakobes und des Grafen von Dhaun vorwarf. Herzogin Antoinette strengte einen Prozeß mit 150 Anklagepunkten gegen Schenkern an, der im September 1600 auch in Gang kam. In kurzsichtig diplomatischer Verkennung der wahren Kräfteverhältnisse hielt aber vor allem die Kurie an dem verhaßten Marschall fest und gewährte ihm über den Kaiserhof und das Reichskammergericht Unterstützung. Dies führte dann letztlich dazu, daß das am 26. 2. 1602 verkündete Urteil Schenkern nicht Mord vorhielt, sondern ihn lediglich der Veruntreuung von Geldern, des Siegelmißbrauchs, der Verweigerung der Herausgabe Jülichs u. a. kleinerer Vergehen bezichtigte. Auch wurde er zur Zahlung von 7 000 Goldgulden verurteilt.

Antoinette hatte sich also gegenüber Schenkern – anders als Jakobe – durchzusetzen verstanden und damit ihre Stellung erheblich gefestigt. Ungeklärt blieb zunächst wegen der auch ihr versagten Leibeserben die Frage der Regentschaft, jedoch war sie ab etwa Mitte 1600 Mitregentin. Man war geneigt, Antoinette die Führung der Regierung so lange anzuvertrauen, bis eine Entscheidung in der Erbfolge getroffen war. In dieser Frage weitgehend einig, gerieten sich Stände und Räte nun wieder wegen der Religionsausübung in die Haare. Die Stände wollten die Befugnis der Ernennung eines Ausschusses zugesichert, der seine Tätigkeit so lange ausüben sollte, bis ihnen von dem Landesherrn in spe dieselbe Freizügigkeit in Sachen Religion zugebilligt würde, wie dies zu Zeiten Wilhelms des Reichen der Fall war. Darüber konnte man sich aber nicht einigen.

Obgleich Antoinette, wie wir sahen, anfänglich eine glückliche Hand im Umgang mit der Macht zeigte, schienen ihre Kräfte in der ersten Jahreshälfte 1604 dennoch zu erlahmen. Bemühungen um eine Gesundung ihres Gemahls, wie Wallfahrten, Exorzismen (1600, 1604, 1605) und dgl., waren vergeblich geblieben, und auch die Hoffnung auf Kindersegen hatte sich nicht erfüllt. Ein Sieg, ähnlich dem Ausgang im Ringen mit den Räten, schien ihr offenbar mit den Ständen nicht möglich. Müde der Plackereien und Händel, resignierte sie schließlich und kehrte am 20. 7. 1604 in das heimatliche Lothringen zurück. Aber selbst dieser Rückzug gestaltete sich im Vergleich mit Jakobe zu einem Erfolg, die diesen ausweichenden Schritt gleichfalls erwogen hatte, sich aus den Fängen ihrer Häscher aber nicht mehr zu lösen vermochte.

Ab diesem Zeitpunkt etwa ist eine regelrechte Stagnation kaiserlicher wie auch päpstlicher Einflußnahme am Niederrhein wahrzunehmen. Das Dreipäpste-

E. Das Ende

jahr 1605, Auseinandersetzungen mit Venedig und den Türken sowie die Schatten eines ersten Inquisitionsprozesses gegen den schon damals hochangesehenen Galileo Galilei (1564–1642) haben einmal die Aufmerksamkeit der Kurie – und ebenfalls die Türkennot, der zutage tretende „Bruderzwist im Hause Habsburg" sowie die eigene Nachfolgefrage auch die Aufmerksamkeit des Kaiserhofes von dem Düsseldorfer Schauplatz abgelenkt.
Die religionspolitische Situation im Lande blieb somit weiterhin unbefriedigend. Die Spanier – diesmal unter General Bucquoy – brandschatzten mit päpstlichem Segen weiterhin die Lande, und die Landstände sowie die mit ihnen gesinnungskonformen Interessenten opponierten gegen jede Art von Restauration. Über diesen Querelen dämmerte am 25. 3. 1609, von den meisten längst erwartet, auch Johann Wilhelm als Letzter des alten bergischen Herzogsgeschlechts aus diesem Dasein, nachdem kurz zuvor Antoinette nochmals zu ihm zurückgekehrt war, die aber ihren Gemahl nur um gut ein Jahr überleben sollte. Aus dem Bericht über die Leichenöffnung Johann Wilhelms ergab sich als wahrscheinliche Todesursache eine durch Geschwüre bedingte Perforation der Verdauungsorgane. Am Gehirn vermochten die Ärzte mit den damaligen Mitteln keine Anomalien festzustellen.
Der Tod des Letzten seines Geschlechts müßte, so meint man, Anlaß gewesen sein, nunmehr endlich eine Nachfolgeregelung herbeizuführen. Da sich aber im wesentlichen gleich zwei protestantische Anwärter anheischig machten, ihre erheirateten Ansprüche auf Erbfolge in die Tat umzusetzen, kam es zunächst zu dem Jahrzehnte währenden Jülich-Kleveschen Erbfolgestreit.
Rechtsansprüche auf die Nachfolge machten verschiedene Häuser geltend. Die sächsischen Ansprüche bezeichnete Kaiser Rudolf II. als die einzig begründeten. Sie entstammten der Zeit vor der Vereinigung von Jülich-Berg mit Kleve-Mark und fußten auf Privilegien der Kaiser Friedrich III. und Maximilian I., die den beiden Linien des Hauses Sachsen (Ernestiner und Albertiner) 1485, 1486 und 1495 die Nachfolge in Jülich-Berg zugesichert hatten, falls der heimische Mannesstamm aussterbe. Wenn auch Maximilian I. diese Privilegien indirekt widerrufen hatte, als er 1508 und 1509 Maria, Tochter Wilhelms IV. von Jülich-Berg, sukzessionsfähig machte, so erfuhren dieselben andererseits durch die Ehe von Wilhelms Schwester Sibylla mit Kurfürst Johann Friedrich eine neuerliche Bestätigung. Im einzelnen wurden die Rechtsansprüche der Albertiner durch Kurfürst Christian II. sowie der Ernestiner durch Johann Kasimir von Sachsen-Coburg, Johann Ernst von Sachsen-Eisenach und Friedrich Wilhelm von Sachsen-Altenburg vertreten, wenn auch

im anstehenden Zusammenhang in den Quellen zumeist nur vom Gesamthaus Sachsen die Rede ist.
Ernsthafte Prätentionen besaßen sodann jene Häuser, in die die vier Schwestern des verstorbenen Herzogs hineingeheiratet hatten – an ihrer Spitze Brandenburg, weil Marie Eleonore die älteste Schwester Johann Wilhelms war. Sie hatte jedoch noch vor ihm das Zeitliche gesegnet, so daß ihr Anspruch auf ihre einzige Tochter Anna und deren Gatten, den Kurfürsten Johann Sigismund, übergegangen war. Anna hatte sodann eine gleichnamige Tante, die als die zweitälteste Schwester Johann Wilhelms den Pfalzgrafen Philipp Ludwig von Pfalz-Neuburg geheiratet hatte. Diese ältere Anna vertrat den Standpunkt, daß ihre Ansprüche denjenigen ihrer Nichte vorgingen. Aber auch die beiden jüngsten Schwestern Johann Wilhelms, die mit Johann von Pfalz-Zweibrücken vermählte Magdalena und die mit Karl von Burgau vermählte Sibylle, hielten sich für nachfolgeberechtigt.
Neben den Hauptprätendenten erhoben Ansprüche noch die Grafen von Arenberg, Bouillon und der Mark auf die Grafschaft Mark und der Herzog von Nevers auf das Herzogtum Kleve. Später trat auch noch der Graf von Manderscheid in die Ansprüche der Grafen von der Mark.
Der Kaiser selbst hatte keine Erbansprüche, sondern lediglich das Recht und die Aufgabe, als oberster Lehensherr die Länder bald wieder als Lehen zu vergeben bzw. den rechtmäßigen Nachfolger zu finden. Hier ließ sich Rudolf II. allerdings weniger vom Reichsrecht als von seinen Interessen leiten und trat insofern als Gegenspieler der Prätendenten auf. Im Februar 1609 bestimmte er zunächst den Hofkriegsrat Hans Reinhard von Schönberg und den Reichshofrat Hans Heinrich von Neuhausen als Kommissare. Im Mai berief er Schönberg aber wieder ab, weil dieser sich nicht durchsetzen konnte, und berief an seiner Stelle Johann Georg von Hohenzollern und später auch noch Erzherzog Leopold (1586–1632), der Bischof von Passau und Straßburg war. Mit der Entsendung Leopolds, seines Vetters, hatte der Kaiser aber seinen bisher sorgsam gewahrten Anspruch der Unparteilichkeit für alle sichtbar fallengelassen. Leopold erschien eines Tages, skurrilerweise verkleidet, in der Stadt Jülich und bemächtigte sich ihrer auch, vermochte jedoch Jülich-Kleve auf Dauer ebensowenig zu halten wie seine Bistümer Passau und Straßburg, denen dieser geistliche Herr eine Ehe mit Claudia von Medici vorzog.
Es schälte sich schnell heraus, daß Brandenburg und Pfalz-Neuburg, wie dies den Realitäten entsprach, die maßgeblichen Bewerber waren. Nur eine Woche nach dem Ableben Johann Wilhelms war der Kurfürst Johann Sigismund von Brandenburg bzw. sein Bevollmächtigter, Stephan von Hertefeld, am

E. Das Ende

4. 4. 1609 als erster zur Stelle, um in Kleve und danach noch in allen wichtigen Orten der vereinigten Herzogtümer das Wappen Brandenburgs anzuschlagen, um zu dokumentieren, daß nunmehr die Hohenzollern Herren im Lande seien. In Düsseldorf allerdings wurde er von den Räten aus der Stadt gewiesen. Auch Philipp Ludwig handelte unmittelbar auf die Todesnachricht von Johann Wilhelm. Sein ältester Sohn Wolfgang Wilhelm traf am 6. April in Düsseldorf ein, wurde von den Räten aber zunächst nicht einmal in die Stadt gelassen, sondern mußte sich in Benrath einquartieren.

So beanspruchten Brandenburg und Pfalz-Neuburg, jeder für sich, das gesamte vereinigte Herzogtum. Ja, den Anspruch Pfalz-Neuburgs, später der Kurpfalz und Bayerns, auf Kleve-Mark hielt sogar noch Kurfürst Karl Theodor (1724–99), zumindest dem Titel nach, im 18. Jahrhundert aufrecht.

Wolfgang Wilhelm, als siebenjähriger Bub einst Gast auf Jakobes Hochzeit, war schließlich zu ihrem eigentlichen Nachfolger geworden. Sicherheitshalber ließ er aber den Sarg seines verstorbenen Vorgängers Johann Wilhelm nicht bestatten, denn solange ein toter Herrscher noch über der Erde weilte, konnte in seinem Namen weiterregiert werden. Symbolisch wurden deshalb auch bei der Hoftafel noch eine Zeitlang die täglichen Mahlzeiten für den toten Vorgänger serviert. So mußte der in der St.-Lambertus-Basilika abgestellte Leichnam Johann Wilhelms bis 1628 seiner Bestattung harren. Erst da fühlte sich Wolfgang Wilhelm sicher genug, seinem unglücklichen Vorgänger die letzte Ehre zu erweisen – ein gespenstisch anmutendes und wahrscheinlich einzig dastehendes Treiben, wissentlich nahezu zwanzig Jahre keiner Bestattung gewürdigt zu werden!

Nach der Inbesitznahme der beiden Landeshälften und den Huldigungszeremonien durch die neuen Untertanen deutete zunächst alles dahin, daß es zwischen Johann Sigismund und Wolfgang Wilhelm zu Kampfmaßnahmen um jeweils des anderen Landeshälfte kommen werde. Durch Vermittlung des Landgrafen Moritz von Hessen schloß man dann aber, unter Protest des sich übergangen fühlenden Kaisers, am 31. 5. 1609 den bedeutsamen Dortmunder Vergleich, der, nur als Provisorium gedacht, in den folgenden Jahrzehnten dennoch die Grundlage für den Grenzverlauf und die Rechtsordnung beider Landeshälften wurde. Ein für den 14. 7. 1609 nach Düsseldorf einberufener Landtag bestätigte neben anderen Rechten und Privilegien vor allem die heiß umkämpfte und erst als Vergleich vorhandene Zusicherung freier Religionsausübung.

Aber schon 1608, also noch vor dem Ableben Johann Wilhelms, hatte der

Protestantismus in Schwäbisch-Hall zur Behauptung seiner teuer erkauften Augsburger Gleichstellung die evangelische Union, mit dem Brandenburger als gewichtige Stütze, gegründet, der die Katholiken zu Würzburg die katholische Liga entgegensetzten. An ihrer Spitze stand Herzog Maximilian von Bayern, der älteste Sohn Wilhelms V. und Renatas. Überall hatte sich somit – im Vergleich mit der Jakobe-Zeit – auch ein Generationswechsel vollzogen oder stand, wie im Kaiserhaus (1612), im Kölner Erzstift (1612), bei den Leuchtenbergs (1613) und in Pfalz-Neuburg (1614), unmittelbar bevor. Dabei machten die Nachfolger aber zumeist dort weiter, wo die vorangegangene Generation aufgehört hatte.

Im benachbarten Frankreich wartete währenddessen König Heinrich IV. geradezu darauf, sich den Erbfolgestreit in Jülich-Kleve-Berg zunutze zu machen. Er und die Niederlande wollten es nicht dulden, daß das Herzogtum an Gewährsmänner Österreichs oder Spaniens fiel. Daran änderte sich auch nichts, als Heinrich IV. am 14. 5. 1610 durch die Mörderhand Ravaillacs zu Tode kam.

Gegen Leopold von Passau wurde ein Heer mobilisiert, das sich aus französischen Truppen unter Marschall La Chastre (oder La Châtre), niederländisch-englischen unter Prinz Moritz von Oranien, Truppen der Possidierenden[1] und Hilfstruppen der Union unter Fürst Christian von Anhalt († 1630), insgesamt rund 30 000 Mann, zusammensetzte. Demgegenüber zählte die Besatzung Jülichs ganze 2 000 Mann. Auf diese Weise gelang es der Union, sich der kaiserlichen Kommission im Herzogtum unter Führung des Bischofs Erzherzog Leopold von Passau zu entledigen.

Aber kaum war auch diese Hürde genommen, tauchten neue Schwierigkeiten auf. Z. B. fand vorübergehend eine Annäherung Sachsens an Brandenburg statt, einseitige Verfügungen, die nur gemeinsam hätten ergehen dürfen, machten die jeweils andere Seite mißtrauisch, und eine Werbung Wolfgang Wilhelms um die Hand einer brandenburgischen Prinzessin verlief erfolglos, ja er handelte sich hierbei sogar eine Backpfeife ein, die ihm der Brandenburger im Rausche verpaßte.

Eine ernstere Gefahr der gegenseitigen Entfremdung wurde sichtbar, als Wolfgang Wilhelm kurz vor dem Tode seines Vaters, bedingt durch eine bayerische Heirat, spanisches Geld und die Zusage österreichischen Schutzes, zum Katholizismus konvertierte, während sich Johann Sigismund prompt der Gegenrichtung, dem Kalvinismus, zukehrte. Aber auch jetzt noch wurde das

---

[1] Bezeichnung von Wolfgang Wilh. v. Pfalz-Neub. u. Joh. Sigism. v. Brandenb., nachdem sie 1609 Jülich-Kleve-Berg in Besitz genommen hatten.

E. Das Ende

Dortmunder Provisorium des Jahres 1609 respektiert, wenn auch die beiderseitige Abhängigkeit von den großen Bundesgenossen gestiegen war. Dann aber setzte 1618 das große Völkermorden Europas, das dreißig lange Jahre währen sollte, ein und machte auch dieser kurzen Friedensperiode den Garaus. Für abermals viele Jahre versanken die Länder am Niederrhein in kriegerisches Chaos und dienten fremden Truppen als Aufmarschplatz. Nach einem Alba, einem Mendoza, einem Bucquoy und einem Marschall La Chastre plünderte nun der nicht minder gefürchtete Spinola, was die anderen übriggelassen hatten.

Bedeutsam noch der Vertrag von Xanten vom 10. 5. 1614, in dem außer dem Brandenburger und dem Neuburger überhaupt keine dritten Prätendenten mehr Berücksichtigung fanden. In der Substanz blieben das Dortmunder Teilungs-Provisorium mit Kleve, Mark und Ravenstein für Brandenburg sowie Jülich und Berg für Pfalz-Neuburg festgeschrieben. Dies galt sogar, wenn man von Verschiebungen im Besitztum der kleinen Grafschaft Ravenstein sowie einiger anderer winziger Gebiete absieht, über das Ende des Dreißigjährigen Krieges hinaus, wo dem inzwischen greisen, aber anerkannt geistreichen Wolfgang Wilhelm in dem Großen Kurfürsten Friedrich Wilhelm ein mächtiger Nachbar erwachsen war.

Ein wirkliches Ende erfuhr der Jülich-Klevesche Erbfolgestreit erst durch den Teilungsvertrag vom 19. 9. 1666, der in den wesentlichen Punkten auf dem von Xanten fußte, sich in einem Nachtrag aber auch der Religionsstreitigkeiten annahm, die freilich endgültig einem weiteren Vertrag vom April 1672 in Cölln an der Spree vorbehalten blieben.

So verlief in groben Strichen das auf Jakobes Tod folgende Dreivierteljahrhundert. Es scheint geboten, auch diese Epoche in eine abschließende Betrachtung der Fürstin mit einzubeziehen, sofern man die Geschichte Jakobes nicht mit ihrem Tode abrupt enden läßt, sondern ihre Persönlichkeit auch an ihren Nachfolgern, allen voran dem Großen Kurfürsten Friedrich Wilhelm, mißt, die mit weitgehend gleichen Problemen wie der Regierungsnachfolge und dem Konfessionsstreit konfrontiert, deren endgültige Lösung erst nach unsäglichen Schwierigkeiten in der zweiten Hälfte des auf die Fürstin folgenden Jahrhunderts erzwangen.

Jakobes Verheiratung an den recht tristen Düsseldorfer Hof jener Tage, dessen erste Repräsentanten, ihr Gemahl Johann Wilhelm und dessen Vater Wilhelm der Reiche, bereits damals Geistesschwächen erkennen ließen, war der Opfergang einer tapferen Frau, wie immer man ihre politische Zeit am

Niederrhein, die zweifellos auch von markanten Fehlentscheidungen mitgeprägt war, beurteilen mag.

Die elternlose Jakobe hatte den heiratspolitischen Vorstellungen ihrer Zieheltern und deren Nachfolger gehorcht, ihrer zahlreichen Verehrerschar entsagt und den Weg eingeschlagen, den man von ihr erwartete. Wie sie diesen Weg dann gegangen ist, darüber läßt sich im nachhinein leicht rechten, zumal Jakobe politisch unvorbereitet war, möglicherweise auch nicht die nötige Befähigung besaß sowie vor allem von ihrer katholischen Verwandtschaft und der Kirche regelrecht im Stich gelassen, d. h. „geopfert" wurde.

Eine zweite, nicht minder als ihr Gehorsam und ihr guter Wille einzuschätzende Tugend kommt dann noch gegen das Ende ihrer Regierung und ihres Lebens zur Geltung: Wie einige ihrer fürstlichen Schicksalsgefährtinnen, etwa Anna Boleyn und Maria Stuart vor ihr sowie Marie Antoinette nach ihr, wuchs auch Jakobe in ihrer letzten, in Kerkerhaft verbrachten Lebensspanne an geistig-menschlicher Größe weit über sich hinaus und kämpfte bis zuletzt unerschrokken für ihr und ihrer Sache Recht.

Für Jakobes bayerische Familie dagegen gestaltete sich ihr Weg zu einer Niederlage und für das jülich-klevische Herzogshaus gar zum endgültigen Aus.

In größerem geschichtlichem Rahmen freilich wirkten sich diese verschlungenen Wege letztlich sogar in mehrfacher Hinsicht segensreich aus: Einmal wurde das Papsttum hier erstmals von jener Entwicklung eingeholt, die schon auf dem Augsburger Reichstag von 1555 eingesetzt hatte und in deren Konsequenz Rom aus dem Kreis der „Großmächte" ausscheiden mußte bzw. fortan keine universelle Größe mehr war, sondern eben nur noch Wortführerin eines einzelnen Bekenntnisses unter mehreren. Es war dies ein erster Schritt, um die weltanschaulich erstarrten Fronten aufzulockern und für künftige Zeiten eine liberalere Geistesbewegung und Lebensform erahnen zu lassen. Zum anderen faßte 1609 Brandenburg-Preußen am Niederrhein Fuß, so daß vor allem unter Friedrich dem Großen im folgenden Jahrhundert Handel, Gewerbe und Ackerbau zu einer bis dahin nicht gekannten Blüte führten, Verwaltung und Recht reorganisiert wurden und endlich auch jeder „nach seiner Fasson selig werden" konnte. Leute vom Schlage eines Heiniz oder des rechtsgelehrten Großkanzlers Carmer halfen dem König dabei, die „Reformer" und „Patrioten" Stein, Hardenberg, Fichte und Arndt führten sein Werk, unter gleichzeitiger Überwindung der Idee des absolutistischen Obrigkeitsstaates, fort, bis endlich – am anderen Ende der von Friedrich dem Großen eingeleiteten Entwicklung – Bismarck die Schaffung des Deutschen Reiches gelang.

E. Das Ende

Ich möchte es mit diesem kurzen Exkurs, der uns bis an die Schwelle neuerer Geschichte herangeführt hat und mit dem wir uns schon weit von den Tagen Jakobes entfernt haben, bewenden lassen. Ein harmonischer Verlauf ihres Lebens wäre ihr – das kann keine Frage sein – lieber gewesen, war ihr indes nicht vergönnt, weil sie sich den an sie herangetragenen Problemen gestellt hatte. Das ihr daraufhin zuteil gewordene Schicksal hebt sie aus der Kette vergleichbarer weiblicher Persönlichkeiten. Und dies ist es, was in der Erinnerung der Nachwelt haftet.

6. KAPITEL

F. Stammtafel der Häuser Baden und Jülich-Kleve-Berg

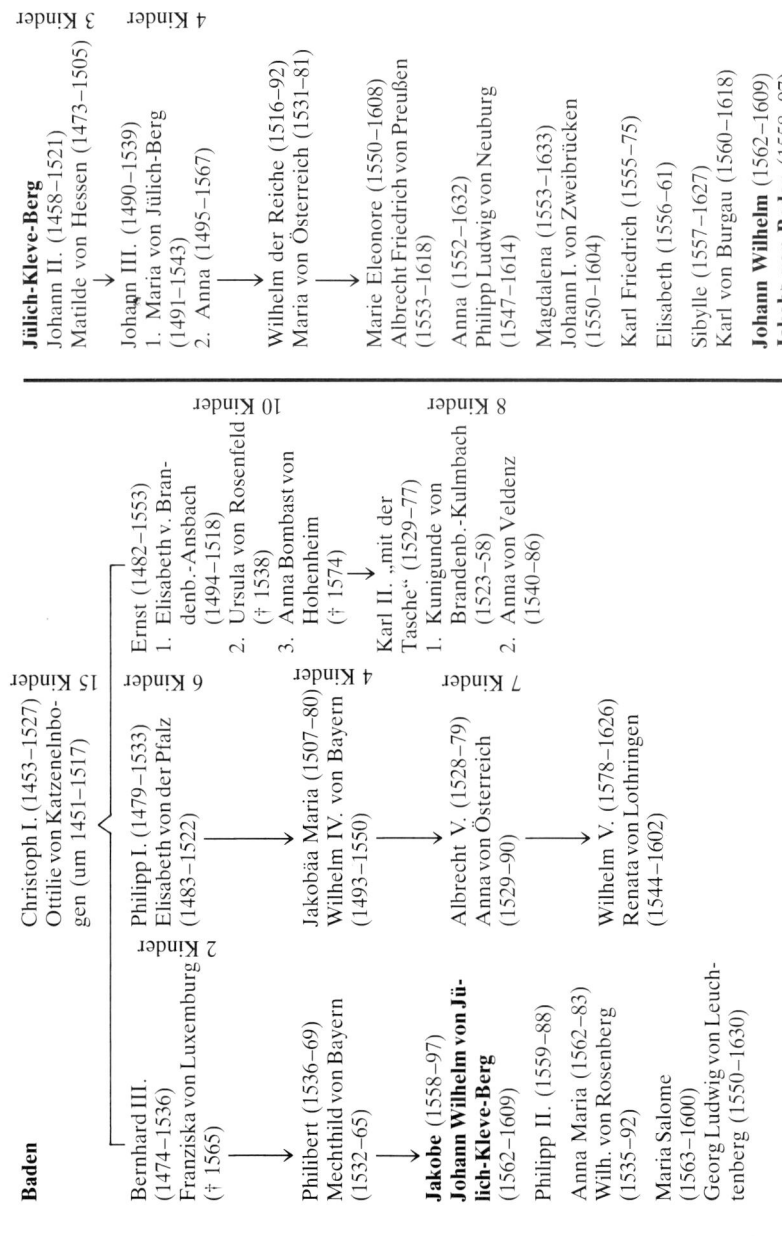

G. Bilderverzeichnis

Jakobe-Aquarell von Helene Kroutil, 1983, Passau 12
Christoph I., Jakob II. von Trier und Philipp I. (vordere Reihe von rechts) – Votivbild, linke Hälfte, von Hans Baldung Grien, um 1510, Staatliche Kunsthalle Karlsruhe ... 25
Markgraf Christoph I. von Baden (1457–1527), Jakobes Urgroßvater im Alter von 56 Jahren – Ölgemälde von Hans Baldung Grien, 1515, Alte Pinakothek München ... 33
Markgraf Bernhard III. von Baden-Baden (1474–1536), Jakobes Großvater väterlicherseits – Grabdenkmal Stiftskirche Baden-Baden 41
Herzogin Jakobäa von Bayern (1507–80) im Alter von 26 Jahren – Ölgemälde von Barthel Beham, Fürstenbergisches Archiv Donaueschingen 51
Markgrafenpaar Philibert und Mechthild, die Eltern Jakobes – Grabdenkmal Stiftskirche Baden-Baden 59
Markgraf Philibert von Baden (1536–69), Jakobes Vater im Alter von 13 Jahren – Germanisches Nationalmuseum Nürnberg, Inv.-Nr. 3261 61
Das Neue Schloß von Baden-Baden mit dem Renaissance-Bau Philipps II. im Hintergrund und dem Kavalierbau links im Bild 63
Landkarte des Herzogtums Jülich-Kleve-Berg nach Das Tor: Düsseldorfer Heimatbll., 4. Jg., H. 7 (1935) 68
Herzogin Maria von Jülich-Kleve-Berg (1531–81), Schwiegermutter Jakobes – Ölgemälde von Hans Besser, Stadtmuseum Düsseldorf 77
Herzogin Marie Eleonore von Preußen (1550–1608), älteste Schwester Johann Wilhelms – anonymer Maler, Königsberg (seit 1945 verschollen), Landschaftsverband Rheinland, Düsseldorf, Nr. 162/1728 83
Herzog Albrecht Friedrich von Preußen (1553–1608), Gemahl Marie Eleonores, der ältesten Schwester Johann Wilhelms – Kupferstich, Stadtmuseum Düsseldorf 84
Pfalzgräfin Anna von Pfalz-Neuburg (1552–1632), eine Schwester Johann Wilhelms – Kupferstich von Crispin de Passe aus „Des fürstlichen Geschlechts und Hauses Gülich, Clef und Mark etc. Stammregister", Arnheim 1610 bei Jan Jansen; Stadtmuseum Düsseldorf 86
Pfalzgraf Philipp Ludwig von Pfalz-Neuburg (1547–1614), Gemahl Annas, einer Schwester Johann Wilhelms – Kupferstich, Stadtmuseum Düsseldorf 87
Erbprinz Karl Friedrich von Jülich-Kleve-Berg (1555–75), älterer Bruder Johann Wilhelms – anonyme Radierung, Stadtmuseum Düsseldorf 88
Pfalzgräfin Magdalena von Pfalz-Zweibrücken (1553–1633), Schwester Johann Wilhelms – Kupferstich von Crispin de Passe aus „Des fürstlichen Geschlechts und Hauses Gülich, Clef und Mark etc. Stammregister", Arnheim 1610 bei Jan Jansen; Stadtmuseum Düsseldorf 90
Münchner Neuveste um 1570 – Rekonstruktionsplan von Prof. Dr. Otto Meitinger, aus Baugeschichte der Neuveste (München, 1970) 94
St. Georgskapelle der Münchner Neuveste – Miniatur von Hans Muelich zu den Bußpsalmen Orlando di Lassos, 1567, Bayer. Staatsbibliothek München, Mus. Ms. A/2, S. 185 97
Hofkonzert im Georgssaal der Münchner Neuveste – Miniatur von Hans Muelich zu den Bußpsalmen Orlando die Lassos, 1567, Bayer. Staatsbibliothek München, Mus. Ms. A/2, S. 187 100
Ritterspiel anläßlich der Hochzeit Wilhelms V. mit Renata von Lothringen im Georgssaal der Münchner Neuveste – Stich von Nikolaus Solis, 1568, Münchner Stadtmuseum 101

G. Bilderverzeichnis 417

Die etwa 7jährige Prinzessin Jakobe zur Rechten ihrer Großmutter Jakobäa Maria im Georgssaal der Münchner Neuveste – Miniatur von Hans Muelich zu den Bußpsalmen Orlando di Lassos, 1567, Bayerische Staatsbibliothek München, Mus. Ms. A/2, S. 4 . .	103
Ernst von Bayern, erster Wittelsbacher Kurfürst und Erzbischof von Köln – Rheinisches Bildarchiv Köln, Nr. 83 923	110
Einziges zu Lebzeiten Jakobes gemaltes und erhalten gebliebenes Bild, ein Scherzbild – Nordrhein-Westfäl. Hauptstaatsarchiv D'df., Jülich-Berg II, Teil I, Nr. 1993	116
Grundriß des ersten Obergeschosses des Düsseldorfer Schlosses, unbekannter franz. Zeichner, vor 1750 – Rhein. Amt für Denkmalpflege, Abtei Brauweiler, Negativ-Nr. 29 564	136
Plan der Festung Düsseldorf mit ältester bekannter Schloßansicht um die Mitte des 16. Jahrhunderts – Federzeichnung von Daniel Specklin, Bad. Generallandesarchiv Karlsruhe, Sign.: HLK/Bd. XVII fo. 17	138
Jakobe-Fahne: Vorderseite – Stadtmuseum Düsseldorf	143
Jakobe-Fahne: Rückseite – Stadtmuseum Düsseldorf	144
Jakobe-Kleinod: Schützenvogel – Stadtmuseum Düsseldorf	148
Zwei Halsketten Jakobes, St.-Anna-Kirche Düren	150
Einholung der Braut vor den Toren Düsseldorfs – Graminäus: Kupferstich Nr. 2, Stadtmuseum Düsseldorf	153
Feierlicher Einzug von Braut und Bräutigam in die Kirche am Sonntag, dem 16. 6. 1585 – Graminäus: Kupferstich Nr. 3, Stadtmuseum Düsseldorf	155
Herzog Johann Wilhelm von Jülich-Kleve-Berg (1562 – 1609) – posthumer Kupferstich von Willem Swanenburg (1610) nach Gemälde von Johann Malthan, Stadtmuseum Düsseldorf	157
Die Trauungszeremonie des fürstlichen Paares – Graminäus: Kupferstich Nr. 4, Stadtmuseum Düsseldorf	158
Hochzeitsmahl im Langen Saal – Graminäus: Kupferstich Nr. 5, Stadtmuseum Düsseldorf	160
Jakobe und Johann Wilhelm eröffnen den Hochzeitsball – Graminäus: Kupferstich Nr. 6, Landschaftsverband Rheinland, Düsseldorf, Nr. 162/1952	162
Eine Landschaft aus Zuckerwerk, Aufbau in der Hofstube – Graminäus: Kupferstich Nr. 7, Stadtmuseum Düsseldorf	164
Erstes Feuerspektakel, ein simuliertes Seegefecht, auf dem Rhein – Graminäus: Kupferstich Nr. 8, Stadtmuseum Düsseldorf	170
„Schriftlich fixierte" Ahnenprobe, einer der 15 erhaltenen Kupferstiche dieser Art – Graminäus: Kupferstich Nr. 19, Stadtmuseum Düsseldorf	173
Wappenschilder der Mantenatoren und Patrinen – Graminäus: Kupferstich Nr. 13, Stadtmuseum Düsseldorf	174
Einzug Johann Wilhelms und seiner Begleiter in das Turnieroval – Graminäus: Kupferstich Nr. 12, Stadtmuseum Düsseldorf	175
Ringreiten im Pempelforter Turnieroval – Graminäus: Kupferstich Nr. 9, Stadtmuseum Düsseldorf	176
Erste bekannte Opernbühne Deutschlands: „Orpheus und Amphion" – Graminäus: Kupferstich Nr. 10, Stadtmuseum Düsseldorf	177
Zweites Feuerspektakel auf dem Rhein – Graminäus: Kupferstich Nr. 25, Stadtmuseum Düsseldorf	180
Fechtturnier des Hans von Olm – Graminäus: Kupferstich Nr. 26, Stadtmuseum Düsseldorf	182
Quintanrennen im Pempelforter Turnieroval – Graminäus: Kupferstich Nr. 27, Stadtmuseum Düsseldorf	184

Plankenturnier im Pempelforter Turnieroval – Graminäus: Kupferstich Nr. 29,
Landschaftsverband Rheinland, Düsseldorf, Nr. 162/1980 186
Drittes und letztes Feuerspektakel auf dem Rhein – Graminäus: Kupferstich Nr. 30,
Stadtmuseum Düsseldorf 188
Einzug am Düsseldorfer Alten Markt – Graminäus: Kupferstich Nr. 31, Stadtmuseum
Düsseldorf 194
Fußturnier am Düsseldorfer Alten Markt – Graminäus: Kupferstich Nr. 34, Landschaftsverband Rheinland, Düsseldorf, Nr. 162/1984 195
Fackeltanz in antiken Gewändern – Graminäus: Kupferstich Nr. 35, Stadtmuseum
Düsseldorf 196
Abschlußturnier im Innenhof des Düsseldorfer Schlosses – Graminäus: Kupferstich
Nr. 36, Stadtmuseum Düsseldorf 197
Das Reich Gottes in mittelalterlicher Vorstellung – Graminäus: Kupferstich Nr. 37,
Stadtmuseum Düsseldorf 198
Der „lustige Rat" Wilhelms des Reichen, Südgestühl der St.-Anna-Kirche, Düren ... 210
3 Tabellen: Zentralverwaltung von Jülich-Berg und Kleve-Mark zur Zeit der Herzogin
Jakobe 210
Romanische Wappensäule mit der fünfblättrigen Goldenen Rose (vor 1300), Wallfahrtskirche Maria Bickesheim 218
Die Goldene Rose – aus vorstehendem Bild herausvergrößert 219
Papst Sixtus V. (1585–90) – Bronzebüste von Torrigiani, Kathedrale von Treia/
Provinz Macerata 221
Johann Wilhelms und Jakobes Monogramm, aus ZdBGV, 2 (1865), vor S. 198 231
Prinzessin Sibylle (1557–1622), jüngste Schwester Johann Wilhelms im Alter von
41 Jahren – Kupferstich Crispin de Passes (1598) aus „Des fürstlichen Geschlechts und
Hauses Gülich, Clef und Mark etc. Stammregister", Arnheim 1610 bei Jan Jansen;
Stadtmuseum Düsseldorf 255
Markgraf Philipp II. von Baden (1559–88), Jakobes einziger Bruder – Grabdenkmal
Stiftskirche Baden-Baden 257
Eduard Fortunats Grabdenkmal – Bronzeplatte Stiftskirche Baden-Baden sowie stark
vergrößerte Reliefs Eduard Fortunats (1565–1600) und seiner Gemahlin Maria von
Eicken († 1636) – aus dieser Bronzeplatte 259/60
Markgraf Karl von Burgau (1560–1618), Gemahl der Prinzessin Sibylle – Kupferstich
von Domenicus Custodis, Stadtmuseum Düsseldorf 262
Markgrafenpaar Karl und Sibylle von Burgau – Reliefbildnis am Grundstein der
ehemaligen Günzburger Kapuzinerkirche, Heimatmuseum Günzburg 263
Herzog Wilhelm der Reiche (1516–92) – Ölminiatur nach Johann Malthan, Stadtmuseum Düsseldorf 292
Herzog Johann Wilhelm (1562–1609) – Ölminiatur nach unbekanntem Meister,
Stadtmuseum Düsseldorf 293
Trauerkondukt mit Sarg Wilhelms des Reichen nimmt Aufstellung im Schloßinnenhof – Kupferstich aus „Spiegel der Vergänglichkeit" von Dietrich Graminäus, Städt.
Museum Haus Koekkoek, Kleve – Sammlung Robert Angerhausen 296
Grabdenkmal Wilhelms des Reichen, St.-Lambertus-Basilika Düsseldorf, Sonderdruck aus: Düsseldorfer Jb., 50 (1960) 298
Schloßturm, einziges Relikt des ehemaligen Düsseldorfer Schlosses – Kerker Jakobes,
heute Schiffsmuseum – Foto: Alvary Köhler, Heidelberg 356
Die beiden letzten Schriftdokumente aus der Hand Jakobes – Landschaftsverband
Rheinland, Düsseldorf, Negativ-Nr. 162/1721 u. 1722 362
Leichnam Jakobes, Zeichnung nach verschollenem Original – verwendet in Disser-

G. Bilderverzeichnis

tation a. d. Universität Düsseldorf von Brigitte Tabbert: „Zum Tode der Herzogin Jacobe von Jülich" (Düsseldorf, 1969) 366
Kreuzherrenkirche zu Düsseldorf – Foto: Alvary Köhler, Heidelberg 373
Elisabeth von Bourbon (1602–44) – Ölgemälde von Peter Paul Rubens, Kunsthistorisches Museum Wien, Inv.Nr. GG 538 379
Haarsträhne Jakobes – Nordrhein-Westfälisches Hauptstaatsarchiv Düsseldorf, Jülich-Berg II, Teil I, Nr. 1983 381
Rheinfront mit St.-Lambertus-Basilika und Schloßturm, Werbe- u. Wirtschaftsförderungsamt Düsseldorf, Rb I–124 387
Skelett Jakobes und Videomontage von Schädel und Scherzbild der Fürstin, Sonderdruck aus: Düsseldorfer Jb., 50 (1960) 388
Herzogin Jakobe von Jülich-Kleve-Berg (1558–97) – posthumer Kupferstich von Crispin de Passe aus „Des fürstlichen Geschlechts und Hauses Gülich, Clef und Mark etc. Stammregister", Arnheim 1610 bei Jan Jansen; Stadtmuseum Düsseldorf 393
Herzogin Jakobe – Ölminiatur nach dem posthumen Stich von Crispin de Passe, Stadtmuseum Düsseldorf 394
Renata von Lothringen (1544–1602), Gemahlin Herzog Wilhelms V. von Bayern, zeitweise Jakobe zugeordnet – Ölgemälde von Hans von Achen, Nordrhein-Westfälisches Hauptstaatsarchiv Düsseldorf, Jülich-Berg II, Teil I, Nr. 1993 396
„Bildnis einer vornehmen Dame", Ende des 16. Jhs. – zeitweise Jakobe zugeordnet, Bayer. Nationalmuseum München, R 524, Negativ-Nr. 22 486 398
Kopie des vorstehenden, anonymen Bildes, Sidonia von Bayern (1488–1505) und Jakobe von Baden zugeordnet – Werkstatt Georg Desmarées', Ahnengalerie der Münchner Residenz, Inv.Nr.: Res. Mü. G. w. 80 399
Herzogin Jakobe – im Krieg verschollene Büste des Bildhauers Vögele nach Stich von Crispin de Passe, Stadtmuseum Düsseldorf 401
Johann Wilhelm geleitet Jakobe von der Reisekutsche ins Schloß, Relief am Eckhaus Marktplatz Nr. 6 in Düsseldorf – Foto: Alvary Köhler, Heidelberg 402
Prinzessin Antoinette von Lothringen (1568–1610), 2. Gemahlin Johann Wilhelms – Kupferstich von Crispin de Passe (1599) aus „Des fürstlichen Geschlechts und Hauses Gülich, Clef und Mark etc. Stammregister", Arnheim 1610 bei Jan Jansen; Stadtmuseum Düsseldorf 403

H. Jakobe-Literatur

1. Allgemeines über Jakobe (Lebensläufe)

1	B. W.[1]	„Als die Tragödie der Herzogin Jakobe begann", *Düsseldorfer Tageblatt*, 14. 6. 1935 – Zeitungsartikel.
2	Berg, Balthasar	„Die rätselhaften Frauen, 16. Geschichte, Wiedersehen mit einer Toten", *Stern*, H. 5 (Hamburg, 4. 2. 1968).
3	Beumer, P. J.	„Jacobe von Baden, die unglückliche Herzogin von Jülich, Cleve und Berg", *Nrh.[2] Volkskal.*, 25. Jg. (Düsseldorf, 1860).
4	Bouterwek, K. W.	„Ein Autographon des Herzogs Johann Wilhelm und seiner Gemahlin Jacobe", *ZdBGV*, 2 (1865), S. 197–200.
5	Custodis, F. W. und Aschenberg, Wilhelm	„Wichtige Aktenstücke zur Geschichte der schönen, unglücklichen Jakobe, Herzogin von Jülich, Kleve, Berg usw.", *Nrh. Bll.*, 5 (Dortmund, 1805), S. 236–341.
6	Dahm, August	„Jakobe von Baden – Zu ihrem 400sten Geburtstag (16. Januar 1958)", *Die Heimat: Heimatz. für Düsseldorf und Umgebung*, Nr. 1 (1958), S. 9–11.
7	ders.	„Jakobe von Baden", *Die Heimat: Heimatz. für Düsseldorf und Umgebung*, Nr. 2 (1958), S. 43/44.
8	ders.	„Vergessene Düsseldorfer", *Heimatbll.*, Ver. Ztg des Heimatver.„Alde Düsseldorfer e. V.", Nr. 10 (1960), S. 169–173 (Jakobe, Dr. Weyer und Strauven).
9	[Haupt, Theodor von]	„Bruchstücke aus der Geschichte der unglücklichen Herzogin Jacobe", *Miszellen des Rheinischen Beobachters*, Nr. 30, 31 und 32 (Juni 1819).
10	Haupt, Theodor von	*Jacobe, Herzogin zu Jülich, geborene Markgräfin von Baden* (Coblenz, 1820).
11	Histor. Kommission b. d. Königl. Akademie d. Wissenschaften	*Allgemeine Deutsche Biographie* (Leipzig, 1881).
12	Kaufmann, K. L.	„Jacobe von Baden. Zur Tragödie der schönen Markgräfin", *Kölnische Ztg*, 3. 6. 1930 – Zeitungsartikel.
13	Kauhausen, Paul, [u. a.]	„Jakobe von Baden: Zur Geschichte ihres Schicksals", *Das Tor: Düsseldorfer Heimatbll.*, 4. Jg., H. 7 (1935).
14	ders.	„Jakobe von Baden. Zum Geburtstag am 16. Januar", *Heimatbll.*, Ver. Ztg des Heimatver. „Alde Düsseldorfer e. V.", Nr. 1 (1958), S. 3–7.
15	Leonardson, P.	„Merkwürdiges Aktenstück der schönen, aber unglücklichen Herzogin Jakobe von Jülich, Cleve usw., geb. Markgräfin von Baden", *Nrh. Bll. für Belehrung und Unterhaltung*, Nr. 2 (1802), S. 629–652.

---

[1] Genauer Autorenname nicht bekannt. [2] Diese und die meisten folgenden Abkürzungen nach Dahlmann F. C., Waitz G. *Quellenkunde der deutschen Geschichte* (Leipzig, 1931–32).

H. Jakobe-Literatur

16	Mueller, P. J.	„1598 – Ein Jahr großer Erinnerungen."
17	Neubürger, Emil	„Die Maria Stuart des Niederrheins", *Beilage zur AZg*, Nr. 158, 9. 7. 1892 – Zeitungsartikel.
18	O. J.[1]	„Serenissimus bummelt weiter durch Düsseldorf", *Welt am Sonnabend*, 14. 11., 5., 19. und 25. 12. 1936 – Zeitungsartikel.
19	Redlich, Otto	„Jakobe von Baden . . . Ein Erinnerungsblatt zum 3. September", *Das Tor: Düsseldorfer Heimatbll.*, 1. Jg., H. 6 (1. 9. 1932), S. 69–72.
20	Rheine, Götz von	„Barbarei und Hof-Intrigue des sechzehnten Jahrhunderts, oder Jakobe Markgräfin von Baden, Herzogin zu Jülich, Kleve, Berg und Mark, geächtet und gemordet in der Blüthe ihrer Jahre, gerechtfertigt und wieder zu Ehren gebracht in unsern Tagen", *Hermann. Z. von und für Westfalen oder der Lande zwischen Weser und Maas* (Hagen, 22. 12. 1818).
21	Roberg, Burkhard	„Jakobe von Baden", *Rh. Lebensbilder*, 7 (Bonn, 1977), S. 43–62.
22	Sels, Leo	„Ein Autogramm des Herzogs Johann Wilhelm von Jülich und seiner Gemahlin Jacobe", *Rur-Blumen: Heimatwochenschrift zum Jülicher Kreisblatt* (18. 7. 1936), H. 29, S. 225.
23	Sichelschmidt, Gustav	*Bergische Gestalten* (Wuppertal, 1954).
24	Stieve, Felix	„Zur Geschichte der Herzogin Jakobe von Jülich", *ZdBGV*, 13 (Bonn, 1877), S. 1–197.
25	ders.	*Herzogin Jakobe von Jülich. Vortrag 30. 3. 1886: Abhandlungen, Vorträge und Reden* (Leipzig, 1900), S. 68–78.
26	Dr. W. M.[1] (Kritik an Vorstehendem)	„Abhandlungen, Vorträge und Reden von Felix Stieve. Mit dem Porträt des Verfassers", XII und 420 Seiten (Leipzig) *Frankfurter Ztg*, Nr. 158, 9. 6. 1901.
27	Thelen-Korschenbroich, J.	„Ein trauriger Tag in der Geschichte Düsseldorfs", *Das Tor: Düsseldorfer Heimatbll.*, 21. Jg., H. 9 (1953), S. 187/88.
28	Trog, C.	„Jakobe von Baden, Herzogin zu Jülich, Cleve und Berg, geborene Markgräfin von Baden", *Nrh. Volkskal.*, 51 Jg. (Düsseldorf), S. 44–75.
29	Vollmer, Bernhard	„Jakobe von Baden. Zu ihrem 400. Gedenktag am 16. Januar", *Das Tor: Düsseldorfer Heimatbll.*, 24. Jg., H. 2 (1958), S. 22–31.
30	Weber, R.	„Der Leidensweg der Herzogin Jacobe", *Düsseldorfer Nachrichten*, 20., 24., 27. Juni 1953; 9., 11., 18., 25. Juli 1953; 1. August 1953 – Zeitungsartikel.
31	Wickenburg, Erik G.	„Jakobe von Baden", in: *BA.Wü*, 14 (1965), H. 2, S. 14 f.
32	Wintzen, Rüdiger	„Jakobe von Baden", *Düsseldorfer Stadtanzeiger*, 10. 5. und 13. 5. 1931 – Zeitungsartikel.

---

[1] Genauer Autorenname nicht bekannt.

33	Wolf, Manfred	„Jakobe, Herzogin von Jülich, Kleve, Berg, geb. Markgräfin von Baden, *Neue deutsche Biographie*, hg. Hist. Komm. bei d. Bayer. Ak. der Wissenschaften, 10 (Berlin, 1975), S. 323.
34	keine Angaben	„Rettung der Ehre und Unschuld Jacoben, Herzogin von Jülich, Cleve und Berg, usw. gebohrnen Markgräfin von Baden", *Hist. Portefeuille*, 1. Jg., 2. Stück (Februar 1782), S. 145–175.
35	keine Angaben	„Jacobe von Baden", *Düsseldorfer Katholisches Kirchenblatt*, 21. 7. 1929.
36	keine Angaben	„Erinnerung an Jakobe von Baden", *Heimatbll., Ver. Ztg des Heimatver. „Alde Düsseldorfer e.V."*, Nr. 15 (1947).
37	keine Angaben	„Jakobe von Baden / ‚Barbarei und Hof-Intrigue'", *Bilker Sternwarte*, H. 4 (Düsseldorf-Bilk, 1958).

2. Badische, bayerische, jülich-kleve-bergische und österreichische Geschichte allgemein

38	Below, Georg v.	*Landtagsakten von Jülich-Berg 1400–1612*, 2 und 3 (Düsseldorf, 1907), 1563–1589 bzw. 1589–1591.
39	Cornelius, C. A.	„Bericht des Domdechanten Metternich an den Herzog Wilhelm von Baiern", *ZdBGV*, 3 (1866), S. 327–351.
40	Erhard, Robert	„Das Grabmal des Markgrafen Philibert in der Stiftskirche", *Badische Neueste Nachrichten*, 12. 6. 1982 – Zeitungsartikel.
40a	Ewald, Wilhelm	„Die Siegel der Grafen und Herzöge von Kleve", *AnnHVNiederrh* (1909), S. 276–293.
41	Haebler, Rolf Gustav	*Geschichte der Stadt und des Kurortes Baden-Baden*, 1 (Baden-Baden, 1957).
42	Heimgartner, Heinz	*Die Burg Rötteln* (Haagen/Baden, 1964).
43	Knapp, J. F.	*Regenten- und Vorgeschichte der Länder Cleve, Jülich, Berg und Ravensberg*, 1–3 (Crefeld, 1836).
44	Kary, Josef	*Maria Bickesheim und die badischen Markgrafen* (Rastatt, 1965).
45	Lacomblet, Theodor, Jos.	*Urkundenbuch für die Geschichte des Niederrheins* (Aalen, 1960).
46	Lossen, Max	*Geschichte des Kölnischen Krieges 1582–1586*, 2 Bände (München und Leipzig, 1897).
47	Muschka, Wilhelm	„Ein wenig beachtetes Kleinod der Stiftskirche zu Baden-Baden", *Badisches Tagblatt*, 24. 12. 1982 – Zeitungsartikel.
48	ders.	„Zwei spätgotische Reliefs am Neuen Schloß in Baden-Baden, *Badisches Tagblatt*, 17. 9. 1983 – Zeitungsartikel.
49	ders.	„Markgraf Philipp I.: Treu, tapfer, tolerant", *Bad. Tagblatt*, 21. 1. und 21. 4. 1984 – Zeitungsartikel.

… H. Jakobe-Literatur

50	ders.	„Vor 450 Jahren starb Markgraf Bernhard III.: Ein Herrscher mit nur wenig Fortune", *Bad. Tagblatt*, 3. 4. 1986 – Zeitungsartikel.
51	Petri, F. und Droege, G.	*Rheinische Geschichte*, 1–3 (Düsseldorf, 1976 und 1983).
52	Preuß, Heike	„Martin Schenk von Nideggen (1540–1589) und der Truchsessische Krieg", *Rhein. Vierteljahresbll.*, Jg. 49 (1985), S. 117–138.
53	Reinking, Karl Franz	„Die Vormundschaften der Herzöge von Bayern in der Markgrafschaft Baden-Baden im 16. Jahrhundert", *Hist. Studien*, H. 284 (Berlin, 1935).
54	Ritter, Moritz	*Deutsche Geschichte im Zeitalter der Gegenreformation, 1586–1618*, 2 (Stuttgart, 1895).
55	Schrott, Ludwig	*Die Herrscher Bayerns: Vom ersten Herzog bis zum letzten König*, 2. Aufl. (München, 1967).
56	Städt. Museum Haus Koekkoek Kleve und Stadtmuseum Düsseldorf	*Land im Mittelpunkt der Mächte: Die Herzogtümer Jülich-Kleve-Berg*, Katalog der Ausstellungen Städt. Museum Haus Koekkoek Kleve und Stadtmuseum Düsseldorf, Sept. 1984/Febr. 1985, 2. Aufl. (Kleve, 1984).
57	Sütterlin, Berthold	*Geschichte Badens* (Karlsruhe, 1965 und 1968).
58	Wagner, Illuminatus	„Zur Tragödie der Herzogin Jakobe", *Heimatbll.*, Ver. Ztg des Heimatver. „Alde Düsseldorfer e. V.", Nr. 3 (1958), S. 3–6.
59	ders.	„Zur Tragödie der Herzogin Jakobe", *Heimatbll.*, Ver. Ztg des Heimatver. „Alde Düsseldorfer e. V.", Nr. 5 (1958), S. 6–11.
60	Weech, Friedrich	*Badische Geschichte* (Karlsruhe, 1890).
61	Weidenhaupt, Hugo	*Kleine Geschichte der Stadt Düsseldorf*, 8. Aufl. (Düsseldorf, 1980).
62	Zell, Franz	*Geschichte und Beschreibung des Badischen Wappens* (Karlsruhe, 1858).

3. Bauwerke (Kirchen, Mausoleen, Schlösser)

63	Haupt, Theodor v.	„Die Eröffnung der Grabstätte der Herzogin Jakobe", *Generallandesarch. Karlsruhe*.
64	Kabza, Alexander	*Handschriftliche Pläne von Daniel Specklin: Inaugural-Dissertation* (Bonn, 1911).
65	Küch, F.	„Das Grabdenkmal Herzog Wilhelms III. (V.) in der Lambertuskirche", *Düsseldorfer Jb.: BtrGNrh*, hg. Düsseldorfer Geschichtsver., 11 (Düsseldorf), S. 64–72.
66	Lacroix, Emil Hirschfeld, Peter Niester, Heinrich	*Die Kunstdenkmäler Badens*, hg. im Auftrag des Badischen Ministeriums des Kultus u. Unterrichts, 11 (Karlsruhe, 1942), S. 232–375.
67	Lau, Friedrich	„Geschichtsbilder aus Düsseldorf und Umgebung", *Düsseldorfer Jb.: BtrGNrh*, hg. Düsseldorfer Geschichtsver. (Düsseldorf, 1920/24), S. 63–66 und S. 138–151.

68	Levin, Theodor	„Das Grabdenkmal des Herzogs von Jülich-Cleve-Berg in der Sct. Lamertuskirche zu Düsseldorf", *Düsseldorfer Jb.: BtrGNrh*, hg. Düsseldorfer Geschichtsver., 1 (Düsseldorf, 1886), S. 175–205.
69	Maria Deodata	*Frauenkloster Lichtental: Geschichte, Kirchen und Altertümer* (Baden-Baden-Lichtental, 1915).
70	Meitinger, Otto	„Baugeschichte der Neuveste", *Oberbayerisches Archiv*, hg. Hist. Ver. v. Oberbayern, 92 (München, 1970), S. 19–37 u. S. 54–81.
71	Richartz, Hermann J.	*Basilika St. Lambertus: Düsseldorf–Altstadt*, hg. Pfarrgemeinde an der Basilika St. Lambertus, Düsseldorf-Altstadt (1979) – Faltblatt.
72	ders.	*St. Lambertus Düsseldorf: Kleiner Führer durch die Basilika* (1981).
73	Stamm, Hans Christoph u. Strutz-Ködel, Marianne	*St. Lambertus in Düsseldorf*, hg. Rheinischer Ver. f. Denkmalpflege u. Landschaftsschutz, H. 293 (Köln, 1984).
74	Strauven, Karl Ludwig	*Geschichte des Schlosses zu Düsseldorf: von seiner Gründung bis zum Brand am 20. März 1872* (Düsseldorf, 1872).
75	ders.	*Die fürstlichen Mausoleen Düsseldorfs in der St. Lambertuskirche, der Kreuzbrüder- und Hof (St. Andreas)-Kirche* (Düsseldorf, 1879).
76	Trost, Oskar	*Die heimatgeschichtliche Bedeutung der Gedenksteine und Grabstätten in der Schloßkirche zu Pforzheim*, hg. von der Stiftung der Freunde der Schloßkirche (Pforzheim, 1962).

4. Bildnisse

77	Feuerstein, Heinrich	*Katalog der Fürstlich Fürstenbergischen Sammlungen zu Donaueschingen*, IV. Ausgabe (1934), S. 6/7.
78	Harleß, W.	„Bericht über die Generalversammlung des historischen Vereins für den Niederrhein zu Düsseldorf am 16. Juni 1885" (über Porträt Jakobes und über die Person des Beer von Lahr).
79	Haupt, Theodor von	„Zum Titelkupfer", *Monatsrosen*, 1 (Düsseldorf, 1817).
80	Kircher, Gerda Franziska	*Zähringer Bildnissammlung im Neuen Schloß zu Baden-Baden* (Karlsruhe, 1958).
81	Kunsthistorisches Museum	*Peter Paul Rubens 1577–1640: Ausstellung zur 400. Wiederkehr seines Geburtstages* (Wien, 1977), S. 110 f.
82	Lauts, Jan	*Altdeutsche Meister: Aus der Staatlichen Kunsthalle Karlsruhe*, hg. v. d. Staatl. Kunsthalle Karlsruhe (1958).
83	ders.	*Katalog alte Meister bis 1800: Staatliche Kunsthalle Karlsruhe*, hg. v. d. Vereinigung der Freunde der Staatl. Kunsthalle Karlsruhe (1966).
84	Levin, Theodor	„Das Bildnis der Jakobe von Baden in der Kgl. Kunstakademie zu Düsseldorf", *Düsseldorfer Jb.: BtrGNrh*,

H. Jakobe-Literatur 425

		hg. Düsseldorfer Geschichtsver., 19 (Düsseldorf, 1905), S. 247–252.
85	Martin, Kurt	*Skizzenbuch des Hans Baldung Grien: Karlsruher Skizzenbuch* (Basel).
86	Mueller, Hans	*Badische Fürsten-Bildnisse* (1833).
87	Peters, Heinz	„Wilhelm der Reiche: Zu einem unbekannten Holzschnitt im Besitz der Städtischen Kunstsammlungen", *Das Tor: Düsseldorfer Heimatbll.*, 25. Jg., H. 4 (1959), S. 62–64.
88	Salm, Christian A. zu u. Goldberg, Gisela	*Altdeutsche Malerei*, hg. Bay. Staatsgemäldesammlungen (München, 1963).
89	Schaarschmidt, Friedrich	„Zur Erinnerung an Jakobe von Baden, Herzogin von Jülich-Cleve-Berg: I. Ein Portrait der Herzogin Jakobe in der Kgl. Kunstakademie zu Düsseldorf", *Düsseldorfer Jb.: BtrGNrh*, hg. Düsseldorfer Geschichtsver. (Düsseldorf, 1897), S. 1–8.
90	ders.	„Fürstliche Bildnisse in der Gemäldesammlung der Kgl. Kunstakademie zu Düsseldorf", *Düsseldorfer Jb.: BtrGNrh*, hg. Düsseldorfer Geschichtsver., 11 (Düsseldorf, 1897), S. 28–63.
91	Seelig, Lorenz [u. a.]	„Die Ahnengalerie der Münchner Residenz", *Quellen und Studien zur Kunstpolitik der Wittelsbacher vom 16. bis zum 18. Jahrhundert*, hg. Hubert Glaser (München, 1980), S. 299.
92	Strauven, Karl Ludwig	„Bildniß der Jacobe von Baden", *M. Schr. für rheinisch-westfälische Geschichte u. Altertumskunde*, 1 (1875), S. 282–285.
93	keine Angaben	„Zum Titelbilde" [Wilhelms des Reichen, von Aldegrever], *ZdBGV*, 1 (1863), S. 103–112.
94	keine Angaben	„Bild der Jacobe von Baden", *Düsseldorfer Generalanzeiger*, 15. 7. 1896 – Zeitungsartikel.

5. Brauchtum, Kunst, Vereine

95	Boeheim, W.	*Handbuch der Waffenkunde* (Graz, 1966).
95a	Cornides, Elisabeth	*Rose und Schwert im päpstlichen Zeremoniell: Von den Anfängen bis zum Pontifikat Gregors XIII.* (Wien, 1967).
96	Doucet, Friedrich	*Antiquitäten – Silber: Silbergerät, Werkstätten und Meister von der Antike bis zum Jugendstil* (München, 1973).
97	Dumont-Lindemann-Archiv	Erste Opernbühne Deutschlands: „Orpheus und Amphion", *Rheinische Post*, 11. 12. 1985 – Zeitungsartikel.
97a	Ewald, Wilhelm	„Die Rheinischen Schützengesellschaften", *Z.d.Rhein. Ver. f. Denkmalpflege u. Heimatschutz*, H. 1 (Düsseldorf, 1933).
98	Gatz, Erwin	*St. Anna in Düren* (Mönchengladbach, 1972).

99	Graminäus, Dietrich	*Der guldenen Rosen Geheimnuß, Bedeutung, Auffnemung und Empfengnuß* (Cöln, 1587) – enthalten in des Graminäus „Beschreibung derer Fürstlicher Güligscher etc. Hochzeit", siehe lfd. Nr. 164.
100	Gries, Leo	„Die Goldene Rose", *Bergischer Heimatkal. für das Klever Land* (1957), S. 43 – 56.
101	Heppe, K. B.	*Düsseldorfer Schützengeschichte* (Düsseldorf, 1983).
102	Kauhausen, Paul	„Jakobe von Baden und die Düsseldorfer St. Sebastianer", *Das Tor: Düsseldorfer Heimatbll.*, 18. Jg., H. 7 (1950), S. 138–141.
103	Korn, Otto	„Die alten Fahnen der Düsseldorfer St.-Sebastianus-Schützen", *Alde Düsseldorfer*, H. 9 u. 10 (1954), S. 4–6 bzw. S. 5–8.
104	Mitteis-Lieberich	*Deutsches Privatrecht* (München, 1976), S. 56, S. 61.
105	Müller, Josef und Zender, Matthias	„Studien über Sitte und Brauch am Niederrhein", *Nachrichten-Blatt für rheinische Heimatpflege*, H. 3/4 (1931/32), S. 101.
106	Muschka, Wilhelm	„Zweimal Gold für Baden", *Badisches Tagblatt*, 12. 2. und 15. 3. 1983 – Zeitungsartikel.
107	Robertson, A. und Stevens, D.	*Geschichte der Musik: Renaissance und Barock* (München, 1964), S. 234 ff.
108	Stauder, W.	*Alte Musikinstrumente* (Braunschweig, 1973).
109	Vollmer, Bernhard	„Ein Dreikönigsfest am Hofe Jakobes von Baden", *Düsseldorfer Nachrichten*, 5. 1. 1936 – Zeitungsartikel.
110	ders.	„Ein Dreikönigsfest am Hofe Jakobes von Baden", *Das Tor: Düsseldorfer Heimatbll.*, 6. Jg., H. 12 (1937), S. 286/287 – mit Brief Jakobes.

6. Briefe

111	Below, Georg v.	„Eine Beschwerdeschrift der Herzogin Jakobe aus dem September 1591", *Düsseldorfer Jb.: BtrGNrh*, hg. Düsseldorfer Geschichtsver., 7 (Düsseldorf, 1893), S. 36–45.
112	Bouterwek, K. W.	„Originalien zur Regierungsgeschichte der Herzogin Jacobe", *ZdBGV*, 1 (1866), S. 352–368, 14 Briefe.
113	Jakobe	„Ein neues Lied" und „Eine Supplikation an unseren Herrn", S. 48–52, NWHSA[1], (Transkription W. Muschka).
114	Keller, Ludwig	*Publicationen aus den K. Preußischen Staatsarchiven: Die Gegenreformation in Westfalen und am Niederrhein 1555–85*, 9 u. 33 (Leipzig, 1881 bzw. 1887).
115	Redlich, Otto R.	„Ein neuer Fund zur Geschichte der Herzogin Jakobe", *Düsseldorfer Nachrichten*, 4. 10. 1926 – Zeitungsartikel.

---

[1] Nordrhein-Westfälisches Hauptstaatsarchiv Düsseldorf.

H. Jakobe-Literatur 427

116	ders.	„Ein bisher unbekannter Brief der Herzogin Jacobe", *Düsseldorfer Jb.: BtrGNrh* (1920/24), hg. Düsseldorfer Geschichtsver., 31 (Düsseldorf, 1925), S. 74–84.
116a	Roberg, Burkhard	„Miszellen: Einige unbekannte Briefe der Prinzessin Sibille von Kleve an die Kurie aus den Jahren 1592–94", *ZdBGV*, 84 (1968/69), S. 231–244.
117	Schneider, Aloys, Hrsg.	„Jacobe, Herzogin von Jülich und Berg, geborene Markgräfin von Baden", *Vaterländische Bll.* (Heidelberg, 1812).
118	Schmitz, Wilhelm	„Ein Brief zur Geschichte der Herzogin Jakobe von Jülich", *M. Schr. für rheinisch-westfälische Geschichte u. Altertumskunde*, 5 (Trier, 1879), S. 55–59.
119	keine Angaben	„Brief des Dr. Reinert Solenandri zu Büderich" und „Des Hofmarschalls Antwort auf voriges Schreiben", *M. Schr. des Ver. für die Geschichte u. Altertumskunde von Düsseldorf und Umgebung*, 6 (Düsseldorf, 1881), S. 43–46.
120	keine Angaben [bezugnehmend auf Vollmer]	„Zur Jakobe-Tragödie. Dr. Solenanders Brief an Marschall Schenkern eine Fälschung", *Düsseldorfer Nachrichten*, 3. 4. 1935 – Zeitungsartikel.
121	keine Angaben	„Vom Geheimniß des Todes der Jacobe von Baden", *Düsseldorfer Generalanzeiger*, 29. 7. 1888 – Zeitungsartikel.
122	keine Angaben	„Drei Briefe über den Tod und das Begräbnis der Herzogin Jacoba von Baden", *Düsseldorfer Jb.: BtrGNrh*, hg. Düsseldorfer Geschichtsver., 5 (Düsseldorf, 1890), S. 140/41.

7. Dichtung über Jakobe

123	Anthony, Wilhelm	*Die Mordnacht im Düsseldorfer Schloß*. Erzählung.
124	Beumelburg, Werner	*Der Strom: Rheinische Bilder aus zwei Jahrtausenden* (Oldenburg, 1925).
125	ders.	*Jacobe*, Erzählung (Oldenburg, 1925).
126	Biesenbach, Heinrich	*Des Kanzlers Sohn: Roman um Jakobe von Baden* (Düsseldorf, 1959).
127	Broehl-Delhaes, Christel	„Ein Leben der Jacobe", *Der Gott vom Niederrhein. Sieben hist. Geschichten vom Rhein u. aus den Eifelbergen* (Ueckermünde, 1924), S. 53–64.
128	Buchholz, J.	*Jakobe von Baden*, Roman (Berlin-Schöneberg, 1940).
129	Ernst, T.	„Herzogin Jakoba." Hist. Skizze, *Düsseldorfer Volksbl.*, Beilage Düsseldorfer Sonntagsbl., 11. 8. 1895, S. 251–255 – Zeitungsartikel.
130	Fricke, Wilhelm	*Die Tochter des Leibarztes*, Erzählung.
131	Groll, Theodor	*Jakobe von Baden*, Roman, 3 (Barmen, 1896).
132	Grube, Elisabeth, geb. Liez	*Jacobe von Baden: Trauerspiel in 5 Aufzügen* (Düsseldorf, 1864).

133	Guseck, Bernd	*Jacobäa: Trauerspiel in fünf Acten.* Für die Bühnen als Manuskript gedruckt (Berlin, 1852).
134	Huch, Ricarda	*Der große Krieg in Deutschland,* Roman, gekürzte Ausgabe (Frankfurt-Berlin-Wien, 1980).
135	Kugler, Franz	*Jacobäa: Ein Trauerspiel in 5 Aufzügen* (Stuttgart, 1850).
136	Lambrecht, Nanny	*Die tolle Herzogin,* Roman, 2. Aufl. (Berlin, 1913).
137	dies.	„Auf den Spuren der Jakobe von Baden", *Düsseldorfer Nachrichten,* 22. 11. 1926 – Zeitungsartikel.
138	dies.	*Das Uzvögele der Herzogin Jakobe von Jülich: Eine Hof- und Kammergeschichte* (Leipzig, 1922).
139	Lodenstein, J. F.	„Jacobe von Baden in der Erzählung und im Drama", *Heimatbll., Ver. Ztg des Heimatver.* „*Alde Düsseldorfer e. V.*", Nr. 11 (1954), S. 9–11.
140	ders.	„Jakobe von Baden im Spiegel der Dichtung", *Das Tor: Düsseldorfer Heimatbll.,* 24. Jg., H. 1 (1958), S. 2–5.
141	Müller, Wolfgang von Königswinter	*Herzogin Jacobe,* Trauerspiel (Düsseldorf).
142	O. K.[1]	„Der Tod der Herzogin Jacobe." Zur Uraufführung des Schauspiels „Des Kanzlers Sohn" im Paulushaus (Düsseldorf), *Düsseldorfer Nachrichten,* 21. 10. 1931 – Zeitungsartikel.
143	Rath, Alwin	*Der Mönch und Jakobäa: Trauerspiel in fünf Aufzügen* (Berlin-Neubabelsberg, 1929).
144	Rademacher, Hanna	*Jakobe von Baden: Schauspiel* (Düsseldorf, 1939), 1938 in Düsseldorf uraufgeführt.
145	Reinacher, Eduard	*Jacobe von Baden: Trauerspiel* (Berlin, 1928).
146	Schmitz, Karl Ludwig	*Jakobe: Bühnenspiel mit Vorgeschichte, Genealogien und Quellenverzeichnis* (Düsseldorf, 1957).
147	Schneider, Hermann	*Des Kanzlers Sohn: Schauspiel in 3 Akten* (1943) – Frei dramatisiert nach dem gleichnamigen Roman von Heinrich Biesenbach.
148	Steinhoff von Hattens	*Trauerspiel,* dramatischer Versuch der dreißiger Jahre.
149	Teig-Balgheim, O.	„Das Schicksal der Jakobe von Baden", *Düsseldorfer Stadtanzeiger,* 27. 4. 1941 – Zeitungsartikel.
150	Wessel, Oskar	„Das Lachen der schönen Jakobe", Erzählung aus Alt-Düsseldorf, *Düsseldorfer Tageblatt,* 25. 12. 1937 – Zeitungsartikel.
151	Windmüller, Otto	„Jakobe von Baden und die Fischer", *Die Heimat, Heimatz. für Düsseldorf und Umgebung* (1958), S. 71.
152	Witthaus, Wernher	„Jakobe von Baden", Kritik z. Aufführung des Trauerspiels von Reinacher im Bochumer Stadttheater, *Düsseldorfer Volksbl.,* 15. 6. 1885 – Zeitungsartikel.
153	Wolter, Jos.	„Immermanns Leitung des Düsseldorfer Stadttheaters", *Düsseldorfer Jb.: BtrGNrh,* hg. Düsseldorfer Geschichtsver., 17 (Düsseldorf), S. 230.

---

[1] Genauer Autorenname nicht bekannt.

154	Zahlhas, Johann Baptist	*Jakobe von Baden: Schauspiel in 5 Aufzügen nebst einem Vorspiel*, genannt: „Die Verlobung" (Darmstadt, 1833).
155	Zimmermann, Christa-Maria	*Die Marktstraße: Kinder erleben Düsseldorfer Geschichte* (Köln, 1981).
156	keine Angaben	„Zur Literaturgeschichte der Jülich-Clevischen Lande. Die handschriftlichen Kirchenannalen Werner Teschenmachers." *ZdBGV*, 1 (1863), S. 170–197.
157	keine Angaben	„Höfisches Theater im 16. und 17. Jahrhundert", *Düsseldorfer Jb.: BtrGNrh*, hg. Düsseldorfer Geschichtsver., 36 (Düsseldorf, 1930/31), S. 5–7.

8. Favoriten und Heiratskandidaten (von Jakobe und Sibylle)

158	Goldschmidt, Hans	„Ein Heiratsplan zwischen der Herzogin Sibilla von Jülich-Cleve und dem Grafen Karl von Arenberg", *Düsseldorfer Jb.: BtrGNrh*, hg. Düsseldorfer Geschichtsver., 24 (Düsseldorf, 1912), S. 105–115.
159	Kaufmann, Karl Leopold	„Jacobe von Baden. Die unglückliche Braut des Eifelgrafen", *Eifelkal.* (1935), S. 36–40.
160	Kraft, Klaus	„Der Grundstein der ehemaligen Kapuzinerkirche zu Günzburg und seine Beigaben", *Heimat Schwaben*, 1 (München, 1977), S. 47–56.
161	Vollmer, Bernhard	„Briefwechsel Jakobes von Baden mit dem Grafen Fortunato Bertoldo de Pazzi", *Das Tor: Düsseldorfer Heimatbll.*, 4. Jg., H 4 (1935), S. 81–88 [Transkription vom Verfasser].
162	ders.	„Liebe und Tod der schönen Markgräfin": Liebesbriefe des Grafen Fortunato Bertoldo de Pazzi, *Düsseldorfer Nachrichten*, 3. 2. 1935 – Zeitungsartikel.

9. Hochzeiten Jakobes und Wilhelms des Reichen

163	Brockerhoff, Michael	„Schmuck und Pracht zeigen Weltläufigkeit", *Rheinische Post*, 7. 8. 1984 – Zeitungsartikel.
164a	Gramináus, Dietrich	*Beschreibung derer Fürstlicher Güligscher etc. Hochzeit so im jahr Christi tausend fünfhundert achtzig fünff am sechzehenden Junij und nechstfolgenden acht tagen zu Düsseldorf mit grossen freuden Fürstlichen Triumph und herrlichkeit gehalten worden* und *Der guldenen Rosen Geheimnuß, Bedeutung, Auffnemung und Empfengnuß* (Cöln, 1587).
164b	ders.	*Beschreibung derer Fürstlicher Güligscher etc. Hochzeit so im jahr Christi tausend fünfhundert achtzig fünff am sechzehenden Junij und nechstfolgenden acht tagen*

		zu Düsseldorf mit grossen freuden Fürstlichen Triumph und herrlichkeit gehalten worden (Düsseldorf, 1982, Faksimileausgabe).
165	Rümmler, Else	*Die Fürstlich Jülichsche Hochzeit zu Düsseldorf 1585: Das Fest und seine Vorgeschichte* (Düsseldorf, 1983), Einschub zu Nr. 164 b.
166	Harleß, W.	„Zur Geschichte Herzogs Wilhelm III. von Cleve-Jülich-Berg. Die Navarrische Heirat und des Herzogs Reise nach Frankreich", *ZdBGV*, 1 (1863), S. 1–38.
167	Houben, Alfons	„So kam Jakobe zu ihrem Erbprinzen Johann Wilhelm", *Westdeutsche Ztg*, 13. 6. 1985 – Zeitungsartikel.
168	Kauhausen, Paul	„Jacobe von Baden hält Hochzeit heut. Ein Fürstenmahl am Niederrhein vor 350 Jahren (mit drei Zeichnungen von Prof. Hans Kohlschein)", *Die Braune Post*, 30. 6. 1935 – Zeitungsartikel.
169	Keller, Richard A.	„Die Heirat der Jakobe von Baden", *Düsseldorfer Nachrichten*, 15. 6. 1935 – Zeitungsartikel.
170	Küch, F.	„Die Hochzeit des Herzogs Wilhelm III. von Jülich-Cleve-Berg 1546", *Düsseldorfer Jb.: BtrGNrh*, hg. Düsseldorfer Geschichtsver., 17 (Düsseldorf [1903]), S. 98–115.
171	Klocke, F. v.	„Westdeutsche Ahnenproben mit feierlichen Umzügen im 16., 17. und 18. Jahrhundert", *Mitteilungen der westdeutschen Gesellschaft für Familienkunde*, 12. Jg. (1940), Sp. 1–24.
172	Lossen, Max	„Die Verheiratung der Markgräfin Jakobe von Baden mit Herzog Johann Wilhelm von Jülich-Cleve-Berg", *ZdBGV*, hg. Dr. Waldemar Harleß, 31 (Elberfeld, 1895), S. 1–77.
173	Miesen, Karl-Jürgen	„Wie alles einst so wundervoll begann", *Rheinische Post*, 22. 12. 1983 – Zeitungsartikel.
174	Rümmler, Else	„Die große Hochzeit zu Düsseldorf", *Heimatbll., Ver. Ztg des Heimatver. „Alde Düsseldorfer e. V."*, Nr. 10 (1960), S. 181–183.
175	dies.	„Das große Turnier in Pempelfort", *Heimatbll., Ver. Ztg des Heimatver. „Alde Düsseldorfer e. V."*, Nr. 6 (1961), S. 84/85.
176	Schnellenbach, Willi	„Eine Hochzeit in Düsseldorf und eine Bischofswahl in Münster", *Das Tor: Düsseldorfer Heimatbll.*, 37. Jg., H. 1 (1969), S. 20–23.
177	ders.	„Eine Hochzeit in Düsseldorf und eine Bischofswahl in Münster", *Das Tor: Düsseldorfer Heimatbll.*, 37. Jg., H. 2 (1969), S. 44–48.
178	Schreckenstein, Frh. Roth v.	„Die fürstlich Jülich'sche Hochzeit 1585", *Z. für deutsche KuG*, 4 (Nürnberg, 1859) S. 314–328.
179	keine Angaben	„Die Hochzeit der Jacobe zu Baden". Ein achttägiges Ritterfest am Niederrhein, *Düsseldorfer Stadtanzeiger*, 6. 3. 1927 – Zeitungsartikel.
180	keine Angaben	„Hochzeit im Schloß zu Düsseldorf", *Düsseldorfer Stadtanzeiger*, 16. 6. 1935 – Zeitungsartikel.

H. Jakobe-Literatur 431

181	keine Angaben	*Kölnische Zeitung*, Ausgabe C, Abendblatt, 24. 2. 1936 – Zeitungsartikel ohne Titel.
182	keine Angaben	„Zum Jahresauftakt 1984. Festlicher Glanz", *Das Tor: Düsseldorfer Heimatbll.*, 50. Jg., H. 1 (Januar 1984), S. 4.

10. Inventare, Lexika u. a. Zusammenstellungen

183	Bär, Max	„Bücherkunde zur Geschichte der Rheinlande", *PGRhGk*, 1 (Bonn, 1920), S. 81/82.
184	Bayer, Erich	*Wörterbuch zur Geschichte: Begriffe und Fachausdrücke* (Stuttgart, 1960).
185	Bibliographisches Institut	*Meyers Konversations-Lexikon: Ein Nachschlagewerk des allgemeinen Wissens*, 5. Auflage (Leipzig und Wien, 1896).
186	Brunner, Otto [u. a.]	*Geschichtliche Grundbegriffe: Historisches Lexikon zur politisch-sozialen Sprache in Deutschland*, hg. i. A. d. Arbeitskreises f. moderne Sozialgeschichte e. V. Stuttgart, 5 (Stuttgart, 1984).
186a	Fabritius, W.	*Geschichtl. Atlas der Rheinprovinz, Erläuterungen*, 2 (Bonn, 1898); Fotomechan. Nachdruck (Bonn, 1965).
186b	Fahne, A.	*Geschichte der Kölnischen, Jülichschen u. Bergischen Geschlechter*, Teil 1 u. 2 (Köln u. Bonn, 1848).
186c	Dösseler, E. u. Oediger, F. W.	*Das Hauptstaatsarchiv Düsseldorf u. seine Bestände*, Bd. 8: Die Lehensregister des Herzogtums Kleve (Siegburg, 1974).
187	Haberkern, Eugen u. Wallach, Joseph Friedrich	*Hilfswörterbuch für Historiker: Mittelalter*, 6. Auflage (Tübingen, 1980).
188	Heinemeyer, Elfriede	„Brautschatz- und Nachlaßinventar der Markgräfin Jacobe von Baden", *Waffen- und Kostümkunde: Z. der Gesellschaft für historische Waffen- und Kostümkunde*, 7 (München/Berlin, 1965), S. 1–13.
189	Hoesslin-Jäger, Franziska	„Die Korrespondenz der Kurfürsten von Köln aus dem Hause Wittelsbach (1583–1761) mit ihren bayerischen Verwandten", *Materialien zur rheinischen Geschichte*, hg. F. W. Oediger, 1 (Düsseldorf, 1978).
189a	Papritz, J.	*Archivwissenschaft*, 2 (1976).
190	Petry, Ludwig	*Handbuch der Historischen Stätten Deutschlands* (Stuttgart, 1959).
191	Redlich, Otto R.	„Die Quellen zur Geschichte der Herzogin Jakobe im Düsseldorfer Staatsarchiv", *Düsseldorfer Nachrichten*, 4. 1. 1927 – Zeitungsartikel.
191a	Rössler, Franz	*Sachwörterbuch zur deutschen Geschichte.*
192	Sachs, H.; Badstübner, E.; Neumann, H.	*Christliche Ikonographie in Stichworten* (München, 1975).
193	Scotti, I. J.	*Sammlung der Gesetze und Verordnungen von Jülich und Berg*, 1 (Düsseldorf, 1821).
194	Taddey, Gerhard	*Lexikon der deutschen Geschichte: Personen, Ereignisse, Institutionen* (Stuttgart, 1977).

11. Kirche

195	Bayer, F. J.	*Das Papstbuch* (München, 1925).
196	Buchberger, Michael	*Lexikon für Theologie und Kirche*, hg. Josef Höfer, Rom, und Karl Rahner, Innsbruck, 3 (Freiburg, 1959), Sp. 1036/37.
197	Haidacher, Anton	*Geschichte der Päpste in Bildern* (Heidelberg, 1965).
198	Hiller, Helmut	*Die Geschäftsführer Gottes* (Hamburg, 1983).
198a	Roberg, Burkhard	„Päpstliche Politik am Rhein: Die römische Kurie und der Jülich-Klevesche Erbfolgestreit", *Rhein. Vierteljahresbll.*, 41 (1977), S. 63–87.
198b	ders.	*Nuntiaturberichte aus Deutschland: Die Kölner Nuntiatur*, II/2–4 (München/Paderborn/Wien, 1969–83).
199	Roth	AEK handschriftliche Sammlung Roth, Dom II, S. 149–151 (Domherr Manderscheid), des Histor. Archivs des Erzb. Köln.
200	Stadler, Hubert	*Hermes Handlexikon, Päpste und Konzilien* (Düsseldorf, 1983).
201	Unkel, Karl	„Jakobe von Baden, Herzogin von Jülich-Kleve-Berg und der apostolische Stuhl", *Düsseldorfer Volksbl.*, 27. 12. 1890 – Zeitungsartikel.
202	Vasold, Manfred	*Frühling im Mittelalter* (München, 1984).
203	keine Angaben	„Der Landtag zu Essen 1577 und die Inquisition", *ZdBGV*, 1 (1863), S. 201–214.
204	keine Angaben	„Zur Widertäufer-Literatur", *ZdBGV*, 1 (1863).
205	keine Angaben	*Handbuch des Erzbistums Köln*, 24. Ausgabe 1 (Köln, 1966), S. 50/51.
206	keine Angaben	*Lexikon für Theologie und Kirche*, 2 (1932).

12. Krankheiten, Badereisen und Tod beider Herzöge und Jakobes (auch Exorzismus und Hexenprozesse)

207	Bergrath, P. B.	„Zur Geschichte der Geistesstörung des Herzogs Wilhelm des Reichen und seines Sohnes Johann Wilhelm von Jülich-Cleve-Berg", *Z. für Psychiatrie*, 10 (Leipzig, 1953), S. 249–280.
208	Binz, Carl	*Doctor Johann Weyer, ein rheinischer Arzt: Der erste Bekämpfer des Hexenwahns* (Wiesbaden, 1969).
209	Bouterwek, K. W.	„3 Huldigungstage der Stadt Wesel" mit Beilagen, *ZdBGV*, 2 (1865), S. 159 ff., S. 172 ff. u. S. 176 ff.
	[ders.]	„Exorciszatio an Herzog Johann Wilhelm geübt", *ZdBGV* (1865).
210	Crecelius, W.	„Urkundliche Beiträge zur Krankheitsgeschichte der Herzöge Wilhelm und Johann Wilhelm von Jülich, Cleve und Berg", *ZdBGV*, 23 (1887).
211	Graminäus, Dietrich	*Spiegel der Vergänglichkeit* [Köln, 1592].
211a	Grüner, O. u. Reinhard, R.	„Ein photograph. Verfahren z. Schädelidentifiz." *Deutsche Zeitschr. für die gesamte gerichtl. Medizin*, 48 (Berlin, Göttingen, Heidelberg, München, 1958/59), S. 247–256.

H. Jakobe-Literatur

212	J. O.[1]	„Rätsel um Jakobe von Baden geklärt", *Schützenztg*, Februar 1960.
213	Krämer	„Das Grab der Jakobe", aus *„Düsseldorfer Erzähler"*, 3. 11. 1819 – Zeitungsartikel.
214	O. K.[1]	„Der Tod der Herzogin Jakobe", *Düsseldorfer Nachrichten*, 21. 10. 1931 – Zeitungsartikel.
215	Pauls, Emil	„Der Exorzismus an Herzog Johann Wilhelm von Jülich in den Jahren 1604 und 1605", *AnnHVNiederrh*, H 63 (Düsseldorf, 1867), S. 27–53 – Anlagen.
216	ders.	„Zur Geschichte der Krankheit des Herzogs Johann Wilhelm von Jülich-Cleve-Berg", *ZdBGV*, Jg. 1897, 33 (Elberfeld, 1898), S. 7–38 – mit Brief Sibylles an Johann Wilhelm.
217	ders.	„Gutachten und Erklärungen abergläubischer Art des Pfarrers zu Lank bei Krefeld über die Art der Krankheit und die ärztliche Behandlung des geisteskranken Jülicher Jungherzogs Johann Wilhelm", *ZdBGV*, Jg. 1897, 33 (Elberfeld, 1898), S. 39–48.
218	ders.	„Geisteskrankheit, Ableben und Beerdigung Johann Wilhelms, des letzten Herzogs von Jülich-Kleve-Berg", *VHVNrh* (1909), S. 257–275.
219	ders.	„Zur Geschichte Jakobes von Baden und der Geisteskrankheit ihres Gemahls", *Monatsschrift dBGV*, 21. Jg., Nr. 8/9 (1914), S. 141–152.
220	Roth, Rudolf	„Tod und Beisetzung Herzog Wilhelms von Jülich, Cleve und Berg", *ZdBGV* (Elberfeld, 1909), S. 43–48.
221	Schubert, Friedrich	„Erbkrank auf dem Jülich-Bergischen Fürstenthron", *Jülich-Bergische GBll.*, 12. Jg., Nr. 1 (Elberfeld, 1935).
222	ders.	„Die Badereise Johann Wilhelms und Jakobes nach Ems", aus *„Düsseldorfer Stadtanzeiger"*, 19. 10. 1927 – Zeitungsartikel.
223	ders.	„Herzogin Jakobe macht eine Badereise", aus *Düsseldorfer Nachrichten* vom 15. 9. 1933 – Zeitungsartikel.
224	ders.	„Erbkrank auf dem bergischen Fürstenthron", aus *Düsseldorfer Nachrichten* vom 21. 7. 1934 – Zeitungsartikel.
225	Schweitzer, Heinz	„Zur Identifizierung der in der Fürstengruft der St. Lambertuskirche zu Düsseldorf aufgefundenen Gebeine", *Düsseldorfer Jb.: BtrGNrh*, 50 (Düsseldorf, 1960), S. 1–27 – auch als Sonderdruck erschienen.
226	Tabbert, Brigitte	*Zum Tode der Herzogin Jacobe von Jülich. Aus dem Institut für Gerichtliche Medizin der Universität Düsseldorf* (Düsseldorf, 1969).
227	Wackenbauer, Anton	„Dr. Reiner Solenander (Reinhard Gathmann) ein niederrheinischer Arzt, Leibarzt am Düsseldorfer Hofe", *Düsseldorfer Jb.: BtrGNrh*, 37 (Düsseldorf), S. 97–149 – mit Briefen Solenanders und Schenkerns.
228	keine Angaben	„Dr. med. Joh. Wier, der Leibarzt des Herzogs Wilhelm III. von Cleve-Jülich-Berg, 3. Am Clevischen Hofe",

---

[1] Genauer Autorenname nicht bekannt.

		Düsseldorfer Jb.: BtrGNrh, hg. Düsseldorfer Geschichtsver., 1 (1886), S. 88–173.
229	keine Angaben	„B. Vom Geheimnis des Todes der Jacobe von Baden", [„Düsseldorfer Generalanzeiger", Ende 19. Jh.] – Zeitungsartikel.
230	keine Angaben	„Solenander (Gathmann, Sondermann), Reiner" und „Weyer, Johann", *Düsseldorfer Jb.: BtrGNrh*, 38 (Düsseldorf), S. 51–53.
231	keine Angaben (bezugnehmend auf Vollmer)	„Zur Jakobe-Tragödie", *Düsseldorfer Nachrichten*, 3. 4. 1935 – Zeitungsartikel.

13. Regiments-, Prozeß- und Erbfolgestreitigkeiten sowie die Zeit danach

232	Below, Georg v.	*Der jülich-bergische Landtag*, 3, hg. Hans Goldschmidt.
233	Beer von Lahr	*Original-Denkwürdigkeiten eines Zeitgenossen am Hofe Johann Wilhelms III. Herzogs von Cleve, Berg. Nebst einem Anhange von Original-Briefen und Verhandlungen betreffend den Prozeß der Herzogin Jakobe* (Düsseldorf, 1834), S. 1–145.
234	Bouterwek, K. W.	„Die Regimentsordnung vom 11. Dezember 1592", *ZdBGV*, 2 (1865), S. 212–243 – 57 Punkte.
235	Forst, Hermann	„Politische Geschichte des bergischen Landes, insbesondere der Stadt Düsseldorf", *3. Jahrbuch des Düsseldorfer Geschichtsvereins: Geschichte der Stadt Düsseldorf in zwölf Abhandlungen, Festschrift zum 600jährigen Jubiläum* (1888).
236	Goecke, Rudolf	„Zur Prozeßgeschichte der Herzogin Jacobe von Jülich, geb. Markgräfin von Baden", *Z. f. Preuß. Geschichts- u. Landeskunde*, 15 (1878), S. 281–302.
237	Keller, R. A.	„Auf den Spuren der Jakobe von Baden", *Düsseldorfer Nachrichten*, 11. 11. 1926 – Zeitungsartikel.
238	Krudewig, Johannes	„Der ‚Lange Landtag' zu Düsseldorf, 1591", *Düsseldorfer Jb.: BtrGNrh*, hg. Düsseldorfer Geschichtsver., 16 (Düsseldorf, 1902), S. 1–133.
239	Lambrecht, Nanny	„Auf den Spuren der Jakobe von Baden", *Düsseldorfer Nachrichten*, 22. 11. 1926 – Zeitungsartikel.
240	Redlich, Otto R.	„Die Quellen zur Geschichte der Herzogin Jakobe im Düsseldorfer Staatsarchiv", *Düsseldorfer Nachrichten*, 4. 1. 1927 – Zeitungsartikel.
240a	Roberg, Burkhard	„Zur Quellenlage und Historiographie des Jülich-Kleveschen Erbfolgestreites", *AnnHVNiederrh*, 179 (1977), S. 114–135.
241	Reindl., F.	*Der Aufzug des Streites über die Jülicher Erbfolge* (München, 1896).
242	Roggendorf, Hermann Josef	„Die Politik der Pfalzgrafen von Neuburg im Jülich-Kleveschen Erbfolgestreit", *Düsseldorfer Jb.: Btr-*

H. Jakobe-Literatur 435

		GNrh., hg. Düsseldorfer Geschichtsver., 53 (Düsseldorf, 1968).
243	Unkel, Karl	„Jakobe, Herzogin von Jülich, und der Jülicher Regimentsstreit", *AnnHVNiederrh*, H. 53 (1891), S. 96–173.
244	keine Angaben	„Beilagen. Nachtrag von Druckschriften zum Jülich-Cleveschen Erbfolgestreit . . .", *ZdBGV*, 1 (1863), S. 157–169.

14. Genealogie der Häuser Baden und Jülich-Kleve-Berg

245	Chrismar, Eugen	*Genealogie des Gesamthauses Baden* (Gotha, 1892).
246	Forst, Otto	„Die Ahnentafel des letzten Herzogs von Cleve, Jülich und Berg", *ZdBGV*, 44 (1911), S. 67–82.
247	Isenburg, W. K. Prinz von	„Stammtafeln zur Geschichte der europäischen Staaten", 1 u. 2 (Marburg, 1965).
248	Seutter, Mathaeus	„Genealogischer Stamm-Baum des uhralten hochfürstlichen Hauses Baaden" (Augsburg).
249	Zeller, C. P.	„Stammbaum des Großherzoglichen Hauses Baden" inv. et fec Baden (1839).
250	keine Angaben	„Die Grafen von Berg und das Erzbistum Köln", Stadtmuseum Düsseldorf.

15. Zentralverwaltung[1]

251	Aubin, H. [u. a.]	*Geschichte des Rheinlandes von der ältesten Zeit bis zur Gegenwart*, Bd. 2: Kulturgeschichte (Essen, 1922), S. 32.
252	Sallmann, K.	„Organisation der Zentralverwaltung von Jülich-Berg im 16. Jahrhundert: Kapitel I. Die Bedeutung der Verwaltungsreformen im 16. Jahrhundert – Die Herzogtümer Jülich und Berg", *Düsseldorfer Jb.: BtrGNrh*, hg. Düsseldorfer Geschichtsver., 17 (Düsseldorf, 1902), S. 35–97.
253	ders.	„Organisation der Zentralverwaltung von Jülich-Berg im 16. Jahrhundert: Kapitel IV. Die Kanzlei", *Düsseldorfer Jb.: BtrGNrh*, hg. Düsseldorfer Geschichtsver., 18 (Düsseldorf, 1903), S. 1–29.

---

[1] Manche Literatur gehörte wegen themat. Überschneidungen mehrfach genannt. Hier z. B. mind. noch Nr. 56, 57 u. 187. Das gewählte Auflistungssystem sowie Übersichtlichkeits- u. Platzgründe lassen jedoch eine solche Komplettierung nicht zu.

16. Weiße Frau

254	Avenarius, Wilhelm	*Rund um die Weiße Frau* (Heroldsberg, 1984).
255	Heine, Heinrich	*Heinrich Heine Reisebilder*, hg. Oskar Walzel (Frankfurt/M., 1983), S. 189.
256	Ludwig, Karl	„Jacobe von Baden. Die ‚Weiße Frau' im Schloßturm zu Düsseldorf", *Düsseldorfer Nachrichten*, 14. 1. 1958.
257	Zellekens, W. M.	„Jakobe, die weiße Frau von Düsseldorf", *Heimatbll., Ver. Ztg des Heimatver. „Alde Düsseldorfer e. V."*, Nr. 2 (1958), S. 5–7.

I. Quellenverzeichnis

17. Bayerisches Hauptstaatsarchiv München „Kasten schwarz" = BHSA KS

Lfd. Nr.	Nr. 1–2427, Bd. 1, K 1–100	Inhalt	Jahr
	838	**Korrespondenz mit Kurtrier**	**1581–99**
258	864	Schreiben von Kanzler Elsenhamer, Dr. Fabricius Eckius und anderer, Resignation des Kurfürsten Salentin v. Isenburg und Werbung für Ernst v. Wittelsbach	1570–79
259	866	Albrecht V. v. Bayern sucht für Sohn Ernst locum capitularem im Kölner Domstift; geheime Korrespondenz mit Salentin, dessen Resignation betr.	1575
260	868	Kölner/Münsterer Wahl	1576
261	869	Salentins Resignation und Ernsts Sukzession	1576/77
262	870	Ernst empfängt Kölner Presbyteriat	1577
263	871	Ernsts strittige Wahl zu Köln	1577
264	873 ⎫	Kölner/Münsterer Wahl	1577
265	874 ⎭		
266	875	Salentins Kölner Resignation und Ernsts Elektion	1577
267	876	Kölner Wahl	1577/78
268	877 ⎫	Kölner/Münsterer Wahl	1578
269	878 ⎭		
270	879	Berichte an Albrecht V. betr. der strittigen Kölner Wahl	1577–79
	880 (a)	**Kurkölnische Korrespondenz**	**1583–95**
271	f 329 K[1] ⎫ f 377 O[1] ⎭	Memorial Minuccis an Ernst um den	15. 8. 1590
272	f 444 K	Metternich an Ernst	4. 2. 1592
273	f 456 O	Wilhelm V. an Ernst	10. 4. 1592
(siehe auch 333)			
274	f 503 K	Sibylle an Renata	
275	**902**	**Berichte Adolf Wolfgang Metternichs, Speyrer Domherr und Hofmeister der Wittelsbacher-Prinzen Philipp und Ferdinand (betr. Studien der Prinzen u. seine eigene Entlassung als Hofmeister)**	**1590–94**
	912–26	Kurkölnische Korrespondenz	1595–1614
276	f 201 O		

[1] Im folgenden f = folio, K = Kopie und O = Original.

Lfd. Nr.	Nr. 7028–10488, Bd. 4, K 301–400	Inhalt	Jahr
	7364		
277	f 7 O	Minucci an Wilhelm V.	6. 2. 1593
278	f 156 O	Minucci an Wilhelm V.	24. 8. 1593
279	**8811**	**Heirats-Kontrakt von Herzog Wilhelm von Jülich-Kleve-Berg mit Maria von Österreich**	**1546**
	8813	**Korrespondenz zwischen Bayern und Jülich-Kleve-Berg bezüglich der Regierung im Zusammenhang mit den mißlichen Gesundheitszuständen Johann Wilhelms**	**1587–1595**
280 (auch 283, 311, 312, 314, 315)	f 40 K	Sibylle an Renata („lutherische Herrn" als Heiratskandidaten für Sibylle)	Juli 1591
281	f 50 O	Sibylle an Renata (u. a. Erwähnung von Jakobes Kammerdiener Kümmerle)	15. 8. 1591
282	f 53 K	Jakobe an Ernst (Ernst stiftet Ehe Jakobes; Jakobe will kathol. sterben)	18. 8. 1591
283 (auch 280, 311, 312, 314, 315)	f 61 O	Sibylle an Ernst (Heiratskandidat: Joh. v. Zweibrücken)	19. 8. 1591
284	f 65 K	Dr. Dreger an Ernst (Rühmung von Jakobes Verstand)	Januar 1592
285 (auch 313)	f 73 O	Sibylle an Renata (u. a. Erwähnung Kümmerles)	25. 6. 1592
286	f 77 K	Sibylle an Renata (u. a. „Jakobe regiert")	27. 1. 1592
287	f 85 K	Dr. Dregers Vortrag bei Ernst (Gründe für Melancholie des Jungherzogs: Verbot jegl. Belustigung, Fernhaltung bei Beratungen, Geldknappheit)	Januar 1592
288	f 91 K	Frangipani an Jakobe	5. 2. 1592
289	f 96 O		
290	f 97 K	Ernst an Gottfried v. Taxis	9. 2. 1592
291	f 115 K	Wilhelm V. warnt Jakobe; Erwähnung Kümmerles	
	8814	**Düsseldorfer Landtagsakten betr. das Religionswesen in Jülich**	**1591–1592**
292–306	ff 50, 60, 61, 62, 64, 66, 67, 70, 71, 73, 77, 79, 80, 81, 82		
	f 83 K	Mahnung Ernsts an jülich-klevische Räte	21. 1. 1592
307	f 91	Ernst mahnt jülich-klevische Räte	
308	f 97	Ernst an Gottfried von Taxis	9. 2. 1592

I. Quellenverzeichnis 439

Lfd. Nr.	Nr. 15367–17823, Bd. 6, K 501–554 555–600		Inhalt	Jahr
	15860–72		Korrespondenz Pfalz–Neuburg	1581–1614
	15861			
309		f 54 O	Wilhelm der Reiche an Wilhelm V. (Vertreibung der Spanier)	4. 10. 1589
	15862			
310		f 4 O	Sibylle an Wilhelm V.: „Tochter"	3. 1. 1591
311 (auch 280, 283, 312, 314, 315)		f 6 K	Sibylle an Renata („lutherische Herrn")	3. 1. 1591
312 (auch 280, 283, 311, 314, 315)		f 13 K	Sibylle an Renata („lutherische Herrn")	4. 3. 1591
313 (auch 285)		f 25 K	Sibylle an Renata (Klagen Jakobes wider Räte; Erwähnung Kümmerles)	27. 4. 1591
314 (auch 280, 283, 311, 312, 315)		f 30 K	Sibylle an Renata („lutherische Herrn")	7. 5. 1591
315		f 39 K	Renata an Sibylle (Sibylle soll katholisch heiraten; Jakobe soll sich vom Protestantismus trennen)	23. 6. 1591
316		f 75 O	Ernst an Wilhelm V.	8. 10. 1591
317 (auch 320, 321)		f 92 K	Sibylle an Renata (Verbitterung Sibylles)	16. 10. 1591
318		f 95 K	Instruktionen für Graf Werner v. Salm, Adolf Scheiffart v. Merode u. Kanzler Dr. Dietrich Bistervelt (Gesandtschaft)	Dezember 1591
319		f 100 K	Instruktion Ernsts an Probst Gropper	
320 (auch 317, 321)		f 105 K	Sibylle an Renata	7. 11. 1591
321 (auch 317, 320)		f 107 K	Sibylle an Renata	7. 11. 1591
322		f 119 K	Anweisung Wilhelms V. an Metternich, Jakobe umzustimmen	7. 12. 1591
323		f 124 K	Nebenanweisung	
324		f 126 K	Anweisungen Wilhelms V. an Mettern.	
325		f 127 K	Anweisungen Wilhelms V. an Mettern. (Schenkerns Einkommen, Abfangen von Briefen)	7. 12. 1591
	15863			
326		f 4 K	Sibylle an Renata – Tod Wilhelms des Reichen	9. 1. 1592
327		f 10 O	⎰ Rückbeglaubigungen Jakobes und	22. 1. 1592
328		f 12 O	⎱ Sibylles	25. 1. 1592
329		f 16 O	⎰ Metternich an Wilhelm V. (befürwortet	1. 2. 1592
330		f 18 O	⎱ Jakobes Regentschaft)	3. 2. 1592
331		f 31 K	Sibylle an Renata (Marie Eleonore strebt	

Lfd. Nr.	Nr.	Inhalt	Jahr
		nach Regiment; Schwiegersohn als Statthalter)	3. 3. 1592
332	f 136 K	Freiherr Polweil an Wilhelm V.	24. 2. 1592
333 (auch 273)	f 138 K	Wilhelm V. an Rudolf II. (tilgt in Metternichs Bericht Verletzendes über Jakobe)	8. 4. 1592
334	f 143 K	Sibylle an Renata	4. 5. 1592
335	f 153 K	Renata an Sibylle („neuerliche Gesandtschaft")	12. 8. 1593
336	f 160 K	Sibylle an Renata	8. 7. 1592
337	f 169 K	Sibylle an Renata	6. 10. 1593
338	f 173 K	Sibylle an Renata (Überwachung Sibylles)	21. 10. 1592
339	f 176 O	Jakobe an Wilhelm V.	24. 10. 1592
340	f 192 K	Befürchtungen über Hoyos	
341	f 201 O	Freymond an Wilhelm V. (krankhafte Symptome bei Joh. Wilh. durch Spanien und Generalstaaten verursacht)	10. 11. 1592
342	f 209 K	Brief Herwarts	12. 11. 1592
343	f 214 O	Jakobe an Wilhelm V.	7. 12. 1592
344	f 216 K	Sibylle an Renata	8. 12. 1592
345	f 222 O	Jakobe an Wilhelm V.	14. 12. 1592
346	f 223	Jakobe an Ernst (Rauflust Ossenbroichs)	20. 12. 1592
347	f 232 K	Jakobe an Ernst (Ossenbroichs Einkommen)	20. 12. 1592
348	f 516 K	Sibylle an Renata	9. 12. 1592
349	f 610 K	Sibylle an Renata	8. 7. 1593
	5864		
350	f 1 K	Sibylle an Renata	1. 1. 1593
351	f 11 K	Wilhelm V. an Obersthofmeister Rumpf	4. 2. 1593
352	f 11 K	Sibylle an Renata	10. 2. 1593
353	f 46		30. 3. 1593
354	f 47		
355	f 51 O	Landtag zu Hambach u. Duisburg	5. 11. 1597
356	f 52	März/Mai 1593 u. Hoyos' Ausschaltg.	12. 4. 1593
357	f 54		
358	f 64		
359	f 66		
360	ff 63, 67, 69, 74, 76 Kn	Maximilian zum Tod Jakobes	4. 12. 1597
361	f 95 K	Wilhelm V. an Reichsvizekanzler Kurz (Klagen Jakobes über Hoyos)	19. 4. 1593
362	f 98 K	Wilhelm V. an Reichsvizekanzler Kurz (Klagen Jakobes über Hoyos)	7. 5. 1593
363	f 99 K	Sibylle an Renata (Interessenten befürworten Regentschaft Jakobes)	1. 6. 1593

I. Quellenverzeichnis 441

Lfd. Nr.	Nr.	Inhalt	Jahr
364	f 106 K	Sibylle an Renata	23. 11. 1593
365	f 120 O	Jakobe an Wilhelm V.	2. 3. 1594
366	f 122 K	Sibylle an Renata	2. 3. 1594
367	f 128 O ⎫	Wilhelm V. an Oberstkanzler	2. 6. 1594
368	f 132 O ⎭	Herwart	7. 6. 1594
369	f 135 K	Brief Metternichs an Wilhelm V.	23. 7. 1593
370	f 140 K	Sibylle an Renata („luther. Herrrn"; Vergiftung Jakobes)	26. 10. 1594
371	f 143 K	Sibylle an Renata	26. 10. 1594
372	f 150 K	Sibylle an Renata	14. 12. 1594
373	f 158 K	Sibylle an Renata	14. 12. 1594
374	f 160 O ⎫	Landgraf von Leuchtenberg an	16. 2. 1595
375	f 165 O ⎭	Wilhelm V.	10. 3. 1595
376	f 172 O	Leuchtenbergs Besuch bei Jakobe	Mai 1595
377	f 182 O	Leuchtenberg an Wilhelm V. (befürchtet gewaltsames Vorgehen gegen Jakobe)	6. 8. 1595
378	f 185 O (auch f 253 O)	Entsendung Tristram Schenks	
379	f 188 O	Anklageschrift Sibylles und Bericht U. Speers	13. 8. 1595
380	f 199 K	Dekret Rudolfs II. (würdige Behandlung Jakobes)	6. 8. 1595
381	f 208 O	Sibylle an Wilhelm V. (Arnold v. Buchholz soll Jakobe mit Sibylle aussöhnen)	
382	f 211	Sibylle an Renata (Zeugenverhör)	18. 8. 1595
383	f 225 K	Geheimschreiber Gewold im Namen Wilhelms V. an Ernst	7. 10. 1595
384	f 229 O	Empfehlungsschreiben Sibylles an Wilhelm V. bez. Jakobes bay. Diener Georg Hafner	7. 9. 1595
385	f 232 O	Ernst an Wilhelm V. (gemeinsame Gesandtschaft an Kaiser)	18. 9. 1595
386	f 234	Wilhelm V. an kaiserliche Räte Barvitius und Freymond	
387	f 253 O (auch f 185 O)	Tristram Schenk	
388	f 264 O	Ernst schlägt Jakobes Umsiedlung vor	
389	f 266 ⎫	Rudolf II. übersendet Zeugenaussagen an Räte, Ernst, Wilhelm V. u. Jakobe	
390	f 268 ⎬		
391	f 270 ⎭		
392	f 272 K	Antwort der jülich-bergischen Ritterschaft und der Städte (auf Nr. 387)	

18. Bayerisches Hauptstaatsarchiv München, Geheimes Hausarchiv, München = BHSA GH

Lfd. Nr.	Korresp.-Akten		Inhalt	Jahr
393	495		**Wilhelm IV., der Standhafte** (13. 11. 1493 – 5. 3. 1550) (Regierungsantritt unter Vormundschaft, Vermählung mit Jakobäa Maria, ihre Kinder, Mechthilds Verlobung mit Philipp von Braunschweig, dessen Tod und ihre Vermählung mit Philibert von Baden)	
394	591		**Albrecht V., der Großmütige** (29. 2. 1528 – 24. 10. 1579) (Regierungsantritt, Vermählung, Kinder)	
395	595	f 629–30	Geistl. Versorgung Ernsts von Bayern (Lebenswandel)	
396 (auch GLA 530)	597	a (I-X) + b Nr. 1119	Heiratsabrede zwischen Albrecht V. von Bayern und Markgraf Philibert von Baden wegen dessen Vermählung mit Mechthild	
397		Nr. 1120	Urkunde von Markgraf Philibert von Baden über Ausweis des Wittums für seine Gemahlin	
398 (auch GLA 530)	598		Verzichtsurkunde der Herzogin Mechthild, Regensburg	17. 1. 1557
399		Nr. 1123	Quittung Philiberts und dessen Gemahlin Mechthild gegen Albrecht über empfangene $\frac{32}{m}$ fl. an Heiratsgut und Ausstattung, Regensburg	19. 1. 1557
400		Nr. 1124	Verschreibungsbrief Philiberts gegen seine Gemahlin	
401 (auch GLA 530)	599		Kaiser Ferdinands Einwilligungsbrief gegen Markgraf Philibert von Baden, daß er seiner Gemahlin Mechthild Heirats- und Wittumsvermächtnis auf das Ettlinger Lehen verschreiben möge, Regensburg	4. 3. 1537
402	624	f 745	Trauerakt Ernsts Ableben betr. (Arnsberg, Westf.)	1612
403	634/1	Nr. 1 u. 2	Zwei Kopien einer Beschwerde der Herzogin Jakobe wegen Konspirationen	13. 9. 1596
404	634/1	Nr. 4	Wiedergabe und Erläuterung eines Schreibens Knippenbergs an Gerhardtgen durch die Herzogin	
405	634	Nr. 5	Drei Berichte über den Tod der Herzogin	
406	634/1	Nr. 7	Anfrage des Landgrafen Georg Ludwig von Leuchtenberg an die Düsseldorfer Räte über Tod, Begräbnis und Hinterlassenschaft der Herzogin	24. 9. 1596
407	634/1	Nr. 10	Antwort des Kanzlers Niklas von der Broel	5. 10. 1596

I. Quellenverzeichnis

19. Generallandesarchiv Karlsruhe = GLA

Großherzogliches Haus- und Staatsarchiv I Personalia Bd. II Nr. 46 Baden-Baden

Lfd. Nr.	Abt.-Nr.	Inhalt	Jahr
	Bernhard III.		
409	7. 1820	Georg v. Wirtemberg und Mömpelgard beurkundet Erbschaftsvertrag zwischen Bernhard, Philipp und Ernst	18. 11. 1527
410	8. 1821	Bernhard und Ernst einigen sich bez. des Bruders Philipp Testament	23. 11. 1533
411	9. 1822	Teilungsvertrag zwischen Bernhard und Ernst	11. 10. 1535
412	15. 1826	Landesteilung zwischen Bernhard und Ernst	1533
413	16. 1827	Vertrag zwischen Bernhard und Ernst unter Vermittlung von Beamten des † Bruders Philipp	23. 11. 1533
414	17. 1828	Kurfürst Ludwig v. d. Pfalz entscheidet zwischen den Brüdern	19. 10. 1534
415	18. 1929		19. 10. 1534
416	19. 1830		22. 1. 1535
417	20. 1831		24. 8. 1535
418	21. 1832	Einzelheiten über die Einigung zwischen Bernhard und Ernst	19. 10. 1534
419	22. 1833		5. 6. 1536
420	23. 1834		8. 6. 1536
421	24. 1835	Schiedstag zu Ettlingen	8. 6. 1536
422	25. 1836		11. 6. 1536
423	26. 1837		12. 6. 1536
424	27. 1838		25. 6. 1536
425	28. 1839		1536
426	29. 1840		28. 6. 1536
427	30. 1841		29. 6. 1536
428	31. 1842	Streitigkeiten die Landesteilung betreffend	19. 7. 1536
429	32. 1843		31. 7. 1536
430	33. 1844		9. 8. 1536
431	34. 1845		3. 11. 1536
432	35. 1846		1536
433	36. 1847		1536 – 1542
434	40. 1851	Legitimierung und Abfindung der natürl. Kinder Bernhards	März 1532
435	41. u. 41 a 1852		März 1532
436	42. 1853		März 1532
437	45. 1856		Sept. 1537
438	46. 1857		12. 8. 1539
439	47. 1858		29. 11. 1544
440	48. 1859		ohne Datum
441	55. 1866–68 1867	Vermählung Bernhards betreffend Herrschaft Roussy	1. 5. 1545

Lfd. Nr.	Abt.-Nr.	Inhalt	Jahr
	Philibert		
442	32. 1915	Ernst verpflichtet sich lt. Kammergerichtsurteil zur Naturalienabgabe	25. 7. 1550
443	43. 1925		21. 2. 1556
444	44. 1926	Teilung zw. Philibert u. Christoph II.	
445	45. 1927		14. 1. 1563
446	74. 1956	Vergleich des Pfalzgr. Johann mit seinen bish. Mündeln	27. 4. 1556
447	75. 1957	Wilhelm v. Eberstein übergibt vormundschaftl. Re-	
448	76. 1958	gierung an bish. Mündel	1. 6. 1557
449	78. 1960	Heidelberger Kompromiß bez. Teilung zw. B.-Durlach u. B.-Baden	1536
450	80. 1962	Protest Ernsts gegen Vormundschaft Franziskas	30. 12. 1536
451	81. 1963	über Philibert	2. 1. 1537
452	82. 1964	Korrespondenz der ins Auge gefaßten Vormünder	1536/37
453	84. 1965	Der Amtmann zu Rauental an die bad.-bad. Räte	6. 1. 1537
454	85. 1966		18. 1. 1537
455	86. 1967	Haushofmeister Rinkenberg führt Vormundschafts-	1537
456	87. 1968	verhandlungen mit Bayernherzog	5. 5. 1537
457	88. 1969		14. 5. 1537
458	89. 1970	Ernst gibt Vormundschaft auf	16. 6. 1537
459	90. 1971	Reichskammergericht bestellt Vormünder für Bern-	23. 6. 1537
460	91. 1972	hards Söhne	28. 6. 1537
461	92. 1973	Bayernherzog bevollmächtigt seine nach Baden abgesandten Räte	10. 7. 1537
462	93. 1974		17. 8. 1537
463	94.	Ernsts Verhandlungen mit Vormundschaftsräten	
464	95. 1975		5. 9. 1537
465	96. 1976	Franziska an Bayernherzog wegen Besoldung der Vormundschaftsräte	14. 9. 1537
466	97. 1977		29. 9. 1537
467	98. 1978		
468	99. 1979	Markgraf Ernst u. die auf der bad.-bad. Hälfte ruhenden Gülten	29. 9. 1537
469	100. 1980		
470	101. 1981		
471	102. 1982	Ernsts Quittung über 4 Silberkannen	26. 11. 1537
472	112. 1992	Einwände Sandizells gegen (konfessionelle) Vor-	
473	114. 1994	mundschaftsführung des Pfalzgrafen Johann	1. 1. 1539
474	118. 1998		11. 5. 1540
475	119. 1999	Kurfürst Ludwigs v. d. Pfalz Vermittlungsvorschlag	14. 6. 1540
476	120. 2000	u. Ernsts Protest	14. 8. 1540
477	121. 2001		1540–89
478	123. 2003	Bayernherzog mahnt bad.-bad. Vormundschaftsräte zur Zurückhaltung in Sachen Reformation	19. 5. 1542
479	124. 2004	Pfalzgraf Johann bevollmächtigt seinen Generalprokurator in Sachen bad.-bad. Vormundschaft	11. 4. 1543

I. Quellenverzeichnis

Lfd. Nr.	Abt.-Nr.	Inhalt	Jahr
480	128. 2008	⎫	20. 9. 1549
481	129. 2009	⎬ Streitpunkte mit Ernst	4. 10. 1549
482	130. 2010	⎭	25. 7. 1550
483	131. 2011	⎫	
484	132. 2012	⎬ gegenseitige Forderungen an Naturallieferungen	
485	133. 2013	⎭	25. 7. 1550/10. 12. 1551
486	134. 2014	⎱ Tod Wilhelms IV. v. Bayern u. Übernahme der	
487	135. 2015	⎰ Vormundschaft durch seinen Sohn Albrecht V.	1550/51
488	137. 2017	Ernst anerkennt Reichskammergerichtsentscheidung über Lieferg. an B.-Baden	10. 12. 1551
489	138. 2018	Prozeßakten des Reichskammergerichts über Vormundschaft	1551
490	149. 2029	Karl V. fordert bad. Prinzen zum Erscheinen am Reichstag auf	15. 4. 1546
491	150. 2030	Ferdinand I. fordert Philibert zum Erscheinen am Reichstag auf	4. 1. 1559
492	152. 2032	Vormundschaftsräte wollen Philibert auf Reisen schicken	5. 3. 1551
493	159. 2039	Melchior von Dernan bewirbt sich als Hofmeister bei Markgraf Philibert	14. 6. 1551
494	160. 2040	⎱ Oberamtmann E. v. Gronenrodt schreibt an bad. Räte über Melchior Dernan u. über Markgraf Philiberts Pferdekauf	19. 6. 1551
495	161. 2041	⎰	5. 7. 1551
496	162. 2042	⎫	27. 7. 1551
497	163. 2043	⎪	ca. 1. 8. 1551
498	164. 2044	⎬ Philibert soll an den Jülicher Hof gehen	10. 8. 1551
499	165. 2045	⎪	24. 8. 1551
500	166. 2046	⎭	31. 8. 1551
501	168. 2048	⎱ Jakobäa lädt Philibert nach München ein	10. 12. 1551
502	169. 2049	⎰	29. 12. 1551
503	170. 2050	⎫	13. 1. 1552
504	171. 2051	⎪ Korrespondenz über Philiberts Münchner Reise mit	19. 1. 1552
505	172. 2052	⎬ Pfalzgraf Johann und Jakobäa	20. 1. 1552
506	174. 2054	⎭	5. 2. 1552
507	175. 2055	⎫	6. 2. 1552
508	176. 2056	⎬ Korresp. der Räte mit Pfalzgraf Johann über Reise Philiberts und Schulbesuch Christophs II.	20. 2. 1552
509	177. 2057	⎭	27. 2. 1552
510	178. 2058	⎱ Kurfürst Friedrich v. d. Pfalz winkt Philibert ab, nach Heidelberg zu kommen	28. 2. 1552
511	179. 2059	⎰	5. 3. 1552
512	181. 2061	⎱ Korresp. mit Pfalzgraf Johann über Reisen und Unterricht	14. 3. 1552
513	182. 2062	⎰	26. 4. 1552
514	183. 2063	⎫	29. 10. 1552
515	184. 2064	⎬ Korresp. zw. bad. Räten, Pfalzgraf Johann u. Herzog Albrecht über Philiberts Aufnahme in München	29. 11. 1552
516	185. 2065	⎭	23. 12. 1552
517	186. 2066	Ulrich Langenmantel überbringt Pfalzgraf Johann Aufträge aus München	1552
518	187. 2067	Korresp. über Philiberts Aufenthalt in München	1553–55

446   6. Kapitel

Lfd. Nr.	Abt.-Nr.	Inhalt	Jahr
519	188. 2068	Räte an Melchior Gronenrodt u. bad. Haushofmeister Joh. v. Rinkenberg über Philiberts Reise nach München	Jan. 1553
520	189. 2069 }	Pfalzgr. Johanns Ermahnungen u. Begleitschreiben	26. 1. 1553
521	190. 2070 }	nach München	28. 1. 1553
522	194. 2074 }	Korresp. zw. Pfalzgr. Joh., Herzog Albrecht u. bad.	16. 3. 1553
523	195. 2075 }	Räten über Entsendung Langenmantels – Instruk-	19. 3. 1553
524	196. 2076 }	tion des Vormundschaftskanzlers Varnbühler	22. 3. 1553
525	198. 2078 }	Korresp. zw. bad. Räten und Philibert	28. 10. 1553
526	199. 2079 }		15. 11. 1553
527	202. 2082	Instr. Philiberts an seinen Hofmeister Jakob v. Seldeneck für die Zeit seines Frankreichzuges	1. 12. 1567
528	203. 2083	Philibert befiehlt Amtmann zu Steinbach allein Augsburger Konfession zu dulden	23. 7. 1568
529	212. 2092	bad. Räte verwahren sich gegen Ansprüche Christophs II., da Philiberts Tod nicht sicher	15. 2. 1570
530 (auch BHSA GH 396 u. 401)	224. 2104	Ehevertrag zw. Herzog Albrecht V. u. Philibert über des letzteren Ehe mit Mechthild	10. 6. 1556
531	225. 2105 }	Verhandlungen wegen päpstl. Dispens der Verwandtenehe Philibert/Mechthild	15. 7. 1556
532	226. 2106 }		16. 7. 1556
533	227. 2107 }		17. 7. 1556
534	228. 2108 }	Ernsts Entschuldigg. bez. Teilnahme an Hochzeit u. die heimatl. Vorbereitungen zum Empfang Philiberts – 6 Briefe	1556
535	229. 2109 }		1556/57
536	230. 2110 }		1556/57
537	231. 2111 }		1556 od. 57
538	232. 2112	Kardinal Otto von Augsburg beurkundet Ausführung des Dispens-Auftrags	13. 1. 1557
539	233. 2113	Albrechts V. Revers über seiner Schwester auszulieferndes Silber	18. 1. 1557
540 (auch BHSA GH 398)	234. 2114	Philiberts u. Mechthilds Verzeichnis über ihre Hochzeitsgaben	20. 1. 1557

Herzogin Jakobe

541	237. 2117	Protokoll über Exhumierung Jakobes	Okt. 1819
542	238. 2118	Diagnose der Mediziner Höchstetter und Gemminger zur Behandlung Jakobes	9. 8. 1591
543	241. 2121	Philipp II. bevollmächtigt seine Gesandten zum Abschluß des Ehevertrags	31. 8. 1584
544	242. 2122	Akten über Vermählung Jakobes und ihrer Schwester Maria Salome	1584/85
545	243. 2123	Heiratsvertrag zwischen Jakobe und Johann Wilhelm	18. 9. 1585
546 (auch NWHSA 561)	244. 2124	Verzicht Jakobes auf bad. Erbansprüche	13. 7. 1585

I. Quellenverzeichnis

Lfd. Nr.	Abt.-Nr.	Inhalt	Jahr
	Anna Maria und Maria Salome		
547	245. 2125	Korrespondenz über Tod der Burggräfin Anna Maria von Rosenberg am 25. 4. 1583	3. 5.–21. 9. 1583
548	248. 2128	Akten über Vermählung Anna Marias mit Wilhelm von Rosenberg	1577/78
549	252. 2132	Mitgift Anna Marias	1578/84
550	254. 2134	Korresp. über Vermählung Maria Salomes mit Georg Ludwig von Leuchtenberg	1584
551	255. 2135	Mitgift Maria Salomes	26. 4. 1585
	Philipp II.		
552	66. 2410	Betr. Volljährigkeitserklärung Philipps II.	29. 8. 1571
553	67. 2411	(mit 12 Jahren)	1571
554 (auch NWHSA 570)	151. 2495	Heiratsvertrag zwischen Sibylle von Jülich-Kleve-Berg und Philipp II. von Baden	26. 7. 1588
555	152. 2496	Philipp II. verschreibt seiner künftigen Gemahlin die Morgengabe	25. 1. 1587
556	153. 2497	Philipp II. verschreibt seiner künftigen Gemahlin das Wittum	25. 1. 1587

20. Nordrhein-Westfälisches Hauptstaatsarchiv Düsseldorf = NWHSA

Jülich-Berg II und Münchner Akten in Düsseldorf (h)

Lfd. Nr.	Reg.-Nr.	Inhalt	Jahr
	Johann Wilhelms geistliche Ambitionen		
557	1949	„Ordnung und Begriff vür Hzg. Johans Wilhelm underhaltung zu Xanten"	
558	2383 (auch 1958)	Residenz auf Schloß Horstmar, Hofmeister Dietrich v. d. Horst, Koadjutorie Johann Wilhelms	
	Freier, Hochzeitsvorbereitungen und Hochzeit		
559	1993	Korresp. Jakobe/de Pazzi (Brief in Goldschrift 1993, Nr. 7), Scherzbild, Gedicht u. Gebet aus Gefangenschaft, Haarsträhne	
560	1994	Plan zur Vermählung des Jungherzogs Johann Wilhelm mit einer Tochter Karls von Lothringen – auch „Blödigkeit und Liebesschwachheit" betreffend	
561 (auch GLA 546)	1997	Einladungslisten mit Zu- und Absagen, Hochzeitskorresp., eine Rechnung u. Aufstellung über Gästeunterbringung (1997), Ausbesserungsarbeiten, Verzeichnis der Klever Leinwand und der	
562	1998	Musiker (1998), Jakobes Verzicht auf bad. Erbe und	
563	1999	Einverständnis auf 20 000 Gulden Heiratsgeld, Philipp Ludwig bittet Schwiegervater um Schiff für Feuerwerk	

Lfd. Nr.	Reg.-Nr.	Inhalt	Jahr
564	2047	Goldschmied Moll	
565	2146	Eheberedung zwischen Wilhelm dem Reichen und Marias Vater Ferdinand	
566	2147	Privileg weiblicher Erbfolge	
567	2374	Vermählung Marie Eleonores: 25 000 Gulden vom Lösegeld für Kaiserswerth abgezogen	
568	h 251/1	Heiratsausstattung durch Jülich-Berg	
569	2477	Überreichung der Morgengabe: Halsband und 6 000 oberländische Gulden	
570 (auch GLA 554)	2478	Eheberedung Philipp II./Sibylle	26. 7. 1586
571	2047	Düsseldorfs u. Ratingens Geschenke noch nicht fertig, später überreicht, Jakobes Aussteuer-Inventar (S. 19–67), Art, Wert und Gewicht von Turnierpreisen (S. 8–11)	

Sibylle, nachmalige Markgräfin von Burgau

572	1959	Kaiserliche Vermählungspläne	
573	1991	Plan zur Vermählung Sibylles mit Karl v. Arenberg	
574	1992	Plan zur Vermählung Sibylles mit Philipp von Baden	
575	h 276	Vermählung Sibylles	

Administration Jülich-Kleve-Bergs 1582–95

576	2003 ⎫		
577	2004 ⎬	Tod und Hinterlassenschaft Philipps v. Baden	
578	2011 ⎭		
579	4976 ⎫	Reisen Johann Wilhelms und Jakobes nach Lüttich	
580	4983 ⎭	und Bad Ems	
581	2232 ⎫		
582	2233 ⎪	Krankheiten, ärztl. Gutachten, Exorzismus, Johann	
583	2006 ⎨	Wilhelm betreffend	
584	2236 ⎭		
585	2005	Jakobes Brief an den in Gewahrsam genommenen Gemahl	
586	2010 S. 89	Entlassung Ossenbroichs	Aug. 1592
587	2012	Regimentsordnung vom 13. 12. 1591, Briefe Jakobes u. des Kaisers	1586–93
588	2014	Eingreifen kaiserlicher Kommissare	

Wichtige Landtage

589	5161	Landtag zu Hambach: Belastung durch Krieg, Landtag zu Düsseldorf, Pflege des Herzogs, Abschaffung d. Akzise, Hofhaltung, Kanzleiordnung	1593
590	5164	Landtag zu Hambach und Grevenbroich, Sendung der Stände an den Kaiser	1594–95
591	5088	Zu den Landtagsverhandlungen	1594
592	5165	Landtag zu Grevenbroich (Defensionswerk betr.)	1595
593	5935	Landtagsabschied	

I. Quellenverzeichnis

Lfd. Nr.	Reg.-Nr.	Inhalt	Jahr

Prozeß und Tod Jakobes

594	2237	Denunziation Sibylles	1595
595	2028 I / 2029 II	Zeugenverhör	1595
596	2030 III	Zeugenverhör	1595–97
597	2031 IV	Verhandlungen mit Ständen	1595
598	2032 V		1596
599	2033 VI	Angelegenheit der Landesverwaltung, Inventarisierung der Kleinodien, Berichte vom Kaiserhof, Bedrückung der Lande durch Spanien	1595–97
600	2034 VII	Briefe Jakobes an Hans Philipp von Manderscheid, Grabstätte Jakobes	
601	h 277/1	Prozeß (Petrus de Pötter)	
602	h 277/2	Schriften Jakobes (Pfundtkeeß, Stommin u. a.)	
603	h 277/2 Bl. 1	Jakobe beklagt ihre schlechte Schrift	
604	h 278/1	Räte planen noch zu Lebzeiten Joh. Wilhelms Wiederverheiratung mit Antoinette von Lothringen	
605	h 251 B. 101–107	Bericht Alexius Moroldts an Philipp Ludwig von Pfalz-Neuburg	10. 10. 1597
606	h 251/3	Demissionsakten und Tod	
607	h 277/3	Demissionsakten	
608	2256	Zeugenaussage, Gefangenschaft und Tod des Dieners Karl	1597
609	2243	Abschriften der hauptsächl. Prozeßstücke	1595–96
610	5042	Abschriften der hauptsächl. Prozeßstücke	1595–97
611	2250	Zeugenverhör und Protest Jakobes	1595–96
612	2254	Protest Jakobes gegen Beschränkung ihres Hofstaates	1596
613	2241	Verteidigung Jakobes (Acta defensionis ducissae Jacobae)	1596–97
614	2242		
615	2244	Korresp. mit Inventarisierung der Kleinodien	1595
616	2246–47	Korresp. – vor allem Verhandlungen mit dem Kaiser	1597
617	2247	vor allem auch Tod Jakobes, Nachlaßinventar u. Erbansprüche Leuchtenbergs	Sept. 1597–Jan. 1598
618	h 280	Tod Jakobes	
619	2260	Gedicht, das Schenkern des Mordes bezichtigt, Einzelakten 1595–97, Zeugenverhör, 2 Lieder angebl. von Manderscheid, Kurzbeschreibung von Jakobes Tod	
620	5040	Leichenbefund	1597
621 (auch ÖSA 630)	5047 (auch 2248 u. 2258)	Nachlaßinventar (auch der Hochzeitsgeschenke u. Aussteuer)	1589–99

Prozeß gegen Dietrich von Hall

622	2035	Entwurf zu einem Gesuch um Freilassung von Halls	

Lfd. Nr.	Reg.-Nr.	Inhalt	Jahr
623	2249	Hall wird des Verkehrs mit Jakobe bezichtigt von vor 1595, Prozeß gegen v. Hall	1599–1601
624	2085	Verhör	1601
625	2259	Haft und Entlassung v. Halls	
626	2530	Angebl. Besuch von Halls bei Mutter und Herzog Wolfgang Wilhelm	

21. Österreichisches Staatsarchiv, Wien = ÖSA

Lfd. Nr.	Fz.[1] 214	1. Kleinere Reichsstände Fz. 214–219 (ca. 1500 Folien) Jahr	
628		Urkunde Maximilians I. über weibliche Erbfolge	1508
		gedruckt	1566
629		Heiratsabrede zwischen Johann Wilhelm und Jakobe, Kopie von	1884
630 (auch NWHSA 621)		Kleider- und Schmuckinventar (dicker Foliant)	1585–93
631 (auch 662)	W 483	Historia arcana Juliaco Clivensis	1678
	Fz. 215		
632		Korresp. Landg. Wilhelms v. Hessen, Pfalzgraf Philipp Ludwigs, Pfalzgraf Johanns, Marie Eleonores u. Markgraf Georg Friedrichs von Brandenburg mit Kaiser Rudolf über Siechtum u. „Blödigkeit" Johann Wilhelms	1590
	Fz. 216		
633	No 1–9 f 18–26	Briefe Jakobes („Mein hertzliebster Schatz")	1595
634	f 26–31	Befragungen einer Hausfrau, Jacoba Warmerin, u. des Lakaien Karl	Juli 1595
635	f 32 ff	Agnes von Tey, Hofmeisterin Jakobes u. a. Zeugenaussagen	1595

[1] Faszikel

I. Quellenverzeichnis

Lfd. Nr.		2. Reichshofrat (= RHR) Alte Prager Akten G 2 (Untersuchung wegen Ehebruchs, ca. 1200 Folien)	Jahr
	Nr. **68**/52		
636	f 1–196	Inquisitionsakten Jakobes	
637	f 4	Austausch des Mundschenks Lenuer gegen Dietrich von Hall	
638	f 101–132	Wilhelm v. Zours bringt Denunziationsakten nach Prag	
639	f 153–156	Brief der Räte an den Kaiser, unterschr. N. v. d. Broel	6. 6. 1596
640	f 157–160	Brief der Räte an den Kaiser, unterschr. N. v. d. Broel	2. 1. 1596
641	f 161–162	Brief der Räte an den Kaiser	12. 12. 1596
642	f 163–184	Brief Palandts an den Kaiser	3. 5. 1597
643	f 185–192	Brief der Räte an den Kaiser, unterschr. N. v. d. Broel	23. 10. 1596
644	f 193–196	Brief der Räte an den Kaiser, unterschr. N. v. d. Broel	23. 10. 1596
	Nr. **68**/53		
645		5 Briefe Jakobes sowie Schreiben der Räte von Regensburg aus an den Kaiser über Ehebruch und Unzucht, wodurch Leben verwirkt	1. 8. 1594
	Nr. **69**/53		
646		Dicker, gebundener Bestand mit Zeugenaussagen, z. B.: f 16 2. Zeuge: Dr. Joh. Freymond	
	f 179 ff	8. Zeuge: Lakai Karl	12. 7. 1595
647		**Nr. 3: Verteidigungsschriften Jakobes** Kleiner Band mit 56 numerierten Blättern an den Kaiser u. von Jakobe unterschrieben – vom Landgraf v. Leuchtenberg zu Prag übergeben	31. 6. 1596
648		Kleinder Band, etwa wie voriger, an den Kaiser u. von Jakobe unterschrieben. Sein Titel „Refutatio praetensae Denunciationis . . .“ (= Widerlegung vorst. Denunziationen)	
		Nr. 4	
649		Jakobe an Kaiser (2½ Seiten)	29. 5. 1596
650		Jakobe an Kaiser (2½ Seiten)	16. 5. 1596
651		Kleiner Band „Deductio spoly et attentation . . . **Nr. 5**"	

Lfd. Nr.		Jahr
652	Jakobe an Kaiser – 18 numerierte Bll.	
653	Jakobe an Kaiser — 53 numerierte Bll.	
654	Kleiner Band mit 64 numerierten Blättern, davon f 63 „Copey eines Brieffleins so Knippenbergs mein hochbesagter Feindt"	
655	Kleiner Band	
656	Lose Dokumente	
657	3. RHR Karton 34 „Judicialia miscellanea" G 4 (jülichsche Räte gegen Herzogin Jakobe, ca. 100 Folien) 1595	
658	Schreiben der Räte an den Kaiser	13. 9. 1595
	mit angehefteter „Protestation" Jakobes	14. 9. 1595
659	Brief v. Hoyos an Kaiser	9. 9. 1595
		und 25. 8. 1595
660	Schreiben der Räte an Kaiser: (aus fürstl. Haushalt entferntes Silber und Kleinodien)	29. 8. 1591
661	Schreiben Jakobes: Wertgegenstände, die Sohn Eduard Fortunats, Johann Karl, ausgehändigt worden sind	26. 9. 1595
662 (auch 631)	4. Handschrift W 483: Historia arcana Juliaco Clivensis (eng beschriebenes Bändchen mit 46 Folien)	
663	Bericht Teschenmachers, Inquisitionsberichte	

J. Namensindex[1]

Adam, M. (Musiker) 178
Adolf IX. v. Berg 69
Adolf II. v. Kleve-Mark 69
Adolf v. d. Mark, Bischof von Münster 68
Adolf v. Nassau-Wiesbaden 45
Adolf v. Jülich-Berg 372
Aesslinger, Hans (Steinmetz) 98
Agnes v. Hohenstaufen 133
Alba, Fernando Alvarez de Toledo, Hzg. v. 82, 411
Albrecht III. v. Bayern, Hzg. 96
Albrecht IV. v. Bayern, Hzg. (der Weise) 95, 99
Albrecht V. v. Bayern, Hzg. (d. Großmütige) 46, 49, 50, 52, 53, 56, 57, 66, 75, 92, 94, 98, 102, 104, 106, 111, 121, 128, 165, 213, 351
Albrecht v. Österr., Erzh. Kardinal 343
Albrecht v. Preußen, Hzg. 43
Albrecht Friedrich v. Preußen, Hzg. 43, 82, 167, 238, 248
Aldegrever, Heinrich (u. a. Maler) 389
Aldenbockum. Joh. v. 152, 193
Aldenbockum, Peter v. (klev.-märk. Hofmeister) 161, 206, 207, 267, 282
Alexander (Scharfrichter) 368
Alexander III., Papst 216
Alexander VI., Papst 76
Alexander VII., Papst 17
Alfons VII. v. Kastilien 216
Amalia v. Jülich-Kleve-Berg 71, 293
Amberger, Christoph (Maler) 50
Amphion (griech. Heros) 178, 179
Amstenradt, Caspar Huyn v. (Kammerm.) 154, 171, 175, 206, 207, 220
Amstenradt, Werner Huyn v. 273
Angeli (Hofnarr) 211
Anna v. Böhmen u. Ungarn 92
Anna v. Jülich-Kleve-Berg 85, 91, 121, 126, 132, 141, 153, 155, 160, 161, 267, 408
Anna v. Kleve 71–73
Anna v. Österr. 76, 92, 102, 234, 351
Anna v. Ostfriesland 141
Anna v. Preußen 141, 256, 267, 268, 408
Anna v. Veldenz, Reichsg. 131
Anna Maria v. Baden 54, 57, 92, 102, 123, 132, 168
Anstel, Bartholomäus, Abt von Altenberg 296

Antoinette v. Lothringen 80, 132, 247, 278, 345, 402, 403, 405–407
Arenberg, Antonia Wilhelmina v. 106
Arenberg, Karl v. 254, 256
Arndt, Ernst Moritz 412
Arnold (Sekretär) 304
Arnold II., Erzb. von Trier 133
Aschenberg, Heidenrich v. 193
Azewijn, Statius v., Herr zu Gransberg 173, 192

Bach, Joh. Seb. 163
Bajazet II, Sultan 27
Baldung, Hans, gen. Grien (Maler) 24, 34
Barbara v. Pfalz-Neuburg 160
Barvitius, Dr. Joh. 228, 352
Batt von Rüppurr (bad. Haushofm.) 29
Bauer, Joh. v. 193
Baxen, Heinrich 275
Beatrix v. Baden 46
Beham, Barthel (Maler) 50
Berge, Marquese v. (span. Gesandter) 125
Bernauer, Agnes 96
Bernhard I. (der Große) 63
Bernhard III. v. Baden 25–28, 36, 38–40, 42, 44, 47
Bernhard (uneh. Sohn Bernhards III.) 39
Bernhard v. Eberstein 27
Bernsau, Wilh. v. 161
Beroaldus, Philippus (Gelehrter) 39
Berwangen, Joh. v. (bad. Haushofm.) 29, 39
Besser, Hans (Maler) 58, 76
Betzlein, Dr. (Arzt) 333
Binsfeld, Lohn v. (Kanzleirat) 208
Binsfeld zu Binsfeld, Joh. v. 154, 172, 192, 345
Birkmair, Hans (Maler) 50
Bismarck, Otto Fürst v. 412
Bistervelt, Dr. Dietrich 280
Bodelschwing, Ernst v. 172, 193
Bodelschwing, Gisbert v. 172
Boenen siehe They
Boetzler, Rabanus, Prior von Werden 296
Boexen, Spinder (Kartenspieler) 235
Boleyn, Anna 412
Bongard, Werner v. d. (jül.-berg. Hofm.) 161, 193, 206, 207, 226, 251, 267, 282, 304, 336
Bongard, Wilh. u. Margaretha v. d. 18, 172

[1] Bibl. Namen, Fabelwesen, Autoren u. Privatpers., die das Thema nur am Rande berühren, sind nicht berücksichtigt.

Bonifaz IX., Papst 17
Bonhomini, Giovanni Francesco (Nuntius in Köln) 223
Booz (Maler) 24
Borgia siehe Alexander VI.
Bottlenberg, Rutger v. d. 171, 175
Botzler, Dietrich v. d. 208
Bracht (preuß. Kommissar u. Konsistorialrat) 377, 378, 382
Breuwer, Wilh. (Unterhändler) 343
Brewer (Pfarrer) 376
Broel, Niklas v. d. (jül.-berg. Kanzler) 134, 205, 208, 250, 266–269, 276, 281, 322, 325, 327, 369, 404
Broichhausen, v. 345
Bruisquet (Hofnarr) 211
Brunellesco, Filippo (u. a. Architekt) 290
Buchholz, Arnold v., Domherr zu Lüttich 349
Bucquoy, Karl Bonaventura de Longueval, Baron v. Vaux (General) 407, 411
Budberg, Arnold v. (Zuschneider) 161, 172, 207
Bylandt, Bertram v., Herr zu Walbeck (jül. Amtmann) 193, 208
Bylandt, Heinrich v., Herr zu Walbeck 154, 192
Bylandt, Rolman v. 172
Bylandt zu Rheydt, Otto v. 80, 122, 250

Cäcilia Wasa 57
Caraccioli, Antonio (Gesandter des Vatikans) 217, 222
Cardt (Kammermagd) 334, 335
Carmer, Joh. Heinrich Kasimir, Graf v. (preuß. Großkanzler) 412
Caspar (uneh. Sohn Bernhards III.) 39
Caspar, Anton (Trompeter) 178
Cecil, William, Lord Burgleigh (engl. Staatsmann) 322
Cellarius (Prediger) 52
Christian II. v. Sachsen, Kurf. 407
Christian v. Anhalt, Fürst 410
Christine v. Schweden 322
Christoph, Bischof von Augsburg 47
Christoph I. v. Baden 23, 24, 26, 27, 30–32, 34, 35, 42, 44, 46, 64, 160
Christoph d. J. (Sohn Christophs I.) 25
Christoph II. v. Baden-Rodemachern 40, 44–47, 50, 54, 56, 57, 60, 61, 114
Christoph v. Bayern, Hzg. (der Starke) 99
Christoph von Urach (Bildhauer) 38, 43
Clarenbach, Adolf v. (prot. Märtyrer) 70
Clofligel, Caspar (Maler) 60
Closs, Wolter (Sekretär) 208

Cluntz, Wilh. (Bürgermeister Düsseldorfs) 17
Coligny, Gaspard de (Admiral von Frankreich) 56
Condé v. Bourbon 56
Conssen, Heinrich 368
Corelli, Arcangelo (Komponist) 163
Cornelius (Hofjunker) 349
Corte (Apotheker) 381
Cortenbach, Wilh. v. 192
Cromwell, Thomas (engl. Staatsm.) 71
Cronenburg, Bernhard (Arzt) 212
Croy, Anne de 254
Custodis, Leopold Wilh. (preuß. Geheimsekretär u. Rechnungskommissar) 378, 380, 382, 392

Delwich zu Delwich, Melchior v. 172
Dernan, Melchior (bad. Beamter) 48
Desmarées, Georg de (Maler) 50, 397
Dhaun, Wirich v. 161, 162, 251, 272, 282, 305, 309, 329, 330, 404–406
Diepenbroich, Heinrich v. (Landrentm.) 206, 209, 304, 337
Ditterlein, Wendelin (Architekt) 66
Donatello (Bildhauer) 290
Döpfner, Julius, Kardinal 15
Dorothea v. Lothringen 122
Dreger, Dr. Joh. 279, 284, 300–302, 304, 307, 308, 335, 337, 340, 348
Dreiborn, Alexander v. 173, 192
Duden, Heinrich, Abt von Werden u. Helmstedt 296
Düngelen, Rutger v. 192
Dürer, Albrecht 14, 24, 25, 34, 50
Duras (General) 66, 133
Durwertter (im Haushalt Halls) 339

Echt, Joh. (Arzt) 212
Eduard Fortunat v. Baden-Rodemachern 40, 114, 128, 132, 141, 160, 163, 258–260, 289, 318
Egher (Sekretär) 208
Egkl, Wilh. (Baumeister) 98
Eickel (Rat) 266, 282
Eicken, Maria v. 260
Elberfeld, Caspar v. 345
Elisabeth (Nonne) 246, 333
Elisabeth v. Bourbon 378, 379, 391
Elisabeth v. Brandenburg-Ansbach 42
Elisabeth v. d. Pfalz 27, 38–40, 65
Elisabeth I. v. England 53, 322, 392
Elisabeth v. Jülich-Kleve-Berg 91
Elisabeth v. Österr., Erzh. 127
Eller, Adolf v. 172

J. Namensindex

Enß, Heinrich v. 154, 172
Erasmus v. Limburg, Bischof von Straßburg 47
Erasmus von Rotterdam 212
Erembert, Erzb. von Trier 133
Erich v. Braunschweig-Lüneb., Hzg. 122
Ernst v. Baden-Durlach 25–28, 38–40, 42–48
Ernst v. Bayern, Hzg. 96
Ernst v. Bayern, Erzb. u. Kurf. von Köln 80, 89, 92, 106, 109–113, 123–126, 128, 129, 132, 134, 142, 168, 215, 230, 254, 268, 278–280, 283, 284, 300, 301, 307, 308, 310, 312, 313, 315–317, 319, 326, 349, 351–355, 369
Ernst v. Österr., Erzh. 85, 167, 256
Ernst-Friedrich v. Baden-Durlach 131, 141
Eschenau, Ludwig (Mitglied d. bad. Vormundschaftsreg.) 46
Eugen III., Papst 216
Eugen IV., Papst 70

Faber, Dr. Christoph (kaiserl. Kommissar) 225, 228
Fabritius, Dr. Gottfried (jül. Rat) 251, 277, 281
Falkenstein, Ennich v. 162
Farnese, Alexander, Hzg. v. Parma 187, 229, 233, 239, 255, 285
Farnese, Giulia (Mätresse) 76
Ferdinand I., röm.-dt. Kaiser 39, 48, 53, 75, 76, 78, 92, 241, 261
Ferdinand I., Kaiser von Österr. 230
Ferdinand v. Bayern (Sohn Albrechts V.) 92, 111, 124
Ferdinand v. Bayern, Kölner Koadjutor 279
Ferdinand V. v. Spanien (der Kathol.) 39
Ferdinand v. Tirol, Erzh. 238, 260, 261
Fichte, Johann Gottlieb 412
Fleckenstein, Heinrich v. 46, 47
Fliesteden, Peter (prot. Märtyrer) 70, 71
Flodorf, Wilh. v., Herr zu Leuth 161, 162, 171, 185, 192
Fosse, Claudius de (Musiker) 178
Frangipani, Ottavio Mirto (Nuntius in Köln) 223–225, 229, 246, 248, 249, 256, 268, 270, 274, 283, 284, 297, 300, 301, 303–305, 307, 308, 313, 315, 317, 319, 326, 402
Frank, Arnold (Sekretär) 170
Franz I. v. Frankreich 34, 72, 73, 75
Franziska v. Luxemburg-Ligne-Roussy-Croy 40, 44, 45, 48
Freising, Hans Georg v. (bayer. Gesandter) 261, 300, 301
Frentz, Arnd v. 193

Freymond, Dr. Joh. Wolf (kaiserl. Kommissar) 312, 313, 315, 317, 318, 352
Friedrich I. Barbarossa, Kaiser 133
Friedrich II., Kaiser 133
Friedrich III., Kaiser 23, 35, 407
Friedrich v. Bayern 92
Friedrich v. Brandenb.-Ansbach 42
Friedrich v. Luxemburg (bad. Landhofm.) 29
Friedrich v. d. Mark (märk. Drost) 193, 208
Friedrich IV. v. d. Pfalz 267
Friedrich II. v. Preußen (der Große) 412
Friedrich v. Sachsen-Lauenburg, Bischof von Köln 123
Friedrich Wilh. III. v. Preußen 382
Friedrich Wilh. v. Sachsen-Altenburg 407
Friedrich Wilh. (der Große Kurf.) 411
Fronhoven, Hubert (Pfarrer) 242–244
Fulco v. Anjou 216
Fürstenberg zu Senden, Jobst v. 192, 197

Gagarin, Fürstin 26
Gail, Dr. Andreas (kaiserl. Rat) 125, 160, 213, 214, 228
Gailenkirchen, Dr. Joh. 277
Galileo Galilei 407
Garzodoro, Coriolano, Bischof von Ossero 326
Gathmann, siehe Solenander
Gemminger (Apotheker) 270, 271
Georg v. Baden (Sohn Christophs I.) 25
Georg v. Bayern-Landshut, Hzg. (der Reiche) 129
Georg v. Mömpelgard 39
Georg Friedrich v. Brandenburg-Ansbach-Jägerndorf 142, 248, 267
Georg Joh., Pfalzg. 258
Georg Ludwig, Ldg. v. Leuchtenberg 55, 131, 141, 154, 156, 161, 167, 168, 178, 348–355, 370, 371, 402
Gerhaert Nikolaus von Leyden (Bildhauer) 38
Gerhard I. v. Jülich-Berg 69
Gerhard II. v. Jülich-Berg, Hzg. 372
Gerhard VII. v. Jülich-Berg, Hzg. 72
Gerhardtgen (Kammermagd) 334, 335, 357, 359, 364, 365
Gertner, Peter (Maler) 60
Gertzen, Hubert Lutter v. (gen. Sinzig) 192
Gerung, Mathias (Maler) 53
Ghiberti, Lorenzo (Bildhauer u. a.) 290
Goecke, Rudolf (Autor) 326
Gogreve, Joh. (Kanzler) 75, 205, 206, 212
Götzenberger, H. (Maler) 62
Grail, Elias de (Sagengestalt) 371

Graminäus, Dietrich (u. a. Erzieher u. Berichterstatter) 17, 18, 91, 127, 134, 135, 151, 152, 162, 165, 167, 171, 178, 179, 182, 183, 189, 191, 244, 245, 295, 391
Gregor XIII., Papst 82, 85, 88, 131, 217
Groisbeeck, Joh. v. (Rat) 319
Gropper, Dr. Kaspar (päpstl. Legat) 75, 82, 83, 280
Gymnich, Adam v. (Stallmeister) 172, 192, 206, 207
Gymnich, Joh. v. 192
Gymnich, Werner v. (Erzieher) 81, 85, 192

Hadrian VI., Papst 89
Haes, Arnold, Herr zu Türnich 172, 185, 189, 192, 197
Haebler, Rolf Gustav (Heimatschriftsteller) 15, 56
Haimb, Hans v., Freih. zu Reichenstein (kaiserl. Kommissar) 346, 347, 349, 355
Halder, Leonhard (Baumeister) 96, 98
Hall, Anna v. 171
Hall, Dietrich v. (Mundschenk) 193, 207, 322, 323, 331, 333–339, 341, 343–346, 390
Hall, Godhard od. Godfried 341
Halver, Dr. Rudolf (bayer. Rat) 57
Hammer, Manfred (Historiker) 246
Hammer, Melchior (Maler) 98
Hans von Achen (Hofmaler) 395
Hardenberg, Karl August, Fürst v. (preuß. Staatsm.) 412
Hardenrath, Dr. Joh. (jül.-klev. Vizekanzler) 205, 208, 215, 223, 226, 251, 252, 266, 272–274, 277, 281, 283, 300, 301, 303, 304, 308, 322
Harengius, Adam (Musiker) 178
Harff, Adam v., Herr zu Dreiborn (Kammermeister) 173, 174, 206, 207
Harff, Anton v. 192
Harff, Joh. v. (Kanzleirat) 208
Hartmann, Albert (Bibliothekar) 14
Hatzfeld, Wilh. v., Herr zu Wildenburg u. Weißweiler (Zuschneider) 161, 172, 207
Haupt, Theodor v. (Kreisrichter) 107, 109, 329, 369, 380
Heckeren, Pilgrim v. 208
Hedwig v. Polen 129
Heiden, Bernhard v. 192
Heinemeyer, Elfriede (Autorin) 165
Heiniz (preuß. Staatsmann) 412
Heinrich, M. (Sänger) 178
Heinrich der Löwe, Hzg. 133
Heinrich v. Anjou, König v. Polen 56, 163
Heinrich IV. v. Frankreich 378, 410
Heinrich XIII. v. Oberbayern, Hzg. 93

Heinrich v. Braunschweig-Wolfenbüttel, Hzg. 37
Heinrich VIII. v. England 53, 71, 72
Heinrich v. Sachsen-Lauenburg, Erzb. von Bremen 123
Heinrich von Straubing (Baumeister) 95
Heistermann, Theodor (Lizentiat) 244, 245
Helfenstein v. 332
Helingen, Gerhard v. 208
Heresbach, Konrad v. (Humanist) 72, 212
Hertefeld, Stephan v. 408
Herzenmacher, Merten (mutmaßl. Mörder Jakobes) 371
Heuwet, Gregor (Lautensp.) 178
Hieronymus von Prag (Reformator) 36
Höchstetter, Peter Paul (Arzt) 270, 271
Hochsteden, Joh. v. 193
Hochsteden, Werner v. 172
Hogenberg, Franz (Kupferstecher) 135, 137–141, 152, 156, 158, 159, 162, 163, 171, 172, 177, 179, 191, 192, 194, 198, 391
Hohenheim, Anna Bombast u. Ulrich v. 43
Hohenheim, Theophrast Bombast v., gen. Paracelsus 38, 43
Holbein d. J., Hans 60, 71, 389
Holtrop (Holtorp), Reinhard v. 172
Holzwart, Jakob (Erzieher) 48
Horchheim, siehe Broel v. d.
Hornmoldt, Samuel (bad. Rat) 58
Horst, Dietrich v. d. (jül.-klev.-berg. Hofmeister) 166, 207, 226, 230
Horst, Dietrich v. d., Domherr zu Trier 215, 251
Horst, Georg v. d. 154, 222
Horst, Joh. v. d. (klev. Marschall) 142, 154, 209, 215, 348
Horst zu Mulchhausen, Joh. v. d. 171
Horst zu Müllinghoven, Joh. v. d. 154
Horst zu Rosau, Joh. v. d. (Stallm.) 171, 175, 177, 207
Hose, Georg (bad. Rat) 46
Hovelich, Heinrich v. d. 193
Hoya, Joh. v., Bischof von Münster 81, 83, 85
Hoyos, Ludwig v., Freih. zu Stichsenstein (kaiserl. Kommissar) 265, 275, 284, 312, 313, 315, 317–320, 326, 347, 349
Hugenpoeth, Joh. v. 193
Hus, Jan (Reformator) 36

Ingenhoven, Cornelius (Geistlicher) 244, 245
Innozenz VIII., Papst 246
Innozenz IX., Papst 284
Institoris, Heinrich (Inquisitor) 246

J. Namensindex

Isabella v. England 133
Isabella v. Spanien 39, 256
Isenburg, Salentin v., Erzb. von Köln u. kaiserl. Kommissar 106, 123, 225, 228, 254
Iwan d. Schreckliche v. Rußland 16

Jakob (Goldschmied) 167, 340
Jakob I. v. Baden (der Weise) 63
Jakob II. v. Baden, Erzb. u. Kurf. von Trier 24–26, 39
Jakob III. v. Baden-Hochberg 132, 141, 160, 176, 178, 192, 197
Jakobäa Maria v. Baden 15, 40, 45, 46, 48–50, 57, 96, 102, 105, 290, 351
Jakobe v. Baden 14–19, 21, 26, 27, 31, 35, 36, 38–40, 43, 44, 50, 53–55, 57, 58, 60, 62–67, 69, 70, 76, 78, 80, 81, 91, 92, 94–96, 99, 102, 104–107, 109, 112–115, 117, 119, 120–129, 131–139, 141, 142, 145–147, 149, 151, 153, 154, 156, 158, 159, 163, 165–168, 170, 174, 179, 181, 184, 185, 187, 189, 193, 196, 200–207, 211–214, 217, 220, 224, 226–228, 230–239, 245, 247–249, 251–254, 256, 257, 259, 260, 264, 266–268, 270–272, 274–293, 297, 299–310, 312, 313, 315–334, 338–344, 346–359, 361, 363–372, 374–376, 378–386, 388–402, 404–406, 409–413
Jamnitzer, Albrecht u. Wentzel (Goldschmiede) 167
Jansen, Anton (Musiker) 178
Jansen, Jan (Verleger) 392
Jansen, Meinhard (Musiker) 178
Jan Wellem (Joh. Wilh. v. d. Pfalz) Kurfürst 371
Jeanne d'Albret 73, 75, 125, 324, 378
Joachim Friedrich v. Brandenb., Kurf. 238, 267
Jörg (Kämmerling) 334, 339
Jörg von Polling (Baumeister) 95
Johann (Baumeister) 135
Johann (unehel. Sohn Bernhards III.) 39
Johann v. Baden (Sohn Christophs I.) 25
Johann III. v. Jülich-Kleve-Berg 69, 70–72, 240, 242, 290
Johann v. Kleve (Flaminge) 68
Johann II. v. Kleve-Mark 69, 217, 240
Johann II. v. Simmern, Pfalzg. 46, 48, 49
Johann von Trarbach (Bildhauer) 42, 58
Johann v. Zweibrücken, Pfalzg. 91, 168, 238, 258, 267, 273, 278, 285, 288, 312, 408
Johann Ernst v. Sachsen-Eisenach, Hzg. 407
Johann Friedrich, Kurf. v. Sachsen (der Großmütige) 49, 70, 71, 407
Johann Georg, Kurf. v. Brandenburg 238, 267

Johann Georg v. Hohenzollern 408
Johann Kasimir v. Pfalz-Simmern 55, 258
Johann Kasimir v. Sachsen-Coburg, Hzg. 407
Johann Sigismund, Kurf. v. Brandenburg 141, 267, 268, 408, 409, 410
Johann Wilh. v. Jülich-Kleve-Berg, Hzg. 17, 67, 76, 79–83, 85, 89, 91, 95, 121–126, 141, 152, 156, 162, 165, 166, 170, 174–177, 179–181, 184, 185, 187, 189–192, 199, 212, 213, 215, 216, 220, 222–248, 255, 256, 269, 270, 272–274, 278, 291, 293, 297, 301, 306, 313–316, 318, 323, 324, 329, 330, 332, 333, 341, 344–346, 354, 362, 369, 378, 382, 386, 389, 391, 395, 402–405, 407–409, 411
Johann Wilh. v. Sachsen, Hzg. 167
Johanna v. Hachberg-Sausenberg 26, 27
Johanna v. Kastilien (die Wahnsinnige) 39, 241
Johanna v. Navarra siehe Jeanne d'Albret
Jülich, Gerhard (Sekretär) 208
Jürgen siehe Jörg
Julius v. Braunschweig 123

Kahler (Apotheker) 381
Kall zu Dael, Hubert 192
Kalvin 56
Karl (Lakei) 333–340
Karl IV., Kaiser 69
Karl V., Kaiser 35, 39, 48, 49, 53, 70–74, 76, 78, 81, 96, 105, 241, 254
Karl I. v. Baden 160
Karl v. Baden (Sohn Christophs I.) 25
Karl II. v. Baden-Durlach (mit der Tasche) 42–44, 54, 57, 104, 131
Karl v. Bayern 92
Karl v. Burgau 91, 261–264, 405, 408
Karl v. Burgund, Hzg. (der Kühne) 72
Karl VIII. v. Frankreich 27
Karl IX. v. Frankreich 56, 127
Karl v. Hohenzollern (bay. Gesandter) 57, 161, 177, 307
Karl II. v. Lothringen 122
Karl v. Österreich, Erzh. 92, 160, 167
Karl v. Orleans, Hzg. 75, 76
Karl v. Egmont, Hzg. von Geldern 72
Karl Friedrich v. Jülich-Kleve-Berg 81, 85, 86, 89, 91, 105
Karl Philipp v. d. Pfalz, Kurf. 211
Karl Theodor v. d. Pfalz, Kurf. 145, 146, 409
Karst, Hans (Baumeister) 95
Katharina v. Österreich 23, 35, 64
Katterbach (Hauptmann) 330
Kaunitz, Wenzel Anton, Fürst v. (österr. Staatsmann) 322

Kegeljan, Franciskus (Geistlicher) 378
Kern, Hans (Holzschnitzer) 29
Kerris (Hofrat) 374
Ketteler, Joh., siehe Nesselrode, Joh. Ketteler v.
Ketteler, Heinrich 193
Ketteler zur Assen (Spielkumpan Joh. Wilhelms) 235
Keyenberg, Wilh. Zours v. (Düsseld. Gesandter) 343, 349, 352, 375
Kirsser, Dr. Jakob (bad. Kanzler) 28, 29–31
Kisling, Philipp Heinrich (Hofmaler) 25, 60
Klemens VIII., Papst 300, 327
Klopreiß, Joh. (prot. Märtyrer) 70, 71
Knippenberg, Wessel v. (Botellierer) 206, 207, 297, 357, 359, 363–365, 371
Knipping, Dietrich (märk. Rat) 152, 193, 340
Kohlschein, Prof. Hans (Maler) 397
Konrad v. Hohenstaufen, Pfalzg. 133
Konssen (Sekretär) 208
Koopmann, J. H. (Hofmaler) 26, 62
Korn, Otto (Autor) 145, 146
Kronenburg, Joh. Friedrich v. (bad. Marschall) 174, 204
Krudewig, Joh. (Autor) 282
Kümmerle, Georg (Kammerdiener) 251
Kunigunde v. Brandenburg-Kulmbach, Bayreuth 54
Kunigunde v. Eberstein 217, 220
Kurz, Jakob (kaiserl. Rat u. Vizekanzler) 266, 319

La Chastre od. La Châtre (Marschall) 410, 411
Laib (niederrh. Drost) 266
Lainez, Diego (jesuit. Ordensgeneral) 53
Landsberg, Ludger v., Abt von Hamborn 297
Langenmantel, Ulrich (Mitglied d. bad. Vormundschaftsreg.) 46, 47, 49, 57
Langer, Paul (Sekretär) 208
Lank, Joh. von (Pfarrer) 244–246
Lappe, Caspar (märk. Rat) 193
Lasso, Orlando di 102, 123, 390, 391
Lauenburg, Philipp v. 229
Lautenbacher, Niklas (Baumeister) 95
Leerodt zu Honsdorf, Winand v. (Küchenmeister) 171, 175, 207, 297, 316, 340, 344, 348
Lenuer (Mundschenk) 207, 341
Leo IX., Papst 216
Leo X., Papst 34
Leopold, Erzh. v. Österr., Bischof von Passau und Straßburg 408, 410
Leuenheuer, Joh. (Hofprediger) 299

Levin, Theodor (Kunstgeschichtler) 389, 392, 395
Ley v. (berg. Marschall) 206, 209
Ley, Hermann v. d. 193
Ligne, Jean u. Margarete de 254
Lobkowitz, Adam Graf Popel v. (kaiserl. Kommissar) 247–249, 266
Loe, Wilh. v. 192
Löwenstein, Bernhard v. (württemb. Rat) 174
Longueville, Hzg. v. 73
Loyola, Ignatius v. (Ordensgründer) 53
Ludwig d. Bayer, Kaiser 69, 93, 98
Ludwig II. v. Oberbayern, Hzg. (der Strenge) 93
Ludwig VII. v. Frankreich 216
Ludwig XII. v. Frankreich 26, 27, 324
Ludwig XIV. v. Frankreich 66, 133
Ludwig v. Württemberg, Hzg. 167, 168
Lülsdorf, Heinrich v. 171, 180, 185, 345
Lützenradt, Joh. v. 193, 208
Lunck, Alexander (Organist) 178
Luther, Martin 36, 37, 70
Lymburg, Eberhard v. (württemb. Gesandter) 161

Magdalena v. Jülich-Kleve-Berg 91, 132, 267, 408
Malthan, Joh. (Hofmaler) 125, 156, 291, 293, 338, 339, 389, 390, 395
Manderscheid-Blankenheim, Hermann v. (kaiserl. Botschafter) 125, 126, 159, 160, 161, 163, 214, 225, 228
Manderscheid-Blankenheim zu Gerolstein, Hans Philipp v., Domherr zu Köln 106, 109, 112, 113, 117, 124, 125, 290, 323, 331, 332, 341, 380, 390, 395
Manderscheid-Blankenheim, Joh. Gerhard u. Margareta v. 106, 214
Manderscheid-Gerolstein, Elisabeth v. 371
Manderscheid-Gerolstein, Hans Gerhard v. 371
Mansfeld, Agnes v. (Stiftsdame) 111
Margarete v. Kleve-Mark 95
Margarete v. Österr., Erzh. 127
Margarethe v. Ravensberg 69
Margarethe v. Ahr (Krankenheilerin) 246
Marhulsen, Joh. v. (Botellierer) 206, 207
Maria v. Baden, Äbtissin von Lichtental 24
Maria v. Bayern 92, 102
Maria v. Berg 69–71, 240, 407
Maria v. England (die Kathol. od. die Blutige) 53
Maria v. Österr. 74, 76, 78, 81, 92, 212, 236, 241, 253

J. Namensindex

Maria v. Savoyen 26
Maria v. Spanien 105, 127
Maria Maximiliana v. Bayern 92, 102
Maria Salome v. Baden 54, 55, 57, 92, 102, 122, 131, 132, 141, 160, 352, 370
Maria Stuart 16, 217, 367, 392, 400, 412
Maria Theresia v. Österreich 322
Marie Antoinette 367, 412
Marie Eleonore v. Jülich-Kleve-Berg 82, 91, 132, 141, 256, 258, 266–268, 273, 285, 286, 408
Marten (Sekretär) 208
Martin (Hofnarr) 211, 332
Mathias v. Österr., Erzh. 167
Mattenclodt (Sekretär) 208
Maulberger, Martin (Maler) 98
Max v. Baden 15
Maxelrain, Wolf Wilh. v. (bay. Gesandter) 162
Maximilian I., Kaiser 27, 28, 34, 35, 39, 324, 407
Maximilian II., Kaiser 55, 85, 104, 105, 127, 254, 261
Maximilian I. v. Bayern, Kurf. 94, 351, 370, 410
Maximilian v. Österr., Erzh. 167
Mechthild v. Bayern 44, 49, 50, 52, 53, 55, 58, 92
Mechthild, verw. Landg. v. Leuchtenberg 132, 160
Medici, Claudia v. 408
Medici, Giuliano de 114, 118
Medici, Katharina v. 56
Megen, Joh. v. (brandenb. Bevollm.) 238
Mélac v. (General) 133
Melanchthon, Philipp 55
Melchior (uneh. Sohn Bernh. III.) 39
Mendoza, Don Francesco de (Feldobrist) 404, 411
Merian, Matthäus 135
Merkator, Gerhard (Gelehrter) 212
Merode, Adolf Scheiffart v. 173, 280
Merode, Degenhard v. (Kanzleirat) 208
Merode, Joh. v. (Kanzleirat) 208
Merode, Philipp v., Herr zu Petersheim 172, 185
Metternich, Adolf Wolfgang Graf v. (Domh. zu Speyer u. bay. Hofm.) 251, 305–307, 309, 351, 352, 355
Metternich, Franz Wolff Graf v. 136
Mirbach, Joh. v. 192
Moll, Heinrich (Goldschmied) 167
Monheim, Joh. (Schulrektor) 212
Moritz v. Hessen, Landg. 258, 409
Moritz v. Oranien 410

Moritz v. Sachsen 49
Morold, Dr. Alexius (pfalz-neub. Gesandter) 238, 267, 363, 365
Muelich, Hans (Hofmaler) 96, 98, 99, 102, 390, 391
Muhm, Rudolf 208
Müller, Sebastian (brandenb. Gesandter) 238
Mykonius, Friedrich (Hofprediger) 70

Nägele (Arzt) 376, 380
Nahaus, Werner (Goldschmied) 167, 337, 338
Neersen, Martin (mutmaßl. Mörder Jakobes) 357, 363
Neipperg, Wilh. (bad. Landhofmeister) 29
Nellenburg, Christoph Ladislaus v. (Kölner Gesandter) 160
Nesselrode, Joh. Ketteler v. (Kammermeister) 159, 161, 206, 207
Nesselrode, Bertram v., Herr zu Raedt (jül. Marschall) 152, 172, 193, 206, 209, 283, 331
Nesselrode, Wilh. v. 172
Neuelun, Felix (Musiker) 178
Neuenahr, Adolf v. (u. a. Feldobrist) 112, 134, 187
Neuhausen, Ernst Reinhard v. (Mitglied d. bad. Vormundschaftsregiments) 46
Neuhausen, Hans Heinrich v. (Reichshofrat) 408
Neuhof, Georg v., gen. Ley 192
Neuhof, Gerhard v. 208
Neuhof, Wilh. v., gen. Ley zu Eibach 81, 192
Neuhof, Steffen v. (Küchenmeister) 207
Nideggen, Arnold (Arnd) Schenk v. 172
Nideggen, Christoph Schenk v., zu Hellenrath 192
Nideggen, Martin Schenk v. (Söldnerführer) 111, 226–228, 233
Nideggen, Otto Schenk v. 112, 193
Nyvelt, Jakob Sulen v. 172

Oktavio (Maler) 125, 230, 390
Olisleger, Dr. (klev.-märk. Kanzler) 205
Olisleger, v., d. J. (Sekretär) 208
Olm, Hans (Fechtmeister) 181, 183
Orpheus (Dichter d. griech. Mythologie) 178, 179
Orsbach, Dietrich v. (Zuschneider) 172, 185, 207
Orsbach, Engelbert v. (Kanzleirat) 208
Orsbeck, Wilh. v. (jül.-berg. Kanzler) 205, 208, 250, 251, 266, 283, 322, 325, 327

Ortenburg, Bernhard v. (österr. Gesandter) 160, 162
Ossenbroich, Joh. v. (jül.-berg. Haushofmeister) 161, 171, 189, 206, 207, 235, 236, 251, 252, 266, 273, 277, 278, 281, 282, 294, 300, 303, 304, 308, 316, 318, 319, 327, 340
Ossenbroich, Joh. v., d. J. (Zuschneider) 207
Ottilie v. Katzenelnbogen 23
Otto v. Eberstein 217
Otto, Wild- u. Rheingraf 162, 180
Ovelacker, Dietrich 343
Ovelacker zu Wischelingen, Dietrich v. 192, 193
Oxenstjerna, Axel Graf v. (schwed. Reichskanzler) 322

Palandt, Dietrich v., Herr zu Breidenbend (Kammermeister) 159, 161, 206, 207
Palandt, Joh. v., Herr zu Berg 18, 172, 185, 189
Palandt, Werner v., Herr zu Breidenbend (Kammermeister) 172, 185, 206, 207, 251, 266, 304
Paracelsus siehe Hohenheim
Pasqualini, Alexander (Architekt) 136
Pasqualini Joh., d. Ä. (Architekt) 136
Pasqualini, Joh., d. J. (Architekt) 136, 295, 385
Pasqualini, Maximilian (Architekt) 136, 194
Passe, Chrispin de (Kupferstecher) 165, 253, 291, 389, 391, 392, 394, 395, 397, 400
Pastor, Adam 363
Paul III., Papst 75
Paul IV., Papst 52, 53
Paul VI., Papst 222
Pazzi, Fortunato Bertoldo de 113, 114, 117–121, 341, 390
Pazzi, Franz u. Jakob de 114
Peckadel, Niklas (bad.-hochb. Hofmeister) 177
Pelzer (mutmaßl. Mörder Jakobes) 206, 357, 363, 371
Perkeo (Hofnarr) 211
Pestorius, Dr. Joh. (Propst) 247
Peter (Holzträger) 358
Peter (Musiker) 178
Pettenbeck, Georg v. (Landrichter) 124
Peudargent, Martin (Sänger) 178
Pfundtkeeß (mutmaßl. Mörder Jakobes) 357–359, 363, 364, 371
Philibert v. Baden 31, 36, 40, 44–50, 52–56, 58, 60, 61, 64, 92, 114, 165
Philipp I. v. Baden 15, 23–32, 34–40, 42, 44, 45, 50, 60, 63–65
Philipp II. v. Baden 54, 57, 63, 65, 66, 92, 104, 119, 122, 127, 128, 131, 132, 141, 153, 154, 156, 160, 163, 167, 168, 176, 178, 204, 256–259, 318, 331
Philipp (uneh. Sohn Bernhards III.) 39
Philipp v. Braunschweig, Hzg. 49
Philipp v. Hachberg-Sausenberg 26, 27
Philipp v. Hessen, Landg. 49
Philipp I. v. Kastilien (der Schöne) 39, 241
Philipp II. v. Spanien 75, 76, 105, 111, 127, 167, 168, 215, 245
Philipp IV. v. Spanien 378
Philipp Ludwig v. Pfalz-Neuburg, Pfalzg. 85, 141, 152, 153, 155, 160, 161, 167, 178, 238, 267, 361, 363, 408, 409
Philips, N. (Lautenspieler) 178
Pighius, Stephan Winand (Lehrer) 85
Pius V., Papst 82
Plettenberg, Gertrud v. (Konkubine) 280
Plettenberg, Heinrich v. (Stallmeister u. 2 gleichnam. Kanzleiräte) 193, 206–208
Pötter, Petrus de (pfalz-zweibr. Gesandter) 238, 355, 361
Praetorius Michael 163
Preising, Ulrich v. (bayer. Rat) 57
Prestel (preuß. Beamter) 382
Prinz, Daniel, gen. von Buchau (kaiserl. Kommissar) 265, 275, 284, 346, 347, 349
Pütz, Bernhard zum (jül.-berg. Vizekanzler) 205, 208, 303, 340
Puteo, Antonio (Nuntius in Prag) 225

Quadt, Bertram 172
Quadt zu Eller, Wilh. 173, 208

Ranstädt, Klaus v. (Hofnarr) 211
Ravaillac (Königsmörder) 410
Recke, Dietrich v. d. (klev.-märk. Marschall) 152, 193, 209
Recke, Dietrich v. d. (Drost zu Unna) 206, 208
Recke, Heinrich v. d. 81, 82
Recke, Hermann v. d. 172
Recke, Joist v. d. 154, 172
Recke, Joh. v. d., Herr zu Heesen (Türwärter) 154, 161, 171, 175, 207
Reinfeld 368
Renata v. Lothringen 99, 102, 122, 132, 242, 252, 258, 277, 278, 299, 305, 317, 330, 351, 395, 396, 410
Reuchlin, Joh. (Humanist) 55
Reuschenberg, Emundt v. 172
Reuschenberg, Joh. v., Herr zu Setterich (jül.-berg. Marschall) 173, 206, 209, 215, 266, 283, 316, 331, 405
Rheydt (Sekretär) 208

J. Namensindex

Rheyolt, M., von Kempen (Arzt) 368, 369
Rile, Gebhard v. (Dombaumeister) 134
Rinkenberg, Joh. v. (bad. Haushofmeister) 46
Rolshausen, Christoph v. (Türwärter, Kanzleirat) 207, 208, 273
Romberg, Bernhard v. 192
Romberg, Cort v. 172
Romberg zur Mussen, Georg v. (Stallmeister) 171, 175–177, 184, 185, 189, 192, 206, 207
Rosen, Kunz v. d. (Hofnarr) 211
Rosier, Jobst (Musiker) 178
Rubens, Peter Paul 14, 378, 391, 395
Rudolf II., Kaiser 54, 85, 105, 123, 124, 127, 167, 215, 225, 248, 249, 261, 264, 266, 267, 277, 300, 302, 308, 327, 340, 347, 352, 359, 407, 408
Rudolf I. v. Baden 217
Rudolf VII. v. Baden 62
Rudolf XII. v. Baden 25
Rümmler, Else (Historikerin) 82, 167, 179, 183, 191
Rumpf, Wolf (kaiserl. Rat) 266
Ruprecht v. Veldenz, Pfalzg. 45

Salm, Nikolaus v. 75
Salm(-Reifferscheid), Joh. v. 297
Salm(-Reifferscheid), Werner v. 280, 297
Salomon (Organist) 178
Sandizell, Hans v. (bad. Vormundschaftskanzler) 46–48
Schaarschmidt, Friedrich, Prof. (Kunstgeschichtler) 395
Schardt, Joh. Gregor van der (Goldschmied) 168
Schauenburg, Hermann v., Domherr zu Köln 113
Scheben, Gerhard (Bildhauer) 299
Schenk, Tristram (Hofjunker) 349, 351, 352
Schenkern siehe Waldenburg, Wilh. v.
Schlieben, Eustachius v. (brandenburg. Gesandter) 238
Schöller, Rutger u. Eberhard v. 192
Schönberg, Hans Reinhard v. (Hofkriegsrat) 408
Schöpfer (od. Schöffer), Hans (Maler) 60
Schorich, Georg (Inquisitor) 57, 58
Schreckenstein zu Oberbechingen, Hans Kaspar Roth v. (pfalz-neub. Gesandter) 238, 267
Schuiren, N. 193
Schultze (Schultheiß), Joh. (magdeb. Gesandter) 238

Schwarzenberg, Ottheinrich v. (vormundschaftl. bad. Statthalter) 57, 58, 66
Schwedt (Kammerjunge) 359
Schweitzer, Prof. Dr. Heinz (Gerichtsmediziner 115, 240, 293, 346, 365, 386, 389
Schweitzer, J. Heinrich 347, 375
Scotti (Autor) 318
Seldeneck, Jakob v. (bad. Hofm.) 56
Servaes (Arzt) 376–378, 380
Sibylla v. Jülich-Kleve-Berg 70, 71, 293, 407
Sibylle v. Brandenburg 137
Sibylle v. Jülich-Kleve-Berg 40, 91, 107, 113, 114, 122, 153, 160, 161, 211, 238, 241, 243, 247, 251–256, 258–264, 267, 268, 276–279, 282, 288, 289, 294, 299, 301, 305, 307, 309, 313, 317, 318, 320, 323–325, 328–333, 336, 340–348, 351, 369, 390, 402, 405, 408
Sidonia v. Bayern 397, 399
Sieberg (od. Syberg) zu Wischelingen, Georg v. 171, 175
Siegberg, Georg v. (Kanzleirat) 208, 265
Simonius, Dr. 363
Simonius, P.A. 368
Singen, Hans v. (Hofnarr) 211
Sixtus IV., Papst 114, 246
Sixtus V. Papst 217, 220, 223, 224, 284
Solenander, Reinhard (Arzt) 212, 242, 243, 246, 294, 325, 340, 367, 368
Solis, Nikolaus (Maler) 98, 99
Sommer (Vereinsvorsitzender) 149
Sophia v. Sachsen-Lauenburg, Hzgin 370, 372, 386
Speckle (od. Specklin), Daniel (Festungsbaumeister) 135, 137, 138
Spee, Maximilian 16
Speer, Ulrich (bay. Rat) 351
Spieckhoff, Georg (Autor) 142, 146
Spies zu Matzenborn, Wilh. v. (Botellierer) 173, 175, 206, 207, 343
Spinola, Ambrosio, Marchese de los Balbazes (General) 343, 411
Sprengler, Jakob (Inquisitor) 246
Spronck (Baumeister) 136
Sprys von Zaberfeld, Hans (Baumeister) 23, 64
Starschedel, Friedrich v. (sächs. Gesandter) 192
Starschedel, Otto v. (weim. Gesandter) 161
Stein, Gottfried v. (klev.-märk. Haushofmeister) 206, 207, 327, 336, 337, 348
Stein, Heinrich Friedrich Karl, Reichsfreih. v. u. z. (preuß. Staatsm.) 412
Steinen, Gottfried v. (Spinder) 207
Steinhausen (Sekretär) 348
Stiebel aus Elberfeld 382

Stieve, Prof. Dr. Felix (Historiker) 282, 305, 318, 382
Stimmer, Abel (Maler) 66
Stimmer, Tobias (Maler) 25, 66
Stöckle, Philipp (Schulmeister) 57
Stommin (Kammermagd) 357, 359, 364
Stor, Paul (Reisebegleiter) 125
Strauch, Lorenz (Maler) 395
Strauven, Karl Ludwig (Notar u. Autor) 137–139, 378, 380, 382, 383, 392
Streithagen, Wilh. v. 192
Swansbell, Bernhard v. 172
Swanenburg, Willem (Kupferstecher) 156, 165

Tabbert, Brigitte (Autorin) 365
Tacitus, Cornelius (latein. Schriftst.) 134, 166
Taubmann, F. (Hofnarr) 211
Taxis, Gottfried v. (Kölner Geheimer Rat) 301, 302, 307, 308
Theben, Wiegand v. (Hofnarr) 211
Theodo v. Bayern 49
Thorlinger, Erhard (bad. Landhofmeister) u. Frau Ursel 29
Thelott, Ernst, Prof. (Maler) 379, 380
They, Agnes v. (Hofmeisterin) 251, 307, 335, 344
Thun, Albrecht 177
Törrich, Lutter (Burggraf) 364
Trimborn, Alexander v. 75
Tronje, Hagen v. (Sagengestalt) 133
Turck (Sekretär) 208
Türck, Dietrich, Herr zu Almelo (Zuschneider) 154, 171, 207
Tußmann, Heinrich (Baumeister) 194

Uedesheim, Alexander von (Baumeister) 136
Unkel, Karl (Autor) 318
Urban II., Papst 216
Urban VI., Papst 70
Ursula v. Rosenfeld 43
Uttenberger (pfalz-neub. Junker) 375, 383–385

Varnbühler, Dr. Joh. Jakob (bad. Kanzler u. Mitgl. d. bad. Vormundschaftsregiments) 46, 47, 49, 57
Vehus, Dr. Hieronymus (bad. Kanzler) 29, 36, 46, 47
Velbrück zu Garath, Bernhard v. 173
Velen, Adrian v. 154
Venninger, Konrad v. (bad. Landhofmeister) 29

Verdugo, Franciscus de (span. Gesandter) 297
Verwer (Sekretär) 208
Vlatten, Joh. v. (jül.-berg. Kanzler) 205, 212
Vlatten, Joh. v., d. J. (Kanzleirat) 208
Vögele (Bildhauer) 397
Vollmer, Dr. Bernhard (Historiker) 109, 326, 389
Voß, Franz (Dechant) 215, 220

Wachtendonk, Arnd v. 193
Wachtendonk, Arnold v. (klev.-märk. Marschall) 152, 193, 206, 209
Wachtendonk, Joh. v. 172, 192
Wachtendonk, Wilh. v. 154, 171, 179, 192
Waldburg, Gebhard Truchseß v., Erzb. von Köln 79, 106, 111, 112
Waldburg, Karl v. 111
Waldburg, Otto v., Kardinal-Fürstb. von Augsburg 52, 106
Waldenburg, Roland v. 208
Waldenburg, Wilh. v., gen. Schenkern (jül.-berg. Marschall) 80, 81, 152, 193, 206, 209, 220, 222, 226, 235, 247, 251, 252, 266, 269, 270, 273, 274, 276, 277, 281–286, 288, 303–305, 307, 308, 312–318, 321, 325–327, 330, 331, 340, 342–346, 353, 367, 402, 405, 406
Wassenberg (Sekretär) 208
Weech, Friedrich v. (Historiker) 40
Weeze, Heinrich Rudolf v. (klev.-märk. Kanzler) 206, 208, 266, 282, 322, 340
Weeze, Joh. v., Erzb. von Lund 75
Weikhart (pfalz-neub. Junker) 369, 375, 383–385
Weingarz, Peter, Prior von Beyenburg 375, 376
Weinhard, Kaspar (Steinmetz) 66, 98
Welser, Franz v. Zinnenburg 261
Welser, Philippine v. 261
Wenge, Joh. v. d. 193
Wenzel, röm.-dt. König 69
Weschpfennig (Rat) 331
Wessel (Musiker) 178
Westerburg, Siegfried v., Erzb. von Köln 68
Westerhold, Konrad v. 91, 123
Weyer, Galenus (Arzt) 212, 243, 246, 365, 368
Weyer, Joh. (Arzt) 212, 246, 295
Wickrath, Lutter Quadt v. (pfalz-zweibr. Gesandter) 161
Wied, Graf v. 45
Wied, Hermann v., Erzb. von Köln 71, 79
Wilhelm, M. (Sänger) 178
Wilhelm, Hans (Musiker) 178

J. Namensindex

Wilhelm III. v. Bayern, Hzg. 95, 96
Wilhelm IV. v. Bayern, Hzg. (der Beständige) 15, 40, 45, 46, 48, 95, 96
Wilhelm (Sohn Wilh. IV. v. Bayern) 49
Wilhelm V. v. Bayern, Hzg. (der Fromme) 92, 94, 99, 113, 114, 118, 119, 122, 128, 132, 165, 228, 233, 234, 237, 238, 259, 313, 315, 351, 352, 396, 410
Wilhelm IV. v. Eberstein 46
Wilhelm v. Hessen-Kassel 258
Wilhelm V. v. Jülich, Mgf. bzw. Wilh. I. v. Jülich-Berg, Hzg. 69
Wilhelm IV. v. Jülich-Berg, Hzg. 137, 407
Wilhelm v. Jülich-Kleve-Berg, Hzg. (der Reiche) 67, 69, 71–76, 78–83, 85, 90, 91, 105, 106, 121, 122, 124–126, 134, 139, 155, 159–161, 181, 187, 189, 199, 208, 211–213, 215, 222–226, 229, 230, 236, 238, 240–243, 246, 249, 250, 252, 253, 260, 265–269, 272, 283, 284, 286, 288, 290–296, 298–302, 306, 314, 316, 320, 324, 332, 347, 357, 368, 371, 378, 381, 385, 386, 389, 406, 411
Wilhelm v. Oranien 16
Wilhelm v. Rosenberg 54, 167, 168
Wilhelm Werner v. Zimmern 47
Wimmer, Josef (Schlosser) 17
Winand, Thomas (Hofprediger) 156, 294, 299
Winkelhausen, Wilh. v. 192

Winkelmair, Hans (bay. Gesandter) 238, 239
Winther, Dr. Andreas (bad. Kanzler) 57
Wittgenstein, Graf v. (preuß. Minister) 382
Wolf, Lambert (Arzt) 243, 246
Wolfgang (Sohn Christophs I.) 25
Wolfgang Wilh. v. Pfalz-Neuburg 141, 256, 258, 409–411
Wolter (Sekretär) 208
Wonnecker (bad. Rat) 57
Wyclif, John (Reformator) 36
Wylich, Adolph u. Cracht v. 172
Wylich, Dietrich (Türwärter) 207
Wylich, Johann 208
Wylich, Margareta v. 341

Xenophon (griech. Schriftsteller) 211

Zabel (Münzinspektor) 381
Zasius, Ulrich (Rechtsgelehrter) 28, 31
Zassiz, Joh. Baptist (span. Gesandter) 105
Zayos (niederl. Staatssekr.) 105
Zethos (griech. Heros) 178
Ziani (Doge) 216
Zillenhard, Seifried (bayer. Rat) 57
Zorer, Dr. Tobias (pfalz-neub. Gesandter) 238, 267
Zündorf, Bertram von (Baumeister) 136
Zweivel(l), Wilh. v. 172

Alte badische Taler im neuen Silberglanz

Taler Markgraf Eduard Fortunat (1590)

Taler Markgraf Wilhelm (1626)

Die Repliken werden von dem Baden-Badener Medailleur Victor Huster mit Sachverstand und Sorgfalt in feinem Silber (zumeist 835/1000) geprägt. Sie sind in der Regel zwischen 26 und 37 Gramm schwer; originalgetreue Wiedergaben (Spiegelglanz) in einer Auflage von maximal tausend Stück. Die Exemplare sind als Neuprägungen gekennzeichnet. Auf jeder Münze aus der Baden-Badener Prägewerkstatt ist an versteckter Stelle die Jahreszahl der Nachbildung vermerkt.

Die Originale sind seltene und sehr kostbare Objekte des Sammelinteresses, aber auch die Repliken werden gesammelt. Es gibt etwa fünfzig Abonnenten in der Bundesrepublik und vermutlich annähernd 200 lokale Sammler. Der Preis der Münzrepliken, aber auch der Wert ist jedenfalls höher als die reine Silbernotierung von derzeit neunzig Pfennig pro Gramm. Die Exemplare der letzten fünf Ausgaben kosten zwischen 60,– und 72,50 Mark (inklusive Mehrwertsteuer und Etui).

Stadtsparkasse Baden-Baden